한국장로교회 헌법 개정 역사

1884년   2018년

한국장로교회
헌법 개정 역사

고 신 총 회 를 중 심 으 로

성희찬 지음

생명의 양식
THE BREAD OF LIFE

목차

머리말 9

제1부 초창기 한국장로교회(1884년-1945년)와 헌법 개정

1. 초창기(1884년-1892년)와 『미국북장로교회선교회 규범과 세칙』 (1891년) 15
2. 장로회 공의회 시대(1893년-1906년) 20
3. 대한예수교장로회 독노회 시대(1907년-1911년)와 『대한예수교장로회 규측』(1907년) 27
4. 조선예수교장로회 총회 시대(1912년-해방)와 『교회정치』(1922년, 1929년, 1934년) 32

제2부 대한예수교장로회 고신교회(1952년-2018년)와 헌법 개정

제1장 제1차 헌법 개정(1957년 9월)-대상: 교회정치 70
1. 제1차 헌법 개정 결의와 개정위원회 구성: 제5회 총회(1956년 4월) 70
2. 헌법수정위원회 보고와 수정안 노회 수의 결정: 제6회 총회(1956년 9월) 76
3. 제1차 개정헌법 공포: 제7회 총회(1957년 9월) 88
4. 제1차 개정헌법(1957년 9월)의 의의와 평가 95
5. 제1차 헌법 개정 이후 99

제2장 제2차 헌법 개정(1961년, 1962년)-승동 측과 합동개정헌법 100

1. 승동 측과 합동 100
2. 합동개정헌법 노회 수의 결정: 합동총회(고신 제10회 제2차 속회/ 제45회 계속총회, 1960년 12월 13일) 102
3. 합동개정헌법(1961년 2월) 공포 105
4. 추가 수정안 교회정치 6개 조항 노회 수의 결정과 헌법적 규칙, 총회규칙 개정: 고신 제11회/제46회 총회(1961년 9월) 106
5. 수정안 교회정치 6개 조항 개정 공포(1962년 9월) 108
6. 합동개정헌법(1961년, 1962년)의 의의와 평가 109
7. 1957년 개정헌법으로 환원: 제13회 환원총회(1963년 9월) 114
8. 제14회 총회(1964년 9월) 117
9. 제15회 총회(1965년 9월) 120
10. 환원(1957년 개정헌법) 이후 수정헌법에 대한 의의와 평가 123

제3장 제3차 헌법 개정(1972년 9월)-대상: 신앙고백, 대소교리문답 (재번역), 교회정치, 권징조례, 예배모범 126

1. 고신교회 정체성과 표준문서연구위원회 조직: 제16회 총회(1966년 9월) 126
2. 제17회 총회(1967년 9월) 131
3. 제18회 총회(1968년 9월) 134
4. 웨스트민스터 신앙고백서와 대교리문답 채택: 제19회 총회(1959년 9월) 135
5. 제20회 총회(1970년 9월) 138
6. 제3차 개정헌법 노회 수의 결정: 제21회 총회(1971년 9월) 139
7. 제3차 개정헌법 공포: 제22회 총회(1972년 9월) 144
8. 제3차 개정헌법(1972년)의 의의와 평가 145
9. 제3차 헌법 개정(1972년) 이후: 제23회 총회(1973년 9월) 150
10. 제24회 총회(1974년 9월) 153

제4장 제4차 헌법 개정(1981년)-대상: 신앙고백, 교회정치, 권징조례, 예배모범 156

1. 헌법 전반 수정 결의: 제25회 총회(1975년 9월) 156
2. 제26회 총회(1976년 9월) 158
3. 제27회 총회(1977년 9월) 160
4. 일부 헌법수정안 노회 수의 결정: 제28회 총회(1978년 9월) 162
5. 일부 헌법수정안 노회 수의 결정: 제29회 총회(1979년 9월) 167
6. 일부 헌법수정안 노회 수의 결정: 제30회 총회(1980년 9월) 169
7. 제4차 개정헌법의 의의와 평가 173
8. 제4차 헌법 개정 이후: 제31회 총회(1981년 9월) 180
9. 제32회 총회(1982년 9월) 182
10. 제33회 총회(1983년 9월) 187
11. 제34회 총회(1984년 9월) 190
12. 제35회 총회(1985년 9월) 193
13. 제36회 총회(1986년 9월) 197
14. 제37회 총회(1987년 9월) 202
15. 제38회 총회(1988년 9월) 205
16. 제4차 헌법 개정(1981년) 이후 수정헌법에 대한 평가 209

제5장 제5차 헌법 개정(1992년): 교리표준, 관리표준 214

1. 헌법수정연구위원회 구성: 제39회 총회(1989년 9월) 214
2. 헌법개정위원회로 개편: 제40회 총회(1990년 9월) 218
3. 제5차 개정헌법 노회 수의 가결: 제41회 총회(1991년 9월) 221
4. 제5차 개정헌법 공포: 제42회 총회(1992년 9월) 224
5. 제5차 개정헌법의 의의와 평가 232
6. 제5차 헌법 개정 이후: 제43회 총회(1993년 9월) 236
7. 제44회 총회(1994년 9월) 242
8. 제45회 총회(1995년 9월) 246
9. 제46회 총회(1996년 9월) 249
10. 제47회 총회(1997년 9월) 252

11. 제48회 총회(1998년 9월) **255**

12. 제49회 총회(1999년 9월) **259**

13. 제50회 총회(2000년 9월) **266**

14. 제51회 총회(2001년 9월) **272**

15. 제52회 총회(2002년 9월) **281**

16. 제53회 총회(2003년 9월) **291**

17. 제54회 총회(2004년 9월) **301**

18. 제55회 총회(2005년 9월) **312**

19. 제56회 총회(2006년 9월) **323**

20. 제5차 헌법 개정(1992년) 이후 수정헌법에 대한 의의와 평가 **340**

제6장 제6차 헌법 개정(2011년): 헌법전문, 교리표준(재번역), 관리표준(예배지침, 교회정치, 권징조례) **346**

1. 헌법 개정 결정: 제57회 총회(2007년 9월) **346**

2. 헌법개정위원회 구성: 제58회 총회(2008년 9월) **356**

3. 제59회 총회(2009년 9월) **373**

4. 제6차 개정헌법 노회 수의 결정: 제60회 총회(2010년 9월) **383**

5. 교회정치 개정안 부결과 새 개정헌법 공포, 교회정치 새 개정안 노회 수의 결정: 제61회 총회(2011년 9월) **400**

6. 교회정치 새 개정안 공포와 제6차 개정헌법의 의의와 평가 **416**

7. 제6차 헌법 개정(2011년) 이후: 제62회 총회(2012년 9월) **484**

8. 제6차 개정헌법(관리표준) 해설집 발간: 제63회 총회(2013년 9월) **502**

9. 교리표준해설집 발간: 제64회 총회(2014년 9월) **514**

10. 제65회 총회(2015년 9월) **525**

11. 제66회 총회(2016년 9월) **543**

12. 제67회 총회(2017년 9월) **559**

13. 제68회 총회(2018년 9월) **582**

14. 제6차 개정헌법(2011년) 이후 수정헌법에 대한 의의와 평가 **595**

맺음말 **599**

머리말

　교리표준(웨스트민스터 신앙고백서, 대교리문답, 소교리문답)과 관리표준(예배지침, 교회정치, 권징조례)으로 이루어진 교회 헌법은 법 조항들로 이루어진 교회론이라 할 수 있다. 교의학 교회론에서 다루는 교회 본질과 교회 형태, 세상에서의 교회 위치 등이 교회 헌법에서는 법 조항들로 바뀌었을 뿐이다. 이 점에서 각 교단 헌법에 명시된 법 조항은 현재 우리 교회의 얼굴을 확인할 수 있는 중요한 지표이다. 즉, 삼위 하나님 앞에서 우리 스스로, 그리고 나아가 이 세상을 향해 무엇을 믿고 고백하며, 무엇을 증거하고 소망하는지 알 수 있다.

　헌법이 개정되고 변천된 역사를 살피는 작업이 필요하다. 이를 통해 우리 교회가 과거 어디에서 왔으며 어떤 길을 걸어왔고 지금 어디에 서 있으며 또 무엇을 꿈꾸며 어디로 가고 있는지를 판단할 수 있기 때문이다.

　우리 교회의 헌법이 지난 역사에서 어떻게 변천되고 지금 우리 교회 얼굴이 어떤 과정과 배경을 거쳐서 현 모습으로 형성되었는지에 대한 연구가 거의 없는 것은 대단히 안타까운 일이라 하지 않을 수 없다. 대한예수교장로회 고신교회는 1952년에 독노회로 설립된 이후 모두 6차례에 걸쳐 헌법을 개정하였다. 1957년, 1972년, 1981년, 1992년, 2011년 개정에다 1961년-1962년에 승동 측(현재 대한예수교장로회 합동교단)과 합동 일환으로 개정이 이루어진 합동 헌법을 포함하면 그렇다. 물론 이 6차례 개정 외에 수시로 부분적인 개정이 이루어졌다.

본 연구는 우선 6차례의 헌법 개정을 중심으로 헌법 개정의 변천을 다루었다. 연구 과정에서 가장 곤혹스러운 것은 개정의 차수를 임의로 정하는 것이었다. 필자가 임의로 정한 "제2차 헌법 개정"은 승동 측과의 합동으로 두 차례(1961년, 1962년)에 걸쳐 만든 합동개정헌법으로서, 환원총회(1963년 9월) 이전까지 잠깐 존속한 것인데 합동개정헌법을 과연 우리 헌법 개정 역사의 일부분으로 포함시킬 것인가 하는 논란이 있을 수 있다. 또 제4차 헌법 개정은 다른 개정헌법과 달리 모든 수정안을 묶어서 노회에 수의하여 결정하지 않고 세 차례, 즉 제28회 총회(1978년 9월), 제29회 총회(1979년 9월), 제30회 총회(1980년 9월)에서 나누어 각각 일부 조항을 노회에 수의하여 결정하여 1981년 3월에 책으로 발행되었다. 이 모든 것을 합하여 제4차 개정으로 묶을 수 있는지에 대해 의문을 제기할 수 있다. 이것을 시작으로 개정 차수를 정하는 문제를 두고 연구와 토론이 진행되기를 바란다.

본 연구는 6차례에 걸쳐 이루어진 중요한 헌법 개정뿐 아니라 총회에서 수시로 개정된 모든 헌법의 개정도 다루었다. 또 헌법과 직간접으로 연관된 총회의 결정도 다루었다. 그러다 보니 글의 분량이 계획보다 많아졌고, 총회의 수많은 결정 중에서 어떤 경우가 헌법과 관련하여 직간접으로 의미가 있는 결정인지 선택해야 하는 불편함과 어려움도 있었다.

그러나 그 모든 불편함과 어려움보다 더 연구물 출간을 주저하게 한 것은 개정헌법 조항과 총회의 결정에 대한 비평 때문이다. 성경과 교리표준, 관리표준을 중심으로 객관성과 공정성을 기하려고 최선을 다하였지만, 어떤 비평은 독자들이 받아들이기 곤란한 것도 있을 것이다. 이러한 것은 필자의 무지로 돌리기를 바란다.

마지막으로 도움주신 분들을 언급하지 않을 수 없다. 본서 제목에 아이디어를 제공해 주신 안양일심교회 김홍석 목사님, 출판에 큰 격려를 해주신 온생명교회 안재경 목사님, 출판을 기꺼이 허락해 주신 박신웅 전 총회교육원 원장님과 현 이기룡 원장님, 헌신적으로 교정해 주신 용산중앙교회 유승혁 강도사님, 총회교육원 윤웅열 강도사님께 각각 감사의 말씀을 드린다.

본 연구가 고신교회의 헌법 개정 역사를 처음으로 다루는 만큼 미숙한 부분이 많이 있을 것이다. 이 글을 계기로 이 분야에 많은 연구가 이루어지기를 기대한다.

2021년 1월

성희찬

제1부

초창기 한국장로교회(1884년-1945년)와 헌법 개정

한 국 장 로 교 회   헌 법 개 정 역 사

고신교회 70년 역사에서 이루어진 헌법 개정과 변천의 역사를 제대로 이해하려면 먼저 초창기 한국장로교회의 역사를 살펴야 한다. 따라서 본 연구 제1부에서는 내한 선교사가 처음으로 입국한 1884년부터 1945년 해방까지로 국한하여, 이 기간 동안 장로교회 헌법이 어떻게 형성되고 어떻게 개정되었는가를 고찰하려고 한다.

특별히 이 기간에서 주목할 것은 첫째, 미국 북장로교회 선교사들이 작성한 『미국 북장로교회 선교회 규범과 세칙』(1891년)이고 둘째, 1907년 9월에 한국장로교회가 첫 독노회가 세웠을 때 채택한 첫 헌법(신경과 교회정치)이며, 셋째는 1912년 9월에 총회를 처음으로 설립하고 난 이후 1922년 9월에 한국장로교회가 최초로 채택한 완벽한 헌법(12신경, 웨스트민스터 소요리문답, 교회정치, 교회권징, 예배지침)이다. 넷째는 이 1922년 헌법을 다시 한 번 개정하여 1929년에 관리(管理) 헌법인 교회정치, 권징조례, 예배모범을 개정하고 1934년에 도리(道理) 헌법을 개역하면서 1934년에 발행한 새 헌법이다. 이 1934년 새 헌법은 조선예수교장로회(후에 대한예수교장로회)가 분열하기 전에 가지고 있던 마지막 헌법이며 1960년 고신 측과 승동 측이 합동을 논의할 때 기초로 삼은 것이었다.[1]

---

1. 고신 측과 승동 측은 1960년 12월 13일 서울 승동교회에서 역사적인 합동을 하는 총회로 모인다. 이 날 합동총회는 합의안을 따라 대한예수교장로회 제45회 계속 총회가 되었다(고신 제10회). 이때 양측의 헌법과 수정위원의 제안으로 제시된 수정안 중에 다음과 조항이 제일 먼저 나온다: "1. 현재 사용하고 있는 양측 헌법을 수정하되 해 기준은 1934년 수정위원이 정정 재판한 <조선예수교장로회 헌법>을 <대한예수교장로회 헌법>으로 개칭하여 기본으로 사용키로 하고 합동에 필요한 최소한의 수정을 다음과 같이 하기로 한다."

1. 초창기(1884년-1892년)와 『미국 북장로교회 선교회 규범과 세칙』(1891년)

1) 한국에서 장로교회 설립은 언제?

한국교회에서 장로교회 설립은 1907년(안타깝게도 우리에게 평양 대부흥 운동이 일어난 해로 더 잘 알려져 있다)으로 거슬러 올라간다. 그 이유는 장로교회 설립을 위해 적어도 장로회에 부합한 교리와 정치를 채택해야 하는데 바로 이 해에 한국인 목사 7명이 최초로 임직되고 한국장로희 독노회가 설립되었으며, 동시에 비록 1년이라는 짧은 기간이지만 신경(12신조)과 장로회 교회정치가 채용되었기 때문이다. 물론 당시 채택된 『신경』(12신조)이 오늘날 장로교회가 고백하는 장로회 표준문서에는 턱없이 미치지 못하고, 또 『교회정치』 역시 당시 채택한 이들이 인정한 대로 "간단한" 『교회정치』인 것은 틀림없다.[2] 이같이 조선에서 우리 어머니 교회는 그 시작이 아직 어린 모습을 띄고 있었다. 어떤 이는 나름대로 논리를 따라 한국장로교회가 1907년 이전에도 있었다고 평가한다. 그것은 알렌(Horace N. Allen) 선교사가 입국한 1884년일 수 있고 혹은 언더우드(Horace G. Underwood) 선교사가 새문안장로교회를 설립한 1887년일 수도 있다. 그러나 한국장로교회가 장로교회로서 그 면모를 갖춘 것은 비록 그 모습이 연약하나 신경과 정치를 채택한 대한예수교장로교회 독노회를 설립한 1907년으로 보는 것이 옳다.[3]

---

2. 곽안련 편, 『한국교회사전휘집』(경성: 조선예수교서회, 1918년), 44.
3. 황재범, "1907년 대한예수교장로회(독노회)의 설립 과정 및 그 의의에 대한 연구", 『초기 한국 장로교회의 성립과정 및 신학』, 황재범 외 (서울: 한들출판사, 2010).

2) 미국 북장로교회 선교회 규범과 세칙(1891년)[4]

초창기 선교사들이 한국 전체에 하나의 장로교회를 세우는 꿈을 가진 것은 경이로운 일이었다. 호주교회 빅토리아 선교회 데이비스(Joseph H. Davies) 목사가 1889년에 한국에 도착했을 때 이미 장로교 연합 선교 공의회가 있었으나 이 조직은 이듬해에 데이비스가 죽음으로써 불가피하게 중단되었다. 그러다가 미국 남장로교회 선교사들이 도착한 후인 1893년 1월 28일에 가서야 서울에 있는 빈튼(Charles C. Vinton) 박사 집에서 다시 조직되었다. 이같이 선교사 공의회를 구성하기 이전 초창기 미국 북장로교회 선교사들이 만든 『북장로교 선교회 규범과 세칙』(1891년)은 이후 한국 장로교회가 제정한 『교회정치』의 가장 최초의 형태로 볼 수 있다.

1891년 당시 내한 선교사들은 모두 미국 북장로교회 소속으로서 나이가 어리고 경험이 부족하였다. 그래서 이들은 선교본부에 요청하여 미국 북장로교회가 파송하여 중국에서 이미 25년 동안 선교사역을 하며 『선교사역방법』(Methods of Mission Work, 1886), 『선교지 교회의 개척과 발전』(Planting and Development of Missionary Churches, 1889)이라는 책을 출판한 중국 선교사 네비우스(John L. Nevius) 박사를 한국에 두 주간 초청하여 대화를 하면서 선교 방법론을 배웠다. 네비우스의 선교방법은 기존과는 다른 것으로 간단하게 말하면 자전(자진 전도), 자치(자주 치리), 자립(재정 독립)의 원리를 강조했다. 마펫(Samuel H. Moffett, 한국식으로는 마포삼열 혹은 마삼열) 박사는 "네비우스로부터 두 개의 큰 원리 즉 사경회 제도와 재정적 자립의 원리를 배웠다."고 하였고, 언더우스 박사는 자기 책 『한국

---

4. 곽안련 저, 박용규 김춘섭 역, 『한국교회와 네비우스 선교정책』(서울: 대한기독교서회, 1994), 99-109. C. A. Clark, The Korean Church and the Nevius Methods of Korea(New York, Chicago: Flemmiing H. Revell, 1930), 75.

의 부름』(*The Call of Korea*, 1908)에서 그 회합을 다음과 같이 언급하였다: "기도하고 깊이 숙고한 후 우리는 대체로 '네비우스 원리'를 채택하였다. 그 시점에서 이 방법은 우리 선교정책이 되었다."[5]

네비우스의 내한 1년 후인 1891년 한국 선교회는 첫 연례집회에서 일련의 규범과 세칙을 채택하는데 그것이 바로『북장로교 선교회 규범과 세칙』(*Presbyterian Northern Mission Rules and By-Laws*, 1891)이다. 이 규범의 거의 모든 항목에서 네비우스의 영향력을 쉽게 찾을 수 있는데 어떤 곳은 그의 책에서 직접 인용한 구절도 있다.[6] 선교회 규범과 세칙은 모두 7조 59항인데 그 특징을 살펴보면 다음과 같다.

첫째, A항은 선교회가 관할하는 지회를 언급하는데 여기서 영수라는 직책이 처음 나온다. 즉 "각 지회는 가능하다면 교인들이 선출하거나 담당 선교사가 임명한 영수(들)를 가진다."고 하였다. "영수의 임무는 조사나 다른 담당자가 없을 경우 주일 예배를 주관하는 것이며, 특별한 경우를 제외하고 영수들은 선교회로부터 사례금을 받지 않으며 만일 받을 경우에는 선교회 전원의 찬성에 의한다."고 하였다.[7] 사실 영수는 장로로 임직 받지 않을 뿐 다스리는 장로의 직무를 대신하는 자였다. 그런데 선교사들이 왜 장로를 곧장 세우지 않고 영수를 세우기를 원하였을까? 이는 충분한 자격을 갖추어서 책임 있고 권위 있는 장로를 세우기를 원하였기 때문이다. 그래서 초창기 내한 선교사들은 네비우스의 방법을 따라서 교회마다 영수를 세웠다.

B항에서 현지 대리인(Native Agents)을 다루는데 여기에 영수(Leader)가

---

5. 곽안련,『한국교회와 네비우스 선교정책』, 98.
6. 곽안련,『한국교회와 네비우스 선교정책』, 99.
7. Nevius, Planting and Development of Missionary Churches, 34-35, 곽안련,『한국교회와 네비우스 선교정책』, 32-3에서 재인용.

가장 먼저 나오고 목사가 가장 나중에 나오는 것이 돋보인다. 그만큼 당시에는 영수의 역할이 중요하였다는 뜻이다. 심지어 선교사의 임무 중에서 영수의 선출과 임무 부과를 가장 큰 것으로 말하고 있다: "4. 영수의 선출을 지정 혹은 배려하며 그들에게 임무를 가르친다. 5. 영수들과 적합하다고 판단되는 기타 한두 사람을 권면하여 집과 가장 가까운데서 실시되는 신학 수업에 참여하게 하며, 그들의 참석을 강권하고, 수업을 맡은 선교사에게 앞으로 올 수 있는 사람들의 이름을 보고하게 한다."

둘째, B항은 현지 대리인(Native Agents)을 다루고 있는데 여기에는 영수(Leader), 장로(Elder), 집사(Deacon), 조사(Helper), 전도부인(Bible Woman), 강도사(Licentiate), 전도사(Evangelist), 목사(Pastor) 등을 포함하였다. B항의 3조와 9조에서 목사, 장로, 집사만이 "성경에 규정되었고, 장로교회 정치형태에서 제시된 대로 정식 직분"이라고 말하고 있으나 이들 세 직분과 함께 영수, 조사, 전도부인, 강도사, 전도자, 매서인 등을 열거하고 있다.

매서인은 "서적과 소책자의 배포자 혹은 판매자이다. 이들은 지부의 가결로 임명하며, 기독교적 인격과 배포할 서적들에 대한 지식, 그 사역에 대한 열성과 만족스런 증거를 보인 자라야 한다."라고 하였다. 매서인 통계는 1907년 독노회 설립 당시부터 노회에 보고하였는데, 1906년은 51명이다. 당시 목사와 조사가 46명, 105명일 때 이만한 수인 것은 이들이 당시 선교와 전도에 큰 역할을 했다는 것을 뜻한다.[8]

전도부인은 "기독교서적을 배포하고 성경을 가르치는 일에 종사하는 그리스도교인 여성이다. 그러한 여성들은 지부의 가결에 의해서만 임명된다."고 하였고, 조사는 "선교사 사역의 특별한 보조자로서 선교사에게 부속되는

---

8. 제1회 독노회록(1907), 42.

그리스도교인이다."고 하였으며, 전도자는 "특정 지역 안에서 복음을 전하도록 지부에 의해 임명된 자이다."고 하였다.

셋째, 특히 장로와 집사를 아주 엄격하게 세울 것을 규정하고 있다. 즉 "교회에서 만장일치로 선출되고 선교지부의 승인을 받아 그 뒤 6개월 동안 시험과 가르침을 받은 연후에야 안수를 받는다."고 하였으며, 이들은 또한 사례금을 받지 않는다고 하였다. 교회에서 만장일치로 선출하도록 한 것은 아주 까다로운 조건이 아닐 수 없다. 이 점은 나중에 한국장로교회에 큰 영향을 미치는데 곽안련 선교사는 이는 상급 치리회에 의한 감독을 미국 어느 장로교단보다 훨씬 더 강도 높게 규정한 것이라고 지적하였다.[9]

넷째, 본 규범과 세칙은 몇 번에 걸쳐 부가하는데 1896년 B항 <현지 대리인> 항목에 부가한 것을 보면, 3조에서 서리집사가 나온다. 이들은 "지회의 교인들이 선출하거나 담당 선교사가 임명한 현지 기독교인으로 한다. 이들은 안수받지 않고 일시적으로 집사의 직분을 수행한다."고 하였다. 이같이 선교사들은 아직 장로와 집사의 자격이 있는 신자가 없는 상태에서 영수를 세워 장로의 직무를 대신한 것처럼, 서리집사를 세워서 집사의 직무를 대신하기를 원하였다. 선교공의회가 1893년에 본격적으로 시작되기 이전 단 하나의 장로교회 선교회 즉 미국 북장로교회 선교만이 사역에 착수할 때 당시 통계를 보면 선교사들은 목사 선교사 9명, 독신 여성 선교사 3명, 의사 선교사 2명이고, 세례교인은 127명, 조직교회는 1개, 미조직교회는 5개에 불과하며, 교회 유급 사역자 12명 중에서 조사는 8명, 전도부인은 1명, 교사 3명이었다.[10]

---

9. 곽안련, 『한국교회와 네비우스 선교정책』, 228.
10. 해리 로즈 저, 『미국 북장로교 한국 선교회사』(vol.1), 최재건 역(서울: 연세대학교 출판부, 2008), 528. 그런데 이 통계는 곽안련의 통계와 약간 다르다(곽안련, 『한국교회와 네비우스 선

다섯째, 한편 미국 북장로교회 선교사들은 A항에서 선교사의 임무를 열거하면서 "징계를 집행하고 교회에 입교할 후보자를 심사하며 그 후보자를, 해당 지회 소재에 대한 관할권을 가진 선교사 치리회 혹은 교단 치리회에 보고한다."[11]라고 하면서 "교단 치리회"를 언급하는 것을 볼 때 이들이 초창기부터 권징을 시행하는 치리회를 염두에 두고 있음을 알 수 있다.

2. 장로회 공의회 시대(1893년-1906년)

미국 남장로교회 선교사들이 한국에 도착한 직후인 1893년 1월에 그동안 잠시 중단한 선교사 공의회를 다시 조직하였다. 이 공의회가 제1회 조선예수교장로회 독노회(대한예수교장로회 독노회)에서 신경과 장로회 정치를 공식적으로 채용하는 1907년까지 교회를 다스리는데, 공의회 밑에는 여러 도에 지방회(church session)들이 있었다. 공의회는 이내 평양과 서울에 각각 "공의회 지부"(Committee of Council) 둘을 두었고 1901년에는 전라도와 경상도에 두 개를 더 설치했고, 1905년에는 함경도에 다섯 번째로 설치했다. "지방회"들은 "공의회 지부"들을 통해 중앙 공의회에 보고하였다. 나중에 "공의회 지부"는 "소회"(Presbyterian Committee, So-hoi)라 불렸다. 안수 받은 선교사들과 한국인 장로들과 조사들이 이 소회의 회원이 되었다.[12] 이 공의회의 활동을 연대에 따라 다음과 같이 구분할 수 있다.

- 장로회 선교 공의회(The Council of Missions Holding the Presbyterian

---

교정책』 374-5를 보라).
11. 곽안련, 『한국교회와 네비우스 선교정책』, 101.
12. 해리 로즈, 『미국 북장로교 한국 선교회사』, 370-1.

Form of Government, 1893-1900): 이 공의회는 "조선 땅에 개신교회 신 교파 장로회 정치를 사용하는 연합교회를 설립하는 것"을 목적했으며, 미국 북장로교회, 미국 남장로교회, 캐나다 장로교회, 호주 장로교회의 선교사들이 여기에 가입하였다. 이 선교사 공의회는 선교에 관한 일을 서로 논의하는 협의체였고 정치적인 권한은 행사하지 않았다.

- 조선예수교장로회 공의회(1901-1906): 그러나 1901년부터는 한국인들 장로들과 조사들이 초청을 받아 이 중앙 공의회에서 선교사들과 자리를 같이하였다. 이때부터 1907년까지 회의는 영어회와 한국어회 이중으로 열렸다. 어쨌든 이 공의회는 정치적인 권한까지 행사하게 되어 1907년 독노회를 설립하기까지 한국장로교회를 다스리는 정치기구 역할을 하였다.[13]

1) 장로회 선교 공의회 시대(1893-1900)

본 공의회는 장로회 정치를 표방하는 공의회로서, 이미 장로를 선출할 수 있는 제도 장치가 마련되어 있었으나 아직도 자격이 있는 장로를 세우지 못하고 있었다. 그러나 교회를 다스리기 위해서는 어떤 조처가 취해져야 했다. 당시 공의회가 관할하는 교회 수가 1896년에는 26개, 1897년에는 73개, 1898년에는 205개, 1900년에는 조직교회 2개, 미조직교회 287개에 달하였기에 각 교회마다 책임 있는 지도자가 세워져야 했다.

한편 당시 4개 장로회 선교부(미국 북장로교회, 미국 남장로교회, 호주 자유장로교회, 캐나다 장로교회) 중에서 가장 선교사 수가 많기도 하고, 가장 먼저 한국에 선교기지를 세운 미국 북장로교회 선교사들은 1895년 10월에 선교정책의 신조로 별도 8개 조항을 채택하고 "선교회는 보다 정규 조직이

---

13. 곽안련, 『한국교회사전휘집』(1918년), 17.

갖추어질 정도로 사업이 발전되기까지는 '네비우스 사업방식'을 적용한다고 하였는데, 결과적으로 이후 주한 장로회 선교 공의회 선교정책은 네비우스 방법에 의존하였다.[14]

이 네비우스 선교정책 중에는 선교지의 자치 정책을 수행하고 교회전도자를 양성하는 문제에서 "그와 함께 살고 이해해야 할 사람들보다 높은 수준으로 끌어올릴 우려가 있는 훈련은 시키지 말아야 한다."는 원칙이 있었다. 바로 이 선교정책에 따라 주한 선교사들은 세계 장로교회들이 가지고 있는 목사, 장로, 집사, 이 세 직분을 종신토록 떠맡을 만큼 한국 신자들이 아직 충분한 성숙을 이루지 못하였다고 판단하고 일찍부터 서리목사(조사)와 서리장로(영수), 서리집사 제도를 채택하였다. 서리목사란 안수를 받지 않은 유급 사역자로서 "조사"라 불린다. 이들은 성례 집행을 제외하고 목사가 하는 모든 일을 모두 한다. 서리장로는 "영수"라 불리며 장로들이 하는 일을 모두 하지만 안수는 받지 못한 자들이다. 그리고 서리집사 역시 안수를 받지 않고 교회의 온갖 구제 사업과 재정 업무를 주관한다.[15]

그래서 주한 선교사들은 이 기간에 재임 기간 1년의 영수를 세워서 장로의 모든 직무를 수행하게 하였다. 어떤 교회는 두 명 이상이 임명되거나 선출되어서 하나의 위원회를 구성하기도 하였다. 또 조사도 세워졌다. 조사는 목사 임직을 받지 않았기에 성례를 집행할 수 없을 뿐 실제로는 목사와 다름없었다. 처음에는 선교사의 조사였으나 점차 한 순회 교구 안의 여러 교회를 맡아 돌보았고, 그 교회들이 연합으로 헌금하여 조사의 사례금을 지불하였다. 1900년 통계를 보면 세례교인 3710명(총 교인 9364명) 일 때 장로 2명, 남자

---

14. 허순길, 『한국장로교회사』(서울: 도서출판 영문, 2008), 95.
15. 곽안련, 『한국교회와 네비우스 선교정책』, 347.

조사 28명, 남자 설교자 15명, 여자 설교자가 8명이었다.

또 한 사람 혹은 여러 명의 "서리집사"를 임명하거나 선출하여 재정문제를 담당하게 하였고 남성들과 더불어 교회 여성들을 위해 조사들이 행하는 사역과 유사한 일을 하는 여성 사역자가 이 기간에 부상하였다. 그들은 "전도부인" "권사"(exhorter) 혹은 "여조사"(woman helper) 등 여러 가지 이름으로 불렸다. 이들은 가르치는 일과 전도에 많은 시간을 보내었으며 이들 역시 교회에서 사례금을 받고서 선교사의 감독을 받으며 일하였다.[16] 이후에 이러한 여성 사역자를 전도사라는 직명으로 부르고, 그 대신에 교회에서 교회 봉사를 충성스럽게 잘 감당하며 지도력이 있는 여 집사 중에서 여 교역자를 대신하여 봉사할 수 있는 직임을 맡기기 위해 당회에서 임명한 자를 "권사"라고 불렀다.[17]

이와 같은 네비우스 선교정책에 따라 한국교회 안에 세운 직책은 부정적으로는 사역자의 자질 향상을 제도적으로 제한하는 결과를 가져왔다고 할 수 있으나 자급, 자치 원리로 교회의 서양화를 방지하고 한국 토착교회로서 건전한 발전을 기한 것은 매우 긍정적이었다.[18]

2) 조선예수교장로회 공의회 시대(1901-1906)

이 기간에는 한국인 대표자들이 함께 모였는데, 1901년 한국어로 진행된 첫 회의에 선교사 대표 24명, 한국인 장로 3명, 조사 대표 6명이 참석하였다. 그날 회의 순서는 경건회가 먼저 있었고 이후 한 위원이 장로교회가 가진 정치형태와 각급 치리회, 목사 장로 자격 등을 간략히 요약한 선언문을 낭독하

---

16. 곽안련, 『한국교회와 네비우스 선교정책』, 153.
17. 임택진, 『장로회 정치 해설』(서울: 한국장로교 출판사, 2002), 165.
18. 허순길, 『한국장로교회사』, 95.

였다. 그 위원은 한국교회 정치가 아직은 태아기이고 당회가 극소수이며 목사가 전혀 없다는 사실에 주목하면서 정식 교인들 때문에 새로운 집단을 하나의 공의회로 조직하는 일이 필요할 것이라고 말하고 머지않아 정상적인 장로교회가 공식적으로 결성될 날이 오리라는 바람을 피력하였다.

조선예수교장로회 공의회는 이제 다음과 같이 중요한 결정을 하였다:[19] "첫째, 만국 장로회 헌법 번역위원을 선택. 둘째, 공의회 규칙 준비위원을 선정. 셋째, 오스트레일리아 미션회의 헌의에 의해 조선자유장로회 설립 방침을 정할 위원을 선택." 이어서 1902년의 조선예수교장로회 공의회는 장차 설립할 조선자유장로회의 설립방침을 정한 후 조선자유장로회의 정치와 규칙을 제정하는 위원을 선택하였다. 곽안련 목사가 1918년에 편찬한 『장로교회사전휘집』(長老敎會史典彙集)에는 다음과 같이 기록하고 있다:[20]

> 전년에 선정한 조선자유장로회의 설립 방침을 정할 위원이 보고하매 좌기와 같이 채용하였다:
> 제1조 설립방침 (1)~(4)
> 제2조 정치와 규칙 준비
> 노회가 성립하게 되면 즉시 자유교회가 되나니 교회헌법과 각양 세칙(목사임직과, 지교회설립과 기타 각항세칙)을 자유대로 제정할 권이 있을지라. 고로 좌기 2조를 작정하였느니라.
> (1) 헌법준비위원을 선택하여 공의회의 채용을 득하였다가 노회에 제의할 것
> (2) 노회규칙준비위원을 또한 선택하여 규칙을 준비하여 먼저 공의회에 보고하였다가 노회에 제의할 것…

---

19. 곽안련, 『한국교회사전휘집』(1918년), 21-2(1901년 영문회록 7항).
20. 곽안련, 『한국교회사전휘집』(1918년), 26-7.

이제 드디어 1906년 조선예수교장로회 공의회(영어를 사용하는)는 본래 한국장로교회 교회정치 규칙으로서 "웨스트민스터 정치모범대로 완전히 제정한 정치 즉 각 노회, 당회, 집사회, 기타 각항 사건에 관한 정치"를 제출하였다.[21] 이틀 동안 이를 토의한 후 더 깊은 연구를 위해 1년 동안 심의를 유보하지만, 이듬해에 모인 이 공의회는 이 웨스트민스터 정치모범 초안을 완전히 번역하여 인쇄하였음에도 이를 거부하고 대신 짧고 간단한 헌법을 통과하였다. 그들은 전자가 사울의 갑옷처럼 유아기에 해당하는 교회에 너무 무거운 것으로 생각하였다: "너무 중한 짐이 되어 연약한 교회가 감당키 난하니 맛당히 만국장로회의 보통원리에 터ㅎ야 간단히 제정 사용하다가 몇 개년 후 교회가 성장하여 장로회 교회에 한숙하게 된 후에 교회가 자기의 형편에 적당한 정치를 제정ㅎ는 것이 합당ㅎ다."[22] 이에 대해 황재범 교수는 1907년에 제출한 "간단한 정치"가 1904년에 채택된 인도 장로교회 정치규칙을 약간 수정한 것이라고 주장한다.[23]

한편 1901년부터 1906년까지 시기는 전도에서 괄목할만한 성장을 이룩한 시기였다. 1901년에 세례교인이 5118명인 것이 1906년에는 14353명으로 증가하였고 199개 처소는 546개로 불어났으며 1906년 신자 총수는 27407명이었다. 이 시기에 한국교회에 등장한 것 중 하나가 "권찰" 제도임에 주목해야 한다. 이는 소위 "열 사람의 지도자"조직이었다.

---

21. 이때 제출한 『교회정치』, 아마도 번역된 것으로 보이는데 이것이 어떤 내용을 담은 『교회정치』를 가리키는지 추정할 수밖에 없다. 17세기 『웨스트민스터교회정치』를 가리키는지 혹은 미국 장로교회의 초창기 『교회정치』를 가리키는지 혹은 북장로교회의 『교회정치』를 가리키는지 아니면 1917년에 곽안련 선교사가 번역한 『교회정치문답조례』를 가리키는지 명확하지 않다. 이에 대한 연구가 면밀하게 필요하다.
22. 곽안련, 『한국교회사전휘집』(1918), 44.
23. 황재범, "1907년 대한예수교장로회(독노회)의 설립 과정 및 그 의의에 대한 연구", 65-6.

이는 평양에서 처음 시작된 안으로서 마펫 박사가 다음과 같이 말하였다: "이에 관한 착상은 와나메이커(Wanamaker) 씨의 유명한 필라델피아 주일학교에서 얻었다. 교회의 모든 교인은 남녀가 개별적인 그룹을 형성한 채 10명 단위로 나누어진다. 그리고 교회의 하급 지도자들에게 권찰이라는 이름을 부여해서 그들을 담당하게 한다. 권찰은 자기에게 할당된 자들의 영적 유익에 관한 모든 일을 파악하고 감독한다. 권찰은 권면하고 가르치고 격려하고 위로하는 일을 하며 자신의 사역을 장로나 목사 혹은 교회의 기타 상급 직분자에게 보고한다. 또한 권찰들의 월례회도 개최한다.[24] 옛날부터 열 가옥 단위로 묶어진 각 집단의 대표자가 마을 치안을 유지하는 길드(guild) 제도가 있었으므로 한국인들은 이러한 관념에 익숙해 있었다. 그러므로 그들은 이런 제도를 더 쉽게 수용할 수 있었을 것이다." 그래서 권찰 조직을 한국교회에 도입하여 복음 전도의 매개체로서뿐 아니라, 부수적인 효과로 새로운 영수와 장로감을 끊임없이 만들어 내는 하나의 양성소 역할을 하였다.[25] 윤은수는 자기 논문에서 초창기 한국 장로교회에서 시찰회와 함께 권찰 제도가 교회 권징 기능을 담당한 것으로 보고 이를 긍정적으로 평가하였다.[26]

---

24. 초기 한국장로교회의 제직회는 대제직회와 소제직회로 모였다. 그래서 교회 전체적으로 의논할 일은 대제직회로 모이고, 권찰회 안에서 의논할 일은 소제직회로 모여 사업을 진행해나갔다. 윤은수, "초기한국장로교회의 권징에 대한 이해", 『초기 한국 장로교회의 성립과정 및 신학』, 136-137에서 재인용. 새문안교회 창립100주년 기업사업회, 『새문안교회 문헌사료집』(서울: 새문안교회역사편찬위원회, 1987), 336.
25. 곽안련, 『한국교회와 네비우스 선교정책』, 180-1.
26. 윤은수, "초기한국장로교회의 권징에 대한 이해," 119-44.

3. 대한예수교장로회 독노회 시대(1907년-1911년)와 『대한예수교장로회 규측』(1907)

1) 대한예수교장로회 독노회 설립

마침내 1907년 9월 17일 대한에 예수교장로회 독노회가 설립되었다. 이날의 감격을 조선예수교장로회 독노회 회록 서문은 다음과 같이 전한다:

> "신령하고 크도다 이 아름다운 로회여 교회의 머리되시는 주 예수 그리스도께서 일즉이 사도와 문도를 택정하여 세우사 … 믿는 형제 중에 사람을 택하여 장로와 목사를 세워 교회를 치리케 하였으니 … 예루살렘 본 교회에 여러 목사 장로들이 모여 교회가 마땅히 지킬 규모를 의논하여 작정하였으니 이거시 로회의 시작이라 … 하나님께서 은혜를 풍부히 주심으로 수년 전에 미국 남장로교회와 북장로교회와 영국 오스드렐냐 장료 교회와 가나다 장료교회 이 네 곳 총회에서 특별히 대한국 장로회 로회를 세우기로 허락한 고로 … 주강생 일천 구백 칠년 구월 십칠일 오정에 한국 로회를 설립한 후에 대한에 신학교 졸업학사 닐곱 사람을 목사로 장립하고 대한국 예수교 장로회 로회라 하셨으니 이는 실노 대한국 독닙 로회로다 할넬누야 찬송으로 성부 성자 성신님게 세세토록 영광을 돌니네 아멘."

이날 노회원들은 마포삼열 목사를 노회장으로 선출하고, 부노회장과 서기와 부서기는 한국인으로 정하고, 그래함 리(Graham Lee)를 회계로 선출하였다. 당시 노회원 구성은 선교사 38명과 한국인 장로 40명이었다. 제1회 독노회는 우선 신학교 졸업생 한국인 7인을 목사로 임직하여 1인은 제주도에 선교사로, 1인은 개체교회 시무목사로 청빙하는 것을 허락하고 나머지 5명은 전도목사로 파송하였다. 또 이전 7개 장로교 소회를 7개 대리회(sub-Presbytery)로 개편하였다.

무엇보다 제1회 독노회는 공의회가 준비한 신경과 교회정치를 채용하였다. 그러나 임시로 일 년만 채용하여 검사하기로 하고[27] 조사위원 7인을 선정하여 내년 노회에서 보고하도록 하였다(조사위원: 이눌서, 마포삼열, 게일, 방기창, 한석진, 배위량, 량전백).[28] 그리고 이어서 제2회 독노회(1908년)는 정치조사위원 한석진을 통해 조사위원을 일 년 더 유임할 것과 마포삼열, 한석진 2인을 특별히 조사할 위원으로 선정해달라는 보고와 요청을 듣고 이를 가결하였다: "정치조사위원 한석진 씨가 보고하여 여좌하니 (1) 작년 조사위원을 일 년 동안 더 인임할 일 (2) 조사위원 중 마포삼열 한석진 양씨를 하 위원으로 정하여 특별히 조사할 일 등…"[29]

그래서 제3회 독노회(1909년)는 마포삼열 씨가 특별 조사한 결과 교회정치를 급하게 개정할 것이 없다는 보고를 듣고 정치와 신경 책을 출판하기로 결정하였다: "정치조사위원 마포삼열 씨가 정치와 신경을 급히 개량할 것이

---

27. "공의회의 택한 대한 장료교회 신경위원 이눌서 씨가 보고하매 편하설 씨가 일 년만 채용하여 검사하기로 동의하여 가로 결정하다. 공의회의 택한 장로회 정치위원 게일 씨가 보고하매 길선주 씨가 신경례를 의지하여 일 년만 채용하기로 동의하여 가로 결정하다."(제1회 독회록, 8). 여기서 이눌서는 버지니아의 유니온 신학교에서 수학하고 평양신학교에서 1924-37년간 조직신학을 가르친 미 남장로회 선교사 윌리엄 레이놀즈(William D. Reynolds)이며, 편하설은 북장로회 선교사로서 평양신학교에서 도덕학 강의를 하고, 평양 산정현 교회 초대목사를 지내다가 평양 숭실대학 교수를 지낸 찰스 번하이슬(Charles F. Bernheisel)이다. 게일은 제임스 게일(James S. Gale)로, 처음에는 캐나다 토론토 대학 YMCA 선교사로 왔다가 나중에는(1891년) 미국 북장로회 본부 선교사로 일했다.
28. 제2회 독노회록(1908), 11-2.
29. 제2회 독노회록(1908), 18.

없사오니 위원은 그대로 인임케 하며 정치와 신경책을 출판하기로 보고하며 이눌서 씨가 채용하기를 동의하며 가로 결정하다."[30] 한편 동 노회는 노회 규칙과[31] 노회 보고 규칙을 또한 제정 채용하였다.[32] 그리하여 제4회 독노회(1910년) 회록의 부록에서 1907년 독노회에서 임시로 채택한 『교회정치』가 신경, 노회 규칙, 노회 보고서 양식과 함께 실린 것을 볼 수 있다.

2) 대한예수교장로회 규측(1907)

1907년 『교회정치』는 총 4조 14항, 세칙 7조인데, 제1조는 교회, 제2조는 예배절차, 제3조는 직원, 제4조는 교회 치리를 다룬다. 여기서 우리가 관심을 두는 조항은 제3조 직원(6항)과 세칙 7조이다. 이것으로 1907년 『교회정치』 특징을 보면 다음과 같다.

첫째, 교회직원은 목사-장로-집사 셋으로 보지 않고, 장로와 집사 둘로 보고 있다. 그래서 "강도함과 치리함을 겸한 자를 흔히 목사라 칭하고, 다만 치리만 하는 자를 장로로 한다."고 하였다. 이는 미국 남장로교회의 영향으로 보인다. 미국 북장로교회는 항존 직원을 둘로 보지 않고 목사 장로 집사 셋으로 규정하였다.

둘째, 목사는 "노회의 안수함으로 세움을 받는다."고 할 뿐 치리하는 장로가 목사 임직에서 배제한다는 자세한 규정이 없는 것으로 보아, 장로도 노회

---

30. 제3회 독노회록(1909), 27.
31. 제3회 독노회록(1909), 7-11.
32. 제3회 독노회록(1909), 11-2. 한편 곽안련은 그가 편찬한 『장로교회사전휘집』에서 제2회 독노회에서 신경과 함께 장로회 규칙이 완전 채용되었으나 서기가 독노회록에 발행하지 못하였다고 지적하고 있으나 이는 착오인 듯하다. 참고. 곽안련 편, 『장로교회사전휘집』(평양: 조선야소교서회, 1935), 8.

일원으로서 목사 안수에 참여할 수 있음을 암시하고 있다. 이 역시 미국 남장로교회의 영향으로 추정할 수 있다.

셋째, 목사 칭호를 보면, 지교회 목사와 전도목사만 나오고 있다. 즉 "목사는 노회의 안수함으로 세움을 받아 그리스도의 복음을 전파하며 성례를 베풀며 교회를 다스리나니, 혹 한두 지교회나 여러 지교회를 총찰하난 자를 지교회 목사라 하고, 노회에서 직분을 맡아 두루 다니며 전도하는 자를 전도목사라 칭하니라."라 하였다. 그래서 1907년 한국 목사 7인이 임직한 후에 길선주 목사는 장대현교회 지교회 목사로 청빙을 받고, 이기풍 목사는 제주도로 선교사로 파송하고, 나머지 5인 목사는 모두 전도목사로 파송하기로 결정하였다.[33]

넷째, 장로와 집사의 직무를 보면 장로는 목사의 안수함으로 세움을 받아 목사와 더불어 지교회의 신령한 일을 살펴 다스리는 자라고 하였고, 집사는 목사의 안수함으로 세움을 받아 목사와 장로로 더불어 병인과 궁핍한 자를 돌아보며, 지교회 연보전을 받기도 하고 쓰기도 한다고 하였다.

다섯째, 강도인(講道人)은 노회에서 강도하는 인허를 받고 노회의 인도함을 좇아 일하며 노회가 작정한 목사 앞에서 혹 조사가 된다고 하였다.

여섯째, 『교회정치』에서 영수, 서리집사, 여전도인, 매서인에 대한 언급이 없는 것은 1907년 『교회정치』가 원리적으로만 규정한 간단한 정치라는 뜻이다. 실제로는 각 개체교회에서 이들이 교회의 사역자로서 활동하고 있기 때문이다. 더구나 당회가 없는 대부분 미조직교회에서 영수의 권한은 이미 실제적이고 막대하였음에도 해당 규정을 전혀 찾을 수 없다. 제2회 독노회(1908년)는 교인 이명 시에 천서(薦書)를 주는 것이 본래 당회가 할 일이지

---

33. 제1회 독노회록(1907), 18-9.

만 당회가 없는 곳은 조사와 함께 영수에게 천서를 줄 수 있는 권한을 부여하였다. 물론 즉시 지방목사에게 보고해야 한다는 조건이 있기는 하지만, 영수의 권한이 대단했음을 알 수 있다.[34] 그러나 이후 기록에서는 영수회는 교회를 치리하는 회는 아니며 이는 노회와 관계없고 대신으로 노회 권리를 할 수 없고 그 지방목사나 혹은 시찰위원의 상관할 일이라고 하였다.[35] 또 제2회 총회(1913년)에 영수의 선출과 기한을 묻는 질의가 상정되는데, 총회는 당회에 맡겨서 조처하되 당회가 없는 곳에는 그 지방목사가 맡겨 행할 일이라고 결정하였다. 물론 임시로 채용한 직책이기에 이를 『교회정치』에서 규정하는 것이 쉽지는 않았을 것이다.

조사, 매서인, 여전도인의 직책은 독노회 설립 이후 노회 총계에서 볼 수 있다. 즉 1907년 독노회 당시 보고에는 1905년 통계에서 교회가 417개, 예배당이 394개, 성찬 참여 교인이 11,060명, 장로가 18명일 때 조사는 80명이며, 매서인은 44명, 여전도인은 39명이다. 또 1908년의 통계에서는 교회가 584개, 예배당이 546개, 성찬 참여 교인이 14,353명, 장로가 33명일 때 조사는 105명, 매서인은 51명, 여전도인은 38명이다. 그런데 영수의 역할이 지대함에도 이 통계는 서리집사와 함께 제4회 총회(1915년)에 가서야 나타난다. 이때 통계에 따르면 한국 목사가 108명, 장로가 467명, 장립집사가 53명, 강도사 6명, 조사가 265명, 남전도인이 53명, 남자 매서인이 140명, 여전도인이 73명, 영수가 1393명, 서리집사가 2870명, 기타 다른 임원이라고 해서 3747명, 주일학교 교사가 4394명, 조직교회가 291개, 교회 수가 1897개, 세례교인이 62,083명, 교인 수는 145,616명이다. 따라서 이때 1개 교회당 교인

---

34. 제2회 독노회록(1908), 18.
35. 제1회 총회록(1912), 33.

수는 76.8명, 1개 교회당 영수는 거의 1명꼴이며, 서리집사 1명당 교인 수는 50.7명이며, 영수 1명당 교인 수는 약 104명이다.

일곱째, 세칙 5조를 보면 장로와 집사 선출과 안수를 규정하는데, 우선 장로와 집사는 목사와 당회뿐 아니라 혹은 노회에서도 안수를 받을 수 있는 여지를 주고 있다: "장로와 집사를 택하려면 택하기 전 주일에 미리 공포하고 성찬 먹는 회원이 택할지니 목사와 당회가 안수 위임하거나 혹 로회가 안수 위임하되 안수하기 전에 장로와 집사될 자들이 신경과 규측과 세측을 준행하기로 허락할지니라."고 하였다. 이 세칙으로 인해 후일에 특히 장로를 세우는 것이 당회의 직무인지 혹은 노회의 직무인지를 두고 논란이 일어났다. 한편 장로와 집사 임직 시 신경과 규측과 세측을 준행하는 것을 강조하고 있음도 알 수 있다.

4. 조선예수장로회 총회 시대(1912년-해방)와 『교회정치』(1922년, 1929년, 1934년)

1) 조선예수교장로회 제1회 총회 설립

1907년 9월 17일과 1912년 9월 1일은 한국교회에서 역사적인 날이다. 앞 날짜는 조선예수교장로회가 독노회를 구성함으로써 비로소 한국교회에 근원적인 의미에서 장로교회가 설립되었다고 평가할 수 있고, 뒤 날짜는 최초로 장로교회가 총회를 구성한 날이기 때문이다. 바로 이 총회에서 총회원들이 장로교회의 첫 사역자인 언더우드 목사를 총회장으로 선출한 것은 대단히 의미가 있다. 이때 목사 총대는 52명이며 장로는 125명, 선교사는 44명이었다.

2) 정치개정 위원 선정에서부터(제2회 총회, 1913년) 정치제정까지(제11회 총회, 1922년)

조선예수교장로회 제2회 총회(1913년)는 총회 구성을 마치자마자 정치개정을 위하여 위원을 선정하였다. 1907년 『교회정치』는 의도적으로 대단히 간결하게 뼈대만 만든 것이었고 이는 적절한 때가 오면 완벽한 새 헌법을 작성하기 위한 것이었다. 그래서 총회는 이후 몇 차례 과정을 거쳐 마침내 제11회 총회(1922년)에서 확정 공포하여 조선예수교장로회 최초로 완전하게 구성된 헌법을 발간하였다.

제2회 총회(1913년)는 1907년 『교회정치』를 개정하기 위하여 마포삼열 김필슈 량뎐백 3씨로 정치개정위원으로 선정하여[36] 각 노회에 통첩문의할 할 것을 결정하고, "김이제 씨의 헌의 중에 정치와 권징조례 출간하는 일에 대하여 정치는 이미 출간하였고 권징조례는 조속히 출간할 일"을 보고하였다. 그러나 정치개정위원 3인의 활동은 지지부진하였다. 제3회 총회와 제4회 총회에서 이들 활동 보고를 전혀 찾을 수 없다. 다만 제4회 총회에서 기존 3인 외에 원두우, 김션두 2인이 추가되어 정치개정위원은 모두 5인이 되었다.[37] 그래서 제5회 총회(1916년)에서 본 위원회는 상회의 명령을 이루지 못한 것에 사과를 하고 다음 내용을 보고하고 청원하였다: "본 위원 등이 상회 명의를 미능 상실해온 것은 혹 준비라 칭하며 혹 개정이라 칭하였으니 지금까지 미비한 것은 황송하오나 대강 권징조례와 예배모범은 신학생도를 위하여 출판하였으나 이후로는 교회를 위하여 개간하겠사오며 또 각양 장정과

---

36. 제2회 총회록(1913), 32, 66. 정치개정을 위한 특별위원 3인의 명단이 회록 부록에 직원명부에 포함하여 나오고 있다. 이 3인은 기존의 정치위원 중에서 1914년조 1915년조 1916년조에서 한 명 씩 각각 선발된 것으로 보인다(64).
37. 제3회 총회록(1914), 부록 3. 제4회 총회록(1915), 59.

규측도 출판하기를 경영하오나 본 위원이 너무 수가 약소하야 중임이 란감이오니 편집위원 원두우 씨 외에 곽안련 씨를 선정하시며 그 외에 왕길지 업아력 양씨를 개선하고 정치위원과 합동하여 죠속간ㅎ행케ㅎ심을 복망함."

여기서 보는 것처럼 정치개정위원 수가 너무 적어서 이 일이 부진한 것과 그래서 위원 수를 늘려줄 것과 정치위원과 합동하여 조속하게 간행할 것을 요청하였다. 한편 제5회 총회에서부터 정치개정위원은 정치편집위원으로 명칭을 변경하는데 그 위원 7인은 다음과 같다: 마포삼열, 김필슈, 량뎐백, 곽안련, 왕길지, 업아력, 김션두.[38] 한편 정치위원 보고를 보면 "정치를 전무하야 완전히 제정하자는 헌의는 정치편집위원의 보고가 있사오니 갱론할 것이 없사오며, 신경과 규칙과 권징조례와 각양 예식서를 정치편집위원회에 위탁하여 먼저 한문으로 완전히 제정"하게 하였다.[39]

제6회 총회(1917년)에서 정치편집위원 보고를 보면 헌법 개정활동이 상당히 진척되었다는 것을 알 수 있다. 첫째, 『교회정치』와 권징조례와 예배모범은 교회가 인용하는 웨스트민스터 책을 번역하여 편집하였고 둘째, 그중에서 『교회정치』는 위원들이 지금 교열을 보는 중이고 내년에 인쇄해서 총회에 제출할 예정이며, 셋째, 권징조례와 예배모범은 번역이 완료되어 곧 출판하여 각 노회의 목사와 장로에게 보낼 터인데 열람을 하고 개정할 내용이 있으면 의견을 보내달라는 보고를 하였다: "(1) 정치와 권징조례와 예배모범은 우리가 교회가 인용하는 바 웨스트민스터 책을 번역하고 또 우리 총회에서 작정한 바로 편집케 한 일과 (2) 『교회정치』는 본 위원들이 곽안련 함태영 량씨에게 맡겨 편집ㅎ야 밀판으로 셩편ㅎ야 두책식 각 위원에게 보내어 교

---

38. 제5회 총회록(1916), 89.
39. 제5회 총회록(1916), 23.

열케 하기로 하였더니 지금 준비가 잘 된 고로 각 위원이 교열하는 중이오니 만일 위원들이 보기에 완전한 줄로 인정하면 출판하여 훗 총호에 드리려하오며, (3) 권징조례와 예배모범은 곽안련 함태영 배유지 남궁혁 4인에게 맡겨 번역되었는데 지금 출판하여 각 노회에 당회 수와 목사 수대로 책을 보내고, 목사와 장로들이 열람한 후에 개정하려면 그 의견을 5월 31일 내로 본부장 마포삼열 씨에게로 보낼 일."[40]

그런데 곧 마칠 것으로 예상한 정치개정은 쉽지 않았다. 제7회 총회(1918년)에서 정치편집부장 마포삼열의 보고에 따르면 예배모범과 권징조례는 이미 출간하였으나, 교회정치는 아직도 편집 중인 것과 내년 총회에서 마칠 것을 보고하였다: "정치편집은 현금 편집중이온 바 내년 총회에는 필하려하오며, 예배모범과 권징조례는 출간하여 분전하였는대 교정법은 이전 작정대로 하고 교정 건은 금년 12월까지 정치부장에게 보낼 일."[41] 그리고 이때 정치편집위원은 기존의 7인 중에서 업아력이 빠지고 부두일로 교체하였다.[42] 그러나 해가 바뀌면서 사정은 다시 나빠졌다. 정치편집위원들이 헌법을 편집하는 중 1919년 3월 1일 삼일 만세 운동으로 인하여 위원 중에서 총회장 김선두 목사를 비롯해 량순백, 함태영 등이 일본군에게 체포되어 서대문형무소에 갇힌 일이 발생하였다. 다행히 곽안련 선교사가 단독으로 책을 출간하였으나 본래 원고를 찾지 못하여 이를 고증할 수 없었다. 그래서 1919년 10월 4일에 열린 제8회 총회는 총회장 김선두 목사 대신 부총회장인 마포삼열 선교사의 사회로 개회하나 총회 기간에는 헌법 개정과 관련하여 정치편집부의 보고가 없었다. 대신 정치편집부 보고로 곽안련 선교사가 번역하여 1917

---

40. 제6회 총회록(1917), 18-9.
41. 제7회 총회록(1918), 18.
42. 제7회 총회록(1918), 93.

년에 출간한 존 핫지(J. A. Hodge)의 책 『교회정치문답조례』(*What is the Presbyterian law?*, 1882)를 참고서로 사용할 것을 가결하였다: "만국장로회 정치문답조례책은 참고셔로 쓸 일."[43]

1920년 10월 2일에 열린 제9회 총회에서 정치편집부장이 별지와 같이 보고한 다음 내용(광고보고로 받기로 동의 가결하였다)에서 비로소 그간 사정을 알 수가 있다: "(1) 본부에서 편성한 책은 각 교역자가 1년간 열람 후에 개정 건을 전 부장 마포삼열 씨에게 귀송하라고 하였으나 개정 건이 원만히 오지 못함, (2) 본 위원들이 책을 편집한 당일에 조선독립운동을 인하여 조선인 위원들은 거의 다 피착되고 곽안련 씨가 책을 출간하였는데 그 원고를 찾지 못하여 고증할 수 없음" 등이었다.[44]

여러 우여곡절 끝에 마침내 1921년 9월 10일에 열린 제10회 총회에 새 헌법이 제출되었다. 정치편집부장 차상진 목사가 다음과 같이 보고하였다: "본 위원이 정치와 권징조례와 예배모범을 이왕 출간하여 각 교회와 목사 장로의 교열을 요구하였던 바 정오(正誤)와 의견을 득하여 교정하고 보고하오니 우기(右記)를 상고 후에 채용하시기를 요합니다." 그리고 오른편 괄호 안에 『교회정치』는 16개 조항에 걸쳐 교정한 것과 외국선교사에 대한 5개 조항에 걸친 교정을 요청하였다.[45]

이듬해 1922년 9월 10일에 열린 제11회 총회는 개정한 교회정치와 권징조례와 예배모범을 노회에 수의하기로 결정하였고,[46] 마침내 17개 노회 중 14개

---

43. 제8회 총회록(1919), 40.
44. 제9회 총회록(1920), 15, 64.
45. 제9회 총회록(1920), 52-4.
46. 서기가 제10회 회록 출간을 보고할 때 다음의 보고 역시 함께 채용하기로 결정하였다: "정치 편집부의 준비한 정치(본회에서 개정한대로)와 권징조례와 예배모범은 채용하고 투표받기 위

노회 찬성으로 1907년의 『교회정치』를 대신하여 새로운 『교회정치』를 완전히 채용한 것을 가결한다고 회장이 공포하였다.[47] 이로써 정치편집부는 편집이 다 되어 사무가 없는고로 폐지하기로 동의 가결되었다.[48]

제11회 총회에서 채택한 헌법, 즉 조선예수교장로회 헌법은 첫째, 신조(서문, 12개 조항)와 인가식, 둘째, 성경요리문답 107개조, 셋째, 조선예수교장로회 정치 24장과 부록, 넷째, 예배모범 19장, 다섯째, 권징조례 14장으로 구성하였다. 곽안련은 다음과 같이 이 헌법을 설명하였다: "이 헌법은 일반적으로 미국 남북장로교회의 헌법을 따르고 있다. 정치 형식과 권징조례는 북장로교 헌법을 더 가까이 따르고, 예배모범은 남장로교 헌법에 더 가깝다. 그러나 각각의 분야별로(즉 정치, 권징조례, 예배모범 등) 조합된 항목이 있으며, 캐나다와 오스트레일리아 장로교회와 다른 교회들의 책에서 따온 조항도 있다. 1907년 신조와 소요리문답은 변경 없이 그대로 유지되었다."[49]

3) 1922년 『교회정치』와 곽안련 선교사

1907년을 대신한 1922년 헌법제정에는 누구보다도 곽안련 선교사가 지대한 영향을 미쳤다.[50]

첫째, 1922년 『교회정치』 목차를 보면 곽안련 선교사가 번역하여 출간한 핫지의 『교회정치문답조례』(1917년)에 나타난 순서와 거의 같다. 이 책은 제

하여 각 노회로 내려보내기로 함과 아직 노회에서 채용하지 아니하였어도 투표할 동안 임시로 이상 세 책을 교회헌법으로 사용하기로 가결함"이다(제11회 총회록, 10).
47. 제11회 총회록(1923), 17.
48. 제11회 총회록(1923), 26.
49. 곽안련, 『한국교회와 네비우스 선교정책』, 228.
50. 전재홍의 다음 논문을 참고하라. "초기 한국장로교회에 있어서 헌법의 형성과정 및 내용에 대한 연구-곽안련 선교사의 역할을 중심으로"(계명대학교 박사학위청구논문. 2008).

8회 총회(1919)에서 참고서로 사용하기로 결정하는데, 1-22장까지는 두 책의 각 장 제목이 동일하고, 1922년 『교회정치』는 23장(교회소속 각 회의 권리와 책임)과 24장(헌법 개정) 그리고 부록(시찰위원특별심방시문답례)이 첨가되었다. 미국 북장로교회 신학과 교회정치를 대변하는 찰스 핫지(Charles Hodge)의 조카였던 존 핫지는 *The Church and Its Polity*(1878)를 집필했다. 그가 쓴 이 책은 찰스 핫지의 저서와 미국 북장로교회 교회정치를 그대로 따랐다. 그러므로 미국 북장로교회 소속이었던 곽안련 선교사가 1922년 『교회정치』를 제정하면서 이를 활용한 것은 너무도 자연스러운 일이었다. 그러나 1922년 『교회정치』는 미국 북장로교 영향 이외에도 부분적으로는 캐나다 장로교와 호주 장로교, 일본 장로교, 인도 장로교의 것을 참고하여 수용하였다.[51] 다음에서 두 책 목차를 비교해보라:

1922년 『교회정치』	1917년 핫지의 『정치문답조례』
제1장 원리	제1장 원리
제2장 교회	제2장 교회
제3장 교회직원	제3장 교회직원
제4장 목사	제4장 목사
제5장 치리장로	제5장 치리장로
제6장 집사	제6장 집사
제7장 교회예의급 율례	제7장 교회의 예배의식
제8장 교회정치급 치리회	제8장 교회정치와 치리회
제9장 당회	제9장 당회
제10장 노회	제10장 노회
제11장 대회	제11장 대회

---

51. 황규학, 『교회법이란 무엇인가?』(서울: 에클레시안, 2007), 87.

제12장 총회	제12장 총회
제13장 장로집사선거급 임직	제13장 장로 집사 선거 및 임직
제14장 목사후보생급 강도사	제14장 목사후보생 및 강도사
제15장 목사급 선교사 임직	제15장 목사 선교사 선거 및 임직
제16장 목사이임	제16장 목사전임
제17장 목사 사직	제17장 목사사면 및 사직
제18장 선교사회	제18장 선교사
제19장 회장	제19장 회장
제20장 서기	제20장 서기
제21장 허위교회 예배	제21장 허위교회
제22장 총회총대	제22장 총회총대
제23장 교회소속각회의 권리급 책임	
제24장 헌법 개정	
부록: 시찰위원특별심방시문답례	

둘째, 곽안련 선교사가 번역한 『교회정치문답조례』(1917)와 1922년에 제정된 『교회정치』가 거의 비슷한 것은 그가 정치개정위원(정치편집위원)으로서 제5회 총회(1916년)부터 1922년 『교회정치』 제정에 깊숙이 관계한 것과 무관하지 않다. 본래 제2회 총회(1913년)서부터 착수하였으나 몇 년 동안 교착 상태에 빠진 헌법제정 작업은 그가 위원회에 참여함으로 활발하게 진행된다. 그래서 바로 다음 해 제6회 총회(1917년) 보고에 따르면 새로운 교회정치, 권징조례, 예배모범이 웨스트민스터 책을 번역하여 편집한 것으로 언급되는데, 이 모든 책 교열과 번역에 유일하게 곽 선교사만이 모두 관여한 것으로 나온다. 이 사실은 그가 위원회에서 주도하여 참여했다는 것을 보여주고 있다.

셋째, 또한 그는 1919년 4월부터 1922년 사이에 당시 신학연구지인 <신학

지남>에 총회헌법을 주해한 소논문 7편을 싣는다.[52]

1919년 10월에 예정된 제8회 총회에서 새 헌법이 노회 수의를 통해 총회가 가결할 것을 기대하면서 다음과 같이 썼다: "올 가을에 본 교회 총회가 그 새로 작성한 헌법(정치, 권징조례, 예배모범, 신경, 요리문답) 책에 대하여 투표결정할 터이니 그러케 하기 전에 온 교회와 특별히 그 모든 직원들이 본 교회 헌법의 성질과 그 속에 있는 원리를 강구함이 가장 필요하니라."[53] 그가 이렇게 해설과 주석을 쓸 수 있는 것은 그가 신 헌법 개정에 주도적으로 참여하였음을 반증하고 있다.

4) 1922년 『교회정치』 특징

이제 1922년 『교회정치』에서 "직원" 항목을 중심으로 그 특징을 살펴보기로 하자.

첫째, 1907년 『교회정치』처럼 교회에 영존할 교회직원 즉 항존 직원은 성경에 근거하여 오직 두 종류, 장로(감독)와 집사가 있다고 하였다. 또 장로는 두 종류가 있는데 곧 목사와 교인의 대표자인 장로로 구분하였다: "교회에 항존불폐할 직임은 여좌하니, 장로(감독)와 집사라. 장로는 둘이 있으니 (1) 강도함과 치리함을 겸한 자를 목사라 칭하고, (2) 치리만 하난 자를 장로라 칭하나니 이는 회원의 대표자라. 이 두 직은 성찬 참예하는 남자라야 피택되

---

52. 곽안련, "조선예수교장로회신경론," 『신학지남』 제5호(1919.4), 71-83; "조선예수교장로회헌법," 『신학지남』 제6호(1919.7), 70-6; 『신학지남』 제7호(1919.10), 89-104; "권징조례주석," 『신학지남』 제9호(1920.4), 81-99; "권징조례주석," 『신학지남』 제10호(1920.7), 251-264; "권징조례주석," 『신학지남』 제12호(1921.5), 495-506; "권징조례주석," 『신학지남』 제14호(1922.1), 96-110.
53. 곽안련, "본장로교회신헌법," 『신학지남』 제7호(1919.10), 89.

나니라"(제3장 교회직임 2조 교회에 영존할 직임).

곽안련 선교사는 신학지남에 실은 글을 통해 1919년 총회에서 투표로 결정될 것으로 예상하는 새 교회정치의 교회직원 부분을 해설하였다. 그는 사도시대의 교회직원은 사도, 전도자, 감독(혹 목사, 교사, 장로), 집사이나 오늘날 이 시대에 사도는 아주 없어졌고 설립된 교회에서는 전도자(선교사)가 없어졌고, 그래서 교회에 영존할 직원은 감독과 집사라고 하였다.[54] 이는 1907년『교회정치』내용과 동일하다. 이처럼 항존 직원을 둘로 본 것은 전통적으로 미국 남장로교회 입장이다.

이는 항존 직원을 셋으로 구분한 미국 북장로교회 입장과 크게 차이가 난다. 미국 북장로교회와 미국 남장로교회는 특히 장로회 정치를 두고 차이점을 표출시켰는데, 장로직과 관련하여 더욱 그러하였다. 이러한 차이점은 찰스 핫지(Charles Hodge, 1797-1878, 북장로교 지도자)와 쏜웰(J. H. Thornwell, 1812-1862, 남장로교 지도자) 사이 논쟁에서 확인할 수 있다. 핫지는 흔히 장로를 가리키는 두 용어 Presbyter과 Elder를 구별하여 신약에서 Presbyter(episkopos)는 말씀의 사역자를 지칭하며 가장 최상 항존직이라 하였다. 반면 Elder는 평신도로서 교인 대표자이며, 따라서 목사가 임직할 때 안수할 권리가 없다고 하였다. 핫지의 견해에 따르면 목사는 성직자요, 장로는 평신도이어서 노회 개회 성수 시 목사만 있어도 가능하다.

그러나 쏜웰은 Elder는 대표가 아니라 "피택된 장로"(a chosen elder)이며, Elder는 목사 임직 시에 안수할 권리가 있다고 주장한다. 더구나 임직식은 치리회에 속한 일이기에 치리회 회원으로 하는 것이어서 장로도 노회원으로서 목사 임직 시 안수에 참여할 수 있다고 하였다. 그리고 노회 개회 성

---

54. 곽안련, "본장로교회신헌법," 93-5.

수는 목사뿐 아니라 장로가 있어야 한다고 하였다. 이상이 장로직에 대한 쏜웰과 미국 남장로교회 입장이다.[55]

지금까지 살펴본 대로 교회직원의 구분과 장로직을 놓고 볼 때 1907년 『교회정치』와 1922년 『교회정치』는 미국 북장로교회가 아닌 미국 남장로교회 주장을 그대로 드러내었다. 그런데 문제는 곽안련 선교사가 미국 북장로교회 선교사로서 미국 북장로교회 교회정치를 그대로 반영한 핫지의 책, 『교회정치문답조례』(1917)를 번역 출간하였고 또 이 책이 조선예수교장로회의 참고서로 채택(1919)되었다는데 있다. 『교회정치문답조례』 제55문답은 다음과 같이 말하고 있다: "예수께서 재림하실 시까지 계속 존재할 직분은 무엇이뇨? 예수께서 재림하실 시까지 계속 존재할 직분은 셋이니 목사 장로 집사니라."

즉 교회직원의 구분과 장로직 등을 두고 교과서와 참고서가 서로 충돌하고 있다. 이러한 충돌은 지금까지 한국교회에서 내려오고 있다. 더구나 교과서를 만드는 일을 주도한 이가 동시에 참고서를 썼는데 어떤 부분에서는 두 책 내용이 서로 상충한다는 점에서 더 큰 문제가 있다.

한 가지 실례를 살펴보자. 1922년 『교회정치』는 목사의 직임(제4장 목사 제1조)에서 "목사는 노회의 안수함으로 장립함을 받아"라고 하였다. 또 제15장 목사급 선교사 임직 제14조 안수예식을 보면 "회장은 사도의 규례에 의하여 기도와 노회의 안수로 엄숙히 증인을 세워서 목사의 직을 임하고"라고 하였고 또 "기도를 필한 후 기립하여 회장이 제 회원이 순사 악수하고…"라고 하였다. 이러한 조항들에서는 장로 회원을 배제한다는 문구를 찾아볼 수 없다. 이는 교회정치문답조례 제567문답과 내용과 상치한다. 본 문답은 "누

---

55. Soon Gil Huh, *Presbyter in Volle Rechten* (Diss., Groningen, 1972) 참고.

가 (목사의) 장립 시에 안수하느뇨"라고 묻고 있고 다음과 같이 대답하였다: "본 노회 목사들이나 혹 언권 방청으로 참여하는 목사가 하느니라. 미국 남장로교회 중에서는 치리 장로들도 목사 장립 시에 안수하나 타 장로회에서는 목사라야 안수하느니라."

또 다른 실례를 들자면 노회 개회 성수에 대한 것이 있다. 1922년 『교회정치』는 제10장(노회) 제6조 노회성수에서 목사 3인 이상과 장로 2인 이상으로 규정하고 있으나, 『교회정치문답조례』 제291문답은 "목사 3인만 출석하면 장로의 출석은 다소를 불허하고 개회할 성수가 되고 심지어 모든 장로가 다 불참할지라도 개회할 수 있다."고 하였다. 그러나 곽안련 선고사는 이 문답에서 개인 논평을 하여 "조선교회는 미국 남장로교회처럼 장로 2인 이상, 목사 3인 이상이 된다."고 적시하였다.

정리하자면, 북장로교회 출신 선교사가 조선의 장로교회가 사용할 교회정치서 작성을 주도하였고, 교회의 항존직 이해에 있어서 견해가 충돌하는 미국 북장로교회와 남장로교회의 전통을 혼합한 결과물을 만들어 냈다고 평가할 수 있다. 항존 직원을 둘로 본 것은 미국 남장로교회 전통인 것과 비교할 때 같은 조항에서 장로를 "회원의 대표자"로 본 것은 미국 북장로교회 특징이기 때문이다. 그래서 1922년 『교회정치』 제3장 고회직임 제2조에서 교회에 영존할 직임을 설명하는 이 동일한 한 조항은 도무지 양립할 수 없는 내용이 섞여 있다. 미국 북장로교회 교회정치를 대변하는 찰스 핫지는 장로를 "평신도로서 교인의 대표자"로 보는데("Ruling Elders are the representatives of the people"),[56] 이럴 때 하나님이 교인의 선출을 통해 부르신다는 점을 간과할 수 있는 약점이 있다. 그래서 교인을 대표해서 교인을

---

56. C. Hodge, *The Church and Its Polity* (New York: Thomas Nelson, 1879), 262.

대변할지언정 하나님을 대변한다는 측면은 약하다. 이에 미국 남장로교회는 "교인에 의해 선출된 장로"라는 점을 강조하였다.

둘째, 제6회 총회(1917년)가 정치부장 마포삼열 목사의 보고를 듣고 목사 명칭을 다음과 같이 결정하였다: ① 전임목사 ② 동사목사(위임목사, 임시목사) ③ 임시목사 ④ 무임목사 ⑤ 피택목사 ⑥ 이명목사 ⑦ 전도목사 ⑧ 선교사 ⑨ 지방목사 ⑩ 양로목사 ⑪ 은퇴목사 ⑫ 부목사(유안). 그런데 무슨 이유 때문인지 알 수가 없으나 1922년 『교회정치』에서 이러한 목사의 명칭을 볼 수 없고 1929년 『교회정치』에 가서야 볼 수 있다. 1922년 『교회정치』는 목사의 칭호를 규정하는 바가 없고 단지 목사 직무를 설명하면서 목사가 지교회뿐 아니라 신학교와 대학교에서 혹은 선교지에서 혹은 종교상 신문이나 서적의 일에 종사할 수 있음을 언급하는 정도에 그쳤다. 그러나 1929년 『교회정치』는 제6회 총회 결정을 약간 변경하여 "목사의 칭호"라는 조항을 신설하여 수록하였다. 한편 제6회 총회는 부목사 명칭에 논란이 있어서 내년까지 보류하기로 하였는데 그러다가 1955년 『교회정치』에서 동사목사 호칭이 사라지면서 부목사 호칭이 등장한다(고신교회는 1957년). 한편 1922년에 모인 제11회 총회에 의산노회가 제의한 목사 임기제 안건이 상정되었다. 즉 장로 임기례에 의지하여(정치 제13장 제8항) 목사 임기를 3년으로 하고 해 시찰회에 맡겨 3년 1차씩 투표로 시취해달라는 청원이었으나 이는 기각되었다.

셋째, 제5장 치리장로 제4조 장로직무를 보면 1929년 개정에서 볼 수 없는 몇 가지 특징이 있다. 먼저 1922년 『교회정치』에서는 "치리장로는 목사들과 협동하여 치리와 권징의 사를 관리하며 지 교회 혹 전국교회의 신령적 관계를 통솔하나니라."고 하였다. 즉, 목사와 함께 장로의 직무 중 주된 것은 "치리"와 "권징"이라고 하였다. 그런데 여기 쓰인 "치리"라는 용어가 1929년부터 개정이 되어 "행정"이라는 말로 바뀌어서 지금까지 이르고 있다. 2011

년 고신교회 『교회정치』에도 장로의 직무(제66조 제1항)를 "행정과 권징을 관리하는 일"이라고 하였다. 이는 본질적으로 당회는 치리회이고 그러므로 당회의 직무는 치리라는 사실을 크게 약화시킨다. 이러한 개정은 성경과 교회정치가 말하는 치리의 의미에 무지한 처사이며, 오늘날 당회가 행정에 집중하고 당회의 본래 직무에서 크게 어긋난 길로 들어서는 결과를 초래하고 말았다. 그런데도 이러한 개정을 박병진 목사가 오히려 "훌륭한 거정"이라고 평가하는 것은 개탄스러운 일이다: "치리는 행정과 권징을 내포하는 단어기도 한 까닭에 행정과 권징으로 변경한 것은 조문의 뜻을 더욱 명확하게 한 훌륭한 개정으로 여겨진다."[57] 설사 치리 안에 행정이 들어간다고 할지라도 "치리"라는 용어를 삭제하고 행정과 권징을 삽입한 것은 명백히 큰 오류이다.

또 장로 직무 중에서 "장로는 교인과 함께 기도하며 위하여 기도하고, 교인 중에 강도로 인하여 발생하는 결과를 찾아보며…"라고 하였는데 "교인과 함께 기도하며" 문구가 지금은 사라지고 없다. 장로는 교인을 위해 기도할 뿐 아니라 교인 중에서 교인과 함께 기도하는 것이 중요한 직무이다. 교인과 함께 기도하기 위해서는 교인들을 심방하고 그들 말을 경청하고 그들을 돌아보지 않고서는 불가능하기 때문이다.

넷째, 제5장 제3조는 장로의 자격을 말하면서 연령과 무흠(無欠)의 기준은 언급하지 않는다. 이러한 기준은 1929년 개정에 가서 나타난다. 즉 장로는 "행위가 선량하고 신앙이 진실하고 지혜와 분별력이 있으며 언행이 성결함으로 전 교회의 모범이 될 자라야 가합하니라(벧전 5:3)"고 그 자격을 그냥 일반적으로 제시하였다. 한편 집사는 연령이나 무흠의 기준을 1955년 이후에야 적용하였다.

---

57. 박병진, 『한국교회헌법 100년 변천의 개관』(서울: 성광문화사, 1988), 83.

다섯째, 제6장 집사 제3조에서 집사 직무를 "목사 장로와 합력하여 궁핍 빈궁한 자를 권애하며 교회에서 연보한 구제비를 수납 지출 하는 것이니라."고 하였다. 특별히 다음의 문구가 눈에 띈다: "교회가 원하면 전 교회 재정에 관한 사와 증명서류를 제직회에 위임하여 관리케 하되 당회 관리하에 있어 할 것이라(행 6:3-5)." 여기서 "교회가 원하면" 모든 교회 재정의 일을 맡길 수 있다는 것과 "집사의 직무가 당회의 관리하에 있다."는 문구다. 이 문구는 결국 1929년 개정에서 삭제되었다. 반면에 고신교회 헌법은 지금도 집사의 직무가 "당회의 지도아래" 행하도록 규정하고 있다(『교회정치』 제77조).

여섯째, 제6장 제4조(제직회)에서 제직회를 "집사회의 대변"으로 언급한 점이 주목할 만하다. 나아가 본 조항은 당회가 제직회 사무를 처리하기 위하여 "당분간" 서리집사와 조사, 영수에게 제직회원 권리를 줄 수 있다고 하면서 제직회를 다룰 때 처음으로 "서리집사" "조사" "영수"를 언급하였다. 이들은 비록 항존 직원은 아니나 형편에 따라 "당분간" 즉 임시로 제직회 사무를 처리하기 위하여 세우는 자들이다. 미조직교회는 아직 당회가 구성되지 않은 교회이기에 목사와 함께 조사 영수 서리집사 등이 해 제직회의 사무를 임시로 집행한다고 하였다. 1929년 『교회정치』 개정 시에 조사, 영수, 서리집사는 임시직원으로 분류되어 규정하였다. 영수는 1955년 『교회정치』에서는 사라지지만 서리집사는 지금까지 내려오고 있는데, 서리집사로 대표하는 임시 직원이 교회마다 이렇게 많은 것을 어떻게 평가할지는 교회사에서 연구할 만한 주제가 될 수 있다. 이는 세계 교회 역사상 처음 있는 일이기 때문이다. 서리집사는 집사가 부족한 경우에 그 일을 대신하고 보조하기 위해 있는 임시적인 직책인데, 집사보다 서리집사가 몇 배 이상 많으며, 또한 서리집사로 한 번 임명되면 거의 해마다 반복하여 자동으로 임명되기에 서리집사가 항존직과 다름없다는 점은 당시나 지금이나 동일한 현실이다. 현재 서리집사 제도는 교회의 선교와 봉사의 일을 하기 위해서 임명되는 것이 아니라 직책은 없지만 지위만 있는 일종의 명예직이다. 물론 이렇게 많은 서리집사를 임명하므로 교회조직을 더욱 공고히 하고 교회에 대한 충성을 유도할 수는 있었다.[58]

일곱째, 제6장 4조 제직회 직무 중에서 "본 교회의 가결과 노회의 허락이 없으면 제직회가 본 교회의 가옥과 토지를 전집, 출책하지 못하니라."고 하여 제직회가 가진 한계를 못 박고 있다. 교회 가옥과 토지를 전집(典執, 전당을 잡히는 것을 뜻함)하거나 출책(黜責, 내쫓고 책임을 물음)하고자 할 때 교회의 가결뿐 아니라 노회의 허락까지 얻도록 하였다.

여덟째, 제6장 제5조에서 여 집사를 규정하고 있다. 이들 직므를 보면 오늘날 권사의 직무에 해당한다. 즉 "당회가 여 집사를 선택할 경우에는 그 직무는 환자, 수인자, 과부, 고아, 기타 환난당한 자를 위로하며 권고하되 하사든지 당회 감독하에 행하게 할 것이니라."고 하였다. 한편 여성 집사 선거는 오늘날처럼 투표 방식으로 하지 않고 당회가 "진실하고 성결한 여인 중에서 자벽 선정"하였고, 기도로 임직하고 안수식은 행하지 않았다(제13장 장로 집사 선거급 임직 제9조 여집사 선거).

아홉째, 장로, 집사 선거와 임직은 제13장이 다루고 있는데 성찬에 참여하는 회원이 투표 선거하되 투표수는 장로는 3분의 2, 집사는 과반수로 선정한다고 하였다. 특별히 장로를 선출하는 투표수(3분의 2)는 제4회 총회(1915년)에서 결정한 기준이다.[59] 1922년 『교회정치』는 장로 선택과 임직을 대체로 까다롭게 규정하고 있다. 장로 선택뿐 아니라 장립도 각각 노회 승인을 얻

---

58. 박용권, 『국가주의에 굴복한 1930년대 조선예수교장로회의 역사』(서울: 그리심, 2008), 201.
59. 제4회 총회록(1915), 33.

도록 하였다. 즉 노회 직무를 설명할 때 "장로 선택하기를 허하기도 하고, 피택한 장로를 문답하여 장립하기를 허하기도 하며"(제10장 제7조 제2항) 라고 하였고, 또 치리 장로나 집사를 선거한 후에도 노회가 승인하도록 규정하였고(집사는 예외), 또 피선된 본인도 승낙한 후에 임직하도록 하였다(제13장). 이러한 규정은 노회 감독을 강화하는 취지로 보인다. 한편 "피선된 본인의 승낙" 후에 임직한 것 역시 눈여겨볼 특징이다. 외적 소명뿐 아니라 내적 소명을 강조하는 뜻으로 보이는데, 이 문구는 1929년 개정에서 사라졌다.

열째, 제13장 제5조는 장로와 집사 임기를 말하고 있다. 원칙적으로 이들은 종신 항직이므로 본인이 임의로 사면하지 못하며, 또 사면할 일 외에 교회 역시 시무를 해제하지 못할 것이라고 하였다. 그런데 7조 권고사직에서 장로와 집사가 범죄는 없을지라도 교회에 건덕케 되도록 행사치 못하게 된 경우에는 당회가 협의 결정하여 휴직케 할 수 있으나, 이로 인하여 당사자가 승낙하지 아니하면 노회에 제의하여 승인을 받은 후에 행할 것이라고 하였다. 아마도 이는 장로 선택과 임직을 노회가 승인한 만큼 당회와 사직을 권고 받는 당사자 사이에 불협화음이 있을 때 노회가 나서 이 일을 승인하도록 하였다. 그러나 이 마지막 문구 "노회의 승인을 받은 후에 행할 것이니라."는 1929년 개정에서 삭제한다. 이뿐 아니라 당회 권한으로 당사자를 휴직이 아니라 사직하게 할 수 있다고까지 첨가하였다.

열한째, 1922년 『교회정치』는 장로와 집사의 시무반차(제8조)를 다음과 같이 독특하게 규정하였다:

> 치리장로 급 집사의 직은 종신 항직인즉 본인이 임의로 사면하지 못할 것이오 사면할 사(事) 외에난 교회도 임의로 해제하지 못할 것이니라 하 지교회서

> 던지 무흠한 세례교인 과반수의 투표로 장로급 집사의 시무기한과 탄차를 정할 수 있난데, 그 규례는 좌(左)와 여하니라
> (一) 기한은 3개년 이상으로 할 것
> (二) 반은 3반으로 분하고 매년에 일반씩 교체할 것
> (三) 기의 임직한 장로난 시무기한이 만료되고 다시 치리하난 직무를 받지 못할지라도 그 직은 항존할 것인즉 당회 혹 노회에 선거를 받아서 상회에 총대로 파송될 수 있나니라(8. 시무반차)

이 조항은 비록 약간 개정하였으나 그 골격을 유지한 1929년 『교회정치』에서 이어진다: "치리장로급 집사의 직은 종신직이니라. 단 3년 일차씩 시무를 투표할 수 있고, 그 표결 수는 과반을 요하느니라."(제13장 장로 집사 선거급 임직 제4조 임기). 이 조항은 1955년 『교회정치』까지 이어지다가 이후 기장 측은 1967년, 통합은 1971년, 고신은 1992년에 각각 삭제하였다.

5) 1929년 『교회정치』

제16회 총회(1927년)는 헌법을 수정하자는 평양노회와 전북노회의 청원을 가결하고 헌법수정위원 16인을 선정하고(곽안련 고려위 김인준 김선두 이자익 양전백 함태영 마포삼열 홍종필 함석진 업아력 왕길지 박용희 정일선 이눌서 염봉남) 각 노회에 통지하여 수정 건이나 혹 개정 건을 기록하여 헌법수정위원회에게로 교부하도록 결정하였다.[60]

다음 총회인 제17회 총회(1928년)에서 헌법수정위원장은 "소요리문답은

---

60. 제16회 총회록(1927), 37-8.

수정이나 개정치 아니하였사오며, 신경은 약간 문구만 수정하였사오며, 예배모범과 권징조례는 수정 개정 혹은 삭제하였사오며, 정치는 수정 개정 삭제한 조문이 많은 중 제9장에 당회 직무를 해 당회가 장로를 선택할 것과, 제10장에 노회 내 시찰위원 폐지의 건과, 노회 회원은 목사 장로 수를 동일케 할 것과, 제18장 선교사의 이명 급 권한의 건은 개정 중 중요한 것이오며"라고 보고하였다. 헌법수정위원장의 보고를 보면 교회정치에서 수정 개정 삭제할 것이 많이 있지만 가장 중요한 것 4가지를 열거하였다. 첫째, 해 당회가 장로를 선택할 것 둘째, 노회 내 시찰위원의 폐지 셋째, 목사 장로의 수를 동일하게 할 것 넷째, 선교사의 이명과 권한에 대한 문제였다.

이 보고를 받고 총회는 헌법수정안을 축조로 토의하여 "시찰제도 폐지할 것은 3년 동안 유안하기로" 하고, 권징조례 제1장 제2조, 제35조를 삭제할 것과 헌법 중 문구 수정은 그대로 받기로 결정하면서 정치 제3장(교회직원의 건), 제4장 제3조 제5항(종교지도자의 건), 동 제4조(목사 명칭의 건), 제5장 제3조(장로 연령의 건), 제7장(제직회, 연합 제직회, 남녀 전도사의 건), 제9장 제3조(당회와 노회의 모이는 건), 제10장 제6조(장로 선임의 건), 동 제7조(장로의 선택 수의 건), 제11장 제2조(노회 조직의 건), 제12장 제2조(총회 조직 급 성수의 건), 제17장 4, 5조(목사 사직 휴양의 건) 이상은 개정하기로 하고 노회에 수의하도록 하였다.[61] 수정헌법의 수의 결과는 제18회 총회(1929년)에서 다음 세 조항 외에는 전부 가결된 것으로 보고되었고, 회장은 수정헌법이 채용되었다는 것을 공포하였다.[62]

수의 결과, 가결되지 못한 조항은 다음과 같다: 첫째, 장로를 당회에서 선

---

61. 제17회 총회록(1928), 31-2.
62. 제18회 총회록(1929), 8-10.

택하고 시취하여 임직하자는 건: 수정헌법 51페이지 12행 말로 13행 상반까지("장로 집사를 선택하고 반년 이상 교양하여 시취 임직하며"), 둘째, 장로는 무흠 교인 30명에 1인 비례로 선택하자는 건: 수정헌법 52페이지 3행("장로는 무흠입교인 30명에 1인 비례로 선택할 것이라."), 셋째, 노회 총대는 목사구역은 목사 수로 1인, 전도사 구역에는 구역에서 1인의 건: 수정헌법 54페이지 10행과 11행.

가. 수정헌법 초안에서 노회 수의 결과 부결된 세 개 조항

1928년 총회에서 헌법 개정을 의결하고 노회 수의 과정에서 부결한 조항 셋 중 둘은 장로와 관련된 것이었다.

첫째, 장로를 해 당회에서 노회 승인 없이 선택하고 교육한 후 임직하도록 한 것을 부결하고, 본래대로 노회의 승인을 받도록 하였다. 1922년 『교회정치』 제13장 제2조(취직 승낙)에서 "치리장로 혹 집사로 선거한 후에 노회가 승인하고(집사는 제함) 피선거된 본인도 승낙한 후에 하문의 규례에 의하여 임직할 것이니라."라고 하였다. 즉 수정헌법초안은 노회 승인 없이 순전히 당회 소관으로 장로를 임직하기를 원하였다. 이는 장로를 쉽게 세우기를 원하는 개체교회 현실을 엿볼 수 있는 대목이다. 그러나 노회 수의 과정에서 수정초안은 부결하고 그 대신 당회 직무에서 "장로 집사를 선택하고 반년 이상 교양하여 장로는 노회의 승인과 시취 후 임직하며, 집사는 직접 시취한 후 임직하고"로 개정하였다(제9장 당회 제6조 당회의 직무).

둘째, "장로는 무흠 입교인 30명에 1인 비례로 선택할 것이라."는 수정 초안 역시 노회 수의 과정에서 부결되지만, 이 수정 초안 상정 태경을 두고 박용권은 당시 1928년을 전후로 장로 수가 급증하면서 대부분 조직교회에서 성찬참여교인 30명 미만에 장로 1명 비율을 보였다고 지적하였다. 특히 함남노회는 이미 1928년부터 계속해서 교인 30명 미만에 장로 1인 비율을 보였다.[63] 그러나 이 조항이 부결되면서 장로 수가 교인 수에 비례하여 많아지는 것을 막을 수가 없고 이러한 현실은 지금까지 이르고 있다. 이 수정안 부결은 이후 한국교회에서 장로 수 증가를 촉발하는 큰 원인이 되었다.

셋째, 기존 1922년 『교회정치』에서 노회조직을 "당회가 총대장로 1인씩 파송할 권이 있고, 관리목사 2인 이상 둘 경우에는 목사 수에 의하여 총대장로를 파송할 것이라."고 한 것을 수정초안은 "목사구역은 목사 수로 1인, (목사가 없는)전도사 구역에는 구역에서 장로총대 1인을 파송"하자는 제안이었으나 이 또한 부결되었다.

나. 1929년 수정(개정) 『교회정치』 특징

첫째, 교회직원을 항존직원과 임시직원, 준직원으로 구분하였다. 1922년 『교회정치』에서는 규정하지 않은 "임시직원"(제3조) "준직원"(제4조)을 신설한 것이다(제3장 교회직원). 제3조의 임시직원은 "교회사정에 의하여 좌기 직원을 안수 없이 임시로 설치"한 직원인데 여기에는 (1) 전도사, (2) 전도인, (3) 영수, (4) 남녀서리집사가 포함되고, 제4조의 준직원에는 (1) 강도사, (2) 후보생이 있다. 특히 임시직원은 새로운 것이 아니라 교회 현실을 반영한 것이었다.

임시직원으로 제일 먼저 나오는 "전도사"는 남성에게 국한하지 않는다. 다음과 같이 규정하고 있다: "남녀전도사는 당회의(당회가 없는 곳에는 지방목사) 추천으로 노회가 인가하여 유급교역자로 당회나 목사의 관리하는 지교회 사무를 방조케 하는 자이니라."고 하였다. 이들 권한은 당시로는 지대하였다.

---

63. 박용권, 『국가주의에 굴복한 1930년대 조선예수교장로회의 역사』, 163.

즉 "장로 아닌 전도사가 해 당회의 회원은 되지 못하나 특별한 이유가 있으면 언권방청이 되고, 미조직교회에서는 목사의 허락으로 제직회 임시회장이 되고, 노회의 허락으로 학습문답권을 받을 수 있다."고 하였다. 이는 목사 수 부족으로 인해 생긴 현상이다(1930년을 기준으로 목사 수는 331명). 이들의 자격은 "신학생 기타 목사후보생으로 노회가 인가하되, 특별한 경우에 차한(此限)에 부재(不在)하니라."고 하였다. 1930년을 기준으로 남자 전도사는 333명, 여자 전도사는 119명이었다(목사는 331명, 장로는 2002명, 집사는 534명, 세례교인 총수는 91,270명, 교인총수는 194,678명, 조직교회는 984개, 미조직교회는 1587개, 교회총수는 2571개, 예배당수는 2545개였다).

임시직원으로 두 번째 언급되는 것은 "전도인"인데 전도사처럼 남녀 전도인을 포함하여 다음과 같이 설명하였다: "남녀 전도인은 유급 교역자로 불신자에게 전도하는 자이니 그 사업 상황을 선정 파송한 기관에 보고하고, 타지방에서 전도에 착수할 것이면 해 구역 감독기관에 협의하여 보고할 것이니라."고 하였다. 지금의 "전도목사"와 같은 역할을 한 것으로 보인다. 당시는 목사 수에 비해 전도의 범위가 너무 넓다 보니 전도를 목적으로 하는 전도인을 교회나 기관에서 파송하였다. 1930년을 기준으로 남자 전도인은 112명, 여자 전도인은 156명이었다. 한편 제18회 총회(1929년)에서 함북노회에서 헌의한 안건, 즉 "경우에 한하여 여 전도인에게 강도권을 허함이 가한 줄로 안다 함은 강도권은 헌법대로 목사와 강도사와 장로에게만 직분으로 있으니 타인에게 맡기지 못하되, 혹 당회가 형편을 조차 유익하도록 타교인에게 강도시킬 수 있는 줄로 아오며"라 하며 통과하였다. 즉 여성 전도인에게 형편에 따라 당회의 허락으로 강도할 수 있는 권한을 부여하였다.[64]

---

64. 제18회 총회록(1929), 44.

임시직원으로 세 번째 언급되는 것은 영수로서 "당회가 조직될 때까지 교회 혹은 목사가 선발하야 지교회를 인도하게 하되, 임기는 1년간이니라."고 하였다. 지금까지는 제2회 총회(1913년)의 결정 이후 영수의 선출과 임기는 당회나 지방목사에게 일임되어 있었다. 1930년 기준으로 영수는 2357명이었다. 그러나 영수는 해방 이후 한국교회에서 1955년 『교회정치』에서, 고신은 1957년 『교회정치』에서 삭제한다. 교회에서 장로가 세워지면서 자연스럽게 사라진 것으로 보인다.

임시직원으로 네 번째 언급되는 것은 남녀서리집사로서 "교회 혹은 목사나 당회가 신실한 남녀로 선정하야 집사의 직무를 하게 하는 자니 그 임기는 1년간이니라."고 하였다. 1930년을 기준으로 남자 서리집사는 6,100명, 여자 서리집사는 2,115명이었다(장립집사는 534명). 특히 여자 집사 경우 1940년대에 가면 7,160명으로 세 배 이상 증가하여 남자 서리집사 수(9,650명)에 거의 필적하였다.

제4조 준직원에는 강도사와 후보생이 있는데 강도사는 "당회의 추천에 의하여 노회의 시취로 강도할 인허를 받고, 그 지도대로 종사하되, 교회치리권은 없나니라."고 하였다. 당시 강도사는 노회가 시취하고 강도 인허를 하였는데, 고신교회는 나중에 강도사의 시취와 인허를 노회의 권한 아래에 둘 것인지 아니면 총회의 권한 아래에 둘 것인지를 가지고 논란을 빚는다. 즉 제6회 총회(1956년)[65]에서 기존의 "강도사는 당회의 추천에 의하야 노회의 시취로 강도할 인허를 받고, 그 지도대로 종사하되 교회 치리권은 없느니라."고 하였으나, 수정안에 "강도사는 노회의 추천으로 총회에서 시취 합격하여 강도사 인허를 받고 그 노회 지도대로 종사하되 교회 치리권은 없느니라."고

---

65. 여기서 "제6회"는 조선예수교장로회 총회 순이 아니라 고신총회 순이다.

상정하였다가 이 조문은 노회 수의 과정에서 부결되었다. 그러나 제10회 총회(1960년)에서 다시 개정되어 강도사시취는 총회에서 하고 합격자는 2년 후 노회에서 목사시취와 안수하도록 하였다. 1930년을 기준으로 강도사는 8명이었다. 한편 후보생은 "목사직을 희망하는 자로 노회에 자격심사를 받고 그 지도대로 신학에 관한 학과를 선택하여 수양을 받는 자"로서 말하고 있다. 그리고 강도사와 후보생은 개인적으로는 해 당회 관하에 있고 직무상으로는 노회 관하에 속한다.

둘째, 제4장 목사 직무에서 두 개 조항을 신설하는데 하나는 기독교학교에 종사하는 "교목"에 해당하는 목사에 대한 것이고("노회나 교회 혹은 종교교육기관에서 종교교육을 지도자로 청빙을 받았으면 교육하는 일로 시무할 수 있나니라."), 다른 하나는 신학을 졸업한 자가 신학교와 대학교의 교수의 직무, 종교상 신문이나 서적 일에 종사하는 직무, 종교교육 기관에서 종사하는 직무를 할 시에는 즉 지금의 "기관목사"와 같은 일에 종사할 경우 "노회의 시취를 받고 지교회 목사될 자격까지 충분한 줄로 인정하면 목사로 임직할 수 있나니라."는 내용을 담고 있다. 이 조항을 통해 당시 목사가 신학교뿐 아니라 대학교나 기타 종교교육기관의 목사로서, 또는 기독교 언론과 서적에도 참여하고 있음을 알 수 있다.

셋째, 제4장 제4조 목사 칭호가 신설되어 목사가 그 부임한 시무와 형편을 인해 다음과 같은 칭호가 있다고 하였다: (1) 위임목사, (2) 임시목사 (3) 동사목사, (4) 원로목사, (5) 공로목사, (6) 무임목사, (7) 전도목사, (8) 지방목사, (9) 선교사. 이 칭호는 제6회 총회(1917년)가 결정한 목사의 칭호(① 전임목사 ② 동사목사(위임목사, 임시목사) ③ 임시목사 ④ 무임목사 ⑤ 피택목사 ⑥ 이명목사 ⑦ 전도목사 ⑧ 선교사 ⑨ 지방목사 ⑩ 양로목사 ⑪ 은퇴목사)와 비교하면 약간 차이가 있다. 전임목사, 피택목사, 이명목사가 없어지고 대신 "원로목사"와 "공로목사"가 새로 생겨났다. 원로목사는 "동일한 지교회에서 20년 이상 근무한 목사가 만년에 이르러 노회에 시무사면을 제출할 시에 본 교회에서 명예적 관계를 보전코자 하면 정식 공동의회를 소집하고 봉급을 작정하여 원로목사로 투표한 후 노회의 승낙을 득하야 명예 지위를 수여하는 것이니라."고 하였다. 지금 원로목사와 같은 내용을 담고 있다. 그러나 원로목사 제도를 통해 교회와 교인들 사이에 나타난 갈등, 세대 간 갈등은 이미 예고되었다. 1907년 대부흥 운동의 주역이며 한국장로교회 최초 목사 7인 중 한 사람이면서 다른 6인과 달리 처음부터 장대현교회의 시무목사로 청빙을 받은 길선주 목사를 1928년 1월에 모인 평양노회에서 원로목사로 추대하였으나 이를 둘러싼 교회 분규가 심각하여 1933년에 산정현교회에서 모인 노회는 반대파는 해벌하고 길선주 목사는 원로목사직을 사면하도록 하였다.[66] 이로 인하여 길선주 목사를 지지하는 교인들은 새로운 교회를 세우고 1935년 11월에 길선주 목사는 평서노회 사경회를 인도하던 중에 쓰러지는데, "不入平"(불입평, 자신의 몸을 평양으로 들이지 말라)이라고 쓸 만큼 평양에 대한 서운함을 안고 죽는다.

한편 공로목사는 1917년의 양로목사와 같은 내용을 담고 있다: "목사가 다년간 지교회에 근무하다가 신병 혹 연로함을 인하야 노회에 사직을 제출할 시는 그 공로를 기념키 위하여 노회는 공로목사의 명예직을 수여하나니라. 단, 원로급 공로목사는 본 지교회의 직무와 치리권은 없으나 상회권을 향유할 것이요, 이런 목사가 다시 지교회 시무를 담임하게 되면 명예 명부에서 시무명부로 이록(移錄)할 것이니라." 지금은 사라지고 없지만 고신교회의

---

[66] 평양노회 23회 노회록(1934년)에 "원로목사 길선주 씨는 사면하였으며"라고 나온다(평양노회사, 216).

1992년 『교회정치』에서 공로목사는 "양로목사"와 같은 개념이 아니라 "한 노회에서 20년 이상을 무흠하게 봉직한 목사가 노회에 시무 사면을 청원할 때, 노회 결의로 그 공이 인정되어 공로목사로 추대받은 목사이다."고 하였다(『교회정치』 제5장 제34조 제11항). 완전히 다른 뜻으로 공로목사 호칭을 사용하였다.

위임목사는 지금처럼 만 70세까지 시무한다는 조건이 없고 "특별한 이유가 없으면 그 담임한 교회를 종신 시무할 것이니라."고 하였다(제4장 제4조 제1항). 고신교회는 1972년(제4장 제20조), 기장은 1975년, 합동은 1991년(제76회 총회)에 "종신직" 문구를 "70세 정년까지"로 각각 수정하였다.

지방목사는 우리에게는 생소한데, "노회가 그 관할 지방 내에 다수한 약한 교회가 있어서 목사를 자담(自擔)치 못하는 경우에 그 교회를 권고키 위하여 파송하는 목사니, 노회의 결의로 행하며 당회장권을 허여(許與)할지니라."고 규정하였다. 지방목사는 지금의 "임시당회장" 기능을 하였다.

넷째, 장로 자격에서 연령과 무흠 규정을 기준으로 제한을 두었다. 1922년까지는 "장로난 행위가 양선하고 신앙의 진실하고 지혜와 분별력이 있으며, 언행이 성결함으로 전교회의 모범이 될 자라야 가합하니라(벧전 5:3)"이라고 하였는데, 1929년 개정에서는 "27세 이상 남자 중 입교인으로 무흠히 5년을 경과하고, 상당한 식견과 통솔의 기능이 있으며, 딤전 3:1-7에 해당한 자로 할 것이니라."고 하였다. 그러다가 1955년 『교회정치』는 "만 30세 이상 남자 중 입교인으로 무흠히 7년을 경과하고…"로 개정한다. 나이 제한과 무흠 경과 기간이 점점 까다로워졌다. 현재 고신교회는 "만 40세 이상 65세 이하, 7년 무흠 경과기간" 자격을 갖추어야 한다. 어쨌든 이같이 장로 자격을 구체적으로 제한하는 것은 당시 상황이 바뀌었다는 것을 잘 보여준다. 장로선거를 하는 중에 부정행위는 물론이요, 서로 싸우는 일까지 있었다.[67] 1920년대 초반과 달리 장로가 될 만한 사람이나 되고 싶어 하는 사람들이 많아졌기 때문에 나이, 신앙, 경력까지 구체적으로 기준을 제시하였다. 이렇게 장로 수가 많아지고 권한이 점점 확대하는 것과 함께 원로장로(한 교회에서 20년 이상 시무의 경우)와 은퇴장로, 은퇴집사, 은퇴권사 제도를 1981년 통합 교단을 시작하여 한국장로교회 모든 교단에 도입하고, 1984년에는 은퇴장로가 당회와 제직회 언권 회원으로 격상되었다(제6장 제44조, 제45조).

다섯째, 1922년『교회정치』에서 노회 구성은 목사 3인, 장로 2인으로 회집하여 개회성수가 되지만, 1929년부터는 목사와 총대 장로 각 3인 이상이 회집해야 개회 성수가 되었다. 즉 목사와 총대 장로 수가 동일하도록 바뀌었다. 이처럼 목사와 장로가 동일한 수를 요구한 것은 미국 남장로교회에서 볼 수 있는데 본 개정은 노회에서 장로의 권한이 점점 강화한 것을 일면 보여주고 있다.

여섯째, 목사임직도 장로나 집사의 임직과 마찬가지로 노회에서 6개월 동안 훈련을 받은 다음에 하도록 규정하였다: "…각 노회가 신학졸업생을 시취하여 강도사로 인허한 후 해 강도사는 특별한 이유가 없으면 6개월 이상 노회 지도하에서 본직의 경험을 수양할 것이니라."고 하였다(제14장 목사후보생급 강도사 제1조 양성의 의의). 이 6개월을 나중에 고신교회는 2년으로 개정한다.

---

[67] "속출하는 교회분규," 동아일보 1927. 3. 2. 이 기사에서 장대현교회도 언급하면서 장로투표 사건으로 청년층과 장년층이 싸우고 있다는 것이 보도되었다. 박용권에 의하면 그 외에도『신학지남』,『신앙생활』잡지에서 30년대 장로교회 안에서 장로선거를 둘러싼 싸움을 말하고 있다고 하였다.『국가주의에 굴복한 1930년대 조선예수교장로회의 역사』, 205.

6) 1934년 헌법

1929년 헌법 개정이 정치, 권징조례, 예배모범[68] 등 소위 관리(管理)상 헌법을 중심으로 한 것이라면, 1934년 헌법 개정은 신경, 요리문답 등 소위 도리(道理)상 헌법을 개정한 것이다.[69] 그러나 엄밀한 의미에서 개정이라기보다 인도장로교회 12신조와 웨스트민스터 신앙고백서에 나오는 것을 각각 번역한 것으로 "개역"(改譯)이라고 할 수 있다. 따라서 이 개정은 노회 수의 과정도 없고 공포 과정도 없었다. 제21회 총회(1932년)에서 곽안련 선교사가 성경요리문답과 신조 개역을 끝내고 교열을 위한 위원을 청원하였는데 이에 총회는 정치 제21장 제3조에 의해 특별위원 16인을 선정하여 1년간 연구하여 총회에 보고하도록 하였다. 그러나 다음 총회인 제22회 총회(1933년)에서 교정 위원장 마포삼열 선교사가 1차 회집하여 소요리문답을 필하였으나 신경은 아직 완료치 못하였으니 1년간 더 연기할 것과 책을 완료한 후에는 본 위원 16인이 비준하여 즉시로 출판할 권리까지 허락을 청원하고 이에 허락을 받는다. 그래서 교열을 끝내고 1934년 1월에 바로 출판한다. 이로써 1927년부터 시작된 헌법 개정을 완료하였다.

7) 1928년 이후 해방까지 교회정치 관련 총회 결의

첫째, 1930년 총회는 남만주(滿洲)노회가 문의한 안건을 처리하였는데

---

68. 이 개정에서 중요한 것은 예배모범과 권징의 순서가 바뀌었다는 점이다. 1922년 헌법은 예배모범이 앞에 있고, 권징이 뒤에 있었지만, 1929년 헌법은 권징조례가 앞에 오고 예배모범은 맨 뒤로 가게 되었다. 상징적인 의미이지만, 그만큼 권징이 강조되고 있음을 알 수 있다.
69. 관리상 헌법, 도리상 헌법이라는 용어는 곽안련 선교사가 『신학지남』 제6호(1919년 7월)에 기고한 "조선예수교장로회 헌법"이라는 글에서 새 헌법을 해설하며 처음 사용된 것으로 추정된다.

즉 "장로가 총회장은 되나 당회장이 못되는 이유에 대하여는 부득이한 경우에는 당회장이 될 수 있고, 안수 급 축복기도를 장로가 못하는 이유에 대하여 성경 중 사도의 행한 것으로 목사가 그 특권을 전수하여 금일까지 거행한 것"으로 답변을 한 적이 있다. 이는 1907년 『교회정치』에서부터 항존 직원을 두 직원으로 구분하여 장로와 집사라 하고 장로 안에서 목사와 장로를 구별한 만큼 또 1929년 개정에서 "노회 개회 시에도 목사 장로의 동일한 수"로 개정한 만큼 위 질의는 예상할 수 있었다.

둘째, 여자 장로를 세우자는 청원도 계속 줄을 잇는데 제21회 총회(1932년), 제22회 총회(1933년) 시 경안노회와 함남노회가 각각 헌의를 하였으나 부결되었다.

셋째, 목사 시무연한을 내용으로 하는 청원도 이어졌다. 제21회 총회(1932년)에서 황해노회는 "목사 시무연한은 만 5개년 만에 1차 식 시무투표케 함이 가하다."는 청원을 하였으나 부결되었고,[70] 제22회 총회(1933년)는 평양노회장과 황해노회장이 헌의한 "위임목사에 대하여 매 4년에 1차씩 시무투표" 하자는 안건을 정치 제11장 제6조 제6항("노회는 시찰위원에게 명하여 3년에 1회씩 특별히 각 목사의 교회를 순찰할 것이니라…") 대로 할 수 있으므로 다시 별다른 규칙을 세울 필요가 없는 이유로 역시 부결하였다.[71]

---

70. 제21회 총회록(1932), 51.
71. 제22회 총회록(1933), 65.

결론

지금까지 초창기 한국장로교회에서 헌법 개정이 어떻게 이루어졌는지를 1884년에서 1945년까지를 중심으로 살펴보았다. 바로 이러한 토대를 바탕으로 우리는 고신교회에서 이루어진 헌법의 형성, 개정과 변천 역사를 제대로 이해할 수 있고 나아가 우리 교회의 현재 얼굴을 바르게 직시하며, 또 미래를 향해 나아갈 길을 바르게 찾을 수 있다. 초창기 한국장로교회의 헌법 개정 역사를 마감하며 다음과 같이 결론을 내리고자 한다.

첫째, 위 기간에 나타난 『교회정치』 특징을 간략하게 개관하면 다음과 같다. 1893년 『북장로교회 선교회 규범과 세칙』은 교회정치와 관련하여 한국에서 장로교회를 세우는 첫 『교회정치』라 불릴 만큼 이후 1907년, 1922년, 1929년 『교회정치』 작성에 기틀을 마련하였다. 위 문서에서 무엇보다 중국 선교사 네비우스의 절대적 영향을 볼 수 있다. 특히 자치(自治)의 관점에서 미국 북장로교회 선교사들은 네비우스의 책과 그의 조언을 따라서 목사, 장로, 집사가 성경과 『교회정치』에서 규정하는 직분이라는 것을 확신하였고, 또 이를 위해서 이 직분을 엄격하게 세우기를 바랐지만(교회에서 만장일치, 선교지부의 승인, 6개월 동안의 시험과 가르침 이후 안수를 강조), 그런데도 이 수준에 도달하기까지 목사, 장로, 집사의 서리에 해당하는 조사, 영수, 서리집사를 각각 개체교회 사역자로 먼저 세웠다. 이들은 말 그대로 선교사를 돕는 "현지 대리인"(native agents)으로서 회중의 선출과 무관하였고 선교사와 지방목사의 임명으로 일할 수 있었다. 이 중에서 영수와 조사는 매서인, 전도부인 등과 함께 선교사들과 협력하여 유급 사역자로 일하였다. 그런데 이들이 각 교회 현장에서 실제로 권한을 가지고 영향을 끼친 직책임에도, 영수와 매서인에 대한 공식 교회 통계는 1907년 노회 보고서에서 등장하기 시작한다. 더구나 영수와 서리집사는 자세한 설명 없이 1922년 『교회정치』에서 제직회를 규정하는 곳에 잠시 언급할 뿐이고, 1929년 『교회정치』에 가서야 비로소 교회 현실을 반영하여 목사, 장로, 집사의 항존 직원에 이어 임시 직원으로서 전도사, 전도인과 함께 규정되었다. 그러다가 영수는 해방 이후 한국 장로교회에서 사라지고, 서리집사는 지금까지 교파와 교단을 초월하여 한국교회에 중요한 직분으로 자리 잡았다. 장로를 임직할 때 상급 치리회의 감독을 강조한 것도 네비우스 정책의 결과이다.

1907년 『규측』은 대한예수교장로회 독노회의 설립과 함께 신경과 더불어 노회가 채택한 것인데 당시 한국 장로교회 현실을 감안하여 기본 원리만 적시한 총4개조 14개항, 세칙 7개조로 구성된 "간단한" 『교회정치』이다. 본래는 독노회에서 웨스트민스터 『교회정치』에 기반을 둔 미국 장로교회 『교회정치』를 번역하여 이를 채택하려고 하였으나 공의회에서 이를 부결하고 그 대신 간단한 규측을 작성하였다. 여기에서 항존 직원을 장로와 집사로 분류한 것이나 목사를 노회의 안수함으로 세운다는 규칙은 미국 남장로교회 영향이다.

1922년 『교회정치』는 1912년 총회 설립 이후 1907년 『교회정치』 기본골격은 유지하면서 이를 대신한 것인데, 미국 북장로교회 소속 곽안련 선교사가 미국 북장로교회 교회정치를 반영한 핫지의 책, "What is Presbyterian Law?"(1882)를 번역한 『교회정치문답조례』(경성, 1917년)가 절대적 영향을 미쳤다. 1922년 『교회정치』 목차와 1919년에 총회에서 참고서로 채택된 『교회정치문답조례』 목차는 거의 대동소이하며, 실제로 곽안련 선교사는 1922년 『교회정치』 개정에 깊숙이 관여하였고 당시 신학 잡지 <신학지남>을 통해 『교회정치』를 포함하여 교회 헌법 전반을 소개하고 해설하였다. 한마디로 1922년 『교회정치』는 미국 북장로교회 『교회정치』를 번역 혹은 대변한

『교회정치』이고, 곽안련 선교사의 『교회정치』라 부를 수 있다. 이 말은 1922년 『교회정치』가 한국교회 현실을 충분히 반영하지 못한 '번역' 교회정치 수준에 머문다고 평가할 수 있다. 그렇다 보니 1907년 『규측』의 기본골격, 예를 들어 항존 직원을 두 직분으로 본 것과 목사의 임직 시 노회의 안수로 가능하도록 한 점 등을 유지한 1922년 『교회정치』는 항존 직원을 세 직분으로 보고 목사 임직에 장로가 노회원이라고 할지라도 참여할 수 없다든지 노회 개회 성수에 목사만으로 가능하다고 해설한 『교회정치문답조례』와 상충하는 결과를 빚었다. 이러한 상충은 지금까지 노회와 총회에서 목사와 장로 사이의 긴장을 가져왔다는 것을 지적하지 않을 수 없다. 이 점은 우리에게 중요한 교훈을 준다. 즉 당시 미국 선교사들이 앞서 자신이 속한 장로교회 역사에서 특히 교회정치 분야에서 일어난 이러한 차이와 논쟁을 충분히 알고서 교회정치 작성에 임하였다면 하는 아쉬움과 함께 장로교회를 세우기 위해서는 신경과 함께 교회정치가 얼마나 중요한가를 다시금 우리에게 깨우치고 있다. 지금 교회 일선에 있는 목회자와 직분자뿐 아니라 특히 선교지에서 교회를 개척하는 선교사에게도 『교회정치』에 대한 지식이 얼마나 중차대한가를 보여준다고 하겠다.

1929년 『교회정치』는 1922년 번역 『교회정치』에다 당시 한국 장로교회의 현실을 어느 정도 반영하였다는 점에서 그 의의를 찾을 수 있다. 예를 들어서 목사의 직무에 따라서 구분한 목사의 칭호(위임 목사, 임시 목사, 동사 목사, 전도 목사 등)를 신설한 것이라든지, 교회의 임시직원으로서 영수와 서리집사 등을 규정한 것이라든지, 장로의 수가 점증되는 현실에서 장로의 자격을 연령과 무흠 기간을 기준으로 제한한 규정 등이다. 위 규정은 세계 교회에서 그 유례를 찾을 수 없는 한국이라는 특수한 토양에서 나타났다. 한편 1929년 『교회정치』 수정 초안에서 입교인 30명에 장로 1인을 세우자는 조항이 노회

수의 과정에서 부결된 것은 당시 장로 수가 급증하고 장로가 되기를 원하는 자들이 많이 있었음을 보여준 분명한 사례가 될 뿐 아니라 성경이 규정하는 직분 회복을 위해서는 반드시 넘어야 할 과제임을 보여주고 있다.

둘째, 위에서 각 『교회정치』를 통해 교회 직분이 도입되는 과정을 보면 무엇보다 선교사들의 영향(그들의 신학 등)이 아주 컸다. 성경에서 말하는 직분과 개혁주의 직분 회복을 위해서는 이들 신학과 이들이 끼친 영향이 한국 장로교회 역사에 구체적으로 어떻게 나타났는지, 긍정적인 면에서 그들이 기여한 것이 무엇이며, 또 부정적인 면에서 극복해야 할 것은 무엇인지를 하나씩 가려내는 것은 큰 의미가 있다. 예를 들어 선교사를 통해 공의회 시대에 세워져 지금까지 존재하는 '권찰' 제도는 초기 한국교회에서 도입되어 정착된 것으로서 맡은 교인들을 돌아보고 감독하면서 권징 기능을 수행한 직책이었다. 그러나 이것이 초창기 한국 장로교회 『교회정치』에서 규정한 바는 없고, 고신교회는 1981년 『교회정치』에서 헌법적 규칙으로 "구역의 교인을 돌아보는 자"로서 해설하였고, 현재 예장합동 측 역시 헌법적 규칙에서 "10가정을 돌보는 자"로 규정하였는데, 당시 권징 기능을 담당한 권찰의 봉사가 오늘날에도 계속 이어질 수 있도록 다시 주목해야 한다. 또 하나는 1922년 『교회정치』는 장로와 집사의 시무 반차를 규정하면서 세례교인 과반 수 이상으로 장로와 집사 시무 기한과 반차를 정할 수 있다고 하였는데 이 조항 정신이 1955년 『교회정치』까지 이어지다가 이후 기장 측은 1967년에, 통합은 1971년에, 고신은 1992년에 삭제한 것은 본래 장로회 정치의 정신을 상실한 것이라 하지 않을 수 없다. 비록 성경이 장로 시무 기간이 종신인지 한시적인지 명확하게 말하고 있지 않으나 그러나 역사적으로는 칼빈의 원리를 따라서 형성된 개신교회는 교회 내부에서 독재와 교권주의를 예방하고, 교회 치리에 교인의 영향을 보다 증대시키고, 교회에 잠재해 있는 다양한 능력

과 은사를 가능하면 더 많이 드러내기 위해서 한시적 봉사를 더 선호하였기 때문이다.[72]

---

72. H. Bouwman, *Gereformeerd Kerkrecht* I(Kampen: Kok, 1928), 601-2.

제2부

대한예수교장로회 고신교회(1952년-2018년)와 헌법 개정

한 국 장 로 교 회   헌 법 개 정 역 사

고신교회는 1952년 9월 11일 진주 성남교회당에서 독노회를 조직하고 발회(發會)하였다.[1] 임시 의장(이약신 목사)과 서기(홍순탁 목사)를 선정하고 총노회 조직의 취지와 목적을 설명하고 이어서 기초위원을 세워 총 노회의 규칙을 작성하여 이를 채용하였다. 이때 고신교회가 가진 헌법은 조선예수교장로회총회가 1934년에 개정 출간한 헌법이었다.[2] 이 1934년 개정헌법은 1927년에 시작하여 개정한 것으로 교회정치, 권징조례, 예배모범 등 소위 관리(管理)상 헌법뿐 아니라 12신경 소교리문답 등 소위 도리(道理)상 헌법을 포함한 것이다.[3]

고신교회는 독노회의 취지와 발회식 선포문에서 밝힌 대로 당시 대한예수교장로회 총회가 헌법에 구현된 본 장로회 정신을 떠나서 이교파적으로 흐르므로 이를 바로잡아 개혁주의신앙운동을 하여 참된 전통적인 대한예수

---

1. 당시 고신이 맺은 세계 교회를 보면 고신은 1952년 독노회를 조직할 때까지 한국에 정착한 세계교회협의회(World Council of Churches, WCC) 회원 교회인 기존 네 외국 교회 선교부(미국 북장로교, 남장로교, 호주 장로교, 캐나다 연합교회)와는 관계를 가지지 않고, 고려신학교를 도운 선교사들과 관계를 갖게 되었다. 이들을 통해 자연스럽게 이들이 속한 본국 교회와 친교 관계를 가지게 되었다. 당시 고려신학교를 도운 선교사들은 다음과 같다: OPC(The Orthodox Presbyterian Church) - B. F. Hunt (1946년11월부터 교수 활동), BPC(The Bible Presbyterian Church) - C. Malsbary, C. H. Chisholm, F. Hamilton, The Reformed Presbyterian Church-Evangelical Synod(나중에 PCA가 됨: The Presbyterian Church in America) - John Hunt, A. R. Sneller, CRC(The Christian Reformed Church in the North America) - 총노회 제3회(1954년)부터 일본에 있는 선교사를 파송하여 교회적인 친교를 가지게 되었다.
2. 이는 1962년 승동 측과의 합동총회에서 교회정치를 수정할 때 1934년판을 기준으로 한다고 합의한 것에서도 알 수 있다.
3. 관리상 헌법, 도리상 헌법이라는 용어는 곽안련 선교사가 『신학지남』 제6호(1919년 7월)에 기고한 "조선예수교장로회 헌법"이라는 글에서 당시 새 헌법을 해설하는 중에 처음 사용된 것으로 추정되고 있다, 70. 그러나 앞서 언급했듯이, 12신경과 소교리문답의 경우는 엄밀한 의미에서 개정이라기보다도 인도장로교의 12신조와 웨스트민스터 신앙고백서에 나오는 것을 각각 번역한 것으로서 일종의 '개역'(改譯)이라고 할 수 있다.

교장로회 총회를 계승하기로 하였다. 그리고 독노회가 출범한 지 4년이 지난 후 즉 1934년 개정헌법이 출간된 지 20년 후인 제5회 총회(1956년 4월)에서 교회정치에 국한하여 이를 개정하기로 하였다: "헌법 중 정치 부분만 개정하기로 가결하다."[4]

독노회 발회 직후 고신교회는 교회와 노회를 조직하고 정비하는 일에 힘을 쏟았다. 따라서 이 기간에 교회정치와 관련하여 총회가 의논하고 결정한 안건들은 거의 없었다. 다만 제4회 총 노회가 주일에 예배드리기 위해 버스와 전차를 타는 것이 옳은지는 예배모범을 엄수하여 각자 신앙양심에 맡겨 처리하기로 하였고, 천주교에서 영세 받은 자가 귀의할 때에 대한 처리는 박윤선 목사와 한부선 목사가 연구하여 보고하도록 하였으며, 타파에서 본 총노회에 가입하려는 교역자는 상설 시취부를 두어서 시취하도록 가결하였다.[5]

---

4. 총회회록(제1회-제10회), 69.
5. 총회회록(제1회-제10회), 40-1.

제1장

제1차 헌법 개정(1957년 9월)-대상: 교회정치

> 제5회 총회(1956. 4월)에서 개정 결의
> 제6회 총회(1956. 9. 20)에서 수정안을 각 노회에 수의 결정[1]
> 제7회 총회(1957. 9)에서 수의 결과 보고와 공포, 1958년에 출간[2]
> 수정위원: 박손혁(위원장) 전성도(서기),
>   한상동 박윤선 송상석 한명동 윤봉기 김해룡(위원)

1. 제1차 헌법 개정 결의와 개정위원회 구성: 제5회 총회(1956년 4월)[3]

1) 총회에서 축출된 경남(법통)노회와 고신교회(총노회)의 시작

총회의 부당한 교권으로 축출되고 단절을 당한 경남(법통)노회는 1952년 10월 16일 선언문에서 "현 임시가설총회를 아낌없이 베어버리고 대한예수

---

1. 이때 대한예수교장로회 총회로 명명하다(제5회 총회의 결정). 이 총회에서 박윤선 목사가 개혁운동 10년을 맞아서 예배당 쟁탈 문제 등에서 회개를 촉구하였다.
2. 3:4, 15:3만 부결. 1958년 3월 1일 인쇄 후 헌법이 효력을 발생하도록 하다.
3. 헌법 중에서 정치부분만 개정하기로 가결하다(제5회 총회회록, 69). 1958년 3월 1일자로 출간된 헌법의 서언을 보면 제5회 총노회의 일시가 잘못 표기되어 있다. 본래는 1956년 4월인데, 여기에 1955년 9월로 나와 있다. 1955년 9월에 모인 총노회는 제4회 총노회이다.

교장로회 헌법대로의 전통적인 장로회 총회를 계승하는 법통 총회를 준비하기 위하여" 총노회 발회식을 거행한다고 밝혔다. 고려신학교를 중심으로 경남노회에서 시작한 교회개혁을 위한 진리운동은 이후 10년 동안 교권주의자들의 횡포와 자유주의자들, 중도보수주의자들의 갖은 비난과 비소를 받으면서도 끊임없이 진행 확산하여 이제 총회로 개편을 할 만큼 크게 성장하였다. 이것이 인간이 시작하고, 인간을 위한 운동이었다면 그간에 쇠멸할 수도 있었으나 교회의 주 예수 그리스도에게서 시작한 운동이요 그분의 교회를 위한 운동이었기 때문에 원수의 끝없는 공세 가운데서도 더욱 활력을 얻어 전진할 수 있었다.

2) 1년 후 개혁운동 10주년 행사와 총회로 개편 결정

1956년 4월 17일에 모인 제5회 총노회는 현재 총노회를 개편할 때가 이르렀다고 판단하였다. 총노회로 출발한 지 4년 동안 개혁운동은 큰 축복을 받아 전국적으로 교회 수가 크게 증가하였다. 이때 통계를 보면, 경남노회에 387개, 경북노회에 112개, 경기노회에 42개, 전라지방에 24개, 합계 565개 교회이고, 목사 111명, 장로 157명, 세례교인 15,350명이었다. 이 층노회는 총회로 개편하기로 결의하고, 시일은 같은 해(1956년) 9월 20일 부산 남교회당에서 회집하기로 했다. 또 총회 회수는 총노회 회수를 계속 이어가기로 하였다. 1956년은 고려신학교를 설립함으로 시작된 개혁운동 10년을 맞는 뜻깊은 해였다. 그렇기에 총회로 개편하는 것과 함께 "개혁운동 10주년" 행사를 함께 하기로 결정하였다.

3) 교회정치 개정 결정과 정치개정위원회 구성

제5회 총노회는 무엇보다 헌법 중 교회정치 부분을 개정하기로 하였다.

이때 대한예수교장로회 (합동)총회는 앞서 1955년에 개정 공포한 교회정치를 채택하였다.[4] 총노회는 정치개정위원을 9인으로 하고 위원 선출은 공천부에 맡기기로 하였다.[5] 정치개정위원의 명단은 다음과 같다. 위원장 겸 회계: 박손혁; 서기: 전성도; 위원: 손상석, 윤봉기, 한상동, 한명동, 박윤선, 김해룡 (본래 9인으로 하기로 하였으나 8인으로 구성하였다).

4) 김희도 목사의 헌법 관련 질의와 해명

한편 제5회 총노회는 총노회 산하에 있는 경남노회의 회원이자 총노회의 총대인 김희도 목사의 질의(총 7개)에 송상석 목사를 석명위원으로 세워 해명하였다. 질의의 주 내용은 장로의 휴직과 사면과 그 지위, 시벌, 해벌 등에 관한 것으로 이는 당시 교회에서 장로로 인해 갈등이 상당히 있었음을 보여 주고 있다.[6]

---

4. 대한예수교장로회총회 (합동)총회회록 제11권, 235, 264-66. 제38회 총회(1953년 4월 24일에 개회, 대구 서문교회당)가 전남노회장 박찬목 씨의 청원한 장로회 정치개정에 대한 헌의를 허락하고 이자익 목사를 포함하여 15명의 위원을 또한 허락하였고(위원장 이자익 목사, 서기 노진현 목사), 이어서 제39회 총회(1954년 4월 23일에 개회, 안동중앙교회당)에서는 위원회의 활동을 보고하고 정치수정안 전부를 채용하기로 가결한다. 한편 40회 총회(1955년 4월 22일, 서울 영락교회)에서 정치수정위원회의 보고를 받아서 26항까지 개정됨을 공포하였다. 그리고 남은 조항 5개 조항은 각 노회가 3개월 이내에 가부를 총회에 보고하여 성수가 될 시에는 회장이 공문으로 공포하여 시행하기로 가결하였다.
5. 제5회 총회회록, 69.
6. 제5회 총회회록, 80-4. 질의에 대한 대답은 4월 19일에 보고한 것으로 되어 있으나 해명서 작성은 노회가 마친 다음 날인 20일로 되어 있다. 보고서: 註 63면 김희도 목사의 질의에 대한 석명.

1. 문. 장립받은 장로가 시무를 임의로 진퇴할 수 있으며 장로가 범죄한 일도 없고 또한 본인이 휴직이나 사면을 원하지 않음에도 불구하고 당회토나 노회가 휴직이나 사면을 시킬 수 있는지요?
답. ① 정문(政問) 97에 장로의 임기는 종신까지니 자기의 임의대로 사소한 곡절을 인하여 직분을 경홀히 해면할 수 없고 상회에서도 재판을 형치 아니하면 장로의 직을 해면할 수 없나니라. 연이나 혹 임시로 장로가 자기 직무는 사면하고 휴식할 수 있나니라.
② 정문 485에 의하면 장로사면은 본인이 불허하면 노회에 문의하여 그 지도를 받아 행할 것이니라. 장로가 원치 아니할지라도 당회가 휴직급 사직을 단행처사가 있었다면 이는 정치 제 13장 5조와 6조에 의한 듯하나 의결처리하기까지는 모든 절차와 시일과 노력이 있어야 하겠고, 만일에 목사와 장로와의 대립적인 관계가 있다면 그 사건에 관련성을 가진 당회장 주재하에 권고사면이나 정직을 단행할 수 없고 상회에 위탁 판결이나 노회 지시를 기다려서 행함이 정당한 처사니라.
③ 성경 딤전 5:19에 장로를 송사할 때에 두셋 증인이 있어야 할지니라고 하였다.

2. 문. 당회에 권고사면을 받은 장로를 노회가 그 직을 다시 매길 수 있는지요?
답. ① 정문 488에 장로가 당회의 권함을 받아 사직하고 재판을 청구하지 않으면 노회가 해사에 간예함이 불가하니라. 만일에 무죄한 장로를 본인의 허락도 없이(원치 않는) 장로시무를 중지시켰다면 이는 사면이 아니고 정직처분인즉 불법으로 인정되는 것인즉 정문 270, 2항 말미에 당회의 결정이 정당치 못한 줄로 인정하면 해회록을 개정하지 아니할지라도 해 결정은 파기하는 것이 가하니라.
② 정문 276에 오결(誤決)한 안건에 대한 반안교정(返案矯正)하는 권이 상회에 있나니라.

③ 권제 89조에 상회가 해소원이 적벌한 줄노 인정하는 때에는 하회의 작정한 사건의 전부 혹 일부를 변경할 것이니 이런 경우에 상회는 하회에 대하여 처리방법을 지시할 것이니라.
④ 권제 76조에는 직접 상회가 변경하거나 지시할 수 있다고 하였을 때 동 69, 70, 75를 보면 재심처사할 수 있다 하였으니 권제 86조까지 참조할 것.

3. 문. 휴직장로의 지위가 어떠한지요?
답. 정문 492의 장로가 종신직인즉, 치리회 사무는 정지하되 그 직은 항존한 고로 휴직장로가 당회에 참여치 못하며 당회 재판석에 참여하여 원고 혹 피고를 위하여 변호할 권이 없으나(권 四 26) 당회의 문의에 대하여 답변할 수 있으며 당회 혹 노회의 선거를 받아야 총대로 상회에 왕참하여 행사할 권한이 있나니라.

4. 문. ① 당회비원되는 성수가 얼마며 ② 완전한 당회와 준당회별이 어떠하며 ③ 완전한 당회가 결원이 생기어 장로 1인만 될 때 노회 허락 없이 당회로서 치리권을 행사할 수 있는지요?
답. ① 정문 197에 당회 정원의 수는 목사 1인과 장로 2인 이상이 유함을 요하나니 목사 장로 각 1인이 유하면 당회의 사무를 처리할 수 있으나 완전한 당회라 칭하기 불능하나니라. 혹 장로 2인 중에 결원이 있게 되면 노회의 허락을 득하여 현상대로 당회가 되나니라. 선교사가 전도하는 곳에서 아직 장로를 택하지 못하였으면 선교사가 홀로 당회의 사무를 처리할 것니 차는 준당회니라.
② 정문 199에 비원되지 못하는 회에서 사무를 처단할 수 있나요? 답. 하회를 불문하고 비원됨을 요하는 것은 회의 정규인고로 비원이 되지 못하는 회에서는 하사던지 작정할 수 없으니 오직 의론만 하고 다시 회집하기로 정할 것뿐이니라. 그러나 사건이 긴급하면 비원되지 못하는 회라도 임시로 의정하였다

가 그후 정기회에 보고하야 가부를 문의하여 결정할 것이니라.
③ 정치 제10장2조 당회성수에 의하면 장로 2인 있는 당회는 목사와 장로 1인으로, 장로 3인이 있는 당회는 목사와 장로 2인이라야 성수가 되고 목사와 장로 2인으로 조직된 완전당회가 장로 1인의 결원이 생길 때에는 정치문답조례 197에 의거하면 노회 허락을 받지 아니하면 처단할 능력이 없나니라(보고승인 받게 되면 족함).

5. 문. 장로의 직권은 어떠한 경우에 상실되는지요?
답. 정 98문 장로는 하여(何如)한 경우에 그 직분을 실하거나 직무를 행하지 못하나요?
답. ① 세상 떠날 때 ② 연로 신병 ③ 범죄 ④ 이단 ⑤ 노회와 대회 총회를 복종치 아니할 때 면직 ⑥ 노회 대회 혹 총회가 교회를 평온케 하기 위하여 장로에게 사면을 권고하여 사직케 하는 때(차등경우에 장로는 사직청원서를 그 본 당회에 제출하고 본 당회는 차를 허할 뿐이니라)

6. 문. 무임장로와 휴직장로의 분간이 어떠하며 휴직장로는 반다시 상회에 총대가 못되는지요?
답. ① 정문 483에 휴직(정직) 장로라도 어떤 치리회든지 참석할 수도 있음.
② 정문 492에 휴직장로가 당회 혹 노회 선거를 받아 총대로 상회에 왕참할 권이 있나니라.
③ 정문 93 무임장로와 휴직장로가 무슨 분간이 있나뇨(무임장로 약함). 휴직장로라 하는 것은 직무를 휴하는 자니 가령 본 교회에 다수한 장로가 있어 윤번 시무하기로 정한 규례가 유함으로 그 순서에 의하여 직무를 휴하거나 혹 자기의 사고로 인하여 직무를 사면한 자니라. 본 교회에는 특별 청함을 받지 않으면 참예할 필요와 권리는 무하나 상회에는 파송하는 총대가 될 수 있나니라.

7. 문. 정직만 당하고 성찬금지는 맏지 아니한 장로가 회개한 줄로 알면 해벌하고 다른 수속 없이 복직할 수 있는지요?

답. 정문 제100에 장로가 직분에 관계되어 정직되는 것과 기타 사건에 관계되어 (시)벌 하에 있으므로 겸하여 기도나 성찬에 참여 못하는 것은 각각 현수(懸殊)하니 정직만 당한 장로가 회개하면 본 교회가 교인의 가부를 기다릴 것 없이 해벌하고 직무를 복속할 수 있고 정직과 성찬에 불참한 벌까지 당하였으면 당회가 시시 시찰하여 합당하면 해벌하고 성찬에 참여를 허락할 수 있으나 직무에 대하여는 교회의 가부결정에 의하여 조처하되 불가라 하면 다만 정직 장로로만 있을 것이니라.

주강생 1956년 4월 20일

대한예수교 장로회 총로회장 귀하
석명위원 송상석 목사

2. 헌법수정위원회 보고와 수정안 노회 수의 결정: 제6회 총회 (1956년 9월 20-22일)

제6회 총회는 1956년 9월 20일 오후 8시에 부산남교회에서 6개 노회(경남, 부산, 진주, 전라, 경기)의 총대 95명(목사 52명, 장로 43명)으로 역사적인 총회로 모였다. 총노회에서 총회로 개편될 뿐 아니라 개혁운동 10주년을 맞는 해이기 때문이다.

그러나 제6회 총회는 첫날 9월 20일 개회 벽두부터 순탄하지 않았다. 개회 예배 직후 목사 52명, 장로 43명 합 95명으로 회장이 총회의 개회를 선언하자마자 고려신학교 교장 박윤선 목사의 총대권 탈퇴 선언이 있었기 때문이다. 총회 임원 선정(회장 이약신 목사, 부회장 한상동 목사)과 교체 이후에 박윤선 목사는 총노회가 총회로 출발하면서 개혁운동 10년을 회고하며 잘못된 것을 시정하자며 다음과 같이 제언하였다: 1. 예배당 쟁탈 문제 2. 교회질서에 대한 문제 3. 기독교보에 대한 문제 4. 신학교에 대한 재정문제. 이에 일동은 통성으로 기도하였고 이후 한상동 목사의 해명이 있었고 이때 박윤선 목사는 "목사는 노회에 속한바 총회에서 탈퇴" 발언한 것이 잘못되었다는 것을 해명하고 총대권 탈퇴 선언을 취소하였다.

1) 교회정치 제12장 제2조(총회조직) 개정

총노회에서 총회로 개편되는 만큼 어떤 사안보다도 교회정치에 나오는 총회조직(교회정치 제12장 제2조) 조항의 개정과 이에 준하는 총회규칙을 확정해야 했다. 그래서 개회 첫날 저녁은 초안을 배부하는 것으로 회무를 마치고 다음 날 총회는 오전 9시에 회무를 속회하여 교회정치 제12장 제2조 총회조직법 개정을 다음과 같이 각 노회에 수의하기로 결정하고, 그 결과 가결된 것을 공포하였다: "총회는 각 노회에서 파송한 목사와 장로로서 조직하되 목사와 장로는 그 수를 서로 같게 하고 총대는 각 노회 지방의 매 2당회에서 목사 1인과 장로 1인씩 파송하되 노회가 투표 선거하여 개회 2개월 전에 총회 서기에게 그 명부를 보내고 차점을 부총대 약간 인을 비치할 것이다(당회수가 2당회 미만인 경우에는 이상에 준하여 총대 목사 장로 각 1인씩 파송할 수 있음)."

1934년 조선예수교장로회 교회정치는 각 노회 지방의 매 15당회에서 목사 1인과 장로 1인씩 총회 총대를 파송하였으나 이를 현실에 맞게 개정하였다.

2) 총회규칙 제정

　총회 조직법을 개정 공포한 이후 오전 경건회(10시 30분에 시작)를 마친 후 총회는 이어서 총회규칙을 통과하기까지 시간을 연장키로 하였다. 그리고 심의를 거쳐 마침내 총회규칙이 통과되었다(12시 30분).[7] 총회규칙은 총 10조인데, 제1조는 총회 임원, 제2조는 부원과 위원, 제3조는 임원과 부원과 위원 선거방법을, 제4조는 임원의 임무, 제5조는 각 부원의 임무, 제6조는 문서와 그 양식, 제7조는 집회, 제8조는 재정, 제9조는 각 노회 상황 보고서, 제10조는 총회 규칙 변경 시 출석회원 3분의 2의 가결이 있어야 한다는 내용을 각각 다루었다.

　좀 더 자세히 살펴보면 제1조 총회 임원은 회장 1인, 부회장 1인, 서기 1인, 부서기 1인, 회록서기 1인, 부회록서기 1인, 회계 1인, 부회계 1인으로 이루어지며, 제2조에서 각 부와 위원은 11개 상비부원(정치부원, 규칙부원, 재정부원, 학무부원, 전도부원, 선교부원, 종교교육부원, 신학부원, 헌의부원, 면려부원, 구제부원)과 6개의 특별부원(구제위원, 복음병원이사, 재판부원, 지방위원, 출판위원, 학생지도위원), 6개의 정기위원(총계위원, 공천위원, 노회록검사원, 절차위원, 지시위원, 흠석위원)으로 이루어졌다. 제3조는 임원과 부원과 위원 선거 방법에 대한 것인데, 임원은 무기명 투표로 선정하여 회장은 투표수 3분의 2 이상으로 하고 기타는 다점으로 결정하였다. 상비부원과 특별부원은 공천위원이 총회 개회 전에 선정하여 총회에 보고하되 3년조로 하고 매년 3분의 1씩 개선하였다.

　제5조는 각 부원의 임무를 규정하였다. 정치부는 교회정치와 권징조례와 예배모범에 관한 사건이나 헌법적 사건을 다루는 부서이고, 규칙부는 총회

---

7. 총회회록(1회-10회), 104-9.

회집 시 사무를 원만하게 처리할 목적으로 필요한 규칙을 다루는 부서이며, 학무부는 학교 교육에 관한 일을 관장하며, 종교교육부는 종교교육에 관한 일을 맡아 매년 주일공과를 편찬하는 일을 하며 헌의부는 서기를 통해 총회에 제출되는 의안을 각 부에 보내는 일을 한다고 하였다. 면려부는 청소년 지도에 관한 일을 협의하며, 지방위원은 총회 지시로 지방 일을 돌아보며 약소노회에 협조 위원이 되는 일을 하고, 학생지도위원은 학생신앙운동을 지도하며, 총계위원은 회장, 서기, 회록서기로 구성하여 매년 3월 말 현재로 총계표를 작성하여 총회에 보고하는 일을 하며, 절차위원은 총회 순서를 인쇄하여 총회 개회 1개월 전에 각 노회에 보내는 일을 하며, 지시위원은 총회에서 광고하는 것을 맡으며, 흠석(欠席)위원은 흠석한 회원이나 회기 중에 사고로 조퇴하는 회원의 청원서를 맡아 총회에 보고하는 일을 한다고 규정하였다.

제6조는 문서와 그 양식에 대한 것인데 무엇보다 노회보고양식으로 (1) 감사할 것, (2) 교회형편(교인증감, 신앙생활상황, 지교회 목사 위임, 장립, 해임, 전도사 선택과 예배당 건축 상황), (3) 교회특별상황, (4) 장례 경영 상황, (5) 총계를 갖추게 하였다. 제7조는 총회의 회집을 매년 9월 제3차 주일 후 화요일 저녁으로 정한다고 하였고, 제8조 재정에서 총대 여비는 총회가 부담한다고 하였으며, 기차는 3등, 기선은 2등으로 한다고 하였다.

이로써 제6회 총회는 총회의 조직법을 개정하고 총회규칙을 제정하므로 총회로서 면모와 규모를 갖추었다.

3) 헌법수정위원회의 수정초안 보고와 노회 수의 결정

지난 제5회 총회에서 구성한 헌법수정위원회는 여러 차례 모임을 거쳐 수정 초안을 작성하였는데, 제6회 총회는 헌법수정위원장(박손혁 목사)이 수정 초안을 보고 받고 이를 그대로 받아 각 노회에 수의하도록 가결하였

다.[8] 수정 초안은 다음과 같다:[9]

1. 제1장(원리) "예수교 장로회정치의 일정한 원리 8개 조가 있으니 이것을 이해하여야 교회의 성질을 알지니라"
수정: "대한예수교장로회는 교회정치를 제정함에 있어서 이것이 하나님의 말씀에 일치하며 또 그 말씀에 기초한 것을 주장하여 이 정치에 기본이 되는 8개 조의 원리를 여기서 선언한다"

2. 제1조(양심의 자유) "…속박을 받지 않고 각기 양심대로 판단한 권리가 있은 즉"
수정: "…속박을 받지 않고 각기 양심(중생된 신자의 성경적 양심)대로 판단한 권리가 있은 즉"

3. 제1장 제5조(직원의 자격) "…그러나 성격과 주의가 다 같이 선한 자로 진리와 규칙에 대한 의견이 불합할 수 있으니 이런 경우에는 일반교우와 교회가 피차 용납하는 것이 가하니라"
수정: "…그러나 성격과 주의가 다 같이 선한 자라도 교리 문제 이외에 어떤 이치들과 교규(敎規)에 대한 의견이 불합할 수 있으니 이런 경우에는 피차 용납하는 것이 가하니라"

4. 제1장 제8조(권징) "…교회의 권한은 도덕상과 신령상의 것이요 국법상 시벌이 아닌즉 그 효력은 정치의 공정과 중인의 공인과 만국교회의 머리되신 구주의 권고와 은총에 있나니라"

---

8. 총회회록(1회-10회), 98.
9. 총회회록(1회-10회), 109 이하. 제6회 총회회록 부록에 실림.

수정: "…교회의 권한은 도덕적과 영적의 것이요 국법상 시벌이 아닌 즉 아무 세력도 쓰지 못할지니 다만 정치의 공정과 편벽되지 않는 공중의 공인과 만국 교회의 머리가 되신 구주의 은고(恩顧)와 축복으로 말미암아 효력을 발생하느니라"

5. 제2장 제1조(교회 설립) "하나님이 만국 중에서 대중을 택하사 저희로 영원토록 무한하신 은혜와 지혜를 나타내게 하시나니, 저희는 생존하신 하나님의 교회요, 예수의 몸이요, 성신의 전이라. 전과 지금과 이후에 만국의 성도니, 그 명칭은 성교회니라"
수정: "모든 정사와 권세 위에 높아지사 지금도 살아계시는 주 예수 그리스도께서 이 세상의 자기 교회인 왕국을 세우셨나니 이는 하나님께서 만민 중에서 택하사 지혜로 영원 무궁하신 은혜와 진리를 나타내시나니 지금은 살아계신 하나님의 교회로 예수 그리스도의 몸이요 성령의 전이라 과거와 현재와 미래의 성도니 그 명칭은 거룩한 교회라 하느니라"

6. 제3장 1조(교회창설직원) "우리 주 예수께서 최초에 이적 행할 권능 있는 자로(마 10:18) 자기 교회를 각국 중에서 선발하사(시 2:8, 묵 7:9) 일체(고전 10:1) 되게 하셨느니라"
수정: "교회창설직원은 사도들인데 우리 주 예수께서 그 교회를 각국에서 모으사 일체가 되게 함에 있어서 이들의 사역으로 하셨느니라(마 10:18; 고전 10:17; 계 7:9; 시 2:8). 이들은 이적을 행한 권능이 있었으나 이후로는 사도적 이적은 그쳤느니라"

7. 제3장 제4조(준직원) 제1항 "강도사는 당회의 추천에 의하야 노회의 시취로 강도할 인허를 받고, 그 지도대로 종사하되 교회 치리권은 없느니라"
  수정: "강도사는 노회의 추천으로 총회에서 시취 합격하여 강도사 인허를 받

고 그 노회 지도대로 종사하되 교회 치리권은 없느니라"

8. 제4장 제4조 제4항(부목사) 신설: "부목사는 목사를 도우는 임시 목사니라"

9. 제4장 제4조 제10항(종군목사) 신설: "종군목사는 노회에서 안수를 받고 군대에 배속되어 전도하여 성례를 거행하는 목사니라"

10. 제6장(집사) 제3조(집사의 직무) "…교회에서 수금(收金)한 구제비를 수납 지출하는 것이니라(행6:1-1)"
수정: "…교회에서 서무 구제에 관한 사무를 담당하느니라(행 6:1-2)"

11. 제7장 제3조(재정 처리) "(제직회는 교회에서 위임하는 금전을 처리하고), 부동산은 노회 소유대로 할 것이니라"
수정: "…교회 부동산은 공동의회 결의로 노회에 위임 관리하게 할 수 있느니라"

12. 제8장(교회 예배의식) "…교회는 마땅히 교회의 머리되신 그리스도의 설립하신 예배의식을 준수할지니, 그 예식은 여좌하니라"
수정: "…교회 예배 의식은 그 교회 권위로 작정하는 것이므로 그 차서는 변할 수 있으나 예배 순서 중에 그리스도께서 정하신 것이 있나니 그것은 변할 수 없느니라 예배의식은 다음 표준에 의할 것이니 순서 중에 의식에 흐르는 것들은 피할 것이니라"

13. 제10장 제2조(당회의 성수) "당회의 장로 2인이 있으면 장로 1인 목사 1인의 출석으로 성수가 되고 장로 3인 이상이면 장로 2인 목사 1인이 성수가 되나니라"

수정: "…단 장로 1인만 있는 경우에도 일반 당회 사무를 이행하되 그 장로 치리 문제나 기타 사건에 있어서 장로가 불복한 때에는 노회에 보고하여 처리하게 하느니라"

14. 제10장 제11조(공동의회)를 제11장으로 함(제48조 공동의회회옥, 제49조 소집, 제50조 직원, 제51조 집회, 제52조 회의)

15. 제11장(노회) 제1조(노회의 요의(要意)) "…사도시대 교회에 노회와 같은 회가 있었나니 교회가 분산한 후에 다수한 지교회가 있은 것은…"
수정: "…사도시대 교회에 노회와 같은 회가 있었나니 예루살렘 교회가 분산한 후에 다수한 지교회가 있은 것은…"

16. 제11장(노회) 제6조(노회의 직무) 제2항 "…목사후보생을 사취하여 받고 그 교육 이명 권징하는 것과 강도사의 이명 권징을 관리하며 지교회 장로 선거를 승인…"
수정: "…목사후보생을 사취하여 받고 그 교육 이명 권징하는 것과 신학졸업생을 총회에 추천하여 합격자를 강도사로 인허하고 그 이명 권징 면직을 관리하며 지교회 장로 선거를 승인…"

17. 제11장(노회) 제6조(노회의 직무) 제3항 "하 지교회에 속한 것을 무론하고 토지 혹 가옥사건에 대하여 변론이 생기면 노회가 처단할 권이 있나니라"
수정: "어느 지교회에 속했던지 토지 혹은 가옥 건에 대하여 변론이 일어나면 공동의회 청원에 의하여 노회가 처단할 수 있다"

18. 제11장(노회) 제8조(노회가 보관하는 각종 명부) 제7항 전도사 신설: "7. 전도사(주 전도사가 목사후보생인 경우에는 목사후보생 명부에만 둔다)"

19. 제12장(총회) 제5조(총회권한) "총회는 교회의 헌법(신경과 요리문답과 정치와 권징조례와 예배모범)을 해석할 전권이 있으며, 교리와 권징에 관한 쟁론을…"
수정: "총회는 교회헌법(신경과 요리문답과 정치와 권징조례와 예배 모범)을 성경과 장로회 원리에 의하여 해답할 권위가 있으며 또 그와 같이 교리와 권징에 관한 쟁론을…"

20. 제12장(총회) 제5조(총회권한) 제1항 "총회는 노회를 설립 합병 분립하기도 하며…"
수정: "총회는 노회를 설립 합병 분립(재래 노회의 청원에 의하여)하기도 하며…"

21. 제13장(장로 집사 급 임직) 제4조(임기) "치리장로와 집사의 직은 종신직이니라. 단 3년 1차씩 시무를 투표할 수 있고, 그 표결수효는 과반수를 요하느니라)"
수정: "치리장로와 집사의 직은 종신직이다. (주. 단 3년 1차씩 시무를 투표할 수 있고 그 표결 수효는 3분지 2로 한다. 노회는 시무 투표로써 일을 정하여 각 당회장으로 실시하고 노회에 보고하여야 한다)"

22. 제14장(목사후보생 급 강도사) 제1조(양성의 요의) "(이런 고로 각 노회가 신학 신학졸업생을 시취하야 강도사로 인허한 후, 해 강도사는) 특별한 이유가 없으면 6개월 이상 노회 지도하에서 본직의 경험을 수양할 것이니라"
수정: "…특별한 이유가 없으면 2년 이상 노회 지도하에서 본직의 경험을 얻기 위하여 사역한 후에 목사로 청빙을 받을 수 있나니라"

23. 제14장(목사후보생 급 강도사) 제2조(관리) 제1항 "(목사후보생 지원자는

소속노회에 청원하야 해 노회 관하에서 양성 받는 것이 가하니라. 제1항 혹 편의를 인하야 원지에 있는) 타노회 하에서 양성을 받고자 하면 본 노회 혹 본 노회 관하에 있는 무흠한 목사 2인의 천서를 얻어 해 노회에 제출함이 가하니라"

수정: "…타 노회에서 양성을 받고자 하면 노회 혹은 소속 당회장과 및 본 노회 관하에 있는 목사 2인의 보증서를 얻어 그 노회에 제출하여야 하느니라"

24. 제14장(목사후보생 급 강도사) 제2조(관리) 제3항 "…대한 장로회의 지도 하에서 수양을 받지 아니한 자는 신학 졸업 후 노회 관하의 후보생으로 6개월 이상을 있어야 강도사됨을 얻을 수 있나니라"

수정: "…대한예수교장로회의 지도 아래에서 수양을 받지 아니한 자는 신학 졸업 후 노회 관하에 후보생이 되고자 할 때에는 본 총회가 인정하는 신학교에서 1년 이상 훈련을 받은 후에 강도사에 시취에 응할 수 있느니라"

25. 제14장(목사후보생 급 강도사) 제3조(강도사 인허) "…증명하는 노회 천서를 제출할 것이요 노회는 해인(該人)의 신덕과 종교상 이력을 시문하며…"

수정: "…증명하는 노회 천서와 지원서와 이력서를 총회에 제출할 것이요 총회는 그의 신덕과 종교상 이력을 시문하며"

26. 제14장(목사후보생 급 강도사) 제4조(시취종목) 제2항 "(1) 구두시험: 노회는 강도사 될 자에게 대하야 한문 혹 영문과 히브리 헬나문과 문예와 과학과 본국 방언, 성경과 각 신학과 교회사기, 정치, 성례와, 성직을 지원하는 이유에 대하여 자세히 시취할 것이요…(2) 필기시험: 노회는…① 논문 ② 주해 ③ 강연 ④ 강도 ⑤ 성경신학 ⑥ 성경상식"

수정: "(1) 필기시험: …총회장은…① 논문 ② 주석 ③ 강도 ④ 교회사 ⑤ 성경신학 ⑥ 성경상식 (2) 구두시험: 필기시험에 합격된 자에게 성경과 각 신학 과

목과 교회사기 정치 성례 성직을 지원하는 이유에 대하여 자세히 시취하느니라(주, 이상 시취 과목 외에도 총회는 공석에서 만족하다 인정하는 정도까지 다른 방법으로 사취할 수 있음)"

27. 제14장(목사후보생 급 강도사) 제5조(표준자격) "특별한 경우를 제한 외에는 대 중학을 졸업하고 신학을 졸업한 자에게만 강도사로 인허하느니라"
수정: "특별한 경우를 제한 외에는 신학을 졸업한 자에게만 강도사로 인허하느니라"

28. 제15장(목사 선교사 선거 급 임직) 제3조(청빙준비) "투표하여 3분의 2가 피라 할지라도 … 형편을 명백히 기록(반대자의 수와 該人의 형편도 상기할 것)"
수정: "투표하여 4분지 3이 피라 할지라도 … 형편을 명백히 기록(반대 수와 또 그 교인 신분과 그 반대 이유를 자세히 기록할 것)"

29. 제15장(목사 선교사 선거 급 임직) 제5조(청빙 승락) "何목사나 강도사에게든지 청빙서를 교부하면…"
수정: "어느 목사나 강도사(주 특수한 경우 외에는 인허 받은 후 2년 이상 시무한)에게든지 청빙서를 교부하면…"

30. 제15장(목사 선교사 선거 급 임직) 제5조(청빙 승낙) "…그 청빙서를 접수하면 승낙하는 것으로 認定할 것이니라"
수정: "…그 청빙서를 접수하면 승낙하는 것으로 인정할 것이니라"

31. 제15장(목사 선교사 선거 급 임직) 제11조(위임예식) "노회 전체 혹은 위원으로 그 예식을 여좌히 거행할 것이니라"

수정: "…노회 전체 혹은 위원으로 그 예식을 거행할 것이요 예식 중에 목사와 교회에게 다음과 같이 문답할 것이니라"

32. 제15장(목사 선교사 선거 급 임직) 제13조(타파 교역자) "…가입하고자 하면 반드시 본 장로회에 속한 후보생 혹 강도사와 동일한 성격 급 학식이 있는 것을 증명할 만한 증거를 제출하고, 신학과 종교상 경험과 정치에 관한 시험을 받고 또 노회의 결의대로 노회가 만족하다 인정…"
수정: "…가입하고자 하면 본 총회가 인증하는 신학교에서 1년간 신학 훈련을 받게 한 후 신학과 종교상 경험과 정치에 관한 시험을 받고 총회의 결의대로 총회가 만족하다 인정…"

33. 제17장(목사 사직) 제4조(권고사직) "…사역할 처소가 있어도 5년간 무임으로 있으면…"
수정: "…사역할 처소가 있어도 4년간 정규 시무를 하지 아니하면…"

34. 제18장(선교사회) 제2조(외국선교사) "(외국 선교사는 즉) 대한 예수교 장로파와 관계있는 미국 남북장로교회와 영국 오스트레일리아 장로회와 가나다 연합선교사회를 지칭함이라"
수정: "…대한예수교 장로회와 관계있는 미국정통장로교회와 성경장로교회와 기독교개혁파 교회와 기타 본 장로회와 정식 우의 관계를 가진 교파에서 오는 선교사를 칭함이니라"

35. 제18장(선교사회) 제2조(외국선교사) 제1항 "…해 선교사는 본 교회의 파견증서를 그 노회에 提呈하여 접수한 후에야 그 노회 회원이 되느니라"
수정: "…그 선교사는 본 교회의 파견 증서를 노회에 제정하고 문답 서약한 후에 접수하여 그 노회 회원이 되느니라"

3. 제1차 개정헌법 공포: 제7회 총회(1957년 9월)

1) 수의 결과 보고, 개정헌법 인쇄와 효력

제7회 총회(1957년 9월 17일 오후 8시-9월 20일, 부산남교회당)는 서기에게서 35개 조항에 걸친 헌법 수정안의 각 노회 수의 결과를 보고 받았다.[10] 결과는 "강도사고시를 노회가 아니라 총회에서 주관"하는 것을 골자로 하는 교회정치 제3장 제4조(준직원) 제1항과 제15장 제3조(강도사 인허)의 수정안이 부결된 것을 제외하고는 모두 가결되었다. 수정한 헌법 효력은 수정위원이 책자를 인쇄 발간하여 1958년 3월 1일부터 시행할 것을 결정하였다.

2) 노회 수의 결과 부결된 조항

노회 수의 결과 부결된 조항은 모두 강도사고시를 관장할 주체가 총회가 되는 것과 관련이 있다. 경남노회와 경북노회는 이 두 조항에 대부분 부표를 행사하였다.

첫째, 정치 제3장 4조(준직원) 제1항 "강도사는 노회의 추천으로 총회에서 시취 합격하여 강도사 인허를 받고 그 노회 지도대로 종사하되 교회 치리권은 없느니라."의 수정안이 부결되었다. 즉 다수는 기존처럼 강도사는 당회의 추천으로 노회에서 시취하여 강도사 인허를 받는 것을 원하였다.

둘째, 이와 함께 정치 제15장 3조(강도사 인허) "…증명하는 노회 천서와 지원서와 이력서를 총회에서 제출할 것이요 총회는 그의 신덕과 종교상 이력을 시문하여…"의 수정안도 부결되었다. 사실상 첫 조항이 부결됨에 따라 강도사 인허와 관련한 이 조항도 채택될 수가 없었다. 노회가 강도사고시와

---

10. 총회회록(1회-10회), 126-7.

인허를 주관함에 따라 총회에 지원서와 천서와 이력서를 제출할 필요가 없기 때문이다.

그러나 강도사시취에 관한 조항은 승동 측과의 합동총회인 제10회 총회(1960년 12월)에서 다시 수정되어 강도사시취는 총회에서 하기로 하고 합격자는 2년 후 노회에서 목사시취와 안수를 하기로 가결하였다.

3) 1934년 헌법과 제1차 개정헌법 비교

공포한 개정 조항을 1934년 헌법과 비교하면 다음과 같다.

	1934년 헌법	제1차 개정(1957년)
제1장 (원리)	예수교장로회정치의 일정한 원리 8개 조가 있으니 이것을 이해하여야 교회의 성질을 알지니라	대한예수교장로회는 교회정치를 제정함에 있어서 이것이 하나님의 말씀에 일치하며 또 그 말씀에 기초한 것을 주장하여 이 정치에 기본이 되는 8개 조의 원리를 여기서 선언한다
제1조 (양심의 자유)	…속박을 받지 않고 각기 양심대로 판단한 권리가 있은 즉	…속박을 받지 않고 각기 양심(중생된 신자의 성경적 양심)대로 판단한 권리가 있은 즉
제1장 5조 (직원의 자격)	…그러나 성격과 주의가 다 같이 선한 자로 진리와 규칙에 대한 의견이 불합할 수 있으니 이런 경우에는 일반교우와 교회가 피차 용납하는 것이 가하니라	…그러나 성격과 주의가 다 같이 선한 자라도 교리 문제 이외에 어떤 이치들과 교규(敎規)에 대한 의견이 불합할 수 있으니 이런 경우에는 피차 용납하는 것이 가하니라

	1934년 헌법	제1차 개정(1957년)
제1장 8조 (권징)	교회의 권한은 도덕상과 신령상의 것이요 국법상 시벌이 아닌즉 그 효력은 정치의 공정과 중인의 공인과 만국교회의 머리되신 구주의 권고와 은총에 있나니라	교회의 권한은 도덕적과 영적의 것이요 국법상 시벌이 아닌 즉 아무 세력도 쓰지 못할지니 다만 정치의 공정과 편벽되지 않는 공중의 공인과 만국 교회의 머리가 되신 구주의 은고(恩顧)와 축복으로 말미암아 효력을 발생하느니라
제2장 1조 (교회설립)	하나님이 만국 중에서 대중을 택하사 저희로 영원토록 무한하신 은혜와 지혜를 나타내게 하시나니, 저희는 생존하신 하나님의 교회요, 예수의 몸이요, 성신의 전이라. 전과 지금과 이후에 만국의 성도니, 그 명칭은 성교회니라	모든 정사와 권세 위에 높아지사 지금도 살아계시는 주 예수 그리스도께서 이 세상의 자기 교회인 왕국을 세우셨나니 이는 하나님께서 만민 중에서 택하사 지혜로 영원 무궁하신 은혜와 진리를 나타내시나니 지금은 살아계신 하나님의 교회로 예수 그리스도의 몸이요 성령의 전이라 과거와 현재와 미래의 성도니 그 명칭은 거룩한 교회라 하느니라
제3장 1조 (교회창설직원)	우리 주 예수께서 최초에 이적 행할 권능 있는 자로(마 10:18) 자기 교회를 각국 중에서 선발하사(시 2:8, 묵 7:9) 일체(고전 10:1) 되게 하셨느니라	교회창설직원은 사도들인데 우리 주 예수께서 그 교회를 각국에서 모으사 일체가 되게 함에 있어서 이들의 사역으로 하셨느니라(마 10:18; 고전 10:17; 계 7:9; 시 2:8). 이들은 이적을 행한 권능이 있었으나 이후로는 사도적 이적은 그쳤느니라
제4장 4조 4항 (부목사)신설		부목사는 목사를 도우는 임시 목사니라

	1934년 헌법	제1차 개정(1957년)
제4장 4조 10항 (종군목사) 신설		종군목사는 노회에서 안수를 받고 군대에 배속되어 전도하여 성례를 거행하는 목사니라
제6장(집사) 3조 (집사의 직무)	교회에서 수금(收金)한 구제비를 수납 지출하는 것이니라(행 6:1-1)	교회에서 서무 구제에 관한 사무를 담당하느니라(행 6:1-2)
제7장 3조 (재정처리)	부동산은 노회 소유대로 할 것이니라	교회 부동산은 공동의회 결의로 노회에 위임 관리하게 할 수 있느니라
제8장 (교회예배의식)	교회는 마땅히 교회의 머리되신 그리스도의 설립하신 예배의식을 준수할지니, 그 예식은 여좌하니라	교회 예배 의식은 그 교회 권위로 작정하는 것이므로 그 차서는 변할 수 있으나 예배 순서 중에 그리스도께서 정하신 것이 있나니 그것은 변할 수 없느니라 예배의식은 다음 표준에 의할 것이니 순서 중에 의식에 흐르는 것들은 피할 것이니라
제10장 2조 (당회의 성수)	당회의 장로 2인이 있으면 장로 1인 목사 1인의 출석으로 성수가 되고 장로 3인 이상이면 장로 2인 목사 1인이 성수가 되나니라	단 장로 1인만 있는 경우에도 일반 당회 사무를 이행하되 그 장로 치리 문제나 기타 사건에 있어서 장로가 불복한 때에는 노회에 보고하여 처리하게 하느니라
제10장 11조 (공동의회)	제10장 제11조(공동의회)	제11장(공동의회) 제48조 공동의회회원, 제49조 소집, 제50조 직원, 제51조 집회, 제52조 회의. * 따라서 11장은 12장으로, 12장은 13장으로, 13장은 14장 등으로 각각 개정

	1934년 헌법	제1차 개정(1957년)
제11장(노회) 1조 (노회의 요의)	…사도시대 교회에 노회와 같은 회가 있었나니 교회가 분산한 후에 다수한 지교회가 있은 것은…	…사도시대 교회에 노회와 같은 회가 있었나니 예루살렘 교회가 분산한 후에 다수한 지교회가 있은 것은…
제11장(노회) 6조 (노회의 직무) 2항	…목사후보생을 사취하여 받고 그 교육 이명 권징하는 것과 강도사의 이명 권징을 관리하며	…목사후보생을 사취하여 받고 그 교육 이명 권징하는 것과 신학졸업생을 총회에 추천하여 합격자를 강도사로 인허하고 그 이명 권징 면직을 관리하며
제11장(노회) 6조 (노회의 직무) 3항	하 지교회에 속한 것을 무론하고 토지 혹 가옥사건에 대하여 변론이 생기면 노회가 처단할 권이 있나니라	어느 지교회에 속했던지 토지 혹은 가옥 건에 대하여 변론이 일어나면 공동의회 청원에 의하여 노회가 처단할 수 있다
제11장 8조 (노회가 보관하는 각종 명부) 신설		7. 전도사(주 전도사가 목사후보생인 경우에는 목사후보생 명부에만 둔다)
제12장(총회) 5조(총회권한) 1항	총회는 교회의 헌법(신경과 요리문답과 정치와 권징조례와 예배모범)을 해석할 전권이 있으며	총회는 교회헌법(신경과 요리문답과 정치와 권징조례와 예배모범)을 성경과 장로회 원리에 의하여 해답할 권위가 있으며
제13장 (장로 집사 급 임직) 4조(임기)	치리장로와 집사의 직은 종신직이니라. 단 3년 1차씩 시무를 투표할 수 있고, 그 표결수효는 과반수를 요하느니라)	치리장로와 집사의 직은 종신직이다. (주. 단 3년 1차씩 시무를 투표할 수 있고 그 표결 수효는 3분지 2로 한다. 노회는 시무 투표로써 일을 정하여 각 당회장으로 실시하고 노회에 보고하여야 한다)

	1934년 헌법	제1차 개정(1957년)
제14장 (목사후보생 급 강도사) 1조 (양성의 의의)	해 강도사는 특별한 이유가 없으면 6개월 이상 노회 지도하에서 본직의 경험을 수양할 것이니라"	해 강도사는 특별한 이유가 없으면 2년 이상 노회 지도하에서 본직의 경험을 얻기 위하여 사역한 후에 목사로 청빙을 받을 수 있나니라
제14장 (목사후보생 급 강도사) 2조(관리) 1항	타노회 하에서 양성을 받고자 하면 본 노회 혹 본 노회 관하에 있는 무흠한 목사 2인의 천서를 얻어 해 노회에 제출함이 가하니라"	…타 노회에서 양성을 받고자 하면 노회 혹은 소속 당회장과 및 본 노회 관하에 있는 목사 2인의 보증서를 얻어 그 노회에 제출하여야 하느니라
제14장 (목사후보생 급 강도사) 2조(관리) 3항	대한 장로회의 지도하에서 수양을 받지 아니한 자는 신학 졸업 후 노회 관하의 후보생으로 6개월 이상 있어야 강도사됨을 얻을 수 있나니라"	대한예수교장로회의 지도 아래에서 수양을 받지 아니한 자는 신학 졸업 후 노회 관하에 후보생이 되고자 할 때에는 본 총회가 인정하는 신학교에서 1년 이상 훈련을 받은 후에 강도사에 시취에 응할 수 있느니라
제14장 3조 (강도사인허)	…증명하는 노회 천서를 제출할 것이요 노회는 해인(該人)의 신덕과 종교상 이력을 시문하며…	.증명하는 노회 천서와 지원서와 이력서를 총회에 제출할 것이요 총회는 그의 신덕과 종교상 이력을 시문하며

	1934년 헌법	제1차 개정(1957년)
제14장 4조 (시취종목)2항	(1) 구두시험: 노회는 강도사 될 자에게 대하야 한문 혹 영문과 히브리 헬나문과 문예와 과학과 본국 방언, 성경과 각 신학과 교회사기, 정치, 성례와, 성직을 지원하는 이유에 대하여 자세히 시취할 것이요…(2) 필기시험: 노회는 … ① 논문 ② 주해 ③ 강연 ④ 강도 ⑤ 성경신학 ⑥ 성경상식	(1) 필기시험: … 총회장은 …① 논문 ② 주석 ③ 강도 ④ 교회사 ⑤ 성경신학 ⑥ 성경상식 (2) 구두시험: 필기시험에 합격된 자에게 성경과 각 신학 과목과 교회사기 정치 성례 성직을 지원하는 이유에 대하여 자세히 시취하느니라(주, 이상 시취 과목 외에도 총회는 공석에서 만족하다 인정하는 정도까지 다른 방법으로 사취할 수 있음)
제14장 5조 (표준자격)	특별한 경우를 제한 외에는 대 중학을 졸업하고 신학을 졸업한 자에게만 강도사로 인허하느니라	특별한 경우를 제한 외에는 신학을 졸업한 자에게만 강도사로 인허하느니라
제15장 3조 (청빙준비)	투표하여 3분의 2가 可라 할지라도…형편을 명백히 기록(반대자의 수와 該人의 형편도 상기할 것)	투표하여 4분지 3이 可라 할지라도…형편을 명백히 기록(반대 수와 또 그 교인 신분과 그 반대 이유를 자세히 기록할 것)
제15장 5조 (청빙승낙)	何목사나 강도사에게든지 청빙서를 교부하면…"	어느 목사나 강도사(주 특수한 경우 외에는 인허 받은 후 2년 이상 시무)에게든지 청빙서를 교부하면
제15장 5조 (청빙승낙)	…그 청빙서를 접수하면 승낙하는 것으로 認定할 것이니라	…그 청빙서를 접수하면 승낙하는 것으로 인정할 것이니라
제15장 11조 (위임예식)	노회 전체 혹은 위원으로 그 예식을 여좌히 거행할 것이니라"	노회 전체 혹은 위원으로 그 예식을 거행할 것이요 예식 중에 목사와 교회에게 다음과 같이 문답할 것이니라

	1934년 헌법	제1차 개정(1957년)
제15장 13조 (타파 교역자)	가입하고자 하면 반드시 본 장로회에 속한 후보생 혹 강도사와 동일한 성격 급 학식이 있는 것을 증명할 만한 증거를 제출하고, 신학과 종교상 경험과 정치에 관한 시험을 받고 또 노회의 결의대로 노회가 만족하다 인정…	가입하고자 하면 본 총회가 인증하는 신학교에서 1년간 신학 훈련을 받게 한 후 신학과 종교상 경험과 정치에 관한 시험을 받고 총회의 결의대로 총회가 만족하다 인정…
제17장 4조 (권고사직)	…사역할 처소가 있어도 5년간 무임으로 있으면…	…사역할 처소가 있어도 4년간 정규 시무를 하지 아니하면…
제18장 2조 (외국선교사)	"(외국 선교사는 즉) 대한 예수교 장로파와 관계있는 미국 남북장로교회와 영국 오스트레일리아 장로회와 가나다 연합선교사회를 지칭함이라"	…대한예수교 장로회와 관계있는 미국정통장로교회와 성경장로교회와 기독교개혁파 교회와 기타 본 장로회와 정식 우의 관계를 가진 교파에서 오는 선교사를 칭함이니라
제18장 2조 (외국선교사)	"…해 선교사는 본 교회의 파견 증서를 그 노회에 提出하여 접수한 후에야 그 노회 회원이 되느니라	그 선교사는 본 교회의 파견 증서를 노회에 제정하고 문답 서약한 후에 접수하여 그 노회 회원이 되느니라

4. 제1차 개정헌법(1957년 9월)의 의의와 평가

첫째, 진리운동과 개혁운동을 기치로 출발한 교회로서 세밀하게 규정할 필요가 있는 조항을 수정하였다. 예를 들어 제1장(원리)에서 8개조 장로회정치원리를 소개할 때에도 이 원리들이 "하나님의 말씀에 일치하며 또 그 말씀에 기초한 것을 주장하여 이 주장에 기본이 되는 8개조의 원리를 여기서 선언한다."고 삽입하여 수정하였다. 제1조(양심의 자유)에서도 여기 나오는 "양심"이 "중생된 신자의 성경적 양심"임을 추가로 설명하였으며, 제5조(직원의 자격) "…그러나 성격과 주의가 다 같이 선한 자로 진리와 규칙에 대한 의견이 불합할 수 있으니 이런 경우에는 일반 교우와 교회가 피차 용납하는 것이 가하니라."에서 "규칙"이라는 용어를 수정하여 여기서 말하는 규칙이 "교회의 규칙"임을 드러내기 위해 "교규(敎規)"라는 말로 대체하였다. 제8장(교회 예배의식)에서 현행 "…교회는 마땅히 교회의 머리되신 그리스도의 설립하신 예배의식을 준수할지니, 그 예식은 여좌하니라."도 다음과 같이 수정하였다: "…교회 예배의식은 그 교회 권위로 작정하는 것이므로 그 차서는 변할 수 있으나 예배 순서 중에 그리스도께서 정하신 것이 있나니 그것은 변할 수 없느니라 예배의식은 다음 표준에 의할 것이니 순서 중에 의식에 흐르는 것들은 피할 것이니라." 그래서 예배 순서 중에 그리스도가 정한 순서는 변할 수 없다는 것과 순서 중에서 그저 의식에만 치우치는 순서들은 피하도록 추가로 설명하였다. 또 제12장(총회) 제5조에서 총회의 권한을 설명하는 조항에서도 "총회는 교회의 헌법(신경과 요리문답과 정치와 권징조례와 예배모범)을 해석할 전권이 있으며"를 "성경과 장로회 원리에 의하여 해답할 권위가 있으며"라는 구절을 추가로 삽입하여 교회 헌법 이전에 성경과 장로회 원리가 선행한다는 것을 강조하였다.

둘째, 신학적인 관점에서 수정한 조항도 더러 보인다. 제2장 제1조(교회 설립)에서 기존 "하나님이 만국 중에서 대중을 택하사 저희로 영원토록 무한하신 은혜와 지혜를 나타내게 하시나니, 저희는 생존하신 하나님의 교회요, 예수의 몸이요, 성신의 전이라. 전과 지금과 이후에 만국의 성도니, 그 명칭은 성교회니라."에서 맨 앞에 "모든 정사와 권세 위에 높아지사 지금도 살아계시는 주 예수 그리스도께서 이 세상의 자기 교회인 왕국을 세우셨나니"

를 추가함으로 교회설립이 부활하시고 승천하신 주 예수 그리스도께서 세우신 것임을 강조하였다. 또 제3장 1조에서 창설직원을 설명할 때 기존 조항에다 "이들은 이적을 행한 권능이 있었으나 이후로는 사도적 이적은 그쳤느니라." 문구를 추가하여 교회창설직원인 사도들이 행한 기적이 특별한 것임을 설명하였다. 나중에 제15회 총회(1965년 9월)에서 위 추가 문구의 의미를 묻는 질의가 들어왔을 때 신학교육부는 "특수 계시의 종국성에서 볼 때 현시는 '사도적 이적'이란 있다고 할 수 없다."는 대답을 하였고 총회는 이를 채택하였다.[11]

셋째, 목사후보생, 강도사, 목사, 장로와 집사의 자격을 이전보다 더욱 엄격한 기준으로 수정하였다. 제14장 제1조에서 강도사의 양성을 이전에는 강도사 인허 후 6개월 이상 노회 지도하에서 수양하도록 하였으나, 수정안은 2년 이상 노회 지도를 받도록 하였다. 또 기존은 타 신학교에서 신학을 졸업하고 본 고신교회의 노회 관하에서 후보생이 되고자 할 때는 6개월 이상을 있어야 강도사가 될 수 있었으나 수정안은 총회가 인정하는 신학교에서 1년 이상을 훈련받은 후에 강도사 고시에 응할 수 있도록 하였다. 또 제15장 제3조에서 목사의 청빙 정족수가 기존에는 3분의 2였으나 4분의 3으로 수정하였다. 또 제15장 제13조에서 다른 교파의 교역자가 본 고신교회에 가입하고자 할 때 기존은 본 장로회에 속한 후보생이나 강도사와 동일한 성격과 학식에 해당하는 증거를 제출하고 신학과 종교적 경험과 정치에 관한 시험을 받고 노회의 결의대로 하도록 하였으나 수정안에서는 본 총회가 인정하는 신학교에서 1년간 신학훈련을 받는 것을 추가하였다. 그리고 제17장 제4조에서 기존은 목사가 5년간 무임으로 있으면 권고사직을 받는 사유가 되게 하였으나,

---

11. 총회회록(11회-20회), 108.

수정안은 4년간 정규 시무를 하지 아니하면 권고사직의 사유가 되게 하였다. 제13장(장로 집사와 임직) 제4조(임기)에서 장로와 집사의 경우 시무투표를 할 때 표결 수효가 기존에는 과반수였으나 수정안에는 3분의 2로 하였고 노회는 시무 투표로써 시일을 정하여 각 당회장으로 실시하게 하고 노회에 보고하도록 하였다.

넷째, 개체교회의 부동산 처리에서 개체교회의 공동의회의 권한을 적시한 조항이 있다. 제7장 제3조(재정처리)에서 기존은 교회 부동산은 노회 소유대로 할 것이라고 하였으나 수정안에서는 "공동의회 결의로"를 추가하여 노회에 위임 관리하게 할 수 있다고 하였고, 제11장(노회) 제6조(노회의 직무) 제3항에서 기존은 개체교회에서 토지나 가옥에 관한 사건에 대하여 변론이 생기면 노회가 처단할 권이 있다고 하였으나, 수정안은 공동의회 청원으로 노회가 처단할 수 있다고 하였다.

다섯째, 부목사 조항이 신설되었다(제4장 제4조 4항). "부목사" 명칭은 조선예수교장로회 제6회 총회(1917년)에서 한 때 논란이 있었고 예장총회(합동)에서 1955년 판 교회정치에서 "동사목사" 호칭이 사라지고 대신 "부목사" 호칭이 등장하는데, 고신교회는 "동사목사" 호칭은 삭제하지 않으면서 "부목사" 조항을 신설하였다(나중에 1968년 출판된 교회정치에서 동사목사 조항을 삭제하였다).

여섯째, 그 외 보충하여 설명할 필요가 있는 내용으로 수정한 조항들이 있다. 제10장 제2조에서 당회의 성수를 말할 때 기존에는 "당회의 장로 2인이 있으면 장로 1인 목사 1인의 출석으로 성수가 되고 장로 3인 이상이면 장로 2인 목사 1인이 성수가 되나니라."라고 하여 "장로 1인이 있는 당회"에 대한 설명이 부족하였으나, 수정안은 이를 감안하여 "…단 장로 1인만 있는 경우에도 일반 당회 사무를 이행하되 그 장로 치리 문제나 기타 사건에 있어서 장로가 불복한 때에는 노회에 보고하여 처리하게 하느니라."로 수정하여 특별한 상황도 고려하였다. 제6장(집사) 제3조(집사의 직무)에서 기존은 구제비를 수납 지출하는 것으로 되어 있었으나 수정안에서는 "서무"를 추가하였다. 제12장 제5조에서 총회의 권한을 말할 때 노회를 합병 분립할 때 "기존 노회의 청원에 의하여 하도록" 추가하였다. 나머지 조항들은 기존에 어려운 한자로 된 용어를 쉽게 풀이하여 수정하거나(제1장 8조의 경우), 내용을 추가하지 않고 조항만 이동한 것도 있다(제10장 제11조가 제11장으로 이동하였다).

5. 제1차 헌법 개정 이후

개정 이후 제10회 총회까지는 교회정치와 관련하여 총회에 상정된 안건이 거의 없었다. 제10회 총회(1960년 9월 20일, 부산남교회당)에서 다음과 같이 일부 헌법조항을 수정하기로 가결하였지만 예기치 않게 급속도로 진행된 승동 측과의 합동으로 노회 수의 과정은 진행하지 못하였다.[12]

첫째, 총회 파송을 4당회에 목사 장로 각각 1인씩으로(註 끝수는 사사오입 하기로 하고 1961년도는 3당회에 각각 1인씩으로) 하기로 하였다.

둘째, 강도사시취는 총회에서 하고 합격자는 2년 후 노회에서 목사시취와 안수하기로 하였다.

셋째, 목사 청빙 투표는 3분의 2로 하기로 하였다.

---

12. 총회회록(1회-10회), 258.

제2장

제2차 헌법 개정(1961년, 1962년)
- 승동 측과 합동개정헌법

> 제10회 총회(1960년 9월 20일)에서 승동 측과 합동추진위원회 구성
> 제10회 총회 제2차 속회/제45회 계속총회(합동총회), 1960년 12월 13일)에서 합동개정헌법 노회 수의 결정
> 1961년 2월 8일 합동개정헌법 공포
> 제11회 합동총회(제46회 총회, 1961년 9월)에서 추가 수정안 노회 수의 결정과 헌법적 규칙 개정
> 제12회 합동총회(제47회 총회, 1962년 9월)에서 추가 수정안 개정 공포

1. 승동 측과 합동

1) 고신 측과 승동 측의 합동 배경

    1950년대 말은 고신과 장신(1953년 기장 측이 독립해서 나감) 양측이 다 내적인 어려움을 겪는 시기였다. 고신 측은 예배당 확보를 위한 법정 소송 문제를 둘러싼 견해 차이 때문에 내적으로 여러 해 마찰이 있어 오던 중 고려신학교 교수인 박윤선 목사가 주일성수 문제로 고려신학교 교장직에서 해임됨으로 난국에 직면하였다. 장신 측은 세계기독교협의회(WCC) 지지자들과 복음주의연합회(National Association of Evangelicals, NAE) 가담자들

간에 내적인 마찰이 있어 오던 중 총회신학교 교장 박형룡 박사의 재정 관리 실수가 큰 요인이 되어 결국 분열로 치달아 난국을 맞았다. 장신 측은 마침내 1959년 9월에 제44회 총회로 모인 대전중앙교회에서 WCC를 찬성하는 연동 측(현재 통합교단)과 WCC를 반대하는 승동 측(현재 합동교단)으로 교회가 분열하여 막을 내렸다.[1]

2) 연구와 검토, 보고와 토론 없이 신속하게 졸속으로 추진된 합동

이런 배경에서 1960년 고신, 승동 양측은 각기 당면한 난국을 타개하기 위해 고심하는 중 승동 측이 먼저 고신과 합동을 제안해 오면서 난국 극복의 길을 추구했다. 1960년 8월 승동 측 목사들과 고신 측 목사들의 비공식적인 만남에서 시작하여 제10회 총회(1960년 9월 20일)는 승동 측과의 합동추진위원회(9명, 황철도, 윤봉기, 한상동, 박손혁, 송상석, 추국원, 전성도, 조수완, 남영환 목사)를 즉시 구성하고, 1960년 10월 25일에 대전중앙교회당에서 불과 이틀 만에 승동 측의 합동위원회와 합동에 대한 협의를 마무리하였다. 고신총회가 단 1년의 연구나 검토, 거기에 대한 보고나 토론도 거치는 일이 없이 신속하게 합동을 추진한 것은 참으로 이해할 수 없는 일이다. 지난 1952년에 있은 분열의 원인이 단순히 인간적인 감정의 차이가 아니라 진리 파수에 있었고, 회개와 정화를 통한 교회 재건을 둘러싸고 주장 차이에 있었으며 중대한 교회관의 차이가 있음에도 고신총회는 이번에 논리적이고 합리적인 사고 없이 정서의 지배를 받으며 합동을 완료하였다.[2]

---

1. 허순길, 『한국장로교회사』, 469-77.
2. 허순길, 『한국장로교회사』, 478-9.

3) 양측의 중요한 합의 사항

양측이 만든 협의안 중 주요한 사항은 다음과 같다.

첫째, 합동총회의 일자와 장소는 1960년 12월 13일, 서울 승동교회이며,

둘째, 합동원칙으로는 ① 신조: 우리는 웨스트민스터 신앙고백에 의하여 대한예수교장로회 헌법에 명시한 12신조와 ② 신학: 우리는 칼빈주의 개혁신학에 의하여 합동할 것을 원칙으로 한다.

셋째, 합동 방안은 양측에서 각 5인씩 선출하여 헌법수정위원회를 구성하고 합동에 필요한 최소한도의 헌법수정과 규칙을 작성한다(승동 측은 김윤찬, 고성모, 정일영, 정규오, 심천 그리고 고신 측은 황철도, 한상동, 송상석, 박손혁, 전성도가 각각 헌법수정위원이 되었다).

넷째, 교리, 정치, 생활 면 등은 헌법과 예배모범과 권징조례를 엄수키로 한다.

4) 고신교회의 합동 합의안 채용

이러한 골자를 포함하여 양측의 합의안을 고신교회는 1960년 11월 22일에 부산남교회당에서 제10회 총회 제1차 속회로 모여 채용하였다.

2. 합동개정헌법 노회 수의 결정: 합동총회(고신 제10회 제2차 속회/제45회 계속총회, 1960년 12월 13일)

드디어 고신 측과 승동 측은 1960년 12월 13일 서울 흥천교회당에서 합동을 하는 총회로 모였다. 이날 합동총회는 합의안을 따라 대한예수교장로회 제45회 계속총회(고신은 제10회 제2차 속회)로 불렸다. 이때 양측의 헌법과

수정위원의 제안으로 제시된 수정안은 다음과 같다.

1) 헌법(교회정치)

현재 사용하고 있는 양측 헌법을 수정하되 그 기준은 1934년 수정위원이 정정 재판한 <조선예수교장로회 헌법>을 <대한예수교장로회 헌법>으로 개칭하여 기본으로 사용하기로 하고 합동에 필요한 최소한의 수정을 다음과 같이 하기로 하였다.[3]

첫째, 제4장 2조(목사의 자격)에서 "칭예(稱譽)를 받는 자라야 가합하니라."를 "칭예(稱譽)를 받고 연령 27세 이상된 자라야 가합하니라."로 수정하였다.

둘째, 제4장 4조(목사 칭호) 중 9항(선교사)를 10항으로 하고 9항으로 종군목사로 하여 "종군목사는 노회에서 안수를 받고 배속된 군대에서 전도하며 성례를 거행한다."를 삽입키로 수정하였다.

셋째, 제5장 3조(장로의 자격)에서 "27세"를 "30세"로 수정하였다.

넷째, 제11장 2조(노회조직)에서 "노회는 일정한 지방 내에 모든 목사(5인 이상을 요함)와 각 당회에서 총대로 1인씩 파송하는 치리장로로 조직하나니 만일 관리 목사 2인 이상을 두는 경우에는 목사의 수에 의하여 장로를 파송할 것이니라."를 "장로회는 일정한 지방 내에 모든 목사(5인 이상 됨을 요함)와 각 당회에서 총대로 세례교인 200명 미만 1인, 200명 이상 500명 미만 2인, 500명 이상 3인씩 파송하는 치리 장로로 조직하나니라."로 수정하였다.

다섯째, 제12장 2조(총회의 조직) 중 "매 15당회"를 "매 7당회"로 말미에

---

3. 양측은 이미 1934년 헌법에서 수정된 각기의 개정헌법을 가지고 있다. 고신 측은 1957년에 개정 공포한 헌법을 가지고 있고, 승동 측은 이보다 앞선 1955년에 개정된 헌법을 가지고 있었다.

"당회 수가 15 미만 하는 경우에는 15분의 8 이상"을 "당회 수가 7 미만 되는 경우에는 4 당회 이상"으로 수정하였다.

여섯째, 제15장 1조(목사 자격)에서 "목사는 신학 졸업 후 강도사시취에 합격되는 청빙을 받은 자라야 할찌니라."를 "목사는 신학을 졸업하고 총회에서 시행하는 강도사시취에 합격하고 2년간 교역 시무 후 노회에서 시행하는 목사시취에 합격되고 청빙을 받은 자라야 할찌니라."로 수정하였다.

2) 총회규칙

총회규칙은 잠정적 조치로 승동 측 규칙을 기본으로 사용키로 한다.

첫째, 고신 측 총회규칙 중에서 "출판위원", "구제위원", "학생지도위원"은 존속하기로 한다.

둘째, 고신 측은 고시부원 12인, 재단부원 9인, 군목부원 12인, 농촌부원 6인, 재판부원 15인, 신문인사 15인을 선정보충하고 예장 측은 출판위원 7인, 구제위원 9인, 학생지조위원 7인, 복음병원 이사 9인을 선정 보충하기로 하였다.

3) 건의안

한편 헌법과 규칙 수정위원은 다음과 같은 건의안을 함께 보고하였다:

> 一. 금번 헌법 수정과 규칙 채용은 합동에 필요한 최소한도의 것으로서 미비점이 불고하다고 사료하므로 합동총회는 정식 헌법수정위원을 선임하여 전면적으로 헌법의 수정과 규칙의 개정을 실행하여 주실 것.
> 二. 노회와 총회 사이에 대회를 둘 수 있도록 관계법 조항을 제정하여 주실 것.

三. 총회 후 산하 각 노회의 합동은 다음 요령에 의하여 시행하여 주시기를 바라나이다.
 1. 구역 및 명칭: 경상남도는 고신 노회구역과 명칭에 의하여 합동하고 그 외는 예장 노회구역과 명칭에 의하여 합동한다.
 2, 합동기한: 1961년 2월 10일까지
 3. 노회 합동 지도위원을 지구별로 5인씩 선정하여 해당 관계 노회와 협의 지도케 한다.
    서울지구(서울, 경기, 충북, 강원, 황해)
    호남지구(전남, 전북, 충남, 제주)
    영남지구(경상남북도)
四. 금번에 한해서 규칙 정원을 초과할지라도 양측 동수의 인원으로써 각 부서를 합부 동 개편키로 한다.
五. 본 합동총회는 대한예수교장로회 총회 제45회 속회총회로 하고 합동위원회의 보고를 채택한 후 현 양측 총회의 임원은 자동적으로 해임되고 신 임원의 보선은 현 양측 총대가 선임한다.
六. 총회 합동 후 일절의 총무제를 폐지한다(단 제46회 총회 시부터 실시한다)

3. 합동개정헌법(1961년 2월) 공포

합동개정헌법은 노회 수의 과정을 거쳐 통과하여 1961년 2월 8일 자로 공포하였고, 제46회 총회(고신 제11회, 1961년 9월 21-27일, 부산남교회당)는 노회 수의 결과와 수정안이 통과한 것과 위 날짜로 공포한 것을 보고하였다(총투표 수 925 중 가 911 부 12).[4]

---

4. 제46회(합동)총회회록, 15-7.

4. 추가 수정안 교회정치 6개 조항 노회 수의 결정과 헌법적 규칙, 총회규칙 개정: 고신 제11회/제46회 총회(1961년 9월)

1) 노회 수의를 거쳐 결정한 추가 수정안 교회정치 6개 조항

헌법수정위원장(위원장 이인식 목사)은 승동 측과 고신 측이 합의한 합동개정헌법 외에 추가로 교회정치 수정안 7개 조항을 제시하였는데 이 중에서 둘째 항을 제외하고는 다음과 같이 수정안을 축조하여 가결하였다.[5]

첫째, 권사의 연령을 만 50세 이상으로 개정하여 받기로 가결하였다.

둘째, 영수직을 존속시키자는 동의는 부결하였다.

셋째, 강도사고시에 합격한 후 1년 후에 목사고시를 하도록 원안대로 받기로 가결하였다. 이 개정은 지난 합동총회(1960년 12월 13일)에서 결의한 대로 노회 수의 과정을 거쳐 1961년 2월 8일에 개정 공포한 것이었으나 다시 개정되었다. 앞선 개정(합동개정헌법, 1961년 2월)은 강도사고시 합격 이후 2년 후에 목사고시에 응시할 수 있도록 하였으나 이번에 이를 다시 1년으로 축소하여 재수정안을 만들고 노회에 수의하기로 한 것이다.

넷째, 제16장 5조 목사 휴양 건도 원안대로 받기로 가결하였다.

다섯째, 선교사에 관한 것은 원안대로 받기로 가결하였다.

여섯째, 제12장 2조 총회 조직란 끝에 단, 4당회 이하 되는 노회에서는 "목사 장로 각 1인식 언권 회원으로 참석할 수 있다."를 삽입하기로 가결하였다.

일곱째, 총회 조직란에 매 10당회에 목사 장로 각 1인씩 총대를 파견하도록 원안대로 받기로 가결하였다.

---

5. 제46회(합동)총회회록, 18.

2) 헌법적 규칙

총 13조로 구성되어 있는데, 제1조는 미조직교회의 신설립, 제2조는 교인의 의무를, 제3조는 교인의 권리를, 제4조는 주일예배회를, 제5조는 학습, 제6조는 성례, 제7조는 교회의 선거투표, 제8조는 무임집사, 제9조는 무임장로, 제10조는 권찰, 제11조는 혼례와 상례, 제12조는 병자 안수, 제13조는 문서비치를 각각 다루었다.

이 중에서 제3조 2항 "교인은 지교회에서 법규대로 선거 및 피선거권이 있다. 그러나 무고히 6개월 이상 본 교회 예배회에 계속 출석지 아니한 교인은 위의 권리가 중지된다."에 "의무를 하지 않는" 문구를 삽입하기로 하였으며, 제6조 2항에 "만 2세까지 유아세례를 줄 수 있으되 부모 중 한편만 믿어도 줄 수 있다."에서 양부모가 다 믿을 때 유아세례를 주기로 하였다.[6]

3) 총회규칙 추가 개정

또 동 총회는 총회규칙을 추가로 개정하는데, 총회규칙 초안 제7조 4항에 구제위원 18인과 동 5항에 순교자 유가족 위원 7인을 삽입하기로 하고 위원은 제45회 총회 때에 결정한 위원대로 하고 신문 이사는 16인으로 정정하여 받기로 가결하였다.[7]

4) 국제기독교연합회(International Council of Christian Churches, ICCC)와 우호 관계 단절과 이로 인한 갈등

제46회 총회는 ICCC와 우호 관계를 단절하기로 결의하였는데, 이에

---

6. 제46회(합동)총회회록, 18-9.
7. 제46회(합동)총회회록, 17.

ICCC와 개인적으로 관계를 가지고 있는 승동 측 박병훈 목사가 항의서를 제출하므로 3인의 위원(윤봉기, 송상석, 문재구 목사)를 선임하여 답변하도록 하였다.[8] 이어서 총회장은 총회 산하에 있는 개인이나 단체가 ICCC에 우호 관계를 맺을 수 없음을 선언하였다.[9] ICCC는 미국의 페이스(Faith) 신학교와 성경장로교회를 중심으로 칼 매킨타이어(Carl McIntire) 박사가 주도하는 국제적인 단체로서 이들의 신학 성향은 복음주의나 개혁주의라기보다 근본주의에 가까웠다. 당시 경북노회는 승동 측 박병훈 목사 중심으로 한 친 ICCC 측과 반 ICCC 편을 드는 고신 측으로 갈등 관계에 있었고, 이러한 갈등은 제46회 총회에 그대로 나타났다. 이미 부산 경남노회(노회장 박손혁 목사)와 진주노회(노회장 조수완 목사)는 ICCC와 단절을 건의하는 헌의안을 제46회 총회에 상정한 상태에 있었다.[10]

5. 수정안 교회정치 6개 조항 개정 공포: 고신 제12회/제47회 총회(1962년 9월)

직전 합동총회(1960년 12월)에서 노회 수의를 결정한 6개 조항 수정안은 각 노회 수의를 거쳐 고신 제12회/제47회 총회(1962년 9월 20-26일, 서울

---

8. 제46회(합동)총회회록, 8-9. 3인이 작성하여 총회에 보고한 답변서를 보면 총회가 합법적인 절차를 따라서(동의와 재청이 있었고, 비록 이의를 묻지 않았으나 가부를 물었기에) ICCC와 우호 관계를 단절한 결정은 절차 상 하자가 없고, 따라서 이에 대한 항의가 성립되지 않기에 답변이 필요하지 않다고 지적하였다(제46회 총회회록, 44-5).
9. 제46회(합동)총회회록, 15.
10. 제46회(합동)총회회록, 20, 23.

승동교회당)에서 개정을 공포하였다.[11]

6. 합동개정헌법(1961년, 1962년)의 의의와 평가

합동개정헌법은 두 차례에 걸쳐 이루어졌다. 합동총회(고신 제10회 총회 제2차 속회/제45회 계속 총회, 1960년 12월 13일)에서 노회 수의 결정을 하여 1961년 2월 8일에 공포한 합동개정헌법이 있고, 고신 제11회 합동총회(제46회 총회, 1961년 9월)에서 노회 수의를 결정하여 고신 제12회 총회(제47회 총회, 1962년 9월)에 공포한 교회정치 수정안 6개 조항이 있다. 이를 종합하면 다음과 같다.

	1934년 헌법	제2차 개정 (1961년)	제2차 개정 (1962년)	환원 (1963년)
제4장2조 (목사의 자격)	칭예(稱譽)를 받는 자라야 가합하니라	칭예(稱譽)를 받고 연령 27세 이상된 자라야 가합하니라		
제4장4조 (목사 칭호) 9항(선교사)	9항(선교사)	9항(종군목사) 신설 10항(선교사)		
제5장3조 (장로의 자격)	27세 이상	30세 이상		

---

11. 제47회(합동)총회회록, 5.

	1934년 헌법	제2차 개정(1961년)
제11장 2조 (노회조직)	노회는 일정한 지방 내에 모든 목사(5인 이상을 요함)와 각 당회에서 총대로 1인씩 파송하는 치리장로로 조직하나니 만일 관리 목사 2인 이상을 두는 경우에는 목사의 수에 의하여 장로를 파송할 것이니라.	30세 이상
제12장 2조 (총회조직)	매 15 당회 당회 수가 15 미만 하는 경우 15분의 8 이상	매 7 당회 당회 수가 7 미만 되는 경우는 4 당회 이상
제15장 1조 (목사자격)	목사는 신학 졸업 후 강도사시취에 합격되는 청빙을 받은 자라야 할찌니라.	목사는 신학을 졸업하고 총회에서 시행하는 강도사시취에 합격하고 2년간 교역 시무 후…
제3조 3항 (권사) 신설		1) 권사의 자격: 여신도 중 만 50세 이상된 입교인으로 무흠히 교회에서 봉사하고 공동의회에서 투표하여 투표 수 3분의 2 이상의 찬성을 얻은 자로 한다. 2) 권사의 직무: 당회의 지도대로 교인을 방문하되 병환자와 곤난을 당하는 자와 연약한 교인을 돌아본다.
제16장 5조 (목사휴양)	근무중에 있는 목사가 신체 섭양이나 신학연구나 기타 사정으로 본 교회를 떠나게 되는 경우에는 본 당회와 협의하며 2개월이상 흠근하게 될 시는 노회의 승낙까지 요할 것이니라.	…2개월 이상 흠근하게 될 시는 노회의 허락을 얻는다(원안 그대로)
제18장 (선교사회) 2조 (외국선교사)	"(외국 선교사는 즉) 대한 예수교 장로파와 관계있는 미국 남북장로교회와 영국 오스트레일리아 장로회와 가나다 연합선교사회를 지칭함이라"	"(외국 선교사는 즉) 대한 예수교 장로파와 관계있는 미국 남북장로회와 영국 오스트레일리아 장로회와 가나다 연합선교사회를 지칭함이라"(원안 그대로)

제2차 개정(1962년)	환원(1963년)
	노회는 일정한 지방 내에 모든 목사(5인 이상을 요함)와 각 당회에서 총대로 1인씩 파송하는 치리장로로 조직하되 만일 시무 목사 2인 이상을 두는 경우에는 목사의 수에 의하여 장로를 파송하고 세례교인 200명 이상 된 교회에서도 총대장로 1인씩 파송한다(단 위의 두 조건 중에 하나만 적용한다)
목사는 신학을 졸업하고 총회에서 시행하는 강도사시취에 합격하고 1년간 교역 시무 후…	강도사의 목사 고시는 강도사 인허 후 1년을 지난 자로…

첫째, 양측이 가장 예민하게 반응한 조항은 총회조직에 관한 것이었다. 제12장 제2조(총회조직)에서 승동 측은 1955년 개정헌법에서 총회에 파송하는 총대수의 기준을 노회 내 세례교인 1천 명 단위로 목사 1인 장로 1인으로 정하였고, 고신 측은 1957년 개정에서 노회 내 매 4당회마다 목사 1인 장로1인으로 각각 정한 상태에 있었다. 그러나 합의한 대로 양측은 1934년 판 개정헌법에 나와 있는 "각 노회 지방의 매15당회에 목사 1인 장로1인을 파송하되"를 "각 노회 지방 매7당회에 목사 1인 장로1인을 파송하되"로 하고, 또 "당회수가 15 미만하는 경우에는 15분의 8이상에 준하여 총대 목사 장로 각 1인씩 파송할 수 있다."를 "당회수가 7 미만하는 경우에는 4당회 이상으로 준하여 총대 목사 장로 각 1인씩 파송할 수 있다."고 수정하였다. 이 수정안에다 제47회 총회(고신 제12회 총회)는 "단, 4당회 이하가 되는 노회에서는 목사 장로 각 1인씩 언권회원으로 참석할 수 있다."고 개정하여 위 내용을 보완하였다.

둘째, 제11장 제2조(노회조직)의 개정은 승동 측의 개정헌법을 따랐다. 본래 1934년 헌법은 "노회는 일정한 지방 내에 모든 목사(5인 이상을 요함)와 각 당회에서 총대로 1인씩 파송하는 치리장로로 조직하나니 만일 관리 목사 2인 이상을 두는 경우에는 목사의 수에 의하여 장로를 파송할 것이니라."인 것을 고신은 장로총대를 각 당회에서 세례교인 200명 이상 1명으로 국한하였으나 승동 측은 "각 당회에서 총대로 세례교인 200명 미만은 1인, 200명 이상 500명 미만은 2인, 500명 이상은 3인식 파송하는 치리 장로로 조직하나니라."로 수정한 적이 있었다. 따라서 이 기준을 따라 노회에 파송하는 장로총대의 수는 급격하게 늘어났다.

셋째, 제15장 제1조(목사 자격)의 개정은 두 번에 걸쳐 이루어졌다. 처음 합동개정헌법에서는 1934년 판이 "목사는 신학 졸업 후 강도사시취에 합격되는 청빙을 받은 자라야 할찌니라."라 규정하는 것을 "목사는 신학을 졸업하고 총회에서 시행하는 강도사시취에 합격하고 2년간 교역 시무 후 노회에서 시행하는 목사시취에 합격되고 청빙을 받은 자라야 할찌니라."로 개정하였다. 이는 겉으로는 고신교회의 1957년 제1차 개정헌법과는 약간 차이가 난다. 고신의 1957년 제1차 개정헌법에서 강도사고시는 총회가 아니라 노회가 주관하기 때문이다. 그러나 승동 측과 합동하기 이전 총회인 제10회 총회(1960년 9월)는 이후 1960년 12월에 승동 측과 예기치 않은 합동으로 비록 무산되었으나 강도사고시를 총회가 주관하는 것으로 하는 수정안을 노회에 수의하기로 한 적이 있다. 한편 강도사고시 합격 후 2년 시무는 고신의 1957년 제1차 개정헌법도 규정하고 있으나 그러나 제47회 총회(고신 제12회 총회, 1961년 9월)는 승동 측의 1955년 개정안을 따라 추가 수정안에 포함하여 "…강도사시취에 합격하고 1년간 교역 시무 후 노회에서 시행하는…"로 다시 재수정하였다.

넷째, 합동개정헌법은 무엇보다 승동 측이 1955년 개정안에서 신설한 '권사'직("권사는 여자로 하되 안수 받지 않는 종신직이다.")을 그대로 이어받았다. 다만 권사의 연령을 만 50세 이상으로 수정하였다.

다섯째, 고신 측과 승동 측 각각 개정헌법은 교회 임시직원으로 영수직을 삭제하였는데 1934년 개정헌법에 나와 있는 영수직("영수는 당회가 조직될 때까지 교회 혹은 목사가 선택하여 지교회를 인도하게 하되, 임기는 1년간이니라.")을 존속시키자는 동의안이 교회정치 추가 수정안 7개항을 제시할 때는 포함되었으나 결국 부결되었다.

여섯째, 제18장 제5조(목사휴양)은 1934년 원안대로 받아서 목사가 "2개월 이상 흠근(欽勤)하게 될 시는 노회의 허락을 얻는다."로 수정하였다. 고신은 "2개월 이상"을 "6개월 이상"으로 수정하였으나 승동 측은 원안 그대로 가지고 있었다.

일곱째, 선교사에 대한 조항인 제18장(선교사회) 제2조(외국선교사)도 1934년 원안을 따라서 "(외국 선교사는 즉) 대한 예수교 장로파와 관계있는 미국 남북장로교회와 영국 오스트레일리아 장로회와 가나다 연합선교사회를 지칭함이라."고 하였다. 고신은 1957년 개정안에서 이를 "…대한예수교장로회와 관계있는 미국정통장로교회와 성경장로교회와 기독교개혁파 교회와 기타 본 장로회와 정식 우의 관계를 가진 교파에서 오는 선교사를 칭함이니라."로 수정한 바가 있었다.

여덟째, 그 외 승동 측을 따라 목사의 자격(제4장 제2조)에서 목사의 연령을 "27세 이상된 자"로 수정하였고 목사의 칭호(제4장 제4조)에서 "종군목사"의 신설은 승동 측과 고신 측이 각각 신설한 대로 수정하였으며 장로의 자격(제5장 제3조)도 승동 측과 고신 측이 각각 "27세"를 "30세"로 수정한 대로 따랐다.

7. 1957년 개정헌법으로 환원: 제13회 환원총회(1963년 9월)

고신 측 입장에서 보면, 승동 측과 합동은 사실 견고한 기반도, 미래의 안정적인 발전을 위한 제도적인 준비도 갖지 않고 조급하게 이룬 것이었다. 합동 이후 2년은 양측 사이에 혼란과 불신이 난무한 시기였다.[12] 마침내 제47회 총회가 끝난 직후 한상동 목사의 "고려신학교 복교선언"을 시작으로 고신교회의 환원이 이어졌고, 1963년 9월 17일에 부산 남교회에서 총대 72명(목

---

12. 허순길, 『한국장로교회사』, 492 이하.

사 36명, 장로 36명)으로 대한예수교장로회 제13회 환원총회(1963년 9월 17일-19일, 부산 남교회당)를 개회하였다. 합동한 지 36개월이 지난 시점이었다. 환원을 통해 고신교회는 교회 헌법과 관련하여 합동총회에서 공포한 합동헌법이 아니라 이전 1957년 개정헌법으로 다시 환원하였다. 이는 1972년 개정헌법(1974년 발행) 서언에서 헌법위원회가 이전 개정헌법을 1962년 합동헌법이 아니라 1957년 개정헌법을 적시하는 것에서도 알 수 있다.[13]

1) 제13회 환원총회(1963년 9월 17일-19일, 부산 남교회당)에서 수정한 일부 조항

환원총회가 수정을 가결한 교회정치 일부 조항은 다음과 같다.[14]

첫째, 경기노회(노회장 윤봉기 목사)의 강도사의 목사고시는 강도사 인허 후 1년을 지난 후로하도록 한다.

둘째, 지 교회 총대 장로를 세례교인 200명 이상은 2명씩 보내기로 한다.

위 두 수정안은 노회 수의를 거쳐 1964년 4월 6일 자로 공포하는데, 제14회 총회(1964년 9월)에서 총회 서기 김희도 목사가 이 사실을 총회에 보고한다.[15] 여기서 강도사의 목사고시 자격을 "강도사 인허 후 1년을 지난 자"로 결의한 것은 지난 제46회(고신 제11회) 총회의 결정과 노회 수의를 통한 수정안(제47회 총회, 고신 제12회에서 공포 보고)을 약간 개정한 것이다. 즉 강도사의 목사고시 자격을 강도사고시 합격 1년 후로 한 것을 강드사 인허 후 1년으로 개정하였다. 그런데 합동 이전 1957년 제1차 개정헌법은 강도사는 강도사 인허 후에 2년 이상 노회 지도로 경험을 한 후에 목사로 청빙을 받도록

---

13. 대한예수교장로회 총회헌법위원회, 『헌법』(수정판)(부산: 아주사, 1974).
14. 총회회록(11회-20회), 38.
15. 총회회록(11회-20회), 60-1.

하였다(제14장 제1조). 그리고 노회에 파송하는 총대 장로를 선정할 때 세례교인 200명 이상인 개체교회에서 2명씩 보내기로 한 것은 합동총회에서 결정한 것으로 환원총회는 이를 다시 그대로 수용하였다. 고신의 1957년 제1차 개정헌법은 본래 세례교인 200명 이상은 1명으로 국한하여 총대장로를 선정하였다.

2) 환원총회의 후속 조치

한편 환원총회는 36개월간의 합동을 청산하면서 후속 조치로 다음과 같이 몇 가지를 결정하여 수습하였다.

첫째, 경북노회장 황철도 목사의 본 총회와 승동 측과 우호 관계를 가지자는 건의건에 "그대로 하는 것이 좋은 줄 아오며"라는 정치부 안을 받았다.

둘째, 전라노회장 남영환 목사의 교파 명칭 변경하자는 건의건이 상정되어 정치부가 "한국 장로교로 채택하는 것이 좋을 줄 아오며"라고 보고하였으나 총회는 교파 명칭및총회기구연구위원회를 두고 위원 9인을 선정하여 1년간 연구하여 차기 총회 시에 보고하도록 가결하였다. 위원장: 홍반식; 서기: 이근삼; 위원: 오병세, 황철도, 윤봉기, 한명동, 송상석, 김영진, 권성문.[16] 그러나 제14회 총회는 교파 명칭을 보류하고 헌법수정을 위한 헌법수정위원회를 두었다.[17]

셋째, 총회 회수의 건을 다음과 같이 가결하였다:[18] "총회 회수에 대하여 승동 측과 합동한 그 기간을 기산하여 제13회로 하되 단 괄호를 열고 제11회 제12회는 합동총회라고 기록하고, 이번 환원총회 회수를 제13회로 하기로 하

---

16. 총회회록(11회-20회), 38-9, 43.
17. 총회회록(11회-20회), 65.
18. 총회회록(11회-20회), 39.

다. 그리고 제11회와 제12회 합동하여 총회가 진행된 사실을 회록서기로 하여금 자세한 역사적 사실을 첨가기록 해 두기로 가결하다(우리 총회는 제1회로부터 제35회까지 일원화로 내려오다가 제36회로부터 제44회까지는 신사참배 찬반 문제로 이원화로 내려오게 되었다). 그 후 제45회로부터 제47회까지 다시 일원화로 되었다가(합동) 1963년 9월에 본 총회가 환원함에 따라 본 총회 회수는 제13회로 하게 되었다(제11회 제12회는 회수를 개입하게 되고 회록은 합동총회회록을 참고)".

8. 제14회 총회(1964년 9월 22-25일, 부산 삼일교회당)

1) 권사 제도 보류

경북노회(노회장 황철도 목사)에서 권사 제도를 허락해달라는 청원이 상정되었으나 당분간 보류하였다. 사실 권사 제도는 승동 측과 합동하면서 제46회 총회(고신 제11회, 1961년 9월)에서 추가 수정안으로 제시되어 노회 수의를 결정하고 제47회 총회(고신 제12회, 1962년 9월)에서 개정 공포하였다(여자 성도 중에서 연령을 만 50세 이상).[19] 그러나 고신교회가 환원과 함께 1957년 제1차 개정헌법으로 다시 돌아가면서 권사 제도가 무산됨으로 일선 교회에서 혼란이 생겼고 이에 경북노회가 권사 제도를 다시 허락해 달라는 청원을 하였다.

---

19. 총회회록(11회-20회), 64.

2) 목사고시 응시 자격

경북노회(노회장 황철도 목사)가 상정한 목사고시에 응시하는 자격 청원에 지난 환원총회에서 결의한 대로 강도사 인허 후 1년으로 가결하고 "강도사고시 합격 공포일로부터 계산하게 되어 있아오며"는 기각하였다.[20]

3) 폐 당회 시 위임목사의 지위

경남노회(노회장 이성욱 목사)가 당회에 장로가 없어지면 위임목사가 해임이 되는지 문의한 안건은 연구위원 7인을 선정하여(위원: 권성문, 송상석, 황철도, 윤봉기, 박손혁, 이기진, 현호택) 다음과 같이 보고를 받고 가결하였다:[21] "첫째, 당회원 중 장로가 별세하거나 이거하였을 때에는 정치 제10장 제1조에 의하여 당회가 폐지된다. 둘째, 위임목사 위임 건은 정치 제20조 1항에 의하여 폐 당회가 된 해 교회의 위임목사는 치리권에 있어서는 임시목사와 같이 되고 위임 시무는 노회가 해임 선언할 때까지는 계속 된다."

목사 지위의 변동을 둘러싼 이러한 질의는 위임목사와 임시목사가 마치 등급이 달라서 위임목사는 1등 목사이고 임시목사는 2등 목사인 것처럼 당시 교회에서 널리 인식되고 있음을 보여주는 것이라 하겠다. 이후 총회는 계속해서 위임목사와 임시목사 제도를 폐지하고 담임목사 제도를 도입하는 취지의 안건을 가지고 씨름하였다.

4) 교단 명칭 변경 건

직전 총회에서 구성한 교단명칭및총회기구연구위원회(위원장 홍반식 목

---

20. 총회회록(11회-20회), 65.
21. 총회회록(11회-20회), 60, 65-6.

사)가 보고한 별지를 참고로 하되 제1항 교단 명칭 변경은 보류하고 그 외 원안을 받아 헌법수정위원 9인을 선정하여 헌법수정과 동시에 다소 수정하여 충돌이 없게 시행하도록 가결하였다.[22] 위원장: 박손혁; 서기: 권성문; 회계: 전성도; 위원: 송상석, 황철도, 윤봉기, 남영환, 오병세, 한명동.

5) 고려신학교가 고신총회 직영 신학교가 되다[23]

경기노회, 경남노회가 고려신학교를 각각 총회 직영이나 본 고단과 유기적 관계를 맺게 해달라는 청원과, 고려학원이사회(이사장 황철도 목사)가 고려학원(고려신학교, 고신대학, 고려고등성경학교, 복음병원)을 총회에서 직영해달라는 청원을 허락하였다. 이에 고려신학교 설립자 한상동 목사와 고려고등성경학교 운영자 오종덕 목사는 각각 신학교와 성경학교 재산 일체를 총회에 기부한다는 각서를 제출하였다. 이로써 고려신학교는 설립 18년 만에 총회 직영의 교회신학교가 되었다. 그리고 각 노회가 파송하는 이사로서 총회 직영 첫 이사회를 조직하였다(이사장: 한상동; 서기: 박손혁; 4년조: 송상석, 김희도, 손명복, 유윤욱, 박강수, 김은도; 2년조: 한상동, 박손혁, 권성문, 지득용, 손만윤).[24]

---

22. 총회회록(11회-20회), 65.
23. 총회회록(11회-20회), 64.
24. 총회회록(11회-20회), 70-1. 경기노회 2인, 경남노회 3인, 경북노회 2인, 부산노회 3인, 진주노회 2인, 전라노회 2인, 경동노회 1인, 단 2인 이상 노회는 장로 1인씩으로 구성하기로 하였다. 금번 총대회에서 선정하지 못한 경기노회, 전라노회는 9월 노회 중에 결정하여 총회 서기에게 보내기로 하였는데, 후에 전라노회가 남영환 현호택을, 경기노회가 윤봉기 유선호를 각각 추가하여 15명 이사가 선출되었다.

9. 제15회 총회(1965년 9월 21-25일, 부산남교회당)

1) 노회 수의를 결정한 조항

제15회 총회는 교회정치 일부 조항을 수정하기로 하고 이를 노회에 수의하기로 결정하였다. 지난 제14회 총회에서 구성된 헌법수정과 총회규칙 수정위원회의 보고를 수정하여 받되 총회규칙은 받고(④항) 다음 수정 사항을 노회에 수의하여 결과를 총회에 보고하도록 가결하였다.[25]

첫째, 목사 청빙 시 공동의회 정족수를 4분의 3에서 3분의 2로 하였다. 4분의 3 정족 요건은 1957년 개정헌법에서 개정한 것이다.

둘째, 장로의 자격 30세 이상 65세 이하의 무흠한 남 입교인으로 하였다. 30세 이상은 합동총회에서 개정한 내용이기도 하다.

셋째, 장로 "3년 투표하느니라."를 "할 수 있나니라."로 하였다. 장로의 시무투표를 반드시 의무조항이 아니라 선택하여 할 수 있는 것으로 조건을 완화하였다.

넷째, 신학교 정교수는 총회 정회원으로 받기로(규칙) 하였다.

다섯째, "종군목사는 신학 졸업 후 강도사고시에 합격하고 즉시 노회의 목사시취에 합격한 자로 노회 안수를 받는다."로 개정하였다. 본래 강도사 인허 후 1년이 지나야 목사고시에 응시할 수 있지만 종군목사의 경우 예외적으로 적용하였다.

2) 사도적 이적은 그쳤다?

교회정치 제3장 제13조 교회창설직원에서 "교회 창설직원은 사도들인데

---

25. 총회회록(11회-20회), 107.

우리 주 예수께서 최초에 그 교회를 각국에서 모으사 일체가 되게 하심에 있어서 이들의 사역으로 하셨다(마 10:18; 고전 10:17; 계 7:9; 시 2:8). 이들은 이적을 행할 권능이 있었으나 이후로는 사도적 이적은 끝쳤다."에서 "사도적 이적은 그쳤다."란 문구에 논의가 있었는데 내년 총회까지 연구하여 신학부에서 보고하여 처리토록 가결하였다.[26] 이에 차기 총회인 제16회 총회(1966년 9월)는 "특수 계시의 종국성에서 볼 때 현시는 '사도적 이적'이란 있다고 할 수 없다."는 신학교육부의 보고를 채택하였다. 사실 이 조항은 제6회 총회(1956년 9월)에서 노회 수의를 결정하고 제7회 총회(1957년 9월)에서 수정 공포한 내용이다. 본래는 교회정치 제3장 제1조(교회 창설직원)로서 "우리 주 예수께서 최초에 이적 행할 권능 있는 자로(마 10:18) 자기 교회를 각국 중에서 선발하사(시 2:8, 묵 7:9) 일체(고전 10:1) 되게 하셨느니라."에서 현재 조항으로 수정된 것으로서 이번 총회에서 "사도적 이적"에 대한 정의를 질의하였다.

3) 목사정년과 은급 대책위원회

경남노회 송상석 목사가 건의한 목사 정년 건과 은급부 설치 건을 받아서 목사정년과 은급을 위한 대책위원 부서를 조직하였다:[27] 위원장: 송상석; 서기: 지득용; 회계: 박봉화; 위원: 남영환, 현호택, 양진환, 김은도, 박갑수, 변종수.

---

26. 총회회록(11회-20회), 108.
27. 총회회록(11회-20회), 108.

4) 웨스트민스터 소교리문답과 장년공과

눈여겨볼 것은 종교교육부(부장 오병세 목사)가 청원한 종교교육에 관한 교육이념, 교육목적, 주교 교육목표, 교과과정의 설정과 공과집필을 허락하고 이를 오병세 홍반식 이근삼 민영완 허순길 석원태 양승달 최해일 박정덕 윤종하 이만열 이정대 제씨(諸氏)를 위촉하기로 한 결정이다. 그리고 총회는 1966년 1967년 장년공과를 웨스트민스터 소교리문답을 교재로 할 것을 허락하였다.[28]

5) 미조직교회의 강도사 청빙 시 목사 임직과 임시목사의 임기 무기(無期) 청원

미조직교회에서 강도사를 목사로 청빙할 때 안수를 해달라는 청원과 임시목사를 무기한으로 해 달라는 청원은 각각 교회정치 제16장 제69조 제1항과 제4장 제20조를 따라 부결하였다. 이 결정으로 강도사는 현행대로 인허 후 1년 이상 노회의 지도를 받고 나서 노회가 주관하는 목사고시에 응시하도록 하였다. 임시목사의 임기를 무기로 청원한 배경에는 현 헌법에서 당회가 아직 구성되지 못한 미조직교회는 위임목사를 청빙할 수 없고 임시목사를 청빙해야 하고, 또 임시목사의 시무 기한은 1년이다 보니 임시목사는 위임목사와 등급이 다른 목사인 것처럼 인식되는 점, 또 임시목사가 소신껏 장기 목회를 할 수 없다는 점, 공동의회를 열 때마다 당회장을 초빙해야 하는 불편 등이 그 기저에 깔려 있었다.

6) 타 교단, 타 단체와 교류

섭외부(부장 오병세 목사)의 청원으로 화란개혁교회(해방 측)와 친선 관

---

28. 총회회록(11회-20회), 105.

계를 맺도록 가결하고 동시에 개혁주의세계대회(Reformed Ecumenical Synod, RES) 가입 청원은 1년 유보하였다.[29] 왜냐하면 개혁주의서계대회에 가입한 화란개혁교회(총회 측)에서 1944년에 화란개혁교회(해방 측)가 독립했기 때문이다.[30] 당시 화란개혁교회(해방 측) 신학교에는 이미 고신교회에서 보낸 차영배, 양승달 목사가 수학하고 있었다. 그리고 타 교파와 교파 연합 기관은 일부 교파들이 웨스트민스터 신앙고백서를 버리고 새로운 신앙고백서를 제정하고 있으므로 당분간 우리 자신의 처신을 삼가도록 하였다.[31] 위 안건과 관련하여 본 교단에 소속한 교직자 중에서 일본서 열리는 아세아 복음연맹회의에 가담하기 위해 해외에 가는 일은 교계에 심상하지 않은 움직임이 있는 만큼 국내외를 막론하고 삼갈 것을 결정하였다.[32]

10. 환원(1957년 개정헌법) 이후 수정헌법에 대한 의의와 평가

첫째, 환원과 함께 고신교회는 1957년 제1차 개정헌법으로 다시 환원하지만 승동 측과의 합동총회에서 개정한 합동헌법에서 일부 조항은 그대로 수

---

29. 총회회록(11회-20회), 99.
30. 1944년 화란개혁교회 총회가 신앙고백 내용과 교회법에 탈선한 결정을 하게 되어 상당수 교회들이 그 총회를 벗어나(자유 혹은 해방되어) 교회 공동체를 이루게 되었는데, 그 교회가 바로 화란개혁교회(해방 측)이다. 이 교회는 31조파 개혁교회 혹은 자유(해방) 측 개혁교회라는 별명을 가지고 있는데, 이는 교회법 제31조에서 치리회가 잘못된 결정을 했을 때 잘못된 결의를 한 치리회로부터 자유(해방)할 수 있다고 규정하기 때문이다(허순길, 한국장로교회사, 526).
31. 총회회록(11회-20회), 102.
32. 총회회록(11회-20회), 104.

용하고 어떤 것은 보류하였다. 합동총회 개정헌법에서 수용한 조항을 보면 강도사 인허 1년이 지난 후 목사고시에 응시하는 자격을 부여한 것과 노회에 파송하는 총대장로를 세례교인 200명 이상은 2명을 선정한 것과, 장로의 자격 중 연령을 만 30세로 상향한 조항을 포함하였다. 그러나 합동개정헌법이 채택한 권사 제도는 보류하였다.

둘째, 해당 조항이 비록 수정되지는 않았지만 위임목사와 임시목사 간의 차별이 이때부터 총회에서 대두되면서 이후 총회에서 임시목사 제도 폐지, 담임목사 제도 도입 등 청원이 이어졌다. 더구나 2011년 개정헌법은 위임목사만이 노회장이 되도록 하였기에(교회정치 제130조 제5항) 위임목사와 임시목사(전임목사) 간의 위화감은 지금도 계속 진행되는 문제라 할 수 있다.

제3장

제3차 헌법 개정(1972년 9월)

-대상: 신앙고백, 대소교리문답(재번역), 교회정치, 권징조례, 예배모범

제16회 총회(1966년 9월)에서 표준문서연구위원회 조직(3개년 계획): 웨스트민스터 신앙고백서, 대교리문답, 소교리문답, 정치, 권징조례, 예배모범.

제19회 총회(1969년 9월)에서 웨스트민스터 신앙고백서와 대교리문답을 본 장로회 신조로 채용

제20회 총회(1970년 9월)에서 헌법수정위원회 조직

제21회 총회(1971년 9월)에서 노회 수의 결정

제22회 총회(1972년 9월)에서 공포, 1974년 출간

---

1. 고신교회 정체성과 표준문서연구위원회 조직: 제16회 총회 (1966년 9월)

1) 3개년 계획 고신교회 표준문서 작성을 위한 위원회 구성

제16회 총회는 고신교회의 정체성과 관련하여 중요한 결정을 하였다. 즉 경북노회(노회장 장성도 목사)가 교단 표준문서 정비와 연구 안건을 상정하였는데 이를 신학교육부에서 처리하여 다음과 같이 보고를 받고 허락하였다: "표준문서 작성은 3개년 계획으로 하고 공천부에 맡겨 7인 위원 인선하

도록 하다."¹ 그래서 교리표준에 해당하는 웨스트민스터 신앙고백서와 대교리문답, 소교리문답을 각각 번역하여 연구하기로 하였고, 관리표준으로는 교회정치, 권징조례와 예배모범을 포함하였다.

다음은 표준문서연구위원회 조직이다. 위원장: 박손혁; 서기: 한학수; 회계: 서완선. 분과위원과 과목 담당: 웨스트민스터 신앙고백서: 오병세; 대교리문답서: 이근삼; 소교리문답: 홍반식; 정치: 한학수; 권징조례와 예배모범: 서완선; 검토위원: 박손혁 한명동.

동 위원회는 제17회 총회(1967년 9월)에서 진행 결과를 보고하고² 제18회 총회는 위원장 박손혁 목사의 병환으로 위원장의 사면을 받고 권징조례 담당을 전성도 목사로 보선하고 한명동 목사를 위원장으로 선임하였다.³

2) 목사 시무정년[4]

총회는 목사의 시무 정년을 만 70세로 수정하고(교회정치 제3장 제14조) 다음과 같이 노회 수의를 가결하였다. 이는 제15회 총회(1965년 9월)에서 구성한 목사 시무정년제 및 은급부 설치 위원회(위원장 송상석 목사)의 청원이 다음과 같이 가결된 것이었다:[5] "목사 정년은 70세로 정해주실 일이오며, 정년이 되었다 하더라도 시무교회에서 계속 시무를 원할 시에는 3년 더 연장 시무할 수 있고 3년 후에는 매년 해교회의 시무투표를 얻어 시무케 하실 일이오며, 이에 따라 정치 제3장 14조를 수정하지 아니할 수 없는 일이 온 바

---

1. 총회회록(11회-20회), 138, 154.
2. 총회회록(11회-20회), 183-4.
3. 총회회록(11회-20회), 226, 229.
4. 총회회록(11회-20회), 136-8.
5. 총회회록(11회-20회), 143.

이는 각 노회에 수의하여 실시할 일이오며…"

이어서 목사 정년에 대한 헌법수정을 보충하는 보고를 가결하였다:[6] "목사 정년제에 관한 헌법수정 건 중 헌법 제3장 14조 교회항존직이란 말은 시간적인 영속성과 공간적인 위치를 말한 것이고 직원이란 말은 직제상 직별 칭호와 직임 받은 사람을 가리켜 놓은 말이다. 고로 직제상 직별의 칭호를 가진 목사 장로는 시간적인 계속성을 가지고 있는 것이나 공간적인 위치로 유지하는 사람은 영속하지 못하고 제약을 받게 되고 보니 사람을 표식하는 원(員)자를 삭제하고 제3장 교회직원을 교회 직제로 수정하여야만 헌법 제4장 20조 1항 위임목사란 말미에 교회로 종신 시무할 것이라고 한 것을 교회를 만 70세까지 시무할 것이니라고 수정할 일이옵니다."

그러나 위 결정을 모든 총대가 납득하고 수용하기가 쉽지 않았다. 총회에서 부결되자마자 즉시 목사 정년제에 대한 재론 동의가 있었다.[7]

3) 강도사 목사고시 자격

경남노회(노회장 손명복 목사)가 건의한 강도사의 목사고시 자격에서 "강도사의 목사고시 응시 자격을 강도사고시 합격 후 1년으로 하자."는 신학교육부의 보고를 기각하였다.[8] 현행은 "강도사 인허 후 1년"이다.

4) 시찰회의 철저한 정기 시찰 시행

목사의 목회 능률 향상을 위하여 각 노회에서 지시하여 시찰회가 정치 제116조(당회문답)를 철저히 시행하는지를 매년 일차씩 보고하자는 신학교육

---

6. 총회회록(11회-20회), 149.
7. 총회회록(11회-20회), 149.
8. 총회회록(11회-20회), 138.

부의 청원은 받았다.[9]

5) 노회 총대와 총회 총대 기준

부산노회(노회장 최일영 목사)가 건의한 총회 총대의 수를 세례교인 비례로 해 달라는 건은 노회 단위는 당회이고 총회 단위는 노회이기에 교인 수 비례로 총대를 파송하는 것은 헌법 정신 상 부자연한 일이라고 하였다.[10]

한편 경동노회(노회장 류윤욱 목사)가 청원한 정치 제12장 제55조 노회 파송 총대장로의 수를 정할 때 세례교인 200인 이상 당 1명을 100명 이상 당 1명으로 낮추어 개정하여 달라는 건은 현 한국 교회 실정상 그리할 수 없다고 결정하였다.[11]

6) 임시목사 청빙, 칭호와 임기

부산노회(노회장 최일영 목사)가 임시목사의 칭호와 임기를 재검토해달라는 것과 미조직교회가 위임목사를[12] 청빙할 수 있도록 헌법을 개정하여 달라는 청원 건은 헌법을 그대로 시행하되 미조직교회는 해 노회가 빨리 당회를 조직하도록 하실 일이라고 답변하였고,[13] 또 부목사 계속 시무 건은 부목사는 당회와 노회에 소속하되 임기는 임시목사와 같은 것으로 결의하였다.[14] 임시목사 제도 청원은 직전 총회인 제15회 총회(1965년 9월)가 다루었고 제

---

9. 총회회록(11회-20회), 139.
10. 총회회록(11회-20회), 157.
11. 총회회록(11회-20회), 146.
12. 총회회록에는 "위임목사"가 아니라 "임시목사"라고 되어 있으나 문맥을 볼 때 이는 혼동하여 잘못 표기된 것으로 보인다.
13. 총회회록(11회-20회), 157.
14. 총회회록(11회-20회), 157.

18회 총회(1968년 9월)는 임시목사 제도를 폐지하고 담임목사 제도를 신설하자는 청원을 상정하였다.

7) 교단 명칭 변경

경북노회(노회장 장성도 목사)가 건의한 본 교단 명칭 변경의 건은 현재로서는 시기상조라고 결정하였다.[15] 교단 명칭 변경 건은 환원 직후 제13회 총회(제13회 총회)에서 관련 안건이 상정되어 교단명칭및총회기구연구위원회까지 구성하였으나 제14회 총회(1964년 9월)는 교단 명칭 문제를 보류하였고 이번에 다시 해당 안건을 상정하였으나 결국 이 문제는 시기상조로 결론을 내리게 되었다.

8) 외국 선교사, 외국 교회와 교류

첫째, 경남노회(노회장 손명복 목사)가 건의한 외국선교국, 선교사와 맺는 관계절차 건은 정치 제107조(외국 선교사)와 제15회 총회(1965년 9월)에서 결의한 결정대로 앞으로 외국선교사가 우리 교단과 관계를 맺을 때는 반드시 헌법대로 시행하기로 하였다.[16]

둘째, 개혁파교회세계대회(RES)의 총무가 공식으로 본 교단에 요청하기에 이 단체에 고신교회가 가입하는 방향으로 추진하는 것과 동시에 섭외부(위원장 박손혁 목사)가 연구 보고한 화란개혁파교회(해방 측, 혹은 31조파)와 우호 관계를 갖자는 제15회 총회 결의를 재확인하고 이를 사무부에 맡겨 관계 절차를 가지도록 허락하였다. 그러나 이 결정은 상호 모순되는 것이

---

15. 총회회록(11회-20회), 156.
16. 총회회록(11회-20회), 152.

었다. 그 이유는 화란개혁교회(해방 측)는 개혁파교회세계대회와는 상당히 거리를 두고 있는 교단이기 때문이다. 위 둘 중 하나를 선택해야 하는 기로에 서서 고신교회는 양쪽 모두와 교류하기를 원하는 모순된 결정을 내렸다. 그리고 진주노회(노회장 박장실 목사)가 건의한 본 교단과 국제교회협의회(International Council of Christian Churches, ICCC)와 제휴 관계를 갖자는 안건은 시간적 여유가 없으므로 사무부에 맡겨 연구하도록 하였다.[17]

2. 제17회 총회(1967년 9월)

1) 표준문서연구위원회의 활동

지난 총회에서 구성한 표준문서연구위원회가 제18회 총회까지 연구 결과를 보고하기 위해 최선의 경주를 하고 있다는 말과 함께 아래와 같이 활동을 보고하였다:

> 1. 신앙고백서는 오병세 목사가 거의 원고가 완료되어 현재 재검토 중이며
> 2. 대교리문답은 이근삼 목사가 현재 3분의 2 정도 원고가 되었으며
> 3. 소교리문답은 홍반식 목사가 맡아 현재 원고가 완료되어 초안을 작성하여 1부 배정할 예정이오며
> 4. 정치는 한학수 목사가 담당하여 현재 원고가 많이 진행 중이오며
> 5. 예배모범과 권징조례는 서완선 목사가 담당하여 현재 1차 이상의 원고 추진 중이 온바 다음 총회 시기에는 이상의 표준문서가 거의 연구 완료될 예정이옴을 보고하나이다.

---

17. 총회회록(11회-20회), 153.

2) 1967년의 새 신앙고백서 반대 성명

표준문서연구위원회의 활동과 함께 주목할 것은 경북노회(노회장 오병세 목사)에서 상정한 "새 신앙고백서"(1967년도)에 반대성명 청원 건은 위원 5명(송상석, 오병세, 홍반식, 이근삼, 송명규)에 맡겨 검토한 후에 총회 명의로 반대 성명을 내기로 하고, 홍반식 목사가 폐회예배 설교에서 1967년도 "새 신앙고백서"의 잘못된 점을 지적하였다는 점이다. 이는 고신교회의 정체성을 신앙고백의 차원에서 1967년의 "새 신앙고백서"와 차별을 둔 중요한 일이었다. 1967년의 "새 신앙고백서"는 미국연합장로교회(UPCUSA)가 1967년에 만든 것으로 기존 웨스트민스터 신앙고백서와는 다른 새로운 신앙고백서로서 전체적으로 신학자 칼 바르트의 신학(특히 화해의 신학)을 추종하고 있는 것으로 알려졌다.

3) 국제교회협의회(ICCC)

총회는 경북노회(노회장 오병세 목사)와 경기노회(노회장 민영완 목사)에서 본 교단이 ICCC(국제교회협의회)에 가입하지 않도록 촉구한 제안은 우호 관계만 맺도록 가결하였다. 사실 이 문제는 직전 총회 제16회 총회에서 진주노회(노회장 박장실 목사)가 ICCC와 제휴를 갖자는 제안을 상정하였으나 총회는 이를 다룰 시간적 여유가 없어 사무부에 맡겨 연구하도록 하였다. ICCC는 미국의 페이스(Faith) 신학교와 성경장로교회를 중심으로 칼 매킨타이어(ICCC의 총재) 박사가 주도하는 국제교회연합단체로서 이들의 신학 성향은 복음주의나 개혁주의라기보다 근본주의에 가까웠다. 특히 경기노회와 함께 이 안건을 제안한 경북노회의 경우 수년 전 고신 측과 승동 측이 합동한 기간에 ICCC 문제로 노회가 분규를 경험한 적이 있었고(박병훈 목사는 일찍이 개인적으로 ICCC와 밀접한 관계를 맺고 있었는데 노회에서 그를 중심으로 한 친 ICCC 그룹과 고신계를 중심한 반 ICCC 그룹의 층돌이 있었다),[18] 현 경북노회장 오병세 목사가 개혁주의를 신봉하는 학자일뿐 아니라 표준문서연구위원회의 위원으로서 웨스트민스터 신앙고백서 번역을 담당하고 있었는데 더구나 이번 총회에 보고된 경북노회의 노회상황보고서에서 ICCC 측에 속한 매호교회와 사촌교회가 각각 1967년 3월과 9월에 본 교단의 경북노회에 가입한 것으로 보고된 것을 볼 때 경북노회로서는 이 문제가 더욱 절실한 사안으로 판단하였을 것이다.

4) 목사시무정년제

지난 총회에서 노회 수의를 결정하고 가결된(가 180 부 76) 목사정년제(만 70세) 관련 헌법수정안이 이번 총회에 보고되었다.[19] 그래서 금번 총회에 경기노회(노회장 민영완 목사)가 헌의한 "목사정년제"에 대한 안건은 "제16회 총회에서 가결한 대로 각 노회에서 다수가결을 얻어 이번 총회에서 가결한 대로 시행함이 가한 줄 아오며"라고 행정부에서 보고한 것을 총회가 재확인하였다. 그러나 1968년 11월 10일에 발행된 교회정치 가정판 제20조 제1항(위임목사)을 보면 수정이 되지 않은 채 여전히 "특별한 이유가 없으면 그 담임한 교회를 종신 시무한다."고 되어 있다. 수정안은 헌법수정위원회가 보고하고 노회 수의를 통해 가결된 교리적 헌법과 관리적 헌법(교회정치, 권징조례, 예배모범)의 개정을 제22회 총회(1972년 9월)가 공포하면서 비로소 실렸다.

---

18. 허순길, 『한국장로교회사』, 492-3.
19. 총회회록(11회-20회), 176.

3. 제18회 총회(1968년 9월)

1) 표준문서연구위원회의 활동과 현재까지 개정된 헌법(교회정치) 출간

표준문서연구위원회의 활동은 위원장 박손혁 목사의 갑작스런 병환으로 지체가 되었다. 총회는 박손혁 목사를 사임 처리하고 대신 전성도 목사를 보선하고 한명동 목사로 위원장을 맡게 하였다. 신앙고백서와 소교리문답은 완료하였으나 대교리문답 번역이 아직 끝나지 않았고, 정치와 권징조례와 예배지침도 아직 연구 작업 중이라고 보고가 되었다.[20] 한편 총회는 지금까지 개정된 헌법(교회정치)의 출판을 조속히 하도록 하였고 이는 총회 폐회 2개월 후인 1968년 11월에 마무리되었다.[21]

2) 담임목사 제도

경북노회(노회장 오병세 목사)에서 상정한 교회정치 제4장 제20조 제1항(위임목사) 제2항(임시목사)에 나오는 위임목사와 임시목사 제도를 철폐하고 담임목사 제도를 설치하도록 한 건의는 행정부의 보고를 따라 본회에서 토의하다가 위원 3인(송상석, 전성도, 오병세 목사)을 세워서 금번 회기 중에 보고하도록 결의하였지만 보고 결과 내용은 총회회록에서 볼 수 없다. 다만 이후 개정한 교회정치 내용을 살펴볼 때 위 안건이 부결된 것으로 추정할 수 있다.[22] 위임목사와 임시목사 제도 관련 건은 이미 제15회 총회(1965년 9월)와 제16회 총회(1966년 9월)에서 다루었다.

---

20. 총회회록(11회-20회), 226, 229.
21. 총회회록(11회-20회), 220.
22. 총회회록(11회-20회), 221.

3) 국제교회협의회(ICCC) 관련 청원

경북노회(노회장 오병세 목사)가 다시 본 교단의 ICCC 가입 반대 청원을 상정하였으나 총회는 우호 관계를 재확인하였다.[23]

4) 교회와 노회 비치 문서 확정

한편 기획부의 보고로 교회 비치 문서, 노회 비치 문서 등이 공식으로 가결되었다.[24]

4. 웨스트민스터 신앙고백서와 대교리문답을 채택: 제19회 총회(1969년 9월)

1) 웨스트민스터 신앙고백서와 대교리문답을 본 장로회의 신조로 채택

본래 3개년을 계획하고 제16회 총회(1968년 9월)에서 구성한 표준문서연구위원회의 활동은 이번 총회에서 마치게 될 예정이었다. 그러나 대교리문답 번역과 권징조례와 예배모범은 아직 진행 중이었다. 그래서 위원회의 활동을 부득이하게 1년 연장하였다. 그렇지만 이번 총회는 고신교회 역사에서 대단히 중요한 결정을 하였다. 즉 웨스트민스터 신앙고백서와 대교리문답을 본 장로회의 신조로 채택한 것이다.[25] 소교리문답은 일찍이 조선예수교장로회가 독노회로 출발할 때 1907년에 12신경과 함께 채택하였다. 이는 장로교

---

23. 총회회록(11회-20회), 224.
24. 총회회록(11회-20회), 219-20.
25. 총회회록(11회-20회), 271.

의 한국 선교가 시작된 지 85년째 되는 해였다.[26]

이제야 고신교회가 교리표준문서를 가지므로 장로교회로서 제대로 된 면모를 갖추었다.

2) 장로와 집사의 시무정년 만 70세 헌법 수정안을 노회에 수의

목사의 경우 시무정년을 만 70세로 총회가 이미 결정하였지만 장로와 집사의 시무는 아직 종신으로 규정한 조항(교회정치 제12장 제72조, "치리장로와 집사의 직은 종신직이다…")을 장로 집사도 시무정년을 70세로 함께 적용하기로 문구를 수정할 것을 결정하고 이를 노회에 수의하기로 하였다. 이는 경남노회와 진주노회가 총회에 상정한 안건이었다.[27]

그러나 경남노회는 시무정년 만 70세를 염두에 둔 진주노회와 달리 시무정년 만 70세로 할 경우 교회정치 제12장 제72조("치리장로와 집사의 직이 종신직이다.")와 상충한다는 취지로 안건을 상정하였다.

3) 이북에 배우자가 있는 신자의 세례 건

이북에 배우자가 있는 신자가 세례를 받을 수 있는지 문의한 안건은 결정이 보류되었다.[28]

4) 타 교단, 단체와 교류

이번 총회는 타 교단, 타 단체 교류을 둘러싼 보고와 논의가 상당히 있었다. 무엇보다 RES(개혁주의세계대회) 총무 내한 방문과 대담 내용을 한상동

---

26. 허순길, 『한국장로교회사』, 483.
27. 총회회록(11회-20회), 266.
28. 총회회록(11회-20회), 271.

목사가 설명하였고(성경관과 기타 의문점을 질의하고 대화한 내용), 이어서 오병세 목사가 RES의 교리와 또 ICCC(국제교회협의회)의 현 동향을 설명하였고, 허순길 목사가 화란개혁교회(해방 측 혹은 31조파)와 RES의 현재 동향을 설명하였다. 그 결과 본 교단이 가입한 RES가 요청한 교단 통계표는 현재로서는 보내지 않고 관망하기로 하였으며, 또 고신 교단 내부 사정으로 RES 회원 파송은 확답할 수 없음을 전달하였다.[29] 그리고 총회 회기 등안에(30일 오전 경건회 시) 이근삼 박사가 RES 관련 내용을 설명하기로 하였으며, RES 연구위원회를 두어 사무친교분과 5인(총회장, 서기, 송상석, 한상동, 전성도 목사)과 고려신학교 교수 2인(홍반식, 이근삼)에게 맡겨 연구하여 내년 총회 전에 총대들에게 알리도록 전권을 위임하였다.[30]

한편 ICCC의 라보도(Robert S. Rapp) 선교사가 불온한 문서로 본 교단을 언급한 것을 두고 책임을 물어 강력하게 조처를 취하도록 총대 현호택 장로가 엄중히 항의하였으며, ICCC 대표 매킨타이어 박사의 환영만찬회 초청에 불참할 것을 통보하기로 하였고, 반면 화란개혁교회(해방 측)가 보낸 서적들은 감사히 받고 교수를 파송할 때 초빙교수로 영접하기로 하였으며 호주자유개혁파교회와 우호 관계 요청은 관망하기로 하였다.[31]

5) 노회문서양식과 총회문서양식

기획부에서 노회문서양식과 총회문서양식을 보고하였다.[32]

---

29. 총회회록(11회-20회), 264.
30. 총회회록(11회-20회), 274.
31. 총회회록(11회-20회), 263.
32. 총회회록(11회-20회), 260-1.

5. 제20회 총회(1970년 9월)

1) 완료되는 표준문서연구위원회와 새롭게 구성하는 헌법수정위원회

드디어 표준문서연구위원회(위원장 한명동 목사)의 활동이 완료되었다. 동 위원회는 제16회 총회(1966년 9월)에서 구성한 이후 4년 동안 활동을 하였다. 이는 교리표준과 관리표준 전체를 개역과 개정하는 실로 큰 작업이었고 이 표준문서를 통해 고신교회의 정체성을 분명하게 하는 의미 있는 일이었다. 총회는 동 위원회의 위원을 치하(致賀)하기로 가결하였다. 이어서 관리표준문서 개정안을 심의하던 중 총회는 교회정치 제22장 제113조 제3항("총회는 신경이나 요리문답을 개정하는 의안을 각 노회에 보내기 전에 특별히 위원 15인 이상[목사와 장로]으로 1년간 그 문제를 연구하여 다음 총회 때에 보고하게 하되…")에 따라 헌법수정위원회(위원장: 송상석; 서기: 김희도; 부서기: 진학일; 회계: 지득용; 위원: 민영완, 이재근, 박은팔, 박헌찬, 김장수)를 구성하여[33] 이들에게 맡겨 1년간 검토 수정하여 내년 총회에 보고하도록 하였다.[34] 그리고 이미 결의된 "70년 정년제"(교회정치 제72조)를 노회에 수의하도록 결정하였다.

2) 총회회록 편찬

그리고 총회는 총회회록(11회-20회) 편찬을 가결하였고 이는 1년 후인 1971년 9월 15일자로 발행하였다. 편집은 20회 총회서기 이기진 목사가 맡았다.

---

33. 제21회 총회 촬요(4항).
34. 총회회록(11회-20회), 318; 제20회 총회 촬요(40항).

3) 북한에 배우자가 있으나 월남하여 재혼한 교인의 교직 건

본 총회에 상정된 안건 중에서 경동노회(노회장 류윤욱 목사)가 헌의한 "배우자를 두고 월남하여 재혼한 교인의 교직 건"은 이는 중혼이므로 직분을 맡는 것이 불가하다고 결정되었다.[35] 이와 함께 직전 총회가 보류한 이북에 배우자를 두고 월남한 사람에게 세례를 줄 수 있는지 답변은 다시 보류하였다.

4) 타 교단과 단체 교류

우선 캐나다개혁교회와 우호 관계 체결을 결정하고, 이어서 직전 총회에서 구성한 RES(개혁주의세계대회) 연구위원회의 보고서 검토와 ICCC(국제교회협의회)와 라보도 씨 건을 같이 논의하기로 하였으나 경남노회와 사무부(부장 오병세 목사)가 함께 요청한 RES 와 ICCC 우호 관계 단절 건은 1년간 보류하였다. 또 사무부(부장 오병세 목사)가 요청한 국내 장로파(통합, 합동) 협의체 구성 역시 1년간 결정을 미루기로 하였다.[36]

6. 제3차 개정헌법 노회 수의 결정: 제21회 총회(1971년 9월)

1) 교회정치 제72조 수정 수의 결과

제19회 총회(1969년 9월)가 목사뿐 아니라 장로 집사도 시무정년을 70세로 함께 적용하기로 문구수정을 결정하고(교회정치 제72조 치리장로와 집사

---

35. 총회회록(11회-20회), 306.
36. 총회회록(11회-20회), 306.

의 직은 종신직이다) 이를 각 노회에 수의하고 직전 총회인 제20회 총회에서 이를 재확인하였는데 서기가 노회 수의 결과를 발표하였다. 그 결과는 뜻밖이었다. 8개 노회 중 경남노회와 경동노회, 성진노회는 부결하였으며 노회원 투표수 결과도 가 182 부 139 기권 1로 3분의 2에 미치지 못하였다. 교회정치 제22장 제113조 제1항은 교회정치를 개정할 경우 노회 수의 과반수, 노회원 투표수 3분의 2를 요구하는데 노회 수는 과반을 넘었으나 노회원 투표수는 정족수에 미달하였다. 회장은 즉시 부결된 것을 선포하였다.[37]

그런데 회장의 부결 선포가 있자마자 표결 내용에 착오가 있다는 이유로 회원 53명이 불복하고 다시 그 표결 선포를 취소하는 해프닝이 벌어지고 다음 헌법 수정 건이 상정될 때까지 이 안을 보류하기로 가결하였다.[38]

그러나 헌법수정위원회가 제출한 절충된 수정안인 "항존직의 시무정년은 만 70세로 한다. 위임목사, 임시목사, 장로, 집사는 만 70세가 되면 은퇴하고 은퇴목사는 지교회 치리권은 없으나 상회원권은 가진다."를 채택하여 관계 조문을 수정하므로(재적 53명 중 가 49 부 0 기권 4) 모든 해프닝은 끝이 났다.

2) 헌법수정위원회의 보고와 심의, 노회 수의

직전 총회가 구성한 헌법수정위원회의 보고를 일괄해서 받고 교회정치 권징조례를 심의 통과하며 이를 각 노회에 수의할 것을 결정하였다. 특히 교회정치 제3장 제14조에는 다음과 같은 단서를 부치도록 하였다: "항존직의 시무정년은 만 70세로 한다. 목사 장로 집사는 만 70세가 되면 은퇴하고 은

---

37. 제21회 총회회록, 8.
38. 제21회 총회회록, 9.

퇴목사는 지교회 치리권은 없으나 상회권은 가진다."[39]

3) 한학수 목사의 교회정치 제12장 제54조(노회조직) 수정안에 대한 항의서

그런데 교회정치 제12장 제54조(노회조직)의 "…만일 시무목사 2인 이상을 두는 경우에는 목사의 수에 의하여 장로를 파송하고 세례교인 200명 이상 된 교회는 장로총대 2인, 500명 이상 된 교회는 3인, 그 이상은 세례교인 매 500명 단위로 1인씩 파송한다(단 위의 두 조건 중에 하나만 적용한다)"는 수정안에 항의서가 제출되었다. 이는 한학수 목사가 제출한 것으로 항의 근거는 이 수정안이 칼빈주의 교회정치 원리 중 교회의 권세가 목사와 각 개체 교회 교인들에게 주어졌다는 것(마 16:18, 요 20:23, 고전 1:1-4)과 목사와 장로의 총대 동수의 원리와 위배된다는 것이었다(1971년 9월 28일 항의자 한학수 목사). 이에 총회는 전성도, 권성문 목사 2인을 선정하여 항의서에 답변하는데 그 내용은 다음과 같다: "교회정치 제9장 제35조를 인용하여 모든 치리회가 다 노회적 성격이 있음을 지적했으나 본 조는 치리회의 근본 성격을 밝힐 뿐이며, 목사 장로가 동수가 되어야 한다는데 적용구는 아니며, 또 교회정치문답조례 제280문답에서 세례 교인에 따라 파송할 수 없다그 했으나 교회정치 제53조에서 노회조직을 한 지방 내에 있는 5인 이상의 목사와 각 교회가 보낸 총대 장로로 조직할 수 있다고 해서 동수가 되어야 한다는 의미가 없으며 이상을 증명하는 것으로 동조 하반구에 한 지방에서 완전한 지교회를 세우지 못했을지라도 목사 5인이 있고 일정한 구역이 있으면 노회가 조직될 수 있느니라."[40]

---

39. 제21회 총회회록, 36.
40. 제21회 총회회록, 27.

4) 헌법에 없는 권사와 영수를 세우는 일

한편 경남노회(노회장 심상동 목사)가 헌의한 "헌법에 없는 권사나 영수를 세우는 일"은 불법이며 이미 세운 일에 조처하는 방법은 목사 안수를 불법으로 할 때 조처하는 방법을 적용하고 이미 주어져 있는 명칭은 본 교회 내에서만 통용될 것이며 앞으로는 이러한 직분을 설치하는 교회는 해 노회가 당회장을 문책하고 폐기조치를 지시하도록 하였다.[41] 특히 권사 제도는 본래 이북 지역의 교회에서 무급교역자에 대한 예우로 호칭한 것으로 이는 이남 지역의 교회들이 사용하는 권사와는 정신을 달리하고 있어 교회에 없으면 안 될 직분은 아니며, 이미 총회 산하 교회들이 권사 직분 호칭을 사용하고 있는 것은 표준문서연구위원회에서 여집사를 권사로 개칭하자는 헌법 초안이 무형한 가운데 영향을 준 것으로 보인다는 설명도 덧붙였다. 더구나 권사 제도는 승동 측과 합동하면서 추가로 개정된 조항인데 고신교회가 환원하면서 보류한 것이다. 헌법에 없는 권사를 세우는 일이 불법이라는 결정은 곧 환원한 지 수년이 지났지만 일선교회는 아직도 권사 제도로 인해 혼란이 그치지 않고 있음을 보여주고 있다.

5) 타 교단, 타 단체와 교류

강단교류와 타 교단, 단체와 교류 건에 단호한 결정을 하였다. 하나는 강단교류는 국내외를 막론하고 칼빈주의 보수 교단으로 본 교단 정신(신앙, 신학, 생활)에 맞지 않는 교단은 거부하기로 하였다. 그리고 직전 총회인 제20회 총회에서 사무부에서 건의한 대로 본 교단과 우호 관계를 맺고 있는 ICCC(국제교회협의회)와 우호 관계를 단절하고 본 교단이 가입한 RES(개

---

41. 제21회 총회회록, 19-20.

혁주의세계대회)에서 탈퇴하는 것이 정당하다는 것을 확인하였다.[42] 이는 화란개혁교회(해방 측)와 캐나다개혁교회와 우호 관계를 맺기 위해 내린 불가피한 결정이었다. 이와 함께 구세군 사관이 교단에 가입할 경우 교회정치 제95조에 준하여 받되 신학교 학칙에 따라 신학 수학을 하게 한 후 목사고시로 장립하도록 하였다.[43]

6) 목사에 대한 결정

첫째, 보고 없이 출타한 목사에 대한 결정을 하였다. 진주노회에서 보고 없이 외유 중인 목사에 대한 질의가 있었는데 이에 총회는 첫째, 목사가 시무하는 본 교회를 6개월 이상 떠나게 될 때는 그 교회 당회와 노회의 허락을 받아야 하며(교회정치 제103조) 둘째, 만일 위임목사가 그 교회나 노회의 허락 없이 떠났으면 교회는 그 목사의 담임을 해약 청원할 수 있으며 셋째, 그러나 당회와 노회의 허락을 받고 떠났으면 노회는 그의 편의를 도모할 것이며 목회 상 유익이 되는 신학과 학문을 연구하기 위한 여행이라면 더욱 그리해야 할 것이라고 하였다.[44]

둘째, 총회 산하 목사 중 신학을 졸업한 지 5년 이상에서 15년 미만 되는 목사를 대상으로 신학강좌를 실시하되 시행은 신학부에서 일임하였다. 60세 이상 되는 자는 본인의 사정에 따라 불참할 수 있으며 신학강좌는 매월 7월에 두 주간씩 실시하되 2주간 동안 40시간의 낮 강의와 저녁과 새벽집회를 가지도록 하였다.[45]

---

42. 제21회 총회회록, 20-1.
43. 제21회 총회회록, 24.
44. 제21회 총회회록, 19.
45. 제21회 총회회록, 15-6.

7) 전국여전도회 조직 보고

전도부가 1971년 8월 4-5일에 걸쳐 서울중앙교회당에서 열린 전국여전도회의 창립총회 보고를 하였다. 전도 사업을 위해 조직된 이 회는 총대 68명이 모였고, 임원을 선출하였다(회장 박인순).[46]

7. 제3차 개정헌법 공포: 제22회 총회(1972년 9월)

제22회 총회(1972년 9월)는 헌법수의 집계심사 특별위원이 집계 심의한 결과를 다음과 같이 보고를 받고 총회장이 헌법 개정된 것을 공포하였다:[47]

신앙고백과 대소교리문답: 가 285 부 12 기권 9(8개 노회 가결)

교회정치

제3장 제14조: 가 258 부 55 기권 3(경동노회, 전라노회 부결, 6개 노회 가결)

제4장 제20조: 가 268 부 44 기권 4(8개 노회 가결)

제6장 제28조: 가 291 부 20 기권 5(8개 노회 가결)

제12장 제54조[48]: 가 293 부 14 기권 9(8개 노회 가결)

권징조례

제6조: 가 299 부 8 기권 1(8개 노회 가결)

---

46. 제21회 총회회록, 12.
47. 제22회 총회회록, 34.
48. 총회회록에는 제12장 제59조(노회조직)로 오기가 되어 있다.

제9조: 가 310 부 6 기권 0(8개 노회 가결)

제26조: 가 307 부 5 기권 4(8개 노회 가결)

제35조: 가 305 부 9 기권 2(8개 노회 가결)

제117조: 가 302 부 10 기권4(8개 노회 가결)

제124조: 가 301 부 8 기권 7(8개 노회 가결)

문구 수정: 가 304 부 10 기권 2(8개 노회 가결)

통계: 가 3,533 부 201 기권 45

8. 제3차 개정헌법(1972년)의 의의와 평가

	제1차 개정(1957)/환원(1963)	제3차 개정(1969-1972)
교리표준		웨스트민스터 신앙고백서/대교리문답 채택(1969년) 신설
교회정치 제3장 14조(교회항존 직원)	교회에 항존할 직원은 다음과 같으니 장로와 집사다…	교회에 항존할 직원은 장로(감독)와 집사인데 안수로써 임직하며, 만 70세까지 봉직하고 그 후에는 교회 공직에 시무치 못한다
제4장 20조 (목사의 칭호) 1항(위임목사)	한 지교회나 한 구역의 청빙으로 노회에서 위임을 허락받은 목사이니 특별한 이유가 없으면 그 담임한 교회를 종신 시무한다.	한 지교회나 한 구역의 청빙으로 노회에서 위임을 허락받은 목사인데 특별한 이유가 없으면 그 담임한 교회를 만 70세까지 시무한다. 단, 상회권은 가진다.

	제1차 개정(1957)/환원(1963)	제3차 개정(1969-1972)
제6장 28조 (여집사)		삭제
제12장 54조 (노회조직)	…만일 시무 목사 2인 이상을 두는 경우에는 목사의 수에 의하여 장로를 파송하고 세례교인 200명 이상된 교회에서도 총대장로 1인씩 파송한다(단 위의 두 조건 중에 하나만 적용한다)	…만일 시무목사 2인 이상을 두는 경우에는 목사의 수로 장로를 파송하고, 세례교인 200명 이상 된 교회는 장로총대 2인, 500명 이상 된 교회는 3인, 그 이상은 세례교인 매 500명 단위로 1인씩 파송한다(단 위의 두 조건 중에 하나만 적용한다
권징조례 제6조	교회 입교인의 자녀는 다 교인이니 마땅히 세례를 베풀고…	교회 입교인의 자녀는 다 교인이니 마땅히 유아세례를 베풀고…
제9조	누가 다른 사람에게 피해를 입었다 하여 소송할 때에 치리회는 그 원고로 하여금 마태복음 18장 15-27절에 있는 주의 말씀에 의하여 화목하게 해 볼 동안에는 재판을 시작하지 말 것이다…	누가 다른 사람에게 피해를 입혔다 하여 소송할 때에 치리회는 그 원고로 화목하게 해 볼 동안에는 재판을 시작하지 말 것이다…
제26조	최상급회를 제외한 다른 치리회에서 심리하는 안건에 대하여는 원고, 피고가 항의할 수 있고 그의 항의하는 것을 회록에 기록할 것이다	치리회에서 심리하는 안건에 대하여는 원고, 피고가 항의할 수 있고 그의 항의하는 것을 회록에 기록할 것이다
제35조(당회가 정하는 책벌)	당회가 정하는 책벌에는 권계, 견책, 정직, 면직…	당회가 정하는 책벌에는 권계, 견책, 근신, 정직, 면직…
제117조 (노회재판국)	노회는 본 관내 목사 중에서 재판국원을 투표 선정할 수 있나니…	노회는 본 관내 목사와 장로 중에서 재판국원을 투표 선정할 수 있나니…
제124조 (총회재판국)	총회는 상설재판국을 설치하고 목사 8인 장로 7인을 국원으로 선정하되	총회는 상설재판국을 설치하고 목사 5인 장로 4인을 국원으로 선정하되

첫째, 제3차 헌법 개정은 두 단계로 나누어 이루어졌다. 첫 단계는 제16회 총회(1966년 9월)에서 교단의 표준문서 정비 연구를 목적으로 구성된 표준문서연구위원회(위원장 박손혁[49])가 제20회 총회(1970년 9월)까지 4년 동안 활동한 단계이다. 이 위원회는 교리표준에 해당하는 웨스트민스터 신앙고백서와 대교리문답, 소교리문답을 각각 번역하여 연구하였고 관리표준으로는 교회정치에 권징조례와 예배모범을 포함하여 개정을 연구하였다. 교단 표준문서 정비는 고신교회의 정체성을 다지는 뜻깊은 일이었다. 바로 이 첫 단계에서 제19회 총회(1969년 9월)는 교리표준인 웨스트민스터 신앙고백서와 대교리문답을 본 장로회의 신조로 채택하였다.[50] 소교리문답은 조선예수교장로회가 독노회로 출발할 때 1907년에 12신경과 함께 이미 채택되었기에 여기서 다시 언급되지 않았다. 이로써 고신교회는 온전한 교리표준문서를 가지므로 장로교회로서 제대로 된 면모를 갖추었다. 제3차 헌법 개정의 둘째 단계는 관리표준을 심사하는 중에 제20회 총회(1970년 9월)가 헌법수정위원회(위원장 송상석 목사)를 구성하여 자구와 문체를 수정하는 것 외에 교회정치와 권징조례 일부 조항을 수정하여 노회 수의를 거쳐 공포한 제22회 총회(1972년 9월)까지 활동한 단계이다. 교회정치에서 4개 조항을, 권징조례에서 6개 조항, 모두 합하여 총10개 조항을 수정하였다.

둘째, 관리표준의 경우 교회정치와 권징조례에서 불과 10개 조항 수정에 그쳤기에 이것만 두고 본다면 헌법 개정이라 말하기가 어렵지만 제3차 헌법 개정은 교리표준의 개역을 포함할 뿐 아니라 이를 본 장로회 표준문서로 채택한 중대한 결정을 했다는 점에서 큰 평가를 받을 만한 개정이다.

---

49. 그러나 박손혁 목사의 병환으로 제18회 총회(1968년 9월)에서 한명동 목사로 바뀌었다.
50. 총회회록(11회-20회), 271.

셋째, 관리표준은 교회정치 제14조, 제20조 수정은 항존직원인 목사, 장로, 집사의 시무를 종신에서 만 70세로 바꾸었다. 항존 직원이라고 해서 그 시무가 종신까지 반드시 보장되지 않는다. 직무는 항존이지만 시무는 한시적인데 이 수정은 단순히 정년제라는 시대의 변천에 따르기 전에 교회 내에 항존 직원의 은사가 있는 다양한 사람에게 기회를 준다는 측면과 종신 시무로 할 때 자칫 직분이 회중 위에 군림할 수 있다는 걱정을 모두 염두에 두었다. 제28조 여집사 조항은 삭제하기로 수정하였다. 여집사 조항은 본래 1922년 헌법(교회정치)에서 들어온 것인데 이번에 삭제되었다.

넷째, 또 교회정치 제54조(노회조직)의 수정은 노회에 파송하는 장로총대의 수를 어떤 기준으로 정할 것인지에 대한 것인데, "…만일 시무목사 2인 이상을 두는 경우에는 목사의 수로 장로를 파송하고, 세례교인 200명 이상 된 교회는 장로총대 2인, 500명 이상 된 교회는 3인, 그 이상은 세례교인 매 500명 단위로 1인씩 파송한다(단 위의 두 조건 중에 하나만 적용한다)"로 수정되었다. 이에 한학수 목사가 항의서를 제출하였는데, 그는 이 수정안이 칼빈주의 교회정치원리 중 교회의 권세가 목사와 지교회 교인들에게 주어졌다는 것(마 16:18, 요 20:23, 고전 1:1-4)과 목사와 장로의 총대 동수의 원리에 위배된다고 항의하였다.[51] 이와 관련하여 일제 강점기 당시 조선예수교장로회 총회(제23회/1934년, 제27회/1938년)에서 경성노회가 총회 총대를 각 노회가 동수로 파송하자고 헌의안을 제시하였다가 기각한 것을 살필 필요가 있다. 사실 세례교인의 수를 따라 장로총대의 수를 정하는 것은 미국장로교회의 영향으로 보인다. 왜냐하면 미국장로교회(과거 미국 북장로교회)는 장로를 교인의 대표로 간주하기 때문이다. 이 대표제도의 원리는 미국이 혼합

---

51. 제21회 총회회록, 27.

민족국가로서 인권의 문제가 심각하게 대두되고 자유와 평등사상을 강조한다는 점에서 이해할 수 있다.[52] 그러나 개혁주의 전통은 한 교회가 다른 교회를, 한 직분이 다른 직분을 어떤 방법으로든 군림할 수 없다고 선언하면서 어떤 형태의 부당한 교권이 교회에 스며드는 위험성을 경계하기 위해 각 노회가 총회에 파송하는 총대는 그 규모를 막론하고 동수로 하였다.

다섯째, 권징조례는 제6조(교인의 자녀)에서 "교회 입교인의 자녀는 다 교인이니 마땅히 세례를 베풀고…"에서 "세례"를 "유아세례"로 수정하였고, 제9조는 "누가 다른 사람에게 피해를 입혔다 하여 소송할 때에 치리회는 그 원고로 하여금 마태복음 18장 15-27절에 있는 주의 말씀에 의하여 화목하게 해 볼 동안에는 재판을 시작하지 말 것이다…"를 "누가 다른 사람에게 피해를 입혔다 하여 소송할 때에 치리회는 그 원고로 화목하게 해 볼 동안에는 재판을 시작하지 말 것이다…"로 수정하였고, 제26조는 "최상급회를 제외한 다른 치리회에서 심리하는 안건에 대하여는 원고, 피고가 항의할 수 있고 그의 항의하는 것을 회록에 기록할 것이다."를 "치리회에서 심리하는 안건에 대하여는 원고, 피고가 항의할 수 있고 그의 항의하는 것을 회록에 기록할 것이다."로 수정하여 교회 재판에서 원고와 피고의 항의는 최상급치리회인 총회에서도 가능하도록 하였다. 제35조는 책벌 조항인데 책벌의 종류에서 "근신"을 첨가하였다. 제117조는 노회 재판국에 관한 것인데 "노회는 본 관내 목사 중에서 재판국원을 투표 선정할 수 있나니…"에서 "노회는 본 관내 목사와 장로 중에서 재판국원을 투표 선정할 수 있나니…"로 수정하였고, 제124조는 총회 상설 재판국에 관한 것으로서 재판국원 구성을 목사 8인 장로 7인에서 목사 5인 장로 4인으로 수정하였다.

---

52. 배광식, 『장로교정치제도 어떻게 형성되었나』(서울: 토라출판사, 2006), 146-7.

9. 제3차 헌법 개정(1972년) 이후: 제23회 총회(1973년 9월)

1) 개정헌법의 출판

제23회 총회는 우선 지난 제22회 총회에서 개정 공포한 개정헌법을 1974년 5월까지 출판하기로 하였다.

2) 성도간 세상법정 송사 건과 교회에 미친 파장

한편 제23회 총회는 두 가지 중요한 결의를 하는데, 하나는 총회 결의에 재심 청원을 할 수 있다는 것을 재확인한 것이고, 다른 하나는 "성도간의 세상법정 제소는 이유 여하를 막론하고 신앙적이 아니며 건덕상 방해됨으로 하지 아니하는 것이 총회의 입장이다."라고 결정한 것이다.[53]

특히 두 번째 결의는 겉으로 보기에는 김희도 목사와 윤은조 장로가 교단 문제로 송상석 목사와 류윤욱 목사 두 사람을 세상법정에 형사와 민사 건으로 소송한 것에 경남노회가 성도끼리 소송금지를 골자로 하는 긴급안건을 제출한 것에서, 또 경동노회가 세상법정소송의 정당성 여부에 해답을 요구한 것에서 비롯한 것처럼 보였다.[54]

그러나 그 이면에는 1972년 9월 제22회 총회에서 송상석 목사가 문교부에서 승인한 이사장 임기는 3년이 아직 남아 있으나 총회 내규를 따라 자신의 4년 이사 임기가 만료됨으로 이사직과 이사장직에서 물러나고 새 이사장으로 김희도 목사가 선임된 데 있었다. 총회 직후 송상석 목사는 사무인계를 하지 않고 "임기 전 해임"을 문교부 장관에게 질의하여 문교부에서 이사장으

---

53 제23회 총회회록, 31.
54. 제23회 총회회록, 17.

로 승인한 임기가 1971.9.30.-1975.9.29.라는 확인을 받고, 문교부의 답을 받은 송 목사는 이를 근거로 당시 총회장을 통하여 비상 이사회를 소집하며 법적 이사장을 자처하고, 나아가 자기편의 학교법인 이사를 확보하기 위해 실제로는 두 사람만 모였으나 네 사람이 모인 것처럼 회록을 만들어 당국에 이사신청서를 제출하였다. 사태가 복잡해지자 총회가 승인한 김희도 이사회 측은 법정에 호소할 것을 고려하고 신학교의 교수회에 소송문제에 자문을 요구하였다. 이때 교수회는 성경적 신앙고백적 차원에서 하나님께서 국가로 사법기관을 세워 사법권을 행사하게 하신 고로 교회가 해결할 수 없는 어떤 사건의 문제해결을 위해서는 사법권에 호소할 수 있다는 긍정적인 자문을 하였다. 이사회는 이 자문을 받자 즉시 이사장 직권정지 가처분 신청을 법원에 냄과 동시에 형사와 민사소송을 제기하고 마침내 법원이 송상석 목사의 유죄를 인정하고 이사장 직무 정지령을 내렸다. 그러나 이 사건은 여기서 끝나지 않았다.[55] 송상석 목사가 법적 이사장을 주장한 것은 물론 송 목사의 불법적인 처사에 이사회가 사회법정을 통해 사법적인 대응을 시도한 것은 고신교회 안에 큰 파장을 몰고 왔다.

이런 배경에서 열린 제23회 총회는 형제가 형제를 상대로 형사소송을 한 일이 옳은지 논란이 크게 일어나 결국 비상정회를 하였고 그해 12월 17일에 총회가 속회로 모여 "성도와 성도간의 소송문제에 있어서 이의 신학적 해석이나 성경적이냐, 아니냐에 대한 주장을 투표로 결정짓는 일은 신중을 기해야 하는 성질이므로 하지 않기로 하고, 다만 성도간의 소송행위가 결과적으로 그 원인 여하에 고사하고 신앙적이 아니며 건덕 상 소망스럽지 못하다는 사실에 유의하여 아니하는 것이 총회의 입장이다. 이 기본정신에 따라 금번

---

55. 허순길, 『한국장로교회사』, 531-2.

소송사건에 관련된 인사는 교단의 평화와 단결을 위하여 또는 건덕을 위하여 총회 앞에서 유감의 뜻을 표하기로 하고 이를 사랑의 박수로 환영함으로써 이 문제와 노회장 회의가 총회에 보고한 관련 건을 일괄하여 재론하지 않기로 동의한다."고 결정을 내리면서 결의문을 밝혔다.[56] 그리고 이 결의문 채택 후 김희도 목사는 교단 문제로서 형사소송을 제기한 것을 교단의 평화와 단결과 건덕을 위해 이사와 신학교수를 대표하여 모든 책임을 지고 총회 앞에서 사과하였다.

그러나 이러한 총회 결정에도 사태는 여전히 진정되지 못하였다. 그 이유는 제23회 총회에서 새롭게 구성된 임원 다수가 송상석 목사와 경남노회를 동정하고 지원하는 분들이기에 이 결정이 송 목사에게 유리하게 내려졌다고 판단하는 사람들이 여전히 있고, 이 문제에 신학교의 교수회가 개입하여 사회법정 송사에 긍정적인 대답을 주었다는 점 때문이다. 또 이 문제로 송상석 목사가 속한 경남노회 안에서는 이미 분열이 일어나서 송상석 목사를 지원하는 대세와 이에 반대하는 소수 간에 알력이 생겨 소수편이 노회에서 상회권과 당회장권을 박탈당하여 총회에 소원을 하였다. 이에 총회는 재판회를 열어 제23회 총회가 마친 후 10일 이내에 경남노회를 소집하여 소원인들을 원상 복구시키도록 경남노회에 지시를 내리지만 경남노회가 이 지시를 이행하지 않았기 때문에 사태는 더 악화되었다.[57] 따라서 다음 총회에서 이 문제가 다시 격렬하게 재론될 것과 이 문제로 교회들이 어려움을 겪을 것은 충분히 예상되는 일이었다.

---

56. 제23회 총회회록, 31.
57. 허순길, 『한국장로교회사』, 535-6.

10. 제24회 총회(1974년 9월)

1) 성도간 세상법정 송사에 대한 총회 결정 수정과 경남노회의 대립

제24회 총회에서 새롭게 구성한 총회 임원진은 지난해와 달리 송상석 목사 측에 부정적인 자세를 취하는 분들이었다(회장 윤봉기 목사, 브회장 김주오 목사, 서기 한학수 목사). 무엇보다 총회는 지난 제23회 총회가 결정하여 경남노회에 지시한 것(소원한 분들의 원상복귀)을 이행하지 않은 것을 엄하게 다루고 재판회를 통해 총회 결정에 불복을 건의한 분들과 노회임원들에게 3년간의 총회 총대권, 노회 임원 피선거권을 박탈하는 징계를 내렸다. 또 경북노회(노회장 한학수 목사)가 제기한 "송상석 목사 비행에 더한 처리 건의안"을 받아들여 특별재판국을 설치하여 처리하기로 하고 또 "소송에 대한 결의 수정 건"도 받아들여 "소송에 관한 지난 제23회 총회의 결의"("성도간의 소송행위가 결과적으로 그 원인 여하에 고사하고 신앙적이 아니며 건덕상 소망스럽지 못하다는 사실에 유의하여 아니하는 것이 총회의 입장이다.")를 수정하자는 안건을 재론 동의를 거쳐 다음과 같이 수정하였다: "사회법정에서의 성도간 소송행위가 결과적으로 부덕스러울 수 있으므로 소송을 남용하지 않도록 하는 것이 총회의 입장이다."(가 72 부 7 기권 1). 이 결의는 지난 총회의 결정과는 전적으로 상반되는 것으로 소송 가능한 한계가 전혀 명시되지 않아 오히려 소송이 남용되기 쉬운 결의였다.[58] 이 결정으로 총회는 이후 여러 차례 첨예한 논의와 직전 결정을 번복하는 개정을 거듭하고, 이로 인하여 교단에서 이탈하는 교회들이 생기는 불행한 일을 맞았다. 제24회 총회의 이 결의에 경남노회 총대 정재영 외 20명은 즉시 이 결의를 거부하고 항

---

58. 허순길, 『한국장로교회사』, 537.

의서를 제출하고 퇴장하는 사태가 일어났다.[59] 이제 총회와 경남노회는 극단적으로 대립하며 분열의 위기로 치달았다. 마침내 총회재판국은 1974년 12월 4일에 송상석 목사에게 목사면직 선고를 내렸다. 그러나 송상석 목사의 잘못에도 이 면직선고는 극단적인 권징이었다. 송 목사의 면직에 관한 총회재판국 결의 통고를 받은 경남노회는 1974년 12월 16일에 임시노회를 열고 그 통고를 거부하며 이를 반려하였다.[60]

2) 송상석 목사의 목사면직 권징과 교회의 3대 표지 촉구

이 문제와 관련하여 이번 총회에서 내린 결정 중에 눈에 띄는 것이 있다. 즉 경북노회(노회장 한학수 목사)에서 제출한 개혁주의교회의 삼대 표지(말씀의 순수한 전파, 성례의 적법한 시행, 정당한 권징의 시행)의 재천명과 촉구를 요구하는 안건을 총회가 가결한 것이었다. 이 결정 자체는 아무런 하자가 없으나 이 안건을 상정한 경북노회가 송상석 목사의 비행에 대한 처리를 촉구하고, 또 제23회 총회가 결정한 세상법정 송사에 대한 수정 건의안을 상정한 노회라는 점과, 그리고 세상법정 송사 건에 유연한 자세를 취한 신학교 교수회의 일원인 오병세 목사가 오랫동안 이 노회의 지도자로 있은 점을 생각할 때 경북노회가 총회에 개혁주의교회의 삼대 표지를 촉구한 것은 결코 순수하게 비칠 수가 없었다. 종교개혁 당시 극단적인 권징을 함으로 교회개혁에 큰 걸림돌인 재세례파처럼 이러한 극단의 권징은 신앙의 정통과 생활의 순결을 부르짖은 고신교회의 방향에 큰 걸림돌이었다.

---

59. 제24회 총회회록, 23.
60 허순길, 『한국장로교회사』, 538-9.

3) 총회의 결의에 순응한다는 각서 제출과 불응하는 이사 해임

또 총회는 지난 몇 년 동안 송상석 목사의 법적 이사장 문제로 홍역을 치렀기에 다음과 같은 결정을 하였다. 즉 "총회에서 이사로 선출된 자가 총회의 결의에 순응한다는 각서를 제출하고 취임해야 한다."는 제23회 총회의 결의를 무시하고 불복하여 각서를 제출하지 아니한 이사 3인을 해임하는 결의를 한 것이다.[61] 총회는 다시는 그러한 과오를 되풀이하는 것을 원하지 않았다.

4) 목사정년제에 대한 이의

이외 제24회 총회에 상정된 안건 중에 주목할 내용이 있다. 어렵게 몇 년의 논의와 조정을 통해 마침내 개정한 "목사의 만 70세 시무정년"에 재수정을 요구하는 안건이 올라왔다는 점이다. 그러나 진주노회(노회장 이금조 목사)에서 헌의한 "성직자 70년 정년제 실시" 헌법수정 건은 반려되었다. 비록 반려하기는 하였으나 목사의 만 70세 시무정년제는 당시 일부 목회자들과 교회들은 납득할 수 없었다.

---

61. 제24회 총회회록, 11.

제4장

제4차 헌법 개정(1981년)
- 대상: 신앙고백, 교회정치, 권징조례, 예배모범

제25회 총회(1975년 9월)에서 헌법수정위원회 조직

제28회 총회(1978년 9월), 제29회 총회(1979년 9월), 제30회 총회(1980년 9월)에서 각각 헌법수정안을 심사하고 노회 수의 결정(헌법적 규칙 제정안은 제30회 총회에서 채택)

1981년 3월 최종 수정헌법 출간

수정위원: 전성도(위원장), 이 선(서기), 김선규 김원계 김응수 김종만 김준현 민영완 박현진 신명구 심군식 오병세 이금조 정남수 한명동(위원)

---

1. 헌법 전반 수정 결의: 제25회 총회(1975년 9월)

    제16회 총회(1966년 9월)가 총회표준문서연구위원회를 구성하여 교리표준, 관리표준과 함께 연구하고 번역 개정에 착수하여 1972년에 개정 공포하고 1974년에 출간한 제3차 수정헌법은 그 수명이 그리 오래가지 못하였다. 그 이유는 교회정치와 권징조례의 일부 조항만 수정했기 때문이다. 이런 배경에서 제25회 총회는 헌법 전반을 수정할 것을 결정하였다.

1) 헌법수정위원회 구성

총회는 부산노회(노회장 이근삼 목사)의 헌의안을 받아들여 헌법 전반을 수정하기로 하고 공천부에서 각 노회별 1인을 선정하여 구성한 헌법수정위원회 15인은 다음과 같다. 위원장: 전성도; 서기와 회계: 이 선; 위원: 한명동, 오병세, 한학수, 박현진, 이금조, 심군식, 김종만, 김응수, 민영완, 김성택, 김선규, 김준현, 정남수.[1]

2) 성도간 세상법정 송사 결의와 분열

그러나 이번 총회의 관심은 헌법 전반의 수정보다 다른 곳에 있었다. 총회는 경동노회(노회장 류윤욱 목사)가 "성도간의 세상법정 송사에 대해 직전 총회인 제24회 총회(1974년 9월)가 번복하여 결의한 것은 성경(고전 6:1-7, 마 18:15-17)에 위배되므로 제23회 총회(1973년 9월)의 결정으로 환원하자."고 상정한 안건을 다루면서 제24회 총회의 결정("사회법정에서의 성도간 소송행위가 결과적으로 부덕스러울 수 있으므로 소송을 남용하지 않도록 하는 것이 총회의 입장이다.")은 표준문서에 위배됨이 없으므로 이 안건을 기각하였기 때문이다.

이 사안으로 인해 지난 총회부터 경남노회와 경동노회, 경기노회를 중심으로 교회들이 본 교단을 이탈하고 심지어 경남노회는 분열하였는데(총회는 "계승노회"를 인정하였다), 이번 총회는 한 걸음 더 나아가 전권위원회를 구성하여 본 총회를 이탈한 자들은 헌법 정신에 의거 처리하도록 가결하였다.[2] 그리고 총회전권위원회가 청원한 "행정보류는 곧 교단을 이탈한 행동임을

---

1. 제25회 총회회록, 27-8.
2. 제25회 총회회록, 31.

규정하여 달라."는 안건을 가결하였다.³ 이로써 송상석 목사에게 내린 권징 후 고신교회를 이탈한 두 그룹이 생겼는데, 하나는 행정보류를 해서 나간 경남노회이고 다른 하나는 소위 반고소 운동을 일으켜 교회분열을 조장했다는 혐의로 경기노회에서 징계를 받거나 행정보류를 한 분들이 1975년 10월 27일에 경기노회(소위 반고소파)를 조직함으로 이루어진 그룹이다.⁴

2. 제26회 총회(1976년 9월)

1) 헌법수정위원회의 활동과 1년 연기

지난 제25회 총회가 구성한 헌법수정위원회는 헌법수정 연구와 토의를 각 항목별로 구체적으로 하기 위해 전문연구위원 5명을 선정하여 연구보고 하도록 하였다. 전문연구위원과 담당 과목은 다음과 같다: 한학수(정치), 오병세(신도게요서), 이근삼(대소교리문답), 전성도(권징조례), 이 선(예배모범). 그러나 동 위원회는 작업을 완료하지 못하고 1년을 더 연기할 것을 요청하였고 총회는 이를 가결하였다.

2) 헌법수정 청원 안건

헌법수정위원회를 구성한 이후 제26회 총회에 헌법수정과 관련한 안건이 몇 개가 상정되었는데 경북노회(노회장 하인권 목사)가 건의한 담임목사 신설제, 70세 정년제 폐지 건과, 경북노회와 동부산노회가 건의한 권사 제도

---

3. 제25회 총회회록, 23.
4. 허순길, 『한국장로교회사』, 542.

신설 건과, 교단발전연구위원회와 부산노회가 건의한 강도사고시 폐지 건이다. 이 중에서 헌법수정위원회의 검토를 거쳐 총회는 다음 두 개 안건을 노회에 수의하기로 결정하였다: 총회가 주관하는 강도사고시를 폐지하고 신학교 졸업시험으로 대체하는 안건과, 권사 제도를 신설하자는 안건이다. 그러나 담임목사제도 신설과 만 70년 정년 폐지 건은 검토하여 차기 총회에서 보고하도록 하였다.

3) 성도간 세상법정 송사 건

한편 성도간 세상법정 송사에 대한 지난 총회의 결정을 두고 행정보류 결정을 한 경동노회는 1975년 12월 31일 총회전권위원회의 중재로 행정보류를 취소하는 대신 제24회 총회(1974년 9월)의 결의 내용을 경동노회의 주장에 따라 수정할 수 있도록 총회에 건의한다는 전권위원회의 요구를 받아들여 이를 쌍방 간에 약정하였다.[5] 그래서 이번 총회는 총회전권위원회와 경동노회(노회장 성장철 목사)가 건의한 소송 문제 변경 건은 교육부 신학분과 위원회의 연구를 듣고 다음과 같이 결정하였다: "사회법정에서의 성도 상호 간의 소송은 부득이한 경우와 교회법에 불복하는 경우 외에는 하지 않는 것이 총회의 입장이다."[6]

4) 교단발전연구위원회와 교단이념 설정

한편 지난 제25회 총회(1975년 9월)에서 경북노회의 헌의로 구성한 교단발전연구위원회(오병세, 이금도, 한학수, 이 선, 최해일, 최일영, 민영완, 심군

---

5. 제26회 총회회록, 81.
6. 제26회 총회회록, 140.

식, 한명동)는 무엇보다도 교단의 존재의의와 이념설정을 큰 과제로 삼고 다음과 같이 교단이념을 제안하고 결정하였다: "신구약 성경과 장로회 표준서들(웨스트민스터 신앙고백, 대소교리문답, 교회정치, 권징조례, 예배모범)에 의한 개혁주의 신학을 따라 믿고 전하고 생활한다." 이 배경으로는 과거에는 신사참배 반대와 회개운동이라는 분명한 명분이 있었으나 1960년 교단합동 이후로는 그 명분이 소멸하고 있다는 점 등이 고려되었다.[7]

5) 우호 관계와 국기경례 구령 문제

그리고 총회는 호주자유개혁파교회와 자매결연을 맺기로 가결하였으며[8] 국기경례 구령 문제를 다루었다. 즉 제22회 총회(1972년 9월)의 결의대로 관계 당국에 관철되도록 계속 교섭하되 신학적인 해석 문제는 신중을 기해야 하므로 총회 임원회가 선정하는 7인(신학대학 정교수 2인 포함)에게 맡겨 차기 총회에 연구 보고하도록 하고 실제 당면 문제는 당회장이 재량껏 지도하도록 가결하였다.[9]

3. 제27회 총회(1977년 9월)

1) 헌법수정위원회의 재연장

이미 1년을 연기한 적이 있는 헌법수정위원회는 또 다시 1년을 연기할 것을 요청하고 총회는 이를 가결하였다. 헌법수정위원회가 총회에 한 보고를

---

7. 제26회 총회회록, 35-6.
8. 제26회 총회회록, 16.
9. 제26회 총회회록, 20.

보면 다른 과목은 완성되었으나 "정치"(담당 한학수 목사)만 미완성된 것으로 보고되었다. 그리고 총회는 "정치"를 담당한 한학수 목사의 헌법수정위원회의 위원 사임 건을 다루었으나 총회는 이를 받지 않았다.[10]

2) 강도사고시 폐지 건과 권사 제도 신설 건

지난 총회는 강도사고시 폐지 건과 권사 제도 신설 건을 노회에 수의하기로 하였다. 노회 수의 결과 강도사고시 폐지는 10개 노회 중 9개 노회가 찬성하고(가 266 부 103), 권사 제도 신설 건은 10개 노회 중 9개 노회가 찬성하였다(가 284 부 70). 그런데 총회가 개회하고 임원선거에 이어 노회 수의건 보고를 하였으나 총회는 이 두 안건을 가지고 장시간 논의를 하였음에도 결론을 맺지 못하였다.[11]

3) 성도간 세상법정 송사 건

경동노회(노회장 박헌찬 목사)는 세상법정 송사와 관련하여 제26회 총회에서 결의한 "사회법정에서 성도간의 소송은 부득이한 경우와 교회법에 불복종하는 경우 외에는 하지 않는 것이 총회의 입장이다."는 문구에 만족할 수 없었다. 그래서 "부득이한 경우"를 삭제하도록 총회에 청원하였지만 총회는 이 결의가 변경될 수 없다고 결의하였다.[12]

4) 타 교단과의 교류와 강단 교류

총회는 타 교단과의 교류 그리고 강단 교류 문제를 다음과 같이 결정하였

---

10. 제27회 총회회록, 12.
11. 제27회 총회회록, 8.
12. 제27회 총회회록, 53.

다. 첫째, 타 교단과 연합집회는 사도신경을 고백하는 교단과는 가지기로 가결하였다.[13] 둘째, 교육 관련 집회에 전문분야 강사 문제는 본 교단의 교리를 인정하는 인사로 하되 해 지도기관(해당 시찰회, 노회, 총회)의 인준을 받기로 가결하였다.[14] 셋째, 본 교단 산하 교육기관(신학대학, 신학교, 고등성경학교, 평신도신학교, 간호전문학교)의 강사는 본 교단의 교리를 인정하는 인사로 하되 그 선정은 해당 학교 교수회, 직원회의 결의로 처리하도록 가결하였다. 넷째, 강단 교류 문제는 1년간 연구하도록 하였다.

5) 우호 관계

그리고 제27회 총회는 남아프리카개혁교회와 우호 관계를 맺기로 가결하였다.[15]

4. 일부 헌법수정안 노회 수의 결정: 제28회 총회(1978년 9월)

1) 헌법 수정안 심사

헌법수정위원회는 마침내 수정안을 제28회 총회에 제출하고 총회는 본격적으로 수정안 심사에 착수하였다. 그러나 심의 토의하던 중 기존 헌법 조문

---

13. 제27회 총회회록, 26.
14. 제27회 총회회록, 25.
15. 제27회 총회회록, 8. 섭외위원회의 보고에는 우호 관계를 요청하였으나, 총회는 자매관계로 결정하였는데, 이는 오착으로 보인다. 이는 제29회 총회가 섭외위원회의 보고를 받은 내용을 통해서도 확인할 수 있다: "지난 제27회 총회에서 가결된 바 있는 남아프리카개혁교회와 우호관계결연에 대해서는 남아개혁파교회 총회에서 우호관계수립을 가결하였다고 통보받았으므로 이에 보고합니다." 제29회 총회회록, 68.

과 수정안의 대조표가 준비되지 않아서 심의가 어렵게 되자 총회는 지난 제27회 총회(1977년 9월)에서 노회 수의 결과까지 발표한 권사 제도 신설 건과 강도사고시 폐지 건 문제는 별도로 심의하기로 하고, 현재 심의 중인 헌법수정안은 1년간 더 헌법수정위원회에 맡겨 차기 총회에 대조표를 제출하여 심의하기로 하였다.[16]

2) 권사 제도 실시와 강도사고시 제도 폐지

그리고 총회는 제27회 총회에서 결의하고 각 노회에서 수의를 시달한 권사 제도 실시와 강도사고시 제도 폐지 노회 수의 건이 각 노회 수의 표결 집계 수효가 정족수를 넘었으므로 이 두 안건이 가결되었음을 공포하였다: 강도사고시 제도 폐지 건: 10개 노회 중 9개 노회 가결(가 266 부 103). 권사 제도 신설 건: 10개 노회 중 9개 노회 가결(가 284 부 70).

3) 노회 수의 결정 헌법

권사 제도 신설에 따라 다음과 같이 헌법 정치 조항을 수정하기로 하고 노회에 수의하기로 화였다:

> 정치 제3장 교회직원 제15조(임시직원)
> 교회사정에 따라 아래의 직원을 안수 없이 임시로 둔다(단 모든 임시직원의 임기는 1년으로 하나, 권사는 제외한다. 권사는 매3년마다 당회에서 재임명할 수 있다).

---

16. 제28회 총회회록, 34.

> 제3항 권사
> (1) 권사의 자격: 여신도 중 만 50세 이상 된 입교인으로 무흠 3년 이상 교회에 봉사하고 공동의회에서 투표하여 총 투표 수 3분의 2 이상의 가표를 얻은 자로 하되 안수는 하지 아니한다.
> (2) 권사의 직무: 당회의 지도대로 교인을 심방하되 특히 병자와 시험 중에 있는 자와 연약한 교인을 돌아보아야 한다.

총회는 권사 제도 신설에 따른 이 헌법 수정안과 함께 준군목제도에 대한 조문도 다음과 같이 헌법수정위원회 문안대로 각 노회에 수의하기로 하였다:[17]

> 정치 제4장 20조 9항 준군목
> 군종장교후보생으로 신학대학 4년 졸업 후 신학연구과 1년 내에 목사자격 20학점을 더 취득하고 군목으로 안수한 자이다. 단 준군목은 임관되기까지는 목사 직무를 행할 수 없고 5년 내에 임관되지 못하면 면직된다.

4) 헌법수정위원 보선

한편 헌법수정위원회는 정치를 담당한 한학수 목사의 별세로 신명구 목사를 위원으로 보선하고 또 결원된 다른 위원을 보선하였다: 김원계 목사(경북노회).

---

17. 제28회 총회회록, 92.

이와 같은 상황으로 헌법수정위원회의 활동은 다시 차기 총회까지 연기되었다.

5) 공예배와 각종 예식서 제정 결정

제28회 총회는 공예배와 각종 예식과 관련하여 의미 있는 결정을 하였다. 즉 위원을 선정하여 예식서를 제정하기로 한 것이다. 위원장: 박정덕; 서기 겸 회계: 이종영; 위원: 전호진, 김동철, 심상래, 이 선. 비록 총회가 예배모범을 가지고 있으나 이는 예배의 신학 원리만을 제시할 뿐이고 일선 교회에서는 이를 바탕으로 주일예배와 각종 예식의 실제적인 지침이 절실히 요청되던 터였다.[18]

6) 성도간 세상법정 송사 건

경동노회(노회장 조재태 목사)는 지난 총회에 이어 이번 총회에 다시 세상법정 송사 건에서 "부득이한 경우"를 삭제해달라는 건의를 하였는데 총회는 지난 총회 때에 충분히 거론되었으므로 이제는 논의하지 않는 것이 좋겠다고 가결하였다.[19]

7) 타 교단과 강단 교류 건과 총회산하 헌법에 명시되지 않은 단체의 해체, 각 노회별 연합당회와 연합제직회의 강화

제27회 총회에서 교육부에 맡겨 연구하여 보고하도록 한 "타 교단과 강단 교류 문제"는 결정을 당분간 보류하기로 하였다.[20] 그러나 지난 총회에서 총

---

18. 제28회 총회회록, 48.
19. 제28회 총회회록, 49.
20. 제28회 총회회록, 46.

회산하기관들(장로회, 교역자회 등)에 관한 연구위원을 선임하여 일임한 건은 총회산하 헌법에 명시되지 않은 단체 등은 해체하고 대신 각 노회별 연합당회, 연합제직회 등을 강화하기로 하였다(교회정치 제31조, 제46조).[21]

8) 기타 질의와 답변

본 총회에 상정된 헌법 조항 문의가 몇 개 있었다. 경남노회(노회장 김선규 목사)가 문의한 "공로목사가 당회장과 시찰부원이 될 수 있는지의 건"은 현행법에 금지조항이 없으니 될 수 있는 것으로 해석하였고, 반면 정년 은퇴목사가 당회장과 시찰부원이 될 수 있는지는 정년 은퇴목사에 대한 조항이 없으니 확실한 대답을 할 수 없다고 해석하였다.[22] 또 진주동부교회 송우호 목사 외 9명의 명의로 질의한 전도목사의 연한(年限)에 대한 건은 전도목사의 기한은 없으나 완전한 지교회로 인가를 받은 후에는 위임 혹은 임시목사로 청빙을 받아야 한다고 결정하였다.[23]

9) 우호 관계

교단교류와 관련해서 미국기독개혁파교회(Christian Reformed Church in North America, CRC)와 우호 관계를 맺는 것은 계속 연구하기로 하였고 미국장로교회(Presbyterian Church in America, PCA)와 우호 관계를 맺기로 하였다.[24]

---

21. 제28회 총회회록, 122.
22. 제28회 총회회록, 34-5.
23. 제28회 총회회록, 35.
24. 제28회 총회회록, 21.

5. 일부 헌법수정안 노회 수의 결정: 제29회 총회(1979년 9월)

1) 일부 헌법수정안 심의와 노회 수의

제29회 총회는 헌법수정위원회가 제출한 수정안을 한 조항씩 축조하여 심의하였다. 심의 결과는 다음과 같다:

첫째, 정치 제20조 제4항에서 원로목사의 자격 중 "동일한 지교회에서 20년 이상 시무한 목사가…"의 연한을 20년 또는 15년으로 할 것인가를 두고 토의 중 투표하여 "20년"을 결정하였다(20년-65표, 15년-60표).

둘째, 정치 제38조에서 "미조직교회에서는 노회가 파송한 당회장으로 당회의 직무를 행하되 재판건은" 내용 뒤에 "시찰회의 허락을 얻어 목사 장로 각 1인씩 협조 당회원으로 당회장이 청하여 처리하여야 한다.'를 삽입키로 하였다.

셋째, 정치 제62조에서 총회의 조직 항은 종전대로 하기로 하였다.

넷째, 정치 제76조에서 강도사 인허 항은 삭제키로 하였다.

다섯째, 정치 제16조 제3항에서 부목사 조항은 현행대로 하기로 하였다.

여섯째, 정치 제15조 제3항에서 권사의 자격 중 "여신도 중에서 만 50세 이상 된 입교인으로 무흠이 3년간을…"에서 "3년간"을 "5년간"으로 변경하고 "서리집사로"는 삭제하기로 하였다.

이제 총회는 정치에서 심의 수정한 위 일부 개정안을 노회에 수의하기로 하고 헌법적 규칙 권징조례, 예배모범, 신앙고백은 1년간 유안하기로 하고 수의 결과가 서기소에 집계되어 가결이 되면 공포하고 즉시 시행하기로 가결하였다.[25] 또 위 정치개정안이 가결되면 정치, 권징조례, 예배도범, 신조를 합

---

25. 제29회 총회회록, 96.

해서 출판하기로 하였다.[26]

2) 전국장로친목회 임의단체의 허락

지난 총회에서 헌법에 명시되지 않은 총회산하기관을 해체하기로 가결함에 따라 그동안 존속한 장로회는 해체되고 반면 김선근 장로 외 56명이 청원한 "전국장로친목회"는 청원한 명칭과 목적대로 허락하기로 하였다.[27]

3) 총회 결정 사항의 재론 가능성

총회의 결정 사항을 재론하는 문제는 이번 총회는 "할 수 있다."고 결정하였다. 그 이유로 지금까지 한 총회 기간에도 재론한 전례가 많고 이전 총회에서 결정한 것을 다음 총회에서 재론한 전례가 많으며 타 교단 총회에서도 재론한 전례가 많이 있다는 것을 제시하였다.[28] 사실 제23회 총회(1973년 9월) 역시 총회의 결정도 재심을 할 수 있다고 결의한 적이 있다.[29]

4) 예식서제정위원회의 조직과 활동

지난 총회에서 구성한 예식서 제정위원회는 다음과 분담하여 연구 중임을 보고하였다:

---

26. 제29회 총회회록, 113.
27. 제29회 총회회록, 103.
28. 제29회 총회회록, 77.
29. 제23회 총회회록, 31.

> 성찬식, 학습, 세례, 유아세례 및 문제집: 김동철 목사
> 약혼 및 결혼식: 이종영 목사
> 장례식 및 별세 00주년 기념예배: 박정덕 목사
> 각종 임직식(목사위임, 취임, 장로 집사 장립 및 취임, 권사 준군목 강도 인허식, 임직식) 및 헌당 입당 기공식: 심상래 목사
> 각종 예식 설교 예문 자료: 각 위원

또 용어사용에 관한 예식서제정위원회의 건의를 다음과 같이 받기로 가결하였다. 즉 "영결식"을 "발인예배"로, "추도식"을 "OOO 별세 00주년기념예배"로, 각종 예식 때 "…하느뇨?"라고 하는 것을 "…하겠습니까?"로 존칭어를 바꾸는 내용이다.[30]

6. 일부 헌법수정안 노회 수의 결정: 제30회 총회(1980년 9월)

1) 노회 수의 결정 헌법

제30회 총회는 계속하여 헌법수정위원회가 제안한 수정안(권징조례, 예배모범, 신앙고백서, 교회정치)을 각각 심의하였다. 특별히 교회정치 제53조와 제92조를 두고 많은 토론이 있었으나 다음과 같이 채택하여 이를 노회에 수의하기로 하고 서기소에 집계된 대로 인쇄하기로 하였다.[31]

---

30. 제29회 총회회록, 71.
31. 제30회 총회회록, 52. 따라서 이번 제4차 헌법 개정안은 노회 수의를 거친 후에 총회장이 공포

첫째, 정치 제20조 제10항(은퇴목사)이 신설되었다: "만 70세가 되거나 혹은 특수 사정으로 노회에 사면서를 제출하여 지교회의 시무사면이 된 목사인데 노회원권은 있으나 지교회의 치리권은 없다."

둘째, 제28회 총회에서 노회 수의를 하여 신설한 정치 제20조 제13항(준군목)의 "군종장교후보생으로 신학대학 4년 졸업 후 신학연구과 1년내에 목사자격 20학점을 더 취득하고 군목으로 안수한 자이다. 단 준군목은 임관되기까지는 목사 직무를 행할 수 없고 5년내에 임관되지 못하면 면직된다."는 삭제하고 대신 제9항에 다음 내용을 삽입하였다: "군종장교후보생에 합격한 자는 특수훈련을 시켜 연구과 1학년 수료 후 목사로 안수받아 군대에 배속되어 전도하며 성례를 거행하는 자이다(단, 군종장교후보생으로 합격 즉시 소속 노회에 목사후보생으로 시취 후 등록하여야 한다)."

셋째, 정치 제53조(노회조직)에서 "노회는 일정한 지방 안의 모든 목사 5인 이상으로 하며 당회도 5처 이상에서 파송한 장로로 조직한다. 만일 시무목사 2인 이상을 두는 경우에는 목사의 수에 따라 총대 장로를 파송하고 세례교인 200명 이상 2인, 500명 이상 3인, 그 이상은 매 500명 단위로 1인씩 파송한다."에서 "세례교인 200명 이상 2인, 500명 이상 3인, 그 이상은 매 500명 단위로 1인씩 파송한다."를 삭제하였다.

넷째, 정치 제92조(다른 교파 교역자의 가입)에서 "…이런 목사는 노회에 가입한 후에 1년간 교회의 청빙을 받을 수 없고 어떠한 치리회에서든지 투표권이 없다."를 "이런 목사는 노회에 완전 가입할 때까지는 교회의 청빙을 받을 수 없고 어떠한 치리회에서든지 투표권이 없다. 단, 본 교단과 같은 목사과정을 거쳐서 목사된 자는 그 노회가 심사한 후에 즉시 가입시킬 수 있다."

한 사실을 찾아볼 수 없다. 이 개정헌법은 1981년 3월28일 발행되었다.

로 수정하였다.

다섯째, 권징조례 제94조(상소)에서 "공소심에는 부득이한 경우에만 증거조사를 할 수 있고 상고심에는 증거조사를 폐할 것이다."를 "공소심에는 부득이한 경우에만 증거조사를 할 수 있고 상고심에는 가급적 증거조사를 폐할 것이다."로 수정하였다.[32]

여섯째, 현 웨스트민스터 신앙고백서에 제34장(성령에 관하여)와 제35장(하나님의 사랑과 선교에 관하여)를 삽입하도록 결의하였다.[33] 본래 웨스트민스터 신앙고백서 작성 당시는 33개 장이었으나 1903년에 미국장로교회가 이 두 장을 삽입하였다.

2) 헌법적 규칙 신설

또 제30회 총회는 헌법수정위원회에서 제의한 헌법적 규칙을 신설하기로 하고 이를 심의해서 채택하였다.[34] 이 헌법적 규칙은 노회 수의를 거칠 필요가 없이 이를 변경할 경우는 총회 출석회원 3분의 2 이상의 찬성을 얻고, 이를 증설하고자 할 때는 과반수 결의로만 하도록 하였다. 헌법적 규칙은 부칙을 제외하고 총 9조로 구성되는데 제1조는 교회의 설립 및 인가를, 제2조는 교인의 의무를, 제3조는 교인의 권리(진정, 청원, 소원, 상소할 권리, 선거 투표권, 피선거권)를, 제4조는 학습을, 제5조는 성례를, 제6조는 무임집사를, 제7조는 협동장로를, 제8조는 권찰을, 제9조는 교회의 선거투표를 각각 규정하였다. 헌법적 규칙은 말 그대로 교회정치(헌법)에 근거하여 더욱 구체적이면서 상세하게 서술한 지침이라 할 수 있다.

---

32. 제30회 총회회록, 51, 158.
33. 제30회 총회회록, 51.
34. 제30회 총회회록, 51.

3) 예식서 초안과 연구

한편 제30회 총회는 예식서 위원회가 제안한 예식서 출판 건은 초안을 잠정 기간 사용하기로 하고 1년간 계속 연구하기로 하였다.[35]

4) 교단 권징의 효능에 대한 결정

이번 총회에 질의한 안건 중에 동부산노회(노회장 이삼열 목사)가 제출한 "교단 간 권징 효능" 건이 눈에 띈다. 교인의 권징이 교단이라는 울타리를 넘으면 효능 없는 것으로 간주되는 사례가 있어 권징의 신실성이 결여되므로 금후 교단 간에서도 권징의 신실성과 효능이 있도록 조처를 해달라는 건의였다. 이 질의에 총회는 본 교단에서 이거(移去) 간 자는 권징사실을 통보하기로 하고 타 교단에서 이래(移來) 온 자에 대하여도 성경과 현행 헌법(교회정치문답조례 240문답)에 준하여 치리회의 재량대로 하는 것이 옳다고 결정하였다.[36]

---

35. 제30회 총회회록, 70.
36. 제30회 총회회록, 72.

7. 제4차 개정헌법의 의의와 평가

	제3차 개정 (1969-1972)	제4차 개정(1978-1980)	
교회정치 제3장 15조 (임시직원) 3항(권사) 신설		(1) 권사의 자격: 여신도 중 만 50세 이상 된 입교인으로 무흠 3년 이상 교회에 봉사하고 공동의회에서 투표하여 총 투표 수 3분의 2 이상의 가표를 얻은 자로 하되 안수는 하지 아니한다 (2) 권사의 직무: 당회의 지도대로 교인을 심방하되 특히 병자와 시험 중에 있는 자와 연약한 교인을 돌아보아야 한다(28회 총회, 1978년)	여신도 중 만 50세 이상 된 입교인으로 무흠 5년 이상 교회에 봉사하고…(29회 총회, 1979년)
교회정치 제4장 20조 9항(준군목) 신설		군종장교후보생으로 신학대학 4년 졸업 후 신학연구과 1년내에 목사자격 20학점을 더 취득하고 군목으로 안수한 자이다. 단 준군목은 임관되기까지는 목사 직무를 행할 수 없고 5년 내에 임관되지 못하면 면직된다(28회 총회, 1978년)	군종장교후보생에 합격한 자는 특수훈련을 시켜 연구과 1학년 수료 후 목사로 안수받아 군대에 배속되어 전도하며 성례를 거행하는 자이다(단, 군종장교후보생으로 합격 즉시 소속 노회에 목사후보생으로 시취 후 등록하여야 한다)(30회 총회, 1980년)

	제3차 개정 (1969-1972)	제4차 개정(1978-1980)	
교회정치 제38조 (당회성수) 추가		…미조직교회에서는 노회가 파송한 당회장으로 당회의 직무를 행하되 재판건은 소속 노회원 중에서 시찰회의 동의를 얻어 목사 장로 각 1인씩 협조 당회원으로 당회장이 청하여 처리하여야 한다	
교회정치 제76조 (강도사 인허) 삭제		강도사 고시 폐지로 해당 조항 삭제	
교회정치 제20조 10항 (은퇴목사) 신설		만 70세가 되거나 혹은 특수 사정으로 노회에 사면서를 제출하여 지교회의 시무사면이 된 목사인데 노회원권은 있으나 지교회의 치리권은 없다	
교회정치 제53조	…만일 시무목사 2인 이상을 두는 경우에는 목사의 수로 장로를 파송하고, 세례교인 200명 이상 된 교회는 장로총대 2인, 500명 이상 된 교회는 3인, 그 이상은 세례교인 매 500명 단위로 1인씩 파송한다(단위의 두 조건 중에 하나만 적용한다	…만일 시무목사 2인 이상을 두는 경우에는 목사의 수로 장로를 파송한다	

	제3차 개정 (1969-1972)	제4차 개정(1978-1980)	
교회정치 제92조 (다른 교파 교역자의 가입)	…이런 목사는 노회에 가입한 후에 1년간 교회의 청빙을 받을 수 없고 어떠한 치리회에서든지 투표권이 없다	이런 목사는 노회에 완전 가입할 때까지는 교회의 청빙을 받을 수 없고 어떠한 치리회에서든지 투표권이 없다. 단, 본 교단과 같은 목사과정을 거쳐서 목사된 자는 그 노회가 심사한 후에 즉시 가입시킬 수 있다	
권징조례 제94조 (상소)	공소심에는 부득이한 경우에만 증거조사를 할 수 있고 상고심에는 증거조사를 폐할 것이다	공소심에는 부득이한 경우에만 증거조사를 할 수 있고 상고심에는 가급적 증거조사를 폐할 것이다	
웨스트 민스터 신앙고백서 제34조, 제35조 추가		웨스트민스터 신앙고백서 제34조(성령에 관하여), 제35조(하나님의 사랑과 선교에 관하여) 추가	
헌법적 규칙 9개 조항 신설		제1조 교회의 설립 및 인가 제2조 교인의 의무, 제3조 교인의 권리(진정, 청원, 소원, 상소할 권리, 선거투표권, 피선거권), 제4조 학습 제5조 성례 제6조 무임집사 제7조 협동장로 제8조 권찰 제9조 교회의 선거투표	

제25회 총회(1975년 9월)가 헌법수정위원회를 조직하여 착수한 제4차 헌법 개정은 신앙고백서와 교회정치와 권징조례 예배모범에 걸친 광범위한 개정이었으며 특히 헌법적 규칙이 신설되기도 하였는데 최종 노회 수의 과정을 거쳐 인쇄 발행(1981년 3월 28일 발행)까지 만 5년이 걸렸다. 물론 처음에는 헌법개정위원회가 아니라 헌법수정위원회를 구성하고 그래서 위원회가 활동한 영역이 헌법 개정이라기보다 헌법수정에 가깝다고 평가할 수 있다. 하지만 제30회 총회(1980년 9월)에서 이미 제19회 총회(1969년 9월)가 본 장로회 신조로 채택한 기존 웨스트민스터 신앙고백서 33개 조항에 1903년 미국장로교회에서 추가한 제34조(성령에 관하여)와 제35조(하나님의 사랑과 선교에 관하여)를 추가하기로 한 점과 또 헌법적 규칙(9개 조항)을 신설한 것, 비록 자구와 문체수정에 그쳤으나 그 폭이 교리표준과 관리표준 전반에 걸친다는 점을 염두에 둔다면 헌법 수정보다는 헌법 개정으로 보는 것이 적절하다.

첫째, 제4차 개정헌법은 무엇보다 일괄적으로 수정안을 노회에 수의하여 수정한 것이 아니라 제28회 총회, 제29회 총회, 제30회 총회에서 각각 일부를 수정하여 그때마다 노회 수의를 거쳐 개정하고 이 모두를 종합하여 마침내 1981년 3월 28일에 수정헌법으로 발행하였다. 그렇다 보니 제4차 개정헌법은 개정을 공포한 일시를 하나로 특정할 수가 없는 특성이 있다.

둘째, 제4차 개정헌법 특징 중 하나는 제30회 총회(1980년 9월)가 기존 웨스트민스터 신앙고백서 33개 장에 제34장(성령에 관하여)와 제35장(하나님의 사랑과 선교에 관하여)를 첨부하기로 한 것이다. 사실 첨부한 이 두 조항은 미국합동장로교회가 1906년에 조건적 선택과 무제한적 속죄를 표방하는 컴버랜드(Cumberland) 노회와 합동하면서 채택한 것이어서 문제의 소지가 있는 것이었다.[37] 1년간 연구를 해서 결정했으면 하는 아쉬움이 남는다.

셋째, 제25회 총회(1975년 9월)에서 헌법수정위원회를 구성한 직후 제26회 총회(1976년 9월)에 헌법수정과 관련되어 총회에 상정된 안건 중 권사직 신설과 강도사고시 폐지 건이 반영되어 수정이 이루어졌다. 즉 강도사고시의 폐지로 교회정치 제76조에서 강도사 인허 항은 삭제하였으며, 교회정치 제15조 제3항에서 권사직을 신설하여 "여 신도 중에서 만 50세 이상 된 입교인으로 무흠 3년간 교회에 봉사하고 공동의회에서 투표하여 총 투표 수의 3분의 2 이상의 가표를 얻은 자로 하되 안수는 하지 아니한다."로 하였다. 권사직은 본래 승동 측과 합동했던 짧은 기간에 합동개정헌법에 따라 잠시 경험한 것이지만 환원 이후 1957년 헌법으로 돌아감으로써 한동안 권사직과 거리를 두어 온 고신총회는 결국 이를 허용하였다. 또 교회정치 제4장 제20조 제9항을 수정하여 종군목사를 준군목으로 수정하고 신학대학 4년 졸업 후 신학연구과 1학년 수료 후 조기안수를 받도록 결정하였다. 비록 임관되기까지 목사 직무를 행할 수 없도록 하였지만 조기안수제도는 여러 문제점을 가지고 있어서 이후 총회는 계속 이 문제로 홍역을 치렀다.

넷째, 수정을 두고 가장 첨예하게 토론한 조항은 교회정치 제53조(노회 조직)였다. 총대장로를 파송할 때 기존에는 목사의 수에 따라 장로총대 수를 결정하든지 혹은 세례교인 200명 이상 2인, 500명 이상 3인, 그 이상은 매 500명 단위로 1인씩 파송하는 원칙을 따라서 결정하든지 이 두 가지 기준 중에서 하나를 선택할 수 있었다. 그런데 이번 수정안은 오직 목사의 수를 따라서만 목사와 동수의 장로를 파송하도록 하였다. 사실 기존 조항은 제

---

37. 조건적 선택과 무제한적 속죄는 전통적인 장로교 교리(무조건적 선택과 제한적 속죄)와 상충되는 새로운 관점이었다.

3차 헌법 개정(제22회 총회, 1972년 9월에 공포)에서 수정된 내용인데 당시 이 수정안에 격렬한 토론이 있었고, 또 표준문서연구위원회에 소속하여 교회정치 과목을 담당하였으나 헌법수정위원회에는 소속하지 않은 한학수 목사의 항의서가 제출되기도 하였다. 그는 이 수정안이 칼빈주의 교회정치원리 중 교회의 권세가 목사와 지교회 교인들에게 주어졌다는 것(마 16:18, 요 20:23, 고전 1:1-4)과 목사와 장로의 총대 동수의 원리와 위배하였다고 항의하였다.[38] 그래서 1957년 개정헌법 교회정치 제54조에서 목사의 수를 따르든지 혹은 세례교인 200명 이상 된 교회에서 총대장로 1인을 더 파송하도록 한 것을, 1972년 개정헌법에서는 목사의 수를 따르든지 혹은 세례교인 200명 이상 2인 500명 이상 3인 그 이상은 매 500명 단위로 1인씩 파송하도록 하였고, 이번에는 목사의 수를 따라서만 장로총대를 파송함으로 목사 장로가 동수를 유지하도록 한 것이다. 이 수정에는 이번 제4차 헌법 개정에서 교회정치 과목을 담당하였으나 개정 완료 직전(1968) 별세한 한학수 목사가 크게 영향을 끼친 것으로 추정할 수 있다. 교회정치 제92조(다른 교파 교역자의 가입)의 수정에서도 대립이 첨예하였다. 제27회 총회(1977년 9월)와 제28회 총회(1978년 9월)에서 각각 타 교단과의 교류 및 강단 교류와 관련하여 사도신경을 고백하는 교단과 교류하는 것을 허용하고, 강단 교류에 관련해서는 결정을 여러 번 보류하는 상황에서 이러한 수정안이 나온 것임을 고려하면 "…이런 목사는 노회에 완전 가입할 때까지는 교회의 청빙을 받을 수 없고 어떠한 치리회에서든지 투표권이 없다."고 엄격한 기준을 가지고 수정하면서도 동시에 "단, 본 교단과 같은 목사과정을 거쳐서 목사된 자는 그 노회가 심사한 후에 즉시 가입시킬 수 있다."라고 단서 조항을 함께 첨가하여 본

---

38. 제21회 총회회록, 27.

교단과 같은 목사과정을 거쳐서 목사 된 자에게는 어느 정도 가입의 폭을 넓히고 있기 때문이다.

다섯째, 교회정치 제20조 제10항을 신설하여 은퇴목사를 규정하였다. 즉 은퇴목사는 만 70세가 되거나 혹은 특수한 사정으로 노회에 사면서를 제출한 목사인데 노회원권은 있으나 지교회의 치리권은 없다고 하였다. 은퇴목사 조항이 신설되면서 기존 원로목사의 자격을 더욱 까다롭게 하여 공동의회에서 생활비를 작정하여 총투표수 3분의 2 이상의 찬성과 노회의 승인을 통해 명예지위를 수여 하였다. 원로목사의 시무연한을 기존 20년에서 15년으로 수정하자는 제의가 있었으나 최종 투표를 통해 기존 20년을 고수하였다.

여섯째, 제4차 헌법 개정의 특징 중 빠질 수 없는 것은 헌법적 규칙을 신설한 점이다. 이는 말 그대로 헌법에 준하는 규칙으로서 일종의 시행 세칙이다. 헌법적 규칙은 헌법조항과 달리 노회 수의 과정을 거치지 않고 본회에서 변경할 수 있는 것으로 총9개조를 개설하였다. 사실 이 헌법적 규칙은 과거 승동 측과 합동하면서(제46회 총회, 고신 제11회 총회, 1961년 9월) 제정된 것과 거의 유사하다.

일곱째, 제4차 개정헌법은 제25회 총회(1975년 9월)에서 헌법수정위원회가 구성되어 최종 인쇄 발행(1981년 3월 28일 발행)까지 만 5년이 걸려 수정작업을 하였으나 수정작업 기간에 비해 그 수명이 오래가지 못한 것이 흠이라 할 수 있다. 제39회 총회(1989년 9월)가 제5차 헌법 개정을 결정하기까지 10년을 채 넘어서지 못하였기 때문이다. 더구나 제31회(1981년 9월) 총회에서 제39회 총회(1989년 9월)까지 교회정치는 거의 매년 총회에서 일부 조항을 수정한 것은 제4차 헌법 개정이 지난 5년간의 작업에도 충분히 교회들과 총대들의 의견을 수렴하지 못하고 진행한 결과라고 평가할 수 있다.

8. 제4차 헌법 개정 이후: 제31회 총회(1981년 9월)

1) 군종장교후보생 조항의 재수정과 노회 수의

제4차 헌법 개정안이 발행되자마자 제31회 총회는 군종장교후보생에 관한 조항(교회정치 제4장 제20조 제9항)을 다시 새롭게 수정하기로 하고 이를 노회에 수의하였다. 기존 해당 조항은 제28회 총회, 제30회 총회에서 이미 두 차례나 수정을 거친 것이었다. 최종 수정안인 "군종장교후보생에 합격한 자는 특수훈련을 시켜 연구과 1학년 수료 후 목사로 안수 받아 군대에 배속되어 전도하며 성례를 거행하는 자이다…"를 "군종장교후보생에 합격한 자는 특수훈련을 시켜 신학대학원 1학년 재학 중 목사로 안수 받아 군대에 배속되어 전도하며 성례를 거행하는 자이다…"로 다시 수정하였다. 군종장교후보생은 신학대학원 1학년 수료 후가 아니라 재학 중에 목사로 임직하는 길을 연 것이다. 이는 신학대학원 졸업생의 경우 2년을 농촌교회나 단독목회를 한 후에야 목사고시에 응하도록 한 기준과 비교할 때 형평성에 맞지 않는 것이었다.

2) 세례교인 수에 따라 총대 장로 수를 정하자는 헌법 재수정 청원

제4차 개정헌법 중에서 재수정을 요청하는 또 다른 청원이 상정되었다. 즉 강명국 씨 외 15명의 회원이 연명하여 교회정치 제54조(노회조직)를 수정해달라는 제안이었다. 이 청원은 4차 개정 시 세례 교인 수에 따라 총대 장로를 정하는 기준을 삭제한 것을 부활시켜 달라는 것으로서 총회는 이를 반려하였다.[39]

---

39. 제31회 총회회록, 80.

3) 기타 질의와 답변

이번 총회에 헌법과 관련하여 상정된 질의가 있었는데 총회는 다음과 같이 답변하였다:

첫째, 학습을 받지 않은 자라 할지라도 믿기로 서약만 하면 독사가 주례할 수 있도록 개정해달라는 청원은 허락하지 않기로 하였다(교회정치문답조례 165문답, 예식서 초안 68페이지 참조).[40]

둘째, 장로 재시무 투표에서 낙선된 경우에 그 직위는 휴무장로가 아니라 무임장로에 해당한다고 결정하였다.[41]

셋째, 전도목사는 개척교회 설립 인가를 받은 다음에는 교회가 성장하여 위임목사로 청빙받을 때까지 기다리는 것이 아니라 임시목사로 수속을 밟아 시무하도록 하였다.[42]

넷째, 은퇴목사는 지교회 당회장은 할 수 없으나 상회 상비부원과 특별위원은 할 수 있는 것으로 결정하였다.[43]

다섯째, 교회직원의 정년은퇴 연령이 생일까지냐 그해 연말까지냐는 구두 질문이 있어서 논의가 있었으나 총회는 사회부에 맡겨 1년간 연구하여 보고토록 하였다.[44]

---

40. 제31회 총회회록, 80.
41. 제31회 총회회록, 80.
42. 제31회 총회회록, 106. 이 결정의 배경은 진주동부교회 송우호 목사가 전도목사로 진주노회의 파송을 받아 교회개척을 하고 교회설립을 한 이후에 진주노회의가 임시목사로 청빙을 받도록 지도한 일에 대하여 거부권을 행사하고 행정보류를 하였고, 이에 해 노회는 송우호 목사를 노회원의 결의 없이 노회장 직권으로 목사면직을 하였고, 이에 송우호 목사가 총회에 상소함으로 총회재판부가 개입하여 내린 결정이다. 제31회 총회회록, 106 이하.
43. 제31회 총회회록, 114.
44. 제31회 총회회록, 43.

9. 제32회 총회(1982년 9월)

1) 개정과 공포된 헌법(교회정치 제20조 9항)

제32회 총회는 무엇보다 지난 총회에서 노회에 수의한 교회정치 제20조 제9항("군종장교후보생에 합격한 자는 특수훈련을 시켜 신학대학원 1학년 재학 중 목사로 안수 받아 군대에 배속되어 전도하며 성례를 거행하는 자이다…"이 가결되었음을 보고하였다(13개 모든 노회 가결, 가 545 부 38).[45]

2) 군선교와 군목후보생의 조기안수

군목후보생의 조기안수에 대한 반대 여론은 적지 않았다. 먼저 동부산노회가 준군목제도의 폐지를 청원하였다. 이에 총회군선교위원회(위원장 최해일 목사)는 비록 "준군목" 명칭은 제29회 총회에서 이미 폐지되고 "군목"으로 변경되었으나 본 교단의 조기안수제도로 계급상의 혜택을 받고 있고 또 군대에서 타종교와 경쟁하는 배경에서 그리고 군선교의 장기적인 안목으로 보아 조기안수제도 폐지와 이에 따르는 재차 헌법수정은 고려해 줄 것을 보고하고 총회는 이를 그대로 받았다.[46] 조기안수라는 장애물이 있지만 군대라는 특수한 환경에서 선교하는 사역자인 군목에 대한 배려가 총대들의 마음을 움직였다.

3) 노회 수의를 결정한 헌법 수정 조항

이번 총회는 다음과 같이 일부 헌법조항을 수정하기로 하고 노회에 수의

---

45. 제32회 총회회록, 99.
46. 제32회 총회회록, 248-9.

를 결정하였다:

첫째, 목사의 자격에서 신학교 졸업 후 2년간 농촌 미자립교회와 개척교회를 시무하여야 목사고시를 치를 수 있는 자격을 부여하도록 하였다(교회정치 제16장 제79조 목사의 자격): "목사는 신학을 졸업하고 2년간을 도시에서는 개척교회, 농어촌 교회에서는 미자립교회에서 봉사한 후에 목사고시에 응할 수 있다."

둘째, 노회에 파송하는 장로총대는 종전처럼 그 기준을 목사 수뿐 아니라 세례교인 비례를 따라 할 것을 결의하였다(교회정치 제12장 제54조). 이 결의는 지난 제30회 총회에서 개정한 지 2년이 지나지 않아 다시 이전 규정으로 돌아가는 결정이었다. 부산노회(노회장 김인규 목사)에서 청원한 이 안건으로 인해 총회는 장시간 논란을 하였고 결국 언론을 중지하고 표결에 부친 결과 가 88표, 부 63표, 기권 2표로 수정안을 가결하였다.[47]

셋째, 경북노회(노회장 신현국 목사)가 건의한 교회정치 제4장 제20조 제10항과 제12장 제55조에 나오는 은퇴, 공로, 원로목사의 노회원권을 두고 총회 총대와 모든 공직을 맡을 수 없도록 수정하자는 청원에 총회는 재론 동의에 부쳐 거수 표결하여 81대 21로 재론 동의하기로 가결하고 66대 4로 본건을 각 노회에 수의하기로 결정하였다.[48] 이 안건에 총회가 먼저 재론 동의에 부친 것은 직전 총회인 제31회 총회가 "은퇴목사는 지교회 당회장은 할 수 없으나 상회 상비부원과 특별위원은 할 수 있는 것"으로 결정하였기 때문이다.

---

47. 제32회 총회회록, 95.
48. 제32회 총회회록, 232.

4) 연구 헌법

이어서 총회는 다음 안건들은 당장 결의하지 않고 연구하도록 하였다:

첫째, 경기노회(노회장 박종수 목사)가 건의한 노회가 파송할 총회 총대 선정은 투표로 선정하지 말고 전국 목사 장로를 등록하여 조로 편성하여 윤번제로 파송하자는 건은 연구위원 5인을 선정하여 연구하도록 하였다.[49]

둘째, 타 교단과 강단 교류를 해 교회 당회의 결의로 할 수 있도록 하자는 건은 연구위원 5인을 내어 다음 총회 때 발표하도록 하였다.[50]

셋째, 서울노회(노회장 최해일 목사)가 건의한 강도사고시 제도 부활 건은 1년간 유안하기로 가결하였다.[51]

5) 기타

노회에 수의하도록 한 결정 외에 이번 총회는 교회정치와 관련하여 다음과 같이 중요한 결의를 하였다:

첫째, 중부산노회(노회장 김용도 목사)와 경북노회(노회장 신현국 목사)가 문의한 미조직교회가 집사와 권사를 임직할 수 있느냐는 건은 이미 장립한 집사와 권사는 인정하나, 집사와 권사를 선택하고 임직하는 것은 당회의 직무이기에 미조직교회의 당회장은 할 수 없는 것이 당연하다고 결정하였다.[52]

둘째, 또 경남노회(노회장 김병기 목사)가 문의한 헌법에 명시되지 않은 공로장로 명예권사를 세울 수 있는지에 대한 건은 현행법의 정신과 위배하

---

49 제32회 총회회록, 96.
50. 제32회 총회회록, 35.
51. 제32회 총회회록, 35.
52. 제32회 총회회록, 93.

므로 세우지 않기로 결의하였다.[53]

셋째, 면직된 교회직원이 복직할 때 안수는 다시 하지 않기로 하였다.[54]

넷째, 교회가 장로명단을 게재하는 서열은 장립과 취임 순으로 하되 동시 임직한 경우는 연령순으로 하도록 하였다.[55]

다섯째, 부산노회(노회장 서완선 목사)가 은퇴목사를 총회자문위원으로 추대하자고 건의한 청원은 정년은퇴목사에 한하여 이를 허락하고 그 비용은 해 노회가 부담하도록 하였다.[56]

여섯째, 무임목사와 기관목사는 고려학원 이사가 될 수 없음을 확인하고 가결하였다.[57]

일곱째, 예식서제정위원회의 준비와 작업 상황을 보고 받고 예식서를 조속한 기일 안에 출간토록 하였다.[58]

여덟째, 남아프리카자유개혁파교회(The Free Reformed Churches in South Africa)와 우호 관계를 맺기로 결의하였다. 이 교단은 화란개혁교회(해방 측)에서 이민 가서 사는 사람들로서 신앙과 신조가 본국 교단과 같으며 해 교회에서 본 교단에 먼저 우호 관계를 맺자는 청원이 있었고 또 화란개혁교회(해방 측)가 본 교단과 우호 관계를 맺도록 권유해왔다는 섭외위원회(위원장 이근삼 목사)의 보고를 채택하였다.[59]

---

53. 제32회 총회회록, 93.
54. 제32회 총회회록, 232.
55. 제32회 총회회록, 233.
56. 제32회 총회회록, 35.
57. 제32회 총회회록, 231.
58. 제32회 총회회록, 116.
59. 제32회 총회회록, 32-4.

6) 성도간 세상법정 송사 관련 총회 결정으로 인해 6년간 헤어진 형제들과의 연합

이번 총회는 성도간 세상법정 송사 건에 대한 지난 총회들의 결의 때문에 그동안 본 교단에서 이탈한 형제들을 영입하고 환영하는 특별한 시간을 가졌다. 약 10년 전 제23회(1973년 9월) 총회가 이 사안을 두고 내린 결정이 제24회 총회에서 재론 동의를 거쳐 다시 수정하여 결정되면서 당시 경남노회와 경기노회, 경동노회 교회들을 중심으로 이의와 항의, 반발이 거셌고 결국 고신교회에서 이탈하는 형제들과 교회들이 생겼다. 그러다가 제28회 총회(1978년 9월)가 진주노회(노회장 이금조 목사)와 경북노회(노회장 김원계 목사)의 건의로 성도간 세상법정 송사 건으로 교단을 이탈한 형제들을 영입하는 건에 일정한 원칙을 제시하고,[60] 또 제29회 총회(1979년 9월)가 이탈한형제들영입교섭위원회라는 특별위원회를 구성하여 활동한 지 4년 만에 마침내 열매를 거두었다. 이때 영입을 위해 접촉한 주 대상은 행정보류를 하고 떠난 전 경남노회에 속한 형제들이었다. 이제 제32회 총회는 "우리가 소송 문제를 가지고 나누어진 것은 하나님 앞에 피차 죄송스러운 일이므로 하나되기 원하여 무조건 받아들여 하나가 되도록 가결해 주시기를 바랍니다."는 영입위원회의 보고를 그대로 받았다. 이날 총회 현장을 제32회 총회회록은 다음과 같이 전하였다: "이상 보고가 끝나매 온 회중이 박수로 환영하고 회의장 처처에서 감격의 흐느낌이 진동하다. 나누어졌던 형제들이 총회 앞에 나

---

60. 제28회 총회회록, 31. 총회가 결의한 원칙은 다음과 같다: 첫째, 이탈한 목사가 본 교단으로 복귀를 원할 때는 무조건 받아들이기로 하고, 둘째, 치리를 받은 목사가 잘못을 인정하고 복귀를 원할 때는 공회 앞에 사과하게 하고 즉시 해벌케 한다(총회, 노회). 셋째, 이탈한 형편에서 목사로 장립 받은 분은 고시부가 살펴 학력 심사를 한 후 보충교육을 하게 한다(신학교 학점으로 인정하다). 넷째, 이탈한 형편에서 장로로 장립 받은 분은 그대로 인정키로 하다.

아와 도열하고 총회장이 하단하여 송명규 목사와 악수하고 인사하니 전 총회원의 감격적인 박수가 계속되고 한명동 목사의 인도로 기도할 때 감격적이고 은혜로운 분위기는 필설로 표현키 어려웠고, 손명복 목사가 다시 기도하고 나온 형제들이 모두 회원석에 착석하다."[61] 10년이라는 시간을 끌며 매번 총회에서 씨름하고 이로 인하여 형제들과 약 6년간 헤어지게 한 성도간 세상법정 송사 건은 교단과 총회, 모든 교회, 모든 교인에게 값진 교훈을 주었다. 하나는 총회가 내린 하나의 결정 때문에 교인과 교회가 분열되어서 교회의 연합을 해칠 수 있다는 점이고, 다른 하나는 총회의 헌법과 결정 이상으로 교회를 진정으로 하나로 묶는 것은 개혁주의라는 같은 신앙고백과 순교정신이라는 같은 신앙의 체험과 사랑과 용서의 법이라는 점이다.

10. 제33회 총회(1983년 9월)

1) 개정 공포한 헌법조항

제33회 총회는 우선 지난 총회에서 노회에 수의하기로 가결한 세 조항에 다음과 같이 헌법수의 결과를 보고 받고 해당 조항이 개정된 것을 공포하였다:[62]

첫째, 교회정치 제12장 제54조 노회에 파송하는 장로총대의 경우 종전처럼 그 기준을 목사 수뿐 아니라 세례교인 비례를 따라 할 수 있다(가 475 부 112 기권 5).

---

61. 제32회 총회회록, 234.
62. 제33회 총회회록, 17.

둘째, 교회정치 제16장 제79조 목사는 신학을 졸업하고 2년간을 도시에서는 개척교회, 농어촌 교회에서는 미자립교회에서 봉사한 후에 목사고시에 응할 수 있다(가 528 부 73 기권 5).

셋째, 교회정치 제4장 제20조 은퇴, 공로, 원로목사는 총회 총대와 모든 공직을 맡을 수 없도록 한다(가 423 부 73 기권 1).

2) 재론 동의로 노회 수의를 결정한 "강도사 호칭"문제(교회정치 3장 16조 1항)

그리고 지난 총회가 교육부에 위임한 안건 중에 신학교 졸업생에 대한 강도사 호칭 문제는 헌법을 수정하기로 재론하여 가결하고 각 노회에 수의하기로 하였고(정치 제3장 제16조 제1항, "단 신학교 졸업한 자에 한하여 강도사로 인정한다.") 총회서기가 집계하여 가결된 직후 효력이 발생하도록 하였다.[63]

3) 총회총대윤번제 건

그리고 총회는 지난 총회가 1년간 연구하도록 한 총회총대윤번제 건은 헌법수정과 규칙수정 등의 문제가 있고, 보다 구체적이고 시행에 만전을 기해야 한다는 이유로 1년을 다시 연구하도록 해달라는 총회총대윤번제위원(이금도, 남영환, 이금조, 최상수, 김용구)의 보고를 받아서 이를 허락하였다.[64]

4) 표준예식서 완료

그동안 고신교회의 예식서 제정을 위해 수고한 예식서제정위원회가 예식

---

63. 제33회 총회회록, 38.
64. 제33회 총회회록, 31-2.

서의 이름을 "표준예식서"라 정하고 1983년 5월 30일자로 출판 완료하였음을 총회에 보고하였다. 이로써 고신교회는 예배모범과 함께 동시에 표준예식서를 가지므로 본 교단의 모든 교회가 같은 예배 질서를 통해 진정한 교회의 연합을 이루게 되었다.[65]

5) 1년 연구 헌법 안건

다음은 제33회 총회가 법규부에 맡겨 1년을 연구하도록 한 안건이다. 첫째, 대구노회(노회장 배영오 목사)가 미조직교회도 위임목사를 청빙하도록 건의한 안건과, 둘째, 마산노회(노회장 곽삼찬 목사)가 건의한 정규신학대학원을 졸업하지 못하여도 본 교단에서 20년 이상 전도사로 흠 없이 봉사하고 50세 이상 된 농어촌 교회에서 봉사하는 자를 목사고시에 응할 수 있게 하자는 안건과 셋째, 은퇴목사가 노회 각 부서에서 활동할 수 있는지 문의한 안건이다.[66]

6) 기각된 헌법 개정 청원

그러나 총회는 다음 청원은 기각 결정을 내렸다. 첫째, 권사 연령 수정(현행 50세를 45세로 조정하자는) 건과 둘째, 명예권사 신설 건과 셋째, 한 교회에서 20년 이상을 근속 시무한 목사를 원로목사로 청빙할 수 있는 것을 15년을 시무하면 청빙할 수 있도록 헌법을 수정하자는 것과 또 같은 조건으로 원로장로를 세우자는 건과 넷째, 교회당 간 거리 재조정(현행 500미터에서 1킬로미터 조정) 건이다.[67]

---

65 제33회 총회회록, 24-5.
66 제33회 총회회록, 25-6.
67. 제33회 총회회록, 29-30.

7) 자진 사면한 장로의 복직 절차

이번 총회에 문의하여 총회가 답변한 안건도 있었다. 부산노회(노회장 조긍천 목사)가 질의한 "자진 사면한 장로가 당회의 결의로 복직할 수 있는가"라는 문의에 총회는 당회의 결의로 복직할 수 있다고 답하였다.[68]

8) 대한예수교장로회(합동개혁)교단과의 우호 관계 질의

한편 화란개혁교회(해방 측)가 대한예수교장로회(합동개혁) 총회와 우호 관계를 체결하는 것에 관해 본 총회의 의견을 요청한 일이 있었는데(1983년 4월 30일 발신), 총회는 요청에 대한 답변 기간이 1984년 2월까지이므로 신중을 기하기 위해 우선 대한예수교장로회 합동개혁총회에 대하여 교리표준과 관리표준과 기타 사정을 더 알아본 다음에 답변하도록 해달라는 섭외위원회(위원장 오병세 목사)의 보고를 받았다.[69]

합동개혁총회는 1979년에 대한예수교장로회 합동 측의 분열로 과거 고려신학교 교장을 역임한 박윤선 목사가 주도한 것으로 알려졌다.

11. 제34회 총회(1984년 9월)

1) 노회 수의 결정 헌법

제34회 총회는 다음과 같은 조항을 노회에 수의하기로 결정하였다:

첫째, 교회정치 제10장 제47조("도시에 당회가 둘 있으면 교회 공동 사업

---

68. 제33회 총회회록, 40.
69. 제33회 총회회록, 42-3.

의 편리를 위하여 연합당회를 조직하되…"에서 "도시"라는 문구를 "동일지역"이라는 문구로 수정하는 것이다.

둘째, 교회정치 제16장 제79조("목사는 신학을 졸업하고 2년간을 도시에서는 개척교회, 농어촌 교회에서는 미자립교회에서 봉사한 후에 목사고시에 응할 수 있다.")에서 농어촌미자립교회나 개척교회 다음에 "단독교회"를 추가삽입하기로 수정하는 것이다.

셋째, 교회정치 제16장 제91조("본 교단과 같은 목사 과정을 거쳐 목사가 된 자는 노회가 심사 후 정회원으로 받을 수 있다.")를 "노회가 심사 후 준회원으로 받고 본 교단 신학대학원에 1년 이상 이수하게 한 후(3C학점 취득)" 정회원으로 받기로 수정하는 것이다.

2) 1년간 연구한 헌법의 보고

지난 총회가 법규부에 위임하여 1년간 연구하여 보고하도록 한 안건이 있었는데, 이에 제34회 총회는 다음과 같이 결정하였다.[70]

첫째, 노회원권이 있는 은퇴목사의 활동 한계에 대한 연구("은퇴목사가 노회 각 부서에서 활동할 수 있는가?")는 교회정치 제12장 제55조(회원 자격)의 정신에 따라 "할 수 없다."는 법규부의 보고를 투표로 받았다.

둘째, 정규신학대학과 대학원을 졸업하지 못해도 본 교단에서 20년 이상 전도사로 무흠하게 봉직하고 50세 이상이 되어 농어촌 교회의 사명에 투철한 자는 목사고시에 응시할 수 있게 하자는 안건은 현행대로 시행하는 것이 좋다고 가결하였다. 대신 이번 제34회 총회에 진주노회(노회장 장형배 목사)가 제출한 "전도사로 20년 이상 시무한 50세 이상 된 자는 소정의 신학교육

---

70. 제34회 총회회록, 22-3.

을 필한 후 목사고시에 응할 수 있게 해달라."는 청원은 허락하였다.

셋째, 미조직교회도 위임목사를 청빙할 수 있도록 해달라는 연구는 현행대로 시행하도록 가결하였다.

3) 1년간 연구하도록 결정한 헌법

특히 지난 총회에서 수정한 조항 중에 교회정치 제16장 제79조(목사의 자격)조항("목사는 신학을 졸업하고 2년간을 도시에서는 개척교회, 농어촌 교회에서는 미자립교회에서 봉사한 후에 목사고시에 응할 수 있다)을 재개정해 달라는 청원이 부산노회(노회장 이지영 목사)와 서울노회(노회장 오성환 목사)에서 총회에 상정되었다. 그만큼 이 조항은 모든 교회와 목사후보생의 최대 관심이었다. 그러나 이 안건은 마산노회(노회장 김득진 목사)와 부산노회가 함께 위 조항에서 "미자립"의 한계를 질의한 안건과 함께 연구위원 5인(백성호, 정승벽, 남영환, 조인태, 정주성)에게 맡겨 1년 동안 연구하도록 하였다.

4) 기타 상정된 질의와 청원

지난 총회에 이어 제34회 총회에도 권사의 연령을 낮추는 것(만 50세 이상을 만 45세 이상으로)과 명예권사 신설 건이 상정되었다. 마산노회(노회장 김득진 목사)에서 제출한 안건이었다. 이에 총회는 현행대로 하는 것이 좋다는 결정을 내렸다.[71]

그리고 진주노회(노회장 장형배 목사)가 제출한 "각 치리회가 재판하지 않고도 행정 건으로 시벌할 수 있는지"의 질의 건은 권징조례 1장 5조, 7장 48조, 교회정치문답조례 243조에 근거하여 행정 건으로도 시벌할 수 있다고

---

71. 제34회 총회회록, 23.

답변하였다.[72] 그러나 이 결정은 행정 건으로 인한 시벌의 범위와 한계, 절차를 보완하는 답변을 동시에 주지 않으므로 자칫 행정 건으로 시벌하는 일이 남용될 여지를 남겼다.

또 총회는 부산노회(노회장 이지영 목사)가 건의한 임시목사, 부목사, 전도목사의 목사취임식은 시행하지 않기로 하였으며, 본 교단의 군목과 유학생은 현행 조기안수 대신 신학대학원을 졸업한 이후에 안수하자는 수정 요청에 현행대로 시행하기로 결정 내렸다.[73] 군목후보생은 신학대학원 1학년 재학 중에 조기안수를 허락한 것은 제31회 총회에서 노회에 수의하여 개정한 것이나 다시 이를 재개정해달라는 요청이 상정된 것은 여전히 이를 납득하지 못하는 교회들이 많았음을 보여주고 있다.

12. 제35회 총회(1985년 9월)

1) 개정과 공포된 헌법 수정안

제35회 총회는 우선 지난 총회에서 노회에 수의한 수정안 세 가지 즉 교회정치 제10장 제47조(연합당회)에서 "도시" 대신 "동일지역"으로 수정 건과 제16장 제79조에서 "농어촌 미자립교회 또는 개척교회" 다음에 "단독"을 추가삽입하기로 한 수정 건과 제16장 제9조에서 "본 교단과 같은 목사과정을 거쳐 목사가 된 자는 노회가 심사 후 정회원으로 받을 수 있다."를 "노회가 심사 후 준회원으로 받고 본 교단 신학대학원에 1년 이상 이수하게 한 후

---

72. 제34회 총회회록, 23.
73. 제34회 총회회록, 18.

(30학점 취득) 정회원으로 받을 수 있다."로 수정하기로 한 안건이 모두 가결되었음을 공포하였다.[74]

2) 목사고시응시자격 건과 군목후보생조기안수폐지 건

목사고시 응시자격을 골자로 하는 교회정치 제16장 79조의 수정은 여전히 많은 교회에 민감한 조항이었다. 중부산노회(노회장 이재근 목사)는 이 조항을 두고 도시교회 부교역자로 있을 때는 3년 시무 후에 응시하도록 해달라는 건의를 하였으나 총회는 현행대로 하기로 가결하였다. 위 청원은 농어촌 미자립교회나 개척교회에서 단독으로 사역하는 것 외에도 도시교회에서 부교역자로 사역하는 가능성(대신 3년 시무)을 총회가 열도록 건의한 것이었다. 군목후보생을 위한 조기안수 규정(교회정치 제20장 제9항) 역시 많은 총대에게는 납득하기 어려운 문제였다. 서울노회(노회장 임종만 목사)와 경기노회(노회장 김주락 목사)가 조기안수폐지 건을 청원하였고 그러나 총회는 종전대로 하기로 결정하였다.[75]

3) 목사와 목사후보생에 대한 결정

첫째, 부산노회(노회장 이금도 목사)가 건의한 "목사고시를 총회 차원에서 실시해 달라."는 안건은 일 년간 연구하도록 하였다.[76]

둘째, 대구노회(노회장 김석배 목사)가 문의한 "공동의회 시에 공동의회장이 투표권이 있는지"에 대한 안건은 교회정치문답조례 제612문답, 제613

---

74. 제35회 총회회록, 17.
75. 제35회 총회회록, 18.
76. 제35회 총회회록, 19.

문답 제13항에 따라 투표권이 있음을 확인하였다.[77]

셋째, 전라노회(노회장 전복식 목사)가 문의한 "전도목사를 파송하는 경우 기관에서 파송할 때는 기관장의 명의로 파송하는데, 개 교회에서 파송할 때는 공동의회를 거쳐서 파송하는지 또는 당회장의 명의로 파송하는 것이 가한지"에 대한 안건은 교회가 공동의회를 소집할 필요가 없고 당회의 결의를 거쳐 당회장의 명의로 파송할 수 있다고 하였다.[78]

넷째, 경북노회(노회장 배충실 목사)가 건의한 외국시민권을 가진 목회자를 한국교회에서 목회할 수 없도록 결의하여 달라는 건은 3인을 선임하여(윤지환, 이용호, 배기웅) 1년간 연구하도록 가결하였다.[79]

다섯째, 부산노회(노회장 이금도 목사)가 건의한 지체 부자유자의 신학대학원 입학 추천 여부에 관한 질의 건은 본 총회가 지체 부자유자는 목사후보생이 될 수 없다고 결의한 것을 재확인하였다.[80]

4) 장로에 대한 결정

첫째, 서울노회(노회장 임종만 목사)가 문의한 "시무 사면한 장로가 어떤 절차를 밟아 다시 시무할 수 있는지"에 대한 안건은 당회의 결의로 할 수 있음을 재확인하였다(제33회 총회).[81]

둘째, 경남노회(노회장 성장철 목사)가 건의한 원로장로와 공로장로의 추

---

77. 제35회 총회회록, 24.
78. 제35회 총회회록, 24.
79. 제35회 총회회록, 26.
80. 제35회 총회회록, 26.
81. 제35회 총회회록, 24.

대 건은 현행법대로 하기로 가결하였다.[82]

5) 총회 총대와 관련한 결정

첫째, 마산노회(노회장 강호준 목사)가 건의한 『교회정치문답조례』(박병진 목사 편역) 제22장 제638문답의 개정 건은 총회가 개정할 성질이 아니므로 개정할 수 없다고 하였으나 단 노회원이 아닌 자는 총회 총대가 되지 못하도록 가결하였다.[83]

이 문답은 무임장로와 달리 휴무장로는 노회 총대가 아니라 해도 총회 총대로 택할 수 있다고 말하기 때문이다.

둘째, 동부산노회(노회장 박병호 목사)가 건의한 총회 총대를 매 4당회마다 목사 장로 1인씩, 세례교인 50명 당 목사 장로 각 1인씩 변경하자는 청원 건은 현행대로 시행하기로 가결하였다.[84]

6) 강단 교류 결정

대구노회(노회장 김석배 목사)가 건의한 강단 사용(강단 교류) 건은 당회의 재량에 맡기기로 최종 결정하였다.[85]

이는 타 교단과 강단 교류 문제를 제21회 총회(1971년 9월)가 국내외를 막론하고 칼빈주의 보수 교단으로 본 교단 정신(신앙, 신학, 생활)에 맞지 않는 교단은 거부하기로 한 결정과 너무나 동떨어진 것이었다. 이는 제27회 총회(1977년 9월)가 다시 타 교단과 강단 교류 건을 1년간 연구하도록 하고, 제

---

82. 제35회 총회회록, 26.
83. 제35회 총회회록, 18.
84. 제35회 총회회록, 26.
85. 제35회 총회회록, 18.

28회 총회(1978년 9월)가 결정을 당분간 보류하도록 하였으며 제32회 총회(1982년 9월)가 이를 해 당회에 맡기는 것을 연구하기로 한 것이어서 나왔다. 이로써 총회는 이 문제를 최종적으로 당회의 재량에 맡김으로써 교회정치 제3원리가 서술하는 대로 교회직원을 세우는 목적 중 하나인 강단에서 복음이 순수하게 전해지는 것을 지켜야 할 책무와 강단의 설교를 통해 총회 산하 교회들을 진정으로 연합과 화평으로 이끌어야 할 책무를 간과하고 개체교회의 당회에 이를 떠맡겼다고 평가할 수 있다.

13. 제36회 총회(1986년 9월)

1) 총회유지재단이사회와 학교법인이사회 분리[86]

경기노회(노회장 김재성 목사)가 건의한 대로 총회재단이사회를 유재재단이사회와 학교법인이사회로 분리하기로 하고 다음과 같이 가결하였다: "학교법인 15인 이사 외에는 유지재단이사로 정한다. 유지재단이사는 이사 출연금을 거마비조로 면제한다." "유지재단이사장은 총회장이 겸임하며 유지재단사무실은 총회 사무실로 한다." 등이다.

2) 외국시민권과 영주권 소지자의 국내목회

직전 총회에 외국시민권을 가진 목회자를 한국교회에서 목회할 수 없도록 하자는 안건이 상정되어 이를 1년간 연구하도록 하였으나 총회회록에서 해당 보고를 찾을 수 없다. 그러나 동부산노회(노회장 안광현 목사)가 제안

---

86. 제36회 총회회록, 22.

한 "외국 영주권을 소유한 목사의 국내 목회"는 제한하지 않기로 결정하였다.[87]

3) 교회재산의 총회유지재단 가입 의무

개체교회의 재산을 유지재단에 편입하기로 한 것을 재확인하고 타 교단 출신 목사와 교회가 본 교단에 가입할 때는 그 조건으로 교회재산을 총회유지재단에 반드시 귀속시키기로 하였다.[88]

4) 세례교인 비율로 총회총대 구성과 총회부담금 배정 건 연구

총회는 5인의 위원(서완선, 민영완, 김석배 목사; 조인태, 정재택 장로)을 구성하여 1년 동안 다음을 연구하도록 하였다:[89]

첫째, 노회총대 구성을 세례교인에 준하여 시행하는 것 같이 총회총대도 세례교인 비율로 구성하자는 안건이다. 중부산노회(노회장 김기호 목사)와 부산노회(노회장 한병옥 목사)가 제안하였다.

둘째, 총회부담금을 각 노회별로 세례교인 비율로 배정하자는 안건이다. 중부산노회(노회장 김기호 목사)가 제안하였다.

5) 목사의 자격

첫째, 직전 총회에서 1년간 연구하도록 한 안건 중에서 "목사고시를 총회 차원에서 실시하자는 건의"는 허락하지 않기로 하였다.[90] 현행은 각 노회가

---

87. 제36회 총회회록, 20, 25.
88. 제36회 총회회록, 24.
89. 제36회 총회회록, 25.
90. 제36회 총회회록, 20.

목사고시를 주관하여 시행하고 있다.

둘째, 중부산노회(노회장 김기호 목사)가 교회정치 제79조(목사의 자격)에서 "신학대학원을 졸업한 자로서 만 2년간 단독교회나 개척교회를 시무한 자로서 응시할 수 있다."로 된 조항을 "개척교회를 설립한 후 2년 기간이 미달하여도 목사고시응시와 장립을 받을 수 있는가"라는 질의는 현행법대로 시행하도록 하였다.[91]

셋째, 교단 총무 최해일 목사가 청원한 본 총회사무실 간사로 신학대학원의 졸업생을 채용할 때 다른 기관과 같이 기관목사로 안수하도록 해달라는 것과[92] 진주노회(노회장 심상래 목사)가 건의한 사회복지시설에서 시무하는 강도사에게도 단독교회 시무와 동등하게 인정해 달라는 것 역시 허락하였다.[93]

넷째, 경북노회(노회장 김선규 목사)가 은퇴목사는 노회 상비부원의 자격이 있는지 없는지 질의한 것은 은퇴목사 역시 노회원으로서 상비부원의 자격이 있다고 결의하였다.[94]

그러나 이는 제34회 총회(1984년 9월)가 교회정치 제12장 제55조의 정신에 따라 할 수 없다고 한 결의와 상반된 것이었다.

6) 장로, 집사, 권사에 관한 결정 확인[95]

첫째, 동부산노회(노회장 안광현 목사)가 질의한 "권사의 정년은퇴연령"

---

91. 제36회 총회회록, 26.
92. 제36회 총회회록, 30.
93. 제36회 총회회록, 31.
94. 제36회 총회회록, 27.
95. 제36회 총회회록, 27.

건은 교회정치 제14장 제72조(임기)에 준하여 만 70세가 되면 시무중지가 되는 것으로 확인하였다.

둘째, 중부산노회(노회장 김기호 목사)가 건의한 "현 헌법에 장립집사 피택 연령이 명시되어 있지 아니하여 혼란이 있으므로 헌법에 그 연령을 명시하자"는 건은 교회정치 제5장 제23조에 준하여 30세 이상 65세 이하임을 확인하였다.

셋째, 전라노회(노회장 조재태 목사)가 제의한 장로고시에 합격한 피택장로의 장로 장립 유효기간은 통례상 고시합격 후 1년인 것을 확인하였다.

7) 당회 조직 시 농어촌 교회의 특수성 배려

교회정치 제10장 제38조(당회조직)에서 당회는 지교회의 목사와 치리장로로 조직하되 세례교인 30명 이상을 요구하는 것으로 되어 있으나 면 소재지를 제외한 모든 농어촌 교회의 특수성을 배려하여 경안노회(노회장 김태빈 목사)의 제안으로 "단 면 소재지를 제외한 모든 농어촌 교회는 세례교인 25인 이상으로 한다."라고 추가 삽입하기로 하고 해당 헌법의 수정을 노회에 수의하기로 하였다.[96]

8) 선거운동금지대책위원회와 선거운동금지[97]

이번 총회는 무엇보다 각 개체교회와 치리회와 산하기관에서 직원이나 임원 선출 시 선거운동을 공공연하게 하는 것에 주시를 하고 선거운동대책위원회를 조직하고(위원장: 이금도; 서기: 강호준; 회계 신종문; 위원: 민영

---

96. 제36회 총회회록, 27.
97. 제36회 총회회록, 29.

완, 오주영, 강성금, 박준우) 비록 현재 헌법적 규칙 제9조(교회의 선거투표)에서 선거운동금지 조항이 있으나 이것으로는 부족하다고 판단하고 다음과 같이 보고하였다:

> 선거운동 금지에 대하여는 헌법적 규칙 제9조(교회의 선거투표) 1항을 적용함이 가한 줄 아오며 동 1항의 금지 내용은 "선거에 대하여 사회와 같이 선거운동을 하여 당선시키고자 하는 특정인의 성명을 기록하여 돌리거나 방문 권유하거나 문서로나 집회를 이용하여 선거운동을 하는 일은 일절 금한다. 오직 성령의 인도를 받는다."로 하였으니 이 법을 엄숙히 실행하는 일인 바 다음의 사항을 첨부하기로 가결하다.
>
> 첫째, 본 규칙을 위반하였을 때에는 선거권과 피선거권을 박탈한다.
> 둘째, 본 규칙은 총회에서 결의 통과일로부터 실시한다.
> 셋째, 본 규칙은 총회 산하 노회와 지교회까지 적용한다.
> 넷째, 현재까지 들려오는 선거운동에 관한 소식들은 불문에 부친다.
> 그리고 공정한 선거를 위하여 선거관리위원회(9인)를 구성하기로 하였다.

9) 우호 관계

섭외위원장 김병원 목사가 청원한 스페인개혁장로교회와 우호 관계 성립 청원은 허락하기로 하였다.[98]

---

98. 제36회 총회회록, 16.

10) 교단 명칭의 확인

경기노회(노회장 김재성 목사)의 제안으로 교단의 명칭을 "대한예수교장로회총회"로 확인하고 영어표기는 "General Assembly of Presbyterian Church in Korea"로 하였다.[99] 그러나 이 결정은 치리회인 '총회'(General Assembly)와 교회들을 가리키는 '교단'을 혼동한 것으로 대단히 아쉬운 일이라 할 수 있다.

11) 상회 부담금 미납 납부 노회 회원권 중지

부산노회(노회장 한병옥 목사)가 제안한 상회 부담금 미납노회는 다음 총회인 제37회 총회 시부터 회원권을 정지하게 하자는 건을 채택하여 실시하기로 결의하였다.[100]

14. 제37회 총회(1987년 9월)

1) 헌법 개정과 노회 수의

첫째, 미조직교회도 장립집사와 권사를 임직할 수 있도록 허락해달라는 청원 건(중부산노회, 노회장 이한석 목사)을 허락하고 해당 헌법을 개정하기로 하였다.[101] 이는 제32회 총회(1982년 9월)가 집사와 권사를 세우는 일이 당회의 직무이기에 할 수 없다고 내린 결정과 상반하는 것이다. 그러나 이번 총회는 원론적인 결정을 내렸을 뿐이어서 수정안을 마련하지 못하였고 따라

---

99. 제36회 총회회록, 23.
100. 제36회 총회회록, 22.
101. 제37회 총회회록, 15, 33.

서 해당 헌법 수정안은 차기 총회에서 결정하였다.

둘째, 신학대학원 졸업자 강도사가 부교역자로 4년간 시무하면 목사고시에 응시할 수 있도록 해달라는 청원 건(대구노회, 서울노회, 중부산노회, 경복노회의 청원)은 3년으로 하기로 가결하고 해당 헌법을 개정하기로 하였다.[102] 그래서 다음과 같은 수정안을 노회에 수의하기로 하였다: "정치 제16장 제79조(목사의 자격) 목사는 신학을 졸업하고 강도사 자격을 취득한 후 농어촌 미자립교회, 개척교회, 단독교회 등에서 만 2년(부교역자나 각 기관 간사는 3년)이 지난 다음 목사고시에 합격한 자로 한다…"

2) 항존직원에 대한 결정

첫째, 먼저 목사에 대한 것으로 위임목사 제도(교회정치 제20장 제1항)를 담임목사 제도로 수정해달라는 경남노회(노회장 김우진 목사)의 청원은 교단발전연구위원회로 일임하여 처리하도록 하고,[103] 시무목사의 안식년 제도 설정 건의 건(서울노회, 노회장 김순주 목사)은 해 교회 형편에 따라 시행하도록 하며,[104]

노회 회기 내에 이동하는 임시목사, 부목사, 전도목사, 기관목사에 대한 이동 절차 간소화에 대한 건의 건은 청원 정신대로 시행할 수 있음을 확인하고,[105] 은퇴목사 자격은 노회에서 은퇴식을 거행한 목사로 규정하였다.[106]

둘째, 장로에 대한 것으로 은퇴장로는 당회에 속하였으므로 노회에서 언

---

102. 제37회 총회회록, 15.
103. 제37회 총회회록, 27.
104. 제37회 총회회록, 26.
105. 제37회 총회회록, 26.
106. 제37회 총회회록, 23.

권이 없음을 확인하였다.[107]

셋째, 권사에 대한 것으로 교회정치 제3장 제15조 제3항 권사의 자격에서 권사의 연령을 만 50에서 만 45세로 낮추어 달라는 청원(중부산노회, 경동노회)은 현행법대로 하기로 가결하였다.[108]

3) 장례식 헌화와 위령제 참여

총회자문위원회(위원장 변수경 목사)가 문의한 장례식 때 헌화하는 것이 가하냐는 헌화는 우상숭배가 아닌고로 무방하며 혹 양심에 거리낀다고 생각하는 자는 참여하지 않아도 무방하다고 확인하였다.[109]

4) 세례교인 비율로 총회 총대 선출로

이는 직전 총회에서 1년간 연구하도록 한 것이었고, 또 서울노회(노회장 김순주 목사)가 이번 총회에 청원한 것으로 현재의 총대 수를 감소하는 방향으로 조정해 달라는 청원 건과 함께 이를 총회운영위원회에 맡겨 1년간 다시 연구하도록 하였다.[110]

5) 고신대학교 교수의 성령론 해명 위원회

고신대학교에서 구약학을 담당하고 있는 안영복 교수의 성령론이 개혁주의 성령론에 부합한지를 조사하고 해명해 달라는 중부산노회(노회장 이한석 목사)의 청원은 위원회를 조직하여 이를 처리하기로 하였다(위원장: 이금조;

---

107. 제37회 총회회록, 28.
108. 제37회 총회회록, 27.
109. 제37회 총회회록, 26.
110. 제37회 총회회록, 16,

서기: 이한석; 위원: 원종록, 박성복).[111]

6) 교회설립 이후 개척교회의 소속

어떤 특정한 지역에 교회를 개척하여 교회를 설립하고 정식 교회로 인준을 받은 이후에는 해 지역노회에 속하는 것을 원칙으로 하기로 가결하였다.[112] 이는 대구노회(노회장 김석근 목사)의 제안에 내린 결정이었다.

15. 제38회 총회(1988년 9월)

1) 수의 결과 부결된 수정안 정치 제16장 제79조(목사의 자격)[113]

직전 총회는 교회정치 제16장 제79조(목사의 자격)을 수정하기로 하고 "목사는 신학을 졸업하고 강도사 자격을 취득한 후 농어촌 미자립교회, 개척교회, 단독교회 등에서 만 2년(부교역자나 각 기관 간사는 3년)이 지난 다음 목사고시에 합격한 자로 한다…" 수정안을 노회에 수의하였으나 투표 결과 20개 노회 중 가 12 부 8, 총투표 수 1067명 중 가 654표, 부 407표, 기권과 무효 6표로 교회정치 제22장 제109조 제1항(모든 노회의 투표 수 3분의 2에 의해 가표를 받은 후에 변경될 수 있다)에 따라 부결하였다.

2) 노회 수의한 개정안

첫째, 지난 총회는 원론적으로 권사의 자격에서 만 50세를 간 45세로 낮

---

111. 제37회 총회회록, 16, 25.
112. 제37회 총회회록, 26.
113. 제38회 총회회록, 17.

추기로 하였는데, 이번에 수정안을 다음과 같이 만들고 이를 수의하기로 하였다: "여 신도 중 만 45세 이상…"(교회정치 제3장 제15조 제3항).

둘째, 교회정치 제25조(원로장로), 제26조(공로장로)를 신설하기로 하였다. 이는 직전 총회에서 조직한 은퇴장로예우문제연구위원회(위원장: 이기진; 서기와 회계: 이지영; 위원: 이금도, 박현진, 김인구, 배환갑, 손창희)가 보고한 대로 "원로장로는 한 교회에서 20년 이상 무흠 근속하고 공동의회를 거치며, 공로장로는 한 교회에서 15년 이상 무흠 근속하고 특수한 공로로 인정된 자로 당회 결의를 거쳐 세우며 당회와 제직회에 언권회원으로 출석할 수 있다."는 건의를 받아들여서 처리하기로 하였다.[114]

셋째, 교회정치 제13장 제63조(총회조직)에서 "총대는 각 노회 지방에 매 4당회에서 목사 1인과 장로 1인씩"에 "세례교인 700명에 목사 1인과 장로 1인씩 파송하되 양자택일하고"을 추가 삽입하는 개정안이다. 이는 총대파송조정위원회(위원장 박두욱 목사)의 보고로 결정된 것이다. 보고에 따르면 세례교인 수가 적은 농촌교회는 당회 수가 많고, 세례교인 수는 많으나 당회 수가 상대적으로 적은 도시교회의 총대 수가 제한되는 권리와 책임의 균형이 맞지 않는 문제와 직면할 때 당회 수와 세례교인 수를 병행하는 것이 이 문제를 해결하는 현실적인 방안이라고 개정에 대한 이유를 설명하였다.[115]

위 세 조항은 노회 수의를 거쳐 다음 총회인 제39회 총회(1989년 9월)에 보고되는데 권사의 연령 자격을 "만 50세 이상"에서 "만 45세 이상"으로 개정하는 교회정치 제3장 15조 3항 외에는 모두 부결이 된다.

---

114. 제38회 총회회록, 17.
115. 제38회 총회회록, 320-1.

3) 목사에 대한 결정

첫째, 타 교단에서 가입한 목사는 정상을 참작하여 정회원권을 주도록 허락해달라는 것과 함께 지역 사정을 감안하여 목사연한을 단축하여 달라는 전라노회(노회장 이기용 목사)의 청원은 모두 현행법대로 하기로 하였다.[116] 전라노회가 위치한 호남 지역에서 고신 출신의 목사와 교회가 타 교단과 비교할 때 상대적으로 적은 현실을 참작해 달라는 요청이었으나 총회는 이를 허락하지 않았다.

둘째, 신학대학원 졸업 후 2년 기간 중에 방위복무가 교역자 시무연한에 해당되는지 남마산노회(노회장 윤진구 목사)가 제기한 질의에 비록 시무연한에 가산할 수 없지만 단 단독교역을 하는 자는 시무연한에 가산될 수 있다고 해석하였다.[117]

셋째, 지체장애인에게 목사 안수를 제한하는 결정을 해제해달라는 청원은 허락하였다.[118] 이로써 지난 제32회 총회(1982년 9월)가 지체장애인이 목사가 될 수 없다고 결정한 것을 수정하여 지체장애인에게도 목사임직의 길을 열었다.

4) 노후 목사 은급제 문제

직전 총회가 은퇴 교역자를 위한 노후연금공제를 1년간 연구하도록 한 것에 농협중앙본부의 직원이 본회에 나와서 설명하는 시간을 가졌다. 총회는 노후 목사 은급제 문제를 제36회 총회(1986년 9월)가 구성한 은급부(위원장: 이삼열, 서기와 회계: 임갑인; 위원: 김석배, 박노정)에 맡기기로 가결하

---

116. 제38회 총회회록, 19.
117. 제38회 총회회록, 24.
118. 제38회 총회회록, 19.

였다.[119] 사실 지금까지 총회는 은퇴목사대책위원회를 구성하여 은퇴목사의 생계와 노후를 돕고 이들을 도왔다. 즉 1년에 한 주일은 은퇴목사를 초청하여 설교하도록 결정하고 은퇴목사 가족의 여행과 접대, 병문안 등 사업을 주관하였다.

5) 교단발전연구위원회의 보고

제37회 총회가 본 교단의 발전과 운영을 위해 구성한 교단발전연구위원회(위원장: 총회장; 서기: 박종수; 회계: 손창희; 위원: 박두욱, 박창환, 이금도, 오병세, 이금조, 조긍천, 조재태, 김정남, 박현진)는 2000년대를 바라보며 교단의 정책수립에 관한 문제들을 연구한 것을 다음과 같이 보고하였다. 그중에 몇 가지 중요한 사항을 정리하면 우선 교리표준의 강화를 위한 훈련을 하기로 하고, 9월 둘째 주일(총노회 조직일, 1952년 9월 11일)을 교단주일로 지키도록 건의하기로 하며, 신사참배가결 50주년을 맞는 1988년 9월 13일(화)에 회개운동을 위한 특별기도회를 가지기로 하며, 위임목사 제도는 현행 그대로 하기로 하고, 총회의 정책 수립을 위한 전담기구를 설치하고 총회운영과 임원선출방식을 개선하기로 하며, 총회회관을 건립하기로 하고, 교인관리(이명과 권징이 없는 현실에서)를 보다 철저하기로 하는 등 계획을 수립하여 관련 총회에 상정할 안건을 검토하기로 하였다.[120]

6) 그 외

장로시무투표는 당회의 결정으로 공동의회에서도 할 수 있다고 하였고

---

119. 제38회 총회회록, 23. 제36회 총회회록, 31.
120. 제38회 총회회록, 322-38.

노회가 총회의 헌법을 거슬러 임의로 총회총대를 선정할 때 3년을 역임한 자에게 1년을 쉬도록 하게 한 규칙을 제정할 수 없다고 결정하였다.[121]

16. 제4차 헌법 개정(1981년) 이후 수정헌법에 대한 평가

제4차 개정헌법 이후 제39회 총회(1989년 9월)에서 제5차 헌법 개정이 결의되기까지 수정한 헌법 조항은 다음과 같다.

	제4차 개정(1978-1980)	제4차 개정 이후(1980~1989)	
교회정치 제20장 9항	군종장교후보생에 합격한 자는 특수훈련을 시켜 연구과 1학년 수료 후 목사로 안수받아 군대에 배속되어 전도하며 성례를 거행하는 자이다…	군종장교후보생에 합격한 자는 특수훈련을 시켜 신학대학원 1학년 재학 중 목사로 안수 받아 군대에 배속되어 전도하며 성례를 거행하는 자이다…(제32회 총회(1982년)	

---

121. 제38회 총회회록, 24.

	제4차 개정(1978-1980)	제4차 개정 이후(1980~1989)	
교회정치 제12장 54조	…만일 시무목사 2인 이상을 두는 경우에는 목사의 수로 장로를 파송하고, 세례교인 200명 이상 된 교회는 장로 총대 2인, 500명 이상 된 교회는 3인, 그 이상은 세례교인 매 500명 단위로 1인씩 파송한다(단 위의 두 조건 중에 하나만 적용한다.	…만일 시무 목사 2인 이상을 두는 경우에는 목사의 수에 의하여 장로를 파송하고 세례교인 200명 이상된 교회에서도 총대장로 1인씩 파송한다(단 위의 두 조건 중에 하나만 적용한다)(제33회 총회, 1983년)	
교회정치 제16장 79조 목사의 자격		목사는 신학을 졸업하고 2년간을 도시에서는 개척교회, 농어촌 교회에서는 미자립교회에서 봉사한 후에 목사고시에 응할 수 있다(제33회 총회, 1983년)	목사는 신학을 졸업하고 2년간을 도시에서는 개척교회 단독교회, 농어촌 교회에서는 미자립교회에서 봉사한 후에 목사고시에 응할 수 있다(제34회 총회, 1984년)
교회정치 제4장 20조 10항, 12장 55조(노회회원자격)		은퇴, 공로, 원로목사는 총회 총대와 모든 공직을 맡을 수 없도록 한다(제33회 총회, 1983년)	
교회정치 제10장 47조 (연합당회)	도시에 당회가 둘 있으면 교회 공동 사업의 편리를 위하여 연합당회를 조직하되…	동일지역에 당회가 둘 있으면 교회 공동 사업의 편리를 위하여 연합당회를 조직하되…(제35회 총회, 1985년)	

	제4차 개정(1978-1980)	제4차 개정 이후(1980~1989)	
교회정치 제16장 91조 (다른 교파 교역자)	단, 본 교단과 같은 목사과정을 거쳐서 목사된 자는 그 노회가 심사한 후에 즉시 가입시킬 수 있다.	노회가 심사 후 준회원으로 받고 본 교단 신학대학원에 1년 이상 이수하게 한 후 정회원으로 받을 수 있다(제35회 총회, 1985년)	
교회정치 제3장 15조 3항(권사 자격)	…여 신도 중 만 50세 이상…	…여 신도 중 만 50세 이상…(제39회 총회, 1989년)	

1) 제30회 총회(1980년 9월)에서 노회 수의를 거쳐 수정된 교회정치 제20조 제9항(종군목사)의 "군종장교후보생에 합격한 자는 특수훈련을 시켜 연구과 1학년 수료 후 목사로 안수받아 군대에 배속되어 전도하며 성례를 거행하는 자이다…"를 "군종장교후보생에 합격한 자는 특수훈련을 시켜 신학대학원 1학년 재학 중 목사로 안수받아 군대에 배속되어 전도하며 성례를 거행하는 자이다…"로 다시 수정하였다. 그런데 이 재수정에 대한 노회 수의가 해당 조항이 수정된 지 불과 일 년이 채 지나지 않은 제31회 총회(1981년 9월)에서 이루어지고 제32회 총회(1982년 9월)에서 개정 공포된 것은 상식적으로 이해할 수 없는 일이다. 더구나 군종장교후보생의 경우 신학대학원 1년 수료 후가 아니라 재학 중에 목사로 임직하는 것이 재수정안의 핵심인 만큼 그럴수록 이 조항을 처음 수정할 때에 신중을 기했어야 했다. 재수정안의 공포가 보고된 제32회 총회(1982년 9월)에 준군목제도의 폐지를 청원하는 안건이 상정된 것과 이후 제35회 총회에서 2개 노회가 군목 조기 안수제 폐지를 청원한 것이 그 반증이라 할 수 있다.

2) 제4차 개정헌법 이후 수정된 헌법 조항 중에 첨예하게 논란이 된 조항

은 교회정치 제12장 제54조(노회조직)였다. 제4차 헌법 개정안이 인쇄되어 나오자마자 제31회 총회(1981년 9월)에서 재수정이 요청되었다. 비록 반려되기는 하였으나 결국 제32회 총회에서 가까스로 노회 수의 결정을 거쳐(가 88 부 63 기권 2) 제33회 총회(1983년 9월)에서 개정 공포되었다(가 475 부 112 기권 5).

3) 교회정치 제16장 제79조(목사의 자격)의 수정 역시 논란이 첨예한 사안이었다. 기존 조항은 "목사는 신학을 졸업하고 만 2년이 지난 다음 목사고시에 합격한 후 조직교회, 미조직교회와 기타 기관의 청원을 받고 안수를 받은 자라야 한다."인데, 제33회 총회(1983년 9월)에서 "목사는 신학을 졸업하고 2년간을 도시에서는 개척교회, 농어촌교회에서는 미자립교회에서 봉사한 후에 목사고시에 응할 수 있다."로 수정되어 공포되었다. 즉 모든 신학대학원 졸업생은 도시에서는 개척교회, 농어촌 교회 미자립교회에서 사역하는 것이 목사고시의 필수적인 자격으로 규정된 것이다. 나아가 제35회 총회(1985년 9월)는 "단독교회"를 추가하여 농어촌 미자립교회나 개척교회뿐 아니라 단독교회에서 교역하는 것도 허용하였다. 그러나 제37회 총회(1987년 9월)에서 "도시교회에서 부교역자나 기관에서 간사로 사역하는 강도사에게는 3년"을 허용하자는 안을 각 노회에 수의하기로 결정하였으나 이는 결국 부결되었다(총 투표수 1067명 중 가 654 부 407 기권과 무효 6). 이렇게 한 조항을 두고 몇 년 사이에 뜨겁게 논란을 벌인 것은 그렇게 흔하지 않다.

4) 교회정치 제4장 제20조 제10항과 제12장 제55조에 나오는 "은퇴, 공로, 원로목사"는 총회 총대와 모든 공직을 맡을 수 없도록 한다는 수정 역시 민감한 사안이었다. 본래 제31회 총회가 "은퇴목사는 지교회 당회장은 할 수 없으나 상회 상비부원과 특별위원은 할 수 있는 것"으로 결의한 것을 제32회 총회(1982년 9월)가 재론 동의를 하여 각 노회에 수의하여 제33회 총회

(1983년 9월)에서 개정 공포한 것이기 때문이다. 이로써 은퇴목사와 원로목사, 공로목사는 노회원이지만 피선거권이 없는 회원이 되었다. 이와 관련해서 제38회 총회(1988년 9월)가 교회정치 제25조(원로장로), 제26조(공로장로)를 신설하기로 하고 원로장로와 공로장로가 당회와 제직회에 언권회원으로 출석할 수 있다는 수정안을 각 노회에 수의하기로 했으나 수의 과정에서 부결된 점에 주목할 필요가 있다.

5) 교회정치 제16장 제91조("본 교단과 같은 목사 과정을 거쳐 목사가 된 자는 노회가 심사 후 정회원으로 받을 수 있다.")를 "노회가 심사 후 준회원으로 받고 본 교단 신학대학원에 1년 이상 이수하게 한 후(30학점 취득) 정회원으로 받기로 수정하여 타 교단의 교역자가 본 교단의 노회에 가입할 시에 조건을 보다 더 엄격하게 하였다.

6) 그 외 교회정치 제10장 제47조(연합당회)와 교회정치 제3장 제15조 제3항(권사)의 수정도 제4차 헌법 개정 이후 이루어진 수정이다. 제10장 제47조(연합당회)는 "도시에 당회가 둘 있으면 교회 공동 사업의 편리를 위하여 연합당회를 조직하되…")에서 "도시"라는 문구를 "동일지역"이라는 문구로 수정하였고, 교회정치 제3장 제15조 제3항(권사)은 권사의 자격 중 연령을 만 50세에서 만 45세로 수정하였다.

제5장

제5차 헌법 개정(1992년): 교리표준, 관리표준

> 제39회 총회(1989년 9월)에서 헌법수정연구위원회 조직
> 제40회 총회(1990년 9월) 헌법개정위원회로 개편, 전편 개정 착수
> 제41회 총회(1991년 9월) 수정안을 각 노회에 수의 결정
> 제42회 총회(1992년)에서 개정안 공포, 1992년 출간
> 개정위원: 오병세(위원장), 조긍천(서기), 지득용(회계), 김성찬 김인규 김장수 김종삼 류윤욱 박창환 백종우 신명구 이금도 김재술 정판술 최해일(위원)

1. 헌법수정연구위원회 구성: 제39회 총회(1989년 9월)

1) 헌법수정연구위원회 구성

제37회 총회(1987년 9월)가 구성한 교단발전연구위원회의 제안으로 총회는 헌법전반에 걸쳐 수정을 연구하는 15인의 헌법수정연구위원회를 만들었다(위원장: 오병세; 서기: 백종우; 회계: 지득용; 위원: 이금도, 정판술, 최해일, 김인규, 이지영, 조긍천, 김종삼, 신명구, 박창환, 류윤욱, 김장수, 이재술).[1]

그리고 이번 총회에서 개정 청원을 요구한 안건 중에서 다음은 헌법수정연구위원회에 연구를 맡겼다:[2]

---

1. 제39회 총회회록, 14, 17-8.
2. 제39회 총회회록, 23-4.

첫째, 교회정치 제4장 제20조 제4항(원로목사)에서 원로목사의 추대를 기존은 공동의회에서 총투표수 3분의 2 결의로 하였으나, 투표 없이 추대하는 것으로 개정하자는 청원이다(남부산노회의 청원): "동일한 지교회에서 만 20년 이상 시무한 목사가 만 70세가 되거나 기타 사정으로 노회에 사면서를 제출하여 사면할 때는 본 교회에서는 그 명예직을 보존하기 위하여 원로목사로 추대하고 그 교회에서 생활비를 작정한 후 노회의 승인을 얻는다. 단 기타 사정으로 원로목사가 될 경우는 만 60세 이상이어야 한다."

둘째, 교회정치 제4장 제20조 제3항(부목사)에서 부목사를 해 교회가 담임목사로 청빙할 수 없도록 개정하자는 청원이다(울산노회의 청원): "부목사는 목사를 도우는 임시목사인데 재임 중에 당회원권이 있고 부목사의 청빙과 사임권은 당회에 있고 부목사로 해 교회에서 원 목사로 청빙할 수 없다."

셋째, 원로목사 공로목사 칭호는 없애고 위임목사 임시목사 칭호를 담임목사로 통일하도록 개정하자는 안이다(중부산노회의 청원).

넷째, 부목사 청빙은 당회에서 결의하고 담임목사가 사면할 때는 부목사는 자동으로 사면하도록 하자는 개정안이다(중부산노회의 청원).

다섯째, 부목사, 임시목사 제도를 합리적으로 개정하자는 제안이다(교단발전연구위원회의 제안).

2) 노회 수의 결과 부결된 조항과 가결 공포된 조항

직전 총회인 제38회 총회가 노회에 수의한 헌법 수정안 결과가 보고되었다.

첫째, 교회정치 제3장 제15조 제3항 권사 자격에 "여 신도 중 만 50세 이상"을 "만 45세 이상"으로 개정하자는 건은 가 799 부 376 무효 4, 가 18개 노회 부 3개 노회로 간신히 가결하였다.

둘째, 교회정치 제13장 제63조(총회조직)에서 "총대는 각 노회 지방에 매 4당회에서 목사 1인과 장로 1인식"에 "세례교인 700명에 목사 1인과 장로 1인식을 파송하되 양자택일하고"를 삽입하여 개정하자는 건은 가 679 부 446, 가 14개 노회 부 9개 노회로 부결하였다.

셋째, 교회정치 제5장 제25조(원로장로), 제26조(공로장로) 신설 건도 가 578 부 574, 가 14개 노회 부 7개 노회로 부결하였다.

3) 노회 수의한 헌법 개정: 교회정치 제16장 79조(목사의 자격) 목사고시 응시 자격에 "부교역자로 3년 시무"를 추가

경남노회(노회장 곽태순 목사), 남부산노회(노회장 신명구 목사), 울산노회(노회장 윤형묵 목사), 중부산노회(노회장 조승희 목사)는 부교역자로 3년 시무한 자도 목사고시에 응시하는 자격을 주기 위해 해당 헌법인 교회정치 제16장 제79조(목사의 자격)을 수정하자고 청원하였다. 총회는 이를 허락하여 노회에 수의하기로 하였다. 그리고 헌법수의 결과가 총회 서기에게 접수되어 가결된 것을 확인할 때 총회장이 가결을 공포하므로 효력이 발생하도록 하였다.[3]

이 개정안은 이미 제37회 총회(1987년 9월)가 이와 동일한 내용으로 각 노회에 수의하였으나 부결된 적이 있는데 2년이 지나 이번 총회가 다시 개정안을 받아들여 노회에 수의하기로 하였다. 이러한 배경에는 상당수 교회가 신학대학원을 졸업한 강도사를 부교역자로 필요로 했기 때문인 것으로 추정할 수 있다.

---

3. 제39회 총회회록, 23, 26.

4) 목사고시 응시자격

첫째, 직장산업선교에 시무한 강도사에게 2년 사역 후에 목사고시를 응시할 수 있도록 대구노회(노회장 백종우 목사)가 청원한 건은 현행 간사 제도(2년)와 같게 적용하는 것을 허락하였다.[4]

둘째, 부산노회(노회장 김성린 목사)가 제안한 해외유학생 조기 안수제도 폐지 건은 토플시험 자격증과 유학하는 학교의 입학허가서, 해 노회의 허락을 조건으로 기존 제도를 수정 보완하도록 하였다.[5]

5) 시무장로의 이명과 지위

시무장로가 같은 지역의 다른 교회로 이명하고 얼마 후 이명 간 교회에서 시무장로로 피택할 수 있는지 서울노회(노회장 정승벽 목사)가 질의한 것에 해당 교회가 정할 일이라고 결정하였다.[6]

6) 총회 임원 개선 방안과 규칙 변경

교단발전연구위원회의 보고로 총회 임원 선출은 총회운영위원회가 공천위원 9인을 선출하여 그 공천위원회에서 5배수 공천하도록 하고 이 공천위원회의 활동은 그 회기에만 한하며 공천위원은 총대 중에서 선출하며 한 노회에서 두 사람 이상 임원이 될 수 없다는 등의 내용을 골자로 총회 임원 개선 방안과 이에 따른 규칙 변경을 허락하였다.[7]

---

4. 제39회 총회회록, 24.
5. 제39회 총회회록, 24.
6. 제39회 총회회록, 21.
7. 제39회 총회회록, 17.

2. 헌법개정위원회로 개편: 제40회 총회(1990년 9월)

제40회 총회는 직전 총회에서 15인으로 구성된 헌법수정연구위원회(위원장 오병세 목사)의 보고를 받아들여 헌법수정연구위원회 대신 헌법개정위원회를 구성하였다.[8]

본래 헌법수정연구위원회는 헌법 전반(신앙고백, 대소요리문답, 교회정치, 권징조례, 예배모범)의 수정을 장기간 연구하는 임무를 맡았지만 동 위원회가 1년 동안 연구하면서 헌법 개정의 필요를 절감하여 헌법개정위원회 구성을 요청하고 총회가 이를 허락하였다.

헌법수정연구위원회는 보고에서 특히 교회정치 부분의 구조를 이원화하는 방안을 검토하도록 요청하였는데 그 이유로 총회가 거의 매년 헌법수정 문제를 취급하고, 또 결정이 되면 각 노회에 수의하는 번거로움을 경험했다는 것을 지적하였다. 위원회는 이런 오류사항을 헌법이 너무 세칙에 치우쳐 발생하는 문제로 판단하였기에, 기본법인 헌법과 시행 세칙인 헌법적 규칙으로 이원화하여 헌법은 반영구적으로 자주 변경하지 말고 세칙만 수정하는 식의 원칙을 총회가 결정해달라고 청원하였다.[9]

1) 헌법개정위원회 조직과 개정 검토를 맡긴 조항

헌법개정위원회의 조직은 다음과 같다.[10] 위원장: 오병세; 서기: 백종우; 회계: 지득용; 위원: 이금도, 정판술, 최해일, 김인규, 김성찬, 조긍천, 김종삼, 신명구, 박창환, 류윤욱, 김장수, 이재술. 이 명단은 헌법수정연구위원회 위원

---
8. 제40회 총회회록, 13.
9. 제40회 총회회록, 120.
10. 제40회 총회회록, 19.

과 거의 동일하다. 단지 이지영 목사 대신 김성찬 목사로 대체된 것은 같은 노회에서 3인을 초과하지 못한다는 교회정치 제22장 제109조 제3항의 규정에 근거한 것이었다.

이번 총회에서 새로이 구성된 헌법개정위원회에 연구와 개정 검토를 맡긴 조항은 다음과 같다.

첫째, 교회정치 제16장 제79조(목사의 자격)에 "목사는 신학을 졸업하고 만 1년 동안 농어촌의 미자립교회 혹은 개척교회에 봉사하고(단 이 경우 안수 후 만 1년 안에는 기성자립 교회의 청빙을 받을 수 없다)"로 헌법을 수정하자는 안건이다(거창노회).[11]

둘째, 교회정치 제16장 제79조(목사의 자격)에서 SFC 간사(지역과 학원)도 지도위원회의 인준 후 만 2년 후에 목사고시에 응시할 수 있도록 하자며 현 헌법을 수정하자는 안건이다(학생신앙운동지도위원회의 청원).[12]

셋째, 군목후보생도 신학대학원 졸업 후 2년 동안 강도사고시를 거친 후에 고시와 임직을 하자며 현 교회정치 제3장 제20조 제9항(종군목사)의 헌법을 수정하자는 안건이다(경기노회의 건의).[13]

넷째, 제38회 총회(1988년 9월)가 헌법 수정을 결의하고 노회에 수의하였으나 부결된 조항인 교회정치 제13장 제63조(총회조직)의 수정을 다시 경기노회(노회장 박현진 목사)가 요청한 조항으로, 총회 총대의 수를 세례교인 비율과 당회 비율 중 양자택일해달라는 해당 헌법을 수정하자는 청원이다.[14]

---

11. 제40회 총회회록, 18.
12. 제40회 총회회록, 21.
13. 제40회 총회회록, 23.
14. 제40회 총회회록, 24.

2) 노회 수의 결과 개정 공포된 헌법조항(교회정치 제16장 제79조)과 해당 적용의 시점

직전 총회가 각 노회에 수의한 교회정치 제16장 제79조(목사의 자격)에서 "부교역자로 3년 시무" 내용을 추가하는 수정안은 가결하여 공포하였다. 이 조항은 제33회 총회(1983년 9월)에서 처음 개정한 후 거의 매년 마다 재수정이 요청된 것으로 이번에 약 7년 만에 다시 수정하였다.

다만 경남노회(노회장 장성철 목사)가 질의한 개정헌법 조항의 적용 시점은 제39회 총회의 수정 공포 이후부터 적용하며 이를 소급 적용할 수는 없다고 해석하였다.[15]

3) 제40회 총회(1990년 9월)의 기타 주요 결정

첫째, 각 개체교회 예배당 간의 거리를 현실을 참작하여 300미터로 정하였다.[16]

둘째, 선교사의 노회원권은 선교사는 사역하는 선교지역의 총노회에 이명하여 해당 노회의 정회원이 되므로 국내 노회에서는 정회원권이 비록 없다 할지라도 언권회원으로 우대하는 것으로 하였다.[17]

셋째, 장로회친목회를 장로회연합회로 개정하고 총회가 지도하자는 총회교단발전연구위원회의 보고는 보류하였다.[18]

넷째, 타 교단 목사를 강사로 초빙하는 건은 총회결의를 재확인하고(강단교류 허용된 합동 측) 기타 교단 강사는 노회 허락으로 결정한다고 하였다.[19]

---

15. 제40회 총회회록, 25.
16. 제40회 총회회록, 17.
17 제40회 총회회록, 18.
18. 제40회 총회회록, 14.
19 제40회 총회회록, 19.

다섯째, 본 고신교회가 회원으로 소속한 국제개혁교회협의회(International Conference of Reformed Churches, ICRC)가 총회에 사도신경 한국 번역에 "예수께서 음부에 내려 가사"가 빠진 것에 해명을 요청한 것은 신학부의 보고를 받아 1년간 연구하도록 하였다.[20] 본래 이 질의는 제39회 총회(1989년 9월)에서 섭외위원회가 보고하여 요청한 것이었다.

3. 제5차 개정헌법 노회 수의 결정: 제41회 총회(1991년 9월)

제39회 총회(1989년 9월)에서 헌법수정연구위원회로 시작하여 1년간 헌법수정을 연구하고 헌법 개정의 필요성에서 직전 총회인 제40회 총회에서 헌법개정위원회(위원장 오병세 목사)로 변경된 동 위원회는 지난 1년 동안 많은 준비를 하였다. 총회는 헌법개정위원회가 제출한 개정안을 심의하고 원안대로 받아서 노회에 수의하기로 가결하였다. 노회 수의는 1992년 4월 정기 노회에서 하기로 하고 수의 방법은 해 노회 재량에 맡기고, 헌법적 규칙은 차기 총회에서 심의하기로 하였다.[21] 그리고 위원회 서기를 백종우 목사 대신 조긍천 목사로 대체하였다.[22]

1) 노회에 수의한 헌법 개정안

노회에 수의한 헌법 개정안은 헌법 전반을 망라한 것이었다. 관리표준은 구조와 명칭의 변경은 물론 새롭게 신설되는 장과 조문도 많았고 변경 및 보

---

20. 제40회 총회회록, 24, 208.
21. 제41회 총회회록, 13.
22. 제41회 총회회록, 18-9.

완되는 조항과 삭제된 조항도 적지 않았다.

제1부 교리표준 신앙고백은 제6장, 제11장, 제14장, 제17장, 18장, 제19장, 제21장, 제22장, 제23장에서, 그리고 대교리문답과 소교리문답 역시 전반적으로 새롭게 다시 번역을 하였다. 제2부 관리표준 교회정치에서 우선 신설하는 장과 조문은 다음과 같다: 제2장 교회, 제13조~제18조, 제3장 교인, 제4장 제42조, 제6장 장로, 제50조, 제51조, 제52조 (1) (2), 제54조, 제7장 집사, 제59조~제62조, 제9장 임시직원, 제70조, 제71조, 제12장 제97조, 제15장, 제16장, 제17장 제22조이다. 그리고 교회정치에서 변경 및 보완된 조항은 제5장 목사, 제32조, 제34조, 제36조, 제6장 제46조, 제7장 제55조, 제8장 제64조, 제9장 임시직원, 제66조, 제68조 제72조, 제12장 제96조, 제14장, 제105조, 제106조이다. 마지막으로 교회정치에서 삭제된 조항은 제4장 제20조 제9항 2), 제8장 제33조, 제14장 제71조, 제72조, 제16장 제85조, 제88조, 제89조, 제23장 부록이다.

권징조례는 헌법적 규칙 앞에 자리를 잡는 구조변경과 함께 조항의 제목, 명칭의 변경이 있었다. 예배모범도 우선 예배모범을 예배지침으로 명칭이 변경되었고, 헌법적 규칙 앞에 예배지침이 자리를 잡는 구조변경이 있었으며, 거의 모든 장에서 장과 조항의 제목이 신설 및 보완되었다.

2) 전권위원회 구성과 성명서 발표

제41회 총회는 근간에 발생한 학교법인 산하기관 소요로 교단의 명예가 실추되고 있는 것에 주목하고 의학존폐문제와 의료원 소요문제와 이사회의 내분으로 드러난 추태를 조사 처리하고 재단을 안정시키기 위하여 다음과 같은 조치를 취했다. 총회는 전권위원회를 구성하고(박현진, 신명구, 박두욱, 박창환, 전은상 목사; 지득용, 김경래, 박윤섭, 손창희 장로), 사회와 교계에 교단 차원의 사과와 우리의 결의라는 성명서를 발표하기로 결정하고 문안작성위원을 구성하였다(김경래, 심군식, 조재태, 이용호, 최해일).[23] 그리고 고신대학 의학부 입학 문제로 제소된 재판정에 진정서를 제출하기 위해서 총회총대들이 여기에 서명하는 것을 허락하였다.[24]

3) 교회 안에서 발생하고 있는 여러 사안과 바른 자세 연구[25]

총회는 다음 세 안건에 위원을 선정하고 1년을 연구하여 차기 총회에 보고하게 하였다. 성령론과 전통문화의 수용, 이혼과 재혼은 이미 교회 안에서 상당히 혼란을 겪고 있는 것으로 바른 원리와 주장이 절실히 요청되었다:

첫째, 성령론에 대한 본 교단의 주장을 연구 정리해서 차기 총회에 보고하도록 하였다(위원: 이근삼, 오병세, 이한석, 박종식).

둘째, 기독교인의 전통문화 수용범위에 대한 안건이다(위원: 오병세, 강신복, 오윤표, 황규애, 김용구).

셋째, 개혁주의 신학원리에서 본 이혼과 재혼 문제에 대한 안건이다(위원: 오병세, 이보민, 김용구).

4) 세상법정 송사 이전에 먼저 교회법정에서

신자가 교회법의 절차를 따라 송사하지 않고 일반법정으로 송사를 우선하는 것은 고린도전서 6장 1절-11절에 근거해서 잘못된 것으로 확인하였다.[26]

---

23. 제41회 총회회록, 11.
24. 제41회 총회회록, 13.
25. 제41회 총회회록, 18.
26. 제41회 총회회록, 16.

5) 목사에 대한 결정

목사고시 응시자격에 대한 질의가 이번 총회에도 상정되었고 총회는 유권해석을 내렸다. 즉 본 교단 강도사로 인허된 선교사 후보생이 OMF(Overseas Missionary Fellowship) 해외선교단체 등에서 2년간 선교활동과 경험을 했을 때는 목사고시에 응시할 자격을 주기로 하였다.[27] 한편 타 교단 목사가 본 교단에 가입할 때 각 노회는 학력과 신학졸업과정과 목사장립확인 등을 엄격하게 지도하도록 각 노회에 지시하였다.[28] 그리고 목사 장립과 위임순서를 맡을 자는 노회가 선정한 위임국에서 주관하도록 하였다.[29]

6) 총회 임원 선출 방법의 개선

총회 임원 후보를 5배수 공천하는 것을 3배수로 공천하도록 변경하였다.[30]

4. 제5차 개정헌법 공포: 제42회 총회(1992년 9월)

1) 노회 수의 결과 보고와 개정헌법 공포, 헌법적 규칙 가결

제42회 총회에서는 직전 총회인 제41회 총회(1991년 9월)가 결의하여 지난 4월 노회에서 수의한 헌법 개정안 수의 결과를 총회 서기가 노회별 항목

---

27. 제41회 총회회록, 16.
28. 제41회 총회회록, 17.
29. 제41회 총회회록, 17.
30. 제41회 총회회록, 17.

별 집계를 발표하고 총회장이 공포하였다.[31] 헌법 전반에 걸친 개정이었으나 어느 항목도 부결된 개정 조항은 없었다. 그리고 총회는 헌법개정위원회가 보고한 헌법적 규칙을 받기로 가결하였다.[32] 이번 개정안의 특성 중 하나는 시행 세칙에 해당하는 헌법적 규칙을 대폭 확장한 것이었다. 이전 헌법에는 교회정치 분야에서만 헌법적 규칙이 9개 조항이 있었으나 이번에는 권징조례와 예배지침을 포함하여 총 10개장 116개 조항(교회정치는 108개 조항)으로 대폭 늘어났다. 이는 제40회 총회(1990년 9월)에서 헌법수정연구위원회가 보고한 대로 헌법과 시행 세칙격인 헌법적 규칙으로 이원화하여 헌법은 반영구적으로 자주 변경하지 말고 세칙만 수정하자는 취지에서 그렇게 된 것이었다.

한편 총회는 헌법개정위원회의 요청으로 헌법출판감수위원을 선정하여 출판과정에서도 오류가 없도록 하였다.[33]

	제4차 개정(1978-1980)	제5차 개정(1992년)
교리표준 재번역		신앙고백서(제6장, 제11장, 제14장, 제17장, 제18장. 제19장, 제21장, 제22장, 제23장), 대교리문답, 소교리답 전반에 걸쳐서 재번역
교회정치 조항 수	총23장 113조	총17장 122조
헌법적 규칙	제9조	총8장 108조

---

31. 제42회 총회회록, 15, 44-9.
32. 제42회 총회회록, 25. 헌법적 규칙의 초안은 제42회 총회회록, 438-65를 보라.
33. 제42회 총회회록, 21.

	제4차 개정(1978-1980)	제5차 개정(1992년)
교회정치 신설 조항		제2장(교회) 13조(개체교회의 분류), 14조(개체교회의 설립), 15조(개체교회의 분립과 합병), 16조(개체교회의 폐쇄), 17조(소속노회의 변경), 18조(다른 교단교회의 가입)
		제3장(교인) 19조(교인의 의의), 20조(교인의 구분), 21조(교인의 권리), 22조(교인의 의무), 23조(교인의 이명), 24조(교인의 신고), 25조(교인의 자격정지), 26조(교인의 복권)
		제4장(목사) 42조(목사의 복직)
		제6장(장로) 54조(장로의 복직)
		제7장(집사) 63조(집사의 복직)
		제8장(준직원) 64조(준직원의 자격) 1. 강도사
		제8장(준직원) 64조(준직원의 자격) 2. 목사후보생 "…무흠히 3년을 경과하고…"
		제9장(임시직원) 66조(전도사의 자격) "25세이상 65세 이하의 무흠 입교인으로 5년을 경과하고…"
		제9장(임시직원) 71조(권사의 임직, 휴무, 사직 및 복직)
		72조(서리집사의 선택) "…임기는 1년이다"
		제12장(노회) 97조(노회의 분립, 합병 및 폐지)
		제15장(선교 및 다른 교단과의 협력관계)
		제16장(재산)
		제17장(헌법 개정과 헌법적 규칙) 122조(헌법적 규칙)
교회정치 수정 조항	제2장(교회) 12조(각 지교회)	제2장(교회) 12조(각 개체교회)
	제3장 15조(임시직원) 1항(전도사), 2항(전도인), 3항(권사), 4항(남녀 서리집사)	제9장(임시직원) 66조(전도사의 자격), 67조(전도사의 직무), 68조(권사의 자격), 69조(권사의 직무), 70조(권사의 선택), 71조(권사의 임직, 휴무, 사직 및 복직), 72조(서리집사의 선택)
	제3장(임시직원) 15조(임시직원) 3항(권사) "1. 자격: 여신도 중 만50세된 입교인으로 무흠히 3년간…"	68조(권사의 자격) "…45세 이상 65세 이하의 여자 입교인으로 무흠히 5년을 경과한 자"

	제4차 개정(1978-1980)	제5차 개정(1992년)
교회정치 수정 조항	제3장 16조(준직원)	제8장(준직원)
	제4장(목사) 18조(목사의 자격)	제5장(목사) 32조(목사의 자격) ①-⑨
	제5장(장로) 23조(장로의 자격) "···무흠 5년···"	제6장(장로) 46조(장로의 자격) "···무흠 7년···"
	제6장 집사(25조(집사의 직분), 26조(집사의 자격) "···3년 이상 무흠한 남자 입교인···"	제7장(집사) 55조(집사의 자격) "30세 이상 65세 이하의 남자 입교인으로 무흠히 5년을 경과한 자"
	제7장(제직회)	제14장(교회회의 및 소속기관) 106조(제직회)
	제11장(공동의회)	제14장(교회회의 및 소속기관) 105조(공동의회)
	제14장(장로 집사의 선거와 임직) 73조(자유 휴직과 사직), 74조(권고 휴직과 사직)	제6장(장로) 50조(휴무장로), 52조(은퇴장로와 원로장로) 1. 은퇴장로 2. 원로장로, 53조(장로이 사직)
	제14장(장로 집사의 선거와 임직) 73조(자유 휴직과 사직), 74조(권고 휴직과 사직)	제7장(집사) 59조(휴무집사), 60조(무임집사), 61조(은퇴집사), 62조(집사의 사직)
	제15장(목사후보생과 강도사)	제8장(준직원)
	제16장(목사 선교사의 선거와 임직) 80조(목사 선거), 81조(청빙 준비)	제4장(목사) 36조(목사의 청빙)
교회정치 삭제 조항	제4장(목사) 20조(목사의 칭호) 8항(지방 목사)	
	제4장 20조 9항(종군목사) ②	
	제8장(교회예배의식) 33조(예배의식)	예배지침 제3장(주일예배) 8조(주일예배의 순서)로 이동
	제14장(장로 집사의 선거와 임직) 71조(임직 순서), 72조(임기)	
	제16장(목사 선교사 선거와 임직) 85조(서약 변경), 89조(위임예식)	
	제23장 부록(시찰위원특별심방문답조례)	
	제3장 15조(임시직원) 2항(전도인)	
권징조례 조항 수	총136조	57조 헌법적 규칙 10조
권징조례 삭제 조항	제5장(당회재판에 관한 특별규례)	
	제11장(이명자 관할 규례)	
	제12장(이주기간에 대한 규례)	

	제4차 개정(1978-1980)	제5차 개정(1992년)
권징조례 수정 조항	제2장(원고와 피고)	제2장(소송에 관한 규례)으로 이동
	제3장(고솟장과 죄증설명서)	제2장(소송에 관한 규례)으로 이동
	제4장(각항 재판에 관한 보통 규례)	제3장(재판에 관한 일반규례)로 이동
	제6장(직원에 관한 재판규례)	제4장(직원에 관한 재판규례)로 이동
	제7장(즉결처단의 규례)	제5장(즉결처리의 규례)
	제8장(증거조사 규례)	제6장(증거조사 규례)
	제9장(상소하는 규례)	제7장(하회가 처리한 사건을 상회가 취급하는 규례)로 이동
	제10장(이의와 항의서)	제8장(이의와 항의)로 이동
	제13장(재판국에 관한 규례)	제9장(재판부에 관한 규례)
	제14장(치리회 간의 재판규례)	제10장(치리회간의 소원 또는 소송하는 규례)
권징조례 신설 조항		제11장(시벌)
		제12장(해벌)
예배지침 조항 수	총18장(조 구분이 없음)	제10장 40조, 헌법적 규칙 6조
예배지침 수정 조항	제3장(성경봉독)	제4장(말씀의 선포) 18조(성경봉독)으로 이동
	제4장(시와 찬송), 제5장(공식기도),	제3장(주일예배) 9조(공동의 찬송), 11조로 수정
	제6장(설교)	제4장(말씀의 선포)
	제18장(헌금)	제3장 15조(예배와 헌금)로 이동하여 1항(헌금의 의무), 2항(헌금의 의의와 종류), 3항(십일조의 의무) 신설
	제15장(은밀기도와 가정예배)	가정예배는 제8장(기도회)로 이동, 은밀기도 조항은 삭제
	제12장(혼례식)	헌법적 규칙 5조로 이동
	제13장(장례식)	헌법적 규칙 6조로 이동
	제7장(주일학교)	제9장(주일학교)로 이동
	제9장(유아세례)	제5장(성례) 22조(유아세례)로 이동
	제10장(입교예식)	제6장(신앙고백) 26조(입교)로 이동
		제6장(신앙고백) 25조(학습) 신설
	제11장(성찬예식)	제5장(성례) 23조(성찬예식)으로 이동

2) 교회 내에서 발생한 문제에 대한 연구 보고

직전 총회가 1년간 연구를 거쳐 차기 총회에서 보고하도록 한 사안(교회 내에서 발생하는 문제 중 세 가지, 즉 성령론, 전통문화의 수용범위, 이혼과 재혼)에 대해 신학부가 연구 결과를 보고하였다.[34]

첫째, 신학대학원의 교수 4인(이근삼, 이승미, 고재수, 박도호)이 연구한 성령론 연구 결과 보고를 받고, 성령론으로 물의를 일으킨 안영복 교수의 인사 처리문제는 이사회에 맡겨 처리하도록 하였다. 개혁주의 성령론 정립에 관한 문제는 교수회에 다시 맡겨 1년간 연구하여 본 교단의 주장을 정립할 것을 가결하였다.

둘째, 개혁주의 신학원리에서 본 기독교인의 이혼과 재혼 건은 다음과 같은 보고를 받았다:

(1) 음행한 연고 없이 이혼할 수 없다(마 19:3-9).

(2) 불신자인 배우자가 신앙유지를 불가능하게 하면서 이혼을 강요할 경우(하나님과 불신 배우자 중 택일하지 않으면 안 될 경우) 이혼할 수 있다(고전 7장).

(3) 배우자가 이단 사상에 빠져 가족의 바른 신앙유지에 지장을 주면서 이혼을 요구할 때 이혼할 수 있다. 이단은 사도신경 고백 거부와 삼위일체 하나님을 부인하며 교단 총회에서 이단으로 규정지은 집단에 한한다.

(4) 배우자의 결혼 전의 부정(不貞)을 이유로 하여 이혼할 수 없다.

(5) 불법으로 이혼한 사람 중 교회의 직분을 받아 봉사하는 자가 있다면 반드시 시벌하여야 하며 해벌 후에도 영구히 교회직원으로 임경할 수 없다.[35]

---

34. 제42회 총회회록, 19. 290-322.
35. 원래 보고서에는 불법으로 이혼한 사람이 해벌을 한 후에는 신앙생활에 본이 될 때에 다시 직분을 명하는 것이 가한 줄 아오며 라고 보고하였으나, 신학부의 추가보고로 "불법이혼한 자는

셋째, 기독교인이 전통문화를 어느 정도까지 수용할 수 있는지 연구보고도 있었다. 즉 기독교인은 모든 전통문화를 다 수용할 수 없으며 이를 분류하며 선별하는 작업을 거쳐야 한다. 미신이나 기독교에 반한 것으로 판명된 것은 거부해야 하며, 기독교의 요소가 있다고 할지라도 재해석의 과정을 거쳐야 한다. 예를 들어 부모 공경은 전통문화이기 때문이 아니라 성경의 가르침에 합당하기 때문에 따라야 한다.[36] 그리고 기독교인이 장례식에서 분향하는 행위나 추도식에서 구체적으로 어떤 지침을 따라야 하는지에 대해 결정할 필요가 있었다.[37] 그래서 총회는 추도식에 관한 것은 1년 동안 신학부에 맡겨서 차기 총회에서 보고하도록 하였다.[38]

3) 목사와 강단

목사와 강단은 밀접한 관계에 있다. 목사는 설교자로서 강단에서 은혜의 방편인 하나님의 말씀을 전하는 자이기 때문이다. 그래서 "목사의 자격", "강단 교류" 같은 주제에 총회는 항상 민감하였다. 이번 총회도 이와 관련한 질의에 다음과 같이 결정을 내렸다:

첫째, 본 교단의 신학교가 아닌 타 신학교에서 졸업한 사람의 목사 안수에 대한 문제는 본 교단 헌법적 규칙에 따라 본 교단의 직영 신학대학원에서 30학점을 이수한 후에 강도사 사정에 응할 수 있도록 하였다(중부산노회의 질의).[39]

다시 직분을 받을 수 없음을 재확인하다."로 가결하였다(제42회 총회회록, 20).
36. 제42회 총회회록, 312.
37. 제42회 총회회록, 322.
38. 제42회 총회회록, 20.
39. 제42회 총회회록, 386.

둘째, 우리 교단과 강단 교류를 하는 교단에서 제명된 목사를 강단에 세울 수 있는가라는 질의에 세울 수 없다고 판단하였다(경북노회의 질의).[40]

셋째, 강단 교류의 범위는 개체교회의 해 당회에 맡기기로 다시 재확인하였다.[41] 지난 제36회 총회에서 이미 이와 같은 결정을 내린 바가 있었다.[42]

4) 그 외 중요한 결정

첫째, 총회는 법규부의 건의를 받아서 총회 임원선출방식에서 피선 자격은 종전대로 하고 공천제도는 일절 폐지하며 총회장 투표는 찬반투표를 하되 과반수 득표로, 부총회장은 3분의 2 득표를 얻도록 하였고 기타 임원은 1차 투표로 하되 다점은 원으로 차점은 부 하기로 가결하였다.[43]

둘째, 각종 투표 시 동점에 대한 처리는 장립순서와 연령 순서를 병행 적용하도록 하였다.[44]

셋째, 노회로 제출하는 서류는 반드시 시찰회를 경유하도록 하였으며(특히 목사의 사면이나, 목사의 이명 문제), 단 시찰회 이후나 긴급한 서류의 처리는 시찰회가 시찰회장이나 서기에게 위임한 조건으로 시찰회장과 서기에 접수시킬 수 있도록 하였다.[45]

넷째, 은퇴목사가 공직에 재직할 수 있는가에 대한 질의는 현 개정헌법 헌법적 규칙 제13조에 따라 개체교회의 치리권은 없고 노회원권은 있으나 피

---

40. 제42회 총회회록, 690.
41. 제42회 총회회록, 25.
42. 제36회 총회회록, 18.
43. 제42회 총회회록, 24.
44. 제42회 총회회록, 429.
45. 제42회 총회회록, 429.

선거권은 없다고 답변하였다.[46]

다섯째, 은퇴장로도 당회에 참석하여 언권회원으로 또 공중기도도 할 수 있게 해 달라는 청원(손창희 장로 외 75명의 서명 청원)은 경로사상을 가지고 예우하는 것이 좋겠다는 결정을 내렸다.[47]

여섯, 총회자문위원에 은퇴장로를 추가하여 은퇴목사 20명에 은퇴장로 10명을 허락하고 총회규칙 제2장 제6조 제7항을 변경하였다.[48] 기존에는 정년은퇴를 한 은퇴목사와 고신대학교 정교수만 총회의 자문위원이었다.[49] 그러나 총회규칙을 변경하여 은퇴목사와 은퇴장로(각 노회나 각 교회에서 은퇴식을 한) 중에서 은퇴목사는 20명, 은퇴장로는 10명(은퇴목사회와 은퇴장로회에서 파송한)을, 고신대학교와 고려신학대학원의 정교수를 총회자문위원으로 정하였다.

5. 제5차 개정헌법의 의의와 평가

먼저 교회정치를 살펴보자.

첫째, 본문이 총 23장에서 총 17장으로 줄어진 반면 대신 헌법적 규칙은 총 8장 108조항으로 대폭 늘어났다.

둘째, 이전 판에서 제3장 교회직원에서 일반적으로 함께 다룬 임시직원과

---

46. 제42회 총회회록, 429.
47. 제42회 총회회록, 692.
48. 제42회 총회회록, 692.
49. 제31회 총회가 고신대학교의 정교수를 총회자문위원으로 추대하였다가, 제32회 총회는 정년으로 은퇴를 하고 은퇴식을 한 은퇴목사들이 총회자문위원으로 하였다.

준직원이 개정안에서는 각각 한 장씩 할애되었다.

셋째, 이전 판은 목사후보생을 별도로 취급하였으나 개정안은 8장 준직원에서 강도사와 함께 다루고 있다.

넷째, 이전 판은 선거임직(제14장)과 목사선교사 선거와 임직(제16장)을 각각 별도로 취급했으나 개정안은 각 해당 직분에서 다루었다. 즉 목사의 선거와 임직은 제5장 목사에서, 장로의 선거와 임직은 제6장 장로에서, 집사의 선거와 임직은 제7장 집사에서 다루었다. 또 이전 판에서는 별도로 다루었던 목사의 전임(제17장), 목사의 사면과 사직(제18장) 역시 제5장(목사) 안에 포함하였다.

다섯째, 이전 판까지 다룬 제23장 부록("시찰위원특별심방문답조례")이 개정안에는 삭제되었다. 이는 노회의 주요 기능인 시찰을 약화하고 시찰회의 성립 이유를 간과하는 소지를 준다.

여섯째, 이전 판에서 제7장(제직회), 제11장(공동의회)이 개정안에서는 제14장(교회회의 및 소속기관)에 속하여 다루어졌다.

일곱째, 개정안에서 신설된 것도 있다. 즉 제15장(선교 및 다른 교단과의 협력관계)과 제16장 (재산)이 신설되었다.

여덟째, 이전 판은 "교인의 권리"를 헌법적 규칙 제3조에서 명확하게 "진정, 청원, 소원, 상소할 권리"라고 적시하였으나 개정안은 "교인"에 한 장을 할애하였음에도 이를 삭제하였다. 물론 교회정치 제20조 제21조가 입교인에게 성찬참여권과 공동의회 회원권, 청구권과 영적 보호받을 권리가 있다는 것을 말하고, 또 해당 헌법적 규칙은 교인이 노회에 서류를 제출할 수 있는 권리를 말하며, 교회정치 제10장 제76조가 각 치리회가 순차대로 상회에 상소할 수 있음을 규정하고 있다. 그러나 이전 판처럼 정확하게 개인과 치리회의 상소권을 언급하지 않은 것은 교회의 (헌)"법"이 본래 교인의 "권리"를 위한 것임을 생각할 때 적어도 이와 관련하여 개정판이 이전 판에서 비해서 조금 약화되었다고 평가할 수 있다.

아홉째, 이전 판에서 제20장(회장과 서기)이 개정안에서는 제10장(교회치리회) 안에 포함되었다.

개정된 권징조례의 경우는 다음과 같다. 우선 개정된 권징조례는 이전 판과 비교할 때 큰 차이를 보였다. 규모에서 136조에서 헌법적 규칙 10조까지 포함하여 67조로 축소하였다. 좀 더 자세히 살펴보면 다음과 같다:

첫째, "당회재판 규례"가 삭제되었다. 물론 교회정치 제10장 제77조에서 각 치리회의 권한을 대략 서술하고 있기는 하지만 이것으로는 상설법정으로서 당회 기능이 적어도 권징조례 상으로는 약화되었다는 것을 말한다(교회정치 제10장 제77조. 1. 각 치리회는 헌법의 규정에 따라서 자체의 규칙을 제정하되 양심을 속박하는 규칙은 제정할 수 없다. 2. 각 치리회는 헌법과 교회규례에 따라 행정과 권징을 관장한다).

둘째, 이전 판에 있던 "이명자 관할규례"(제11장)와 "이주기간에 관한 규례"(제12장) 역시 삭제되었다. 물론 교회정치 제3장 제23조 이하에서 약간 다루고 있기는 하지만 이것으로는 부족하다. 이는 자칫 고신교회가 지향하는 개혁주의 생활원리 세 가지(하나님중심, 교회중심, 성경중심) 중 하나인 "교회중심" 원리를 약화시키는 여지를 줄 수 있다. 이명증은 초대교회부터 있던 것으로 종교개혁 당시에도 있었고 이후 개혁주의 진영에서 항상 고수되었다.

셋째, 개정안 권징조례 제1장 제3조에서 권징의 대상을 직원과 치리회뿐 아니라 세례교인이라고 적시하고 있으나 헌법적 규칙 제9장 제1조에서는 권징의 성격을 학습 이상의 교인과 직원의 범죄와 치리회가 재판하여 유죄할 때에 시벌하는 행위라고 명시하므로, 이 두 조항은 권징의 대상을 둘러싸고 상충하고 있다. 권징의 대상을 앞에서는 세례교인이라고 하고 뒤에서는 학습 이상이라고 말하기 때문이다.

넷째, 개정안 권징조례에 이와 관련한 서식(예를 들면 고소장, 소원장 등)이 포함되지 않은 것은 큰 유감이다.

개정된 예배지침의 특징을 보면 다음과 같다:

첫째, 제3장(주일예배) 안에 이전에는 각각 별도로 취급된 "찬송"과 "기도" "헌금" 항목이 포함된 점이다. 무엇보다 "헌금" 부분이 대폭 개정되는데 헌금의 종류를 열거하고 십일조를 교인의 의무로 제시하였다. 즉, 제15조 예배와 헌금에서 제1항은 헌금의 의무를, 제2항은 헌금의 의의와 종류를, 제3항은 십일조의 의무를 서술하였다. 이 점은 예배지침의 역사나 현 개혁주의 장로교회뿐 아니라 한국 장로교회 중 기장, 합동, 통합 측 교회의 예배지침에도 없는 조항이다. 예배에서 헌금의 의의와 정신은 강조하여 기술하지 않으면서 즉 헌금이 가지고 있는 감사의 측면보다 헌금의 종류와 십일조의 의무를 더 강조한 것은 자칫 율법주의로 오해할 여지를 줄 수 있다.

둘째, 이전 판까지는 교회정치에서 다룬 "교회예배의식"(제8장)이 이번 개정안에는 예배지침에서 제3장(주일예배) 제8조(주일예배의 순서)로 옮겨서 설명하였다. 이는 재고해야 할 문제이다. 그 이유는 교회의 질서는 무엇보다 가장 먼저 교회의 공예배와 관련이 있기 때문이다. 이는 고린도전서 14장에서 볼 때 명확하며, 16세기 종교개혁의 역사를 통해서도 확인할 수 있다. 예장합동 측의 헌법에서는 교회예배의식 조항을 교회정치에서 다루고 있다.

셋째, 개정안에서 "성경봉독"은 제4장(말씀의 선포) 안에 포함하였으며, 세례와 성찬은 제5장 (성례)에 포함하고, 제6장(신앙고백)의 항목에 학습과 입교를 서술하였으며, 기존 예배지침에 있던 가정예배는 제8장 기도회에서 볼 수 있고 아울러 "은밀기도"는 사라졌다. 또 "설교" 바로 다음 장에 위치하였던 주일학교 항목은 기존의 자리에서 옮겨져 시벌과 해벌을 다루는 제10장 바로 앞 제9장에서 기술하였고 내용도 아주 간결하다.

6. 제5차 헌법 개정 이후: 제43회 총회(1993년 9월)

1) 개정헌법의 출판감수와 불법문서조사

지난 총회는 개정헌법의 출판감수를 위해 총회헌법출판감수위원회(위원장 오병세 목사)를 구성하였다. 위원회의 보고 내용은 다음과 같다: 출판 발행일인 1992년 11월 28일까지 6차례의 교정을 거쳐서 11월 15일 이내에 완료한 것, 머리말과 헌법연혁을 책 서두에 삽입하여 규범 외적 사안에 도움이 되게 한 일, 책 말미에 찾아보기(색인)를 첨가하여 편의를 제공한 일, 매 면마다 상단에는 장명을 옆면에는 법규명을 첨부하여 책 활용을 용이하게 한 일, 헌법적 규칙은 부록1로 12신조는 부록2로 포괄 정리한 것이다.[50]

그런데 개정헌법 중에서 신설된 교회정치 제6장 제52조 제2항(원로장로)에 대해 불만을 품은 분들이 지난 제42회(1992년 9월) 총회에서 예정된 개정헌법의 공포를 앞두고 불온문서를 배포하는 일이 발생하였다. 이에 제42회 총회는 불온문서 전권위원회(위원장 김인규 목사)를 구성하였다.[51] 원로장로 조항의 개정안은 본래 제38회 총회(1988년 9월)가 노회에 수의하였으나 수

---

50. 제43회 총회회록, 195.
51 제43회 총회촬요, 10.

의 결과 부결된 것이고 이번 1992년 4월에 열린 각 노회에서 가결되었으나 수의 과정에서 부표가 가장 많이 나온 조항으로 23개 노회 중 5개 노회가 부표를 던졌고 투표수로 보면 총 투표수 1436표 중 285표가 부표였다.[52] 따라서 개정헌법의 공포를 앞두고 일각에서 불만이 터져 나왔다. 해당 불온문서는 "헌법 개정에 대한 건의서"라는 제목의 유인물인데 이 안에는 "원로장로를 두는 것은 교회에 재앙이 됩니다."라는 문구가 특별히 문제가 되었다. 더구나 이러한 내용을 바탕으로 교단지인 기독교보에 1992년 7월 11일자로 헌법 개정을 재고하도록 윤지환 목사가 광고를 실으면서 더욱 갈등이 고조되었다. 불법문서조사전권위원회는 이러한 일련의 과정과 경위를 조사하고 그 결과를 이번 제43회 총회에 보고하였다.[53]

2) 총회은급재단설립

총회는 남부산노회, 영남노회, 마산노회의 제의와 교단발전연구위원회의 보고를 받아들여 은퇴 교역자를 위한 총회은급재단을 설립하기로 하고 이를 위한 추진위원을 구성하여 이들이 초대 이사가 되도록 하였다(의원장: 이금조; 서기: 김용구; 회계: 정금출; 위원: 전은상, 박종수, 조긍천 목사, 손창희, 차흥호, 손기홍 장로).[54] 이는 제36회 총회(1986년 9월)에서 은급부를 설치한 이후 약 7년 만의 결정이다. 지금까지 은퇴목사대책위원회가 매년마다 은퇴목사들을 위한 사업을 하며 큰 수고를 해왔는데 이 결정으로 교역자 은퇴 이후의 복지는 총회 차원에서 규모 있는 대책을 세우는 계기를 가졌다.

---

52 제42회 총회회록, 42-7.
53. 제43회 총회회록, 218-20.
54. 제43회 총회회록, 24-5, 32-3. 은급재단의 운영세칙은 총회회록 161-6을 보라.

3) 불법이혼자의 직분과 성령론 정립

지난 제42회 총회에서 "불법으로 이혼한 사람 중 교회의 직분을 받아 봉사하는 자가 있다면 반드시 시벌하여야 하며 해벌 후에도 영구히 교회 직원으로 임명할 수 없다."고 한 결정을 다시 재론할 것과 이 안을 유안으로 처리해달라는 신학부의 보고가 있었고 제43회 총회는 이를 받아들였다. 지난 제42회 총회에서 1년을 연구하여 보고한 원래 보고서에는 "불법으로 이혼한 사람이 해벌을 한 후에는 신앙생활에 본이 될 때에 다시 직분을 명하는 것이 가한 줄 아오며"로 되어 있었으나 당시 총회 신학부가 이를 수정하여 해벌 후에도 영구히 직분을 받을 수 없다고 보고하였다. 그런데 새로운 신학부가 다시 그 결정을 재론해 달라는 요청을 하였다.

한편 교단의 성령론 정립 문제는 교수회의 연구보고서를 긍정적인 보고서로 받고 계속 연구하기로 하였다.[55]

4) 제4차 개혁교회국제협의회(ICRC) 서울 유치

이번 총회는 섭외위원회(위원장 허순길 목사)의 청원을 받아들여 1997년 8월 20일에 개최 예정인 제4차 개혁교회국제협의회(ICRC) 서울 유치를 결정하였다.[56] 이 단체는 고신 교단을 포함하여 회원 교단이 15개였고, 참관인(observer)을 파송하는 교단교회는 18개 교단교회들로 구성되어 있는데, 회원교회들은 화란개혁교회(해방 측)를 비롯하여 대부분 고신과 자매 관계나 우호 관계에 있는 교단교회들이다. 이 단체의 서울 유치는 여러 면에서 큰 의미가 있었다. 이번 서울 유치를 통해 세계에서 전통적인 신학과 신앙을 파수

---

55. 제43회 총회회록, 29.
56. 제43회 총회회록, 28.

하고 살아가는 교회의 수가 많지 않은 중에 우리 교회가 내적인 성장과 선교 뿐 아니라 세계교회 속에서 개혁주의 신학과 신앙을 파수하고 전하는 일에도 적극적인 활동을 함으로 세계교회 개혁주의교회건설에 이바지할 수 있는 계기가 되었기 때문이다.[57]

5) 목사의 자격과 권리에 대한 결정

첫째, 군 미필자는 강도사 사정에 응할 수 없으며 만일 군 미필자가 강도사 인허를 받았을 경우 군복무 연한은 강도사 시무연한에 포함될 수 없음을 재확인하였다(보충역 복무자도 동일).[58] 이 결정의 요지는 군복무(보충역 근무 포함) 연한을 강도사 시무연한에 포함할 수 없다는 것이다. 이같이 목사고시 응시자격에 대해 형평성의 관점에서 교회들은 항상 첨예하게 주장을 하였다.

둘째, 해당 목사의 이명증이 해 노회에 접수되어 접수 통보가 온 후에는 이전 노회가 해당 목사를 어떤 일로 소환할 수 없고 아직 이명접수 통보가 오지 않았을 때는 소환할 수 있다는 결정이다.[59] 이는 목사가 이명을 통해 어느 시점에서부터 이명 가는 노회에 속하게 되고 그 노회의 노회원이 되는지에 대한 문제이기도 하며 어느 시점에 원래 속한 노회에서 회원이 될 수 없는지에 대한 문제이기도 하다.

셋째, 국내교회가 해외총회 산하 개체교회 목사를 청빙할 따 헌법적 규칙 제3장 제22조에 나와 있는 대로 영주권을 가진 목사는 청빙이 가능하나 시

---

57. 제43회 총회회록, 131.
58. 제43회 총회회록, 272.
59. 제43회 총회회록, 28.

민권을 가진 목사는 청빙이 불가한 행정질서를 지킬 것을 확인하였다.[60]

6) 21세기 교단교육을 위한 결정[61]

총회교단발전연구위원회(위원장 오병세 목사)의 제안으로 다음 사항을 결정하였다:

첫째, 고신대학교 기독교교육학과 출신자들을 위해 개체교회에서 <교육사> 제도를 신설하여 활용하도록 결정하였다.[62] 그러나 이는 사실 실효가 없는 결정이었다. 교육사는 교회정치에서 규정하는 교회직원이 아니며, 또한 개체교회에서 목사후보생이나 전도사와 달리 교육사의 직무와 지위가 너무 모호하기 때문이다. 또 상당수의 기독교교육학과 출신들은 신학대학원으로 지원하기를 선호하기 때문이다.

둘째, 신학교육을 위해 단설 신학대학원을 설치하기로 하고 신학교수는 박사학위를 취득하고 국내교회에서 목회 3년의 경력을 가진 자로 하였고 각 노회 담당 교수제를 도입하기로 하였으며 신학생 전원을 기숙사에서 수용하여 훈련을 시행하기로 하였다. 애초에는 교단발전연구위원회는 신학대학원을 위한 교회부담금 2% 상향조정을 청원하였으나 총회는 단설신학대학원의 실시 때까지 유보하기로 하였다.[63]

셋째, 9월 둘째 주일인 교단주일을 지키는 데 총력을 기울이기로 하였다.

넷째, 총회 선교부 전담 총무를 신설하기로 하였다.

---

60. 제43회 총회회록, 28.
61. 제43회 총회회록, 133-35.
62. 제43회 총회회록, 23.
63. 제43회 총회회록, 23.

7) 그 외 중요한 결정

첫째, 모든 헌법 조항은 공포와 동시에 시행 적용되는 것이며 간 경과조치를 할 때는 그 범주에 들어가지 않음을 가결하였다.[64]

둘째, 총회 임원선거에서 공영제 도입을 요청한 청원은 교단발전연구위원회에서 연구하도록 하였다.[65]

셋째, 구 헌법에 있는 헌법적 규칙 제2조(교인의 의무) 제3항에 나와 있는 교인의 술 담배 금지가 개정헌법에서 삭제된 이유에 대해 이는 교회정치 제3장 제22조(교인의 의무)에 포괄적으로 포함되어 있으며 특히 세부적인 것은 대교리문답 제119문답, 제136문답에 명시되어 있으므로 구체적인 것을 나열하지 않았다고 답변하였다.[66]

넷째, <표준새번역성경>은 교회에서 사용할 수 없고 이 성경의 오류시정 촉구와 기존 개역성경을 계속 발행할 수 있도록 가결하였다.[67] 표준새번역성경은 1993년에 대한성서공회가 원어에서 현대어로 번역한 성경으로 본래 개역성경을 대체할 목적으로 편찬되었으나 이 번역성경이 가지고 있는 신학적 문제 때문에 일부 보수 교단을 중심으로 예배용 표준성경으로 채택되지 못하였다.

---

64. 제43회 총회회록, 28.
65. 제43회 총회회록, 221.
66. 제43회 총회회록, 28.
67. 제43회 총회회록, 29.

7. 제44회 총회(1994년 9월)

1) 불법 이혼자의 직원 자격

지난 총회에서 보류한 안건 중에 불법 이혼한 자가 해벌을 받은 이후에도 영구히 직분을 받을 수 없다는 내용이 있었다. 그런데 이번 총회는 원칙적으로 교회정치 제46조 제1항(장로의 자격)과 제55조 제1항(집사의 자격)에 준하기로 결정하였다.[68] 이는 곧 불법 이혼자라 할지라도 영구히 직분을 받을 수 없는 것이 아니라 해벌 이후 위 헌법 조항에 따라 일정한 무흠 기간의 자격을 갖추면 직분을 받을 수 있는 것으로 총회가 새롭게 결정을 내렸다.

2) 은퇴장로

이번 총회에 은퇴장로의 지위와 관련한 청원이 있었다. 하나는 전국원로장로회(회장 정외석 장로)의 청원으로 현재 총회규칙에는 총회자문위원으로 은퇴목사 20명 은퇴장로 10명으로 각각 구성되어 있었으나 은퇴목사와 은퇴장로 수를 동수로 해 달라는 총회규칙변경 건이었다. 총회는 이를 가결하였다.[69] 다른 하나는 역시 전국원로장로회의 청원으로 개정헌법에서 신설한 교회정치 제6장 제52조 제2항(원로장로)의 적용을 공포 이전으로 소급하여 개정헌법 이전에 은퇴한 은퇴장로도 원로장로로 추대해달라는 것인데 총회는 법규부의 보고를 받아서 소급하여 적용할 수 없다고 결정하였다.[70]

---

68. 제44회 총회촬요, 18.
69. 제44회 총회회록, 198.
70. 제44회 총회회록, 159-160.

3) 표준새번역성경과 대한성서공회 잔류

지난 제43회 총회는 본 교단이 이사와 개정위원을 파송한 대한성서공회에서 발행한 <표준새번역성경>을 교회에서 사용할 수 없다는 결정을 내렸는데, 이번 총회는 이 문제를 두고 심각한 논쟁을 벌였다. 그 이유는 일부 보수 교단을 중심으로 대한성서공회가 발행한 <표준새번역성경>이 신학적 문제가 있다는 것을 지적하고 대한성서공회와 별도로 한국성경공회를 새롭게 설립하려고 하고 이에 동조하는 고신교회의 일부 지도자들이 있었기 때문이다. 총회는 논쟁 끝에 투표를 통해 다음과 같이 결정을 내렸다: "대한성서공회와 성경공회 문제는 본 교단에서 이사를 파송한 대한성서공회에 그대로 잔류하며 본 교단이 파송한 이사와 개정위원은 본 교단의 입장과 정신을 계속 주장하고 관철하도록 하고 만약 이의 이행이 불가능할 때는 철수한다. 이같은 최악의 때가 올 경우 보수교단과 연합하여 새로운 성경공회 설립을 검토한다."[71]

그런데 위 결정 과정에서 마찰이 있었는데 이에 동부산노회 전은상 목사가 항의서를 제출하였다.[72]

---

71. 제44회 총회회록, 35.
72. 제44회 총회회록, 35.

> (대한)성서공회문제에 대하여 항의합니다. (대한)성서공회가 비성경적이고 비도덕적 사실이 확실한데도 회장은 이를 관철시키기 위하여 사회석에서 혈기를 내며 법봉을 망가뜨리는 고신파 역사에 없는 행동을 하였고 투표과정에서도 근거도 없이 소란을 야기시키며 시간을 지연하여 기어이 관철시키는 일에 대하여 항의합니다. 성서공회 이사요 부이사장인 총회장(최해일 목사)과 개정위원장인 오병세 총장이 철수하지 않는 일에 대하여 항의합니다.
>
> 1994년 9월 30일
>
> 동부산노회 전은상 목사

4) 목사에 대한 결정

첫째, 국내교회가 해외총회 산하 개체교회 목사를 청빙할 때 헌법적 규칙 제3장 제22조에 나와 있는 대로 시민권을 가진 목사는 청빙이 불가한 것을 개정해달라는 청원은 현행대로 하기로 가결하였다.[73]

둘째, 면직 시벌을 받은 목사의 복직 절차에 관한 질의는 교회정치 제5장 제42조에서 이와 관련한 절차가 나와 있으나 면직 사유가 충분히 해소된 여부를 살필 것과 이는 노회원 재적 3분의 2 이상의 결의로 허락될 수 있음을 확인하였다.[74]

5) 그 외 중요한 결정

첫째, 헌법적 규칙 제4장 제18조(총회총대선정기준)의 개정을 요구하는

---

73. 제44회 총회회록, 199.
74. 제44회 총회회록, 159.

청원은 현행대로 하기로 가결하였다. 개정헌법 조항은 매 4당회 당 목사 장로 각 1인씩이나 혹은 입교인 700명 당 목사 장로 각 2인씩 선정하게 되어 있으나 청원한 서울노회(노회장 최수근 목사)는 매 4당회 대신 매 10당회 당 목사 장로 각 1인씩으로 재개정을 요청하였다.[75]

둘째, 국가에서 시행하는 주일 행사(각종 국가고시와 시험일) 금지 긴급 청원 건은 총대원 전원이 서명 날인하여 국민고충처리위원회로 보내기로 가결하였다.[76]

셋째, 고신대학교 입학 자격은 학습교인 이상으로 하도록 하였다.[77]

넷째, 섭외부에서 청원한 일본장로교단과 정식교류 건을 허락하였다.[78]

다섯째, 총회가 파한 후에 발생한 재판건을 운영위원회에서 맡는 것은 불가하다고 해석을 내렸다.[79]

여섯째, 신학대학원 졸업 시험에 헌법 과목을 시행하기로 하였다.[80]

일곱째, 특수선교회원회(장애인, 교도소, 병원, 윤락녀 등)를 신설하기로 결정하였다.[81]

---

75. 제44회 총회회록, 198.
76. 제44회 총회회록, 198.
77. 제44회 총회회록, 199.
78. 제44회 총회회록, 198.
79. 제44회 총회회록, 160.
80. 제44회 총회회록, 289.
81. 제45회 총회회록, 204.

8. 제45회 총회(1995년 9월)

1) 교단발전연구위원회와 제안

교단발전연구위원회(위원장 오병세 목사)는 지난 회기 동안 전체회의(4회), 실행위원회(6회), 공청회(1회)를 거쳐 연구한 결과를 총회에 보고하였고 이 중에서 총회는 다음 중요한 사항을 결정하였다:

첫째, 총회수임사항인 교육사 제도는 계속 연구하기로 하고 노회지역 분할과 명칭 연구는 1년 더 연구하기로 하였다.[82]

둘째, 총회 회의 진행에 관한 신속한 처리 방안을 받고 가결하였다.[83]

셋째, 목사 최저 생활비는 목사의 생활비가 봉급이 아니라 사례이므로 봉사하는 교회에서 성의껏 지불하는 것이 기준이 되며, 미자립교회나 개척교회일 경우 총회 전도부나 큰 교회가 후원할 수 있는 일이라고 보고하였다.[84]

2) 사면과 시벌, 해벌 처리

이번 총회는 시벌과 해벌을 내용으로 하는 몇 가지 결정을 내렸다:

첫째, 준당회(목사 1인, 장로 1인)에서 장로의 시무사면을 당회장이 수리할 수 있는지는 행정 건이면 할 수 있는 것으로 결정하였다.[85]

둘째, 면직과 출교의 시벌을 받은 장로의 신분은 무임장로가 아니라 교인이며 그의 해벌은 당회장이 아니라 당회의 결의로 할 수 있다고 결의하였다.[86]

---

82. 제45회 총회회록, 44.
83. 제45회 총회회록, 44, 302.
84. 제45회 총회회록, 303.
85. 제45회 총회회록, 392.
86. 제45회 총회회록, 393.

셋째, 사회법정에서 도덕적 문제로 유죄판결을 받은 자는 모든 공직에서 물러나도록 건의한 것은 소속 치리회에서 헌법에 준하여 처리하도록 하였다.[87]

3) 치리회에 상정하는 절차에 대한 결정[88]

첫째, 전국은퇴장로회(회장 김해룡 장로)가 총회에서 건의한 안건은 "해 노회를 통해서" 상정하도록 하였다.

둘째, 공동의회를 거쳐 노회에 상정하는 정식 서류를 시찰회에서 기각하는 것은 불가하다고 결정하였다.

4) 총회유지재단으로 교회재산 가입과 피선거권의 제한

총회는 총회유지재단에 교회재산을 가입시키지 않은 목사와 장로 중 유지재단 이사, 감사, 총회 임원의 자격을 제한하자는 서울노회(노회장 신상현 목사)의 건의안을 허락하였고, 이를 차기 총회부터 적용하기로 하였다.[89] 그러나 이는 노회가 위임한 권한을 총회가 제한(총회유지재단에 재산을 가입했는지 하지 않았는지를 가지고)하는 문제의 소지가 다분한 결정이라 할 수 있다.

5) 기타 중요한 결정

첫째, 대전노회(노회장 오일환 목사)가 성도끼리 사회법정에 소송하는 것

---

87 제45회 총회회록, 377.
88. 제45회 총회회록, 392.
89. 제45회 총회회록, 377.

에 교단의 견해를 표명해달라는 청원은 1년을 보류하기로 결의하였다.[90] 대전노회의 청원 취지는 제23회 총회가 성도간의 소송 문제가 신앙적이 아니므로 하지 않는 것이 총회의 견해라고 하였으나 제24회 총회가 이를 번복하여 "남용하지 말라."고 결의를 함으로써 교단에 속한 교회들과 성도들에게 혼란을 초래하였기에 총회의 견해를 분명하게 밝혀 달라는 뜻이었다.

둘째, 서부산노회(노회장 김덕준 목사)가 제안한 강도사고시 부활 건은 현행대로 하기로 하였다.[91]

셋째, 경남노회가 청원한 목사의 안식년은 신학부에 맡겨 1년간 연구하고 전라노회(노회장 윤창신 목사)가 제안한 총회총대 적정선 연구와 조정 건은 교단발전연구위원회에서 연구하여 보고하도록 하였다.[92]

넷째, 북부산노회(노회장 김명관 목사)가 질의한 대한성서공회와 성경공회에 대한 본 교단의 견해는 직전 총회인 제44회 총회(1994년 9월)의 결의가 유효하다고 결의하였다.[93] 즉 본 교단이 이사를 파송한 대한성서공회에 그대로 잔류하며 본 교단이 파송한 이사와 개정위원은 본 교단의 입장과 정신을 계속 주장하고 관철하도록 하고 만약 이의 이행이 불가능할 때는 철수하며 이와 같은 최악의 때가 올 때 보수교단과 연합하여 새로운 성경공회 설립을 검토한다는 결정이다.

다섯째, 목사 부인이 직장(직업)을 가질 수 있느냐에 대한 남부산노회(노회장 최명식 목사)의 질의는 원칙적으로는 할 수 없지만 단 교회 형편상 해

---

90. 제45회 총회회록, 410.
91. 제45회 총회회록, 410.
92. 제45회 총회회록, 377.
93. 제45회 총회회록, 378.

당회의 허락으로 예외로 한다고 하였다.[94]

여섯째, 전국원로장로회의 명칭을 전국은퇴장로회로 수정하기로 결정하였다.[95]

일곱째, 미조직교회도 집사와 권사를 세울 수 있도록 해당 헌법적 규칙 제4장 제11조를 개정해 달라는 경인노회의 청원은 헌법수정위원회에 넘기기로 하였다.[96]

여덟째, 서울노회(노회장 신상현 목사)에서 건의한 대로 통일된 예전과 행정예규를 새롭게 제정하기로 결의하였다(위원장: 조긍천; 서기: 심상래; 회계: 정금출; 위원: 김명관, 차철규).[97]

9. 제46회 총회(1996년 9월)

1) 헌법적 규칙 제4장 제11조, 제18조 변경

첫째, 직전 총회인 제45회 총회는 경인노회가 "미조직 교회도 집사와 권사를 세우도록 하자."는 청원한 안건은 수정을 검토하기로 하였는데 이번 총회는 이를 각 노회에 수의하기로 하였다.[98] 그러나 사실 이는 헌법적 규칙 제4장 제11조를 개정만 하면 되는 것이고 또 헌법적 규칙 변경은 총회 출석회원 3분의 2 이상의 찬성만 얻으면 되는 것이었다. 그런데도 총회가 이 안건

---

94. 제45회 총회회록, 378.
95. 제45회 총회회록, 48.
96. 제45회 총회회록, 48.
97. 제45회 총회회록, 377.
98. 제46회 총회회록, 492.

을 각 노회에 수의한 것은 이 개정 내용이 헌법적 규칙에 해당하는 것이고 또 헌법적 규칙을 변경할 시에는 노회 수의가 필요 없다고 한 새 개정헌법에 익숙하지 않아서 생긴 착오로 보인다.[99]

둘째, 교단발전연구위원회의 요청으로 헌법적 규칙 제4장 제18조(총회 총대 선정 기준)를 변경하여 매 4당회가 아니라 매 5당회로, 입교인 700명 당이 아니라 입교인 900명 당으로 변경하여 "당회를 기준할 경우 매 5당회 마다 목사 장로 각각 1인씩 선정하고 끝수에도 각각 1인씩 추가 선정한다. 입교인을 기준할 경우 900명마다 목사 장로 각 1인씩 선정하고 끝수는 400명을 초과할 때 각각 1인씩 선정할 수 있다."로 변경하였다.[100]

2) 권징조례 관련 결정

첫째, 진주노회(노회장 송학성 목사)는 "화해가 성립되었다 하여 재판 없이 해벌이 될 수 있는가?"라고 질의하였는데, 이 질의에 총회는 교회정치문답조례 제188문답 제4항("하회의 시벌이 상회의 판결이 취소되면 구태여 해벌절차를 취할 것이 없느니라.")에서 하였으니 재판 없이 해벌이 될 수 있다고 하였고, 또 해벌이 되지 않은 상태에서 공예배에서 수종드는 것은 불가하다고 결정하였다.[101] 이 결정의 의의는 시벌의 목적이 결국에는 화해에 있음을 보여주고 있다는 점이다. 그러나 화해 없이는 해벌이 결코 될 수 없고, 따라서 해벌이 되지 않은 상태에서 교회직원은 공예배를 수종드는 공적 직무를 수행할 수 없음을 밝혔다.

---

99. 제46회 총회회록, 492. 제46회 총회회록에서 해당 헌법적 규칙 제4장 제11조의 개정을 결정하면서 "헌법수의 및 총회 규칙을 제정"하기로 하였다고 말하고 있다.
100. 제46회 총회회록, 44, 399.
101. 제46회 총회회록, 494.

둘째, 노회나 총회의 재판 또는 총회전권위원회의 판결은 판결 즉시 유효하지만 그 판결을 확정하는 것은 해당 치리회가 하는 것으로 확인하였다(근거-헌법적 규칙 제4장 제22조 제2항, 권징조례 제7장 제47조 제5항).[102]

3) 성도간 사회법정 송사에 대한 교단의 입장 표명

총회는 직전 총회가 1년을 유보한 성도간 사회법정 송사 건에 대한 교단의 입장 표명 건은 제23회 총회가 성도간의 소송(교회법을 거치지 않고 사회법정에 형사소송을 제기한 것)이 신앙적이 아니므로 하지 않는 것이 총회의 입장이라고 결의한 것을 재확인하고 이것이 본 교단의 입장이라는 점을 교단 총무와 서기부가 담당하여 밝히기로 가결하였다.[103]

4) 세속적인 목적으로 교회당과 부속건물을 사용할 수 있는가?

경인노회(노회장 최인국 목사)가 제기한 "교회당 및 부속건물을 세속적인 목적으로 사용할 수 있는가?"라는 질의는 개체교회 당회의 판단에 맡기기로 결정하였다.[104]

5) 미혼자(독신자)가 장로장립을 받을 수 있는가

부산노회(노회장 윤석천 목사)가 제기한 이 질의에 교회정치 제6장 제46조(장로의 자격) 제5항("자기 집을 잘 다스리는 자")과 성경 디모데전서 3장 1-11절에 근거하여 장립할 수 없다고 결의하였다. 즉 해당 성경과 교회정치는 장로의 자격으로 장로가 다스려야 할 "자기 집"이 있는 것으로 전제하는

---

102. 제46회 총회회록, 494.
103. 제46회 총회회록, 493, 468.
104. 제46회 총회회록, 453.

데, 미혼자의 경우는 여기에 결함이 있다고 본 것이다.

6) 목사의 안식년

1년간 연구하기로 한 목사의 안식년 제도는 안식년은 지키기로 하고 기간은 6년이 지난 후 7년째 해를 안식년으로 한다고 하였다.[105]

7) 총회회의에서 비디오 녹화

총회는 특별히 차기 총회서부터 총회 회기 중 전체회의의 속기록과 녹음, 비디오 녹화를 허락하였다.[106] 이는 당시 총회 회의 질서가 원만하지 않은 것에서 비롯된 결정으로 보인다.

10. 제47회 총회(1997년 9월)

1) 헌법적 규칙 제4장 제11조 변경

지난 제46회 총회는 "미조직교회에서도 집사 권사를 세울 수 있다."는 내용으로 각 노회에 수의 하였는데(가 1631 부 138 기권 11 무효 1) 이를 근거로 제47회 총회는 헌법적 규칙 제4장 제11조를 다음과 같이 변경하였다: "집사와 권사의 선택과 임직은 조직교회만이 할 수 있다. 단 특별한 사정에 의해 미조직교회에서도 집사 권사를 선택 임직코자 하면 협조 당회원 2인(목사 1인, 장로 1인)을 노회에 청원하여 선택 임직할 수 있다."[107] 이로써 제32회 총

---

105. 제46회 총회회록, 468.
106. 제46회 총회회록, 493.
107. 제47회 총회회록, 29, 59.

회(1982년 9월)가 "집사와 권사를 세우는 일은 당회의 직무이므로 당회가 없는 미조직교회에서 집사와 권사를 세울 수 없다."고 결정한 지 약 15년 만에 예외적인 단서 조항을 두었다.

2) 헌법적 규칙 제4장 18조(총회 총대 선정 기준)의 재 변경 청원

지난 총회가 교단발전연구위원회의 요청으로 헌법적 규칙 제4장 18조(총회 총대 선정 기준)를 변경하였다. 매 4당회가 아니라 매 5당회로, 입교인 700명당이 아니라 입교인 900명당으로 변경하여 "당회를 기준할 경우 매 5당회 마다 목사 장로 각각 1인씩 선정하고 끝수에도 각각 1인씩 추가 선정한다. 입교인을 기준할 경우 900명마다 목사 장로 각 1인씩 선정하고 끝수는 400명을 초과할 때 각각 1인씩 선정할 수 있다."고 결정하였다. 이에 경남노회가 원래대로 다시 변경하자는 청원을 올렸다. 그 이유로는 현재 목사 장로의 수가 많아지고 있음에도 이번 개정을 통해 총대수를 줄인 것은 적절하지 않고 또 젊은 목사 장로에게도 총대의 기회를 제공하기 위해서 이전 규칙대로 환원해야 한다고 밝혔다. 그러나 총회는 현행대로 하기로 하였다.[108]

3) 교회직원의 임직

첫째, 주일에 직원 임직식을 거행할 수 있느냐는 질의는 현행대로 주일에는 하지 않기로 결의하였다.[109]

둘째, 미조직교회의 당회장이 장로 임직식을 집례하는 것이 헌법적 규칙 제4장 제10조에서 규정한 대로 그가 처리할 수 있는 당회의 일반 직무에 해

---

108. 제47회 총회회록, 364.
109. 제47회 총회회록, 442.

당하는지를 묻는 질의는 교회정치문답조례 제474문답("장로 집사 장립식은 그 개체교회의 담임목사가 주장한다.")에 따라 할 수 있다고 결정하였다.[110]

4) 은퇴(원로) 장로

첫째, 원로장로(교회정치 제6장 제52조, 한 개체교회에서 장로로 20년 이상을 시무하고 퇴임할 때 그 명예를 보존하기 위해 공동의회에서 결의하여 추대할 수 있다) 추대 시 공동의회에서 필요한 의결 정족수가 몇 명인지에 대한 질의가 있었다. 총회는 헌법적 규칙 제5장 제2조(공동의회) 제2항에서 "공동의회의 결의는 명시된 사항이 아닌 것은 다수결로 한다."는 규정에 따라 다수결로 하는 것이 좋다고 하였다.[111]

둘째, 은퇴장로를 노회의 언권위원으로(5명 이내) 받자는 청원은 현행법상 불가하다고 결정하였다.[112]

5) 면직 목사의 복권 청원

이번 총회에 일제 강점기 시절 조선예수교장로회 평양임시노회에서 1939년 12월 19일에 목사파면을 당한 주기철 목사의 복권 청원과(경안노회), 1974년 12월 4일에 총회재판국을 통해 목사면직이라는 중대한 시벌을 받은 송상석 목사의 복권 청원(경안노회, 중부산노회)이 들어왔다. 이에 총회는 주기철 목사의 복권은 본 교단 설립 이전에 발생한 일이어서 이를 취급할 수 없다고 하였고 송상석 목사의 복권은 이미 복직된 일이라고 하였다.[113]

---

110. 제47회 총회회록, 364.
111. 제47회 총회회록, 364.
112. 제47회 총회회록, 365.
113. 제47회 총회회록, 365.

6) 목사의 자격

총회 선교부는 종군목사처럼 선교사의 조기 목사안수를 청원하였는데 총회는 이를 반려하고,[114] 또 강도사 인허자가 이중직(이중 직업)을 가졌을 때는 그 인허를 취소하기로 하였다.[115]

7) 고려신학대학원의 단설대학원 설립 청원

1년 후인 1998년에 천안으로 고려신학대학원이 이전하는 것에 발맞추어서 경기노회를 비롯하여 경인노회, 남부산노회, 남서울노회, 마산노회, 서울노회, 수도노회, 충청노회가 고려신학대학원의 단설대학원 설립을 청원하였다. 말씀으로 교회를 봉사할 교역자를 양성하는 고려신학대학원과 하나님 나라 건설에 이바지할 일꾼을 길러내는 문화영역에 속하는 고신대학교를 서로 분리시키는 것은 개혁주의 생활 원리에 따른 필연적인 요구였다. 총회는 투표를 통해 그 결정을 1년간 보류하고(가 138 부 45), 나아가 총회는 지방신학교의 목회연구과를 폐지하고 신학교의 창구를 일원화하기로 하였다.[116]

11. 제48회 총회(1998년 9월)

1) 조정위원회와 회개, 화합을 위한 선언문

지난 3년 동안 제45회(1995년 9월), 제46회(1996년 9월), 제47회 총회(1997년 9월)는 각각 교단과 학교법인을 둘러싼 제반 문제를 두고 이를 수습

---

114. 제47회 총회회록, 59.
115. 제47회 총회회록, 308.
116. 제47회 총회회록, 49, 322.

하기 위해 각각 전권위원회를 새로이 구성하였다(제45회 총회-학교법인처리 전권위원회, 제46회 총회-특별대책처리위원회, 제47회 총회-재판권이 부여된 전권위원회). 그러나 이로 인하여 문제가 해결되기보다는 오히려 교단 내 갈등이 더욱 커졌다. 그 연장선에서 이번 제48회 총회에 이와 관련된 청원, 고소, 항의, 건의 등이 상당수 올라와 있어서 온 총대의 관심이 집중되어 있었다. 그런데 놀랍게도 1998년 9월 25일 제48회 총회장 김종삼 목사 이름으로 나온 <선언문>에서 밝힌 대로 "하나님의 강권적인 명령과 역사"가 총회 회기 중에 나타났는데, 그동안 교단과 교회의 단합과 화합을 해친 것에 철저한 회개와 함께 사랑, 용서와 화합의 기적이 모든 총대에게 갑자기 일어나게 된 것이었다. 조정위원회가 조직되고 이어서 조정위원회의 5가지의 보고가 있었으나 총회는 이 보고를 대폭 수정하여 이 사건들에 관련된 인사들은 본 총회 앞에 정중히 사과함으로써 화합하는 결말로 마무리하고, 또 이 사건과 연루된 모든 상정안건은 일괄하여 기각하기로 하고 다음과 같이 선언문을 작성하고 이를 총회 앞에서 낭독하기로 가결하였다:

[선언문]

제48회 총회에 하나님의 강권적인 명령과 역사가 나타났습니다. 우리 총회는 하나님의 뜻에 순종하여 제45회, 제46회, 제47회 전권위원회의 모든 결의를 교단 화합 차원에서 백지화하고 (1) 철저히 회개하여 하나님의 노하심을 풀어 드리고 (2) 우리는 서로 용서하고 사랑하며 화합하며 (3) 우리 교단의 힘을 모아 마지막 때에 주님의 명령을 이행하고 하나님의 뜻을 이루어 드림으로 한국교회와 세계교회에 우리들의 단합된 모습을 보여 하나님께 영광 돌릴 것을 선언합니다.

1998년 9월 25일

제48회 총회장 김종삼

2) 노회 회장단의 시무교회 재산 총회유지재단 가입 의무

교단발전연구위원회(위원장 신명구 목사)의 건의로 노회 회장단은 앞으로 시무교회 재산을 총회유지재단가입에 가입한 사람으로 하도록 결의하였다.[117] 제45회 총회(1995년 9월)는 총회 임원과 이사, 감사에 국한하여 소속교회의 재산을 유지재단에 가입하도록 하였는데 이번에 이를 노회 회장단으로 확장한 것이다. 그러나 이는 개체교회의 당회가 위임한 권한을 총회유지재단에 개체교회의 재산을 가입하였는지 하지 않았는지를 가지고 이를 제한시키는 문제를 안고 있는 결정이다.

3) 총회가 인정하지 않은 기관과 단체의 해체에 대한 제28회 총회 결의 재확인

전라노회(노회장 정남수 목사)와 서울노회(노회장 오성환 목사)는 총회에 당시 본 교단의 목사 장로로 구성된 임의단체인 "고목협"(고신 정신 잇기 목회자 협의회)에 대한 안건을 상정하였다. 총회는 제28회 총회(1978년 9월)에서 총회가 인정하지 않은 기관과 단체를 해체하기로 한 결정을 재확인하고 고목협의 명칭을 변경하여 순수학술연구단체로 전환하도록 결정하였다.[118]

4) "미자립교회"와 "개척교회"의 정의

무분별하게 사용하는 용어 중에 "미자립교회"와 "개척교회" 용어에 정의를 내렸다. 즉 "미자립교회"는 재정자립이 되지 못하여 보조받는 교회이며, "개척교회"는 노회에서 행정상 교회설립허락을 받을 때까지를 칭하는 것이라고 하였다.[119]

---

117. 제48회 총회회록, 92.
118. 제48회 총회회록, 45.
119. 제48회 총회회록, 44.

5) 배우자가 불신자인 교회직원의 자격

배우자가 불신자일 경우 장립집사와 권사로 임직할 수 있는지 묻는 질의가 부산노회(노회장 박광익 목사)에서 상정되었는데 이에 총회는 장립집사의 경우는 디모데전서 3장 12절-13절과 교회정치 제7장 제55조(집사의 자격)에서 제2항("좋은 명성과 진실한 믿음과 지혜와 분별력이 있는 자")과 제3항("행위가 복음적이고 생활에 모범이 되는 자")에 의해서 불가하나 권사는 임시직원임으로 해 당회 재량에 맡기는 것으로 가결하였다.[120]

6) 연합집회 시 타 교단과의 강단교류 건

총회는 기존 입장을 지켜서 연합집회 시 타 교단의 강사를 초청할 경우 강단교류가 허용된 합동 교단을 제외하고는 노회가 이를 허용하지 않기로 하였다(제40회 총회).[121] 개체교회에서 이루어지는 타 교단과 강단교류는 이미 해 당회에 위임한 바가 있다(제35회 총회).[122]

7) 기타 안건

첫째, 주보나 교회주소록에서 원로(은퇴)목사, 은퇴장로의 서열에 대한 질의는 시무하는 목사 장로를 우선 배열하되 그 나머지는 담임목사의 재량에 맡기기로 하였다.[123]

둘째, 1년간 연구하기로 한 고려신학대학원의 단설대학원 설립 건은 다시

---

120. 제48회 총회회록, 44.
121. 제48회 총회회록, 46. 참고, 제40회 총회회록, 19.
122. 제35회 총회회록, 18.
123. 제48회 총회회록, 45.

보류되었다.[124]

셋째, 새로운 예전예식서의 출간을 허락하였다.[125]

넷째, 대한성서공회에서 출간한 <개역개정성경>은 신학부에서 1년간 연구하여 사용 여부를 결정하기로 하였다.[126]

12. 제49회 총회(1999년 9월)

1) 총회규칙 개정과 총회 임원선거조례 신설[127]

이번 총회에서 총회 규칙이 총 8장 53개조로 개정되었다.[128] 먼저 기존 10개 상비부를 그대로 유지하되 기존의 법규부는 규칙부로 개정하고 그 임무를 "본 규칙을 포함한 제 법규(상비부, 상임위원회, 규칙, 조례)의 제정과 개정안을 준비하거나 심의하여 총회에 보고하며 제 규칙을 해석하는 일을 담당하고, 매년 변경된 규칙을 정리하여 차기 총회 시에 제출한다."로 개정되었다. 총회는 14개의 상임위원회를 두었는데, 헌법위원회(9인), 회의록검사위원회(9인), 인터넷선교위원회(9인), 전국남녀전도회연합회지도위원회(9인), 전국기독청장년지도위원회(9인)를 신설하였고 교단발전연구위원회 대신 교단미래정책연구위원회(9인)를 상임위원회에 속하게 하였다. 한편 총회

---

124. 제48회 총회회록, 314.
125. 제48회 총회회록, 41.
126. 제48회 총회회록, 37.
127. 제49회 총회회록, 34, 374-82, 383-5.
128. 개정한 총회 규칙안은 1988년 9월 7일에 개정된 이후 1993년 9월 23일 개정, 1996년 9월 16일 일부 개정 이후 이번에 개정되었다.

는 헌법위원회에 대해서, 헌법에 관하여 연구하되, 개정 또는 수정이 필요할 때나 하회에서 상정된 헌법 개정 또는 수정안을 심의 보고하고 총회 개회 혹은 폐회 기간 중에 헌법에 관한 질의가 있을 시 해석하는 일을 담당한다고 그 직무를 규정하였고 헌법위원회의 위원은 헌법개정위원을 역임하였거나 해당 분야에 전문성을 가진 자를 선정한다고 하였다.[129]

총회 임원선거조례가 신설되었는데 총 7장 16개조로 구성되어 있다. 이 조례안을 보면 무엇보다 선거관리위원회를 두기로 하고 입후보자의 자격뿐 아니라 입후보자의 등록과 구비서류, 등록금, 선거운동에 대한 구체적인 조례를 담았다.[130]

2) 헌법위원회에 맡긴 헌법수정 안

개정된 총회규칙에 의해 새롭게 신설된 헌법위원회는 다음 3개 안건을 맡아 연구하기로 하였다:[131]

첫째, 목사와 장로직의 시무연한과 시무투표에 관한 안건이다.

둘째, 협동목사의 명칭에 관한 안건이다. 현재 헌법(교회정치)에서 규정하지 않은 목사의 칭호이지만 일부 교회에서 흔히 사용되고 있는 이 명칭의 적합성을 질의하였다.

셋째, 권사의 자격(교회정치 제9장 제68조 제1항) 중에서 만 45세 이상 65세 이하를 만 40세 이상 만 65세 이하로 조정해달라는 것은 현행대로 하는 것이 옳지만 이 역시 헌법위원회로 넘겼다.

---

129. 제49회 총회회록, 375-6.
130. 제49회 총회회록, 384.
131. 제49회 총회회록, 48.

3) 목사의 자격

목사의 임직과 청빙을 둘러싼 자격에 대한 질의에 총회는 다음과 같이 답변하였다:

첫째, 총회은급제운영위원회의 건의로 강도사의 목사고시 청원서류에 총회은급가입증명서를 첨부하도록 권장하기로 가결하였다. 처음에는 의무사항으로 청원하였으나 이를 시행하기에 아직 어려운 교회와 교역자의 현실을 참작하여 권장 사항으로 결정하였다.[132]

둘째, 현 헌법적 규칙 제3장 제9조(기관목사의 겸직금지)는 기관목사가 원칙적으로는 개체교회의 시무를 금지하고 있지만 예외적으로 당회장의 허락으로 임시로 봉사할 수 있다고 함으로 기관목사가 개체교회에서 시무하는 길을 열어놓고 있다. 그런데 이번 총회에 기관목사는 그가 소속한 기관과 함께 개체교회를 겸직하여 시무할 수 없도록 하자고 한 청원이 상정되었는데 이를 기각하고 현행대로 하기로 가결하였다.[133]

셋째, 헌법적 규칙 제3장 제22조에서 (해외) 시민권을 소지한 목사가 국내교회에서 시무할 수 있는지를 확인해달라는 청원에 대해, 영주권 소지 목사는 청빙을 할 수 있으나 시민권 소지 목사는 청빙이 불가함을 확인하였다.[134]

넷째, 경남노회, 남마산노회, 총회농어촌부에서 상정한 헌법적 규칙 제3장 제5조(수련봉사기간) 제3항("농어촌의 미조직교회, 미자립교회 또는 개척교회에서 단독으로 1년 이상 시무 후[단 목사 임직 후 1년간 계속 시무하여야 한다]")에서 "농어촌 미조직교회 또는 개체교회에서 2년 이상 시무 후"로 개

---

132. 제49회 총회회록, 36.
133. 제49회 총회회록, 42.
134. 제49회 총회회록, 48.

정해달라는 청원은 1년간 보류하기로 하였다.[135]

4) 권사직을 임시직원에서 항존직원으로?

경남노회(노회장 허상회 목사)가 건의한 교회정치 제4장 제30조에 나오는 권사직을 현재는 임시직원으로 되어 있는 것을 항존직원으로 넣어달라는 청원은 현행대로 시행하기로 결정하였다. 총회는 그 이유로 장로교회의 항존직(목사, 장로, 집사)이란 항상 존재해야 할 안수 받는 종신직분이나(정치문답조례 55. 56문답) 임시직원은 교회사정에 따라 세워지는 직분임으로 권사직분은 임시 직분이어야 한다고 설명하였다.[136] 위의 청원은 권사직을 임시직원에 두고 있지만 그 임무(교회정치 제69조)는 사실상 교회에 항상 있어야 할 직무("병자와 궁핍한 자, 환난당한자, 시험 중에 있는 자와 연약한 자를 위로하고 격려하고 교회에 덕을 세우기 위하여 힘쓴다.")라는 점과 시무연한을 임시직원에 걸맞지 않게 목사와 장로 집사처럼 만 70세로 규정하고 있다는 점 때문에 충분히 예상할 수 있는 것이었다.

5) 임의단체의 규정

"경남권 주일학교 연합회"(속칭)가 경남지역의 여러 노회 주일학교 연합회의 상회인 것처럼 행사하고 부담금을 요구하는 사례가 있어서, 경남중부노회(노회장 박정철 목사)는 이 단체가 총회가 인정하는 단체인지를 묻는 질의를 하였다. 이에 총회는 해당 단체는 총회가 인정하는 기관이 아니며 노회 주일학교 연합회의 상위 기관이 될 수 없는 임의단체이며 따라서 상회일 수

---

135. 제49회 총회회록, 49.
136. 제49회 총회회록, 49.

없을 뿐 아니라 더욱이 부담금을 요구할 수 없으며 "주일학교 연합회" 명칭을 사용할 시에는 각 노회의 허락을 받도록 하였다.[137]

6) 총회 임원회와 총회운영위원회의 권한

동부산노회(노회장 박영석 목사)는 총회 임원회와 총회운영위원회의 임무와 권한에 관한 질의를 하였는데, 총회는 법규부의 일반적이고 원론적인 보고를 그대로 받았다. 이러한 질의는 아마도 위 두 모임이 본래의 임무를 벗어나 월권하지 않는가 하는 의구심에서 나온 것이었다. 즉 총회운영위원회의 임무 중 총회와 총회 간에 발생한 교회행정 상 긴급한 사건에 임시로 대처한다는 범위와 내용을 규명하여 달라는 청원에 그 회가 이를 규정할 수 있다는 모호한 결정을 하였고, 또 총회 임원회의 임무(총회 규칙 제5장 제36조)는 총회에서 위임한 일과 총회의 사무 처리를 하는 것이라고 확인을 하였다.[138]

7) 사회법정보다 먼저 교회법정에서

신자가 교회법대로 송사하지 않고 사회법정으로 우선 송사하는 것은 고린도전서 6장에 의해 위법이라는 것을 다시 확인하였다.[139]

8) 교인의 권리

개인이 노회에 재판에 대한 서류를 올릴 때 노회 서기가 접수를 거절하면 부전지를 붙여 상소인 자신이나 대리할 변호인이 상회 개회 다음에 상회에

---

137. 제49회 총회회록, 37.
138. 제49회 총회회록, 49.
139. 제49회 총회회록, 49.

출석하여 상고장과 상소이유설명서를 상회서기에게 교부할 수 있도록 하였다.[140] 사실 이는 교인의 마땅한 권리라 할 수 있다.

9) <개역개정성경>에 대한 교수회의 보고서[141]

새로이 출판된 <개역개정성경>이 현 <개역성경>보다 개선한 점이 많이 있지만 여전히 미흡한 점이 많이 있어서 강단용 성경으로 채택하는 것은 바람직하지 않다는 고려신학대학원 교수회가 올린 <개역개정성경>의 검토 보고서는 그대로 받기로 가결하였다.[142]

10) 교단발전연구위원회의 보고와 청원

개정된 총회규칙에서 비록 미래정책연구위원회처럼 상임위원회가 되지 못하였지만 오랫동안 교단발전을 위해 수고한 교단발전연구위원회(위원장 윤지환 목사)가 보고한 노회구역조정안은 1년간 유안하기로 하였고 효율적인 총회 운영을 위하여 제시한 총회구조조정안은 7인 위원을 내어 1년간 연구하도록 하였다.[143]

11) 김해복음병원의 매각 결정

김해복음병원은 본래 1981년 6월 2일에 의료법인 용지의료재단으로 설립되어 경영되던 것을 1983년 5월 27일자에 박영훈 씨가 제3대 이사장으로 취임하면서 64병상의 김해복음병원으로 의료기관 개설 허락을 받게 되

---

140. 제49회 총회회록, 49.
141. 제49회 총회회록, 481-517.
142. 제49회 총회회록, 42.
143. 제49회 총회회록, 29, 196.

고 1984년 2월 22일에는 본 교단 산하기관 고신의료원 의료재단에 인수되기에 이르렀다. 그러다가 경영수지의 악화와 부채의 증가, 병원의 무리한 확장 등이 원인이 되어 경영의 어려움을 겪게 되자 제43회 총회(1993년 9월)에서 총회감사보고를 통해 총회산하기관의 경영진단의 과정에 대한 필요성이 제기되었다.[144] 예컨대 총회가 김해복음병원을 인수할 당시(1984년 2월) 부채는 약 25억에 불과하였으나 10년이 지난 후인 1993년 9월 기점으로 한 부채 현황은 급격하게 증가하여 약 120억에 도달하였다고 보고되었다.[145] 그러나 제44회 총회(1994년 9월)는 김해복음병원처리위원회(위원장 김인규 목사)의 "매각보다는 유지 존속하는 것이 낫다."는 보고를 그대로 받았다.[146] 그리고 제45회 총회(1995년 9월)는 고신의료재단특별위원회(위원장 곽삼찬 목사)의 보고를 받고 특별위원 중에 박노정 장로에게 김해복음병원을 2년 동안 위탁경영하도록 결정을 한다.[147] 이어서 제47회 총회(1997년 9월)는 총회산하기관인 고신대학교와 함께 김해복음병원을 출자이사에게 맡겨서 경영하는 방법을 교단발전연구위원회에 위임하여 연구하도록 하고 제48회 총회(1998년 9월)는 고신대학교, 복음병원, 김해복음병원과 관련된 문제를 근본적으로 해결하기 위하여 전문경영인의 진단을 받기로 하고 그 시행에 관한 모든 사항은 임원회에 일임하기로 하였으며[148] 마침내 제49회 총회(1999년 9월)는 경영진단 결과에 따라 김해복음병원을 조속히 매각하고 고신의료원 제도를 폐지할 것을 결정하고 그 집행을 이사회에 일임하였다(총 투표

---

144. 제43회 총회회록, 69.
145. 제43회 총회회록, 88.
146. 제44회 총회회록, 77.
147. 제45회 총회회록, 40.
148. 제48회 총회회록, 34.

수 337명 중 가 204 부 133).¹⁴⁹ 그러나 김해복음병원의 매각 집행은 쉽지 않았다. 제50회 총회(2000년 9월)에서 일부 노회가 김해복음병원을 다시 학교법인에 흡수하고 고신의료원의 폐지한 결정을 다시 무효로 돌리자는 청원을 하였기 때문이다.¹⁵⁰ 제50회 총회는 이를 기각하지만 제51회 총회(2001년 9월)에 일부 노회가 김해복음병원을 고신의료원에 합병하자는 건의안을 또 상정하였다. 총회는 이를 처리하기 위한 위원 5인을 구성하고 이를 이사회에 일임하였으나¹⁵¹ 고신의료원을 존속시키자는 건의안을 기각하였다. 제52회 총회(2002년 9월)에서도 여전히 이 문제는 해결되지 못하고 김해복음병원의 합병과 매각 문제는 이사회에 일임하고 김해복음병원의 처리는 지체되면서¹⁵² 김해복음병원의 부도(2003년 3월), 관선이사 체제(2003년 4월 1일), 복음병원의 부도 사태(2003년 5월)로 이어졌다.

13. 제50회 총회(2000년 9월)

직전 총회인 제49회 총회(1999년 9월)가 새롭게 개정한 총회규칙을 따라서 헌법의 수정, 개정과 관련한 안건은 헌법위원회에서, 규칙의 수정, 개정 안건은 규칙부에서 각각 다루도록 한 것은 아주 효율적인 방안이었다. 그런데 규칙부에서 다루도록 분류한 안건을 보면 "공동의회에서 3분의 2 의결 정족수에 해당하는 안건" 질의나 "은퇴목사의 상비부 소속 여부" 질의는 헌법

---

149. 제49회 총회회록, 34.
150. 제50회 총회회록, 45.
151. 제51회 총회회록, 57.
152. 제52회 총회회록, 90.

위원회에서, "이혼경력자의 직원임직"에 대한 것은 질문의 성격상 오히려 신학부가 다루는 것이 적합하다. 이는 헌의위원회가 총회에 상정한 많은 안건을 제대로 분류하는 것이 얼마나 중요한지를 대변하는 사례이다.

1) 교회직원(목사, 장로, 집사, 권사)에 대한 결정

첫째, 권사의 자격(교회정치 제9장 제68조 제1항)을 "만 45세 이상 65세 이하"에서 "만 40세 이상 65세 이하"로 개정하자는 청원에 대해 개정을 허락하고 노회에 수의를 결정하였다.[153] 마산노회, 전라노회, 울산남노회가 각각 해당 헌법의 개정을 청원하였다. 시대에 발맞추어 여성의 연령을 조정하자는 취지였다.

둘째, 집사의 자격(교회정치 제7장 제55조 제1항)과 장로의 자격(교회정치 제6장 제46조 제1항) 중에서 연령 조정에 대한 청원도 있었다. 집사나 장로의 자격으로 "만 30세 이상 65세 이하"를 "만 35세 이상 65세 이하"로 상향 조정하자는 청원이었다. 이 청원은 헌법위원회에서 1년 연구하도록 결정하였다.[154]

셋째, 조기 은퇴한 장로가 다시 시무장로로 복직할 수 있는지에 대해, 헌법적 규칙 제3장 제34조(은퇴직의 규제)와 교회정치 제6장 제52조(사직), 제54조(복직)에 근거하여 조기 은퇴한 장로는 다시 장로직에 복직하는 것이 불가하다고 결정하였다.[155]

넷째, 무임목사가 총회 총대로 선정되어 파송할 수 있는지에 대해, 교회정치 제12장 제92조 제2항에 근거하여 무임목사는 노회에서 언권만 있고 피선

---

153. 제50회 총회회록, 541.
154. 제50회 총회회록, 541.
155. 제50회 총회회록, 540.

거권은 없는 회원이기에 불가하다고 해석하였다.[156]

다섯째, 은퇴목사를 노회 상비부에 편성할 수 있는지를 묻는 질의에 대해, 은퇴는 모든 공직에서 은퇴하는 것이므로 노회 상비부에 들어가지 않는다는 규칙부의 보고에도 총회는 이 보고를 반려하였다.[157]

여섯째, 노회가 특정한 은퇴목사를 원로목사로 추대하는 것을 허락하는 것과 함께 노회의 공로목사로 추대하는 것을 동시에 할 수 있는지에 대해, 가능하다고 판단하였다.[158]

일곱째, 이혼경력자가 교회직원으로 임직할 수 있는지는 제42회 총회(1992년 9월)의 결의대로 받을 수 없다고 결정하였다.[159] 그러나 이 결정은 논란의 여지가 있다. 그 이유는 제42회 총회는 불법으로 이혼한 경력을 가진 자는 영구히 직분을 받을 수 없다고 결정하였으나 제44회 총회(1994년 9월)는 교회정치 제46조 제1항(장로의 자격)과 제55조 제1항(집사의 자격)에 준하기로 결정하였기 때문이다.[160] 즉 제44회 총회의 결정은 불법 이혼자라 할지라도 무조건 영구히 직분을 받을 수 없다고 하지 않고 방금 열거한 헌법 조항에 맞추어 해벌 이후에 교회직원의 자격 요건에서 규정한 일정한 무흠기간을 충족시키면 언제든지 직분을 받을 수 있는 것으로 새롭게 결정을 내렸다. 그런데 제50회 총회(2000년 9월)는 이혼 경력자의 교회직원 임직 건을 두고 다시 이상한 결정을 내린 것이다.

여덟째, 헌법적 규칙 제3장 제5조(수련봉사기간) 제3항("농어촌의 미조직

---

156. 제50회 총회회록, 540.
157. 제50회 총회회록, 503.
158. 제50회 총회회록, 503.
159. 제50회 총회회록, 503.
160. 제44회 총회촬요, 18.

교회, 미자립교회 또는 개척교회에서 단독으로 1년 이상 시무 후[단 목사 임직 후 1년간 계속 시무하여야 한다]")에서 "농어촌 미조직교회 또는 개체교회에서 2년 이상, 시무 후"로 개정해달라는 청원은 종전대로 계속 시행할 것을 결정하였다.[161]

아홉째, 교회직원 임직식의 주일 시행은 현 헌법에서 불가하다고 결정을 내렸다.[162]

열째, 직전 총회에 헌법위원회에서 연구하도록 한 협동목사 명칭 건은 다시 차기 총회로 연기하여 보고하도록 하였다.[163]

2) 치리회와 교회회의

첫째, 시찰부의 조직과 시찰부의 업무 한계를 묻는 질의에 대해, 교회정치 제13장 제98조에 근거하여 시찰부원을 담임목사 전원으로 하는 것은 노회가 자유롭게 결정하여 조직할 수 있다고 해석을 하였다.[164]

둘째, 이명증 접수 시 부득이하게 팩스로 보낸 이명증을 먼저 접수하고 후에 원래 이명증을 접수할 수 있도록 건의한 건과 서명날인 란에 인장과 같이 자필 서명도 유효할 수 있도록 건의한 건은 허락하기로 하였다.[165]

셋째, 총회 총대 명단 보고와 발표는 득표순이 아니라 장립순으로 해달라는 청원은 현행대로(득표순) 하는 것이 옳다고 결정하였다.[166]

---

161. 제50회 총회회록, 43.
162. 제50회 총회회록, 520.
163. 제50회 총회회록, 44.
164. 제50회 총회회록, 540.
165. 제50회 총회회록, 520.
166. 제50회 총회회록, 520.

넷째, 시무하는 교회의 재산을 유지재단에 가입하는 것을 조건으로 노회의 임원이나 총대를 선정할 때 제한을 두는 것은 현행대로(총회 임원의 경우 반드시 가입해야 한다, 총회규칙 제6조 제2항) 하기로 하였다.[167]

다섯째, 공동의회에서 3분의 2 의결을 요구하는 사안이 어떤 것인지를 묻는 질의는 임직자 선정, 교회의 부동산 취득과 매매에 관한 것이며 기타 사안은 다수결로 가결한다고 하였다.[168]

여섯째, 총회 회기 중 불법 유인물 배포는 총회장이 경고하고 책망하기로 하였다.[169]

일곱째, 노회 허락 없이 신학대학원 입학이 우선 가능한지를 묻는 질의는 불가능하다고 답변하였다.[170] 이로써 고려신학대학원이 목사후보생을 양성하는 기관으로서 노회가 추천하는 후보자에 국한하여 신학대학원 입학 응시 자격이 있음과 노회가 목사후보생의 입학과 관리 등에 모든 책임이 있음을 분명히 밝혔다.

3) 고려 측과의 합동 추진

중부산노회에서 건의한 본 교단과 고려 측 교단의 합동 추진을 적극적으로 하기로 하고, 합동추진위원회를 구성하였다(이금조, 원종록, 조긍천, 윤지환, 박종수, 조재태, 곽삼찬 목사; 박재석, 차철규 장로).[171] 고려 측은 일찍이 석원태 목사를 중심으로 성도간 세상법정 송사에 관한 총회의 결정을 두고

---

167. 제50회 총회회록, 520.
168. 제50회 총회회록, 503.
169. 제50회 총회회록, 503.
170. 제50회 총회회록, 43.
171 제50회 총회회록, 530.

고신교회에서 이탈하여 형성한 교단이다(제25회 총회, 1975년 9월).

4) 화란기독개혁교회와 자매결연

섭외위원회의 요청을 받아서 네덜란드기독개혁교회(The Christian Reformed Churches in the Netherlands)와 자매결연 맺는 것을 가결하였다. 이 교단은 개혁주의 신조를 채택하고 있으며 185개 교회 약 75,000 세례교인 175명의 목사가 있었다.[172] 그런데 여기서 자매결연 맺은 것이 우호 관계인지 아니면 자매 관계인지 명확하게 나타나 있지 않다. 어쨌든 고신교회는 화란에 있는 해방 측 개혁교회와 함께 기독개혁파교회와 교류와 자매 관계를 갖게 되었다.

5) 학교법인 관련 청원

직전 총회인 제49회 총회가 김해복음병원 매각 결정을 내린 것과 고신의료원 제도 폐지 결정을 내린 것이 무효임을 확인하는 청원은 각각 기각하기로 하였다.[173]

6) 기타

첫째, 경안노회에서 질의한 "안수기도"에 대한 건은 안수기도는 성경대로 하되 건덕을 세우는 범위 내에서 하기로 하였다.[174] 이는 비록 원칙을 언급한 것에 불과하지만 무분별하게 시행되는 안수기도에 어느 정도 제동을 걸었다는 점에서 의미가 있는 결정이었다.

---

172. 제50회 총회회록, 533.
173. 제50회 총회회록, 45.
174. 제50회 총회회록, 44.

둘째, 장례식에서 예배당 내에 시신 안치를 한 상태에서 예배를 드릴 수 있는지를 묻는 질의는 신학부에서 판단하기로 결정하였다.[175]

14. 제51회 총회(2001년 9월)

제51회 총회에서 주목할 것은 총회 제5일인 2001년 9월 21일(금요일)에 김해복음병원 매각을 저지하고 고신의료원 체제 고수와 구조조정 불가를 주장하며 이사회 정관개정안을 반대하는 총회산하기관 고신의료원 노조 250여명의 시위가 있었다는 점이다. 이로 인하여 정회를 하다가 모든 안건을 처리하지 못한 채 폐회를 하는 초유의 상황이 발생하였다.[176] 따라서 남은 미진 안건은 총회운영위원회와 총회 임원과 상비부, 특별부 임원에게 위임하여 2001년 10월 9일에 대전신일교회당에서 열린 "총회미진안건 처리를 위한 연석회의"에서 처리하였다. 한편 이번 총회는 직전 총회인 제50회 총회에서 구성한 고려 측 교단과의 합동위원회(위원장 이금조 목사)의 경과보고와 함께 고려 측 독노회(2001년 4월 16일 조직, 58개 교회, 5개 시찰, 목사 63명, 장로 46명, 세례교인 5867명)를 서경노회로 이름하여 합동 영입하기로 하였다. 이에 앞서 고신 측과 고려 측 합동위원회는 2001년 3월 30일에 고려 측 교회를 영입할 때 모든 자격(목사, 장로, 강도사, 전도사, 선교사, 신학생, 군목)을 그대로 받고, 영입하는 교회들의 독노회는 인정하고 노회 존속기간은 고려 측의 의견을 존중한다는 등 4개 사항에 합의하였다.[177] 서경노회의 영입

---

175. 제50회 총회회록, 520.
176. 제51회 총회회록, 47, 52.
177. 제51회 총회회록, 23, 60-1.

청원을 결정한 후 총회는 서경노회 총대인 조용선 목사 외 4명의 이름을 부르고 총회 지정석에 앉게 하였다. 그리고 동일 오후 2시 동 장소에서는 총회장의 집례로 오랫동안 교단과 총회를 위해 수고한 고(故) 한명동 목사의 장례식을 치렀다.[178]

1) 교회정치 제7장 제55조 제1항(집사의 자격)과 제6장 제46조 제1항(장로의 자격) 수정 노회 수의

직전 총회인 제50회 총회가 집사나 장로의 자격으로 "만 30세 이상 65세 이하"를 "만 35세 이상 65세 이하"로 연령을 조정하여 개정하자는 청원을 헌법위원회에 수임하였는데 총회는 헌법위원회의 보고를 받아 이를 개정하기로 하고 노회에 수의하였다.[179]

그러나 제50회 총회가 헌법위원회에 연구하도록 한 권사의 자격(교회정치 제9장 제68조 제1항)에서 "만 45세 이상 65세 이하"를 조정하여 "만 40세 이상 65세 이하"로 개정하는 청원은 현행대로 하기로 하였다.[180]

2) 헌법적 규칙과 총회규칙 변경

첫째, 헌법적 규칙 제3장 제22조(외국거주목사의 청빙)를 변경하였다. 기존에는 영주권을 가진 목사는 청빙이 가능하나 시민권을 가진 목사는 청빙이 불가하다고 하였으나, 이를 규정하는 제1항과 제2항을 삭제하고 "외국거주권(영주권, 시민권)을 가진 목사를 청빙할 수 있다."로 수정하기로 가결하

---

178. 제51회 총회회록, 25.
179. 제51회 총회회록, 578.
180. 제51회 총회회록, 578.

였다(출석회원 339명 중 가 315).[181]

둘째, 총회규칙 제35조 제1항을 변경하여 "총회는 매년 9월 셋째 주일 월요일 오후부터 금요일까지로 하되 회장이 소집하며 폐회 시간(19:00~)은 변경할 수 없고 정한 시간에 마쳐야 한다."로 수정하였다. 수정안에 회원 385명 중 264명이 찬성하여 의결 정족수인 3분의 2가 되므로 이를 변경하였다. 기존의 해당 규칙은 "총회는 매년 9월 셋째 주일 월요일 오후부터 금요일까지로 하되, 회장이 소집하며 본회의 결의로 폐회 시간을 연장할 수 있다."였다.[182] 총회가 이 규칙을 변경한 것은 금요일까지는 총회의 회무가 원만하게 처리될 수 있도록 하자는 선한 취지였다. 하지만 이러한 변경으로 인하여 제51회 총회는 총회 마지막 날인 제5일에 총회 장소에서 갑작스런 복음병원 노조의 시위로 인하여 회기 기간 시한인 금요일까지 회무를 마치지 못하는 예기치 못한 일이 일어났다. 총회는 남은 안건 처리를 위해 총회운영위원회와 총회 임원, 상비부와 특별부 임원에게 맡길 것을 결정하고 총회미진안건 처리를 위한 연석회의를 2001년 10월 9일(화) 오전 11시에 대전 신일교회당에서 열었다(당시 총원 101명 중 84명 출석). 이 연석회의에서 처리한 안건은 결코 사소하거나 작은 사안들이 아니었다. 고려신학대학원 이성구 교수의 논문을 둘러싼 신학부의 보고, <21세기 찬송가>를 둘러싼 찬송가위원회의 보고, 재판부의 보고, 반고소 고려파 일부 교회의 영입 건, 미래정책연구위원회의 보고 등의 안건이 다루어졌다. 여기서 우리가 진지하게 생각할 점이 있다. 즉 과연 총회가 중요한 안건들을 충분히 토의하여 처리하지 않은 채 폐회를 할 수 있는가, 그리고 총회가 중요한 미진 안건들을 어떤 특정한 사람들로

---

181. 제51회 총회회록, 43.
182. 제51회 총회회록, 39.

구성된 회의체에서 처리하는 것이 과연 합당한가에 대한 것이다.

3) 목사의 자격, 권한

첫째, 권징조례상 면직 시벌을 받은 목사의 소속에 관한 질의는 권징조례 제4장 제30조 제6항에 근거하여 면직된 목사의 소속은 평교인으로 당회에 속하고 그가 원하는 교회에 이명서를 보내어 소속이 되지 않거나 교회의 소속이 없으면 무적 교인으로 본 교단 치리권에 속하지 않는 것으로 가결하였다.[183]

둘째, 기관목사가 교회전담 설교자로 봉사할 수 있는가라는 질의는 헌법적 규칙 제3장 제9조에 의해 당회장의 허락으로 임시 설교자로 봉사할 수 있으며 여기서 "임시"는 교회정치 제4장 제30조(교회임시직원)에서 임시직원의 임기가 1년인 것에 유추하여 1년간 허락하는 것으로 해석하였다.[184]

셋째, 은퇴목사의 권한을 묻는 질의가 다시 있었는데 이에 은퇴목사는 노회원으로서 발언권과 선거권 등의 기본권은 있으나(상비부원 포함) 피선거권(노회 임원, 상비부 임원, 상임 및 특별 위원, 전권위원, 총회 총대)은 없는 것으로 가결하였다.[185] 그러나 회원의 4대 권리인 언권, 선거권, 결의권, 피선거권 중에서 결의권을 언급하지 않은 것이 눈에 띈다.

넷째, 위임목사 간 교체에 대한 헌법의 수정은 위임목사가 교체 이동할 경우 많은 불편이 있다는 이유로 현행대로 하기로 하였다.[186]

다섯째, 성서침례교단 소속 목사의 본 교단 가입 건은 교회정치 제5장 제

---

183. 제51회 총회회록, 50.
184. 제51회 총회회록, 50.
185. 제51회 총회회록, 50-1.
186. 제51회 총회회록, 43.

39조(다른 교단 목사의 가입)에 준해서 시행하기로 하였다.[187]

4) 권징 건

첫째, 교단의 헌법(교리표준과 관리표준)을 인정하지 않거나 수용하지 않아도 본 총회 산하 노회원이 될 수 있는지에 대한 질의는 헌법적 규칙 제10장 예배지침 제2조 제1항에 나오는 목사의 서약을 위배하는 일이며 이러한 사상을 가진 자들은 권징조례 제1장 제4조(권징의 범위) 제3항을 기초해서 처리하기로 가결하였다.[188]

둘째, 권징조례 제9장 제53조의 총회 상설재판부에 대한 개정 청원 건은 신임 구조조정위원회에 맡겨서 차기 총회 시에 보고하기로 하였다.[189]

셋째, 타 노회 목사를 죄명도 없이 해당 노회가 아닌 총회에서 치리(시벌)해달라고 요청할 수 있는가는 질의는 할 수 없는 일이라고 가결하였다.[190]

5) 치리회와 교회회의에 대한 안건

첫째, 총회의 표어를 1년간 노회와 개체교회가 사용하도록 요청한 청원은 이는 각 노회와 개체교회의 자율성을 억압하는 소지가 있어서 현재대로 시행하는 것으로 가결하였다.[191]

둘째, 총회의 총대 인원을 축소하자는 건의 건(현재의 3분의 2 수준으로 축소하는 것)은 허락하고 구체적인 법안은 헌법위원회에 맡겨 연구하도록

---

187. 제51회 총회회록, 49.
188. 제51회 총회회록, 43.
189. 제51회 총회회록, 43-4.
190. 제51회 총회회록, 51.
191. 제51회 총회회록, 36.

하였다.[192]

셋째, 총회 기간 내 무단결석과 이탈하는 총대는 다음 총회 시 총대로 참석할 수 없도록 한 건의 건은 다음 총회 시부터 시행하기로 하였다.[193]

넷째, 장로 선출 시 공동의회를 다른 날짜에 나누어 시행하는 것이 헌법적 규칙 제3장 제27조 제1항("장로 또는 집사를 선택하는 투표는 허락 후 1년 이내에 단회로 실시하되 2차까지 투표할 수 있다.")에 부합한가를 묻는 질의는 적법하지 않는 것으로 결정하였다.[194]

다섯째, 제45회 총회(1995년 9월)의 결의대로 전국교회는 총회 유지재단에 가입하는 것을 재확인하고 노회 회장단은 시무하는 교회의 재산을 유지재단에 가입하지 않고서는 피선될 수 없도록 한 건의 건은 받기로 가결하고 시행은 미래정책연구위원회에 맡겨서 실시하기로 하였다.[195]

여섯째, 교단 총회를 매 3년마다 총회 소속 목사 전원이 참석할 수 있게 해달라는 청원은 교단미래정책위원회에 맡겨 처리하는 것으로 결정하였다.[196]

6) 이성구 목사 학위논문과 신학 검증

고려신학대학원에서 구약학을 담당하고 있는 이성구 교수의 학위논문을 둘러싼 문제는 제49회 총회(1999년 9월)에서 제기되었는데 총회는 이를 1년간 신학부의 실행위원회에 위임하였고 직전 총회인 제50회 총회(2000년 9

---

192. 제51회 총회회록, 43.
193. 제51회 총회회록, 49.
194. 제51회 총회회록, 51.
195. 제51회 총회회록, 57.
196. 제51회 총회회록, 36.

월)는 아모스 주석을 3년 이내에 집필하도록 결정하였다. 그런데도 이 교수의 신학에 문제를 제기하는 일은 끊이지 않았다. 이번 총회는 이 교수의 학위논문을 재심하자는 남부산노회(노회장 이명우 목사)와 진주노회(노회장 이금조 목사)의 청원을 받아들여 신학부에 다시 이를 맡기기로 하였다.[197]

7) 총회 산하기관에 관한 사안

첫째, 은급제 운영위원회(위원장 대리 서기 정수생 목사)는 미자립교회 교역자를 지원하기 위한 지원자금 5천만 원(매년)을 청원하였다. 그런데 이 청원은 제45회 총회(1995년 9월), 제46회 총회(1996년 9월)의 결의이며 제51회 총회는 이 결의를 다시 재확인하였다. 이 청원은 미자립교회(농어촌 교회)의 교역자와 도시 교역자의 사례비 불균형 때문에 은퇴 후 은급 수혜 정도에 상당한 격차가 예상되기에 총회 차원에서 어느 정도의 생활비 균형을 도모하기 위한 것이었다.[198]

둘째, 총회구조조정위원회의 보고는 1년간 더 유보하고 구조조정위원회를 새롭게 구성하기로 하였다(위원장: 강신복; 위원: 이용호, 이명우, 안용운 목사; 이우성, 오성률, 김국호 장로).[199]

셋째, 교역자는 은급재단에 가입하는 것을 재확인하고, 강도사가 목사고시에 응할 때와 목사가 교회를 이동할 때는 반드시 은급재단가입증명서를 첨부하도록 한 건은 교역자는 은급재단에 가입하는 것을 원칙으로 하고 시행은 은급재단에 맡겨서 시행하기로 가결하였다.[200]

---

197. 제51회 총회회록, 54.
198. 제51회 총회회록, 98.
199. 제51회 총회회록, 27, 39.
200. 제51회 총회회록, 57.

넷째, 제49회 총회(1999년 9월)에서 김해복음병원의 매각과 고신의료원 제도의 폐지와 복음병원으로 전환하는 결정 후에도 총회는 계속 이 문제를 두고 첨예한 대립을 하였다. 총회 제5일인 2001년 9월 21일(금) 오전에 고신의료원제도의 폐지와 복음병원 체제로의 전환 결정에 따른 부속적인 조치로 학교법인이사회(이사장 강규찬 목사)의 정관개정이 가까스로 통과되었다(가 193 부 158).[201] 그러나 총회 폐회 후 2001년 10월 9일 대전신일교회당에서 열린 "총회 미진안건처리를 위한 연석회의"에서 "지난 총회의 결의를 뒤집을 수 없다."는 고려학원이사장 강규찬 목사와 "잘못된 결의라면 찬찬히 따져 바로 잡아야 한다."는 미래정책연구위원장 이금조 목사 간의 언쟁이 계속 이어졌다. 미래정책연구위원회(위원장 이금조 목사)를 통해 고신의료원 존속 건의안이 상정되었으나 총회는 이를 기각하기로 가결하고 고신의료원 존속 문제는 계속 연구하기로 하였으며 김해복음병원을 고신의료원에 합병하자는 건의안은 처리위원 5명을 내되 이사회에 맡기기로 가결하였다.[202] 차제에 총회가 수익기관인 고신의료원을 직영할 수 있는지를 묻는 질의도 총회에 상정되었으나 총회는 이를 학원 이사장에 맡겨 처리하는 것으로 결정하였다.[203] 이때까지도 상당수의 총대들은 김해복음병원 매각에 동의하기가 어려웠다. 그런 와중에 교단 산하기관, 특히 현재 파업 중인 복음병원의 비신앙

---

201. 제51회 총회회록, 47.
202. 제51회 총회회록, 57. 이사회의 개정 정관은 제51회 총회회록 538-540에서 볼 수 있다. 고려학원이사회의 제50-3회 제6차 이사회(2001.07.20.), 소위 오전 6시 15분에 중앙고속도로 상에서 속회된 이사회에서 승인한 개정안에는 가장 중요한 조항인 현 제72조(고신의료원 등)의 제72조(복음병원)로 개정이 포함되어 있었으나(제51회 총회회록 476-477 참고), 고려학원이사회가 제51회 총회를 앞두고 2001년 9월 7일자로 시행한 학교법인 정관 개정 청원 안에는 들어가 있지 않다.
203. 제51회 총회회록, 36.

적인 노조 활동에 대책을 마련하자는 청원이 있었는데 총회는 이를 복음병원을 관리, 지도하고 있는 고려학원이사회가 처리하기로 가결하였다.[204] 그러나 모든 문제를 근본에서부터 살피지 않고 이를 고려학원이사회에 맡겨 처리하기로 한 것은 상당히 무책임한 처사로 보인다.

8) 기타

첫째, 교단 주소록에 명기되는 "피택장로"라는 명칭은 헌법에 명기된 명칭이 아니므로 사용하지 않기로 하였다.[205]

둘째, 본 교단의 강단교류 범위가 잘 지켜지게 해달라는 청원 건은 현행대로 시행하는 것으로 가결하였다.[206] 청원 내용은 각 개체교회나 연합 모임에서 강단교류 범위가 실제로 잘 지켜질 수 있도록 선명하고 구체적인 조처를 취해달라는 것인데, 총회는 엉뚱하게도 현행대로 시행하자는 답을 내놓았다.

셋째, 미자립교회의 기준에 대한 질의에 이는 자립이 되지 않는 교회라고 해석하였다.[207] 그러나 이 질의와 대답은 3년 전 제48회 총회(1998년 9월)에서 이미 있었다.[208]

넷째, 미래정책연구위원회에서 실시하는 3,000 교회 운동은 전도부가 실행하되 세례교인 1인당 연간 1,000원 헌금을 허락하였다.[209]

---

204. 제51회 총회회록, 36.
205. 제51회 총회회록, 43.
206. 제51회 총회회록, 36.
207. 제51회 총회회록, 49.
208. 제48회 총회회록, 44.
209. 제51회 총회회록, 40.

15. 제52회 총회(2002년 9월)

제52회 총회는 특별히 교단설립 50주년을 맞아 기념대회(주제: 복음 조국 사랑, 대회장: 박종수 목사, 준비위원장: 곽삼찬 목사)를 회기 동안에 가졌다. 총회 둘째 날인 9월 24일(화) 저녁 6시부터 1부 음악회, 2부 기념예배(설교 제목: 50주년을 거룩하기 위해, 본문: 레위기 28장 8-12절. 설교자: 총회장 이선 목사), 3부 기념대회(고신 50주년 영상물 시청과 기념사, 축사, 교단 21세기 선언문 낭독) 순서를 가졌다.[210] 이 총회부터 총대 수가 500명 이상을 넘어섰다(총대 수 512명-목사 총대 256명 장로 총대 256명, 34개 노회, 교회 수 1,591개, 목사 수 2,435명, 장로 수 3,764명, 세례교인 수 213,746명).[211] 또 제51회 총회는 어느 총회보다도 헌법(권징조례)과 헌법적 규칙, 총회규칙, 총회 임원선거조례 등 전반에 걸쳐 조항을 손질하여 개정하였다.

1) 헌법 개정(교회정치 제7장 제55조 제1항, 제6장 제46조 제1항)의 노회 수의 결과 보고

직전 총회인 제51회 총회가 집사나 장로의 자격에서 "만 30세 이상 65세 이하"를 "만 35세 이상 65세 이하"로 연령을 조정하여 해당 헌법인 교회정치 제7장 제55조 제1항과 제6장 제46조 제1항을 개정하기로 하고 각 노회에 수의하였다. 제52회 총회는 해당 개정안이 모두 노회 과반수와 전 노회의 투표 수 3분의 2 이상의 가표를 얻었으므로 확정된 것을 공포하였다:[212]

---

210. 제52회 총회회록, 35.
211. 이런 배경에서 구조조정위원회의 보고를 받아 이번 총회부터 향후 5년간 총대 수를 동결하기로 가결하였다(제52회 총회회록, 34).
212. 제52회 총회회록, 38, 112-4.

교회정치

제7장 제55조 제1항(집사의 자격):

총 투표수 2,364 중 가 1,923 부 402 기권 30(34개 노회 중 32개 노회 가결)

제6장 제46조 제1항(장로의 자격):

총 투표수 2,406 중 가 2,194 부 191 기권 19(34개 노회 중 33개 노회 가결)

2) 각 노회에 수의한 개정헌법: 권징조례 제9장 제53조 제2항, 제7항

위 해당 조항의 개정안은 총회재판부의 활동을 상설로 하자는 취지에서 비롯하였다. 즉 총회재판부가 총회 회기 때뿐 아니라 총회 파회 후에 발생한 긴급한 사건도 항상 임원회의 결의를 거쳐 위탁받은 사건을 심리 판결할 수 있도록 하자는 취지이다. 기존에는 재판사건은 총회가 위탁한 사건만 재판부가 심리 판결하도록 하였다. 그러나 점점 늘어가는 재판건으로 인해 또 속전속결로 처리하기를 바라는 당사자들의 요구로 인해 총회재판부의 활동이 총회 회기 기간에만 국한되는 것을 비효율적으로 판단하였다. 그래서 다음과 같은 개정안을 만장일치로 가결하고(참석 회원 436명 중 436명 전언 찬성) 각 노회에 수의하기로 하였다:

권징조례 제9장 제53조 제7항: "총회는 재판받은 사건을 직할 심리하거나 재판부에 위임할 수 있으며, 재판부는 위탁받은 사건만 심리 판결한다."를 "총회는 재판받은 사건을 직할 심리하거나 재판부에 위임할 수 있으며, 재판부는 위탁받은 사건만 심리 판결한다. 단, 폐회 후에 발생한 긴급한 사건에 대해서는 임원회의 결의로 위탁 받은 사건을 심리 판결할 수 있다."로 개정.

권징조례 제9장 제53조 제2항 "부원은 총회에서 총대 중 21명을 선정하되 한 노회에서 3인을 초과하지 못한다."를 "부원은 총회에서 총대 목사 중 목사는 임직 20년 이상, 장로는 임직 15년 이상인 사람 중에서 21명을 선정하되 한 노회에서 2인을 초과하지 못한다."로 개정.

이러한 개정안은 총회가 개체교회와 재판 당사자들의 화평을 위해 더 효율적인 방법이라고 판단하여 내린 결정이기는 하지만 여전히 생각해 볼 문제가 있다. 성도와 교회 안에 일어난 갈등과 재판 건은 세상의 재판과 달리 그 목표가 화평이라는 것을 염두에 둔다면, 오히려 총회 회기 안에서만 다룸으로써 관련 당사자들에게 서로 생각하고 기다릴 시간과 여지를 줄 수 있다. 따라서 총회재판부의 상설 활동이 반드시 모든 점에서 유익하지 않다는 점을 고려했어야 했다.

3) 헌법적 규칙 개정

첫째, 헌법적 규칙 제3장 제5조 제1항을 개정하였다. 기존 "군종장교후보생은 신학대학원 졸업 후"를 "군종장교후보생과 세계선교부에서 추천받은 선교사후보생은 신학대학원 졸업 후"로 개정하였다(회원 386명 중 가 360).[213]

둘째, 헌법적 규칙 제3장 제6조(임시목사의 연임)를 개정하였다. 기존 "임시목사와 부목사가 만기가 되었을 때 목사와 교회간에 특별한 이유가 없으면 계속 시무할 수 있으나 매 3년마다 당회 또는 제직회(미조직교회)에서 연임을 결의하고 그 결과를 노회에 보고하여야 한다."를 "임시목사와 부목사가 만기가 되었을 때 목사와 교회간의 특별한 이유가 없으면 계속 시무할 수 있다."로 개정하였다(회원 378명 중 가 332).[214]

---

213. 제52회 총회회록, 53.
214. 제52회 총회회록, 55.

4) 총회규칙 개정

첫째, 총회구조조정위원회의 보고를 듣고 총회부서와 관련하여 일부 규칙을 다음과 같이 변경하기로 가결하였다(회원 398명 중 가 356). 무엇보다 제3장(부서)을 중심으로 크게 변경되었다. 변경된 내용의 핵심은 총회운영위원회와 재판부 외에 4개 부서를 두고(행정법규부, 신학교육부, 전도선교부, 재정복지부), 각 부 안에 특정한 상임위원회를 두었다. 행정법규부에는 행정위원회 섭외위원회 교단미래정책연구위원회 규칙위원회 헌법위원회 회의록검사위원회를, 신학교육부에는 신학위원회 교육위원회 유사종교위원회 전국학생신앙운동지도위원회 전국주교연합회지도위원회 전국청장년연합회지도위원회를, 전도선교부는 국내전도위원회 세계선교위원회 북한선교위원회 특수선교위원회 정보통신위원회 군경목선교위원회 농어촌위원회 전국남녀전도회지도위원회를, 재정복지부는 예결산위원회 재정감사위원회 사회복지위원회를 두었다.[215]

둘째, 총회규칙 제3장 제22조(총회 법인과 직영기관에 대한 조항)를 개정하여 총회에 직영기관과 재산관리를 위하여 현재 4개 법인(재단법인 대한예수교장로회고신총회유지재단, 학교법인 대한예수교장로회총회고려학원, 의료법인 고신의료재단, 대한예수교장로회총회은급재단)으로 구성하는 법인총회를 별도로 두기로 하였다: "본회에 직영기관과 재산관리를 위하여 다음의 법인으로 구성되는 법인총회를 두되 각 노회별로 총대수의 4분의 1의 인원을 노회가 파송하되 목사와 장로를 동수로 하고 총대수가 짝수일 때는 그대로, 홀수일 때는 1인을 증원하여 법인총회를 구성한다."

그리고 총회규칙 제36조를 신설하여 총회운영을 규정하되 특히 제5항에

---

215. 제52회 총회회록, 45-50.

서는 "법인총회는 본회의 폐회 후 개회한다. 단, 법인 총회의 임원 및 각 법인 이사, 감사 선출과 조직 보고 외의 일체의 안건을 처리한다."로 하였다. 그 외에 제1항은 "제1일은 개회예배, 임원선거와 공천위원회 보고를 받는다."로, 제2항은 "제2일은 외교사절단 인사, 각 위원회 조직 및 보고를 받는다."로, 제3항은 "제3일은 본회를 정회하고 각 부별로 회집하되 각 상임위원회의 보고건 및 청원 건을 처리한다. 상임위원회 보고는 부회에서 종결하고 청원 건은 본회에서 가결한다. 단 상임위원회의 임무는 차기 총회까지 이행한다."로, 제4항은 "제4일은 본회를 속회하여 가 부의 보고를 받아 확정하며 기타 안건을 결정한다. 단 각 부는 총회 폐회와 동시에 부의 역할은 종결된다(단 재판부는 예외로 한다)"로 하였다.[216]

셋째, 기존의 인터넷선교위원회의 명칭을 정보통신위원회로 변경하기로 하고 총회규칙 제3장 제13조 제10항과 제15조 제10항을 개정하였다(회원 437명 중 가 437).[217]

넷째, 총회규칙 제3장 제23조 제2항(고려학원이사회)에서 "5) 직능이사는 상황에 따라서 목사이사도 할 수 있다."로 개정하였다.[218]

다섯째, 총회규칙 제2장 제9조 제7항(회계의 임무는 다음과 같다) 2)에서 "총회유지재단감사를 받는다."를 삭제하기로 가결하였다(회원 438명 중 가 438).[219]

여섯째, 총회규칙 제2장 제12조 제10항 "재정부는 총회 재정에 관한 정책을 수립하고 총회 예산편성 및 결산보고를 하며 상비부 및 각 위원회 회계업

---

216. 제52회 총회회록, 49-50.
217. 제52회 총회회록, 42.
218. 제52회 총회회록, 42.
219. 제52회 총회회록, 42.

무를 감사한다."로 개정하기로 하였다(회원 437명 중 가 437).[220]

일곱째, 총회규칙 제3장 제13조에 "15. 감사위원회"를 신설하고 "15. 감사위원회는 총회 및 산하기관에 행정 및 재정을 감사하고 감사위원장은 필요시 임원회에 발언할 수 있다."를 신설하기로 가결하였다(회원 437명 중 가 437).[221]

여덟째, 총회규칙 제8조 제3항을 신설하여 "총회 임원, 각 법인 이사, 감사는 겸임하지 못한다. 단, 부서장은 예외로 한다."로 하기로 가결하였다(회원 395명 중 가 381).[222]

아홉째, 총회규칙 제13조 제1항 "운영위원회(회장 부회장 총무 서기 회계 각 노회장)"는 "운영위원회(임원 각 노회장)"로, 제16조 2항 "공천위원회(회장 서기 각 노회장)"는 "공천위원회(회장 부회장 서기 부서기 회계 각 노회장)"로, 제16장 3항 "헌의위원회(부회장 서기 회록서기 회계)"는 "헌의위원회(부회장 서기 부서기 회록서기 회계)"로 개정하기로 가결하였다(회원 450명 중 가 450).[223]

5) 총회 임원선거조례 개정

첫째, 제3장(입후보자의 자격) 제7조 제4항 "기타 임원은 임직 후 10년 된 자라야 한다."를 "기타 임원 및 각 법인 이사 및 감사는 임직 10년 이상 된 자라야 하고"로 개정하고 제5항을 신설하여 "모든 입후보자는 임기 중에 교회 정년에 해당되지 않는 자라야 한다."로 하고, 제5항은 제6항으로 개정하기

---

220. 제52회 총회회록, 42.
221. 제52회 총회회록, 42.
222. 제52회 총회회록, 44.
223. 제52회 총회회록, 39.

로 가결하였다(회원 438명 중 가 438). 앞서 총회유지재단 및 학교법인고려학원 이사 선출 시에 만 65세를 넘지 않는 자로 선출하도록 규칙을 개정하도록 가결하였는데 이제 해당 선거조례를 개정하게 되었다(회원 437명 중 가 437).[224]

둘째, 총회 임원선거조례에 총회규칙 제23조(법인 임원 선정에 대한 조항)를 첨부하기로 가결하였다.[225]

셋째, 제6장(선거운동에 대한 규제) 제15조(규제) 제1항의 "입후보자 또는 지지자는 등록마감일후부터는 총회선거완료 시까지 선거와 관련된 다음의 행위는 할 수 없다."를 "입후보자 또는 지지자는 총회폐회 익일부터 총회선거완료 시까지 선거와 관련된 다음의 행위는 할 수 없다."로 수정하기로 가결하였다.[226]

6) 치리회와 교단, 산하기관에 대한 결정

첫째, 총회에서 불법 유인물을 배포하는 목사와 장로는 평생토록 총대권을 박탈하기로 가결하였다.[227]

둘째, 시무하는 교회 재산을 총회유지재단에 가입하지 않는 목사와 장로는 총회 임원, 이사, 감사가 될 수 없다는 제49회 총회(1999년 9월)의 결의를 재확인하였다.[228]

셋째, 직전 총회인 제51회 총회 시에 교단미래정책연구위원회에 넘겨 1년

---

224. 제52회 총회회록, 42.
225. 제52회 총회회록, 65.
226. 제52회 총회회록, 65.
227. 제52회 총회회록, 54.
228. 제52회 총회회록, 61.

간 보고하도록 결의한 "각종 선거의 제비뽑기 촉구의 건"은 1년 더 연구하도록 결의하였다.[229]

넷째, 제51회 총회가 맡긴 안건 중에서 총회 소속 목사 전원이 총회에 참석할 수 있도록 하자는 청원의 건은 더 연구하도록 하되 2년에 한 번씩 목사 기도회를 통해 집행하든지 혹은 3년마다 총회 첫날 개회 예배 시만 참여하도록 하는 방안을 연구하도록 하였다.[230]

다섯째, 노회 회장단의 경우 시무하는 교회 재산을 총회유지재단에 가입하는 것을 의무로 하자는 청원은 더 연구하여 시행하도록 하였다.[231]

여섯째, 총회가 인준하거나 결의하여 시행하는 일을 총회의 동의 없이 산하기관이 임의로 변경 집행하는 일이 어느 선까지 가능한지요라는 서울노회(노회장 김현우 목사)의 질의는 총회 결정은 산하기관이 임의로 변경할 수 없고 총회결정대로만 시행하도록 결의하였다.[232]

일곱째, 고려신학대학원장이 청원한 고려신학대학원과 고신대학교를 분리 운영하도록 해달라는 청원은 제38회 총회(1988년 9월)의 결의인 "고신대학교와 대학원은 분리 운영한다."를 재확인하였다.[233]

여덟째, 경안노회 황규애 목사 외 10명이 청원한 고려신학대학원의 단설 대학원 설립의 건은 설립하기로 하고 구체적인 추진은 이사회에 맡기기로 가결하였다.[234]

---

229. 제52회 총회회록, 40, 292.
230. 제52회 총회회록, 292.
231. 제52회 총회회록, 44.
232. 제52회 총회회록, 64.
233. 제52회 총회회록, 64.
234. 제52회 총회회록, 64.

아홉째, 교단의 공식 명칭과 고려신학대학원의 공식 명칭 확인 건은, 교단의 공식 명칭은 "고신"이라 칭하며 고려신학대학원의 공식 명칭은 "고신대학교 신학대학원(고려신학대학원)"이라고 확인하였다.[235]

열째, 총회산하기관인 김해복음병원의 매각 결정을 한 지가 벌써 3년 전이지만 아직도 그 집행이 이루어지지 못한 가운데 김해복음병원의 매각 또는 합병 문제는 다시 이사회에 일임하는 것으로 결정되었다.[236]

7) 신학적인 결정

첫째, 예배당 안에 종교상징물(십자가 등)을 설치할 수 있는지를 묻는 질의에는 강단에 상징물(태극기, 촛대 등) 등은 우상화 할 수 있는 가능성이 있기에 성경과 개혁주의 신학과 전통에 맞지 않는 것은 설치하지 않기로 하였다.[237]

둘째, 주일성수와 십일조에 관한 바른 자세를 묻는 질의에는 고려신학대학원 교수회에 의뢰하여 다음 총회 시에 답변하기로 하였다.[238]

셋째, 이성구 교수의 학위논문에 나타난 역사적, 교리적, 해석학적 문제점을 재심할 것을 요청한 안건(남부산노회, 노회장 박종칠 목사)은 변종길, 신득일, 박영돈 교수에게 의뢰하여 6개월 안에 완료하고 번역 후 신학부에서 살펴보기까지 보류하기로 하였다.[239]

넷째, 축도 시 "있을지어다."와 "축원하옵나이다." 중에서 어느 것이 적절

---

235. 제52회 총회회록, 65.
236. 제52회 총회회록, 54.
237. 제52회 총회회록, 52.
238. 제52회 총회회록, 52.
239. 제52회 총회회록, 53.

한지를 묻는 질의는 제47회 총회의 결의에 따라 성경대로(고후 13:13) 하는 것이 옳다고 결정하였다.[240]

다섯째, "한상동 목사는 분리주의인가?"라는 최근 교단 일부 지도들의 주장과, 이와 관련한 교단의 정체성을 묻는 질의 건은 신학부에 맡겨 다음 총회에 보고하기로 가결하였다.[241] 이 사안의 배경에는 고신대학교에서 교회사를 가르치는 이상규 교수와 고려신학대학원에서 교회사를 가르치는 최덕성 교수 간의 논쟁이 있다. 즉 신사참배 거부 운동을 벌이고 고신 교단의 설립에 깊이 관여한 한상동 목사의 교회관을 두고 두 사람의 주장이 서로 달랐기 때문이다. 두 사람의 견해 차이는 학문적인 논쟁에서 그치지 않고 교단의 정체성과 신학교 교수의 신학적인 정체성 논란으로 이어지게 되었다. 이 사건의 표면적 발단은 2001년 8월 25일 천안에 소재한 고려신학대학원에서 열린 한국복음주의 역사신학회에서 시작되었다. 최덕성 교수가 발표한 "한상동과 주기철의 교회론"이라는 논문에서 과거 연세대학교 민경배 교수가 한상동 목사가 분리주의적 교회관을 가졌다고 주장한 것을 비판하였다. 이후 참석자들 사이에 격론이 벌어질 때 이상규 교수가 "한상동 목사는 분리주의적 경향이 있었으며 그가 분리주의적 교회관을 가지고 있었다고 말한 민경배 교수의 주장에 공감한다."라고 하며 같은 교단에서 교회사를 가르치는 동료 교수인 최덕성 교수의 논지를 반박함으로써 격화되었다.

---

240. 제52회 총회회록, 53.
241. 제52회 총회회록, 53.

16. 제53회 총회(2003년 9월)

직전 총회인 제52회 총회가 교단설립 50년을 맞아 기념대회를 갖고 희년의 기쁨으로 21세기 선언문을 발표한 지 겨우 1년이 지났을 뿐인데도 제53회 총회는 다른 어느 때보다도 무거운 분위기에서 개최되었다. 교단 산하기관 김해복음병원의 경영악화와 이에 따른 총회의 매각 결정에도 이를 제대로 처리하지 못하고 도리어 교단의 갈등요인으로 작용하면서 이사회와 병원이 파행적으로 운영되고 2001년 8월 병원노조의 장기파업(60여일)으로 재정여건이 더욱 악화하여 교직원 임금체불 등이 사회문제화 되었다. 교육인적자원부가 감사를 실시하고 부속병원 자금 불법 차입, 김해복음병원의 자금부당지원 등을 적발하면서 마침내 김해복음병원의 부도(2003년 3월), 2003년 4월 1일로 교육인적자원부가 파송한 15명의 관선이사들로 구성된 관선이사회(2007년 4월 17일까지 존속)가 총회의 고려학원이사회를 대신하고 결국에는 5월 9일 자로 어음 5억 6천만 원을 막지 못해 고려학원이 최종부도처리를 맞았다. 이에 앞서 2003년 2월 21일에 개최한 제52-3차 총회운영위원회는 7인 특별위원회(곽삼찬, 이용호, 이우성, 조재태, 박수만, 김상석, 박문철)를 구성하고 고려학원이 당면한 위기상황과 현안 해결(김해복음병원 제반 운영 건, 기채상환 해결 방안 건, 이사회의 화합 건 등)을 맡겼다. 그러나 5월 9일자로 고려학원이 최종부도처리 되자 교단은 엄청난 충격에 빠졌고, 이 날에 비상총회(2003년 5월 9일 금요일 오후 1시 고려신학대학원)가 소집되어 노회 별로 교단을 위한 특별기도회를 시행하기로 하며 무엇보다 복음병원 살리기 일환으로 200억 원 모금을 목표로 전국교회의 담임목사 1개월 사례비 헌금, 교단 산하기관 특히 고신대학교 및 고려신학대학원 교수들의 1개월 급여 반납, 각 개체교회의 후원과 교회재산을 담보로 한 융자 등의 활동을 벌이기로 하였다. 그러나 일각에서는 고려신학대학원 교수회를 중심으로 "교단=고려학원"이라는 논리와 복음병원을 비롯한 고려학원의 유 무형 자산 6천억 원의 자산이 우상이 된 현 상황을 개탄했다. 특히 교회재산을 담보로 복음병원 부채상환을 위한 자금을 차입하는 것을 비판하며 속히 경영권을 찾아오기보다는 이러한 결과를 초래한 비신앙적 비윤리적 요소를 철저하게 회개하고 개혁할 것을 요구하였다.

이런 가운데 경기노회 외 7개 노회는 이번 총회에 관선이사 파송에 따른 책임 규명과 징계를 요구하는 청원을 상정하고 직전 총회부터 구성되어 총회 폐회 후에 별도로 개최하는 법인총회(총회 산하 법인과 기관들에 대한 안건을 다루는 총회)는 이번 총회만큼만은 총회 폐회 전에 소집하여 모든 총대에게 최근 사태를 보고하기로 하였다.[242]

비록 무거운 분위기에서 시작한 총회에서 제53회 총회는 총회의 전권을 위임받아 고려학원 문제를 다루어 온 특별대책위원장이자 총회장 후보로 출마한 곽삼찬 목사를 70%라는 유례없는 저조한 지지로 총회장으로 선출하고 직전 총회에 이어서 총회규칙, 총회회의진행방안, 총회 선거조례의 일부 조항을 개정하였다. 이러한 개정은 총대 508명과 자문위원 40명으로 이루어진 총회의 규모에서 질서와 효율을 위해서는 불가피한 과정이었다.

1) 확정된 개정헌법 권징조례 제9장 제53조 제2항, 제7항

이번 총회는 지난 제52회 총회에서 각 노회에 수의한 권징조례 제9장 제53조 제2항과 제7항이 각각 가결되어 확정되었음을 보고하였다. 이 7항은 총회재판부가 폐회 후에도 발생한 긴급한 안건을 임원회의 결의로 심리 판결

---

242. 제52회 총회회록, 27.

할 수 있도록 한 것으로, 간단하게 말하면 총회재판부의 상설화에 대한 것이다. 제2항은 재판부원이 각 노회에서 2인을 초과하지 못하도록 한 조항이다.[243]

2) 노회에 수의한 개정헌법

교회정치 제16장 제120조(재산의 보존과 관리) 제2항에서 "기본재산의 취득, 매도, 증여, 교환 또는 용도를 변경하고자 할 때는 다음과 같이 처리한다."에서 "담보"를 삽입하도록 개정하기로 하고 이를 각 노회에 수의하기로 하였다(478명 중 가 418).[244]

이 결정은 2003년 5월 9일자로 고려학원이 부도난 그 날이 비상총회로 모여 오랜 격론 끝에 교단교회들이 시급한 2백억 원을 마련하기 위한 방법 중 하나로 교회들이 소유한 부동산을 담보해 금융권에 융자를 받고 모금을 하기로 한 것에서 그 배경을 찾을 수 있다. 교단 지도부와 이사회는 이같은 교단의 결의를 고려학원 문제해결에 매우 긍정적으로 평가하였다. 그러나 고려신학대학원의 교수들은 "복음병원의 부채상황을 위해 교회의 재산을 담보로 융자를 받는 방식은 옳지 않으며 심각한 부작용의 소지가 있다. 만일 복음병원이 끝내 회생하지 못할 때 교단과 교회를 어지럽게 할 소지가 있으며 존폐의 기로에 설 수도 있으므로 매우 위험한 발상"이라는 반대 주장을 내놓았다.[245]

---

243. 제52회 총회회록, 28.
244. 제53회 총회회록, 49.
245. 뉴스앤조이 2003년 5월 10일 자 기사 "고려학원 마침내 최종 부도처리: 비상총회, 교회부동산 담보 자구책."

3) 개정된 총회규칙[246]

첫째, 제1장 제3조 단서조항에서 "총회산하기관 근무자는 총대가 될 수 없다."를 삭제하기로 하였다.

둘째, 제3장 제16조 제1항에서 "통계위원회(서기, 공천된 3인)"를 "통계위원회(총무, 서기, 전도위원회 상임총무)"로 개정하였다.

셋째, 제3장 제21조 "본회의 자문위원은 총회 시에 발언권이 있으며 필요한 건의 및 제안은 상정할 수 있다."를 "본회의 자문위원은 총회 시에 발언권이 있다."로 하고 "필요한 건의 및 제안을 총회에 상정할 수 있다."를 삭제하였다.

넷째, 제4장 제27조 "총회 총무는 소속노회의 추천을 받아 총회선거관리위원회 후보 등록한 자를 본회에서 투표로 선정하되 재적회원 과반수의 출석과 출석회원 3분의 2 이상의 득표를 얻어야 한다. 3분의 2 이상의 득표를 얻지 못하면 결선 투표에서 다점자를 투표에서 선정한다."를 "총회 총무는 소속노회의 추천을 받아 총회선거관리위원회 후보 등록한 자로 본회에서 투표로 선정하되 재적회원 과반수의 출석과 출석회원 3분의 2 이상의 득표를 얻어야 한다. 1차에서 3분의 2 이상의 득표를 얻지 못하면 2차에서 다점자로 한다."로 개정하였다.

다섯째, 제7장 제46조 "노회는 총회공문서 관리규정 양식에 따라 매년 노회상황보고서를 총회 개최 2개월 전까지 총회 서기에게 제출해야 한다."를 "총회 개최 4개월 전까지 총회사무실로 제출해야 한다."로 개정하였다.

여섯째, 제13조 제1항을 "운영위원회는 총회 임원 및 각 노회 노회장과 장로 부노회장 그리고 상임위원장으로 구성한다."로 개정하였다.

---

246. 제53회 총회회록, 43-4.

일곱째, 제15조 제3항(신학교육부)은 회기 동안 두 번에 걸쳐 개정하였다. 즉 총회 제2일(2003년 9월 23일 화요일)에는 이 조항에서 "단 강도사 자격 심사를 위한 고시위원으로 각 노회 고시부장에 함께 참여한다."로 추가하기로 가결하였으나(438명 중 가 401)[247] 총회 제5일(2003년 9월 26일 금요일)에는 다음과 같이 다시 개정하였다: "1, 단 강도사 자격 심사를 위한 고시위원으로 각 노회 고시부장에 함께 참여한다."를 "단 강도사 자격심사를 위한 면접위원으로 신학위원에서 인원을 충원하기로 하되 신학교육부원 중에서 20명을 위촉키로 한다."로 개정하기로 가결하였다.[248]

4) 총회회의진행방안 변경(452명 중 가 368)[249]

첫째, 제4항(회의진행)의 2)에서 "소회의 중심으로 한다."를 '각부의 중심으로 한다."로 개정하였다.

둘째, 제6항의 "정기노회에서 상정한 안건 외에는 총회에서 취급하지 않기로 한다."를 "노회에서 상정한 안건 외에 총회에서 취급하지 않기로 한다."로 개정하였다.

셋째, 제8항의 "외국사절단(자매, 친교관계) 인사는 3-5분 내로 하며 본 교단 선교사 인사를 세계선교부 보고 시에 간단히 하도록 한다."를 "3-5분 내로 하며 본국어로 하되 통역없이 한글 영상에 올린다."로 개정하였다.

넷째, 제11항의 "총회기간 중 상비부 여비는 지출하지 않는다."를 신설하였다.

---

247. 제53회 총회회록, 29.
248. 제53회 총회회록, 55.
249. 제53회 총회회록, 44.

5) 총회 선거조례변경(436명 중 가 353)[250]

첫째, 제2장 제2조 제1항에서 "선거관리위원회는 15인(목사 8인, 장로 7인)으로 구성하며"를 "선거관리위원회는 9인(목사 5인, 장로 4인)으로 구성하며"로 개정하였다.

둘째, 제5장 제12조 제2항에서 "등록된 입후보자가 단일 후보일 경우에도 찬반투표를 하되 총투표자의 과반수의 득표를 얻어야 한다."를 "등록된 입후보자 단일 후보일 경우에 무투표 당선하고 학교법인이사, 감사는 투표한다."로 개정하였다.

셋째, 제4장 제8조 제9항에서 "교회재산 총회유지재단 가입확인서 1통"을 삽입하기로 가결하였다.

6) 세계선교위원회 규정 변경[251]

세계선교위원회 규정은 1980년 12월 5일에 초안한 것으로서 지금까지 총 7차례에 걸쳐 수정을 하였는데 이번 제8차 수정에서는 기존의 제1장(총회세계선교 발전과 정책배경)과 제2장(세계선교부 선교헌장)을 대폭 삭제하고 제1장 총칙 아래 제1조 명칭, 제2조 근거, 제3조 선교표준, 제4조 목적으로 간략하게 줄인 것이 특징이다. 삭제한 규정에는 교단역사, 선교부 조직, 선교정책(선교목적, 선교목표, 선교표준, 선교정책), 선교의 근거, 선교의 내용, 선교의 결과, 교회의 의무, 선교의 표준, 선교원리를 포함하여 본 교단의 세계선교 정체성과 방향이 분명하게 규정되어 있었다. 그런데 이번 8차 수정안에서 이 부분을 거의 삭제한 것은 많은 아쉬움으로 남는다.

---

250. 제53회 총회회록, 44-5.
251. 제53회 총회회록, 45.

7) 학교법인 이사 15인에 대한 징계

경기노회 외 7개 노회, 그리고 총회운영위원회(위원장 이 선 목사), 총회특별위원회(위원장 곽삼찬 목사)의 청원으로 지난 4월 1일자로 교육인적자원부의 관선이사 파송 책임 규명과 징계가 다루어졌다. 총회 제4일인 9월 25일(목요일) 저녁에 행정법규부의 청원으로 관선이사 파송 당시 학교법인 이사 15명 전원은 총회 앞에서 사과하도록 하고 3년간 상회권(총회권, 53-55회)을 정지하기로 가결하였다.[252] 그러나 몇몇 이사들은 징계가 부당하다며 이를 토로하였다. 15명의 이사 중에서 해임 당시 3년째 재임 중이던 이가 있는가 하면 수개월이 되지 않는 이도 있는데 동일한 징계를 적용하는 것은 부당하다는 것이다. 심지어 직전 이사장 김영동 목사는 고려학원 문제로 각종 고소와 고발로 시달리는 고통을 호소하며 "교단에 기독교의 공의가 무엇인지 묻고 싶다. 고려학원 문제에 감놔라 배놔라 하는 이들이 문제가 생기고 나니 책임을 분담하려는 노력을 찾아볼 수 없다. 누군가의 말처럼 나는 소모품이나 속죄양인지 묻고 싶다."며 울분을 토로하기도 하였다.[253] 이사들뿐 아니라 이번 사태의 정확한 원인 규명이 없이 징계가 이루어지는 그릇된 절차에 총대들은 거센 항의를 하였다. "고려학원부도사태진상규명위원회" 구성이 일시적으로 가결되었으나 2시간 후에는 법 절차를 따르지 않았다는 이유로 다시 무효를 선언하였다.

---

252. 제53회 총회회록, 47-8. 한편 이 결정에 남마산노회 윤진구 목사가 이 결정이 신앙양심에서 합법적이 아니라는 이유로 이의서를 제출하였다(제53회 총회회록, 49, 525).
253. 뉴스앤조이 2003. 9. 30. 최재호 기자의 기사: "이것이 그토록 자랑하는 정통신앙인가: 잘못에 대한 규명과 참회 없이 임기응변에만 몰두하는 총회."

8) 교회직원에 대한 결정

첫째, 이혼 경력이 있는 자는 임직이 불가하다는 이전 총회의 결의는 조건 불문하고 모든 경우에 유효한 것인지를 묻는 남부산노회(노회장 김상석 목사)의 질의에 대해 다음과 같이 가결하였다. 신앙고백 제24장 제5조에서 "만약 결혼 후에 간음한 사실이 있을 때, 순결한 편이 상대편을 죽은 것으로 간주하여 이혼 소송을 하고 이혼 후에 다른 사람과 결혼하는 것은 합법적이다."라고 명시했으므로 합법적으로 이혼한 경우 즉 배우자가 이단에 빠져 끝내 회개치 아니하고 돌아오지 않을 때는 임직이 가하다는 것이다.[254] 사실 총회는 이 문제를 두고 몇 번에 걸쳐 일관성 없는 결정을 내렸다. 지난 제44회 총회(1994년 9월)가 불법 이혼자라 할지라도 해벌 이후 교회 직원의 자격 요건에서 규정한 일정한 무흠 기간을 충족시키면 직분을 받을 수 있는 것으로 결정을 내린 적이 있었으나, 제50회 총회(2000년 9월)는 다시 이혼 경력자의 교회직원 임직이 불가하다는 결정을 내렸기 때문이다. 따라서 이번 제53회 총회가 내린 이 결정은 충분히 예상할 수 있는 것이었다.

둘째, 목사가 학위 가운을 예전에서 착용하는 것은 삼가도록 하였고 목사 가운 착위식 역시 삼가도록 하였다.[255] 이는 이미 상당한 목사들이 학위 가운을 입고 교회예식을 집례하고 있고 또 일부 노회에서 목사 가운 착위식을 하는 현실을 반영한 것으로서 총회는 이를 바르게 지도하였다.

셋째, 미자립인 미조직교회에서 임시목사를 청빙할 때에 노회 임원회와 임사부에 맡겨 처리하도록 하자는 청원은 현행대로 하되(노회에서 결의) 단 이런 경우에는 노회원의 여비지출 부담을 개체교회나 노회에 지우지 않도록

---

254. 제53회 총회회록, 45-6.
255. 제53회 총회회록, 46.

하였다.[256]

넷째, 헌법적 규칙 제3장 제5조(수련봉사기간) 제3항(농어촌의 미자립교회, 미자립교회 또는 개척교회에서 단독으로 1년 이상 시무 후)과 제5항(부교역자로 3년 이상 시무 후)에서 규정하는 강도사 수련기간 각 1년, 3년을 동일하게 "2년"으로 개정하자는 청원은 현행대로 하기로 하였다.[257]

다섯째, 교회정치 제9장 제68조 제1항의 권사의 자격에서 연령을 현재 명시된 45세에서 40세로 변경하자는 청원은 현행대로 시행하도록 하였다.[258]

여섯째, 목사 위임식과 직원 임직식에서 세족식을 하는 것이 옳은지를 묻는 질의에 총회예전예식서를 따라 세족행위를 하지 않도록 하였다.[259]

일곱째, 강도사의 자질 함양을 위해 논문과 실천신학 과목으로 강도사고시를 부활하자는 청원은 현행대로 하기로 하였다.[260]

9) 고려신학대학원 이성구 교수에 대한 결정

제52회 총회가 결정하여 위임한 고려신학대학원 이성구 교수의 박사논문("Election and Ethics"-번역명: "아모스 예언에 나타난 선택과 윤리")에 대한 번역과 평가가 신학교육부로터 보고되었다. 특히 평가에서 이 논문이 학적으로 많은 노력을 기울였음에도 아모스 예언의 배경을 전승에서 찾음으로 하나님의 계시(신적 영감성)가 부인되는 점, 후대 기록에 대한 언급이나 오경의 단일저작성을 부인하는 점 등 몇 가지 의문점이 제기되었다는 것을 지

---

256. 제53회 총회회록, 48.
257. 제53회 총회회록, 48.
258. 제53회 총회회록, 49.
259. 제53회 총회회록, 51.
260. 제53회 총회회록, 51.

적하였다. 이 평가보고의 채택여부를 두고 논의 끝에 투표하여 이 보고를 가까스로 받았다(가 197 부 135 기권 3). 이 평가에 근거해서 이 교수가 고려신학대학원에서 교수로서 직무 수행이 부적절하다는 신학교육부의 보고를 받은 해에 총회는 이 사안은 인사와 결부된 문제이기에 교수임용기관(고려학원이사회)의 판단에 맡기도록 결정하였다.[261]

10) 기타 결정

첫째, 타 교단과 강단교류 건을 해 교회 당회장에게 일임해달라는 경기노회의 발의에 총회는 해 교회 당회에 맡기기로 가결하였다.[262] 이와 같은 결정은 이미 제35회 총회(1985년 9월)가 내린 결정이기도 하다.[263]

둘째, 주일성수, 십일조헌금, 음주문제 등을 율법적이요 은혜시대에는 자율적으로 하도록 가르치고 그래서 헌법에 적시한 십일조와 주일관은 틀렸기에 개정의 대상이라고 주장하는 것은 헌법을 위배한 것이 아닌가를 묻는 질의에 대해, 예배지침 규정에 따라 헌법을 위배한 것으로 가결하였다.[264] 이 질의는 동대구노회가 제안하였는데 이 노회는 최근 십일조와 주일성수 문제로 소속 목회자를 제명한 바가 있었다.

셋째, 김해노회가 질의한 교인들에게 죄를 기록해 불에 던져 태우고 소원성취를 비는 행위와 십자가를 불에 태우는 행위를 금하도록 가결하였다.[265]

---

261. 제53회 총회회록, 53-5.
262. 제53회 총회회록, 45.
263. 제35회 총회회록, 18.
264. 제53회 총회회록, 48.
265. 제53회 총회회록, 52. 이 안건의 배경에는 직전 총회장인 이 선 목사(김해중앙교회)가 김해 신어산 기도원에서 교인들에게 죄를 기록하여 불에 던져 태우고 소원성취를 비는 행위를 하고 십자가를 불태우는 일이 있었다. 이에 교리를 위반하였다고 신태은 목사가 제기한 공개질

17. 제54회 총회(2004년 9월)

제54회 총회는 체불임금을 청산하는 전 김해복음병원 직원들의 단상 점거로 인해 예정된 개회시간인 9월 20일(월) 오후 3시가 아니라 하루 늦은 9월 21일(화) 오전 10시 12분에 개회하였다.[266] 이같이 이번 총회는 내부적으로는 고려학원의 부도와 총회산하기관 고려학원에 들어선 관선이사 체제(고신교회의 바벨론포로에 비유되는)와, 그리고 고려신학대학원 이성구 교수의 신학 문제, 고려신학대학원의 단설대학원 추진 문제로 씨름하였다. 뿐만 아니라 외부적으로는 제16대 노무현 대통령과 참여정부가 추진하는 각종 정책 특히 사립학교법개정과 씨름하였다고 할 수 있다. 이를 염두에 둔 신임 총회장 조재태 목사는 취임식에서 이번 총회에서는 첫째, 학교법인 문제 둘째, 고려신학대학원 문제를 깊이 있게 토의할 것을 부탁하였다.[267]

1) 헌법 개정 확정(교회정치 제16장 제120조 제2항)

직전 총회가 각 노회에 수의하기로 한 교회정치 제16장 제120조(재산의 보존과 관리) 제2항에서 "기본재산의 취득, 매도, 증여, 교환 또는 용도를 변경하고자 할 때는 다음과 같이 처리한다."에서 "담보"를 삽입하도록 개정하는 안건이 수의 결과 확정되었음을 공포하였다(총 34개 노회 중 가 32개 노

의서(한국기독교신문, 2002. 8. 29.)와 또 노회에 청원한 진정(2002. 9. 12.)으로 인하여 김해노회에서 전권위원회가 구성되었다. 그리고 후속 조치로 김해노회가 총회에 이 문제에 대한 바른 견해를 청원하게 된 것이다(제53회 총회회록, 102).

266. 제54회 총회회록, 14.
267. 제54회 총회회록, 21.

회 부 2개 노회, 총투표수 2,721명 중 가 2351 부 342 기권 22).[268]

2) 총회규칙 개정[269]

첫째, 제11조 제2항에서 "각 부는 회의진행을 위하여 부장, 서기 회계를 둔다."에서 "회계"대신 "회록서기"로 개정하였다(334명 중 가 227).

둘째, 제11조 제3항을 신설하였다: "상비부, 상임위원 및 법인총회 총대 배정은 각 노회 총대모임에서 선정키로 한다."(334명 중 가 227).

셋째, 제14조 제10항을 신설하였다: "신학위원회를 제외한 상비부의 목사 장로의 비율은 6:3으로 배정하고 재정복지부의 세 위원회의 비율은 3:6으로 배정한다."(334명 중 가 227)

넷째, 제34조(본 회의 회의는 다음과 같다) 제5항을 신설하였다: "5. 법인총회"(334명 중 가 227)

다섯째, 제36조(본회 운영은 다음과 같이 행한다)에서 제3항의 "단 상임위원의 임무는 차기총회까지로 한다."를 삭제하고, 4항을 신설하여 "상임위원회의 임무는 차기 총회 시까지이며, 차기 총회의 안건을 필요 시 사전 심의하여 보고한다."로 하였으며, 제4항을 제5항으로 제5항을 제6항으로 하되 "법인총회는 본회의 폐회 후 개회한다."를 "법인총회는 본회 종결과 동시에 개회하며 모든 보고와 안건을 처리한다."로 개정하였다(334명 중 가 227).

여섯째, 제15조(상임위원회의 임무는 다음과 같다)에서 2. 행정법규부 6) 회의록검사위원회 조항에서 "회의록검사위원회는 각 노회 회의록과 상비부, 상임위원회, 특별위원회 회의록을 총회 1개월 전에 검사하고 총회에 보고하

---

268. 제54회 총회회록, 31, 148-9.
269. 제54회 총회회록, 37, 43.

는 일을 담당한다."를 "회의록검사위원회는 각 노회 회의록을 총회 2개월 전에 검사하고 총회 때 보고하는 일을 담당한다."로 개정하기로 하였다(318명 중 가 318).

3) 선거조례와 세계선교위원회 규칙, 교육위원회 규칙 개정

첫째, 선거조례 제4장 제9조 제1항에 총회장 입후보자의 등록금을 타 후보자와 형평성을 고려하여 일천만 원으로 신설하기로 하였다. 그러나 미래정책연구위원장(이용호 목사)의 "입후보자의 등록금제도 폐지 및 당선자들의 교단발전을 위한 후원금 납부 건의"(부총회장은 일천만 원 이상, 임원 이사 감사 총무는 400만 원 이상)는 경제적 부담을 고려하여 현행대로 하기로 가결하였다.[270]

둘째, 세계선교위원회 규정 제1장 제7조 제1항에서 "집행위원회는 세계선교위원 9인과 실무위원 3인(선교훈련원장, 후원교회협의회대표, 선교정책위원회대표) 및 전담총무로 구성하며 세계선교위원장이 위원장이 된다."를 "세계선교위원회는 세계선교위원 9인과 실무위원 5인(선교훈련원장, 후원교회협의회대표 3인, 선교정책위원회대표) 및 전담총무로 구성하며 세계선교위원장이 위원장이 된다."로 개정하는 것을 승인하였다.[271]

셋째, 총회교육위원회 규칙 일부를 다음과 같이 승인하기로 가결하였다: "총회교육위원회"를 "교육원"으로, "위원회"를 "이사회"로 변경하고 이사를 현행 "9인"에서 "15인"으로 "위원장"을 "이사장"으로 "대표간사"를 "원장"으로 "선임연구원"을 "책임연구원"으로 명칭 변경하였다.[272]

---

270. 제54회 총회회록, 39-40.
271. 제54회 총회회록, 40.
272. 제54회 총회회록, 41.

4) 복음병원과 총회산하기관 관련 결정

첫째, 전 김해복음병원 직원들의 총회 단상 점거로 개회 예정일보다 하루 늦게 총회가 개회한 이후 총회 임원, 이사, 군목, 선교사, 미주와 대양주 유럽 총회장의 인사가 마치자마자 김해복음병원 직원들의 임금문제를 다루었다. 5인의 위원(정금출, 이우성, 김종익, 박창제, 오성도 장로)을 선정하여 이들과 협상하도록 하였고, 13명 직원들의 총 체불임금 571,966,171원 중 285,977,000원을 생활비 명목으로 지급하고 잔액은 포기각서로 대신하고 2004년 9월 22일 9시까지 지불하기로 하였다는 조치보고를 총회는 받았다.[273] 그리고 김해복음병원수습위원회의 청원을 받고 김해복음병원 직원들의 인건비와 부채를 위해 전국교회가 한 주간 헌금하기로 가결하였다.[274]

둘째, 복음병원 부도와 관선이사 체제에 따른 총회특별위원회의 보고가 있었는데 관선이사 파송의 원인규명을 위해 위원을 선정하여 이를 밝히기로 한 것과 고려학원 정상화를 위한 모금운동을 계속 추진하기로 한 것 등이다. 나아가 총회특별위원회는 고려학원 미래 경영은 교단 내의 인사 중에서 신앙과 덕망과 재력과 경영 능력을 겸비한 경력자들을 찾아서 위탁 책임 경영을 맡기는 방향으로 추진하기로 총회에 건의하였다.[275]

셋째, 경남노회 외 10개 노회에서 복음병원 부도와 관선이사 체제와 관련하여 원인 규명과 당시 15인 고려학원이사에 대한 징계의 재심 혹은 해벌 청원이 있었다. 주 내용은 당시 고려학원 이사 15인에 대한 일방적인 징계(3년간 총회권 중지)는 부당하다는 것이었다. 그러나 총회는 직전 총회인 제53회 총회의 결의(관선이사 파견 당시의 학교법인고려학원 이사 15인의 3년간 총

---

273. 제54회 총회회록, 22, 32, 180.
274. 제54회 총회회록, 47.
275. 제54회 총회회록, 33, 441.

회권(53-55회) 정지)를 따르는 것으로 가결하였다. 이에 남마산노회의 윤진구 목사와 중부산노회의 안용운 목사가 원인규명이 없는 책임자 처벌, 재판절차와 규례를 무시한 재판이라는 이유를 들어 항의서를 제출하였다.[276]

넷째, 고려신학대학원장(한진환 목사)의 청원으로 고려신학대학원의 대학원대학교(단설대학원) 추진위원회를 설치하기로 하고 위원으로 김용구, 최명식, 이용호, 정주채 목사; 최계호, 김정남, 김광영 장로를 선정하였다.[277] 제52회 총회(2002년 9월)에서 이미 결정되었으나 고려학원의 부도와 관선 이사 체제가 들어서면서 보류한 안건이었다. 더구나 고려학원의 부도로 매년 총회에서 받은 약 10억 원의 지원자금이 중단되면서 재정난에 처한 고려신학대학원의 단설대학원 설립추진은 더욱 절실하게 되었다.

다섯째, 경안노회(노회장 심상훈 목사)와 남부산노회(노회장 김제형 목사)가 제출한 "고신대학교의 입학 요건 중에서 신급 제한 문제"는 고신대학교가 기독교학교로서 설립된 취지대로 현재 신급을 제한("학습교인 이상")하고 있는 것을 그대로 유지하기로 가결하였다. 그러나 동부산노회(노회장 배굉호 목사)의 "고신대학교 신급 폐지론에 대한 일체의 재론 금지 건의"는 각 노회 고유의 권한이므로 제한할 수 없다고 가결하였다.[278] 고신대학교 신급 제한 철폐 문제는 기독교대학교이라는 설립이념 고수와 대학의 생존이라는 현실 사이에서 터져 나온 것이었다. 기독교신앙교육공동체와 기독교문화 건설을 위해 신급 중에서 학습교인 이상 또는 6개월 이상 교회출석, 담임목사의 추천을 받은 자 등으로 입학 자격을 제한하자는 주장과 매년 지원 학생 수가 격감하고 있는 자연과학부의 경우 신급 제한이 지원 학생 수를 감소하

---

276. 제54회 총회회록, 43, 494-5.
277. 제54회 총회회록, 45.
278. 제54회 총회회록, 45.

게 만드는 중요한 요인이므로 이를 철폐하자는 주장이 팽팽히 맞서는 중에 총회는 신급 제한을 계속 두는 것으로 결정하였다. 신급 철폐 문제는 고려학원 부도 상황에서 총회와 교단이 또 하나 넘어야 할 큰 산이었다.

여섯째, 전남동부노회(노회장 박세환 목사)와 전라노회(노회장 김해주 목사)가 각각 제출한 "이성구 교수 문제의 조속한 문제해결방안"과 "이성구 박사의 논문 결의 결과에 따르는 후속 조치 건의"를 다음과 같이 처리하였다: 신학위원회(위원장 최명식 목사)가 제출한 "이성구 교수의 자유주의 신학사상"에 대한 보고를 채택하고,[279] 이성구 교수의 목사직에 관한 건은 소속 노회인 중부산노회에 지시하여 처리하도록 하였으며, 고려신학대학원 교수로서 합당치 않음으로 강의와 모든 보직을 중지시키도록 하고 그 처리는 고려신학대학원에 맡기기로 하며 교수직 해임은 학교법인고려학원이사회에서 처리하도록 통보하기로 하였다.[280]

게다가 이성구 목사의 헌법위배 사항과 처리에 대한 진정 건이 별도로 총회에 접수되었다. 즉, 서울노회(노회장 황신기 목사)가 2003년 12월 24일 저녁에 어떤 모 교회에서 이성구 목사가 세례교인이 아닌 사람들에게 성찬을 참여하게 함으로 헌법을 위배한 것을 총회가 적절한 조처를 강구하도록 건

---

279. 총회신학위원회가 제출한 "이성구 교수의 자유주의 신학사상" 보고서에는 고려신학대학원 이승미 교수가 신학위원회 위원장 앞으로 제출한 "이성구 교수의 자유주의 신학사상 건"(여기에는 이성구 교수의 2003년 11월 25일 자 뉴스앤조이 인터뷰 기사 글 "내 혈관에는 개혁주의 피 흐른다"와 이에 대한 이승미 교수의 해명 요청 글, 이승미 교수의 질문에 대한 이성구 교수의 대답 등이 실려 있다)과 신학위원회가 이 문제를 두고 협조를 문의한 오병세, 이근삼, 허순길, 최덕성 교수의 글이 실려 있다. 제54회 총회회록, 627-74를 참고하라. 이성구 교수의 인터뷰 기사 "내 혈관에는 개혁주의 피 흐른다"에서 이승미 교수가 지적한 표현들은 다음과 같다: 첫째, "나는 한국장로교회 안에는 자유주의가 없다고 생각한다." 둘째, "사도신경을 고백한다면 고백공동체로 충분하다." 셋째, "사도신경 외의 나머지 고백들은 사변적 신학이다."

280. 제54회 총회회록, 46.

의한 것이었다. 이에 총회는 이는 헌법을 위배한 일이 분명하며 그 처리는 이성구 목사의 소속 노회로 보내어 취급하도록 가결하였다. 그리고 진주노회(노회장 손상대 목사)와 경안노회(노회장 심상훈 목사)의 청원으로 고려신학대학원 교수들 중 이성구 교수 논문 지지자들의 신학사상 검증을 신학위원회에 맡겨 철저히 검증하여 보고하도록 하였다.[281]

5) 시국선언문 채택[282]

한국기독교총연합회(이하 한기총)에서 청원한 사립학교법에 대한 반대성명과 동부산노회(노회장 배굉호 목사)가 건의한 "시국에 관한 성명서 발표"를 위해 이용호 목사, 정금출 장로, 김경래 장로가 "나라를 위한 우리의 결의"라는 제목으로 초안한 시국선언문을 채택하였다. 그 내용을 간략하게 보면 다음과 같다.

> 첫째, 단군상에 대한 철거대책 수립의 촉구.
> 둘째, 최근 자유민주주의 시장경제체제와 건국이념을 부정하는 친북 반미 좌경세력의 활동으로 국민들의 우려와 불안이 심화되는 상황에서 대통령이 헌법이 규정한 국가의 정체성을 확고히 지켜주도록 촉구.
> 셋째, 편파보도를 일삼는 어용매체들을 분변하여 그들의 존립을 어렵게 만들어야 한다.
> 넷째, 국가보안법의 폐지를 선동하는 김정일 세습독재 집단의 지령에 동조하는 자들을 가려내어 처벌할 것을 촉구.

---

281. 제54회 총회회록, 39.
282. 제54회 총회회록, 33, 35-6.

> 다섯째, 탈북난민 보호와 북한 인권에 대한 국제사회와의 공조에 적극적으로 임할 것을 촉구.
> 여섯째, 행정수도 이전 문제로 국론이 분열되는 상황에서 국민투표를 실시하여 이전 여부를 결정할 것을 촉구.
> 일곱째, 사립학교법 개정에 반대하며 사학 이념 수호에 매진할 것을 천명.
> 여덟째, 현 정권이 민심의 소재를 정확히 파악하여 좌로나 우로나 치우치지 않는 공의와 진리를 위해 굳게 서서 세계 12위의 국가발전과 선교한국의 기틀을 견고히 지켜나갈 것을 진심으로 기원한다.
>
> 2004년 9월 23일
>
> 대한예수교장로회 고신총회

그러나 이러한 시국선언문 채택이 우리의 신앙고백서인 웨스트민스터 신앙고백서 제31장 제4항 "총회와 공의회는 교회에 관한 사건 이외의 것을 취급하거나 결정해서는 안 된다. 그리고 특별한 경우에 있어서 겸손한 청원이나 국가공직자로부터 요구가 있을 때에 양심의 만족을 위한 충고 이외에는 국가에 관한 일반 사건에 간섭해서는 안 된다."에 비추어 볼 때 치리회인 "총회"가 시국선언문의 주체가 된 것이 과연 적절한가에 대한 의문은 여전히 남는다. 아무리 시국이 특별하다 하더라도 고백서에서 고백하는 대로 "겸손한 청원"이 되어야 함에도 이 시국선언문은 적극적으로 "촉구"와 "천명" "결의"를 하였기 때문이다.

6) 교회직원에 대한 결정[283]

첫째, "노회장 자격 규제에 대한 문의"에 관하여 교회정치 제12장 제92조(노회원의 자격)에 의해 임시목사도 노회의 회원이므로 노회장이 될 수 있다고 결정하였다.

둘째, 교회정치 제11장 제52조 제3항(참고. 이는 오기로서 1980년 헌법에 의한 조항이다. 현재 헌법에서 해당 조항은 교회정치 제57조, 제70조이다)에서 "집사 권사를 선출할 때 총투표 수의 3분의 2 이상의 가표를 요한다."를 "집사 권사는 총투표 수 과반 이상의 가표를 요한다."로 개정하자는 건의는 현행대로 하기로 가결하였다.

셋째, 교회정치 제12장 제93조 제6항("노회는 개체교회의 장로선택과 임직을 허락하며, 장로와 전도사의 자격고시를 한다.")을 시행할 때에 교역자 이동과 장로고시 청원 시에 호적등본 추가 첨부 건의는 해 노회의 재량대로 하기로 가결하였다.

넷째, 헌법적 규칙 제3장 제7조에서 "부목사는 현직으로 시무하는 개체교회를 담임할 수 없다. 단 개체교회 담임목사가 은퇴할 때는 은퇴하는 목사의 동의를 얻어 청빙받을 수 있다."에서 부목사 외에 강도사와 전도사도 해당하는지를 묻는 문의는 헌법 정신상 부교역자는 다 포함이 되는 것으로 가결하였다.

다섯째, 기독교대학교수협의회가 주관하여 실시한 목사 안수를 인정할 수 있는지를 묻는 문의는 교회정치 제5장 제35조에서 "목사 임직과 위임은 개체교회 또는 기타기관의 청빙을 받고 노회의 허락으로 교회나 노회에서 안수로 임직하고 위임식은 그 시무한 교회에서 거행한다."라고 하였으므로 교

---

283. 제54회 총회회록, 38-9.

수협의회에서 실시한 목사안수는 인정할 수 없다고 가결하였다.

여섯째, 노회와 당회가 재판회를 조직하지 않고 소환통보도 목사와 장로를 면직시키고 면직공포도 없이 본인에게 통지는 물론 신문에 게재도 없는 면직이 효력이 있는지를 묻는 문의는 권징조례 제2장 소송규례 제6조, 제7조 제2항, 제10조 제1항의 절차를 무시한 재판회는 인정할 수 없는 것으로 가결하였다.

일곱째, 교회정치 제5장 제41조 제2항에서 사직당한 자의 복직은 재적회원 3분의 2의 결의로 헌법적 규칙 제9장 제9조 제1항에서는 면직당한 자의 복직은 치리회의 결의로 한다고 명시되어있다. 그런데 여기서 면직당한 자의 복직 결의가 다수인지 3분의 2인지는 헌법적 규칙 제4장(치리회) 제1조에서 "치리회의 결의는 명시된 사항이 아닌 것은 다수결로 한다."라고 하였으므로 헌법적 규칙 제9장 제9조 제1항의 결의는 다수가 옳은 것으로 가결하였다. 그리고 헌법위원회 역시 사직당한 자의 복직 절차를 적용하여 다수가 아닌 3분의 2로 결의한 것은 헌법과 맞지 않는다고 판단하였다. 그러나 이는 제43회 총회(1993년 9월)에서 "면직 당한 목사의 복직 절차"에 대한 질의에 면직 사유가 충분히 해소된 여부를 살필 것과 노회원 재적 3분의 2 이상의 결의로 허락될 수 있음을 확인한 바가 있는 것이지만 총회는 이번에 다시 이를 바로 잡았다.[284]

여덟째, 헌법적 규칙 제3장 제12조(원로목사의 시무기간 산정에 대하여)에서 "한 교회에서 20년 이상 시무"라 함이 시무한 기간 외에 부목사로 산정한 기간도 합산되는지의 여부를 해석해 달라는 청원은 "한 교회 20년 이상 시무"란 위임목사, 임시목사, 부목사의 구분 없이 목사로 그 교회에 시무한

---

284. 제44회 총회회록, 159.

전 기간을 합산한 총 년 수로 계산하는 것이 옳은 것으로 가결하였다.[285]

7) 기타

첫째, 미래정책연구위원회의 제안으로 교단분열의 위험성과 교단발전을 저해하는 교단 내 사조직을 해체할 것을 결정하였다.[286]

이 결정은 교단 내의 사조직 때문에 교단 내 갈등이 증폭되어 고려학원이 사회의 파행과 복음병원의 경영 악화, 마침내 고려학원의 부도 사태와 관선이사 체제가 들어섰다는 판단과 자성에서 비롯된 것으로 보인다. 그러나 직접적인 배경은 최근 고려학원의 관선이사 체제와 부도상황이 장기화됨에 따라 교단의 위기감이 깊어지는 가운데 교단의 현안을 놓고 한때 활발하게 활동하다가 지난 제48회 총회(1998년 9월)에서 사조직 해체 결정으로 활동을 중단한 교단 내 소장 목사들의 모임인 고신목회자협의회(회장 장희종 목사)의 활동에 있다. 이 단체가 2004년 8월 12일과 13일 양일에 걸쳐 특별기도회와 토론회를 개최하면서 모임을 재개한 것이다. 더욱이 이 기도회와 토론회에서 발제자로 나선 정주채 목사와 전국장로회연합회 소속 교단정상화추진위원회 소속 김국호 장로를 비롯한 참석자들은 현 총회장인 곽삼찬 목사가 학교법인의 경영 부실과 각종 부정과 비리를 자행한 인물이라고 지목하는 등 교단의 현 집행부를 비판하였고, 이에 총회의 일부 지도자들은 고신목회자협의회를 견제해야 할 정치적 단체로 보았다.

둘째, 경인노회와 충청노회에서 제출한 "서경노회의 해체 및 지역노회 편입 청원"은 보류하기로 결정하였다. 서경노회는 고려 교단의 일부 교회들로

---

285. 제54회 총회회록, 39.
286. 제54회 총회회록, 38.

서 구성된 독노회로서 본 교단과 제51회 총회(2001년 9월)에서 그대로 영입되었다. 이제 3년이 지난 시점에 지역 노회로 편입하자는 청원이 들어왔으나 영입과 합동 당시에 서로 합의한 사항 중 "서경노회의 존속기간은 서경노회의 의견을 존중한다."는 뜻에 따라 이 문제는 당분간 보류하기로 하였다.[287]

셋째, 전국원로장로연합회(회장 강경옥 장로)가 문의한 "중보기도" 건은 고려신학대학원 교수회에 맡겨 연구하여 제55회 총회 시에 보고하도록 하고 "중보기도" 명칭은 1년간 사용을 보류하기로 결정하였다.[288]

18. 제55회 총회(2005년 9월)

제55회 총회는 고려학원정상화준비위원회를 중심으로 관선이사 체제 아래에 있는 고려학원의 정상화를 위해 전력투구하는 한편 동시에 고려학원의 중요 기관인 고려신학대학원을 둘러싼 여러 문제(이성구 교수 문제에서 비롯된 교수들의 신학사상 검증, 단설대학원추진 건, 목양장학회 건)로 몸살을 겪었다.

1) 헌법의 전면 개정 청원

헌법위원회(위원장 김성천 목사)가 헌법전반의 개정 검토와 이를 위한 개정위원 선정을 건의하였으나 총회는 이를 허락하지 않았다. 현 헌법의 전반적인 개정이 총회에서 거론된 것은 1992년 헌법 개정 이후 이번 총회가 처음

---

287. 제54회 총회회록, 41.
288. 제54회 총회회록, 45-6.

이었다.[289]

2) 총회규칙 개정[290]

첫째, 제3장 제13조에서 "각 부회는 다음의 상임위원회를 둔다."를 "각 부회는 다음의 상임위원회를 두며 상임위원회 조직은 상임위원은 9인으로 하고 전 총대를 각 상임위원회에 안배하기로 한다."로 개정하였다(343명 중 가 342).

둘째, 제15조 제2항 2)에서 "섭외위원회는 국내외의 자매교회 및 우호 관계 교단과의 관계를 연구증진하고 한일 개혁파 교회 연구위원을 겸하며 국내에 파송된 외국 선교사와의 협력에 관한 일을 담당한다."를 "섭외위원회는 국내외의 자매교회 및 우호 관계 교단과의 관계를 연구증진하고 국내에 파송된 외국 선교사와의 협력에 관한 일을 담당한다."로 개정하였다(343명 중 가 343).

셋째, 제15조 제2항 2)에서 "외국사절단(자매, 친교관계) 인사는 3-5분 내로 하며 본국어로 하되 통역 없이 한글 영상에 올린다."를 "외국사절단(자매, 친교관계) 인사는 5분 내로 인사하기로 한다."로 개정하였다(343명 중 가 343).

넷째, 제24조 "본회의 법인 이사의 임기는 4년이고 감사는 2년으로 하되 각각 단임으로 한다."를 "본회의 법인 이사의 임기는 4년이고 감사는 2년으로 하되 각각 단임으로 한다. 단 법인 이사와 감사를 겸할 수 없다."로 개정하였다(343명 중 가 343).

---

289. 제55회 총회회록, 44.
290. 제55회 총회회록, 51-2.

다섯째, 상임위원회인 재정감사위원회 대신 독립된 부서로서 "감사부"를 신설하자는 결정에 따라 "제13조 제5항 2)" 및 "제15조 제5항 2)"에서 "재정감사위원회"를 삭제하고 대신 제3장 제10조 제6항에 "감사부"를 신설하였다. 또 제3장 제12조 제6항에 "감사는 9인(목사 5인, 장로 4인)으로 조직하며 총회 및 산하기관의 행정 및 재정을 감사하고 감사위원장은 필요시 임원회에 참여하여 발언할 수 있다."를 신설하고, 제13장 제12조 제6항은 제7항으로 변경하고 제3장 제13조 제5항 2)는 삭제하며 제3장 제13조 제5항 3)을 2)로 변경하고 제3장 제15조 제5항 2)를 삭제하였다.

여섯째, "총회교육위원회" 대신 "총회교육원"을 설치함으로 이에 따른 규칙을 개정하였다. 제3장 제13조 제3항-2에서 "교육위원회(9인)"를 삭제하고 제3장 제22조 제5항에 "대한예수교장로회 총회교육원"을 신설하였다. 또 제23조 제5항(총회교육원 이사회)에서 "이사는 15인으로 하되, 총회 선출 9인, 교수 2인(고신대학교 교수, 고려신학대학원 교수), 이사회 선임 목회자 3인, 교육원장으로 하고 별도로 이사회 정관을 둔다."를 신설하였다. 그리고 제25조 제5항(총회교육원 이사회)에서 "교단의 교육이념과 목적 및 단계별 교육목표를 설정하고, 교과과정을 연구 확정하되 교재 및 각종 교육자료 개발, 교사통신대학 및 성경통신대학을 통하여 교사와 평신도를 교육하는 일을 담당한다."로 3)을 삭제하고 2)로 변경하였다(343명 중 가 309).

3) 총회 선거조례 개정[291]

첫째, 제9조 제2항에서 "선거관리위원회는 이 등록금으로 선거관리 특별회계를 선정하여 선거비용으로 사용하고 잉여금은 회계에게 넘기되 총회의

---

291. 제55회 총회회록, 52.

결의 없이는 타 용도로 전용할 수 없다."를 "모든 입후보자는 제1항의 등록금을 총회회계에게 납부하고 총회는 선거의 원활한 관리업무를 위해 적정예산을 편성(배정)한다."로 개정하였다(343명 중 가 343).

둘째, 제3장 제7조 제1항의 4)에서 "모든 입후보자는 교회재산을 총회유지재단에 가입한 자라야 한다."를 "총회장과 부총회장, 이사와 감사는 교회재산을 총회유지재단에 가입한 자라야 한다."로 개정하였다(343명 중 가 340).

4) 고려학원의 정상화를 위한 활동

복음병원의 부도와 관선이사 체제에서 벗어나기 위해 제54-2차 총회 임원회(2004년 11월 22일 오전 11시, 송도제일교회당)는 고려학원정상화준비위원회를 구성하였다(총회 임원 9명과 실행위원 3명, 전문위원 3명, 위원 10명). 이에 따라 동 위원회(위원장 조재태 목사)는 제55회 총회 직전까지 그동안 4차례에 걸친 회의를 거치면서 본격적인 활동에 들어갔다. 관선이사 체제에서 본 위원회가 총회산하기관장의 보고(고신대학교총장, 고려신학대학원장, 복음병원장)를 받고 또 고려학원의 정상화를 위해 제1위원회(인수 후의 대책위원회)와 제2위원회(65억 모금대책위원회)를 별도로 구성하여 활동을 펼치게 하였다.[292] 따라서 "복음병원 부도 사태 원인 규명을 위한 전권위원회 구성 청원"은 현재 고려학원정상화준비위원회가 구성되어 있으므로 별도 전권위원회를 조직하지 않기로 결정하였으나[293] 고려학원정상화준비위원회는 부도 사태의 원인 규명을 다루는 것은 활동 범위에 넣지 않았다.

---

292. 제55회 총회회록, 103-4.
293. 제55회 총회회록, 41.

고려학원 정상화를 위해 나아가는 길은 순탄하지 않았다. 제53회 총회(2003년 9월)가 관선이사 체제 이전 고려학원 이사로 활동한 15인에 대한 징계(총회 앞에서 사과, 3년간 상회권 정지)를 하였다.[294] 그런데 15인 이사 중에서 당시 징계의 일환으로 총회 앞에서 사과하지 않은 윤희구 목사에 대한 가중 처벌 건의가 총회 앞에 상정되었다(부산노회, 서울노회의 청원). 총회는 이 문제를 차기 총회로 보류하였다.[295]

한편 경남노회(노회장 유창수 목사)는 총회 총무(임종수 목사)가 학교법인의 이사를 겸직하고 있는 것을 두고 총회에 문의하였다. 총회는 관선이사가 파송된 교단 비상사태하에서 교육인적자원부가 관선이사와 교단 간의 가교역할을 위하여 임명하였기에 현 상황에서 총무가 이사직을 겸직하는 것을 계속할 수 있도록 허락하였다.[296] 그러나 막강한 권한을 가진 총무가 일부 총회 임원과 함께 고려학원 정상화 준비위원회 위원장의 직인을 비공식적으로 사용하여 교육인적자원부에 비공식 문서를 제출한 것이 드러났다. 그리하여 차기 총회인 제56회 총회(2006년 9월)에서 총무가 총회 앞에서 사과하고 정직 3개월의 시벌을 받았다.[297]

총회 폐회 이후 2005년 9월 28일(목요일) 오후 3시에 개회한 법인총회에서 김해복음병원수습위원회의 보고와 김해복음병원청산위원회의 보고가 있었다. 즉, 채무청산을 위한 구체적인 조사를 진행하여 차기 총회에 보고하도록 하였고 직전 총회인 제54회 총회가 김해복음병원을 위해 한 주일 헌금을

---

294. 제53회 총회회록, 47-8. 한편 남마산노회 윤진구 목사는 이 결정이 신앙양심에서 합법적이 아니라는 이유로 이의서를 제출하였다(제53회 총회회록, 49, 525).
295. 제55회 총회회록, 42-3.
296. 제55회 총회회록, 41.
297. 제55회 총회회록, 43.

전국교회가 실시하도록 한 결정을 재확인하고 독려하였다.[298]

5) 고려신학대학원

제55회 총회에서 총대들의 관심은 고려학원의 정상화와 함께 고려신학대학원에 있었다.

첫째, 신학대학원분립추진위원회(위원장 김용구 목사)는 학교법인고려학원 산하 하에 독립학교(고려신학대학원 대학교)로 분립하는 방안을 연구 추진하기로 하고 학교법인이사회(관선이사회)에 분립을 청원하는 한편, 법인 정관의 개정이 이어질 때까지 추진을 보류하기로 하였다.[299]

둘째, 고려신학대학원의 이성구 교수에 대한 처리가 결국 본 교단에서 제명하는 것으로 결정하였다. 먼저 이성구 교수의 지위 확인 문의(남마산노회, 노회장 이성직 목사)가 있었다. 이에 이성구 교수의 교수직은 법적으로 현재 유효하며 인사 문제는 이사회에서 계류 중이기에 교단주소록에 이름과 지위가 등재되는 것은 문제가 없는 것으로 확인하였다. 나아가 신학위원회(위원장 이광수 목사)가 제출한 "이성구 교수 처리 지시에 대한 이행결과 확인청원"건은 현재 이성구 교수의 강의 및 보직은 중지된 상태이며 교수직에 관한 건은 이사회에 계류 중이며, 목사직에 관한 건은 중부산노회에서 계속 재판 중이라고 확인하였다.[300] 이어서 중부산노회장 김철봉 목사가 이성구 교수의 처리 지시 이행 보고를 하였다.[301] 그리고 이성구 교수 처리를 두고 북부산노회(노회장 장교종 목사)가 문의한 "총회에서 범죄 사실을 확인 결의하고 시

---

298. 제55회 총회회록, 61.
299. 제55회 총회회록, 25, 115.
300. 제55회 총회회록, 45.
301. 제55회 총회회록, 46, 325-6.

벌을 하회에 지시한 것을 하회가 다시 재판을 시작할 수 있는가?" 건은 헌법위원회가 "총회가 범죄 사실을 확인하여 결정하였으면 하회는 변경할 수 없고 따라서 총회가 결정한 내용에 따라 시벌만 할 뿐입니다."라는 해석을 내렸다.[302] 이러한 헌법위원회의 보고를 받고 총회는 재판부에 지시하여 총회가 폐회하기 전까지 이성구 교수 처리를 결정하도록 하였다.[303] 이에 총회 제4일인 9월 29일(목)에 재판부는 재판 결과 "제명"으로 판결되었음을 보고하므로(재판부원 21명 중 17명 참석, 제명 찬성 16 반대 1) 총회는 이 보고를 받아서 이성구 목사를 본 교단에서 제명하기로 가결하였다.[304] 이로써 제49회 총회(1999년 9월)에서 시작한 고려신학대학원 이성구 교수 건은 6년의 기간을 거쳐 마침내 본 교단 제명이라는 판결로 끝이 난 듯 보였다.

셋째, 그러나 이성구 교수 건은 여기에서 그치지 않았다. 직전 총회가 이와 함께 고려신학대학원 원장 한진환 교수의 신학사상 검증 건과 고려신학대학원 교수 중 이성구 교수의 논문 "아모스 예언에 나타난 선택과 윤리"에 잘못이 없다고 지지를 결의한 신학대학원 교수들의 신학사상 검증을 신학위원회에 위임하였기 때문이다. 이에 따라 신학대학원 원장 한진환 교수는 신학위원회가 보낸 신학사상 검증을 위한 질의에 대한 답변서에서 "신학대학원의 모든 교수에게 신학사상 검증을 위해 질의서를 보내는 것은 대단히 심각하고 우려스러운 일이 아닐 수 없습니다."라고 하며 크게 반발하였다. 또 이성구 교수의 교수 임용 당시(1998년) 임용과정에서 "논문의 전체 취지는 좋으나 방법론에 문제가 된다."는 평가로 이 교수의 논문을 지지와 반대라는 범주로 나누는 것은 있을 수가 없고 따라서 각 교수에게 보낸 질의서를 철회

---

302. 제55회 총회회록, 47.
303. 제55회 총회회록, 46.
304. 제55회 총회회록, 55.

하도록 요구하였다(2005년 3월 8일).³⁰⁵ 그런데도 신학위원회는 신학검증을 위한 출두 요청을 진행하였고 이에 원장 한진환 교수는 서면 답변서와 함께 출두하는 것은 무리한 일이므로 응할 수 없다는 회신을 보냈다(2005년 5월 19일). 한편 신학검증을 위한 답변서를 제출한 교수들은 한진환 교수를 비롯하여 다음과 같다: 한정건, 유해무, 박영돈, 양낙홍, 현유광, 김순성, 신원하 교수.³⁰⁶ 한편 신학위원회(위원장 이광수 목사)는 신학사상 검증을 거부 혹은 회피한 교수에 대한 징계 청원을 상정하였으나 총회는 신학교육부 회의에서 사과하는 것으로 이 사건을 종결하기로 결정하였다.³⁰⁷

넷째, 교수들의 신학검증과 함께 목양장학회(이사장 정주채 목사)가 총대들의 주목을 받았다. 이 장학회의 이사에 이성구 교수와 고려신학대학원 원장 한진환 교수가 속해 있기에 더욱 그리하였다. 목양장학회 문제는 직전 총회인 제54회 총회가 고려학원 감사 보고에서 "목양장학회"가 사설 장학회임에도 목양장학회 장학금을 모금하기 위하여 신학대학원 교수가 학교 차량과 출장 여비를 사용할 뿐 아니라, 나아가 그렇게 해서 모금한 장학금을 신학대학원과 교단과 관계가 없는 사설 장학회를 위해 사용하여 운영한 것은 부당하다는 지적으로 본격적으로 수면에 드러나게 되었다.³⁰⁸ 그 결과 총회는 학교법인 감사에게 맡겨 조사할 것을 결정하였다. 그러나 목양장학회 문제는 고려신학대학원의 최덕성 교수가 본 재단의 설립과정에서 고 윤영애 집사가 출연한 초기 출연금 3억 원에 의혹이 있다는 진정을 하면서 시작되었다.³⁰⁹

---

305. 제55회 총회회록, 300-2.
306. 제55회 총회회록, 304-15.
307. 제55회 총회회록, 46.
308. 제54회 총회회록, 53.
309. 제55회 총회회록, 119.

이런 배경 아래 제54회 총회에서 학교법인 감사는 조사보고서를 제출하여 목양장학회의 문제점으로 모금을 위한 인쇄물에는 "신대원 전원 장학생화를 위한 기금 조성 운동"이라고 해놓고, 정관에서는 장학금의 수혜자로 신학생 뿐 아니라 교수와 졸업생으로 언급한 것을 지적하였다. 또 고려신학대학원에서 사용하는 통장을 목양장학회 통장으로 사용하면서 고려신학대학원의 일부 공금이 목양장학회에 넘겨진 사실을 적발하였다. 이에 따라 목양장학회(이사장 정주채 목사)는 재단의 이사 중에서 신학대학원의 현직 교수 3인(한진환, 이성구, 양낙홍)을 사면 처리하고 앞으로 장학생 선발은 신대원 교수회의 추천을 받아 시행하기로 하였다.[310]

6) 강도사와 목사에 대한 결정[311]

첫째, 부목사의 당회원 자격에 대한 문의는 교회정치 제11장 제82조("당회는 개체교회 시무목사와 장로로 조직한다."에 근거해서 부목사도 당회원 자격이 있음을 확인하였다.

둘째, 총회교단주소록에서 "협동목사"에 대한 명칭 등재 문의는 이 명칭이 헌법에 없으므로 불가한 것으로 가결하였다.

셋째, "면직 또는 사직된 목사 장로의 복직절차에 대한 청원"은 제54회 총회에서 확인된 대로(사직된 목사의 복직은 3분의 2, 면직된 자의 복직은 다수결) 하도록 재확인하였다.

넷째, 남서울노회, 진주노회, 경안노회, 미래정책연구위원회(위원장 권오정 목사)가 제출한 헌법적 규칙 제13조의 은퇴목사의 권한에 대한 청원은 5

---

310. 제55회 총회회록, 119.
311. 제55회 총회회록, 44-6.

인 위원(위원장 권오정 목사; 김선규, 김성복, 권오정, 이용호 목사; 김국호 장로)을 선정하여 연구 보고할 것을 결정하였다.

다섯째, 총회은급재단이사회(이사장 이용호 목사)가 제출한 "강도사 인허 시 은급가입증서 첨부 청원"은 허락하지 않기로 하였다. 현재는 목사 이동 시에 은급가입증서를 첨부하기로 권고하고 있는데, 앞으로 이틀 강도사에게까지 확대하고자 하는 청원이었다.

여섯째, 미혼 강도사의 목사 임직은 불가하며 결혼한 후에 임직하도록 가결하였다.[312]

일곱째, 헌법위원회(위원장 김성천 목사)가 제출한 "불신자와 결혼 시 목사의 주례 허락" 청원은 예배지침에 따라 불가한 것으로 가결하였다.[313]

7) 중보기도 용어 사용[314]

직전 총회인 제54회 총회가 연구하도록 한 "중보기도" 용어 사용 보고서를 채택하였다. 보고서에 따르면 이 용어를 사용하는 것이 성경의 가르침을 위배하는 것은 아니나 이 용어를 잘못 사용하면 교리적 혼란을 일으킬 수 있다는 것을 유의해야 한다고 지적하였다. 그 이유는 예수 그리스도의 중보기도와 우리의 중보기도는 엄연히 본질적으로 큰 차이가 있기 때문이다. 또 중보기도하는 사람이 예수님의 중보를 의지하지 않고 자칫 자신들의 기도 자체에 큰 권능이 있는 것처럼 생각하는 것도 유의해야 한다고 하였다. 그러나 "용어"보다 더 중요한 것은 "내용"으로서 우리는 항상 기도를 힘쓰되 특히 다른 사람을 위한 기도에 힘써야 한다고 지적하였다.

---

312. 제55회 총회회록, 38-9.
313. 제55회 총회회록, 38.
314. 제55회 총회회록, 46, 317-24.

8) 교리표준과 성례

이번 총회는 헌법의 한 축인 교리표준에 대해 중요한 결정을 내렸다.

첫째, 총회교육위원회(위원장 권용수 목사)가 제출한 "대소교리문답(중, 고, 청, 장년) 공과 및 해설집 발행 청원"은 허락하기로 가결하였다.[315] 이는 다음세대의 신앙교육과 신앙전수를 위한 중요한 결정이라 할 수 있다. 다음세대를 교육하기 위해서 교리표준에 나오는 대교문답과 소교리문답 만큼 중요한 재료가 없기 때문이다.

둘째, 한기총과 한국기독교회협의회에서 보내온 "주기도 및 사도신경의 새번역 총회결의 요청"은 보류하기로 가결하였다.[316] 총회가 이 문제를 신중하게 결정한 것은 잘한 것으로 평가할 수 있다.

셋째, 예배지침 제6장 제26조에 나오는 "학습제도" 폐지에 대한 건의가 있었는데, 총회는 이리를 허락하지 않고 현행대로 하기로 하였다.[317] 학습제도가 초기 한국교회의 특별한 상황에서 비롯된 것이므로 폐지하자는 취지이나 총회는 이를 계속 두는 것이 훨씬 유익하다고 판단하였다.

9) 교회당 사이 거리 불이행 교회 처리 문의

서부산노회(노회장 양기철 목사)가 교회당 사이 거리를 300미터 이상 두어야 한다는 제40회 총회(1990년 9월)의 결의를 무시하고 해당 노회의 허락 없이 300미터 내에 개척한 교회를 어떻게 처리해야 하는지 문의했다. 이에 총회는 제40회 총회의 결의를 따라야 한다는 원칙적인 답변했다.[318]

---

315. 제55회 총회회록, 46.
316. 제55회 총회회록, 46.
317. 제55회 총회회록, 44.
318. 제55회 총회회록, 42.

19. 제56회 총회(2006년 9월)

제56회 총회는 시작부터 파행이었다. 총회 직영 신학교인 고려신학대학원 개교 60주년 기념을 겸하여 열리는 만큼 의미 있게 치러야 할 이번 총회는 총회장 이한석 목사가 시무하는 수영교회 일부 교인들의 저지로 총회 개회 진행을 하지 못하고 부총회장(권오정 목사)이 대신하였기 때문이었다. 총회 첫날에 고려신학대학원 개교 60년을 맞아 축하와 감사가 넘치는 기념식이 열렸으나(기념식, 역사기념관 개관식과 만찬회, 음악회)[319] 회기 중에 고려신학대학원의 교수들 간 갈등을 해결하기 위해 고려신학대학원 특별조사위원회가 구성되는 지극히 모순되는 일이 일어났다. 고려신학대학원 이성구 교수는 현재 목사 제명에 강의와 보직 정지 처분을, 전 원장인 한진환 교수는 목사 무기정직에 강의와 보직 정지 처분을 각각 받았다. 최덕성 교수는 고려신학대학원 교수 7인을 대상으로 법정소송까지 준비하고 있는 것으로 알려졌고, 교수들은 신학사상 검증을 받는 등 그야말로 고려신학대학원은 교단 교회들의 근심거리였다. 여전히 관선이사 체제 아래에 있는 고려학원의 정상화를 향해 나아가는 과정 또한 결코 순탄하지 않았다. 교단 총무 임종수 목사가 고려학원 정상화 준비위원회 위원장의 직인을 허락 없이 사용하여 비공식 문서를 교육인적자원부에 제출하는 일이 발생하여 총회 앞에 사과하고 3개월 간 총무 정직의 징계를 받았기 때문이다. 이런 와중에서 <개역개정성경> 채택과 <21세기 찬송가> 사용 결정은 너무 쉽게 이루어지고 말았다. 이뿐만 아니라 헌의위원회에서 각 상비부서에 안건들을 제대로 배정하지 못한 경우도 있고(예-모든 부서의 내규와 규칙은 규칙부에서 다루기로 되어 있으

---

319. 제56회 총회회록, 23.

나 해외선교회위원회의 내규는 전도선교부에 할당되었다) 토의가 필요한 어떤 사안이지만 그냥 지나친 것도 있었다.

1) 헌법적 규칙 제9장 제9조 제1항 개정(시벌 중에 있는 직원의 해벌 과정)[320]

사실 시벌 중에 있는 직원의 해벌 과정 조항의 개정은 제54회 총회(2004년 9월)에서 이미 다루었고, 제55회 총회(2005년 9월)에서 재확인한 것이었다. 제54회 총회는 이 결정 과정에서 심지어 이와 관련하여 헌법위원회의 해석이 그릇되었다는 점을 지적하였다. 그리고 제55회 총회는 명확하게 "면직 또는 사직된 목사 장로의 복직절차에 대한 청원"에 대해 제54회 총회의 판단(사직된 목사의 복직은 3분의 2, 면직된 자의 복직은 다수결)에 따라 시행하도록 재확인하였다. 그런데 이번에 거창노회(노회장 안승호 목사)와 경남노회(노회장 윤희구 목사)가 청원한 이 조항의 개정을 다시 다루었고 시벌 중에 있는 직원의 해벌 과정에서 치리회의 의결 요건을 "재적 3분의 2 이상의 찬성"으로 개정하기로 만장일치로 가결하였다.[321] 헌법적 규칙이라고 하지만 어떻게 이렇게 총회가 쉽게 결정을 바꿀 수 있는지 안타까운 일이 아닐 수 없다. 어떤 사안을 두고 이전 총회가 내린 결정을 번복하려면 적어도 1년간 연구하여 차기 총회에서 다루는 것이 옳았다. 이 결정의 과정뿐 아니라 결정 내용 면을 보더라도 재고가 되어야 한다. 목사의 사직은 성직에 합당한 자격을 상실한 경우(목사에 대한 직능도 은사도 복음사역에 대한 소원도 없는 경우, 목사직을 받은 것이 오착이라고 깨닫는 경우)에 해당한다. 따라서 이는 목사의 소명과 근본적으로 관계되는 것이기에 목사가 자의적이든 권고를 받

---

320. 제56회 총회회록, 59.
321. 제56회 총회회록, 50.

아서든 사직할 때는 물론이고 사직한 자가 다시 복직할 때는 까다로운 절차를 밟아야 한다. 그러나 목사의 면직은 비록 그가 중대한 범죄를 저질러서 면직이라는 중한 벌을 받았으나 성직에 합당한 자격(목사직의 은사와 능력, 복음사역에 대한 사모함)은 상실하지 않은 자이다. 따라서 사직한 목사의 복직 과정과 면직한 목사의 해벌 과정은 같은 성질의 것으로 함께 묶일 수가 없다.

2) 총회규칙, 선거조례, 세계선교위원회 규칙 개정

첫째, 총회규칙 제2장 제9조 제9항의 신설("총회 임원들은 부별 총회의 임원을 맡지 않도록 한다.")과 제9장 제7조 제3항의 변경("회계는 직무상 예결산위원회 위원이 되며, 1인 1위원회 조항에서는 예외로 한다.")을 가결하였다. 그러나 총대 509명 중 출석회원 191명으로 규칙수정을 위한 정족수가 되지 못하여 변경이 이루어지지 못하는 어이없는 일이 발생하였고 차기 총회에서 이를 변경하기로 하였다.[322] 이 결정이 이루어진 시점은 총회 제4일이었다. 총대들이 고려학원 정상화와 고려신학대학원의 문제로 이미 지쳐 있는 데다 총회규칙 등 여타 문제는 상대적으로 소홀히 여겼고, 또 이날 저녁과 다음 날에 예정된 법인총회 등을 염두에 두고 법인총회의 총대를 제외하고는 대부분 자리를 떠나게 되면서 이러한 일이 일어났다. 한편 총회규칙을 변경하도록 청원되었으나 기각된 조항도 있다: 제3장 제15조 제3항-신학교육부가 시행하고 있는 강도사 교육을 노회로 이관해 줄 것에 관한 규칙, 제3장 제13조 제1항-총회운영위원회에 각 법인 이사장을 포함해 달라는 규칙, 또 학교법인, 유지재단, 은급재단의 이사들과 감사들은 법인총회에서 선출하도록

---

322. 제56회 총회회록, 54-5, 61.

건의한 청원 건은 현행대로 하도록 가결하였다.[323]

둘째, 총회 선거조례 제5장 제12조 제2항의 "부회장은 무기명 비밀투표로 하여 출석회원 과반수 득표로 선출하고"를 "총투표자의 과반수 득표로"로 개정하였다(만장일치). 그리고 선거조례 제8조 제1항(입후보자 등록일자 변경)을 "입후보자의 등록은 매년 7월 25일부터 31일까지 다음의 서류를 구비하여 선거관리위원회에 제출하여야 한다."로, "매년 7월 중에 정기노회 시 노회 서기에게 접수하고"를 "매년 7월 중에 임시노회 시 노회 서기에게 접수하고"로 개정하였다. 또한 선거조례 제5조(후보자 등록자료 홍보)를 "선거관리위원회는 입후보자의 등록자료를 총회 2주 전까지 총대에게 공보해야 한다."로 변경하였다.[324] 그러나 선거조례 제3장 제7조 제1항 2의 4 "목사 장로의 유지재단 이사와 감사 및 총회 임원의 자격을 시무교회가 총회 유지재단에 등록된 자"로 해달라는 변경 청원은 기각하였다.

셋째, 세계선교위원회(위원장 황삼수 목사)가 청원한 세계선교위원회 규정 제16조(선교사의 자격)의 개정과 제17조(자비량 선교사)의 신설, 행정내규 수정(자비량 제도 삭제) 건은 허락하기로 가결하였다.[325] 그런데 이상한 것은 이 규정과 내규의 변경이 규칙위원회에서 다루어지지 않고 전도선교부(세계선교위원회)에서 다루어졌다는 점이다. 총회 부서의 모든 규칙은 규칙위원회에서 다루어져야 함에도 이것이 제대로 지켜지지 않았다. 이는 명백하게 헌의안을 분류하는 임무를 맡은 헌의위원회의 오류로 보인다. 한편 전도선교부에 속한 세계선교위원회의 보고에서 2006년 7월 24일에 모인 세계선교위원회 제54-07차 집행위원회의 보고에서도 정확한 규정 개정과 신설

---

323. 제56회 총회회록, 56.
324. 제56회 총회회록, 55-6.
325. 제56회 총회회록, 49.

내용을 찾아볼 수 없다.[326] 총대들의 마음은 이런 규칙의 개정보다는 온통 고려학원의 정상화와 고려신학대학원에 있었다.

넷째, 학교법인 개정이 법인총회(9월 21일과 9월 22일에 개회)에서 이루어졌다. 제20조 제2항(개방이사의 자격)에서 "기독교인"을 "더한예수교장로회 고신교단의 세례교인 이상"으로 개정하였고, 제65조(신둔보증), 제70조(하부조직), 제75조(직급, 직제 및 정원)도 개정하였다.[327] 여기서 한 가지 생각해 볼 문제는 아무리 법인총회라고 하지만 학교법인의 정관개정을 과연 총회에서 다루지 않고 법인총회에서 다룰 수 있는가이다. 먼저 총회규칙 제36조 제5항을 보면 "법인총회는 본회의 폐회 후 개회한다. 단, 법인총회의 임원 및 각 법인 이사, 감사 선출과 조직 보고 외의 일체의 안건을 처리한다."라고 되어 있기에 학교법인의 정관 개정이 법인총회에서도 가능한 것처럼 보인다. 그러나 총회규칙 제15조 제4항을 보면 "규칙위원회는 본 회 규칙을 포함한 제 법규의 개정 및 개정안을 준비하거나 심의하여 총회에 보고하며 제 규칙을 해석하는 일을 담당하고 매년 변경된 규칙을 정리하여 차기 총회에 제출한다."라고 되어 있다. 즉, 총회에 속한 모든 기관과 부서의 법규 개정이 규칙위원회 소관이라는 점을 명백하게 밝힌다.

3) 고신교회의 정체성 확립을 위한 결정

첫째, 교수들 간의 어려움 해소를 위해 특별위원회를 구성해달라는 고려신학대학원의 청원을 결정하고[328] 7인 위원을 선정하였다(위원장: 김철봉; 서기: 정주채; 회계: 신주복; 위원: 이용호, 윤희구 목사, 김국호, 하호영 장

---

326. 제56회 총회회록, 593-5.
327. 제56회 총회회록, 66.
328. 제56회 총회회록, 50.

로).[329] 일단 표면적으로 고려신학대학원 교수들 사이의 어려움은 신학적 문제로 야기된 것처럼 보였다. 이성구 교수의 신학 사상에 대해 이승미 교수와 최덕성 교수가 공적으로 총회 신학위원회에 이의를 제기한 바가 있고 이 사안의 처리 과정에서 이성구 교수와 한진환 교수는 강의와 보직 금지 처분을 받은 상태에 있었기 때문이다. 또 이런 배경에서 서울노회와 부산노회는 "본 교단의 노회에서나 총회에서 제명이나 면직 혹은 정직을 당하거나 신학 입장을 달리하는 교수가 본 교단 고려신학대학원에서 교수나 목사로서 활동이 가능한가"라는 질의를 하였고 이에 총회는 활동할 수 없다고 가결하였다.[330] 반면에 경남노회(노회장 윤희구 목사)와 이성구 목사가 소속한 중부산노회(노회장 지원기 목사)는 직전 총회에서 이성구 목사가 교단 제명의 시벌을 받은 것이 적법하지 않다는 전제를 가지고 9개 항목의 질의를 하였다. 이같이 고려신학대학원 교수들의 어려움은 신학적 문제로 그치지 않고 정치적인 문제로 비화하기 시작하였다. 그러나 차기 총회에서 특별위원회는 교수들 간의 갈등이 첫째, 복잡한 인간관계, 둘째, 최덕성 교수의 출판비 의혹사건, 셋째, 목양장학회 사건, 넷째, 최덕성 교수와 관련된 고려신학대학원 입학비리의혹사건, 다섯째, 이성구 교수 건 등에서 비롯되었다고 보고하였다.[331]

이에 앞서 교단의 개혁을 주창하는 인사들이 2006년 1월 19일-20일 양일에 걸쳐 열린 미래교회포럼(준비위원장 정주채 목사)을 주관하였다. 이 모임에는 관선이사 파송을 초래한 책임을 지고 총회에서 총회 총대권 3년 중지 징계를 받은 강규찬, 윤희구, 정근두 목사, 나아가 신학사상으로 인해 목사 제명 처분을 받은 이성구 교수, 총회에서 감사보고를 통해 지적을 받은 목

---

329. 제56회 총회회록, 52.
330. 제56회 총회회록, 50.
331. 제57회 총회회록, 631-8.

양장학회에 관여하고 있는 정주채, 박은조, 안용운 목사가 속해 있었다. "한국교회의 미래를 위하여"라는 주제로 열린 이 포럼에서 발제자인 정주채 목사는 현재 교단의 문제는 신학적 문제가 아니라 도덕적 문제라고 천명하므로 신학적인 문제로 제명당한 이성구 교수를 옹호하였다. 또 학교법인 정상화 방안을 놓고서도 선 구조조정, 후 정상화를 강조하기도 하였다.[332] 따라서 고려신학대학원 교수들 간의 문제는 처음에는 신학적 문제로 시작하였으나 이미 정치적인 사안으로 확장되었다. 이틀 동안 열린 미래교회포럼은 제55-5차 총회 임원회(2006년 1월 10일)에서도 거론되었다. 총회장은 교단의 언론지인 기독교보에 미래교회포럼 개최 광고에서 "고신교회 지도자들의 모임"이라는 문장을 삭제하도록 고신언론사 사장에게 지시하기로 결정을 하였다.[333]

둘째, 고려학원의 정상화를 둘러싼 이견 충돌, 그리고 고려신학대학원 이성구 교수의 제명과 교수들의 신학사상 검증 등을 해결하는 과정에서 제55회 총회(2005년 9월) 직후인 2005년 10월 14일(금)에 열린 제55-2차 총회 임원회가 2006년 2월에 교단의 원로목사, 목사, 장로, 신학자들을 초청하여 교단 정체성과 방향을 위한 포럼을 개최할 것을 결정하였다. 제55-5차 임원회(2006년 1월 10일)는 이 모임을 고신포럼이라는 이름으로 2월 14일(화) 부산 삼일교회당에서 개최하기로 하였다.[334] "고신포럼" 명칭은 아마도 "미래교회포럼"을 염두에 둔 것으로 보인다. 2006년 2월 14일(화) 부산삼일교회당에서 개최한 고신포럼에는 변종길 고려신학대학원 교수가 교단의 신학과 신앙의 정체성에 대한 발제를, 김영재 합동신학교 교수가 고신교단의 역사

---

332. 뉴스앤조이 2006년 1월 20일자 기사 "오늘날 고신 문제, 신학 아닌 도덕성 문제" 참고.
333. 제56회 총회회록, 106-107.
334. 제56회 총회회록, 105-106.

적 존재 의의를, 최덕성 고려신학대학원 교수는 과거 고신교단이 합동 측과 합동하였다가 환원한 것이 명분이 없는 것이라고 주장하는 일부 교단 신학자들이 있다고 비판하였고, 동덕여대 손봉호 총장은 고신교회가 근본주의에 빠져 있으므로 개혁주의에 충실하라는 조언을 하였다. 또 고려학원의 위기와 해결책이라는 주제로 열린 제3부에는 다양한 목소리가 제기되었다. 특별히 고신대학교 김성수 총장이 현 고려학원의 위기 원인으로 김해복음병원, 병원의 파업과 함께 고려신학대학원의 천안 이전을 지적하였고, 이에 할 수 있다면 고려신학대학원 시설 매각을 고려해야 한다고 주장하였다. 총회 임원회가 주관한 고신포럼은 고신의 개혁주의라는 신학적 정체성과 고려학원의 현 위기를 절대 분리할 수 없고 같이 병행하여 생각해야 한다는 점을 각인시켜 주었다.

셋째, 지난 총회에서 이성구 교수의 목사 제명과 고려신학대학원 교수들의 신학검증 보고를 지켜본 총회 임원회는 고신의 신학적인 정체성 확립을 주도적으로 이끌어갔다. 제55-5차 총회 임원회(2006년 1월 10일)는 소위 "신학교수 서약서"를 고신대학교 총장에게 보내어 조속한 시일 내에 고신대학교 신학교 교수와 고려신학대학원 교수에게 서약서를 받고 필요하다면 복무규정에 삽입하도록 요청할 것을 결정하였다.[335]

넷째, 또 제55-15차 임원회(2006년 7월 13일)는 고려신학대학원 여름 교수 퇴수회에서 발표한 양낙홍 교수의 논문을 임원회 앞으로 제출하도록 고려신학대학원장에게 지시하였고 도착하는 대로 남영환, 이금도, 이근삼, 오병세 목사에게 보내어서 논문에 대한 의견서를 받도록 가결하였다.[336]

---

335. 제56회 총회회록, 107.
336. 제56회 총회회록, 112.

다섯째, 미래정책연구위원회(위원장 이용호 목사)가 청원한 교단의 정체성 보존과 교단발전을 위한 노회별 항존직 직분자 대회 개최 청원과 목사 안수 대상(강도사)의 교단 본부 방문행사 개최 청원 건은 각각 기각하고 대신 각 노회 별 고신역사관 방문 행사 실시 청원 건은 허락하였다.[337]

여섯째, 고신교회의 정체성과 관련하여 주목할 결정은 동부산노회(노회장 안창덕 목사)와 전남동부노회(노회장 임진웅 목사)가 청원한 "헌법 중에서 교리표준(웨스트민스터 신앙고백서 및 대소교리문답)의 재번역" 건은 고려신학대학원 교수회에 일임하여 추진하기로 한 것이다. 또한 "교리표준의 총회 홈페이지 게재" 청원 건은 정보통신위원회에 의뢰해서 협력하기로 하고, "소교리문답해설서 발간" 청원 건은 지난 총회에서 결정한 사항으로 현재 총회교육원에서 출간 준비 중에 있는 것으로 확인하였다.[338]

일곱째, 교단의 정체성과 관련하여 고려신학대학원에서 2006년 10월 25일(수)에 고려신학대학원 강당에서 종교개혁과 고려신학대학원 개교 60주년 기념 학술대회가 열렸다. 제1부는 고신의 초기 역사에 대한 회고와 반성이라는 주제로 최덕성 교수와 양낙홍 교수가, 제2부는 고신의 정체성과 과제라는 주제로 허순길 교수(고려신학대학원 은퇴교수)와 김영재 교수(합동신학대학원대학교 은퇴교수)가 각각 발표하였다.

4) 고려학원 정상화를 위한 결정

첫째, 교단 총무 임종수 목사가 교육인적자원부에 3차례나 걸쳐 불법 문서를 작성하고 제출(2006년 8월 31일, 9월 4일, 9월 13일)하는 과정에서 총

---

337. 제56회 총회회록, 54.
338. 제56회 총회회록, 50-1.

회직인을 부당하게 사용하였고 이에 교단 명예를 크게 실추시켰다. 그러므로 총회는 임종수 목사에게 학교법인 이사직 사임(2006년 9월 20일부로), 총무직 3개월 정직과 함께 총회 앞에 정중히 사과하는 징계를 내렸다.[339] 교육인적자원부에 제출한 불법 문서와 관련하여 전권위원회가 구성되었고, 전권위원회의 조사와 보고를 통해 임 총무의 이사직 해임 건은 받기로 하였으나 총무직 해임 건은 가부투표로 결정하였다(가 209 부 215 기권 10).[340] 이뿐만 아니라 직전 총회장 이한석 목사와 직전 부총회장 권오정 목사와 이우성 장로도 당시 총회장을 잘 보좌하지 못한 책임으로 인해 총회 앞에 정중히 사과하였다. 당시 이 불법 문서는 제56회 총회 개회 직전에 공개된 것으로 알려졌다.

둘째, 제55-1차 총회운영위원회(2006년 2월 7일)는 관선이사 파송에 대한 책임을 물어 3년간 총회 상회권 정지 징계를 받은 전 고려학원 15인 관련 건을 처리하였다. 먼저 당시 총회 앞에 사과하지 않은 이사는 임원회 앞에서 사과하고 전 고려학원 이사 15인은 총회의 결의에 적극적으로 협력하겠다는 약속을 임원회 앞에 하기로 하였다. 그리고 사과와 협력을 약속한 후에야 제56회 총회 총대로 피선될 수 있다는 것을 선포하기로 하였다.[341]

셋째, 김해복음병원 수습위원회는 계속 존속하면서(위원장: 정금출; 위원: 윤은조, 이우성, 김종익, 서판수, 김국호, 우병주 장로) 활동하였고 이번 회기에도 활동을 보고하였다.[342]

넷째, 동부산노회(노회장 안창덕 목사)가 청원한 "교단을 위해 일하다가

---

339. 제56회 총회회록, 44.
340. 제56회 총회회록, 43.
341. 제56회 총회회록, 102.
342. 제56회 총회회록, 805-45…

발생한 제 법정 비용 청원"은 금번 예산에 반영하여 즉시 시행하도록 가결하였다. 이 결정은 전임 고려학원 이사장 4명(조재태, 오성환, 강규찬, 김영동)이 김해복음병원 경영지원을 통해 학교법인에 70억 원의 손실을 끼친 혐의로 재판을 받고 징역 3년에 집행유예 4년이 구형되는 어려움을 겪는 것에서 내려진 것이었다.

다섯째, 총회장(이한석 목사)이 질의한 "교단 내 사조직에 대한 문의" 건은 제54회 총회(2004년 9월)를 재확인하고 불이행하는 자는 법대로 처리하도록 가결하였다. 이 결정은 연초에 교단 현안을 논의하기 위해 개최된 미래교회포럼(준비위원장 정주채 목사)을 염두에 둔 것이었다.

5) 고신대학교와 고려신학대학원에 대한 결정

첫째, 고려신학대학원의 심각한 재정난 해소를 위하여 현재의 총회 지원금을 2007년 회계연도에는 50% 증액해줄 것과 2008년에는 원래대로 회복해달라는 신학위원회(위원장 이광수 목사)의 청원은 총회가 부담하고 있는 부채상환이 시급하므로 증액하여 5억 원으로 유지할 것을 결정하였다.[343]

둘째, 재정난에도 신학대학원의 입학 정원 증원 청원 건은 1년간 보류하기로 가결하였다.[344]

셋째, 서울노회(노회장 박광석 목사)가 청원한 고신대학교 입학요강 제2항의 "지원자 가운데 노회 기일 안에 추천을 받지 못한 자는 차기 노회 추천을 보장하는 노회장의 확인서를 받아야 한다."를 삭제하는 청원은 허락하였다.[345]

---

343. 제56회 총회회록, 50, 61.
344. 제56회 총회회록, 50.
345. 제56회 총회회록, 50.

넷째, 신학위원회(위원장 이광수 목사)가 청원한 고신대학교 신학과 교수와 고려신학대학원 교수의 순환근무제 청원 건은 신학위원회에서 1년간 더 연구하여 보고하도록 결정하였다.[346]

6) 강도사와 목사에 대한 결정

첫째, 지역사회의 일반인이 목사에게 주례를 요청할 때 예배당이 아닌 장소에서 주례할 수 있도록 청원한 건은 기각하기로 하였다.[347]

둘째, 교단 소속 목사의 가운을 통일하여 제정하자는 건은 제53회 총회의 결의를 토대로 이를 삼갈 것을 결정하였다.[348] 그런데 제53회 총회는 목사가 가운을 착용하는 자체를 삼가도록 결정한 일이 없고, 단지 학위 가운을 예전 집례 시 착용하는 것을 삼가는 것과 목사 가운 착위식을 삼가도록 했을 뿐이었다.[349] 지난 총회의 결의를 세심하게 살피지 않은 점이 아쉽다.

셋째, 교회를 사면한 강도사와 목사후보생의 신분과 소속문제는 교회정치 제95조 제9-10항에 근거하여 "사면하더라도 해당 노회에서 지도 관리하도록 한다."는 결정을 내렸다.[350]

넷째, 세계선교위원회(위원장 황삼수 목사)가 질의한 "선교사의 해외 자매 교단 노회 이중소속 가능성에 관한 질의 건"은 해외 자매 교단 소속 노회의 선거권과 피선거권이 없는 준회원으로 활동하는 것을 허락하였다.[351]

---

346. 제56회 총회회록, 49.
347. 제56회 총회회록, 53.
348. 제56회 총회회록, 53.
349. 제53회 총회회록, 46.
350. 제56회 총회회록, 54.
351. 제56회 총회회록, 49.

다섯째, 전도목사가 시찰회에 소속하는 것은 부당함을 확인하였다.[352]

여섯째, 농어촌 교회(읍, 면, 리 단위) 부교역자(강도사)는 강도사 1년 후 목사고시에 응시할 수 있는 혜택 건은 헌법적 규칙 제5조 제5항에서 규정한 현행대로 시행하도록 하였다.[353]

일곱째, 목사고시 응시서류에 은급가입증명서를 첨부할 것을 건의한 것은 현행대로 실시하기로 하였다.[354] 제49회 총회(1999년 9월)는 이를 권장 사항으로 결의한 바가 있다.[355]

여덟째, 목사로 임직 받은 자가 개체교회의 장로가 될 수 있는지에 대해서는 목사직과 장로직은 겸직할 수 없는 것임을 확인하였다.[356]

아홉째, 부목사가 시찰부원이 되는 것은 불가하다는 것을 확인하였다.[357]

열째, 은퇴목사권한연구위원회(위원장 권오정 목사)가 1년간 연구하여 교회정치 제92조 노회원의 자격 중 제3항의 "은퇴, 원로, 공로 목사는 회원권은 있으나 피선거권은 없다."를 "은퇴, 원로, 공로 목사는 언권회원이 된다."라고 개정하자는 청원 건은 1년간 유보하여 다시 연구하기로 결의하였다.[358]

열한째, 정기노회에서 시찰회 조직이 끝난 후 타 지역에서 이명 온 목사가 그 시찰에 자동으로 시찰위원이 될 수 있는지는 시찰회에서 선출을 하고 노회의 허락을 받지 않으면 시찰위원이 될 수 없음을 확인하였다.[359]

---

352. 제56회 총회회록, 57.
353. 제56회 총회회록, 57.
354. 제56회 총회회록, 60.
355. 제56회 총회회록, 36.
356. 제56회 총회회록, 60.
357. 제56회 총회회록, 60.
358. 제56회 총회회록, 60.
359. 제56회 총회회록, 60.

7) 기타 교회직원에 대한 결정

첫째, 은퇴한 장로가 은퇴한 교회에서 다시 시무하는 것은 불가하다고 확인하였다.[360]

둘째, 명예권사를 세우는 일과 주일에 장립식 행사를 시행하는 건은 제45회 총회(1995년 9월)의 결의대로 할 수 없는 것임을 확인하였다고 하였으나,[361] 근거로 제시한 총회의 회수는 오류로 보인다. 주일 임직식 행사 불가 안건은 제47회 총회(1997년 9월), 제50회 총회(2000년 9월)에서, 그리고 명예권사 불가 안건은 제32회 총회(1982년 9월), 제33회 총회(1983년 9월), 제34회 총회(1984년 9월)에서 각각 결정하였다.

셋째, 남서울노회(노회장 강영진 목사)에서 청원한 "장로직을 변화하는 21세기와 헌법 정신에 맞게 재정립하여 달라는 건"은 기각하기로 결정하였다.[362] 이 청원은 오늘날 장로직이 성경의 정신이나 장로교회의 정신에 맞지 않게 시행되고 있으며 셀이나 가정교회 모델을 도입한 일부 교회들에서 평신도 지도자들과 장로들의 역할이 충돌되고 있는 현실에서 나온 것이었다. 또 이 문제는 장로 임기제, 시무투표와도 관련된 것으로서 총회는 이 사안을 제대로 깊이 논의하지 못하고 기각하는 결정을 내렸다. 안타까운 일이 아닐 수 없다.

8) 새 찬송가와 개역개정성경 채택

대한성서공회의 "개역개정판 성경 공식 채택 청원"은 받되, <개역개정성경>의 사용은 개체교회에 맡길 것을 결정하고, 찬송가공회에서 발생한 새

---

360. 제56회 총회회록, 60.
361. 제56회 총회회록, 57-8.
362. 제56회 총회회록, 51.

찬송가 사용은 허락하기로 하고 사용은 개체 교회에 맡겨 시행하기로 하였다.[363] 신학위원회는 <개역개정성경>이 번역 상 문제가 약 500여 군데에 이르므로 채택해서는 안 된다고 보고하였다. 그러나 대한성서공회에서 논의와 검토 요청이 있었을 때 복음병원 문제로 발목이 잡혀 적극적으로 참여하지 못한 것과 타 주요 교단이 이를 채택하고 있는 현실을 고려하여 총회는 고육지책을 선택했다. 총회는 <개역개정성경>을 채택은 하되 성경을 사용하는 문제는 개체교회에 맡기기로 하였고, <21세기 찬송가> 사용 건도 타 교단에서 채택하였다는 소식을 듣고는 별 논의 과정 없이 이를 채택하고 사용은 개체교회에 맡길 것을 결정하였다.

9) 치리회와 기타 회의

첫째, 총회가 결정한 안건을 운영위원회에서 변경할 수 있는지를 묻는 청원은 총회가 위임하지 아니한 사항을 운영위원회가 임의로 변경할 수 없음을 확인하였다.[364] 아마도 이 청원은 제55-1차 총회운영위원회(2006년 2월 7일)가 관선이사 파송에 대한 책임을 물어 3년간 총회 상회권 정지 징계를 받은 전 고려학원 15인에 대한 건을 임의로 처리한 것을 염두에 둔 것으로 보인다. 즉 직전 총회인 제55회 총회는 15인 이사 중에서 아직도 총회 앞에서 사과하지 않은 윤희구 목사에 대한 가중 처벌 건의가 상정되었고(부산노회, 서울노회의 청원), 총회는 이 문제를 차기 총회(제56회 총회)로 보류하기로 한 것인데[365] 총회운영위원회가 제56회 총회를 앞두고 총대 상회권을 이번 총회부터 주기로 결의하였기 때문이다.

---

363. 제56회 총회회록, 50-2.
364. 제56회 총회회록, 56.
365. 제55회 총회회록, 42-3.

둘째, 교회정치 제48조(장로선택), 헌법적 규칙 제27조 제1항과 제2항에 따라 공동의회에서 직원을 선출할 때 단회로 실시하되 2차까지 할 수 있다고 한 것에서 1차 투표와 2차 투표의 시한이 언제까지인지를 밝혀 달라는 건에 대해 헌법적 규칙 제27조와 제51회 총회에서 결정한 대로 "당일"임을 확인하였다.[366]

셋째, 또 공동의회에서 직원 선출 시에 헌법적 규칙 제3장 제27조에서 "장로와 집사의 선출 1차 투표 결과 산표로 인하여 당선자 선출이 어려운 경우 득표순으로 적당한 인원의 후보자를 세워 투표하게 할 수 있다."를 "장로와 집사의 선출 1차 투표 결과 산표로 인하여 당선자 선출이 어려운 경우 득표순으로 적당한 인원의 후보자를 세워 투표하게 할 수 있다. 단, 교회 사정에 따라서 당회에서 복수로 추천할 수 있다."로 변경하는 청원 건은 기각하도록 하였다.[367]

넷째, 총회장(이한석 목사)이 제58회 총회 총대 수 조정 문제를 헌법위원회에 맡겨 연구보고하기로 한 건은 허락하기로 하였다.[368]

다섯째, 제55-16차 총회 임원회(2006년 7월 28일)는 한기총 주관으로 9월 2일(토)에 서울시청 광장에서 모이는 "대한민국을 위한 비상구국기도회"에 수도권 교회들의 참석을 독려하는 공문을 발송하기로 결의하였다.[369] 이러한 결정에 대해 총회 임원회가 총회가 부여하지 않는 일을 결정할 수 있는지 근본적인 물음을 던지지 않을 수 없다. 총회는 임원회의 보고(보고서 672-

---

366. 제56회 총회회록, 57.
367. 제56회 총회회록, 57.
368. 제56회 총회회록, 60.
369. 제56회 총회회록, 113.

683)를 받을 때 임원회가 월권한 부분을 사과한 후에 받기로 하였다.[370]

여섯째, 당회조직 요건이 됨에도 당회를 조직하지 않는 교회와 입교인 수에 비해 장로 수가 심히 적은 교회는 법대로 시행하도록 독려하기를 청원한 건은 기각하기로 하였다.[371]

10) 성례와 관련된 결정

첫째, 사직된 목사가 시행한 성례에 관한 건(사직한 목사가 시행한 성례의 인정 여부)은 해당 교인이 다시 세례받기를 희망하면 줄 수 있는 것으로 가결하였다.[372] 그러나 이는 신앙고백서 제28장 제7항에 나와 있는 대로 "세례의 성례는 어느 사람에게든지 단 한 번만 베풀어져야 한다."는 것과 신앙고백서 제27장 제3항에서 고백하는 대로 "성례의 효과가 그것을 집행하는 사람의 경건이나 의도에 의존하는 것도 아니고 오히려 성령의 역사와 성례 제정의 말씀에 의존하는 것이다."는 것을 위배하는 결정이었다. 교회역사에서도 어거스틴과 칼빈은 재세례를 강력하게 정죄하였다. 이러한 결정은 지금 교단이 처한 신학의 혼란과 위기를 보여주는 한 단면이라 할 수 있다.

둘째, 정신지체장애인에게 세례를 줄 수 있는지는 연구하기로 하고 이는 당회 소관임을 확인하였다.[373] 물론 이 문제에서 신자의 자녀는 해당하지 않는다. 불신부모를 둔 정신지체장애인과 혹은 신자 부모를 두었으나 유아세례를 받지 않은 정신지체장애인의 경우는 생각할 여지가 많다. 어쨌든 교회 현실에서 부딪히는 문제를 총회가 신학적으로 연구하도록 한 것은 잘한 결

---

370. 제56회 총회회록, 27-8.
371. 제56회 총회회록, 53.
372. 제56회 총회회록, 51.
373. 제56회 총회회록, 50.

정이었다.

20. 제5차 헌법 개정(1992년) 이후 수정헌법에 대한 의의와 평가

제5차 헌법 개정은 제39회 총회(1989년 9월)가 헌법수정연구위원회(위원장 오병세 목사)를 구성하고 제40회 총회가 이를 헌법개정위원회(위원장 오병세 목사)로 변경하면서 착수된 것으로 개정의 범위는 헌법 전반을 망라한 것이었다. 제41회 총회(1991년 9월)가 노회 수의를 결의하고 제42회 총회(1992년 9월)에서 개정안이 공포되었다. 이후 제57회 총회(2007년 9월)에서 제6차 헌법 개정을 위한 헌법개정위원회가 조직되고 2011년 12월 1일자로 교회정치 개정안이 최종 공포되기까지 제5차 개정헌법은 약 20년을 고신교회의 질서를 바로 잡는 데 큰 기여를 하였다. 이는 고신교회에서 가장 장수한 헌법이라 할 수 있다. 이 개정헌법은 얼마나 안정적이었던지 제6차 헌법 개정의 공포까지 20년 동안 지극히 일부 조항(교회정치 3개 조항, 권징조례 2개 조항, 헌법적 규칙 6개 조항)에서만 수정이 이루어졌다.

	제5차 개정(1992)	제5차 개정 이후(1992-2006)
교회정치 제6장 46조 1항(장로의 자격)	…만 30세 이상…	…만 35세 이상…(제52회 총회, 2002년)
교회정치 제7장 55조 1항(집사의 자격)	…만 30세 이상…	…만 35세 이상…(제52회 총회, 2002년)
교회정치 제16장 120조(재산의 보존과 관리) 2항	기본재산의 취득, 매도, 증여, 교환 또는 용도를 변경하고자 할 때는 다음과 같이 처리한다.	"담보" 추가(제54회 총회(2004년)
권징조례 제9장 53조 2항	부원은 총회에서 총대 중 21명을 선정하되 한 노회에서 3인을 초과하지 못한다.	부원은 총회에서 총대 목사 중 목사는 임직 20년 이상, 장로는 임직 15년 이상인 사람 중에서 21명을 선정하되 한 노회에서 2인을 초과하지 못한다(제53회 총회, 2003년)
권징조례 제9장 53조 2항	총회는 재판받은 사건을 직할 심리하거나 재판부에 위임할 수 있으며, 재판부는 위탁받은 사건만 심리 판결한다.	총회는 재판받은 사건을 직할 심리하거나 재판부에 위임할 수 있으며, 재판부는 위탁받은 사건만 심리 판결한다. 단, 폐회 후에 발생한 긴급한 사건에 대해서는 임원회의 결의로 위탁받은 사건을 심리 판결할 수 있다(제53회 총회, 2003년)
헌법적 규칙(교회정치) 제4장 11조(집사와 권사의 선택과 임직 권한)		집사와 권사의 선택과 임직은 조직교회만이 할 수 있다. 단 특별한 사정에 의해 미조직교회에서도 집사 권사를 선택 임직코자 하면 협조 당회원 2인(목사 1인, 장로 1인)을 노회에 청원하여 선택 임직할 수 있다(제47회 총회, 1987년)

교회정치 제3장 22조 (외국거주목사의 청빙)	외국거주권을 가진 목사의 청빙은 다음과 같이 한다. 1. 영주권을 가진 목사는 청빙이 가능하다. 2. 시민권을 가진 목사는 청빙할 수 없다.	외국거주권(영주권, 시민권)을 가진 목사를 청빙할 수 있다(제51회 총회, 2001년)
교회정치 제3장 5조 (수련봉사기간)	강도사가 목자 임직을 받으려 하면, 목사고시를 청원하기까지 다음과 같은 수련봉사의 기간을 거쳐야 한다. 1. 군종장교 후보생은 신학대학원 졸업 후	강도사가 목자 임직을 받으려 하면, 목사고시를 청원하기까지 다음과 같은 수련봉사의 기간을 거쳐야 한다. 1. 군종장교 후보생과 세계선교부에서 추천받은 선교사후보생은 신학대학원 졸업 후(제52회 총회, 2002년)
교회정치 제3장 6조 (임시목사의 연임)	임시목사와 부목사가 만기가 되었을 때 목사와 교회 간에 특별한 이유가 없으면 계속 시무할 수 있으나, 매3년마다 당회 또는 제직회(미조직교회)에서 연임을 결의하고 그 결과를 노회에 보고하여야 한다.	임시목사와 부목사가 만기가 되었을 때 목사와 교회 간의 특별한 이유가 없으면 계속 시무할 수 있다(제52회 총회, 2002년)
권징조례 제9장 9조 1항	벌 아래 있는 자가 진실한 회개의 증거가 확실하고 겸손히 치리회 앞에 자복했을 때 치리회의 결의로 해벌한다.	벌 아래 있는 자가 진실한 회개의 증거가 확실하고 겸손히 치리회 앞에 자복했을 때 치리회 재적 2/3이상의 결의로 해벌한다(제56회 총회, 2006년)

첫째, 교회정치에서 수정한 3개 조항은 단순한 것이었다. 먼저 2개 조항은, 교회정치 제7장 제55조 제1항(집사 자격)과 제6장 제46조 제1항(장로의 자격)에서 집사와 장로가 되기 위해 갖추어야 할 연령을 만 30세에서 만 35세로 조정한 수정이다. 제51회 총회(2001년 9월)에서 노회 수의 결정을 하였고 제52회 총회(2002년 9월)에서 개정안이 가결되었음을 공포하였다. 다

른 하나의 조항은, 교회정치 제16장 제120조(재산의 보존과 관리) 제2항에서 "기본재산의 취득, 매도, 증여, 교환 또는 용도를 변경하고자 할 때는 다음과 같이 처리한다."로 되어 있는 것에 "담보"를 추가한 수정이다. 2003년 5월 복음병원 부도로 인해 시급한 200억 원을 마련하려고 궁여지책으로 교회들이 소유한 부동산을 담보로 금융권에서 융자를 받고 모금하기로 결정하면서 나온 수정이다. 제53회 총회(2003년 9월)에서 노회 수의를 결정하고 제54회 총회(2004년 9월)에서 수정안이 공포되었다.

둘째, 권징조례의 경우 2개 조항에서 수정이 이루어졌는데, 제9장 제53조 제2항, 제7항의 수정이다. 이는 총회재판부가 상설재판부로 결정되면서 불가피하게 수정한 것이었다. 제52회 총회(2002년 9월)에서 노회 수의를 결정하고 제53회 총회(20003년 9월)에서 수정안이 공포되었다.

셋째, 헌법의 시행 세칙에 해당하는 헌법적 규칙은 6개 조항에서 수정이 이루어졌다. 첫째, 제4장 제11조(집사와 권사의 선택과 임직 권한)를 "집사와 권사의 선택과 임직은 조직교회만이 할 수 있다. 단 특별한 사정에 의해 미조직교회에서도 집사 권사를 선택 임직코자 하면 협조 당회원 2인(목사 1인, 장로 1인)을 노회에 청원하여 선택 임직할 수 있다."라고 하여 미조직교회에서도 집사와 권사의 선택을 할 수 있는 길을 열어주었다(제47회 총회에서 변경). 둘째, 제3장 제22조(외국거주목사의 청빙)의 내용인데 "영주권을 가진 목사는 청빙이 가능하나, 시민권을 가진 목사는 청빙할 수 없다."는 것을 수정하여 시민권을 가진 목사도 청빙을 받을 수 있도록 하였다(제51회 총회에서 변경). 셋째, 제3장 제5조(수련봉사 기간)에서 제1항을 개정하여 군종장교 후보생뿐 아니라 "세계선교부에서 추천받은 선교사후보생"도 "신학대학원 졸업 후"에 목사고시를 청원할 수 있도록 하였다(제52회 총회에서 변경). 넷째, 제3장 제6조(임시목사의 연임)를 수정하였다. "임시목사와 부목사가 만기가 되었을 때 목사와 교회 간에 특별한 이유가 없으면 계속 시무할 수 있으나, 매3년마다 당회 또는 제직회(미조직교회)에서 연임을 결의하고 그 결과를 노회에 보고하여야 한다."를 "임시목사와 부목사가 만기가 되었을 때 목사와 교회간의 특별한 이유가 없으면 계속 시무할 수 있다."로 수정하였다 (제52회 총회에서 변경). 이로써 임시목사와 부목사의 시무가 어느 정도 보장되었다고 할 수 있다. 다섯째, 제9장 제9조 제1항 "벌 아래 있는 자가 진실한 회개의 증거가 확실하고 겸손히 치리회 앞에 자복했을 때 치리회의 결의로 해벌한다."의 수정이다. 제54회 총회(2004년 9월)와 제55회 총회(2005년 9월)에서 기존 조항에 근거해 면직 또는 사직한 목사나 장로가 복직하고자 할 때 사직한 목사의 복직은 치리회의 3분의 2 결의와, 면직된 자의 복직은 치리회의 다수결 결의로 한다는 것을 재확인하였다. 그럼에도 불구하고 제56회 총회(2006년 9월)에서 시벌 중에 있는 직원의 해벌 과정에서 치리회의 의결 요건을 "재적 3분의 2 이상의 찬성"으로 수정하기로 가결하였다. 이 수정안의 결정은 여러 점에서 많은 아쉬움을 준다. 같은 사안을 총회가 두 차례에 걸쳐 재확인하였음에도 결국은 세 번째 다루면서 수정안을 통과시킨 점과 이 수정안이 근본적으로 목사의 사직과 면직의 차이를 구별하지 못한 것임을 생각할 때 총회가 이렇게 예민한 문제는 일정한 기간을 두고 깊이 연구한 뒤 결정하는 것이 적절하였다고 평가할 수 있다.

제6장
제6차 헌법 개정(2011년):
헌법전문, 교리표준(재번역), 관리표준(예배지침, 교회정치, 권징조례)

> 제57회 총회(2007년 9월)에서 헌법개정위원회 조직
> 제60회 총회(2010년 9월) 개정안 노회 수의 결정
> 2011년 6월 18일 예배지침/권징조례 개정안 공포("교회정치"는 부결)
> 제61회 총회(2011년 9월) 헌법전문/교리표준(번역) 채용과 교회정치 새 개정안 노회 수의 결정
> 2011년 12월 1일 교회정치 새 개정안 공포와 제6차 개정헌법 출간
> 개정위원: 윤현주(위원장), 배굉호(서기), 김삼관(회계).
>   이용호 배기웅 정근두 장희종 정주채(예배지침),
>   윤현주 황삼수 김철봉 오성률(교회정치),
>   정수생 윤희구 신상현 배굉호 김삼관(권징조례), 구자우(전문위원)

1. 헌법 개정 결정: 제57회 총회(2007년 9월)

1) 현 헌법의 수정판 출판 청원에서 헌법개정위원회 구성 결정

    제57회 총회는 헌법위원회(위원장 전영한 목사)의 현 헌법의 수정판 출판 청원을 심사하면서 이번 계기에 헌법 전반을 개정할 목적으로 헌법개정위원회를 구성하기로 결정하였다. 그 위원은 공천위원회에서 헌법개정위원 15명

의 3배수를 공천하여 차기 총회에서 투표로 선정하기로 가결하였다.[1]

2) 총회규칙, 선거조례 등 개정

첫째, 개정 신설된 총회규칙을 보면 총회 임원에 대한 것이 두 건이다. 즉 제2장 제6조 제1항을 "총회 임원의 임기는 1년으로 하되 동일직에 연임하지 못한다."로 개정하고, 제2장 제6조 제5항을 신설하여 "총회 임원은 상임위원회의 상비부장을 겸할 수 없다."고 하였다. 또 제24조 제2항을 개정하여 총회는 매년 9월 셋째 주일 오후 3시부터 개회하지만 그 주간이 명절일 경우 "총회 임원회의 결의로 한 주간 연기할 수 있다."로 하였다.[2] 또 제8조 제7항의 제3항을 신설하여 총회회계는 직무상 예결산위원회의 위원이 되며 1인 1위원회 조항에서는 예외로 한다는 내용을 허락하였다.[3]

둘째, 선거조례 시행 세칙 제2장 제2조 제3항 투개표관리위원회와 제4항 재정소위원회의 개정,[4] 총회유지재단정관의 제3조, 제4조(사회복지사업)의 개정과,[5] 세계선교위원회의 업무규정 수정과 총무의 직명을 본부장으로 개칭하는 것을 허락하였다.[6]

3) 고려학원 정상화와 산하기관 관련 결정

첫째, 고려학원이 부도와 함께 2003년 4월 1일부로 관선이사 체제가 들어

---

1. 제57회 총회회록, 55.
2. 제57회 총회회록, 53.
3. 제57회 총회회록, 29.
4. 제57회 총회회록, 29.
5. 제57회 총회회록, 50.
6. 제57회 총회회록, 59, 559 이하.

선 지 약 4년 만인 2007년 4월 17일부로 마침내 정상화되었다. 이보다 6개월 앞서 당국자에게서 정이사 체제 약속을 받은 고려학원정상화준비위원회(제56-2차 모임, 2006년 11월 29일)가 고려학원의 정관변경과 백서 제작을 준비하고 또 정이사추천위원회를 구성하여 제56-5차 총회운영위원회(2006년 3월 21일)에 추천한 후보 중에서 정이사 7인을 허락받았다. 이어서 2007년 4월 17일부로 정이사 11명이 교육인적자원부에서 확정되므로 고려학원은 이제 명실공히 정이사 체제로 정상화되었다. 그리고 2007년 5월 7일에는 고려학원 이사장과 이사 취임식과 함께 고려학원정상화 감사예배를 드렸다.[7]

둘째, 제56회 총회(2006년 9월)가 1년간 유보한 "고려학원 상임감사 신설" 건을 허락하였다. 남서울노회가 직전 총회인 제56회 총회에서 본 안건을 제의하고, 이번 총회에 재론을 촉구하는 청원을 하여 이루어졌다. 남서울노회는 제안 설명에서 현 교단의 많은 문제가 복음병원에서 야기되는 상황에서 방대한 재정의 투명성과 문제의 재발 방지를 위해 반드시 상임감사가 있어야 한다는 필요성을 역설하였다.[8]

셋째, 고려학원이 정상화됨에 따라 총회는 고려학원정상화준비위원회 해산청원을 허락하였다. 그러나 모금 활동과 김해복음병원수습위원회의 활동은 계속 이어갔고 고려학원의 부도와 정상화 과정을 백서로 발간하기로 하였다. 총회는 5인 위원으로 이루어지는 백서발간위원회 구성을 허락하고 그 구성은 임원회에 맡겼다.[9]

넷째, 고신대학교 신학과 교수들과 고려신학대학원 교수들의 순환근무는

---

7. 제57회 총회회록, 107 이하.
8. 제56회 총회회록, 539.
9. 제57회 총회회록, 31-2. 제57-1차 총회 임원회(20007년 10월 2일)는 다음 5인 위원을 선정하였다: 권오정 김철봉 정주채 목사 김종익 김광영 장로(제58회 총회회록, 529).

총회신학위원장, 고신대학교 총장, 고려신학대학원 원장 3인으로 하여 구체적인 시행방법을 마련하여 조속히 시행하도록 가결하였다.[10]

다섯째, 고신대학교에서 시행 중인 "자랑스러운 고신인 상" 시상에 대한 질의는 총회장과 고신대학교 총장 공동명의로 시행할 수 있도록 하였다.[11]

여섯째, 학교법인고려학원이사회(이사장 김국호 장로)가 청원한 고신대학교 선교목회대학원에 외국인을 위한 목회학 석사과정 개설을 허락하고 외국인 유학생을 엄선하여 수학 기간 3년 중 2년은 고신대학교 선교목회대학원에서 공부하고 1년은 고려신학대학원에서 수학한 후 졸업하게 하되, 단 내국인은 절대 허락하지 않기로 하였다.[12]

4) 교단의 정체성과 교세 확장을 위한 결의

첫째, 신학 사상 문제로 제55회 총회(2005년 9월)에서 제명당한 고려신학대학원 이성구 교수의 교단가입청원이 그가 과거에 속한 중부산노회에서 들어왔다. 총회는 이는 할 수 없는 것으로 가결하였고 북부산노회(노회장 장교종 목사)가 청원한 이성구 목사의 교수직에 대한 문의와 해임 촉구안은 받되 해임할 수 있는 법적 요건을 총회가 제공하도록 가결하였다.[13]

둘째, 고신대학교의 이상규 교수와 고려신학대학원의 양낙흥 교수 관련 안건이 상정되었다. 부산노회와 북부산노회는 양낙흥 교수의 고신교단의 역사성과 정체성 부인에 대한 검증과 징계를 청원하였고 총회는 이를 신학위원회에 맡겨 1년간 조사하여 보고하도록 가결하였다. 그리고 진주노회(노회

---

10. 제57회 총회회록, 29.
11. 제57회 총회회록, 51.
12. 제57회 총회회록, 55-7.
13. 제57회 총회회록, 52.

장 정영도 목사)가 양낙흥, 이상규 두 교수에게 총회가 결의해서 진행된 징계가 아무런 효력을 발휘하지 못하고 있는 이유를 묻는 안건은 두 교수에게 징계를 내린 적이 없으므로 이를 기각하기로 하였다.[14]

셋째, 직전 총회가 구성한 고려신학대학원특별위원회의 보고가 있었다. 고려신학대학원의 최덕성 교수와 양낙흥 교수 사이의 반목, 최덕성 교수의 출판비 의혹사건(2000년), 목양장학회(이사장 정주채 목사) 사건, 최덕성 교수가 연루된 고려신학대학원입학비리의혹 사건(2005년), 이성구 교수 건 등을 조사한 특별위원회는 조사결과를 볼 때 최근 고려신학대학원의 사태는 단순히 교수들 간의 인간관계 악화로만 볼 수 없는 심각한 영적 침체와 일련의 비도덕적인 사건들이 연관되어 있음을 확인하였다. 특히 최덕성 교수에 대한 여러 가지 의혹들은 대부분 사실로 드러났음에도 최덕성 교수는 이러한 사실을 부정하고 호도하고 있기에 이사회가 법적으로 처리해줄 것과 교회의 권징이 함께 강력하게 시행될 것을 요청하였다. 그리고 고려신학대학원의 구성원(교수, 학생, 교직원) 전체의 신앙적 부흥과 갱신이 수반되어야 한다는 사실을 확인하여 권고한다고 보고하였다.[15] 고려신학대학원특별위원회의 보고를 채택하는 것을 투표로 결정하였는데 개표결과 1표 차이(가 216 부 215)로 보고를 받는 것을 가결하였다. 그리고 사후 처리는 해 노회에 맡겨 처리하도록 결정하였다.[16]

넷째, 과거 본 고신교회가 승동 측과 합동(1960년)하고 환원(1963년)한 것에 대한 총회의 공식적인 견해를 밝혀 달라는 질의가 제기되었다. 이는 이와 관련하여 교단 일부에서 비판적 시각이 있는 것을 염두에 둔 질의였다. 총

---

14. 제57회 총회회록, 57.
15. 제57회 총회회록, 631-8.
16. 제57회 총회회록, 46-8.

회는 합동과 환원 당시에 당위성과 정체성을 이미 밝혔으므로 당시 총회회록을 확인하는 것으로 결정하였다.[17]

다섯째, 교단의 신학적 정체성과 관련하여 고려신학대학원의 교과과정에서 "교단역사"를 필수 과목으로 지정해달라는 건의가 수도노회에서 올라왔다. 이에 총회는 신학위원회와 고려신학대학원 교수회에 맡겨 1년간 연구하고 보고하도록 하였다.[18]

여섯째, 고려신학대학원의 교단 소속 강사 채용 청원도 제기되었다. 이에 총회는 본 교단 인사들에게 강의를 맡기는 것을 원칙으로 하며 단 부득불 타 교단 인사를 채용할 시는 본 교단 정신을 이해하는 자를 채용하기로 가결하였다.[19]

일곱째, 셀 교회와 가정교회 질의 건은 고려신학대학원 교수회에 맡겨 연구하여 보고하도록 하였고 소위 "릴레이 기도"와 "예배 중의 박수"를 신학적으로 규명해 달라는 청원은 개 교회 재량에 맡기기로 가결하였다. 여기서 보는 것처럼 교단의 신학적 정체성에 관심을 가지는 것은 바람직하나 교회생활에서 접하는 모든 것을 일일이 신학적 검증 대상으로 보고 이를 총회에 질의하는 것은 지금 우리가 처한 현주소 즉 신학적으로 자립하지 못하며 율법주의 늪에 빠진 모습을 어느 정도 보여주는 것이라 할 수 있다.[20]

여덟째, 교단의 정체성과 이에 맞추어 영성과 실력을 겸비한 목회자 양성을 위해 강도사고시를 다시 시행하자는 청원이 상정되었다. 총회는 서부산노회(노회장 박홍석 목사)가 청원한 "강도사고시 제도 부활" 청원 건은 허락

---

17. 제57회 총회회록, 57.
18. 제57회 총회회록, 56.
19. 제57회 총회회록, 56.
20. 제57회 총회회록, 56.

하고 구체적인 시행 세칙은 신학위원회와 고려신학대학원 교수회 맡겨 1년간 연구하여 보고하도록 하였다.[21]

아홉째, 교단의 정체성을 위한 결정 외에 교단의 교세 확장 결의도 하였다. 즉 중부산노회(노회장 정은일 목사)가 청원한 교단 내 3,000교회 확장 운동 건은 세례교인 500명 이상 되는 교회와 교회 년 결산 5억 원 이상 되는 교회는 1개 교회 이상 개척하기로 하고, 37개 노회는 각각 1개 교회 이상 개척하기로 하며 세례교인 1명당 천 원을 헌금하기로 하였다.[22] 또 고려신학대학원 교과과정에 "교회개척" 과목을 넣자는 청원은 1년간 연구하도록 하였다.[23]

열째, 총회기관 구조조정에 대한 청원이 감사부장(배굉호 목사)과 사무총장(임종수 목사)에게서 상정되었는데 1년간 연구하여 차기 총회에 보고하도록 하였다.[24] 이는 총회 산하에 있는 기관들 간 상호 협력과 효율성이 크게 떨어지고 있다는 필요성에서 나온 청원이었다.

5) 목사

첫째, 직전 총회에서 보고를 받지 않고 유보하여 다시 연구하도록 한 은퇴목사 권한 건은 결국 현 교회정치 제92조 제3항("은퇴, 원로, 공로 목사는 회원권은 있으나 피선거권은 없다.")을 따르기로 가결하였다. 은퇴목사권한연구위원회(위원장 권오정 목사)가 직전 총회에서 이를 개정하여 은퇴목사를

---

21. 제57회 총회회록, 56.
22. 제57회 총회회록, 58.
23. 제57회 총회회록, 56.
24. 제57회 총회회록, 30-1.

언권회원으로 개정하자고 보고하였으나 다시 원점으로 돌아간 것이다.[25]

둘째, 선교사들의 안식년 제도를 성경대로 7년제로 고쳐달라는 안건은 현행대로 하기로 가결하였다.[26] 선교사들은 타문화권 적응, 언어 연수 등으로 인해 보통과는 다른 기준을 가지고 접근할 필요가 있다고 보았기 때문이다.

셋째, 총회은급재단이사회가 요청한 "시무지 이동 시 은급가입증명서 첨부 재확인 요청" 건은 가결하였다.[27]

넷째, 제명된 목사를 행정보류를 이유로 추가 시벌할 수 있는지를 묻는 질의에 추가로 시벌 할 수 없는 것으로 확인하였다.[28]

다섯째, 전도목사의 자격 요건은 교회정치 제5장 제34조 제4항에 따라서 "상회 허락을 받아 교회가 없는 지역에 파송되어 전도하는 목사이다."라고 확인하고, "대학 캠퍼스에서 성경공부를 인도하는 것이나 병원, 호스피스 사역이나 교도소 사역을 하는 목사"는 기관목사로 호칭하도록 하였다.[29]

여섯째, 직전 총회에서 "면직된 목사의 해벌을 위한 의결 요건"을 다수결이 아니라 노회원 재적 3분의 2로 개정한 헌법적 규칙 제9장 제9조 제1항을 재개정하자는 청원이 제기되었으나 총회는 현행대로 하기로 가결하였다.[30]

일곱째, 개체교회가 교회설립허락을 받았으나 장년 교인 수가 20인 미만의 상태로 2년이 경과될 경우 교회와 목사 지위가 어떻게 변경되는지에 대해서, 노회의 결의에 따라 기도소로 변경할 수 있고 이때 시무목사는 전도목사

---

25. 제57회 총회회록, 28.
26. 제57회 총회회록, 29.
27. 제57회 총회회록, 29-30.
28. 제57회 총회회록, 53.
29. 제57회 총회회록, 54.
30. 제57회 총회회록, 54.

로 호칭하도록 하였다. 그런데 총회는 행정법규부의 보고를 받고 법조항을 잘못 적용하여 다음과 같이 결정하였다: "교회정치 제2장 제16조(개체교회의 폐쇄)에 의거 그 교회 당회와 공동의회의 결의로 노회 허락을 받아 개체교회 폐쇄를 한 후 기도소가 되는 것을 확인하고,"[31] 그러나 헌법적 규칙 제1장 제6조(개체교회의 변경)에 의하면 "개체교회가 설립 허락을 받은 후 장년 교인 수가 20인 미만의 상태로 2년이 경과되면 노회의 결의에 따라 기도소로 변경할 수 있다."고 명시되어 있다. 즉, 개체교회를 폐쇄하고 기도소로 변경할 필요가 없다.

여덟째, 고려신학대학원(원장 현유광 목사)이 청원한 유학생 목사 안수에 관한 헌법적 규칙 제3장 제5조 제2항("외국에 소재하고 있는 인정된 학교의 입학허락을 받은 자로서 신학대학원 교수회의 추천을 받은 자는 신학대학원 졸업 후")의 변경 청원은 현행대로 하기로 가결하였다. 청원한 변경 내용은 이 규정이 남용되고 있는 현실에서 엄격하게 목사 임직을 할 수 있도록 하자는 취지에서 "외국의 공인된 신학교 정규 교육기관에 재학 중인 유학생의 경우, 신학대학원 졸업 3년 경과 후, 신학대학원 교수회의 추천을 받은 자"로 개정하자는 것이었다.[32]

아홉째, 북부산노회(노회장 장교종 목사)가 청원한 "타 교단 목사가 본 교단에 가입할 경우 고려신학대학원 편목과정 1년을 수료하는 것을 선교목회대학원을 졸업할 경우 편목과정을 이수한 것으로 인정해달라."는 안건은 현행대로 하기로 가결하였다.[33]

---

31. 제57회 총회회록, 54.
32. 제57회 총회회록, 55.
33. 제57회 총회회록, 57.

6) 치리회

첫째, 총회장(이한석 목사)이 청원한 제58회 총대 수 조정 건은 현행대로 유지하기로 가결하였다.[34]

둘째, 총회 결정 사항을 요약한 총회활요를 총회 산하 전국교회에 1부씩 송부하자는 건은 허락하였다.[35]

셋째, 노회구역의 균형적 조정 건은 행정위원회에서 1년간 연구하여 보고토록 가결하였다.[36]

넷째, 총회운영위원회(56-5차, 2007년 3월 21일)에서 학교법인 이사를 선정한 적법성을 묻는 질의에 이는 적법하지 못하였음을 인정하고 임원회가 본회 앞에 해명하였다.[37]

다섯째, 현재 공동의회에서 선거권이 만 14세 이상으로 되어 있는 것을 연령을 상향 조정하자는 청원이 있었는데 현행대로 하기로 가결하였다.[38]

여섯째, 교단 총무의 직책을 사무총장으로 변경해달라는 청원은 허락하였다.[39]

7) 기타

첫째, 직전 총회에서 채택한 <개역개정(4판)성경>에 고려신학대학원 교수회에서 청원한 수정 요구 건의는 허락하기로 하였다.[40]

---

34. 제57회 총회회록, 28.
35. 제57회 총회회록, 51.
36. 제57회 총회회록, 51.
37. 제57회 총회회록, 53.
38. 제57회 총회회록, 54.
39. 제57회 총회회록, 53.
40. 제57회 총회회록, 57.

고려신학대학교수회는 개역개정(4판)에 대한 검토보고서(23페이지 분량)를 총회에 제출하였다.

둘째, 주일에 시행하는 각종 국가고시와 자격검정시험 요일 변경을 위한 전국교회 서명 날인 건은 총회 총무실에 맡겨 시행하기로 가결하였다.[41]

셋째, 전국여전도회연합회에서 청원한 특정 지역에서 활동하는 여성 선교사의 세례권을 한시적으로 부여하자는 청원은 현 헌법상 불가한 것으로 결정하였다.[42]

2. 헌법개정위원회 구성: 제58회 총회(2008년 9월)

1) 헌법개정위원회 위원 15인 선정과 동 위원회에 맡긴 안건

첫째, 직전 총회인 제57회 총회는 현 헌법을 개정하기로 하고 헌법개정위원회를 구성할 것을 결정하였다. 이에 제58회 총회는 첫날 저녁에 선거관리위원장 김상석 목사가 기도한 후 공천위원회에서 추천한 45명의 후보 중에서 15인의 헌법개정위원을 투표로 선출하였다. 선출된 위원은 다음과 같다: 목사: 김철봉, 윤현주, 이용호, 윤희구, 신상현, 정근두, 정주채, 배굉호, 황삼수, 정수생, 구자우, 장희종, 배기웅; 장로: 오성률, 김삼관.[43]

둘째, 이번 회기에 헌법개정위원회에 위임된 안건도 있었다. 동서울노회(노회장 김현일 목사)가 청원한 교회정치 제5장 제34조 제1항의 위임목사와

---

41. 제57회 총회회록, 51.
42. 제57회 총회회록, 55.
43. 제58회 총회회록, 24.

제2항의 임시목사 칭호를 담임목사로 통일해 달라는 안건이다.[44] 그리고 행정위원회(위원장 윤희구 목사)가 청원한 "노회 구역의 균형적 조정 건"과 관련하여 노회구역조정위원회를 구성하여 1년간 연구하도록 청원한 안건이다.[45]

2) 총회규칙과 이사회 정관 수정

첫째, 수도남노회(노회장 현성훈 목사)가 청원한 법인총회 제도 폐지 혹은 분리 건은 부회(소총회) 중심의 회의로 충분히 안건을 다룰 수 있기에 법인총회를 폐지하고 본회에 통합 운영하기로 하였다(총 372명 중 가 632 부 10).[46] 이로써 제52총회(2002년 9월)에서 신설된 법인총회는 설치 6년 만에 폐지되었다.

둘째, 규칙위원회(황석률 목사)가 청원한 "총회 산하 상비부 시행규정 채택 청원 건"은 상비부의 효율성을 위해 변경하기로 하였다(총 372명 중 가 345 부 27).[47]

셋째, 서울노회(노회장 허남수 목사)가 청원한 총회규칙 제7조 제2항("임원의 자격은 총회 임원 노회 회장단, 학교법인 및 유지재단 이사와 감사는 교회 재산을 총회유지재단에 가입한 자라야 한다…") 개정 건을 결정하였다(총 372명 중 가 362 부 10). 이 안건은 총회유지재단 이사회(이사장 김성천 목사)가 청원한 것으로 이 조항의 적용에서는 총회 임원은 다음 회기부터 적용

---

44. 제58회 총회회록, 56.
45. 제58회 총회회록, 53.
46. 제58회 총회회록, 54.
47. 제58회 총회회록, 53.

하고 노회 회장단은 2년간 유예 기간을 두기로 하였다.[48]

넷째, 선거관리위원회(위원장 김상석 목사)가 청원한 "총회선거관리위원회 상비부 조직에 관한 규칙변경 청원 건"은 제57회 총회에서 결의된 사항임을 확인하고 변경하기로 하였다(총 372명 중 가 371 부 1).[49]

다섯째, 총회장 김성천 목사가 청원한 "학교법인고려학원 이사들의 연 출연금 200만 원을 내는 규칙변경 건"은 100만 원으로 조정하기로 하였다.[50]

여섯째, 고려학원이사회가 청원한 정관 수정안은 받기로 하였다.[51]

3) 총회 관련 결정

첫째, 제58회 총회 신임 총회장으로 선출된 이용호 목사는 신구임원 이취임식 후 의장석에 등단하여 다음과 같이 고신교회가 직면한 현안과 포부로 취임사를 하였다:[52] "개혁주의 교회, 신학의 정통성과 교단의 정체성을 소중한 유산으로 가꾸어 갈 것이며 결코 중단할 수 없는 복음전파의 수단인 3,000 교회를 위한 전도와 개혁은 계속 섬겨가고, 세계선교센터 건립과 한국교계의 간절한 고신 참여에 적극 협력할 것과 고신 제3세대를 맞이하면서 갈등 편견 대립을 마무리하고 같은 비전 같은 목표 같은 열정으로 현안을 해결하고 새로운 사역을 위한 기틀을 마련하는데 최선을 다할 수 있도록 기도를 부탁한다."

이를 다시 정리하면 첫째, 고신교회가 개혁주의교회라는 신학적 정체성을

---

48. 제58회 총회회록, 54.
49. 제58회 총회회록, 54.
50. 제58회 총회회록, 54.
51. 제58회 총회회록, 74, 1015-54.
52. 제58회 총회회록, 23-24.

분명히 하겠다는 것이며 둘째, 동시에 3천 교회 운동을 통해 교세 확장에 힘쓸 것이며 셋째, 세계선교센터 건립에 주력할 것이며 넷째, 한국교계의 연합운동에 적극 참여할 것이며 다섯째, 교단 내의 갈등과 대립을 지양하고 하나가 되는 데 최선을 다할 것이라는 취임 인사였다.

둘째, 직전 총회에서 총회회관 구조조정연구위원회를 구성하기로 하였는데 위원을 보강하여 1년간 더 협의하여 구체적으로 보고하도록 하였다(위원장: 이용호 목사; 서기: 황삼수 목사; 회계: 김종복 장로; 위원: 임종수, 김철봉, 윤희구, 정주채 목사, 김삼관, 박종윤, 신주복, 정한석, 차철규 장로).[53]

셋째, 이와 함께 남서울노회(노회장 이영한 목사)가 상정한 "총회기구개혁위원회 구성" 안건은 주목할 만하다. 제안 설명에 의하면 우리 총회가 전국교회의 규모에 비해 세분화되고 과도한 노회 수, 부서와 위원회의 이중구조와 과다한 위원회 수, 유명무실한 협력위원 제도, 총회의 전문성을 사유로 교단 행정의 혁신과 효율을 위해 10명 위원으로 구성하고 전체 연구 기간은 3년으로 하여 연구와 정책개발에 집중할 것을 제시하였다.[54] 총회는 전문성과 효율성을 위해 미래정책연구위원회에 맡겨 1년간 연구하기로 하였다.[55]

넷째, 규칙위원회(위원장 황석률 목사)가 청원한 대로 총회 임원과 기타 이사와 감사 선거에서 자원하는 후보가 없을 때 총회 회기 중에 후보를 세우되 해당 노회 총대노회를 통하여 추천하고 공천위원회를 거쳐 선거관리위원회가 후보를 천거할 수 있도록 하였고, 선거관리위원회(위원장 김상석 목사)가 청원한 대로 각종 선거에서 전화, 문자메시지 이용을 금지하는 것은 삭제

---

53. 제58회 총회회록, 27, 44.
54. 제58회 총회회록, 556-8.
55. 제58회 총회회록, 53.

하도록 하였다.[56]

다섯째, 미래정책연구위원회(위원장 황삼수 목사)가 상정한 고신총회 로고와 심벌제작 청원 건은 고신정신의 정통성과 시대성을 가지자는 취지로 허락하였다. 그러나 동 위원회가 총회의 표제를 정하는 주체로 표제선정위원회(목사 부총회장, 장로 부총회장, 미래정책연구위원장, 신학위원장, 행정위원장, 서기)를 구성하여 교단의 방향성을 제시하는 표제를 보다 객관적으로 선정하자는 청원에 대해서는 현행대로 현재 부총회장이 선정할 것을 결정하였다.[57]

여섯째, 남마산노회(노회장 박성실 목사)가 제52회 총회(2002년 9월) 이후 총대 수를 동결하였지만 제52회 총회 이후 분립 또는 창립된 노회들은 헌법적 규칙 제4장 제18조의 총회 총대 선정 기준을 따라 총대를 선정하자며 제기한 청원은 헌법위원회에서 1년간 연구하여 보고하도록 하였다.[58]

일곱째, 섭외위원회(위원장 김성복 목사)가 청원한 대로 해외 자매교회(헌법적 규칙 제6장 제3조 제1항) 중에서 "미주총회"는 "재미총회"로 일본총회는 "대양주총회"로 수정하기로 하였다.[59]

4) 교단의 정체성 관련 결정

첫째, 직전 총회에서 고려신학대학원 교수회에 연구하도록 한 셀 교회와 가정교회에 대한 보고서를 채택하였다.[60] 보고서에 따르면 제57회 총회가 과

---

56. 제58회 총회회록, 48.
57. 제58회 총회회록, 55.
58. 제58회 총회회록, 56.
59. 제58회 총회회록, 56.
60. 제58회 총회회록, 28.

제를 제시한 이후 교수회는 2007년 11월 1일에 "가정교회 학술대회 세미나"를 개최하고, 이때 발표한 원고는 교수 논문집인 『개혁신학과 교회』 제21집(2008)에 싣기도 하였다. 발표되고 수록된 논문은 다음과 같다: "개혁교회론과 가정교회"(유해무), "가정교회는 성경적인가?"(변종길), "교회사에서 본 가정교회"(이상규), "가정교회 소그룹 구조와 기능의 실천신학적 의의"(김순성). 특히 본 보고서는 가정교회에 초점을 맞추었는데 가정교회는 침례교에서 비롯된 목회방법론으로서 태생적 한계가 있음을 지적하며, 침례교회에서 시작된 것이라 하여 무조건 반대하는 것은 바른 태도가 아니지만 장로교회의 정체성을 도외시한 채 무분별하게 수용해서도 안 된다는 것을 밝히며 다음 몇 가지 대안을 제시하였다: 첫째, 교회라는 명칭을 소그룹에 붙이는 것을 삼가야 한다. 둘째, 장로가 소그룹 모임을 인도해야 한다. 셋째, 공예배와 교회의 기능이 약화해서는 안 된다. 넷째, 교회분열의 위험성을 경계해야 한다. 다섯째, 교리와 말씀 교육의 강화가 필요하다. 여섯째, 어린아이들에 대한 대책이 필요하다. 일곱째, 지역과 상황에 따라 다르게 적용되어야 한다. 여덟째, 무엇보다도 목회자 자신의 영성이 중요하다.[61]

둘째, 직전 총회에서 고려신학대학원 양낙홍 교수가 고신총회의 역사성과 정체성을 부인하는 것을 검증하는 것과 징계를 하자는 청원을 신학위원회에 맡겨 1년간 조사하여 보고하도록 하였는데 양 교수가 1년간 안식년을 맞아 국내에 부재중이므로 검증시간이 더 필요하기에 1년간 연장하는 것을 허락하였다.[62]

셋째, 직전 총회가 고려신학대학원의 교과과정에 교단역사 과목을 필수로

---

61. 제58회 총회회록, 491-528.
62. 제58회 총회회록, 29.

지정하는 것을 신학위원회와 고려신학대학원 교수회에 위임하였는데 이미 시행되고 있음이 보고되었다.[63]

넷째, 고려신학대학원 교수임용 시 교수서약서 복무규정 채택 건과 세부사항을 신학위원회에 위임한 것을 조속히 시행해 달라는 안건은 1년간 더 연장하기로 하였다.[64]

다섯째, 직전 총회가 강도사고시 제도를 부활하기로 하고 시행 세칙을 연구하도록 하였는데, 신학교육부는 다음과 같이 이를 보고하고 총회는 채택하였다. 시험기간은 매년 6월 15일 이전, 출제과목은 성경, 설교, 헌법, 성경신학, 교의학, 교회사로 2010년 졸업자부터 적용한다.[65]

여섯째, 총회교육원에서 현 교단교육이념과 목적을 개정해달라는 청원이 있었는데 이 청원은 본회에서 철회되었다. 이는 교단의 정체성을 강화하는 현 시점에서 납득할 수 없는 것이었다. 현행 교육이념은 "개혁주의 정신에 입각하여 웨스트민스터 표준서들(신앙고백서, 대소교리문답, 교회정치, 예배모범)을 따라 하나님을 사랑하고 이웃을 사랑하는 그리스도인을 양성한다."인데, 개정안에서 "개혁주의 정신에 입각하여"가 빠진 것이 결정적이었다. 개정안은 다음과 같다: "신앙과 생활의 유일한 표준인 성경과 웨스트민스터 표준서를 비롯한 개혁주의 교회의 신앙고백서들을 가르쳐, 예수 그리스도 안에서 성령의 도우심으로 하나님 사랑과 이웃 사랑을 실천하여 개혁주의 교회 건설과 하나님 나라 확장에 기여하는 그리스도인을 양성한다."[66]

---

63. 제58회 총회회록, 29.
64. 제58회 총회회록, 59.
65. 제58회 총회회록, 58, 774.
66. 제58회 총회회록, 582-3, 1093.

5) 고려학원과 산하기관에 대한 결정

첫째, 제58회 총회가 폐회하자마자 2008년 9월 25일(목) 17시 55분에 개회한 법인총회는 학교법인 감사보고가 원활하게 이루어지지 않자 정회를 하고 2008년 10월 10일 14시에 부산삼일교회당에서 속회를 하였다. 그러나 속회한 법인총회는 고려학원이사회의 보고와 감사보고에 문제가 있다는 것을 지적하고 고려학원이사회 보고와 감사보고에 대한 전반적인 문제를 다루기 위해 전권위원회를 조직하였다(위원장 권오정 목사; 서기: 전영환 목사; 회계: 김정남 장로; 위원: 윤희구, 이경열 목사, 김삼관, 김종복, 엄송우 장로). 특히 수도남노회와 남서울노회는 총회결의(상임감사제도 시행, 총회장의 이사회 임석 거부, 이성구 교수와 최덕성 교수에 대한 처리 의무 방기, 이사장과 사무국장의 갈등 문제)에[67] 불복하는 학교법인이사회를 조사하자는 청원과 제57회 총회(2007년 9월)가 결의한 학교법인 상임감사제도가 시행되지 않는 이유를 해명할 것을 요구하였다.[68] 2009년 5월 22일 14시에 열린 법인총회 속회에서 전권위원회는 고려학원이사회 보고와 감사보고의 문제점과 이에 따른 징계를 보고하였으나 고려학원 이사장(김국호 장로)의 해명을 청취하고 총회장이 직권으로 3인의 합의위원(전권위원장 권오정 목사, 김해노회 최정철 목사, 사무총장 임종수 목사)을 선정하여 합의 결론을 주문하였다. 이에 합의위원이 조정하여 보고를 하고 이어서 전권위원회가 이를 참고로 다음과 같이 수정해서 최종 보고하였다: 첫째, 김국호 이사장의 이사장직

---

67. 제58회 총회회록, 580-581.
68. 제58회 총회회록, 74-75. 제56회 총회(2006년 9월) 상임감사 신설 건을 유보한 것을 제57회 총회가 다시 재론하여 1인을 상임감사로 두기로 하고 인선을 임원회에 위임하였는데(제57회 총회회록, 66), 제57-1차 총회 임원회(2007년 10월 2일)는 고려학원 상임감사로 하호영 장로를 선임하였다(제58회 총회회록, 529).

은 12월 31일부로 사임하기로 하고 업무추진비 환수지시 건과 상회권 정지 건은 철회하기로 한다. 둘째, 본회 앞에 이사장 김국호 장로는 정중히 사과한다. 셋째, 고려학원 이사들에게 총회장이 정중히 권면한다 등이다. 이사장의 사과 이후 총회장은 고려학원 이사들에게 화합하여 우환이 되지 않도록 임무를 완수하여 역사의 발자취를 남길 수 있는 이사회가 되어 달라는 요지의 말로 위로, 권면하였다.[69] 제58회 총회에서 법인총회의 폐지를 결정함으로 마지막이 된 이번 법인총회는 학교법인고려학원의 문제로 속회를 거듭하여 세 번씩이나 열리는 기록을 남겼다. 고려학원 부도와 관선이사 체제에서 회생하여 정상화한 지 불과 1년이 지난 상태에서 다시 고려학원이사회의 문제로 법인총회가 세 번이나 열린 것을 생각할 때 도대체 우리가 지난 과거에서 무슨 교훈을 받았는지 근본적인 질문을 하지 않을 수 없다.

둘째, 김해복음병원수습위원회(위원장 김성천 목사)의 보고를 채택하였다. 수습위원회는 1년 동안 4차례에 걸쳐 가진 모임을 통해 제58회 총회에 건의하여 폐지를 결정키로 하고, 법인해산 건은 정관에 준하여 이사회(윤은조, 백성호, 전영환, 천명환, 이우성, 손진선 이상 6명) 결의로 청원할 수 있기에 협력을 요청하였는데, 법인총회는 이사장 윤은조 장로의 언권을 허락하여 설명을 듣고 수습위원회의 보고를 받았다.[70] 이로써 김해복음병원수습위원회는 마침내 해산되었다.[71]

셋째, 고려학원 부도의 원인, 임시이사파송사태 정상화에 이르기까지 모든 것을 문서로 작성할 과제를 맡은 백서발간위원회(권오정, 김철봉, 정주채 목

---

69. 제58회 총회회록, 76, 79.
70. 제58회 총회회록, 1012-4.
71. 제58회 총회회록, 73.

사; 김종익, 김광영 장로)는 일 년 더 유임되었다.[72] 그런데 이후 총회회록에서 백서발간위원회의 활동을 찾을 수 없는 것은 유감스러운 일이 아닐 수 없다.

넷째, 신학위원회에 위임한 고신대학교 신학과 교수와 고려신학대학원 교수 순환근무제 안건은 점진적으로 시행하기로 하고 강의 교류만 확대하기로 하였다.[73]

6) 고려신학대학원특별조사위원회 보고 이후 결정과 사회법정 송사 건

직전 총회가 고려신학대학원특별조사위원회의 보고를 가까스로 채택하고 이에 근거한 사후 처리를 해 노회(부산노회)에 맡기기로 하였다. 그리하여 이번 총회에서 부산노회는 우선 고려신학대학원 일부 교수들이 동료 최덕성 교수를 사회법정에 고발한 것과 그러나 최덕성 교수가 무혐의로 처리되었다는 것을 보고하였다. 또 고려학원이사회에서 이 건에 대한 논의가 현재 계류 중이기에 이사회의 결정이 나올 때까지 총회가 보고를 받는 것을 보류해 줄 것을 청원하였고 총회는 이를 허락하였다.[74]

고려신학대학원의 교수들이 동료 교수를 사회법정에 고발했다는 부산노회의 보고를 접한 총회는 큰 충격에 빠졌다. 부산노회와 북부산노회는 강하게 반발하며 고려신학대학원 원장이 고려신학대학원의 이름으로 동료 교수를 사회법정에 2차례나 고소를 함으로 신학대학원이 공교회를 무시한 책임을 물었고 총회는 이에 고려신학대학원 원장이 본회 앞에서 사과하도록 하였다. 고려신학대학원 원장대리 김순성 교수가 동료 교수를 사회법정에 고

---

72. 제58회 총회회록, 66. 제57-1차 총회 임원회(2007년 10월 2일)가 위 5인 위원을 선정하였다 (제58회 총회회록, 529).
73. 제58회 총회회록, 66.
74. 제58회 총회회록, 28.

소한 것을 두고 본회 앞에 정중히 사과하였다.[75] 그러나 총회는 다만 이 소송은 "부득이한 경우"로 판단하고 이를 이해하기로 투표하여 가결하였다.[76]

동료 교수를 사회법정에 소송하게 된 것이 "부득이한 경우"이고 또 총회가 이를 이해하기로 투표로 가결한 과정은 이러하다. 충청노회, 부산노회, 서울노회, 남마산노회가 이 사건과 관련 하여 성도간 세상법정 송사를 금지한 고린도전서 6장에 대한 신학적인 답변을 요청하였다. 그리고 이에 "고소하지 않는 것이 원칙이나 부득이한 경우에 할 수 있다."는 신학위원회의 보고를 듣고 총대들이 투표로 채택하여 나온 결정이었다. 여기서 주목할 것은 총회가 고려신학대학원의 교수들이 동료 최덕성 교수를 사회법정에 송사한 것을 "부득이한 경우"로 해석했다는 점이다.[77]

이번 사회법정 송사를 두고 일부 노회들이 제기한 반발과 의심은 적지 않았다. 충청노회는 교회법보다 사회법을 우선한 이번 송사를 두고 교단의 정체성을 언급하고 서울노회는 송사 비용에 대한 의문을 제기하였다. 그러자 고려신학대학원의 공금이 아니라 소송한 교수들이 모금하여 충당했다는 해명이 이어졌다. 이 문제와 관련하여 가장 강하게 이의를 제기한 노회는 최덕성 교수가 속한 부산노회였다. 부산노회(노회장 정우진 목사)는 심지어 속회로 열린 법인총회(2008년 10월 10일 14시 부산삼일교회당)에서도 고려신학대학원 이름으로 최덕성 교수를 상대로 사회법정에 고소할 때 총회와 이사회가 이를 허락해준 사실이 있는지와 만약 허락 없이 동료 교수를 고발하였다면 총회가 어떤 조치를 취해야 하는지를 문의하였고 이에 총회는 고려신

---

75. 제58회 총회회록, 63.
76. 제58회 총회회록, 56-7.
77. 제58회 총회회록, 61.

학대학원 원장(현 직무대리 김순성 목사)의 사과를 받기로 하였다.[78]

고려신학대학원 교수들 내부 문제가 이같이 사회법정 송사르 이어지자 제46회 총회(1996년 9월) 이후로 한동안 총회에서 잠잠했던 성도간 사회법정 송사 문제가 다시 수면 위로 떠오르게 되었다. 이번 총회가 신학위원회의 보고를 받고 본회가 투표하여 내린 "고소하지 않는 것이 원칙이나 부득이한 경우에 할 수 있다."는 결정은 사실 제46회 총회(1996년 9월)가 최종적으로 교단의 견해를 표명한 것을 염두에 두지 않은 것이었다. 당시 결정은 다음과 같다: "제23회 총회가 성도간의 소송(교회법을 거치지 않고 사회법정에 형사소송을 제기한 것)이 신앙적이 아니므로 하지 않는 것이 총회의 입장이라고 결의한 것을 재확인하고 이것이 본 교단의 입장이라는 점을 교단 총무와 서기부가 담당하여 밝히기로 가결하다."[79]

7) 이성구 목사 해벌 건과 송상석 목사 사면 건

본회에 긴급으로 상정된 2개의 안건이 있었다. 하나는 마산노회에서 청원한 고 송상석 목사 사면 건이고 다른 하나는 서부산노회가 청원한 이성구 목사 해벌 건이었다. 전자는 본회에서 이 안건을 다루기로 가결하여 사면 청원 건을 허락하였고 후자는 총회장이 직권으로 상정하여 본회에서 다루는 여부를 투표로 가까스로 결정하였다(총 387명 중 가 193 부 189 기권 5).

첫째, 고 송상석 목사 사면 청원 건이다. 고 송상석 목사는 1974년 12월 4일에 총회재판국을 통해 목사면직이라는 중대한 시벌을 받았는데 제47회 총회(1997년 9월)는 경안노회와 중부산노회가 상정한 송상석 목사의 복권 청

---

78. 제58회 총회회록, 73.
79. 제46회 총회회록, 493, 468.

원에 당시 송상석 목사는 이미 복직된 일이라고 확인한 바가 있다.[80] 그런데 고 송상석 목사의 사면 청원은 본래 마산노회에서 총회 임원회에 고 송상석 목사의 해벌 청원으로 상정한 것이었다. 이에 제57-2차 임원회(2007년 11월 16일)는 이 안건을 제58회 총회에 헌의하기로 가결하지만[81] 제57-3차 임원회(2007년 12월 17일)는 돌연 이를 총회재판부에 보내어서 그 결과를 총회운영위원회에 상정하기로 하고,[82] 제57-1차 총회운영위원회(2008년 2월 14일)는 총회 임원회가 상정한 이 안건을 다루고 제32회 총회의 영입정신에 의거하여 고 송상석 목사를 해벌하기로 가결하였다.[83] 이에 전라노회(노회장 손종기 목사)는 총회운영위원회가 결의한 "고 송상석 목사 해벌 결정의 시정 건"이 권징조례 제12장 제57조 제2항과 제4항("면직을 당한 자나 출교를 당한 자를 해벌할 때는 교회 앞에서 그 전말을 설명하고 본인으로 하여금 자복하게 하고 해벌 선언을 한다.")에 의거하여 죽은 자는 해벌 할 수 없음으로 이를 시정해달라는 청원을 하였다. 이 청원은 신학교육부에서 다루어져 총회가 청원을 그대로 채택하면서[84] 본회는 제57-1차 총회운영위원회 보고 중에서 고 송상석 목사의 해벌 건을 삭제하도록 하였다.[85] 사정이 이렇게 되자 마산노회는 다시 긴급으로 본회에 고 송상석 목사의 사면 청원을 상정하여 해벌 대신 사면을 청원하였고 총회는 고 송상석 목사의 사면을 허락하였다.

둘째, 이성구 목사의 해벌 건이다. 총회장 직권으로 상정되어 본회에서 면

---

80. 제47회 총회회록, 365.
81. 제58회 총회회록, 530.
82. 제58회 총회회록, 532.
83. 제58회 총회회록, 113.
84. 제58회 총회회록, 60.
85. 제58회 총회회록, 25.

저 이성구 교수의 사과문이 발표되었다. 그는 이 발표문에서 본의 아니게 신학적 논란을 일으키고 결과적으로 주님의 교회에 덕을 세우지 못하고 총회와 총대 여러분들에게 심려를 끼치게 된 것을 죄송스럽게 생각한다고 밝혔다. 그는 또 2008년 7월에 서부산노회 구포제일교회에서 본인을 청빙하는 절차를 밟는 중에 있는데 총회가 제명 시벌을 해제한다면 고려신학대학원 교수직을 사임하겠다는 뜻을 밝혔다.[86] 이에 총회는 진지한 토의와 질문을 한 후 이성구 목사의 답변을 듣고 이성구 목사의 목사직 제명에 대한 해제를 다음과 같이 선언하였다: "총회가 이성구 씨의 논문에 대하여 지적한 역사성 계시성 저작성에 대하여 교정과 그 외 여러 가지 부수적인 지적들이 있다면 겸허히 받아들이겠다는 요지의 사과문에 준하여 이성구 씨의 목사직 제명을 성부와 성자와 성령의 이름으로 해제함을 공포합니다." 이어 총회장(이용호 목사)은 이성구 목사에게 다시는 교단에 이런 고통을 주지 않고 목회에 전념하여 일하고 교단의 화합과 발전을 위해 묵묵히 일해주시기를 당부하였고 이어서 고려신학대학원 은퇴교수인 허순길 목사가 그를 위해 기도하고 격려하였다.[87] 이로써 북부산노회, 동부산노회, 수도남노회가 이번 총회에서 법적 요건을 갖추어서라도 이성구 교수를 고려신학대학원에서 해임시킬 수 있도록 청원한 건은 기각하기로 결정하였다.[88]

8) 성례에 대한 결정

첫째, 지난 제56회 총회가 지적(발달)장애인의 세례 연구를 결정하였으나 당시 어느 부서에서 이 연구를 할지 구체적으로 적시하지 못하였다. 그런

---

86. 제58회 총회회록, 812-3.
87. 제58회 총회회록, 64.
88. 제58회 총회회록, 64-5.

데 이번 총회에서 고려신학대학원장 대행 김순성 교수가 나서서 이 연구를 신학위원회에 배정해달라고 요청하였고[89] 본회는 신학교육부의 보고를 듣고 고려신학대학원 교수회에 해당 연구를 맡길 것을 결정하였다.[90]

둘째, 거창노회(노회장 하재선 목사)에서 유아세례 자격에 대한 문의를 하였다. 즉 세례 대상자 유아의 부모가 속한 교회가 아니라 출산 이후 몸조리를 이유로 임시로 출석하는 교회에서 세례를 받을 수 있는가라는 내용이었다. 이에 총회는 예배지침 제5장 제22조 제5항 유아세례의 공포 시에 "OOO는 대한예수교장로회 OO교회의 유아세례교인이 된 것을 공포하노라 아멘"에 근거하여 부모가 속한 교회가 유아세례를 시행할 것을 결정하였다.[91]

셋째, 거창노회(노회장 하재선 목사)는 또 일명 류광수 다락방 교회(대한예수교장로회 전도총회)에서 세례를 받고 본 교단교회에 소속하였을 경우 그 세례를 인정할 수 있는가 하는 것과 천주교에서 영세를 받고 개종 후 교단교회에 속하였을 때 세례교인으로 인정할 수 있는지 문의를 하였다.[92]

이에 총회는 웨스트민스터 신앙고백 제28장 제2항과 제7항에 근거하여 세례는 성부와 성자와 성령의 이름으로 받아야 한다는 것과 세례의 성례는 어느 사람에게든지 단 한 번만 베풀어져야 한다는 고백에 따라 위에서 언급한 기관에서 각각 성부와 성자와 성령의 이름으로 세례를 받았기에 개종하여 본 교단에 속한 자의 세례를 인정하지만, 대신 본 교단교회가 고백하는 신앙고백을 받은 후에 입교인으로 인정하기로 가결하였다.[93]

---

89. 제58회 총회회록, 31.
90. 제58회 총회회록, 60.
91. 제58회 총회회록, 60.
92. 제58회 총회회록, 570-1.
93. 제58회 총회회록, 60.

넷째, 거창노회는 또 헌법적 규칙 제2장 제2조에서 "학습 문답 후보자는 원입인으로 6개월 이상 공예배에 참석하는 14세 이상 자로 한다. 단 특별한 경우에는 당회의 결의로 6개월이 미달되어도 문답할 수 있다."에서 "특별한 경우"는 어떤 구체적인 상황을 가리키는지 문의하였으나 총회는 원칙적인 답변을 제시하였다. 총회가 세부적인 지침이나 실례를 제시하지 않은 것은 무책임한 일로 보인다.[94]

9) 개역개정성경과 새찬송가 사용에 대한 결정

경남중부노회와 남마산노회와 전라노회는 <개역개정(4판)성경> 사용 건과 새찬송가 사용에 대해 문의를 하였다. 그 이유는 제56회 총회(2006년 9월)가 번역에 문제가 많다는 신학위원회의 보고를 받고서는 <개역개정성경>의 사용을 개체교회에 맡기기로 하였고[95] 직전 총회인 제57회 총회(2007년 9월)는 고려신학대학원 교수회에서 제출하고 청원한 개역개정판성경의 검토보고서와 수정 요구 건의를 허락하기로 한 바가 있기 때문이다.[96] 그런데 총회는 이번 총회 직후부터 <개역개정성경>과 새찬송가를 일제히 사용하기로 하고 성경공회와 찬송가공회에 대한 대책은 5-6명의 위원을 둘 것을 결정하고 위원 인선은 임원회에 맡기기로 하였다.[97]

10) 교회질서에 대한 결정

첫째, 남부산노회(노회장 최지홍 목사)가 청원한 "장로직의 단기간 시무

---

94. 제58회 총회회록, 60.
95. 제56회 총회회록, 50-2.
96. 제57회 총회회록, 57.
97. 제58회 총회회록, 48.

를 위한 장로지명투표허락 청원" 건은 이를 금지할 법이 없으므로 해 교회 당회에 맡기기고 가결하였다.[98] 즉, 특정인을 지명하는 장로투표의 경우 해당자가 은퇴 연령인 만 70세에 가까워서 장로 시무가 단기간이라 할지라도 그 결정은 해 교회 당회의 판단에 있다고 하였다.

둘째, 남서울노회(노회장 이영한 목사)가 근간에 목회자 청빙이 본래의 헌법 정신에 이탈하는 현상이 빈번한 것을 지적하면서(예를 들어, 교단신문에 청빙공고의 형태로 게시하는 것이나 혹은 목회자의의 자격에 특별한 학력이나 경력 제시를 요구하는 등) 목회자들의 교회이동에 따른 권위 실추를 방지하고 교회의 덕을 세울 수 있도록 계도하고 주의를 구해달라고 청원하였다. 그러나 총회는 청빙은 각 개체교회의 일로서 각 교회가 이에 유념하여 청빙에 신중하며 교회에 덕을 세우기 위해 노력하도록 가결하였다.[99]

총회 차원에서 제도적으로 이를 뒷받침할 수 있도록 연구하고 대책을 세우는 결정을 하지 못하고 그저 개체교회의 문제로 넘긴 것은 총회의 본래 임무를 다하지 못하는 것으로 보인다.

셋째, 서부산노회(노회장 오세우 목사)에서 타 노회가 본 노회의 관할 구역에 교회를 설립하는 과정에서 빚어진 여러 일을 문의하였는데 이에 총회는 헌법적 규칙 제1장 제14조에 근거하여 타 노회 관할 구역에 위치한 교회는 절차를 따라 그 교회가 소재한 해 지역 노회에 귀속토록 가결하였다.[100]

넷째, 서부산노회(노회장 오세우 목사)가 역시 청원한 "임직식 후에 강대상에서 포크댄스를 하는 것이 가한가?"라는 문의는 모든 행사들이 하나님의

---

98. 제58회 총회회록, 54-5.
99. 제58회 총회회록, 55.
100. 제58회 총회회록, 55.

영광에 저해되지 않도록 당회의 지도로 진행되도록 결정하였다.[101]

3. 제59회 총회(2009년 9월)

1) 헌법개정위원회 활동과 헌법개정위원회에 위임되거나 헌법개정위원회 보고까지 유보된 안건

직전 총회에서 15인의 위원으로 구성된 헌법개정위원회는 총회에 보고할 내용을 1년간 보류하고 대신 각 노회가 2010년 4월 정기노회까지 헌법 개정에 관한 의견을 제시할 것을 요청하였다.[102] 또 구자우 위원을 전문위원으로 하고 헌법개정위원은 현 14명으로 그대로 하기로 하였다.[103]

이번 회기에 헌법개정위원회에 위임된 안건도 있었다. 첫째, 헌법 개정과 함께 헌법적 규칙도 보완하도록 하였다. 둘째, 교회정치 제9장 제68조에서 규정하고 있는 권사의 자격(연령) "45세 이상에서 65세 이하"를 "40세 이상에서 65세 이하"로 하자는 청원도 위임되었다.[104]

헌법개정위원회 보고까지 유보된 안건도 있었다. 첫째, 제58회 총회에서 총회 총대 수에 대하여 헌법위원회에 맡긴 안건은 헌법개정위원회에서 총대 수에 대한 논의가 진행 중이므로 제60회 총대 수는 제59회 총회 총대 수와 동일하도록 하였다.[105] 둘째, 직전 총회에서 강도사고시가 부활되고 2010

---

101. 제58회 총회회록, 55.
102. 제59회 총회회록, 45.
103. 제59회 총회회록, 46.
104. 제59회 총회회록, 61.
105. 제59회 총회회록, 28.

년 졸업자부터 새로운 방식의 강도사고시(특히 매년 6월 15일 이전에 시행)를 치르게 될 때 군목후보생은 매년 4월에 입대하므로 혹 강도사고시를 치르지 못할 수가 있으므로 매년 2월로 당겨달라는 청원과 2008년도 강도사고시(2008년 1월 시행)에서 탈락한 자는 종전대로 고시를 시행해 달라는 청원 건은 헌법 개정이 아직 되지 않았으므로 기각하기로 하였다.[106] 셋째, 고신교단 심벌마크 및 로고 제작 건과 이를 위한 예산 및 실무 청원 건은 헌법개정위원회의 개정안이 나올 때까지 보류하기로 하였다.[107]

2) 총회규칙

첫째, 총회규칙 제4장 제17조 제3항 2)-9 변경안이 가결되었다. 이는 고려학원 상임감사 제도를 반영하기 위한 규칙변경으로서 개정 내용은 "감사 3인(상임감사포함) 중 2인(목사 1인)은 총회가 선임하되 이사 추천 절차와 동일하게 행하고 1인은 고신대학교 평의회에서 선정하며 감사 중 1인은 공인회계사여야 한다."이다(총 268명 중 가 252 부 7).[108]

둘째, 총회규칙 제31조 제4항의 변경은 이미 제58회 총회(2008년 9월)에서 결정된 사안이므로 수정안대로 받기로 처음에 가결하였으나 나중에 다시 1년 후로 변경을 유보하기로 하였다.[109] 현 제31조 제4항은 "산하 노회의 문서 중 5년이 경과된 것은 총회본부에 입고시켜 보관하여야 한다."인데 수정안은 "총회 산하 기간 7년 이상 된 자료는 고신역사사료관에 입고시켜 보관

---

106. 제59회 총회회록, 45-9.
107. 제59회 총회회록, 64.
108. 제59회 총회회록, 60, 63.
109. 제59회 총회회록, 60, 64.

하여야 한다."이다.[110]

셋째, 직전 총회인 제58회 총회가 총회규칙 제7조 제2항을 "총회 임원과 학교법인 및 유지재단 이사와 감사, 그리고 노회 회장단이 되려면 교회재산을 총회유지재단에 가입한 자라야 한다."로 개정하여, 총회 임원은 당시 회기부터 적용하고 노회 회장단은 2년간 유예 기간을 두기로 결정하였다.[111] 그런데 이에 대해 동부산노회, 수도남노회, 서부산노회 3개 노회는 노회 회장단의 경우 그 시행을 유보해달라는 청원을 이번에 하였다. 3개 노회는 그 근거로 교회정치 제6대 원리(직원의 선거권)인 "어떤 회에서든지 그 직원을 선정하는 권한은 그 회에 있다."는 규정과 상충하며 노회원의 선거권을 박탈한다는 것을 제시하였다.[112] 따라서 본회는 이에 대한 답변을 1년간 연구 검토한 후에 판단하기로 결정하였다.[113] 제45회 총회(1995년 9월)가 총회 임원과 이사, 감사의 자격으로 소속 교회의 재산을 유지재단에 가입하도록 결정한 이후 제48회 총회(1998년 9월)가 노회 회장단도 시무교회 재산을 총회유지재단가입에 가입한 사람으로 하도록 결의하기도 하였다.[114] 그러나 그 시행과 관련하여 이번 총회까지 거의 10년 동안 난항을 겪어오고 있는 이유는 무엇보다 이러한 결정이 교회법에서 보장하고 있는 노회 회원의 선거권, 특별히 개체교회 당회가 위임한 권한을 근본적으로 제한하기 때문이다.

---

110. 제59회 총회회록, 497-8.
111. 제58회 총회회록, 54.
112. 제59회 총회회록, 490-1.
113. 제59회 총회회록, 62.
114. 제48회 총회회록, 92.

3) 총회 선거조례

첫째, 현 목사 부총회장 선거 과열을 막기 위해 북부산노회(노회장 신수인 목사)가 신학대학원 졸업 동기회에서 해당 후보 1인을 추천할 수 있도록 선거조례 제4장 제8조(등록서류) 1의 제10항 "목사 부총회장 후보는 동기회 추천서 1통"을 신설하기로 조례 변경을 청원하였으나 기각되었다.[115]

둘째, 경남중부노회(노회장 김치호 목사)가 청원한 총회 임원(이사, 감사) 후보의 선거 방법에 대한 시정 건의 건(입후보자 소견발표회 폐지, 총회장 앞 선서, 홍보물 제작)과 선거관리위원회(위원장 옥치인 목사)가 청원한 입후보자 소견발표회는 폐지하고 입후보자 공청회 승인 청원 건은 규정(선거조례)대로 하기로 가결하였다.[116]

셋째, 선거관리위원회(위원장 옥치인 목사)가 총회 임원 입후보자 등록금 인상 청원(총회장 입후보자는 1,000만 원에서 3,000만 원으로, 부총회장은 500만 원에서 2,000만 원으로)과 또 입후보자들의 등록금을 선거관리위원회에서 직접 수납, 관리해달라는 청원, 또 선거조례 제4장 제8조 제7항("입후보자 시무교회 당회가 입후보자를 위한 재정지출[교회재정, 후원회 재정]을 하지 않는다는 결의서 1통")의 삭제 청원은 모두 채택되지 않고 현 선거조례대로 하기로 하였다.[117]

넷째, 선거조례 제5장 제12조 제2항에서 "부회장은 단일후보일지라도 투표한다."라고 첨가하기로 하였다.[118]

---

115. 제59회 총회회록, 517, 55.
116. 제59회 총회회록, 55.
117. 제59회 총회회록, 56, 524.
118. 제59회 총회회록, 56.

4) 신설된 특별위원회

이번 총회는 다음에서 보는 대로 여러 특별위원회를 신설하였다:

첫째, "고려신학대학원 단설대학원 연구 및 추진위원회"이다. 고려신학대학원 단설대학원 설립추진은 제52회 총회(2002년 9월)가 결정하여 구성되었지만 그동안 시행되지 못하였다. 동부산노회(노회장 고명식 목사)와 충청노회(노회장 이호용 목사)가 이를 다시 촉구하였고 총회는 허락하였다(위원: 윤희구 이용호 한진환 목사 김국호 장태휘 장로 한정건 고려신학대학원장 김성수 고신대학교 총장).[119]

둘째, 총회장(이용호 목사)이 교단의 앞날을 위해 청원한 "타교단과의 합동추진위원회"가 신설되었다(위원장: 윤현주; 서기: 박영호; 회계: 김진욱; 위원: 송학성, 양기철, 권용수, 김상석 목사; 전문위원: 정수생 목사, 최수우 장로).[120]

셋째, "총회기구개혁위원회"가 신설되었다. 이 위원회는 직전 총회인 제58회 총회가 가결하여 미래정책연구위원회에 위임한 것으로, 위원 9인 중에서 미래정책연구위원장, 규칙위원장, 행정위원장은 당연직으로 하고 4인은 총회 임원회가 2인은 전문위원으로서 총회기구개혁위원회가 선임하기로 한 바가 있다(위원장: 윤현주; 서기: 박영호; 회계: 김진욱; 위원: 송학성, 양기철, 권용수, 김상석 목사; 전문위원: 정수생 목사, 성보경 장로).[121] 그리고 이번 총회는 해 위원회에 몇 개 안건을 위임하였다. 즉, 경남노회(노회장 이상원 목사)가 청원한 총회규칙 제13조 제1항과 제2항(상임위원회 중 행정법규부와 신학교육부에 해당)의 변경과 서울노회(노회장 최수환 독사)가 청원한

---

119. 제59회 총회회록, 53, 43.
120. 제59회 총회회록, 54, 57, 526.
121. 제59회 총회회록, 58, 43.

상임위원회 통폐합 건과 해당 규칙변경 건이다. 또 기독교문화유적보존위원회(위원장 정돈화 목사)가 청원한 명칭 변경 건과 섭외위원회의 직무 전문성을 고려하여 섭외위원회의 임기를 연장해 달라는 청원 건도 위임되었다.[122]

넷째, 사무총장(임종수 목사)이 긴급 청원하여 "WCC 세계대회 대책위원회"가 신설되었다. 이는 2013년에 대한민국 부산에서 이 대회가 열릴 것을 대비한 청원이었다(위원장: 윤현주; 서기: 권용수; 회계: 김진욱; 위원: 성보경 장로, 임종수 목사, 유해무, 신득일 교수).[123]

다섯째, 이슬람대책위원회를 "다문화사회연구위원회"로 변경하였다(위원장: 김윤하; 서기: 최한주; 회계: 신주복 장로; 위원: 윤희구, 김철봉, 김순성, 김희택 목사, 김진욱 장로). 특정 종교를 적시함으로 특정 종교에 대한 대결 구도를 만드는 것이 사회에 부정적인 영향을 미친다는 것과 타 교단에서 이미 변경된 명칭을 사용하고 있기에 연합 관계가 쉽게 이루어질 수 있다는 것이 그 이유였다.[124]

5) 교단의 정체성 강화와 교세확장

첫째, 총회는 교단의 정체성과 관련된 신학위원회의 보고를 받았다. 먼저 직전 총회인 제58회 총회가 고려신학대학원 교수임용 시 구비조건으로 교수서약서, 복무규정 채택 건 및 세부사항을 위임한 것에 교수서약서를 제정하여 2009년 9월 11일까지 교수 전원이 서약하여 제출하기로 했다는 것이다. 또한 제58회 총회(2008년 9월)가 고신총회의 역사성과 정체성 부인한 혐의를 받는 양낙홍 교수를 검증하도록 위임한 것은 양 교수가 고신총회의 역사

---

122. 제59회 총회회록, 59-60.
123. 제59회 총회회록, 43, 64.
124. 제59회 총회회록, 54, 43.

성과 정체성을 부인한 사실이 없음을 확인했다는 것이다.[125] 마지막으로 고신교회의 정체성을 강화하기 위해 시행한 2009년 하기목회대학원 행사 건 보고를 받았다(일시: 2009년 6월 15일-16일, 장소: 경주교육문화회관, 주제: 웨스트민스터 표준서들과 고신교회, 강의주제와 강사: 장로교원리에 비추어 본 고신교회-유해무 교수, 관리표준의 형성의 역사와 판례에 비추어 본 헌법개정-성희찬 목사, 교회법의 의미와 역할-임경근 목사, 웨스트민스터 표준서들의 역사적 배경과 정신-김중락 교수).[126]

둘째, 충청노회(노회장 이호용 목사)가 청원한 소위 "두 날개 양육 시스템"을 교회 사역에 적용할 수 있는지를 묻는 질의는 아직 현실적으로 문제가 없으므로 좀 더 관찰하기로 하였다.[127] "두 날개 양육 시스템"은 부산에 소재한 풍성한교회(김성곤 목사)가 실시하고 있던 것이다. 대그룹 축제 예배의 날개를 통해 하나님의 위대하심을 경험하고 전인적인 소그룹의 날개를 통해 하나님의 친밀함을 경험하므로 이러한 두 날개가 균형을 이루자는 취지를 가지고 있으며, 교파와 교단을 넘어 상당수 교회가 참여하고 있는 것으로 알려져 있었다.

셋째, 지난 제58회 총회가 성도간의 세상법정 고발 건은 "고소하지 않는 것이 원칙이나 부득이한 경우에 할 수 있다."는 결정을 하였는데, 이에 대해 충청노회(노회장 이호용 목사)는 이 결정을 철회해줄 것을 청원하였다. 그러나 본회는 지난 제58회 총회 결정대로 따르기로 하였다.[128] 이로써 총회는 고신교단의 정체성에서 후퇴하는 결정을 내렸다. 그 이유는 이 문제가 나중에

---

125. 제59회 총회회록, 28-9.
126. 제59회 총회회록, 686-7.
127. 제59회 총회회록, 50.
128. 제59회 총회회록, 50.

제65회 총회(2015년 9월)에서 본 교단과 고려 측 교단이 통합하는 중요한 선결 조건이 되기 때문이다(*합의 내용은 이후 선언문 참고).

넷째, 다른 교단의 목사가 본 교단에 가입할 경우 그 자격과 절차에서 대학과정과 신학대학원을 졸업한 자로서 본 교단 직영 고려신학대학원에서 30학점을 이수해야 한다는 편목위탁규정(교회정치 제39조, 헌법적 규칙 제3장 제24조)을 두고 고려신학대학원이 교육 외에도 자격을 심사할 수 있는지 질의가 있었다. 이 질의는 어느 특정 노회가 편목과정으로 특정인을 신학대학원에 편목위탁교육을 하였으나 신학대학원이 해당 목사가 수료한 신학교육을 심사하여 30학점 이상을 이수하도록 한 것에서 발단하였다. 총회는 해당하는 사람의 신학교육 배경을 재심사하는 권한과 부가학점을 부여하는 재량권은 고려신학대학원 당국에 있는 것으로 답변하였다. 또 부목사의 편목 허입을 신중하게 결정하였다. 비록 다른 교단 목사가 본 교단 가입하는 것을 결정하는 것은 노회의 권한이지만 총회 차원에서 우수한 인력을 양성 해외 유수한 신학교를 졸업한 경우를 예외로 하고는 원칙적으로 이를 허락하지 않기로 가결하였다.[129]

다섯째, 직전 총회인 제58회 총회가 지체(발달)장애인의 세례에 관하여 고려신학대학원 교수회에 맡겨 보고하기로 한 건은 이 문제가 신학적으로 매우 민감하고, 한국교회 전체에 영향을 미칠 중대한 사안이므로 1년간 더 연구하도록 해달라는 고려신학대학원의 보고를 받기로 하였다.[130]

여섯째, 교단의 정체성 강화와 함께 3천 교회 운동에 더욱 박차를 가하는 결정을 하였다. 이 운동의 주무부서인 국내전도위원회(위원장 이경열 목사)

---

129. 제59회 총회회록, 50, 503.
130. 제59회 총회회록, 28.

가 상정한 "3천 교회 운동을 위한 노회별 집회"와 미자립교회 교역자를 대상으로 하는 세미나 개최, 개척교회를 준비하는 교역자를 대상으로 하는 개척교회훈련원 개최, 미자립교회 교회 지원 현황 조사를 허락하였다.[131]

6) 총회회관구조조정

제57회 총회(2007년 9월)에서 구성하여 지난 총회인 제58회 총회에서 위원을 보강하여 활동한 총회회관구조조정위원회(위원장 이용호 목사)의 보고는 투표를 통해 채택하였다(총 투표수 432명 중 가 224 부 182 기권 6). 그리고 구조조정의 세부추진을 위해 총회회관구조조정추진위원회를 임원회에 맡겨서 조직하기로 하였다(위원장 윤희구; 서기: 권용수; 회계: 김진욱; 위원: 윤현주, 임종수 목사, 성보경, 김삼관, 김창대 장로). 총회구조조정위원회의 보고를 요약하면 다음과 같다: 첫째, 고신언론사는 독립법인으로 설립 운영을 확대 개편한다. 둘째, 교단의 모든 출판물(인쇄물)은 출판부로 통일한다(영업활동 강화). 셋째, 사무행정 경리 출납 전화응대 일반 행사(세미나)지원 의전 등은 사무국 행정지원실로 일원화 통합 관리한다. 넷째, 모든 재정 상회비, 모금, 사업비 등은 재정회계실로 창구를 일원화한다. 다섯째, 모든 사업 부서는 사업 본래의 목적에 충실하도록 하고 창의력을 발휘, 자율성 최대한 보장, 더 열정적으로 일하게끔 재정지원을 최우선적으로 지원한다. 여섯째, 출판국도 앞으로 별도 법인화하여 독립법인으로 확대 개편한다 등이다.[132]

---

131. 제59회 총회회록, 50-1.
132. 제59회 총회회록, 661-71. 요약은 667에서 볼 수 있다.

7) 목사와 장로에 대한 결정

첫째, 점점 수가 증가하는 은퇴목사의 예우와, 총회발전을 위해 이들을 어떻게 인적자원으로 활용할 것인지를 묻는 청원(남서울노회)은 신학대학원에 의뢰하여 연구하기로 하였다.[133]

둘째, 서부산노회와 수도노회가 상정한 교역자 최저생계비 설정과 지원 대책 청원에 우선 최저생계비 설정은 국민기초생활보장법의 최저생계비에 준하고, 최저생계비 미달 교회 시무 교역자 지원 대책과 생계 곤란 은퇴 교역자의 생계비 대책은 1년 동안 실태를 파악하여 연구 보고하도록 하였다.[134]

셋째, 교역자 이명과 청원 서식에 "신상명세서"(이력서)를 삽입하도록 하였고 노회 목사고시 응시서류에 은급가입증명서를 첨부하자는 청원은 은급재단 가입을 권장하는 것으로 결정하였다.[135]

넷째, 농어촌에 소재하는 조직교회이지만 미자립 상태에 있는 교회에 시무하는 강도사가 1년 만에 목사고시에 응할 수 있느냐는 질의는 헌법적 규칙 제3장 제5조에 의해 해당 교회가 조직교회이므로 할 수 없는 것이라고 답변하였다.[136]

다섯째, 미조직교회에서 목사를 청빙할 때 노회에서 파송한 당회장이 임의로 결정하지 못하고 협조 당회를 구성하여 처리하도록 하였다.[137]

여섯째, 교회정치 제6장 제52조에서 규정한 대로 원로장로를 추대하고자 할 때 해당하는 장로의 퇴임 후에는 추대가 불가하다고 결정하였다. 이는 원

---

133. 제59회 총회회록, 50.
134. 제59회 총회회록, 52.
135. 제59회 총회회록, 52.
136. 제59회 총회회록, 60.
137. 제59회 총회회록, 60-1.

로장로의 자격에서 "한 개체교회에서 20년 이상 시무한 장로가 노후에 퇴임할 때…"에서 "퇴임할 때"는 은퇴할 때를 의미한 것이라는 해석에서 나왔다.[138]

4. 개정헌법 노회 수의 결정: 제60회 총회(2010년 9월)

이번 총회는 고신총회 제60회를 맞는 만큼 총회 제3일에 기념행사를 가지며 지난 역사를 회고하고 미래를 전망하였다. 제60회 총회는 외부적으로는 성장과 확장, 조정을 위해, 내부적으로는 교단의 정체성을 지키기 위해 씨름하며 의미 있는 결정을 내렸다. 한편 이번 총회는 헌법 개정안을 노회 수의하기로 결정하였다. 지난 제57회 총회(2007년 9월)에서 헌법거정위원회를 구성할 당시 다소 문제가 있다는 것이 지적되었지만 헌법 개정은 계속 추진하기로 하였다.

1) 헌법 개정안과 각 노회 수의

헌법개정위원회는 직전 총회인 제59회 총회(2009년 9월)에서 각 노회에 헌법 개정에 관한 의견을 요청하고 2010년 4월 정기노회까지 보고할 것을 청원한 바가 있다.[139] 정기노회가 끝난 후인 2010년 4월 27일에 헌법개정위원회는 소(小)위원회를 조직하여(교회정치, 예배지침, 권징조례) 각 노회가 보낸 안건들을 세부적으로 검토하였다. 2010년 6월 17일에 모인 전체회의에

---

138. 제59회 총회회록, 61.
139. 제59회 총회회록, 45.

서는 각 소위원회에서 연구한 안건들을 심사하고 고려신학대학원 교수들이 만든 <헌법전문>을 두고 (유해무 교수를 통해 설명을 듣고) 토의하였으며, 2010년 7월 20일 모임에서는 최종적으로 안건을 토의 심의한 후에 이를 총회에 상정하기로 하였다. 또한 위원회는 고려신학대학원 교수회에서 새롭게 번역한 신앙고백서와 3대 공교회 신경의 번역을 받기로 하였고, 헌법 개정안의 순서를 전문-웨스트민스터 신앙고백서-대교리문답-소교리문답-예배지침-교회정치-권징조례 순으로 배열하고, 부록에는 3대 공교회 신경(사도신경, 니케아신경, 아타나시우스신경)을 첨부하기로 하였으며, 총회 개회 전 총대들의 이해를 돕고 원활한 진행을 위하여 개정안 책자를 인쇄하여 총대들에게 보내기로 하였다.[140]

그런데 이같이 헌법 개정 작업이 차근차근 진행되고 더구나 이번 총회에 개정안의 노회 수의 요청을 앞둔 상황에서 예기치 않은 뜻밖의 일이 발생하였다. 이번 제60회 총회에 경남노회를 비롯하여 6개 노회가 현 헌법개정위원회 구성의 원천무효를 골자로 하는 청원을 올린 것이다. 이 청원에 따르면 제57회 총회가 헌법개정위원회 구성을 결정할 당시 헌법위원회는 기존 헌법의 수정판 출판을 위한 위원회 구성을 요청했을 뿐인데 이 안건이 행정법규부 부회를 거쳐 본회에서 다루어지는 과정에서 명확한 이유 없이 헌법 전반을 개정하는 헌법개정위원회 구성으로 바뀌었다는 것이다. 또한 제57회 총회회록도 헌법위원회가 처음부터 헌법개정위원회를 청원한 것처럼 잘못 기록되어 있기에("헌법위원장 전영한 목사가 청원한 헌법개정위원회 구성은 공천위원회에서 헌법개정위원 15명의 3배수 공천하여 총회에서 투표로 선정

---

140. 제60회 총회회록, 595-6.

하기로 가결하다.") 현 헌법개정위원회의 구성은 무효라는 것이다.[141] 이에 총회는 제57회(2007년 9월) 총회회록에서 당시 헌법전반을 개정하기로 한 경위와 내용이 빠진 것을 인정하고 당시 회록서기와 당사자들은 본회 앞에 사과하도록 하였다. 이에 이 모두를 대신하여 현 총회장이 우선 사과하고, 이어서 본회는 현 헌법개정위원회가 추진 중인 헌법 개정은 합법적으로 인정하고 계속 추진하기로 가결하였다.[142]

그래서 헌법개정위원회가 상정한 새 헌법 개정안은 수정하여 각 노회에 수의하기로 가결하고 수정 전권을 헌법개정위원회에 일임하여 헌법개정위원회 활동은 노회 수의 결과에 따라 총회장이 공포할 때까지 연장하기로 하였다, 그리고 헌법적 규칙은 부칙 "제6조(경과조치) 본 부칙 제1조의 시행은 2010년 9월 28일 통과된 본 헌법을 각 노회에 수의하여 총회장이 공포할 때까지 시행하기로 한다."를 추가하기로 하였다. 헌법적 규칙은 410명 출석에 366명이 찬성함으로 가결되었다.[143] 그러나 헌법개정위원회가 준비하여 보고한 "노회구역조정안"은 투표하여(총 419명, 보류찬성 352명) 1년간 보류하기로 하였다.[144]

이번 총회가 헌법개정위원회에 위임한 안건도 있었다. 첫째, 명예권사 제도이다, 명예권사를 세우는 것은 불가하지만 더 나은 방안을 연구하도록 하였다.[145] 둘째, 현 『교회정치문답조례』를 현대어로 수정, 출판하자는 청원

---

141. 제60회 총회회록, 502 이하, 55.
142. 제60회 총회회록, 27.
143. 제60회 총회회록, 28.
144. 제60회 총회회록, 29.
145. 제60회 총회회록, 52.

도 위임하였다.¹⁴⁶ 『교회정치문답조례』는 본래 J. A. Hodge 목사가 집필한 "*What is the Presbyterian law?*"(1882)를 미국 북장로교회 소속 곽안련 선교사가 1917년에 일부 편집 번역한 것을 조선예수교장로회 제8회 총회(1919년 10월 4일)가 만국장로회의 참고서로 사용할 것으로 가결한 적이 있었다.¹⁴⁷ 그 이후 박병진 목사가 이를 다시 고쳐 번역한 이후(1968년) 개역을 거듭해 왔다.

2) 헌법적 규칙 제1장 제7조 신설

목사가 소속한 노회를 탈퇴(혹은 행정보류)한 이후 다시 교단에 재가입을 원할 때 일정 기간은 재가입을 금하도록 하는 규정을 신설하였다: "개체교회가 소속 노회로부터 행정보류 또는 탈퇴 후 교단을 이탈하여 제적된 목사가 노회에 재가입하려면 1년이 지나야 한다."¹⁴⁸ 이 규칙의 신설은 어떤 문제가 발생할 시에 목사가 신중하지 않게 노회와 교단을 탈퇴 혹은 행정을 보류하는 것을 막으려고 하는 취지에서 나왔다. 그러나 어이없게도 이 조항은 새 권징조례 제10조 제4항에 이미 동일한 내용으로 글자 하나 틀리지 않고 서술하고 있는 것이었다: "개체교회가 소속노회로부터 행정 보류 또는 탈퇴 이후에 교단을 이탈하여 제적된 목사가 노회에 재가입하려면 1년이 지나야 한다." 총회와 헌법개정위원회는 이를 면밀하게 살피지 않았고 따라서 다음 총회 제61회 총회는 신설한 이 조항을 다시 기각하는 결정을 하였다.¹⁴⁹

---

146. 제60회 총회회록, 50.
147. 조선예수교장로회 제8회 총회회록(1919), 40.
148. 제60회 총회회록, 53.
149. 제61회 총회회록, 27.

3) 총회규칙 변경

첫째, 총회구조조정추진위원회의 청원으로 제5장 제20조(사무총장)에 사무총장은 "목사장립 20년 이상 된 총회 소속 목사로서"를 삽입하기로 하였다(총 349표 중 가 275).[150]

둘째, 제5장 제20조 제2항(각 부[위원회]의 총무 또는 국장의 임기)과 제3항(사무총장의 임기)의 변경이 가결되었다. 현행 제20조 제3항의 경우 "사무총장의 임기는 4년으로 하되 연임할 수 있다."이었으나 개정안은 "사무총장의 임기는 3년으로 하되 1차에 한하여 연임할 수 있고 정년은 65세로 한다."로 바뀌었다. 그리고 현행 제20조 제2항의 경우 "각 부(위원회)의 총무 또는 국장의 임기는 3년이며 연임할 수 있다."였으나 개정안은 "총회의 인준을 받은 각 부 총무(언론사 사장, 선교위원회 본부장, 총회교육원 원장 포함)의 임기는 3년으로 하되 1차에 한하여 연임할 수 있고 정년은 65세로 한다."로 바뀌었다. 이 규칙변경은 출석 337명 중 찬성 282명으로 가결되었다.[151]

셋째, 제31조 제4항("산하 노회의 문서 중 5년이 경과된 것은 총회본부에 입교시켜 보관하여야 한다.")의 변경 청원("총회 산하 기간 7년 이상 된 자료는 고신역사사료관에 입고시켜 보관하여야 한다.")이 제58회 총회에서 결정된 바가 있었다. 그러나 제59회 총회는 1년 후로 결정을 유보하였고,[152] 제60회 총회 역시 이를 미처 다루지 못하고 제60-1차 운영위원회가 이 안건을 제61회 총회의 유안건으로 다루기로 결정하였다.[153]

넷째, 제58회 총회(2008년 9월)가 총회규칙 제7조 제2항을 "총회 임원과

---

150. 제60회 총회회록, 47.
151. 제60회 총회회록, 51.
152. 제59회 총회회록, 60, 64.
153. 제60회 총회회록, 987.

학교법인 및 유지재단 이사와 감사, 그리고 노회 회장단이 되려면 교회재산을 총회유지재단에 가입한 자라야 한다."로 개정하고 노회 회장단은 2년간 유예 기간을 두기로 결정하였다.[154] 이에 대해 제59회 총회(2009년 9월)는 3개 노회가 교회정치 제1장 제6조(직원의 선거권: 어떤 회의에서든지 그 직원을 선정하는 권한은 그 회에 있다)를 근거로 노회 회장단의 경우 그 시행을 유보해달라는 청원을 하였고 이때 총회는 1년간 연구 검토한 후에 답변을 제시하기로 하였다.[155] 이제 제60회 총회는 교회정치 제1장 제6조에 근거해서 노회 회장단의 선출은 해당 노회와 해당 노회원에 있다고 해석한 헌법위원회의 보고를 기각하고 제58회 총회에서 결정한 대로 시행할 것을 가결하였다.[156]

4) 총회 선거조례 변경

첫째, 제3장 입후보자의 자격에 "모든 임원, 각 법인 이사 및 감사는 목사는 노회장, 장로는 부노회장을 역임한 자라야 한다."를 삽입하도록 하는 개정안은 기각하였다.[157]

둘째, 제6장(선거운동에 대한 규제) 제15조(규제) (1)의 수정안을 가결하였다. 현행 "입후보자 또는 그 지지자는 총회 폐회 익일부터 총회 선거 완료 시까지 선거와 관련된 다음의 행위는 할 수 없다."에서 "총회 폐회 익일"을 "총회입후보 등록일"로 수정하였다. 또 제6장 제15조 (1)의 제2항에서 "노회 및 교회의 공금을 사용 못하고 모금을 위한 후원회 결성" 문구가 어법에 맞

---

154. 제58회 총회회록, 54.
155. 제59회 총회회록, 62.
156. 제60회 총회회록, 56.
157. 제60회 총회회록, 57-8.

지 않아 "노회 및 교회의 공금 사용 및 모금을 위한 후원회 결성"으로 수정하였다.[158]

5) 고려학원이사회 정관 개정

첫째, 이사 선출 방법을 관선이사 체제 이전으로(총회에서 직선하는 방법) 돌이키자는 전라노회(노회장 박기천 목사)의 청원 건은 1년간 연구하도록 하였다.[159]

둘째, 학교법인고려학원 이사회(이사장 김국호 장로)가 청원한 제4장 제32조(수익사업의 운영)에 "3. 원격평생교육(연수)원"을 추가하는 것과 제7장 제69조 "학장, 대학원장" 항목에 "4. 부학장을 둔다."를 추가하는 건은 허락하였다.

셋째, 총회는 고려학원이사회에 다음 세 가지 사항의 개정을 지시하였다. 즉, 제20조(임원의 선임방법)에서 "총회 외 인사 중에서"를 "…총회 소속의 목사와 장로 중에서…"로 개정하도록 하였고, 제29조(직제)에서 진료와 행정의 독립성을 보장하기 위하여 진료와 행정(물품구입)을 분리하도록 개정 지시하였다. 그리고 학교법인고려학원 김기현 감사가 지적한 대로("학교로 전출금을 발생시켜서 그 전출금으로 학교에서 집행하도록 하여야 할 것이다.") 정관시행 세칙 제4조를 개정하여 학교로 전출금을 발생시키도록 지시하였다. 또한 그 전출금으로 고려신학대학원 기금 20억 원을 제공하도록 "전출금 추진위원회"를 구성하기로 하고 그 선정을 임원회에 맡기기로 하였다.[160]

---

158. 제60회 총회회록, 57.
159. 제60회 총회회록, 61.
160. 제60회 총회회록, 62.

6) 제60회 총회 기념행사

1952년에 총노회로 발회하여 올해 제60회를 맞아 총회 제3일인 9월 29일(수) 저녁에 총회원들은 기념감사예배를 드렸다. 이금도 목사가 교단설립에서 환원까지, 전은상 목사가 환원에서 1980년까지, 오병세 목사가 1981년에서 현재 그리고 미래를 전망하는 말씀을 전하였고, 특히 산돌 손양원 목사 순교 60주년(2010년 9월 28일)이기도 해 손양원 기념 사업회를 위해 헌금하는 순서를 가졌다.[161] 그리고 제주노회(노회장 김대룡 목사)가 청원한 교단설립 제60주년 기념교회설립을 허락하고 "60주년 기념행사 준비위원회"를 조직하여 이를 맡기기로 하고 그 조직은 임원회에 일임하였다.[162]

7) 총회 산하기관, 기구의 조정과 교세 확장

첫째, 직전 총회인 제59회 총회가 총회구조조정위원회의 보고를 채택하고 구조조정을 위한 세부추진을 목적으로 구성한 총회회관구조조정추진위원회(위원장 윤희구 목사)의 보고를 받았다. 그 주요 내용을 보면 각종 규칙을 제정하고, 실정법을 위반하고 있는 현행 제도를 개선하며 4대 보험에 가입하고 각 부서에서 시행하고 있는 인사와 임금 제도를 통일하며 각 부서의 고유 업무는 현행대로 하되 각 부서에서 분산 처리하고 있는 동일 업무를 이관하는 것 등이다.[163]

그런데 직전 총회에서 시작한 구조조정에 반발한 산하기관들이 있었다. 특별히 총회교육원과 세계선교위원회의 반발이 컸다.[164] 세계선교위원회(위

---

161. 제60회 총회회록, 28; 43-4.
162. 제60회 총회회록, 48.
163. 제60회 총회회록, 639-84.
164. 제60회 총회회록, 45.

원장 주준태 목사)는 이번 총회에 총회회관 사무직원 구조조정과 총회기구 개혁에 대한 건의안을 제출하여 총회구조조정위원회와 총회기구개혁위원회의 일을 구분할 것을 요청하였다. 즉, 총회구조조정위원회는 총회회관 내 사무직원들의 배치와 처우에 관한 문제를 조정하고 총회기구개혁위원회는 총회의 전체적인 조직과 기구들을 배정하도록 건의하고 구조의 조정이나 변경 시에는 유관 기관과 긴밀히 의논하고 협의할 것을 요청한 것이다. 또한 특히 세계선교위원회의 경우 인사, 재정 문제는 총회장과 사무총장 산하에 둘 것이 아니라 해 위원회에 자율적으로 맡길 것을 건의하였다.[165] 또 남서울노회(노회장 나삼진 목사) 역시 총회의 중대한 변화나 이 변화에 따라 다양한 기구가 연관되는 사안인 경우에는 정책협의회 혹은 공청회를 열어 전국교회의 다양한 의견을 의무적으로 수렴하도록 청원하였다. 이에 이번 총회는 총회구조조정추진위원회의 보고를 우선 받고 남서울노회의 발의안은 의무보다는 권장 사항으로 시행할 것을 결정하였다.[166] 그리고 총회에서 결정하기 이전에 총회구조조정안을 시행한 일은(2010년 9월 1일 자로 시행) 총회구조조정추진위원장(윤희구 목사)이 본회 앞에 사과하도록 하였다.[167]

둘째, 직전 총회가 신설한 총회기구개혁위원회(위원장 윤현주 목사)는 당시 위임된 안건을 포함하여 저비용 고효율의 예산안 절감을 위해 30개에 달하는 상비부와 특별위원회를 조정하는 기구개혁안을 보고하였다.[168] 총회는 이 보고를 받은 후 동 위원회를 1년간 다시 존속하게 하여 이 안을 1년간 더

---

165. 제60회 총회회록, 491-3.
166. 제60회 총회회록, 54.
167. 제60회 총회회록, 45, 47.
168. 제60회 총회회록, 535-42.

연구해서 다음 회기에 보고하도록 하였다.[169]

셋째, 이번 총회는 고려신학대학원과 관련된 몇 가지 결정을 하였다. 무엇보다 고려신학대학원의 단설대학원추진이 잠정적으로 연기되었다. 직전 총회에서 고려신학대학원 단설대학원 연구와 추진위원회를 어렵게 다시 구성하였으나 미래정책연구위원회(위원장 박영호 목사)가 여러 요인으로 인해 미진한 가운데 있는 단설대학원추진을 종합적으로 연구한 후에 추후 다시 다룰 것을 청원하였고 총회는 이를 허락하였다. 그 이유로는 단설대학원 추진이 본래 복음병원의 경영난으로 인해 고려신학대학원을 지키기 위한 충정에서 제52회 총회(2002년 9월)에서 결정되었다는 것과, 학교운영이나 교단이 지불할 비용 등을 심도 있게 고려하여 종합적으로 연구해야 한다는 점을 지적하였다. 그러나 사실 고려신학대학원을 고신대학교와 분리하여 단설대학원으로 추진하는 것은 개혁주의 원리에서 이해하는 것이 옳다. 고려신학대학원은 복음을 전파할 교역자를 양성하는 목적을 갖고 있는 반면에, 고신대학교는 신자의 문화적 사명이라는 목적을 갖고 있기 때문이다. 일찍이 제43회 총회(1993년 9월)에서 교단발전연구위원회가 고려신학대학원의 단설대학원추진과 별도 이사회 구성을 제기하여 이 문제를 이사회에 맡겼으나 그 이후 이사회는 현 사립학교법으로는 분리가 불가하다는 것을 총회장에게 보고하였고 이로써 단설대학원추진이 좌초된 적이 있었다.[170] 그러다가 제59회 총회(2009년 9월)에서 단설대학원추진이 재가동되었지만 이번에 다시 제동이 걸린 것이다.

---

169. 제60회 총회회록, 62.
170. 제43회 총회회록, 23, 31. 1994.6.17. 43-3회 임시이사회는 연구위원을 선임하였고, 연구 결과를 1994년 9월 22일자로 총회장에게 공문서로 보냈다. 허순길, 『고려신학대학원 50년사』, 233.

한편 동서울노회(노회장 조은노 목사)가 발의한 고려신학대학원 부원장(대외) 제도 신설 건은 고려학원이사회에 맡겨서 1년 후에 보고하도록 하였다.[171] 이 안건의 취지는 현재 국내외의 대학교에서 대외 관계를 전담하는 부총장과 부원장 제도를 도입하여 신학대학원의 부원장이 대외적인 홍보와 후원을 담당하도록 하자는 것이었다.[172] 미래정책연구위원회(위원장 박영호 목사)는 고신대학교와 고려신학대학원의 신학자(교수)를 각 노회별로 배치하여 노회에 자문역할을 하도록 청원을 하였는데 총회는 이를 허락하고 구체적인 시행은 양 기관의 교수회에 일임하였다.[173] 또 전남동부노회(노회장 김희중 목사)에서 청원한 "고려신학대학원 정원 50% 감축안"(2020년까지 단계적으로)은 교수회에 맡겨서 장기적인 과제로 연구하도록 하였다.[174]

넷째, 김해복음병원 부채 상환과 관련하여 전라노회, 경북노회, 부산노회가 안건을 상정하였다. 제58회 총회(2008년 9월)에서 김해복음병원수습위원회와 법인총회가 해산 결정이 되면서 김해복음병원 문제가 모두 해결된 줄 알았는데 3년 만에 다시 총회에서 거론이 된 것이다. 본래 재정복지부에서 이 건을 다루기로 하였으나 본회로 넘어가게 되었고 본회는 다시 운영위원회에 맡기고 제60-1차 총회운영위원회(2010년 11월 19일, 동래제일교회당)는 다시 전출금추진위원회(위원장 임종수 목사)에게 맡기기로 가결하였다.[175] 전출금추진위원회는 고려학원 감사의 지적으로 정관 시행 세칙 제4조를 개정하여 고려학원 법인의 학교로 전출금을 발생시키도록 하고 그 전출

---

171. 제60회 총회회록, 62.
172. 제60회 총회회록, 499.
173. 제60회 총회회록, 59.
174. 제60회 총회회록, 59.
175. 제60회 총회회록, 49, 63; 제61회 총회보고서, 710-11.

금으로 고려신학대학원 지원 기금 20억 원을 주는 일을 위해 구성한 것으로서 위원 구성은 총회 임원회가 맡았다.[176]

다섯째, 학교법인고려학원과 관련하여 김해노회(노회장 박광실 목사)가 학교법인 이사와 감사 직선제와 학교법인 이사 소환제를 발의하였는데 이사 소환제는 실정법(사학교육법)으로는 불가하다는 이사회 서기의 설명으로 이 안건은 그냥 넘어가기로 하였다.[177] 그리고 서울노회, 남부산노회, 서경노회의 발의로 "고려학원 이사장, 고신대학교총장, 고려신학대학원장, 복음병원장"은 총회(운영위원회)의 인준을 받은 후에 취임하기로 하였다.[178] 그리고 울산노회(노회장 옥재부 목사)의 발의로 "2009년 12월 31일자로 이사장 사직서 제출 등" 약속을 이행하지 않은 김국호 학교법인고려학원 이사장에게 "2년간 상회권 중지"의 시벌을 내렸다.[179]

여섯째, 세계선교위원회(위원장 주준태 목사)의 청원으로 현재 건축 중인 세계선교센터의 공사면적이 925평(선교센터 550평, 안식관 375평)에서 1,281평(센터 726평, 안식관 565평)으로 확장되고 공사비가 35억에서 50억으로 증액되므로 추가 모금을(1,273,000,000원) 허락하였다.[180]

일곱째, 국내선교위원회(위원장 조영선 목사)가 주관하는 3천 교회 100만 성도 운동은 계속 추진해 가기로 하였다. 그래서 "세례교인 1명 당 2천원 헌금을 총회 상회비와 함께 배정하자는 청원 건"은 허락하고 교회개척지원금

---

176. 제60회 총회회록, 61-2.
177. 제60회 총회회록, 61.
178. 제60회 총회회록, 62.
179. 제60회 총회회록, 55.
180. 제60회 총회회록, 48.

은 국내에 국한하기로 하였다.[181]

여덟째, 미자립교회의 상회비 감면과 교역자 생계 보장을 위한 청원에는 만족할 만한 결정을 내리지 못하였다. 부산노회(노회장 김용로 목사)가 발의한 "상회비 대폭 삼각 청원"과 "미자립교회들의 상회비 감면" 청원은 허락하지 않고 현행대로 유지하기로 하였고[182] 미래정책연구위원회(위원장 박영호 목사)가 발의한 "교역자 최저 생활비 책정과 지원문제 연구 청원 건"은 제59회 총회에서 사회복지위원회가 최저생계비 미달 교회와 생계 곤란 은퇴교역자 지원을 위한 실태 조사를 한 자료가 있으므로 이를 토대로 1년간 연구하여 보고하도록 하였다.[183] 한편 경서노회(노회장 신성옥 목사)가 발의한 교단 소속 교역자들의 은급제도 가입의무 법제화와 제도개선에 관한 건은 현행제도를 그대로 유지하기로 하였다.[184]

아홉째, 타 교단과 합동추진위원회(위원장 윤희구 목사)가 지난 회기 동안 백석 교단 총회 임원, 연합교단 총회 임원과 교류하였다는 것과 또 합동신학교 경건회를 총회장이 인도한 활동 보고를 받고 위원회의 활동을 1년간 더 연장하였다.[185]

8) 교단의 정체성을 위한 싸움

첫째, 미래정책연구위원회(위원장 박영호 목사)는 이번 총회에 여러 안건을 상정하였는데 장로교 정치 회복을 위한 건강한 선거 방안 연구, 교단의 영

---

181. 제60회 총회회록, 49, 47.
182. 제60회 총회회록, 49.
183. 제60회 총회회록, 50.
184. 제60회 총회회록, 63.
185. 제60회 총회회록, 576, 24.

적 유산 만들어 남기기 청원은 해 위원회에서 구체적으로 연구하도록 하였다. 그리고 고려신학대학원의 천안 이전 10년간 변화에 대한 평가와 교단의 전문 목회연구소 설립 문제 연구, 교단의 인재 풀 운영, 기독언론사 컨설팅을 통한 운영개선 청원은 각각 허락하였다.[186]

둘째, 부산노회(노회장 김용로 목사)에서 "양낙흥 교수의 고신 역사성 및 정체성에 대한 입장"을 문의하는 안건이 상정되었다. 제58회(2008년 9월)에서 양낙흥 교수의 고신총회의 역사성 및 정체성 부인에 따른 검증 및 징계 청원을 신학위원회에 맡겼고, 제59회 총회(2009년 9월)는 양 교수가 고신총회의 역사성과 정체성을 부인한 사실이 없음을 확인하였다는 신학위원회의 보고를 받았었다.[187] 그런데 이번에 다시 이 문제가 제기되었다. 이에 본회는 만장일치로 재론하기로 하고 토론을 거쳐 특별위원 9인을 선정하여 운영위원회에 보고하도록 하였다.[188]

셋째, 고려신학대학원에 재학 중인 목사후보생의 소속 노회 참관을 의무화하기로 하고 구체적인 시행은 해 노회에 맡기기로 하였고 목사후보생의 학교생활 보고 건도 해 노회에서 적절히 지도하기로 하였다.[189] 이는 목사로 임직되기 이전에 신학교뿐 아니라 각 노회에서 미리 이들의 교리와 생활을 감독하자는 취지일 것이다.

넷째, 제59회 총회(2009년 9월)에서 충청노회가 청원한 것에 이어 이번 총회에서는 경서노회(노회장 신성옥 목사)가 제58회 총회(2008년 9월)의 결정(성도간 세상법정 송사 건을 두고 "부득이한 경우에는 할 수 있다."는 결

---

186. 제60회 총회회록, 50-1.
187. 제59회 총회회록, 28-9.
188. 제60회 총회회록, 60.
189. 제60회 총회회록, 59.

정)을 철회할 것을 청원하였다. 그러나 총회는 제58회 총회의 결정을 따를 것을 가결하였다.[190]

다섯째, 지난 총회에서 신설된 WCC 대책위원회(위원장 윤현주 목사)가 그간 활동을 보고하였다. 무엇보다도 2013년 부산대회를 앞두고 교단의 견해를 밝히는 성명서를 발표하고 개혁주의 신학을 견지하는 본 교단은 결코 이 대회에 동참할 수 없으며 그 대회의 개최를 후원할 수 없다고 천명하였다.[191]

여섯째, 기독교문화유적보전위원회(위원장 오윤표 목사)가 제출한 설립 100년 이상인 교회당 중에서 역사기념교회 지정 청원과 순교자기념교회(7개 교회) 지정 청원은 허락하였다.[192]

9) 직분자와 치리회

첫째, 노회에서 목사와 장로, 목사후보생의 고시를 담당하는 고시부에 장로 회원이 부원이 될 수 있는지를 묻는 질의는 해 노회에 재량권이 있다고 답하였다.[193]

둘째, 영남노회(노회장 강학동 목사)가 제출한 영남노회 폐지 청원은 허락하였다. 영남노회는 특수한 사정으로 그동안 지역을 초월하여 하나의 노회를 구성하고 있었는데 이번에 영남노회에서 자발적으로 폐지를 청원하였고 총회 폐회 이후 각 교회는 해당 지역 노회에 소속하기로 하였다.[194] 이때 영

---

190. 제60회 총회회록, 60.
191. 제60회 총회회록, 593-4, 27.
192. 제60회 총회회록, 54.
193. 제60회 총회회록, 51.
194. 제60회 총회회록, 53.

남노회 현황을 보면 교회 수는 11개(조직교회 9개, 미조직교회 2개)이며 목사 14명(시무목사 9명, 기관목사 1명, 원로목사 1명, 은퇴목사 3명), 장로 37명, 강도사 1명, 전도사 3명(담임교역자 1명, 부교역자 2명), 시찰은 2개였다. 이들 교회는 경북 청도를 비롯하여 진주, 함안, 고성, 의령, 창녕, 함양 등 경남지역에 분포되어 있었다. 폐지 결정에 따라 영남노회는 제91회기를 마지막으로 폐지 과정을 거쳐 11개 교회는 해당 지역 노회에 소속하고 노회가 소유한 재정 중에서 10,000,000원은 국내선교위원회에 보내 개척교회 설립을 위한 준비기금으로 사용하도록 헌금하였다.[195]

셋째, 제61회 총회의 총대 수는 현행대로(제60회 총회 총대 수) 유지하기로 하였다.[196]

넷째, 시무 목사와 시무장로의 자녀가 이혼할 때 해당 목사와 장로를 어떻게 처리해야 하는가는 질의가 있었다. 이에 대해 자녀 이혼은 마태복음 19장 4-9절에 위배하고 건덕 상 복음의 덕을 이루지 못하는 것으로서 목사와 장로가 자기 집을 잘 다스리지 못한 일이므로(교회정치 제32조 제8항과 제46조 제5항) 해 치리회에서 살펴서 지도하기로 하였다.[197]

다섯째, 이혼자에게 내리는 시벌 기준과 장로 피택 유무 건은 디모데전서 3장 1-7절에 따라서 합당한 이혼을 전제로 가정을 이루어 피택하기로 하였다.[198]

여섯째, 담임목사와 부목사 이동 시 행정 절차와 비용 최소화 청원과 임시목사의 경우 노회 임원회의 허락으로 변경하도록 청원한 것은 현행대로 시

---

195. 제61회 총회보고서, 716-7.
196. 제60회 총회회록, 29.
197. 제60회 총회회록, 52.
198. 제60회 총회회록, 52.

행하기로 하였다.[199]

일곱째, 은퇴목사도 이명이 가능하다고 결정하였다. 그래서 분명한 사유 없이 노회가 은퇴목사의 이명을 거부할 수 없다고 하였다.[200]

10) 성경과 고백, 성례

첫째, 고려신학대학원 교수회가 보고한 "지적장애인의 세례에 대한 연구보고서"는 그대로 받기로 하였다. 본래 남서울노회가 지적(발달) 장애인 세례가능성에 대한 신학적인 판단을 내려줄 것을 총회에 요청한 것을 제58회 총회(2008년 9월)가 이 헌의를 받아 신학대학원 교수회에 맡겨 1년간 연구하기로 했고 이번 총회에 보고서가 제출되었다. 이 보고서에 따르면 인지능력이 없고 의사소통을 할 수 없는 중증장애인은 언약의 유비와 교회론적 근거에 의해 해 교회의 교사나 교역자 등이 대신 서약을 하여 세례를 주는 가능성을 "조심스럽게 타진"할 수 있다는 것과 "최종적으로는 당회가 이 일의 의미와 중요성을 고려할 때 세례를 주는 여부를 책임 있게 판단하여 결정을 내려야 할 것이다."라고 보고하였다.[201]

둘째, 남부산노회(노회장 김성민 목사)가 한국성경공회가 발행한 <바른성경>을 교단의 교육용 성경으로 허락해 줄 것을 청원한 것은 신학위원회에서 1년간 연구하도록 하였다.[202]

셋째, 교회 예배 시에 사용하는 사도신경과 주기도문의 본문을 통일해 달라는 청원은 주기도문은 <개역개정성경>에 나오는 본문을 채택하기로 하고

---

199. 제60회 총회회록, 52.
200. 제60회 총회회록, 53.
201. 제60회 총회회록, 57; 제60회 총회보고서, 184-6.
202. 제60회 총회회록, 59.

사도신경은 1년간 신학위원회에서 연구하여 보고하도록 하였다.[203]

넷째, 김해노회가 청원한 "성찬식의 엄격한 시행" 건은 예배지침의 규정을 따라서 엄격히 시행하기로 하였다.[204]

5. 교회정치 개정안 부결과 새 개정헌법 공포, 교회정치 새 개정안 노회 수의 결정: 제61회 총회(2011년 9월)

1) 노회 헌법수의 결과, 그리고 공포

헌법개정위원회는 제60회 총회가 마친 후 2011년 4월 정기노회에서 시행할 개정안의 노회 수의를 앞두고 총회운영위원회에서(2011년 3월 17일) 설명회를 가졌다. 그리고 이어서 2차례 지역 설명회를 가졌다(1차-2011년 4월 5일, 부산 모자이크교회당; 2차-2011년 4월 6일, 서울총회회관). 여기서 수의 방법과 투표는 물론 수의 절차와 공포를 자세하게 안내하고 설명하였다. 헌법 전문과 공교회신경(부록)은 총회에서 결의하여 공포하기로 하였고 교리표준은 노회에서 수의한 후에 집계하여 총회에서 공포하기로 하였으며 관리표준은 노회에서 수의한 후 집계하여 확정안을 공포하여 즉시 시행하기로 하였다.

그런데 2011년 4월 정기 노회 시 노회별로 실시한 개정안 투표 결과는 충격적이었다. 교리표준(전문, 신앙고백서, 대교리문답, 소교리문답)은 가결되고 관리표준 중 예배지침과 권징조례는 통과되었다. 그러나 교회정치는 투

---

203. 제60회 총회회록, 59.
204. 제60회 총회회록, 59.

표수 3분의 2에 32표가 부족하여 부결되었기 때문이었다(가 1,728 부 910). 마산노회는 아예 수의 투표를 하지 않았고 일부 노회는 원로목사들을 중심으로 조직적이고 지속적인 개정 반대 운동을 한 것으로 밝혀졌다.[205] 일부 원로목사들이 반발한 이유는 개정안이 은퇴목사의 노회원 권한을 축소했다는 점에서 조심스럽게 추정해 볼 수 있다(개정안은 노회에서 은퇴목사에게 언권과 선거권은 허용하였으나 결의권은 허용하지 않았다. 현행은 피선거권 외에 언권과 선거권, 결의권이 있다. 심지어 개정안의 초안에는 은퇴목사에게 언권만 주어진 것으로 되어 있었다).

이외에도 새 개정안의 노회 수의는 몇 가지 문제를 드러내었다. 무엇보다도 현행 조항과 개정 조항을 대조한 자료 없이 개정안만을 두고 노회원이 투표를 하도록 한 것은 쉽게 납득하기 어렵다. 투표할 때 질문이나 토론이 없던 것도 무리한 일이었다. 아무리 개정안이 미리 배부되었다고 할지라도 이를 모두 숙지하는 것은 쉬운 일이 아니다. 더구나 수의 투표를 시행할 정기노회를 한 주 앞둔 상태에서 갑자기 투표 방식이 바뀌고 새롭게 인쇄된 투표용지가 전달된 것은 큰 혼선을 가져왔다. 2011년 3월 17일에 열린 총회운영위원회는 교리표준과 관리표준 전체를 한꺼번에 투표하는 방식을 결의하였는데 2011년 4월 5일과 6일 이틀에 걸쳐 시행된 지역 설명회에서 갑자기 각 조항을 투표하는 방식이 설명되었기 때문이었다.

노회 수의 결과는 헌법개정위원회와 총회 임원회에 충격을 주었다. 헌법개정을 위한 노회 수의가 마친 직후 2011년 4월 19일에 모인 헌법개정위원회는 투표 결과 분석과 대책을 세우며 특히 마산노회가 투표를 하지 않고 거부한 것은 임원회를 통해 총회장이 경고 조치할 것과 일부 노회에서 원로목

---

205. 제61회 총회회록, 604-5.

사들의 개정 반대 운동을 한 것에 심히 우려를 나타냈다.[206] 그리고 2011년 4월 25일에 모인 제60-9차 총회 임원회는 헌법개정위원회가 보고한 노회 수의 결과를 공포하는 것을 당분간 보류하기로 가결하고 총회가 결의하고 지시한 헌법 개정안 수의를 마산노회가 시행치 않았으므로 마산노회가 총회 결의를 순종하여 헌법 개정안 수의를 가부간에 시행하도록 권고하기로 가결하였다. 그러나 결국 총회장은 2011년 6월 18일자로 교회정치를 제외한 예배지침 권징조례의 개정안이 가결된 것을 공포함으로 이것들은 즉시 효력을 발휘하였다.

이러한 배경에서 제61회 총회에 헌법 개정을 둘러싼 이의와 항의가 제기된 것은 충분히 예상된 일이었다. 특히 마산노회(노회장 오승균 목사)는 헌법개정위원회의 해체와 새 헌법개정위원회 구성, 헌법 개정 시 자문위원과 고문 위촉을 내용으로 하는 청원을 하였고, 그 외에 부산노회 외 4개 노회도 헌법 개정과 관련된 내용으로 발의를 하였다.[207] 총회 개회 이후 총회장(정근두 목사)은 제60회 총회에서 결의하여 각 노회에 수의한 헌법 개정안 집계 결과를 공포하였다. 첫째, 헌법 전문과 교리표준은 각 노회 수의를 통과하였다는 것과 둘째, 관리표준 가운데 예배지침 권징조례 개정안은 이미 2011년 6월 18일자로 공포되었다는 것과 셋째, 관리표준 중에서 교회정치 개정안은 부결되었다는 것, 헌법적 규칙 개정안은 제60회 총회에서 이미 결의되었으므로 헌법적 규칙 제3장 교회정치를 제외하고는 헌법적 규칙의 예배지침과 권징조례는 2011년 6월 18일자로 효력이 발효되었다는 것을 공포하였다.[208]

---

206. 제61회 총회보고서, 698-9.
207. 제61회 총회회록, 65-6.
208. 제61회 총회회록, 53.

2) 교회정치 새 개정안의 노회 수의 결정과 헌법적 규칙 개정

우선 총회는 이번 개정헌법의 수의 과정에서 문제가 드러났음에도 헌법개정위원회와 현 위원을 그대로 존속하도록 하고 헌법개정위원회가 보고한 교회정치 새 개정안을 노회에 수의하는 것을 투표로 표결 처리하였다(찬성 319, 반대 13). 그리고 이 개정안은 총회 직후 10월 정기노회에서 수의하여 투표하기로 하고 이후 총회장이 공포 후 시행하기로 하였다.[209] 교회정치 새 개정안은 다음과 같다: 첫째, 제42조(목사의 칭호) 제10항(원로목사)에서 원로목사의 추대절차를 구체적으로 적시하여 "공동의회에서 추대결의하고, 노회의 허락을 받아"를 삽입하였다. 또 "시무기간 산정은 그 교회에서의 전 시무기간을 통산한다."를 추가하였다. 둘째, 제45조(부목사의 시구와 권한) 제1항(시무)에서 "부목사는 현직으로 시무하는 개체교회를 2년 이내에는 담임할 수 없다."에 "사임 후"를 추가하여 "부목사는 현직으로 시무하는 개체교회를 사임 후 2년 이내에는 담임할 수 없다."로 개정하였다. 셋째, 제51조(목사의 청빙투표) 제2항에서 "…후임목사를 청빙할 시는 현 당회장이 사회하여 결의할 수 있다."를 "…후임목사를 청빙할 시는 현 당회장이 사회하여 결의할 수 없다."로 개정하였다. 넷째, 제111조(전권위원회 결정의 효력과 상소) 제2항에서 "전권위원회의 결정은 본 치리회에 보고하여야 확정한다."를 "전권위원회의 결정은 본 치리회에 보고한다."로 개정하였다.

둘째, 헌법적 규칙 제3장(교회정치) 제1조를 개정하였다(가 315 부 13): "장로와 집사 및 권사를 선택하고자 할 시에는, 미조직 교회에서는 협조 당회원 2인(목사 1, 장로1)을 노회원 중에서 청원하여 선택 임직할 수 있다." 이전에는 헌법적 규칙 제11조(집사와 권사의 선택과 임직 권한)에서 "집사와

---

209. 제61회 총회회록, 67.

권사의 선택과 임직은 조직교회만이 할 수 있다. 단, 특별한 사정에 의해 미조직교회에서도 집사 권사 고시로 선택 임직코자 하면 협조 당회원 2인(목사 1인, 장로 1인)을 노회에 청하여 선택 임직할 수 있다."로 되어 있었다. 여기서 "…단, 특별한 사정에 의해…"는 제47회 총회(1997년 9월)에서 추가 삽입된 것이다. 그런데 이 조항은 이미 새 교회정치 개정안 제36조에 있는 내용이었다: "제36조(집사와 권사의 선택과 임직권한) 1. 집사와 권사의 선택과 임직은 조직교회만이 할 수 있다. 단, 특별한 사정에 의해 미조직교회에서도 집사, 권사를 임직하고자 하면 당회장에 협조 당회원 2인(목사 1인, 장로 1인)을 노회에 청하여 선택 임직할 수 있다." 다만 차이가 있다면 헌법적 규칙 제3장 1조에서는 "장로"를 포함하였다는 점이다. 그러나 미조직교회에서 장로를 선택하고자 할 때 협조 당회원을 청원할 수 있다고 한 것은 전혀 말이 되지 않는다. 그 이유는 장로의 선택은 미조직교회든 조직교회든 모두 노회에 청원하여 노회의 허락을 받기 때문이다. 이는 이 개정이 한편으로 졸속으로 추진되었음을 보여주는 대표적인 사례이다.

졸속 개정의 또 다른 사례는 직전 총회가 이미 새로운 권징조례 제10조 제4항("개체교회가 소속노회로부터 행정 보류 또는 탈퇴 이후에 교단을 이탈하여 제적된 목사가 노회에 재가입하려면 1년이 지나야 한다.")에 있는 것을 다시 헌법적 규칙 제1장 제7조에 신설한 것에서도 볼 수 있다. 따라서 이번 제61회 총회는 유례없이 직전 총회에서 신설한 이 헌법적 규칙 조항을 다시 기각하는 결정을 하였다.[210]

---

210. 제61회 총회회록, 27.

3) 총회 규칙 변경

첫째, 제7조 제2항을 변경하였다. 이 조항은 본래 제58회 총회(2008년 9월)가 개정하여("총회 임원과 학교법인 및 유지재단 이사와 감사, 그리고 노회 회장단이 되려면 교회재산을 총회유지재단에 가입한 자라야 한다.") "노회 회장단"의 경우는 2년간 유예 기간을 두기로 결정하였다.[211] 제59회 총회(2009년 9월)에서 3개 노회가 이 조항에 이의를 제기하였지만 제60회 총회는 이 조항을 그대로 실시하기로 가결한 바가 있다.[212] 그런데 이번 총회에 서울노회를 비롯하여 12개 노회가 이 조항에서 "노회장단"은 삭제해줄 것을 청원하였고 총회는 투표하여 이 조항을 수정하였다(가 289 부 33).[213]

둘째, 제5장 제20-23조(사무총장)에 대한 조항을 개정하기로 하였다(가 496 부 5).[214] 그런데 사무총장 해당 조항은 이미 직전 총회에서 투표로 가결하여 개정하였다. "목사장립 20년 이상 된 총회 소속 목사로서"를 삽입하기로 하였고(총 349명 중 가 275),[215] "사무총장의 임기는 3년으로 하되 1차에 한하여 연임할 수 있고 정년은 65세로 한다."고 개정하였다(총 337명 중 가 282).[216]

셋째, 제31조 제4항을 개정하였다.[217] 현행은 "산하 노회의 문서 중 5년이 경과된 것은 총회본부에 입고시켜 보관하여야 한다."인데 "총회 산하 기간 7년 이상 된 자료는 고신역사사료관에 입고시켜 보관하여야 한다."로 개정되

---

211. 제58회 총회회록, 54.
212. 제60회 총회회록, 56.
213. 제61회 총회회록, 64, 66.
214. 제61회 총회회록, 22-3.
215. 제60회 총회회록, 47.
216. 제60회 총회회록, 51.
217. 제61회 총회회록, 26-7.

었다. 이미 제58회 총회에서 결정된 것이나 1년 유보되었고[218] 제60회 총회는 이를 미처 다루지 못하고 제60-1차 운영위원회가 이 안건을 제61회 총회의 유안건으로 다루기로 하여 이번에 개정을 결정한 것이다.[219]

4) 법인 고려학원이사회 정관 개정

첫째, 정관 제20조(임원의 선임방법)를 개정하였다. 현행은 "이 법인의 이사 및 감사는 총회에 속하는 해당 부분의 전문인과 총회 외 인사 중에서 교단 총회의 동의를 받아 이사회의 선임 의결을 거쳐 관할청의 승인을 받아 취임한다…"를 "이 법인의 이사 및 감사는 총회에 속하는 해당 부분의 전문인과 교단 소속의 목사와 장로 중에서 교단 총회의 동의를 받아 이사회의 선임 의결을 거쳐 관할청의 승인을 받아 취임한다…"로 개정하였다.[220]

둘째, 직전 총회인 제60회 총회가 정관 시행 세칙 제4조를 개정하여 학교로 전출금을 발생시키도록 이사회에 지시하였다. 그런데 이사회는 제60-3회 제11차 임시이사회를 열고 "이를 개정할 시에 각종 규정과 예결산을 공개하는 현재의 사학 관련 제도상으로는 구성원들(노동조합, 교수협의회)의 심한 반발이 예상되고 나아가 정상화를 이룩하고 안정을 향하여 새로운 시작을 하는 법인 고려학원에 자칫 혼란이 예상되며, 따라서 신학대학원에 대한 지원은 명문화된 규정에 의하지 않고 언제든 자원하여 지원할 수 있도록 지도하겠다."는 결정을 하고 이번 총회에 이를 보고하였다.[221]

셋째, 또 이사회는 지난 총회가 지시한 상임감사 관련 정관변경 촉구 건을

---

218. 제59회 총회회록, 60, 64.
219. 제60회 총회회록, 987.
220. 제61회 총회회록, 29.
221. 제61회 총회회록, 51, 193.

재고해 달라는 청원을 총회에 하였다. 즉 상임 감사보다는 현행 감사 제도를 보완하여 년 중 1회 실시하는 정기 감사를 3회로 늘이고 필요할 때 감사 1인이 출근하여 수시 감사를 하면 총회가 지적한 문제점을 보완할 수 있겠다는 보고를 하였다. 총회는 이사회의 이러한 제안과 보고를 받았다.[222]

5) 기타 총회산하기관의 정관 개정

첫째, 선거관리위원회에서 청원한 선거조례와 시행 세칙을 개정하였다.[223] 제2조(조직)에서 "직전선거관리위원장을 자문위원으로 추대한다."를 삭제하였으며, 제3조(임원의 직무)에서 "2. 부위원장(1인): 위원장 유고 시 이를 대리한다."를 삭제하였고, 제6조(감시원)에서 "…선거관리를 위하여 선거감시위원을 위촉할 수 있다."를 삭제하였으며, 제3장 제7조(자격)는 제6조로 변경하여 1. 1) 임원 4) 삽입문구를 일부 수정하였다("…교회재산을 총회유지재단에 가입한 자라야 하고…"를 "교회 본 재산을 총회유지재단에 편입한 자라야 하고…"로 개정). 제6조 5)를 신설하여 "모든 후보자의 임직자의 기준은 본 교단에서 시무일 기준으로 한다."로 하였고, 제6조 6)을 신설하여 "학교법인 및 유지재단 이사와 감사가 총회 임원에 입후보하고자 할 때는 등록일까지 사임해야 한다."로 하였고, 제4장 제7조(등록서류)에서 4) 목사는 신학졸업증명서를 추가로 더하고 목사와 장로 모두 임직증명서를 추가하였다. 그 외 제10조(추천시기)에서 추천시기를 "…매년 7월 첫째 주 지난 화요일에 임시노회 시 노회 10일 전에 서기에게 접수하고…"로 개정하였으며, 제13조(소견발표 및 인사)를 신설하였고 제6장 선거운동에 관한 규제 제15조 제2항

---

222. 제61회 총회회록, 51-2.
223. 제61회 총회회록, 33.

을 개정하여 "…입후보자의 등록서류 중 허위 사실 또는 전항을 위배한 사실이 확인될 때는 총회 재판국에 고발한다."로 하였다. 또 총회 선거조례 시행세칙 제5장 선거운동 제8조 제6항(각종 방문)에서 "…단, 총회장 후보는…"에서 "총회장 후보는"을 삭제하였다. 또 제11조(경과조치)에서 "단, 총회 폐회 후 다음 총회 기간 내에 긴급성을 띤 시행 세칙은 총회운영위원회가 총회를 대신한다."를 삭제하였다.[224]

둘째, 유 안건인 총회유지재단에 관한 규칙(제7조 제3항 1)을 변경하지 않고, 현행대로 유지하기로 하였다. 즉, 총회장이 총회유지재단 당연직 이사장으로 한다는 규정을 변경하지 않기로 하였다: "(1) 이사는 15인(목사 9인, 장로 6인), 감사2인(목사 1인, 장로 1인)으로 하되 소속 노회의 추천을 받아 총회선거관리위원회에서 후보등록한 자를 본회에서 투표로 선정하고 회장은 임기 1년의 당연직 이사장이 된다."[225]

셋째, 세계선교위원회(위원장 정주채 목사)의 청원대로 세계선교위원회 업무규정 제2장 제6조 제2항을 수정하여 현행 "개체교회들의 선교를 동원하고 지도한다."를 "개체교회들의 선교를 동원하고 계도한다."로 고쳤다.[226]

6) 고신교회의 정체성 강화

첫째, 미래정책연구위원회(위원장 오세우 목사)가 여러 안건을 상정하였는데, 이번 총회에도 미래정책위원회가 "고신총회 60주년 기념 표준주석 편찬" 청원을 하였고 총회는 이를 허락하였다. 그러나 동 위원회가 청원한 "표준설교대전 편찬" 청원은 기각하였다. 그리고 동 위원회가 직전 총회에서 상

---

224. 제61회 총회회록, 189-90.
225. 제61회 총회회록, 24.
226. 제61회 총회회록, 59.

정하여 연구를 위임받은 "장로교 정치회복을 위한 건강한 선거 방안" 연구는 1년간 더 할 수 있도록 연장되었다.[227]

둘째, 전국학생신앙운동지도위원회(위원장 조영호 목사)의 청원대로 교단 산하 모든 교회의 중·고등학생, 대학생 부서 명칭 뒤에 "SFC"(Student For Christ)를 붙이기로 하였다. 이는 제5회 총회의 결정이기도 하다. 그리고 전국교회가 SFC가 발간하는 교재를 교육용 부교재로(주교재는 총회교육원에서 발간하는 교재) 사용하기로 하였다.[228]

셋째, 개정 사도신경 사용 결정도 있었다. 이전의 번역본에 비해 원문에 더 가까워졌고, 현대화되었으며 애매한 표현이 제거되었으므로 개정된 사도신경을 사용하기에 무리가 없으므로 적절한 시기에 사용할 수 있도록 총회 임원회에 맡기기로 하였다.[229]

넷째, 한국성경공회가 발행한 <바른성경>을 교단 교육용 성경으로 사용하도록 요청한 건은 대한성서공회에서 발행한 <개역개정성경>을 공인된 성경으로 결정했기 때문에 <바른성경>을 강단용이나 공적인 성경으로 사용하는 것은 혼란을 초래할 수 있으므로 허락하지 않기로 하였다. 그리고 <바른성경>의 번역에 대한 신학적 검토를 고려신학대학원 교수회에 의뢰한 결과 몇 가지 사항에서 약점을 가지고 있으나 <개역성경>이나 <개역개정성경>과 비교했을 때 원어를 충실하게 잘 번역하였고 또 현재 한국인이 이해하기 쉬운 문체로 번역한 것을 높이 평가한다는 보고를 받았다. 따라서 <바른성경>을 교회 교육을 위한 참고용 성경으로 사용하는 것을 허락하였다.[230]

---

227. 제61회 총회회록, 65.
228. 제61회 총회회록, 56.
229. 제61회 총회회록, 30.
230. 제61회 총회회록, 30, 60-1.

다섯째, 2013년 WCC 부산대회 유치를 계기로 제59회 총회(2009년 9월)에서 신설된 WCC 세계대회 대책위원회(위원장 정근두 목사)는 그간의 활동을 보고하였다. WCC의 정체를 바르게 알리는 소책자(『WCC 무엇이 문제인가?』)를 발간한 일과 반대 운동을 평신도 차원에서 전개하도록 지도한 일 등을 보고하였다.[231]

7) 고려신학대학원과 관련된 결정

첫째, 직전 총회인 제60회 총회(2010년 9월)에 상정되었으나 고려신학대학원 교수회에 장기 과제로 남은 "고려신학대학원 정원 50% 감축안(2020년까지 단계적으로)"과 "고려신학대학원 천안 이전 10년의 변화에 대한 평가" 건은 향후 10년에 걸쳐 고려신학대학원 발전 계획 수립 시에 이 모두를 함께 숙고하겠다는 고려신학대학원 교수회의 보고를 받았다.[232]

둘째, 제60회 총회(2010년 9월)에 상정되어 고려학원이사회에 위임된 고려신학대학원 부원장(대외) 제도 신설 건에 대해서는 다음과 같은 고려학원이사회(이사장 신상현 목사)의 보고를 받았다. "고려신학대학원은 다른 일반 대학교에 비해 작은 교무를 가지고 있고 또 신학대학원이라는 조직의 특수성을 고려할 때 부원장 제도가 오히려 인건비 증가와 대외활동 및 업무처리의 효율성을 떨어뜨릴 수 있다. 그러므로 고려신학대학원의 대외 업무는 원장을 중심으로 협력해서 모금 활동을 전개하는 것이 효율적이라고 생각한다."[233]

셋째, 마산노회(노회장 오승균 목사)가 고려신학대학원의 이중적인 모금

---

231. 제61회 총회회록, 32, 599.
232. 제61회 총회회록, 28-9.
233. 제61회 총회회록, 51.

활동(총회신학교분담금 배정, 지역교회 직접적인 모금 활동)으로 개체교회가 이중적인 재정 부담을 받기에 모금 활동 창구 일원화를 해달라는 청원 건이 있었다. 총회는 고려신학대학원에 대한 총회의 재정지원이 정상화될 때까지 자체 모금 활동을 허락하기로 하였다.[234]

넷째, 신학위원회(위원장 정주채 목사)가 고려신학대학원 교수가 목회를 겸직하는 것과 고신대학교 교수의 무인가 신학교 강의를 금지해달라는 청원을 하였다. 이에 총회는 고려신학대학원 교수가 교회를 실질적으로 담임하여 목회하는 것은 교수 겸직을 금지하고 있는 고려학원 정관에 위배된 것이므로 시정하도록 신학위원회가 지시한 것을 재확인하였다. 그리고 고신대학교 교수가 무인가 신학교에서 정기적으로 강의하는 것은 법적으로나 본교 발전을 위해 매진해야 할 교수의 양식에 비추어 볼 때 온당치 못한 일이므로 금하도록 신학위원회가 지시한 것을 재확인하였다. 따라서 총회는 위 두 건의 시행을 해당 부서에 촉구하도록 가결하였다.[235]

다섯째, 대전노회(노회장 곽창대 목사)가 선교사와 고려신학대학원 교수에게 총대 자격을 부여하자는 청원 건은 해 노회에서 총대로 선출하여 파송하는 것이 합당하다고 가결하였다.[236]

8) 목사후보생, 강도사, 목사

첫째, 신학위원회(위원장 정주채 목사)가 청원한 "신학위원회에서 강도사고시를 주관할 수 있도록 요청"한 건은 제59회 총회(2009년 9월) 결의대로

---

234. 제61회 총회회록, 57, 155.
235. 제61회 총회회록, 57-8.
236. 제61회 총회회록, 63.

2011학년도(2012년 2월 졸업예정) 졸업생부터 시행하기로 하였다.[237]

둘째, 강도사와 목사후보생의 인사와 관련된 사항을 처리하는 부서는 노회의 행정부가 합당하다는 답변을 하였다.[238]

셋째, 은퇴목사의 이명에 대한 문의 건은 법적인 사유 없이 이명을 거부할 수 없는 것으로 답변하였다.[239]

넷째, 노회의 준회원이 개체교회 위임목사나 임시목사로 청빙 받을 수 있는지를 묻는 문의는 교회정치 제12장 제92조에 따라 청빙할 수 없는 것으로 확인하였다.[240]

다섯째, 공동의회에서 담임목사의 재신임을 물을 때 재신임 여부의 의결 정족수가 과반수인지 혹은 3분의 2인지에 대해서 위임목사는 노회의 허락으로 시무하게 되므로 개체교회가 공동의회를 열어 재신임을 묻는 것은 적법하지 않다고 가결하였다.[241]

9) 교단 간 교류

첫째, 이번 총회는 수도남노회를 비롯하여 6개 노회가 본 교단이 한기총에서 탈퇴하자는 청원을 하였다. 최근 대표회장을 둘러싼 금권선거와 부정선거, 그리고 본 교단이 "주시, 참여 금지"로 규정한 변승우 씨 등에게 면죄부를 준 것이 주된 이유였다. 그러나 총회는 특별위원 9인을 선정하여 1년간 연구하도록 하고 특별위원은 임원회에서 3배수 공천하여 총회에서 투표하

---

237. 제61회 총회회록, 56.
238. 제61회 총회회록, 63.
239. 제61회 총회회록, 63.
240. 제61회 총회회록, 66.
241. 제61회 총회회록, 66.

여 선출하기로 하였다(정수생, 박정원, 옥수석, 곽수관 목사; 김창대, 성보경, 김영래 장로).[242] 이에 앞서 총회 개회 둘째 날인 9월 20일(화) 오전 국내연합기관 사절단 인사 시간에 한기총(대표회장 길자연 목사)가 인사하자 총대 정주채 목사가 항의하였다.[243] 한편 한기총이 요청한 "역사교과서 개정을 위한 특별위원회 설치 및 협조 요청"건은 임원회에 맡겨서 해당 부서로 보내기로 하였다.[244]

둘째, 타 교단과의 합동추진위원회(위원장 윤현주 목사)가 그동안 합신 측 형제들과 두 차례 비공식적 접촉을 한 것을 보고하고 동 위원회를 "합신과의합동을위한합동추진위원회"로 명칭을 변경해줄 것을 청원하였다. 신학의 정통과 생활의 순결을 강조해 온 양 교단이 하나가 되는 일은 한국장로교회 100년의 분열의 역사 가운데 바람직한 시도이고 이러한 합동 논의는 박윤선 박사에게서 신학을 수학한 목회자가 아직 양 교단에 생존하는 동안에 하는 것이 바람직하며 이미 양 교단의 신학교 교수들이 서로 우호적 교류를 해왔다는 사실이 고무적인 것임을 보고받은 총회는 동 위원회를 "합신과의합동추진위원회"로 명칭을 변경하고 위원 구성은 임원회에 맡기기로 하였다.[245]

셋째, 경남노회(노회장 황은선 목사)의 청원을 받아서 한국장로교회총연합회 100주년 행사 준비위원회를 조직하였다(위원장 오병욱; 서기: 이영한; 회계: 이계열; 위원: 신민범, 최봉환, 조용선, 황신기, 윤광중, 안병만, 김윤하 목사, 김창환, 김 균, 류광신, 김수관, 권기환, 김연출, 조대형 장로; 자문위원:

---

242. 제61회 총회회록, 34, 36-7.
243. 제61회 총회회록, 25.
244. 제61회 총회회록, 26.
245. 제61회 총회회록, 25, 81.

이용호 목사).²⁴⁶ 이는 2012년 9월에 100주년 기념행사를 예정하고 있는 한국장로교회총연합회 차기(제29회) 대표회장으로 본 교단 윤희구 목사의 선임(2011년 11월 30일)이 확실시되는 상황에서 결정한 것이었다. 그러나 총회는 한국장로교회연합회(대표회장 양병희 목사)가 청원한 "2012년 9월 총회 개회예배 연합 개최"는 허락하지 않기로 하였다.²⁴⁷

10) 특별위원회 보고

첫째, 전출금추진위원회(위원장 임종수 목사)의 보고가 있었다. 이 위원회는 제60회 총회(2010년 9월)에서 고려학원 정관 시행 세칙 제4조를 개정하여 고려학원 법인의 학교로 전출금을 발생시키도록 하고 그 전출금으로 고려신학대학원 지원 기금 20억 원을 주는 일을 위해 구성되었다.²⁴⁸ 위원회는 그동안 병원장(조성래)을 면담하여 3년에 걸쳐 상환하겠다는 약속(고신대학교에 50%, 고려신학대학원에 50%)을 받았다는 것을 보고하였다.²⁴⁹

둘째, 총회기구개혁위원회(위원장 정근두 목사)가 청원한 "예산절감을 위한 총회기구개혁수정안"은 동 위원회와 규칙위원회에 맡겨서 1년간 더 연구하여 규칙개정안을 만들어 나오도록 가결하였다.²⁵⁰

셋째, 교단설립60주년 기념행사 준비위원회(위원장 정근두 목사)가 청원한 "60주년 기념행사" 보고를 받았다. 과거를 돌아보며 교단설립 이후 60년간 하나님께서 교단에 베푸신 은혜를 감사하며, 그동안의 사역을 정리하는

---

246. 제61회 총회회록, 33-4, 51.
247. 제61회 총회회록, 66.
248. 제60회 총회회록, 61-2.
249. 제61회 총회회록, 33, 609.
250. 제61회 총회회록, 34, 611.

뜻과 현재 교계와 사회를 향한 감사의 섬김을 다짐하며 또 미래를 향하여 다음 세대 양성과 기념교회 개척을 행사내용으로 2012년 8월 15일에 부산 사직실내체육관에서 대회를 개최하는 것으로 보고하였다.[251]

11) 기타

첫째, 마산노회(노회장 오승균 목사)가 청원한 "개체교회가 다른 지역의 노회에 가입하는 것에 대한 문의 건"은 어떤 문제가 발생하여 개체교회가 소속 노회를 탈퇴하는 경우 타 노회에서 가입을 받을 수 없는 것으로 가결하였다.[252]

둘째, 2007년 7월 아프가니스탄 선교 봉사 중 순교한 배형규 목사와 심성민 형제를 교단의 순교자로 지정해 달라는 청원은 임원회에 맡겨 해당 부서로 보내어 1년간 연구 검토하여 보고하도록 하였다.[253]

셋째, 제59회 총회(2009년 9월)에서 사회복지위원회에 위임한 "최저생계비 미달 교회 및 생계 곤란 은퇴 교역자 지원을 위한 실태 조사 및 방안 연구" 건은 연구 결과 총회에서 해당 예산을 책정해주지 않으면 실현할 수 없다는 보고가 있었다.[254]

---

251. 제61회 총회회록, 34, 210-1.
252. 제61회 총회회록, 63.
253. 제61회 총회회록, 186.
254. 제61회 총회회록, 27.

6. 교회정치 새 개정안 공포, 제6차 개정헌법의 의의와 평가

교회정치 새 개정안은 이번 총회 직후 열린 각 노회에서 수의를 하여 전 조항이 통과되었다. 이에 제61-2차 총회 임원회(2011년 11월 11일 금요일)는 헌법개정위원회가 한 노회 수의 집계 확인보고를 받았고, 총회장이 2011년 12월 1일(목)자로 교회정치 새 개정안을 공포하였다.[255] 이로써 제6차 개정헌법은 우여곡절 끝에 완성되었다. 제6차 개정헌법이 가지는 의의와 평가를 다음과 같이 설명할 수 있다.

첫째, 제6차 개정헌법은 무엇보다도 교리표준과 관리표준 앞에 고신총회 헌법 전문을 실은 것이 큰 특징이다. 이는 고려신학대학원 교수회에서 작성한 것으로 1. 신앙과 교리, 2. 예배, 3. 교회정치, 4. 우리 고신교회의 사명으로 이루어져 있다. 전문의 서문은 이렇게 시작한다: "삼위일체 하나님께서는 우리가 공교회의 역사와 유산을 전수받아 우리의 정체성을 확립하고, 이를 잘 보존하여 다음 세대에 전수해야 하는 책임을 부여하셨기에 우리는 고신교회의 신앙고백적 입장을 다음과 같이 헌법의 전문에서 밝힌다."

둘째, 교리표준에서 웨스트민스터 신앙고백서를 새롭게 번역하였고 3대 공교회 신경(사도신경, 니케아 신경, 아타나시우스 신경)을 번역하여 새롭게 부록으로 실었다.

셋째, 관리표준의 기존 순서를 재배열하였다. 가장 먼저 예배지침이 나오고 이어서 교회정치, 권징조례가 순서대로 위치한다. 이러한 순서 변경을 통해 결국 교회정치와 권징조례는 공예배를 위해 존재한다는 사실을 명확하게 했다.

---

255. 제62회 총회보고서, 631.

넷째, 헌법적 규칙 조항이 대폭 줄었다. 기존 교회정치는 해당하는 헌법적 규칙이 총 8장 108조항이지만 개정안은 겨우 6조항밖에 되지 않는다. 이러한 개정은 1992년 개정헌법 이전으로 후퇴하는 것이라 할 수 있다. 그 이유는 이는 1992년 개정헌법에서 헌법적 규칙에 많은 조항을 두어 헌법과 시행 세칙격인 헌법적 규칙으로 이원화하여 헌법은 반영구적으로 자주 변경하지 말고 세칙만 수정하자는 취지를 무색하게 만드는 것이기 때문이다. 사실 1992년 개정헌법이 어떤 헌법보다도 가장 오랫동안(20년) 수명을 유지할 수 있었던 이유 중 하나는 헌법과 헌법적 규칙을 구분한 것에 있었다. 그런데 이번 개정안은 헌법적 규칙에 해당하는 조항을 상당수 다시 원래 헌법 조항으로 복귀시켜 버림으로써 지난 총회역사에서 소중하게 물려받은 교훈을 쉽게 간과하는 어리석음을 보였다.

다섯째, 교회정치에서 교인의 이명에 관한 것을 강화하여 개정한 것(제26조)은 잘한 것이라 할 수 있다. 그러나 권사를 임시직원에서 준 항존직원으로 이동시킨 것과(제31조), 특히 제148조(총회장의 지위와 직무대리)에서 총회장이 총회를 대표하고 총회 업무와 산하기관을 총괄하도록 한 것은 문제의 소지가 많다. 장로교회의 정치원리에서 볼 때 총회장은 총희라는 치리회의 의장에 불과하며 치리회가 파회한 이후에는 총회장의 역할과 임무 권한은 축소되며 그는 상징적인 지위만 가질 뿐이기 때문이다. 그런데 총회장이 총회를 대표하고 산하기관을 총괄한다는 것은 한 직분이 다른 직분 위에 군림해서는 안 된다는 정치원리에서 크게 벗어난 것이며 교회역사에서 교황제와 교직제도의 폐해를 경험한 점을 쉽게 간과한 것이라 할 수 있다. 이외에도 생각해볼 수 있는 조항들이 있다:

(1) 제2장 제11조 교회의 회집에서 "각 처에 교회를 설립하여"를 "각 처소에 개체교회를 설립하고"로 즉 "교회"를 "개체교회"로 개정하였다. 그러나

이는 불필요한 개정이다. 왜냐하면 "제12조 각 개체교회"에서 개체교회라는 용어를 등장시키면서 개체교회를 정의하고 해설하기 때문이다. 자칫하면 장로교회의 특성 중 하나인 지역교회의 의미가 퇴색할 수 있고 나아가 집합교회정치형태(collegialism)로 오해할 가능성이 있다.[256] 개체라는 용어가 보편과 대비되는 개념을 연상시키므로 개체교회라는 말이 자칫 보편교회의 지부로 오해할 수 있기에 용어 사용에 신중을 기해야 했다.

(2) 제22조 교인의 구분에서 본래 "원입인, 학습인, 유아세례교인" 다음에 위치한 "입교인(세례교인)"을 "세례교인(입교인)"으로 개정하였다. 이는 오해를 야기하는 수 있는 개정이다. 왜냐하면 유아세례교인과 세례교인을 대비시켜서 마치 두 종류의 세례가 있다는 암시를 줄 수 있기 때문이다. 그러나 유아가 받은 세례나 성인이 받는 세례는 하나이다. 그리고 장로교회의 특성은 언약신앙이라 할 수 있는데 언약신앙을 가장 잘 보여주는 것이 유아세례이다. 더욱이 "입교인"이라고 해야 "유아세례교인"에 이은 논리적 귀결이 될 수 있으며, 장로교회의 특징인 입교 제도 즉 공적 신앙고백의 중요성이 드러난다. 그러므로 개정 전의 표기대로 유아세례교인 다음에 "'입교인"이 오고 세례교인은 괄호 처리하는 것이 옳다.

(3) 제25조 교인의 의무 "교인은 공예배 참여, 헌금 … 의무를 가진다."를 "교인은 공예배(주일예배, 오후예배/저녁예배)와 수요기도회 참여 … 의무를 가진다."로 개정하였다. 여기서 수요기도회 참여까지 구체적으로 적시한 것은 지나친 규정화로 보인다. 그렇다면 새벽기도회와 금요기도회는 왜 규정하지 않는가라는 질문을 피할 수 없다. 이렇게 규정하고자 하는 배경과 동

---

256. 루이스 벌코프, 『조직신학(하)』 권수경 이상원 역 (서울: 크리스챤다이제스트사, 2001), 839. 이 정치 형태는 장로교정치와 분명히 다르다.

기를 충분히 이해하지 못하는 바는 아니지만 모든 것을 다 법과 규정으로 만들고자 하는 것은 유대교와 중세교회의 전통으로서 수많은 경건한 규칙과 법을 제정하여 교인들의 어깨에 무거운 짐을 지우는 것과 다름없다. 수요기도회 참여를 교인의 의무로 정하는 것은 직장 생활을 하는 교인들에게는 지키기 어려운, 그래서 무거운 멍에를 부과하는 것이 될 수 있다. 지키지 못할 것을 법으로 제정하였을 때 파생하는 문제를 생각해보아야 한다. 교인에게 양심의 짐이 될 수 있다. 또 나아가 이 조항을 지키지 못할 때 그 사람을 마치 교단의 헌법을 성실히 지키지 못한 자로 낙인찍을 수가 있다.

(4) 제17조 개체교회의 폐쇄에서 현행 "폐쇄하고자 할 때 당회와 공동의회의 결의로 노회의 허락을 받아야 한다."를 "그 교회의 당회와 공동의회가 기능을 발휘할 수 없을 경우 시찰회의 청원으로 노회의 허락을 받아야 한다."로 개정하였다. 이 역시 지나친 규정화라 보인다. 이 조항은 판단하는 주체에 따라서 악용될 수 있는 소지가 있다. 구태여 위 문구를 삽입할 필요가 없는 것은 시찰회의 직무가 바로 관할 내에 있는 교회들의 문제를 조정하는 것이기 때문이다. 만약 굳이 이 조항을 두려 한다면 헌법적 규칙에 두는 것이 바람직했다.

(5) 제38조 무흠의 규정에서 개정안은 무흠의 한계를 설명할 때 "치리회가 정하는 시벌 중 정직 이상"을 받은 것과 "국법에서 규정하는 금고 이상의 처벌"을 받은 것을 첨가하였다. 그러나 이는 교회법과 국가의 법을 혼동한 사례라 할 수 있다. 이는 해 당회가 적절히 판단하여 교회법상 시벌을 내릴 수 있는 문제이므로 굳이 삽입하는 것이 불필요하다 할 수 있겠다.

(6) 제39조 목사의 의의에서 "목사는 노회의 안수로 임직을 받아 그리스도의 복음을 전파하며, 성례를 거행하며, 교회를 치리 하는 자이다(롬11:13)"를 "…장로와 협력하여 교회를 치리하는 자이다."로 개정하였다. "장로와 협

력하여 교회를 치리한다."는 표현을 여기서 삽입하는 것은 불필요하다. 그 이유는 이곳은 목사의 직무가 아니라 목사의 의의를 규정하는 곳이기 때문이다. 또 장로와 협력하여 치리한다는 것은 이미 제41조 목사의 직무 제8항에 언급되어 있다.

(7) 제39조 목사의 의의에서 목사의 호칭을 열거하는 중에 제7항의 "교사"를 "목회자와 교사"로 개정하였는데 이는 불필요하다. 제2항에서 이미 "목사와 목자" 호칭이 언급되기 때문이다. 자칫 "목회자"가 "목사" 혹은 "목자"와 다른 직분이라는 오해가 생길 수 있다. 목회자는 곧 목사, 목자와 같은 뜻을 가지고 있다. "목사"(목자) "교사"와 같은 호칭은 성경에 근거한 것이기도 하고 개혁주의 신앙고백서에서 고백하는 내용이기도 하다: "감독은 교회를 감독하고 살피면서 교회의 먹을 것과 기타 필요한 것들을 공급하는 자이다. 장로는 교회의 연장자로서 사실상 교회의 원로와 아버지가 되어서 건전한 권면으로 교회를 다스리는 자이다. 목자는 주님의 양무리를 보살핌과 동시에 교회의 필요한 것들을 공급하는 자이다. 교사는 참된 믿음과 경건을 교훈하고 가르치는 자이다. 그러므로 지금의 교회의 사역자들은 감독, 장로, 목사, 교사라고 불려질 수 있다."(제2 스위스 신앙고백서 제18장 교회의 사역자와 직분과 제도에 관하여).

(8) 제74조 장로의 사임과 사직의 개정안에서 자유사임 후 재시무의 조건은 규정되고 있으나 권고사임 후 재시무의 절차는 누락되었다. 현행 헌법은 이를 규정하고 있으나 개정안은 이를 생략하였다. 심지어 제75조가 권고사직 당한 장로의 복직 절차를 말하고 있기에 권고사임 후 재시무 절차를 언급하지 않는 것은 논리적으로 일관되지 않다.

(9) 제121조 당회의 직무 제3항에서 "당회는 유아세례 받은 자를 문답하여 입교시켜 성찬에 참석하게 한다."를 "학습 입교 및 세례(유아세례포함)의

문답과 시행"으로 축소하여 개정한 것은 문제의 소지가 있다. "성찬에 참여하게 한다."라는 문구를 빠뜨림으로써 이와 관련된 당회의 직무를 경시할 우려가 있기 때문이다. 즉, 성례의 주관뿐만 아니라 성도에게 성찬 참여를 권하는 것은 전통적으로 당회의 중요한 직무였다. 심지어 당회는 성찬참여를 권하기 위해 심방하기도 하였다.

(10) 제121조 당회의 직무 중 현행 제9항은 "당회는 범죄자와 증인을 소환하여 심문하고 필요한 경우에는 본 교회 교인이 아니라도 증인으로 소환 심문할 수 있고, 범죄한 증거가 명확할 때 시벌하고, 회개하는 자를 해벌한다."라고 규정되어 있다. 하지만 개정안에는 이 문구 전체가 누락되어 있다. 이것은 심각한 오류이다. 당회의 본래 기능이 상설 재판회(church courts)이며, 당회의 다른 명칭으로도 불릴 만큼 이 직무는 당회의 본질적인 직무이다.

(11) 제132조 노회의 직무 중 현행 제11항은 "노회는 개체교회의 전도 사업을 지도 권장하며 각 개체교회의 영적 유익을 도모한다."라고 되어 있으나 개정안에서는 이를 누락하고 있다. 만약 이 조항이 누락되면 노회 상비부서 중 전도 업무를 맡는 전도부는 다 폐지되어야 할 것이다. 고의르 누락한 것인지 아니면 실수로 그렇게 된 것인지 확실치 않다. 또한 노회의 직무 중 제17항 "총회총대선출"은 "총회총대선출 및 파송"으로 고치는 것이 합당하다. 개정안에서는 "파송"이 누락되었다. 총회총대를 선출하는 일뿐 아니라 그들을 파송하는 것까지가 정확한 노회의 직무이다. 파송을 위한 비용과 후원을 노회가 담당한다는 것을 이 용어 속에 포함되어 있다. 현행헌법은 이미 그렇게 규정하고 있었다.

무엇보다 이번 개정안에서 특히 은퇴목사들의 반발을 산 것은 은퇴목사의 권한을 축소한 조항이었다. 기존 헌법에서 은퇴목사는 노회에서 피선거권을 제외한 언권, 선거권, 결의권이 있었으나 개정안은 언권과 선거권만 허용하였기 때문이다(제43조). 결국 이는 2011년 4월 정기노회에서 시행된 노회 수의에서 교회정치 개정안이 부결되도록 하는 한 원인이 되었다.

여섯째, 예배지침의 경우는 대체적으로 잘 된 개정으로 보인다. 웨스트민스터 소교리문답을 토대로 예배의 본질과 성례식(92-93문답), 세례(94문답)와 성찬(96문답)에 대한 조항을 다시 개정하였고, 제2조에서 예배의 본질이 언약적이라는 점을 신설하여 삽입한 것이 그 대표적인 예이다. 그런데 기존의 경우 예배 순서에서 기본적인 요소만을 적시한 것과 달리 개정안은 아주 상세하게 다루었는데 이는 예배"지침"으로서 성격을 넘어선 것이라 할 수 있다.[257] 차라리 예전예식서 예배 순서의 모범적인 실례로서 제시 되었으면 더 좋았을 것이다. 또 예배 요소(순서)에서 "(공)기도" 대신 "대표기도"라는 용어 사용과 "찬양대의 찬양"과 "교제"가 들어간 것은 신중하지 못한 것으로 보이며 기존 예배 순서에 있던 "성경문답"이 개정안에서 빠진 것은 유감이다.[258]

---

257. 개정안에 나오는 예배 순서는 다음과 같다: 개회-죄의 공적 고백과 사죄 선언-말씀선포-성례식-중보기도-나눔의 사역-폐회. 또 개정안의 예배요소는 다음과 같다: 예배의 초청-기원-영광찬송-회개기도-십계명-성경교독-신앙고백-감사찬송-대표기도-찬양대의 찬양-설교-성례-금식과 감사-권징-화답찬송-헌금-교제-주기도-축도. 기존 예배 순서(1992년)는 다음과 같다: 기도-찬송-성경봉독-성경해석과 설교-세례-성찬-금식과 감사-성경문답-헌금-권징-축복.

258. 1907년 제1회 독노회에서 대한장로교회 신경을 채택할 때 서문을 보면, "성경요리문답" 용어가 나온다(제1회 독노회[1907], 24; 제4회 독노회록[1911], 부록. 1). 1922년 조선예수교장로회정치 제7장 교회예의와 율례를 보면 "성경교육"이 나온다: 기도/찬송/성경낭독/성경해석과 강도/세례/성찬/경건한 공금식과 공감사/성경교육/구제비와 기타연보/권징/축복. 여기서 "성경교육"은 1930년 교회정치서부터는 "성경문답"으로 변경한다. 곽안련 선교사 역시 "성경소요리문답"이라는 용어를 사용하였다("조선야소교장로회신경론"[신학지남 2:2, 1919]). 1992년 예배지침 3:8 주일예배의 순서 중 8. 성경문답(히5:12; 딤후 3:14-17)이 이를 시사하고 있다. 그런데 개정안에서 위 "성경문답"이 사라지고 대신 이전에 없었던 "성경교독"이 나타난다.

일곱째, 이번 개정안에서 가장 큰 변화는 권징조례였다. 우선 기존과 비교할 때 조항 수가 세 배나 많아졌다. 즉 총 12장 57조(헌법적 규칙 10조)에서 총 7장 178조(헌법적 규칙 19조)로 바뀌었다. 따라서 이번 개정의 폭이 상당하다는 것을 알 수 있다. 거의 3배가 늘어난 셈이다. 예장통합 교단의 권징조례도 총 6장 92조(헌법조례 36조, 관련서식 16개 부가)에 그치고 있는 것을 보면 이는 유례없는 일이라 할 수 있다. 조항이 이렇게 많아진 것은 결국 너무 상세하게 모든 것을 규정하려고 한 것에 그 원인이 있다. 본래 교회법은 중요한 원리만 제시하고 각 치리회에서 성경과 신조, 그리고 중요 원리를 따라서 처리하는 것이 바람직하다. 이 점에서 교회법과 사회법의 차이가 있다고 말할 수 있다. 사회법은 법에서 빠져나가지 못하도록 온갖 규정을 상세하게 제정하는 것이 그 특징이라 할 수 있는데, 이처럼 자세하게 규정을 제정하려는 것은 과거 유대교와 중세교회의 태도이며 현재 천주교의 특징이라 할 수 있다. 그러나 장로교회는 그렇게 할 수 없다. 세상법의 목표는 죄를 정하고 또 벌을 주는 것이지만 교회법의 목표는 예수 그리스도께서 십자가에서 이루신 보혈을 토대로 화평을 추구하는 것이기 때문이다. 항상 경계해야 할 것은 "교회정치는 모든 종류의 법전 중에서 가장 작은 규모를 가져야 하며 규정을 위한 규정, 계명을 위한 계명이 되어서는 안 된다는 점이다. 신자의 자유가 중요하다."[259] 개혁가 칼빈(John Calvin) 역시 교회법과 신자의 자유의 관계에 대하여 말하였다.[260]

---

259. W. van 't Spijker, "Het juk van Christus" (*De Wekker* 41. p. 641: 22 Aug 2003).
260. 『기독교강요』 4권 10장 참조. 칼빈은 당시 로마교 교회법의 무용성과 어리석음을 지적하면서 이런 것들을 제정해놓고 순종을 강요한 것과 또 그 법령의 수효가 너무 많아서 경건한 양심들이 이로 인하여 억눌림을 당하며 또 그림자들을 집착하는 나머지 그리스도께 이를 수 없도록 만들어 일종의 유대교에 빠지게 하였다고 비판하였다.

경건한 규칙을 많이 만들어 교회에 강제로 임의적인 멍에를 부과하여 거짓 종교를 심었던 유대교, 중세교회, 천주교의 오류를 경계해야 한다. 또 조항이 늘 뿐 아니라 일반 법전에서나 볼 수 있는 전문적인 어려운 용어들(예를 들어, 제131조에 나오는 "파기자판"은 무슨 말인지 알 수 없는 용어이다)이 곳곳에 사용된 것은 헌법이 교회의 모든 교인이 항상 소지하면서 쉽고 빨리 이해할 수 있어야 하는 교회의 책이라는 점에서 적합하지 않다. 이번 개정안의 또 다른 특징은 노회와 총회의 재판국을 상설화한 것과 재판 비용을 소송 당사자 혹은 해 치리회가 예납하도록 한 점이다. 이는 각 노회 사정을 고려하지 못한 처사이며 더구나 교회 소송에서 재판 비용을 예납하는 것은 교회에서마저 가난한 사람은 정당한 고소와 고발을 할 수 없도록 한 것으로써 이는 하나님의 공의와는 거리가 먼 것이라 할 수 있다.

	제5차 개정(1992)	제6차 개정(2011)
헌법전문 신설		신앙과 교리 2. 예배 3. 교회정치 4. 우리 고신교회의 사명
3대 공교회 신경 신설		사도신경, 니케아 신경, 아타나시우스 신경
관리표준 순서 변경	교회정치-권징조례-예배지침	예배지침-교회정치-권징조례
교회정치 조항 수	총17장 122조	총17장 183조

헌법적 규칙 (교회정치) 조항 수	총8장 108조	헌법적 규칙 총6조
교회정치 제2조 (교회의 자유)	양심의 자유가 개인에게 있음같이 어느 교파 어느 교회든지 교회의 입회규칙과 세례교인 및 직원의 자격과 교회정치의 일체 조직을 예수 그리스도의 정하신 대로 설정할 자유권이 있다	전조에서 설명한 바 개인 자유의 일례로 어느 교파 어느 교회든지 각기 교회의 입회규칙과 세례교인 및 직원의 자격과 교회정치의 일체 조직을 예수 그리스도의 정하신 대로 설정할 자유권이 있다. 2. 교회는 국가의 권력을 의지하지 아니하고 오직 국가에서 각 종교기관의 안전을 보장하며 동일시 함을 바라는 것뿐이다.
제5조 (직원의 자격)	교회의 위의 원리를 좇아 마땅히 효력있는 직원선정의 규정을 따라 모든 직원을 선정하되 그들의 신앙이 건전해야 한다. 또한 사람에 따라 성격과 주의가 다를지라도 교회에는 진리와 의식이 있다는 것을 믿는다. 그리고 이 모든 경우에 개인적으로나 단체적으로 피차 관용하는 것이 교회의 의무이다.	제4조의 원리에 의거하여 교회가 직원을 선정하되 교회의 도리를 완전히 신복하는 자를 선택하도록 규칙을 제정할 것이다. 그러나 또한 사람에 따라 성격과 주의가 다르고 교회규칙에 대한 의견이 다를지라도, 교우와 교회가 서로 관용하여야 한다.

	제5차 개정(1992)
제8조(권징)	교회가 위 각조의 원리를 힘써 준수하면 교회의 영광과 평강이 증진될 것이다. 교회의 권징은 세계 교회의 머리이신 그리스도의 능력과 권위에서 온 것이므로 반드시 그 성격이 순전히 도덕적이고 영적이어야 한다.
제11조 (교회의 회집)	지상의 모든 교인이 한 곳에 모여 교제 하며, 하나님을 예배할 수 없으므로 각 처에 교회를 설립하여 회집하는 것이 합리적이고 성경의 사례와도 합치된다. (갈1:22 ; 계1:4-20)
제14조 (개체교회의 설립) 추가	
제16조 (개체교회의 폐쇄), 헌법적 규칙 제1장 12조	개체교회를 폐쇄하고자 하면, 그 교회 당회와 공동의회의 결의로 노회의 허락을 받아야 한다/개체교회의 폐쇄는 그 교회의 청원이 있거나 또는 청원이 없어도 노회가 그 교회의 폐쇄를 필요로 인정할 때, 이를 결의하고 위원을 파송하여 제반업무를 처리하게 하고, 그 교회를 개체교회 명부에서 삭제하고, 교인들의 교적은 노회의 지도로 관할 시찰회에 맡겨 관리한다.
제17조 소속 노회의 변경, 헌법적 규칙 제1장 8조 추가	총회가 설정한 지역분할 또는 노회분립에 따른 소속노회 변경 외에, 개체교회가 소속노회를 변경하고자 하면 그 당회에서 결의하고 당회록 사본과 사유서와 당회원이 연서 날인한 청원서를 관계 양 노회에 제출한다.
제18조 (다른 교단교회의 가입) 추가	

제6차 개정(2011)
교회가 이상 각 조의 원리를 힘써 지키며 교회의 영광과 복을 증진(增進)할 것이니 교회의 권징은 세계 교회의 머리이신 그리스도의 능력과 권위에서 온 것이므로 반드시 그 성격이 순전히 도덕적이고 영적이어야 하며, 도덕성과 신령성의 것이요, 국법에 의한 시벌(施罰)이 아니므로, 그 효력(效力)은 정치의 공정(公正)과 모든 사람의 공인(公認)과 만국교회의 머리이신 주 예수 그리스도의 권고와 은총에 있다.
지상의 모든 성도들이 한 곳에만 회집하여 교제하며 하나님을 예배할 수 없으므로 각 처소에 개체 교회를 설립하고 교회는 예수 그리스도를 믿는 무리들의 유익을 따라 일정한 장소에서 하나님께 예배하며 성결하게 생활하며 그리스도의 나라를 확장하기 위하여 성경의 교훈과 교회 헌법에 의하여 공(公)예배로 모인다.(갈1:22 계1:4-20)
7) 교회의 재정상황
1. 개체 교회를 폐쇄하고자 하면 그 교회의 당회와 공동의회의 결의로 노회에 청원하여 허락을 받아야 한다. 그 교회의 당회와 공동의회가 기능을 발휘 할 수 없을 경우 시찰회의 청원으로 노회의 허락을 받아야 한다. 2. 개체 교회의 폐쇄는 그 교회의 청원이 있거나 또는 청원이 없어도 노회가 그 교회의 폐쇄를 필요로 인정할 때, 이를 결의하고 위원을 파송하여 제반업무를 처리하게 하고, 그 교회를 개체 교회 명부에서 삭제하고, 교인들의 교적은 노회의 지도로 관할 시찰회에 맡겨 관리한다.
총회가 설정한 지역분할 또는 노회분립에 따른 소속노회 변경 외에, 개체 교회가 소속노회를 변경하고자 하면 그 당회에서 결의하고 당회록 사본과 공동의회결의서 및 사유서와 당회원이 연서 날인한 청원서를 관계 양 노회에 제출한다.
6) 예배당 상황(대지와 교회당 면적, 계약서 또는 권리증 사본 등)

	제5차 개정(1992)
제20조 (교인의 구분), 헌법적 규칙 제2장 1조 (교인의 구분)	4. 입교인(세례교인) : 유아세례교인으로 입교서약을 한 자와, 학습인으로 세례를 받은 자/교인은 그 신급에 따라 원입인, 학습인, 유아세례교인, 입교인(세례교인)으로 구분하며, 본 법에서 교인이라 함은 특별히 지정하는 경우를 제외하고는 정회원된 입교인(세례교인)을 뜻한다.
헌법적 규칙 제2장 2조 (교인의 신급 별 문답자격)	후보자
제21조 교인의 권리, 헌법적 규칙 제2장 3조 (교인의 권리)	입교인은 성찬에 참여할 권리와 공동의회 회원권과 교인으로서의 모든 청구권과 영적 보호를 받을 권리를 가진다/교인이 노회에 어떤 서류를 제출하고자 하면 당회를 경유하여야 하나, 당회가 이를 거부할 때는 그 이유서를 첨부하여야 한다.
제22조 (교인의 의무)	교인은 공적예배 참여, 헌금, 전도, 봉사와 교회치리에 복종할 의무를 가진다.
제23조 (교인의 이명), 헌법적 규칙 제2장 4조 (교인의 이명)	교인이 이거하거나 기타 사정으로 교회를 떠날 때는 소속 당회에 이명 청원을 하여야 한다/교인이 다른 교회로 이거한 후 6개월 이내에 전 소속 교회 당회장에게 이명청원을 하여야 한다. 이명절차가 끝나기까지는 전 소속교회 치리 하에 있다.

제6차 개정(2011)
교인은 그 신급에 따라 원입인, 학습인, 유아세례교인, 세례교인(입교인)으로 구분한다. 4. 세례교인(입교인): 학습인으로 세례를 받은 자와 유아세례교인으로 입교서약을 한 자 교인이라 함은 특별히 지정하는 경우를 제외하고는 정회원된 세례교인(입교인)을 뜻한다.
대상자
1. 세례교인은 성찬 참여권과 공동의회 회원권 및 교인으로서의 모든 청구권과 영적 보호를 받을 권리를 가지며, 개체 교회에서 법규에 의한 선거 및 피선거권이 있다. 단, 무단 6개월 이상 본 교회 예배에 참석치 않으면 위 권리를 상실한다. 2. 교인이 노회에 어떤 서류를 제출하고자 하면 당회를 경유하여야 하나, 당회가 이를 거부할 때는 그 이유서를 첨부하여야 한다.
제25조 (교인의 의무) 교인은 공예배(주일예배, 오후예배/저녁예배)와 수요기도회 참여, 헌금(의무헌금인 십일조와 주일헌금 및 성의헌금), 전도(영혼구원을 위하여 헌신), 봉사(교회 내외의 활동을 위한 섬김)와 교회치리에 복종할 의무를 가진다.
제26조 (교인의 이명) 1. 교인이 이거하거나 기타 사정으로 교회를 떠날 때는 소속 당회에 이명 청원을 하여야 한다. 2. 교인이 다른 교회로 이거한 후 6개월 이내에 전 소속 교회 당회장에게 이명청원을 하여야 하며, 이명절차가 끝나기까지는 전 소속 교회 치리 하에 있다. 3. 이명 증서를 받아 교인으로 등록되면 즉시 이명접수 통지서를 이명한 교회에 보내야 하며, 이명을 허락할 수 없을 경우에는 이명 증서를 반송하여야 한다. 4. 교인의 이명 증서에는 책벌사항을 명기하여야 한다. 5. 이명증서 발급 후 3개월 이내에 반송된 때에는 원 교적에 복원된다. 6. 책벌 하에 있는 교회의 직원은 그 치리회의 결의가 있어야 복직된다.

	제5차 개정(1992)
제24조 (교인의 신고), 헌법적 규칙 제2장 5조 (교인의 신고)	교인이 특별한 사유로 장기간 교회를 떠나 있을 때는 당회에 이를 신고하여야 한다/교인이 6개월 이상 교회를 떠나 있어야 할 경우에는 당회에 이를 신고하여야 한다.
제25조 (교인의 자격 정지), 헌법적 규칙 제2장 6조 (교인의 자격 정지), 제2장 8조 (교인권 부여)	교인이 신고 없이 교회를 떠나 의무를 행치 않고 6개월을 경과하면 회원권이 정지되고 1년을 경과하면 실종교인이 된다/교인이 이명증서 없이 이거하고 장기간 경과하면 교인으로서의 회원권이 정지된다/다른 교회 교인이 이명서 없이 본 교회에 출석한지 6개월이 경과하면 당회의 결의로 교인권을 줄 수 있다.
제28조 (교회 항존 직원)	교회에 항존 할 직원은 목사(말씀과 치리에 봉사하는 장로), 교인의 대표자인 장로와 집사인데(행20:17,28; 딤전3:1-13; 딛1:5-9) 그 시무는 70세까지로 한다.
헌법적 규칙 제3장 1조 (교회 항존 직원의 시무정년)	교회 직원의 시무정년은 70세까지로 하되 정년 되는 해 연말까지로 한다.
제29조 (교회 준직원)	강도사와 목사후보생을 준직원이라 한다.
제30조 (교회 임시직원)	교회 사정에 따라 남녀전도사, 권사, 남녀서리집사를 안수 없이 임시로 둔다(단, 모든 임시직원의 임기는 1년으로 하되, 권사는 70세까지 계속 시무 한다).
헌법적 규칙 제3장 42조(교회 직원의 선거와 투표) 신설	

제6차 개정(2011)

제27조 (교인의 신고)
교인은 학업, 병역, 직업 기타 사유로 인하여 개체 교회를 떠나 6개월 이상 경과하게 될 경우에는 소속당회에 이를 신고하여야 한다.

제28조 (교인의 자격)
1. 자격정지 : 교인이 신고 없이 교회를 떠나 의무를 행치 않고 6개월을 경과하면 회원권이 정지되고, 1년을 경과하면 실종교인이 된다.
2. 회원권 부여 : 다른 교회 교인이 이명서 없이 본 교회에 출석한지 6개월을 경과하면 당회의 결의로 회원권을 줄 수 있다.

제31조 (교회 항존직원)
1. 교회에 항존할 직원은 목사와 장로와 집사이다.(행20:17,28 딤전3:1-13 딛1:5-9)
2. 교회의 항존직에 준하는 직원으로 여성도 중에서 권사를 둔다.

제32조 (교회 항존직원의 시무정년)
1. 교회 직원의 시무정년은 70세까지로 하되 정년 되는 해 연말까지로 한다.
2. 항존직(목사, 장로, 집사)과 권사직에 있는 자가 정년 전에 은퇴하려면 소속 당회나 노회의 허락을 받아 은퇴할 수 있으나 다시 복직은 할 수 없다.

제33조 (교회 준직원)
강도사와 목사후보생(신학대학원생)을 준직원이라 한다.

제34조 (교회 임시직원)
교회 사정에 따라 전도사, 서리집사를 임시직원으로 둔다.

제35조 (교회 직원의 선거와 투표)
4. 지정한 투표용지를 사용하지 않은 무효표와 기권은 총투표 수에 가산하지 아니하며, 잘못 기록한 무효표와 백표는 총투표 수에 가산한다.

	제5차 개정(1992)
헌법적 규칙 제4장 11조 (집사와 권사의 선택과 임직 권한) 신설	
헌법적 규칙 제3장 27조(장로와 집사의 선택) 신설	
헌법적 규칙 제3장 3조 (무흠의 규정)	2. 무흠의 한계 : 권징조례에서 치리회가 정하는 시벌 중 정직 이상의 벌을 받은 일이 없음을 뜻한다.
제31조 (목사의 의의)	목사는 노회의 안수로 임직을 받아 그리스도의 복음을 전파하며, 성례를 거행하며, 교회를 치리 하는 자이다(롬11:13).
제32조 (목사의 자격)	1. 남자 입교인으로 무흠히 7년을 경과한 자. 2. 신학을 졸업하고 강도사 자격을 취득한 자. 4. 목사 고시에 합격한 자.
제34조 (목사의 칭호)	2. 임시목사 - 개체교회의 청빙으로 노회에서 허락받아 임시로 시무하는 목사로서 시무기간은 1년이다. 3. 부목사 - 담임목사를 보좌하는 임시목사로서 임기는 1년이며 연임할 수 있다. 4. 전도목사 - 상회의 허락을 받아 교회가 없는 지역에 파송되어 전도하는 목사이다. 7. 선교사 - 다른 민족에게 전도하기 위하여 외국에 파송 받은 목사이다. 10. 원로목사 - 한 개체교회에서 20년 이상 시무한 목사가 노후에 시무를 사면할 때, 그 교회에서 추대 절차에 따라 원로목사로 추대 받은 목사이다.

제6차 개정(2011)

제36조(집사와 권사의 선택과 임직 권한)
2. 집사와 권사에 대한 명예직은 성경과 헌법 정신에 의거 세울 수 없다.

제37조 (장로와 집사 및 권사의 선택 투표) 2 …단, 2차 투표 시 찬반으로 투표할 수 없다.

제38조(무흠의 규정)
2. 무흠의 한계 : …권징조례에서 치리회가 정하는 시벌 중 정직 이상의 책벌을 받은 사실이 없거나 국법에 의하여 금고 이상의 처벌을 받은 사실이 없는 것을 의미한다.
3. 항존 직원 선출시 본 교회 등록 후 경과 기간 적용시 이전 교회에서 장로는 4년, 집사 및 권사는 3년의 무흠 이상의 시벌을 받지 않은 자라야 한다.
4. 본 교회 등록 전 이전 교회에서 시벌을 받은 자는 해벌 후부터 무흠 기간을 적용한다.

제39조(목사의 의의)
목사는 노회의 안수로 장립을 받아 그리스도의 복음을 전파하며, 성례를 집례하며, 교인을 축복하며, 장로와 협력하여 교회를 치리하는 자이다.(롬11:13)

제40조(목사의 자격) 1. 남자 세례교인으로 무흠하게 7년 이상을 경과한 자
2. 목사의 신학적 자격은 총회직영 신학대학원 졸업자로서 강도사 자격을 취득한 자
4. 노회의 목사 고시에 합격한 자

제42조(목사의 칭호)
2. 전임(專任)목사 : 개체 교회의 청빙으로 노회에서 허락받아 전임으로 시무하는 담임목사이다.
3. 부(副)목사 : 담임목사를 보좌하는 목사이다.
4. 전도목사 : 노회의 허락을 받아 특수한 곳에 파송되어 전도하는 목사이다.
7. 선교사 : 다른 민족이나 타문화권에 전도하기 위하여 파송 받은 목사이다.
10. 원로목사 : 한 개체 교회에서 20년 이상 시무한 목사가 노후에 시무를 사면할 때, 그 교회에서 추대절차를 따라 공동의회에서 추대 결의하고, 노회의 허락을 받아 원로목사로 추대 받은 목사이다. 시무기간 산정은, 그 교회에서의 전 시무기간을 통산한다.

	제5차 개정(1992)
헌법적 규칙 제3장 10조 (은퇴목사의 소속과 예우), 13조 (은퇴목사, [원로, 공로목사]의 권한)	1. 은퇴목사의 소속은 은퇴시의 교회 소속노회에 속하나 이명 절차에 따라 목사의 주거지역 노회에 소속할 수 있다. 2. 은퇴목사의 예우는 연금제도에 의거 시행하되 연금제도에 가입하지 않은 목사는 은퇴할 때에 시무했던 교회에서 그 형편에 따라 응분의 예우를 할 수 있다. 은퇴한 목사(원로, 공로목사)가 전도사역에 봉사할 수 있으나 개체교회의 치리권은 없고, 노회원권은 있으나 피선거권은 없다.
헌법적 규칙 제3장 6조 (임시목사의 연임)	임시 목사와 부목사가 만기가 되었을 때, 목사와 교회 간에 특별한 이유가 없으면 계속 시무할 수 있다.
헌법적 규칙 제3장 7조 (부목사의 시무), 8조 (부목사의 권한)	부목사는 현직으로 시무하는 개체교회를 담임하는 목사가 될 수 없다. 단, 개체교회 담임목사가 은퇴할 때에는 은퇴하는 목사의 동의를 얻어 담임하는 목사로 청빙 받을 수 있다/부목사는 당회장 유고시, 당회의 결의로 그 교회 당회장 직무를 대리할 수 있다.
제35조 (목사의 임직과 위임)	제32조의 목사 자격을 구비한 자가 목사로 임직하고자 하면, 개체교회 또는 기타 기관의 청빙을 받고, 노회의 허락으로 교회나 노회에서 안수로 임직하고, 위임식은 그 시무할 교회에서 거행한다.

제6차 개정(2011)

제43조(은퇴목사와 원로목사의 예우와 권한)
1. 은퇴목사의 소속은 은퇴시의 교회 소속노회에 속하나 이명 절차에 따라 목사의 주거 지역 노회에 소속할 수 있다.
2. 한 개체 교회에서 20년 이상 시무한 목사가 노후에 은퇴목사가 원로목사로 추대되어 은퇴하고자 할 때는, 그 교회에서 생활비를 정하여 예우한다.
3. 은퇴목사의 예우는 총회은급제도에 의거 시행하되 총회은급제도에 가입하지 않은 목사는 은퇴할 때에 시무했던 교회에서 그 형편에 따라 응분의 예우를 한다.
4. 은퇴한 목사는 노회의 언권과 투표권이 있고, 은퇴와 함께 소속치리회의 상비부원 또는 각 위원회의 위원이 될 수 없다.
5. 은퇴목사는 소속치리회에서 소속증명을 발급받을 수 있다.
6. 은퇴목사가 교회를 개척할 경우, 소속 노회로 하여금 당회장을 파송하여 치리권을 행사하게 하고 설교를 맡을 수는 있다.

제44조 (전임 목사와 부목사의 연임) 전임 목사와 부목사는 특별한 이유가 없으면 계속 시무할 수 있다.

제45조 (부목사의 시무와 권한) 1. 시무 : 부목사는 현직으로 시무하는 개체 교회를 사임 후 2년 이내에는 담임할 수 없다. 단, 개체 교회 담임목사가 은퇴할 때에는 은퇴하는 목사의 동의를 얻어 담임하는 목사로 청빙 받을 수 있다. 2. 권한 : 부목사는 당회장 유고시, 당회의 결의로 그 교회 당회장 직무를 대리할 수 있다.

제48조 (목사의 임직과 위임) 1. 교회 정치에 의거 목사 자격을 구비한 자를 목사로 임직하고자 하면, 개체 교회 또는 기타 기관의 청빙을 받고, 노회의 허락으로 노회에서 안수로 임직하고, 위임식은 그 시무할 교회에서 거행한다. 2. 위임국장은 해 노회 위임목사가 맡아야 한다.

	제5차 개정(1992)
헌법적 규칙 제3장 18조 (위임목사의 시무), 19조(위임목사의 자격), 20조(위임식의 시한), 21조(위임목사와 폐당회)	위임식을 거행함으로 시작되며, 특수한 경우를 제외하고는 3년 이내에 위임한 교회를 사임하지 못한다/노회에서 위임목사로 허락받은 자가 위임식을 거행하기까지는 임시목사로 간주된다/위임목사의 위임식은 노회 허락 후 1년 이내에 거행하여야 하며, 1년이 경과되면 임시목사로 간주한다/위임목사가 위임을 받은 후 폐당회가 되면 빠른 시일 안에 당회를 조직하도록 하고, 폐당회로 2년이 경과되면 자동적으로 임시목사가 되며, 노회는 즉시 위임해제 통고 위원을 본교회에 파송하여 위임해제를 선언하여야 한다.
제36조 (목사의 청빙)	1. …청빙서에는 무흠 입교인 과반수의 날인과 동동의회장의 의견서를 첨부하여 노회에 청원한다. 2. 부목사의 청빙은 개체교회 당회에서 당회원 3분의 2 이상의 찬성을 얻어야 하며, 청빙서에는 당회원 과반수의 날인과 당회장의 의견서를 첨부하여 노회에 청원한다.
헌법적 규칙 제3장 14조 (목사의 청빙 투표)	공동의회에서 목사의 청빙투표를 함에 있어 3분의 2이상이 찬성할지라도 소수가 심히 반대하는 경우, 회장은 연기하도록 권함이 가하나 다수가 양보하지 아니하면 화합하도록 권면한 후, 규칙대로 청빙서를 다음과 같이 작성하여 제출한다. 1. 같은 노회 내의 목사 청빙 시는 2통. 2. 다른 노회의 목사 청빙 시는 3통.
헌법적 규칙 제3장 15조 (부목사의 청빙처리)	부목사의 청빙은 청원을 받은 노회의 형편에 따라 노회 임원회에 맡겨 처리하게 할 수 있다.
헌법적 규칙 제3장 22조 (외국거주 목사의 청빙)	외국 거주자(영주권, 시민권)을 가진 목사를 청빙할 수 있다.

제6차 개정(2011)

제49조 (위임목사) 1. 위임목사의 시무 : 위임식을 거행함으로 시작되며, 특수한 경우를 제외하고는 3년 이내에 위임한 교회를 사임하지 못한다. 2. 위임목사의 자격 : 노회에서 위임목사로 허락받은 자가 위임식을 거행하기까지는 전임목사로 간주된다. 3. 위임식의 시한 : 위임식은 노회 허락 후 1년 이내에 거행하여야 하며, 1년이 경과되면 전임목사로 간주하며, 위임식을 사정에 따라 연기할 경우 노회의 승인을 받으면 1년 동안 연장할 수 있다. 4. 위임목사가 위임을 받은 후 폐당회가 되면 빠른 시일 안에 당회를 조직하도록 하고, 폐당회로 2년이 경과되면 자동적으로 전임목사가 되며, 노회는 즉시 위임해제 통고 위원을 본 교회에 파송하여 위임해제를 선언하여야 한다.

1…청빙서에는 무흠 세례교인 과반수의 날인과 공동의회장의 의견서를 첨부하여 시찰회를 경유하여 노회에 청원한다.
2. 동일한 노회에서 전임목사와 부목사 이동 시는 노회임원회의 결의로 이동하고 후에 노회에 보고한다.

제51조 (목사의 청빙투표) 1. 공동의회에서 목사의 청빙투표를 함에 있어 3분의 2이상이 찬성할지라도 소수가 심히 반대하는 경우, 회장은 연기하도록 권함이 가하나 다수가 양보하지 아니하면 화합하도록 권면한다. 2. 목사위임 투표는 노회의 동일 회기 내에는 1회만 가능하며 부결되면 전임목사이다. 후임목사를 청빙할 시에는 현 당회장이 사회하여 결의할 수 없다.

제52조 (부목사의 청빙처리) 1. 부목사의 청빙은 개체 교회 당회에서 당회원 3분의 2 이상의 찬성을 얻어야 하며, 청빙서에는 당회원 과반수의 날인과 당회장의 의견서를 첨부하여 시찰회를 경유하여 노회에 청원한다. 2. 부목사의 청빙은 청원을 받은 노회의 형편에 따라 노회 임원회에 맡겨 처리하게 할 수 있다.

제53조 (외국거주 목사의 청빙) 외국 거주자인 목사(영주권, 시민권을 가진 자)를 청빙할 수 있으며, 본 고려신학대학원 교수회에서 인정하는 신학대학원 졸업을 한 자에 한한다.

	제5차 개정(1992)
제37조 (청빙 승인)	청빙서는 청빙받은 자를 관할하는 노회에 제출한다. 그 노회가 허락하면 청빙받은 목사에게 교부한다.
제39조 (다른 교단 목사의 가입), 헌법적 규칙 제3장 24조 (다른 교단 목사의 가입)	다른 교단 소속 목사가 본 교단 노회에 가입하고자 하면 다음의 절차를 거쳐야 한다. 1. 본 교단 직영 신학대학원 졸업자와 동등한 자격을 구비하여야 한다. 2. 본 교단 직영 신학대학원에서 적당한 기간 신학훈련을 받고, 목사고시에 합격한 후, 그 노회에서 목사 서약을 하여야 한다. 3. 외국에서 임직 받은 장로회 목사도 같은 절차를 거쳐야 한다/다른 교단 목사의 가입 자격과 절차는 대학과정과 신학대학원을 졸업한 자로서, 본 교단 소속 목사 2명 이상의 추천을 받고 관할 노회에서 준회원의 자격을 얻은 후, 본 교단 직영 신학대학원에서 30학점을 취득하여야 한다.
제40조 (목사의 사면)	1. 자유사면 : 목사가 자유로이 사면하고자 하면, 노회에 사면서를 제출하고 노회는 그 사면이유를 조사한 후, 그 이유가 충분하면 사면을 승낙한다. 2. 권고사면 : 개체교회가 목사의 계속 시무를 원하지 않을 때에는, 노회가 목사와 교회 대표자의 설명을 청취한 후 처리한다.
제41조 (목사의 사직)	2. 권고사직 : 목사가 성직에 합당한 자격을 상실한 때와, 심신이 건강하고 또 사역할 처소가 있음에도 5년 간 시무를 하지 아니하면 노회는 권고사직 하게 한다.
제43조 (목사의 휴무), 헌법적 규칙 제3장 26조 (목사의 휴무) 신설	
제46조 (장로의 자격)	1. 35세 이상 65세 이하의 남자 입교인으로 무흠히 7년을 경과한 자.

제6차 개정(2011)

제55조(청빙 승인) 청빙서는 청빙 받은 자를 관할하는 노회에 제출한다. 그 노회가 허락하면 청빙 받은 목사에게 교부한다. 단, 노회의 허락 없이 교회나 기관이 청빙서를 직접 목사에게 교부하지 못한다.

제57조 (다른 교단 목사의 가입) 다른 교단 소속 목사가 본 교단 노회에 가입하고자 하면 다음의 절차를 거쳐야 한다.
1. 소속될 노회의 목사 2명 이상의 추천을 받고 관할 노회에서 준회원의 자격을 얻어야 한다.
2. 본 교단 직영 신학대학원 졸업자와 동등한 자격을 구비하여야 한다.
3. 본 교단 직영 신학대학원에서 30학점을 취득하는 신학훈련을 받아야 한다.
4. 노회에서 목사고시에 합격한 후, 그 노회에서 목사 서약을 하여야 한다.
5. 외국에서 임직 받은 장로회 목사도 같은 절차를 거쳐야 한다.

제58조 (목사의 사임) 1. 자유사임 : 목사가 자유로이 사임하고자 하면, 노회에 사임서를 제출하고 노회는 그 사임이유를 조사한 후, 그 이유가 충분하면 사임을 승낙한다. 2. 권고사임 : 개체 교회가 특별한 이유로 목사의 계속 시무가 곤란할 때에는, 노회가 목사와 교인 대표자의 설명을 청취한 후 처리한다.

제59조(목사의 사직) 2. 권고사직 : 목사가 성직에 합당한 자격을 상실한 때와, 심신이 건강하고 또 사역할 처소가 있음에도 정당한 이유 없이 5년간 시무를 하지 아니하면 노회는 권고사직하게 한다.

제62조(목사의 휴무) 3. 목사의 안식년은 시무 6년 후 7년째로 하는 것을 원칙으로 한다.

제65조(장로의 자격) 1. 40세 이상 65세 이하의 남자 세례교인으로 무흠하게 7년을 경과한 자 7. 본 교회에 등록한 후 3년 이상 경과된 자(신설)

	제5차 개정(1992)
제47조 (장로의 직무)	2. 교회의 영적 관계를 살피는 일. 8. 목회에 필요한 제반사항을 목사에게 알리는 일.
제48조 (장로의 선택) 신설	
제49조 (장로의 임직)	
제51조 (무임장로)	…무임장로가 다시 시무하고자 하면 그 당회의 결의로 노회 허락을 받아 공동의회에서 투표수 3분의 2 이상의 득표를 얻어 취임을 하여야 한다.
제52조 (은퇴 장로와 원로장로), 헌법적 규칙 제3장 32조(원로장로의 시무기간 산정)	2. 원로장로 : 한 개체교회에서 20년 이상 시무한 장로가 노후에 퇴임할 때, 그 교회가 그의 명예를 보존하고자 공동의회에서 결의하여 원로장로로 추대한 장로이다/원로장로의 자격인, 한 개체교회에서 20년 이상 시무라 함은 그 교회에서 무흠으로 시무한 기간이 통산된다.
제53조 (장로의 사직), 제50조(휴무장로), 헌법적 규칙 제3장 28조 (장로의 권고 사임조건), 29조(장로와 집사의 권고사임과 사직)	장로가 범죄는 없을지라도 노쇠하거나 교회에 덕을 세우지 못할 경우에는 자의로 사직할 수 있고 또는 당회의 결의로 권고 사직하게 된다. 1. 자유사임 : 시무장로가 일신상의 형편으로 자유로이 사임하고자 하면 당회에 청원하여 하락을 받아야 하며, 다시 시무하고자 하면 당회의 결의를 얻어야 한다. 2. 권고사임 : 교인의 태반이 그 장로의 시무를 원하지 아니할 때는 당회의 결의로 사임하게 할 수 있고, 다시 시무하고자 하면 당회의 결의로 공동의회에서 투표수 3분의 2 이상의 득표를 얻어야 한다/당회가 교회정치 제50조 2항에 따라 장로를 권고 사임시키고자 할 때, 권고 사임의 조건이 되는 교인 태반의 불신임 여부는 공동의회에서 3분의 2 이상의 결정으로 판단하여야 한다/당회가 교인 태반의 불심임과 무관하게 장로 또는 집사를 권고 사임 혹은 사직시키고자 하면 당회원 3분의 2이상의 찬성을 얻어야 한다.

제6차 개정(2011)
2. 교회의 영적 상태를 살피는 일 8. 목회에 필요한 제반사항을 목사에게 상의하고 돕는 일
제67조(장로의 선택) 3. 당회가 후보를 추천하여 공동의회를 통하여 선출할 수 있다.
제68조(장로의 임직) 2. 타 교단 장로의 전입 시는 노회의 시취를 거친다.
제70조(무임장로) 2. 무임장로가 다시 시무하고자 하면 등록한 후 3년 이상 경과한 후, 그 당회의 결의로 노회 허락을 받아 공동의회에서 투표수 3분의 2 이상의 득표를 얻어 취임을 하여야 한다.
제72조(은퇴장로와 원로장로) 2. 원로장로 : 한 개체 교회에서 20년 이상 시무한 장로가 노후에 퇴임할 때, 그 교회가 공동의회에서 결의하여 원로장로로 추대한 장로이다. 시무기간은 무흠 시무기간이 통산된다.
제74조(장로의 사임과 사직) 장로가 건강상의 이유나 교회에 덕을 세우지 못할 경우에는 자의로 사임 또는 사직할 수 있고, 또는 당회의 결의로 권고사임 또는 권고사직하게 할 수 있다. 1. 장로의 사임 1) 자유사임 : 시무장로가 일신상의 형편으로 자유로이 사임하고자 하면 당회에 청원하여 허락을 받아야 하며, 다시 시무하고자 하면 당회의 결의를 얻어야 한다. 2) 권고사임 : 교인의 태반이 그 장로의 시무를 원하지 아니할 때는 당회에서 재적 3분의 2 이상의 출석과, 출석 3분의 2 이상의 결의로 사임하게 할 수 있다. 2. 장로의 사직. 교인의 태반이 그 장로의 시무를 원하지 아니할 때는 당회에서 저적 3분의 2 이상의 출석과, 출석 3분의 2 이상의 결의로 사직하게 할 수 있고, 권고사임 또는 권고 사직 시키고자 할 때는 교인 태반의 불신임 여부는 공동의회에서 3분의 2 이상으로 결정한다.

	제5차 개정(1992)
제53조 (장로의 사직), 제50조 (휴무장로), 헌법적 규칙 제3장 28조 (장로의 권고 사임조건), 29조(장로와 집사의 권고사임과 사직)	장로가 범죄는 없을지라도 노쇠하거나 교회에 덕을 세우지 못할 경우에는 자의로 사직할 수 있고 또는 당회의 결의로 권고 사직하게 된다/1. 자유사임 : 시무장로가 일신상의 형편으로 자유로이 사임하고자 하면 당회에 청원하여 하락을 받아야 하며, 다시 시무하고자 하면 당회의 결의를 얻어야 한다. 2. 권고사임 : 교인의 태반이 그 장로의 시무를 원하지 아니할 때는 당회의 결의로 사임하게 할 수 있고, 다시 시무하고자 하면 당회의 결의로 공동의회에서 투표수 3분의 2 이상의 득표를 얻어야 한다/당회가 교회정치 제50조 2항에 따라 장로를 권고 사임시키고자 할 때, 권고 사임의 조건이 되는 교인 태반의 불신임 여부는 공동의회에서 3분의 2 이상의 결정으로 판단하여야 한다/당회가 교인 태반의 불심임과 무관하게 장로 또는 집사를 권고 사임 혹은 사직시키고자 하면 당회원 3분의 2이상의 찬성을 얻어야 한다.
제55조(집사의 자격) 신설	
제56조 (집사의 직무)	집사는 당회의 지도 아래 빈곤한 자를 돌보며 교회의 서무, 회계와 구제에 관한 사무를 담당한다.
제57조 (집사의 선택) 신설	
제62조 (집사의 사직)	집사가 범죄는 없을지라도 노쇠하거나 교회에 덕을 세우지 못할 경우, 자의로 사직할 수 있고 또는 당회의 결의로 권고사직하게 한다.
제63조 (집사의 복직)	1. 소속했던 당회에 복직청원서를 제출한다.
제68조 (권사(勸師)의 자격) 신설	

제6차 개정(2011)
제74조(장로의 사임과 사직) 장로가 건강상의 이유나 교회에 덕을 세우지 못할 경우에는 자의로 사임 또는 사직할 수 있고, 또는 당회의 결의로 권고사임 또는 권고사직하게 할 수 있다. 1. 장로의 사임 1) 자유사임 : 시무장로가 일신상의 형편으로 자유로이 사임하고자 하면 당회에 청원하여 허락을 받아야 하며, 다시 시무하고자 하면 당회의 결의를 얻어야 한다. 2) 권고사임 : 교인의 태반이 그 장로의 시무를 원하지 아니할 때는 당회에서 재적 3분의 2 이상의 출석과, 출석 3분의 2 이상의 결의로 사임하게 할 수 있다. 2. 장로의 사직. 교인의 태반이 그 장로의 시무를 원하지 아니할 때는 당회에서 재적 3분의 2 이상의 출석과, 출석 3분의 2 이상의 결의로 사직하게 할 수 있고, 권고사임 또는 권고 사직 시키고자 할 때는 교인 태반의 불신임 여부는 공동의회에서 3분의 2 이상으로 결정한다.
제76조 (집사의 자격) 4. 본 교회에 등록한 후 2년 이상 경과된 자
제77조(집사의 직무) 집사는 당회의 지도 아래 교회의 봉사와 교회의 서무, 회계와 구제에 관한 사무를 담당한다.
제78조(집사의 선택) 2. 당회가 후보를 추천하여 공동의회를 통하여 선출할 수 있다.
제83조(집사의 사직과 사임) 집사가 범죄는 없을지라도 노약하거나 교회에 덕을 세우지 못할 경우, 자의로 사직할 수 있고, 당회가 교인 태반의 불신임과 무관하게 집사를 권고사임 혹은 권고 사직시키고자 하면 당회원 3분의 2이상의 찬성을 얻어서 권고사임 또는 권고사직하게 할 수 있다.
제84조(집사의 복직) 1. 소속했던 당회에 당회원의 추천으로 복직청원서를 제출한다.
제85조(권사(勸事)의 자격) 4. 본 교회에 등록한 후 2년 이상 경과된 자.

	제5차 개정(1992)
제70조 (권사의 선택) 신설	
제64조 (준직원의 자격), 헌법적 규칙 제3장 5조 (수련봉사 기간)	준직원의 자격은 다음과 같다/2. 목사후보생 : 목사후보생은 남자 입교인으로 무흠히 3년을 경과하고, 목사직을 희망하여 노회 허락을 받고 그 지도대로 신학대학원에서 교육을 받는 자로서, 전도사와 같은 자격자로 인정한다/3. 농어촌의 미조직 교회, 미자립교회 또는 개척교회에서 단독으로 1년 이상 시무 후(단, 목사임직 후, 1년간 계속 시무하여야 한다). 4. 각 기관 간사 및 단독교회나 사회복지시설의 교역자로 2년 이상 시무 후. 5. 부교역자로 3년 이상 시무 후.
헌법적 규칙 제3장 35조 (무임집사)	무임집사가 있는 경우 당회의 결의로 서리집사의 직무를 맡길 수 있고, 공동의회에서 안수집사로 선택되면 취임식만 행하고 안수는 하지 않는다.
헌법적 규칙 제3장 39조 (전도인) 삭제	개체교회는 무흠히 3년을 경과한 25세 이상 65세 이하의 입교인 중에서 전도인을 선정하여 복음 전도에 사역하게 할 수 있다. 전도인의 신분은 시무하는 개체교회에 속한다.
제73조 (치리회의 의의) 신설	
제74조 (치리회의 구분)	치리회는 당회, 노회, 총회로 구분한다.
제75조 (치리회의 회집)	당회와 노회는 매년 1차 이상, 총회는 1년 1차 회집하되 그 개회와 폐회는 기도로서 한다.
제77조 (치리회의 권한)	1. 각 치리회는 헌법의 규정에 따라 자체의 규칙을 제정하되 양심을 속박하는 규칙은 제정할 수 없다. 2. 각 치리회는 헌법과 교회 규례에 따라 행정과 권징을 관장한다.

제6차 개정(2011)
제87조(권사의 선택) 2. 당회가 후보를 추천하여 공동의회를 통하여 선출할 수 있다.
제89조(준직원의 자격) 준직원은 개인으로는 그 당회에 속하고 직무상으로는 노회에 속하며, 준직원의 자격은 다음과 같다. 1. 강도사…강도사가 목사 임직을 받으려 하면, 목사고시를 청원하기까지 다음과 같은 수련봉사의 기간을 거쳐야 한다. 3) 강도사 자격 인허 후, 단독 교회, 부교역자, 각 기관 간사, 사회복지 시설 등에서 교역자로 2년 이상 시무한 후. 2. 목사후보생. 목사후보생은 남자 세례교인으로 무흠하게 5년을 경과하고, 모범적인 신앙과 목사 됨에 합당한 자질이 있는 자가 목사직을 희망하여 노회 허락을 받고 그 지도대로 신학대학원에서 교육을 받는 자로서, 전도사와 같은 자격자로 인정한다.
제95조 (교회 임시직원의 자격) 2. 무임집사와 무임권사가 있는 경우 당회의 결의로 서리집사의 직무를 맡길 수 있고, 공동의회에서 안수집사와 권사로 선택되면 취임식만 행하고 무임집사에게 안수는 하지 않는다.
제96조 (치리회의 의의) 2. 치리회는 교회의 질서와 행정에 대하여 분별할 필요가 있을 때 성경의 교훈대로 교회의 성결과 화평을 도모한다.
제97조 (치리회의 구분) 치리회는 당회(堂會), 노회(老會), 총회(總會)로 구분하며, 모든 치리회는 목사와 장로로 조직하고, 당회, 노회, 총회로 순차대로 상소한다.
제98조 (치리회의 회집) 당회는 매년 1회 이상, 노회는 매년 2회 이상, 총회는 1년에 1차 회집한다.
제99조 (치리회의 권한) 각 치리회는 교회의 질서와 성결과 평화를 유지하기 위하여 헌법과 교회 규례에 따라 행정과 권징을 행사하고 필요한 때에는 헌법에 근거하여 자체 규칙을 제정할 수 있다.

	제5차 개정(1992)
제76조 (치리회의 관할)	1. 각 치리회는 교회의 질서와 행정에 대하여 쟁론이 있을 때는 성경의 교훈대로 교회의 성결과 화평을 위하여 순차대로 상회에 상소한다. 2. 각 치리회는 각 사건을 적법하게 처리하기 위하여 관할 범위를 정한다. 3. 각 치리회는 고유한 특권이 있으나 순차대로 상회의 검사와 관할을 받는다. 4. 각 치리회는 독립된 개체가 아니므로 어느 회에서든지 법대로 결정된 사안은 전국교회의 결정이 된다.
헌법적 규칙 제4장 1조 (치리회의 결의)	치리회의 결의는 명시된 사항이 아닌 것은 다수결로 한다.
제78조 (치리회의 회장)	각 치리회는 사무를 질서 있고 신속하게 처리하기 위하여 회장을 선정하되 그 회의 규칙대로 한다(단, 장로는 각급 치리회의 회장이 될 수 없다).
제79조 (치리회 회장의 직권), 헌법적 규칙 제4장 2조 (치리회장의 직권)	각 치리회 회장은 그 회의 규칙에 따라 회의를 소집하여 개회와 폐회를 주관하고 회무의 질서를 유지하며, 의안을 적정하고도 신속하게 처리하기 위한 일체의 권한을 갖는다/각급 치리회 회장은 다음과 같이 회무를 처리한다. 1. 회원으로 회규를 지키게 하고 회를 정돈하여 질서있게 한다. 2. 회원간에 언권을 침해하지 못하게 한다. 3. 회원간의 모욕, 또는 풍자적 언사를 금지 제한한다, 4. 의안을 심의하되 숙의한 후 신속하게 처리한다. 5. 회장에게 언권을 얻어 발언하게 하고, 의안 범위 밖에 탈선하지 않도록 한다. 6. 회무 진행 중에 임의로 이석(離席)을 금한다. 7. 가부를 묻기 전에 그 안건을 간단하고 명백하게 설명한다. 8. 안건마다 결정을 공포한다. 9. 가부 동수인 경우는 다음과 같이 한다. (1) 투표로 결정하는 경우 : 회장이 투표하였으면 부결로 처리하고 투표하지 않았으면 회장이 결정권을 행사한다. (2) 투표 이외의 방법으로 결정하는 경우 : 회장은 가부를 표할 수 없고 동 수일 때만 결정권을 행사할 수 있으며, 회장이 이를 원하지 않으면 그 안건은 부결된다. 10. 특별한 일로 회의 질서를 유지할 수 없는 경우에는 비상정회를 선언한다.
제80조 (치리회 서기)	각 치리회는 그 회의록과 문서를 보관하기 위하여 서기를 선정하되 그 임기는 그 회의 규칙대로 한다.

제6차 개정(2011)
제100조 (치리회 결정의 성격) 1. 각 치리회는 고유의 권한은 있으나 독립된 개체는 아니므로 어느 회에서든지 법대로 결정된 사안은 총회산하교회가 준거(準據)할 수 있는 결정이 된다. 2. 각급 치리회는 고유한 특권이 있으나 순차대로 상급 치리회의 지도 감독을 받는다.
제101조 (치리회 결의의 방법) 1. 치리회의 결의는 헌법에 명시된 사항이 아닌 한 다수결로 한다. 2. 치리회의 결의가 가부동수인 경우에는 부결된 것으로 본다.
제102조(치리회의 회장) 각 치리회는 사무를 질서 있고 신속하게 처리하기 위하여 회장을 선정하되 목사가 회장이 된다.
제103조 (치리회 회장의 권한) 치리회 회장의 권한은 다음과 같다. 1. 그 회의 규칙에 따라 회의를 소집하여 개회와 폐회 주관 2. 회무의 질서를 유지하며, 의안을 처리하기 위한 일체의 권한 보유 3. 규칙 준수 및 질서유지를 위한 제반조치 4. 회원 상호간의 언권 침해행위 방지 5. 회원 상호간의 모욕 또는 풍자적인 언행금지조치 6. 안건 심의의 숙의와 신속한 처리 7. 회의 중 이석(離席)의 제지 8. 안건 설명과 결정 공포 9. 비상정회 선포
제104조(치리회의 서기) 각 치리회는 그 회의록과 문서를 보관하기 위하여 서기를 선정한다.

	제5차 개정(1992)
제81조 (치리회 서기의 의무)	각 치리회 서기는 회중 의사진행을 상세히 기록하고, 각종 서류를 보관하고, 합법적으로 회의록의 일부분에 대하여 등본을 청구하면 그 부분에 대하여만 등본을 교부할 것이며, 서기가 날인한 등본은 각 치리회에서는 원본과 같이 인정한다.
헌법적 규칙 제4장 22조 (수습위원, 전권위원)	노회나 총회는 개체교회, 노회, 총회의 어려운 문제를 수습하기 위하여 수습위원이나 전권위원을 파송할 수 있으며 재판권이 부여된 전권위원은 다음과 같이 투표로 선정 하여 직무를 수행하되 전권위원회의 결정은 그 치리회가 채택하여야 확정된다. 1. 노회 전권위원회 : 7명(목사4명, 장로3명)이상으로 구성하고 노회를 대행하는 전권으로 형편에 따라 그 교회 당회장과 당회원의 권한을 일시 정지하고 다른 목사를 임시 또는 대리 당회장으로 임명하여 수습하게 할 수 있다. 2. 총회 전권위원회 : 9명(목사5명, 장로4명)이상으로 구성하고 총회를 대행하는 전권으로 형편에 따라 그 노회의 노회장과 임원들의 권한을 일시 정지하고 전권으로 수습할 수 있다.
헌법적 규칙 제4장 7조 (당회의 조직 요건)	입교인
제86조 (당회의 회집)	1. 당회장이 필요할 때. 3. 노회가 소집을 지시할 때.
헌법적 규칙 제4장 9조 (임시 당회)	당회장 유고시 또는 당회장 본인에 관한 안건을 처리할 때에는 당회는 본 노회 목사 중에서 임시 당회장을 청한다. 노회가 파송하지 아니한 임시당회장은 본 규칙 제4장 제2조 9항에 준한 권한은 없고 사회권만 행사한다.
헌법적 규칙 제4장 10조 (미조직교회 당회장)	권징건은 소속 노회원 중에서 목사, 장로 각 1인식의 협조 당회원을 노회에 청하여 처리하며,

제6차 개정(2011)
제105조((서기의 의무와 임무) 각 치리회의 서기는 회의록을 상세히 기록하고 각종 서류를 보관하여 회의록 일부에 대한 등본을 청구하면 그 부분에 대하여만 등본을 교부하며, 서기가 날인한 등본을 각 치리회에서는 원본과 같이 취급한다.
제108조(수습위원회 및 전권위원회) 노회나 총회는 개체 교회, 노회, 총회의 어려운 문제를 해결하기 위하여 수습위원이나 전권위원을 파송할 수 있다. 제109조(전권위원회의 구성) 노회전권위원회는 7명(목사 4명, 장로 3명), 총회전권위원회는 9명(목사 5명, 장로 4명)으로 각각 구성하되 공천위원회에서 2배수 공천하여 투표로 선정한다. 제110조(전권위원회의 업무범위) 1. 노회전권위원회는 노회를 대행하는 전권으로 사정에 따라 본 교회의 당회장과 당회원의 권한을 일시 정지하고 다른 목사를 임시 또 대리 당회장으로 임명하여 행정권으로 수습하게 할 수 있다. 2. 총회전권위원회는 총회를 대행하는 전권으로 사정에 따라 본 노회의 노회장과 임원들의 권한을 일시 정지하고 행정권으로 수습할 수 있다. 제111조 (전권위원회 결정의 효력과 상소) 1. 전권위원회의 결정은 이를 고지하는 즉시로 효력을 발생하고 고지일로부터 15일 이내에 상소할 수 있다. 2. 전권위원회의 결정은 본 치리회에 보고한다.
세례교인
1. 당회장이 필요하다고 판단할 때 3. 상회가 소집을 지시할 때
제119조(임시당회장) 1. 당회장 유고시 또는 당회장 본인에 관한 안건을 처리할 때에는 당회는 본 노회 목사 중에서 임시당회장을 노회에 청한다. 2. 노회가 파송하지 아니한 임시당회장은 사회권만 행사한다.
권징건은 소속 노회원 중에서 목사, 장로 각 2인씩의 협조 당회원을 노회에 청하여 처리하며

	제5차 개정(1992)
제85조 (당회의 직무)	당회의 직무는 다음과 같다. 1. 당회는 영적 제반 사무를 처리하는 치리회이므로 교인의 신앙과 행위를 총찰한다. 2. 당회는 제반 예배를 주관하고, 학습과 세례 받을 자를 문답하며, 부모를 권면하여 유아세례를 받게 한다. 3. 당회는 유아세례 받은 자를 문답하여 입교시켜 성찬에 참석하게 한다. 4. 당회는 교인의 이명 증서를 교부하고 접수하며 제적도 한다. 5. 당회는 집사와 권사를 고시한다. 6. 당회는 장로, 집사와 권사를 임직하고 교회직원을 임면한다. 7. 당회는 각종 헌금을 실시할 시일과 방법을 작정한다. 8. 당회는 노회에 총대장로를 선정하여 파송하고, 상황을 보고하며, 청원 건을 제출한다. 9. 당회는 범죄자와 증인을 소환하여 심문하고, 필요한 경우에는 본 교회 교인이 아니라도 증인으로 소환 심문할 수 있고, 범죄한 증거가 명확할 때 시벌하고, 회개하는 자를 해벌한다. 10. 당회는 교회의 영적유익을 도모하며, 각 부속기관을 지도 감독한다. 11. 당회는 교회의 기본재산을 관리한다.

헌법적 규칙
제4장 13조
(노회 장로총대
선정기준)
	1. 시무목사 수에 따라 같은 수의 장로총대를 선정한다.
	2. 입교인 수에 따라 다음과같이 장로총대를 선정한다.
	  (1)입교인 200명까지 1명.
	  (2)입교인 201명~500명까지 2명.
	  (3)입교인 501명~1,000명까지 3명.
	  (4)입교인 1,000명을 초과할 때는 매 1,000명당 1명씩 증원 선정한다.

제88조 (당회 각종 명부)	4. 입교(세례)인 명부
제89조 (노회의 의의)	그리스도의 몸된 교회가 나뉘어 여러 개체교회가 되었으므로(행6:1-6, 9:31, 21:20) 서로 협의하며 도와 교리의 순전(純全)을 보존하고, 권징을 동일하게 하며, 신앙과 지식을 증진하게 하고, 배교와 부도덕을 방지하며, 이를 위하여 노회와 같은 상회가 있는 것이 필요하다.

제6차 개정(2011)
제121조 (당회의 직무) 당회의 직무는 다음과 같다. 1. 교인들의 신앙과 행위를 총찰 2. 제반예배 주관 3. 학습 입교 및 세례(유아세례포함)의 문답과 시행 4. 성찬예식의 주관 5. 공동의회 소집권 6. 교인의 이명증서 교부 및 접수와 제적 7. 집사와 권사의 선택, 고시 및 임직 8. 장로의 피택 요청과 임직 9. 교회직원의 임면(任免) 10. 각종 헌금의 실시와 재정 감독 11. 노회의 총대장로 파송 12. 노회에 대한 상황보고 및 청원 13. 소속기관과 단체, 부설기관 감독 지도 14. 교회의 기본재산 관리
제122조(노회의 장로총대선정기준) 1. 시무목사 수에 따라 같은 수의 장로총대를 선정한다. 2. 세례교인 수에 따라 다음과 같이 장로총대를 선정한다. (1) 세례교인 300명까지 1명 (2) 세례교인 301명~600명까지 2명 (3) 세례교인 601명~1,000명까지 3명 (4) 세례교인 1,000명을 초과할 때는 매 1,000명당 1명씩 증원 선정한다.
4. 세례교인(입교) 명부
그리스도의 몸된 개체 교회가 나뉘어 여러 개체 교회가 되었으므로(행6:1-6, 9:31, 21:20) 서로 협력함으로서 교리의 순결과 온전함을 보존하여 신앙을 증진시키고 교회행정과 권징을 동일하게 하며, 배교와 부도덕을 방지하며, 교회의 전반적인 사항과 목사의 제반신상문제의 처리를 위해 상회로서 노회를 설치한다.

	제5차 개정(1992)
제90조 (노회의 조직)	노회는 일정한 지역 안의 시무교회가 각기 다른 목사 5인 이상과, 당회 5개처 이상에서 파송한 장로로 조직한다.
제96조 (노회의 회집)	1. 정기 노회는 예정한 시일과 장소에서 회집한다. 2. 임시 노회는 특별한 안건이 있을 때, 시무처가 다른 목사 2인과 장로 2인의 청원으로 소집한다. 3. 임시노회를 소집할 때는 회집할 시일과 안건을 7일 전에 목사와 총대장로에게 통지하고 통지서에 기재된 안건만 의결한다.
제91조 (노회의 개회 성수)	노회가 예정한 시일과 장소에서 본 노회에 속한 시무처가 다른 목사와 장로 각 3인 이상이 회집하면 개회할 성수가 된다.
제92조 (노회원의 자격)	1. 위임목사, 임시목사, 부목사, 전도목사, 기관목사, 종군목사, 선교사는 회원권이 있다. 2. 무임목사는 발언권만 있는 회원이다. 3. 은퇴, 원로, 공로목사는 회원권은 있으나 피선거권은 없다. 4. 총대장로는 서기가 추천서를 접수 호명하면 회원권이 있다.
헌법적 규칙 제4장 14조 (노회원의 의무 이행)	회가 총대를 파송하지 아니하면 노회는 그 당회를 권면하고, 선정된 총대장로가 특별한 이유없이 출석을 게을리하면 노회는 그 당회로 그를 책망하게 하며, 회원된 목사가 특별한 이유없이 노회 출석을 게을리하면 노회는 그를 책망하여야 한다.

제6차 개정(2011)
제127조 (노회의 조직) 노회는 일정한 지역 안의 시무교회가 각기 다른 목사 30인 이상과, 당회 12개처 이상에서 파송한 장로로 조직한다. 단, 총회가 인정하는 특수 노회는 예외로 한다.
제128조 (노회의 회집) 노회는 다음의 경우에 노회장이 회집한다. 1. 정기노회는 연 2회(봄 및 가을) 이상 예정된 시일과 장소에서 회집하되, 개회 2주전까지 통지하여야 한다. 2. 임시노회는 노회임원회의 결의가 있을 때와 시무처가 다른 목사회원 2인과 장로 총대 2인 이상의 청원이 있을 때에 소집하고, 회집할 시일 7일 전에 상정안건을 목사 및 장로 총대 전원에게 통지하여야 하며 특별한 사정이 없는 한 그 통지서에 기재된 안건만 처리한다.
제129조(노회 개회성수) 노회가 예정한 시일과 장소에서 본 노회에 속한 시무처가 다른 목사회원 3인과 장로 총대 3인 이상이 회집하여야 개회한다.
제130조(노회원의 자격) 노회원의 자격은 다음과 같다. 1. 위임목사, 전임목사, 부목사, 전도목사, 기관목사, 종군목사, 선교사는 회원권이 있다. 2. 은퇴목사는 노회의 언권과 투표권을 가진다. 3. 무임목사는 언권회원이다. 4. 장로 총대는 서기가 추천서를 접수하여 호명하면 회원권이 있다. 5. 노회장은 조직 교회 담임목사에 한한다.
제131조(노회원의 의무 이행) 당회가 총대를 파송하지 아니하면 노회는 그 당회를 권면하고, 선정된 총대장로가 특별한 이유 없이 출석을 게을리 하면 노회는 그 당회로 그를 책망하게 하며, 노회의 회원된 목사가 특별한 이유 없이 노회 출석을 게을리 하면 노회는 그 목사 회원과 당회를 책망하여야 한다.

	제5차 개정(1992)
제93조 (노회의 직무)	1. 노회는 그 구역 안에 있는 당회, 개체교회, 목사, 강도사, 전도사, 목사후보생, 소속기관과 단체를 총찰한다. 2. 노회는 각 당회에서 제출한 건의, 청원, 문의, 진저에 관한 사항을 접수 처리한다. 3. 노회는 각 당회에서 제출한 소원, 상소, 위탁판결을 접수하여 처리한다. 4. 노회는 목사후보생을 고시하여 받고, 그 교육, 이명, 권징 하는 것과 강도사의 이명, 권징을 관리한다. 5. 노회는 목사의 자격을 고시하고, 그 임직, 위임, 해임, 전임, 이명, 권징에 관한 사항을 처리한다. 6. 노회는 개체교회의 장로 선택과 임직을 허락하며, 장로와 전도사의 자격 고시를 한다. 7. 노회는 각 당회록과 미조직 교회의 행정록을 검사하여 그 처리사건에 합법여부를 표시하며, 진리와 권징에 관한 문의를 해석하여 답변한다. 8. 노회는 교회의 신성과 화평을 방해하는 언행을 방지하며, 교회 실정을 살펴 바로잡기 위하여 개체교회를 시찰한다. 9. 노회는 개체교회를 설립, 분립, 합병 폐지하고 당회를 조직하며, 교회 실정을 살펴 바로잡기 위하여 개체교회를 시찰한다. 10. 노회는 총회에 제출하는 청원, 건의, 문의, 진정, 소원, 상소, 위탁판결에 관한 사건을 성정하고, 노회 상황을 보고하며, 총회총대를 선정 파송하고 총회의 지시를 실행한다. 11. 노회는 개체교회의 전도 사업을 지도 권장하며 각 개체교회의 영적 유익을 도모한다. 12. 노회는 개체교회와 산하 기관의 재산문제로 사건이 발생하면 이를 처리한다.

제6차 개정(2011)

제132조(노회의 직무)
1. 그 구역 안에 있는 당회, 개체 교회, 목사, 강도사, 전도사, 목사후보생 소속기관 및 단체의 총찰
2. 각 당회에서 제출한 건의, 청원, 문의(질의) 및 진정의 접수 처리
3. 각 당회에서 제출한 소원, 상소 및 위탁판결의 접수 처리
4. 목사후보생의 고시, 교육, 이명 및 권징의 처리
5. 목사의 자격고시, 임직, 위임, 해임, 전임, 이명 및 권징의 관리와 처리
6. 개체 교회 장로의 선택, 임직 및 자격고시 관장
7. 전도사의 자격고시 시행
8. 각 당회의 당회록 및 미조직교회의 행정록의 검사와 그 합법여부 표시
9. 진리와 권징에 관한 해석
10. 교회의 신성과 화평을 위한 개체 교회 시찰
11. 개체 교회의 설립, 분립, 합병, 폐지 및 당회조직 관장
12. 개체 교회 및 미조직교회의 목사청빙 관장
13. 개체 교회와 미조직교회의 전도사업의 지도권장과 교육 강화로 인한 영적유익 도모
14. 개체 교회 및 미조직교회의 재정 및 관리의 방침 지도
15. 총회제출의 청원, 건의, 문의, 진정, 소원, 상소 및 위탁판결의 처리
16. 총회제출의 노회상황 보고
17. 총회총대 선출
18. 총회지시 실행
19. 개체 교회와 산하기관의 재산권문제 처리

	제5차 개정(1992)
제97조 (노회의 분립, 합병 및 폐지), 헌법적 규칙 제4장 15조 (노회의 설립, 분립, 합병 및 폐지)	1. 노회의 분립은 그 노회의 결의로 총회의 허락을 받아야 한다. 2. 노회의 합병은 관계된 노회의 결의로 총회의 허락을 받아야 한다. 3. 노회가 2년이 경과하도록 그 조직 성원에 미달되면, 총회는 이를 폐지하고 다른 노회에 병합시킨다/노회의 설립, 분립, 합병 및 폐지하는 절차는 총회의 결의로 위원을 파송하여 이에 대한 사무를 처리하고 총회에 보고한다. 총회는 그 보고를 받아 노회 명부를 정리하고, 폐지된 노회의 목사, 강도사, 목사후보생 및 전도사의 이명은 병합노회에서 관리한다.
헌법적 규칙 제4장 16조 (노회의 구역 변경)	노회의 구역 변경은 노회가 분립될 때 또는 특별한 이유가 있어 노회 구역을 재조정할 필요가 있을 때에 총회는 관계 노회의 의견을 들어 변경할 수 있다.
제98조 (시찰위원)	노회는 개체교회를 관리하는 치리권의 협조를 위하여 관내의 시무목사와 총대장로 중에서 시찰위원을 선정한다. 시찰구역과 위원 수는 노회가 정하며 시찰위원은 개체교회를 시찰하고 중요한 사건을 협의 지도하며 노회에 보고한다.

제6차 개정(2011)

제135조(노회의 설립, 분립, 합병 및 폐지)
1. 노회의 설립, 분립, 합병 및 폐지는 관계노회의 결의와 총회의 허락을 받아야 한다.
2. 제1항의 경우에 총회는 결의로 조사위원을 파송하여 사무를 처리하고 총회에 보고한다.
3. 총회는 제2항의 그 보고를 받아 노회 명부를 정리하고 폐지된 노회의 목사, 강도사, 목사후보생 및 전도사의 이명을 총회에서 처리한다.

제136조(노회구역 설정 및 변경)
1. 노회의 구역은 총회가 결정하는 지역 구분 기준에 따라 설정하며 헌법적 규칙으로 정한다.
2. 노회의 구역변경은 노회가 분립될 때 또는 특별한 이유가 있어 노회 구역을 재조정할 필요가 있을 때에 총회는 관계 노회의 의견을 들어 변경할 수 있다.
3. 해 노회를 이탈한 교회를 다른 노회에서 받을 수 없다.

제137조(시찰회) 1. 노회는 개체 교회를 효율적으로 지도 관리하여 관내의 일정구역 단위로 시찰회를 둔다. 2. 시찰구역은 노회에서 정한다.

제138조(시찰위원) 1. 노회는 개체 교회를 관리하는 치리권의 협조를 위하여 시찰회 단위로 총대원 중에서 관내의 시무목사와 총대장로 중에서 시찰위원을 선정한다. 2. 시찰위원 수는 노회가 정하고 시찰위원은 개체 교회를 시찰하고 중요사건을 협의 지도하며 노회에 보고한다.

	제5차 개정(1992)
헌법적 규칙 제4조 17조 (시찰회)	노회는 시찰위원들로 시찰회를 구성하여 다음과 같은 직무를 수행하게 한다. 1. 시찰회는 구역내 교역자 청빙건을 협의 지도하며, 미자립 교회들이 연합하여 교역자를 청빙하도록 권고 지도하여 교역자 없는 교회가 없도록 힘쓴다. 2. 시찰회는 구역내 교회의 연합사업을 기획 지도한다. 3. 시찰회는 개체교회가 노회에 제출하는 서류를 살펴 전달한다. 4. 시찰회는 필요시 구역내 각 교회의 형편을 시찰할 수 있으며, 각 집회 관례를 협의 지도할 수 있다. 5. 시찰회는 구역내의 교회 상황과 위임받은 사건의 처리결과를 노회에 보고한다. 6. 시찰회는 치리회가 아니므로 임의로 치리관계의 사건에는 관여하지 못하나, 노회가 위임한 사건은 처리할 수 있다.
신설	
제99조 (총회의 의의)	총회는 본 장로회의 최고 치리회이며, 그 명칭은 대한예수교장로회총회라 한다.
헌법적 규칙 제4장 18조 (총회 총대 선정기준)	1. 당회를 기준 하는 경우 : 매 5당회 당 목사 장로 각 1인씩을 선정하고, 그 끝수에도 목사, 장로 각 1인씩 추가 파송한다. 2. 입교인을 기준 하는 경우 : 입교인 900명당 목사, 장로 각 1인씩 선정하고, 그 끝수 400명을 초과할 때, 목사, 장로 각 1인씩을 추가 파송한다.
제102조(총회의 직무) 삭제	총회는
헌법적 규칙 제4장 21조 (노회와 총회의 회장 대리) 신설	

제6차 개정(2011)

제139조(시찰위원의 직무)
시찰위원의 구역 내의 개체 교회시찰에 관한 직무는 다음과 같다.
1. 개체 교회의 교역자 청빙을 협의 권고 지도한다.
2. 개체 교회의 연합사업을 기획 지도한다.
3. 개체 교회가 노회에 제출하는 서류를 살펴 전달한다.
4. 각 교회의 형편을 시찰할 수 있으며, 집회 관례를 협의 지도한다.
5. 교회 상황과 위임받은 사건의 처리결과를 노회에 보고한다.
6. 치리회가 아니므로 임의로 치리관계의 사건에는 관여하지 못하나, 노회가 위임한 사건은 처리할 수 있다.

제140조(노회 자체규정) 각 노회는 세부적인 조직과 운영에 관하여 헌법에 근거한 자체 규정을 제정하여 시행한다.

총회는 본 장로회의 최고 치리회이며, 그 명칭은 대한예수교장로회 고신총회라 한다.(The Kosin Presbyterian Church in Korea / KPCK)

제143조(총회 총대 선정기준) 1. 당회를 기준 하는 경우 : 매 6당회당 목사 장로 각 1인씩을 선정하고, 그 끝수가 3당회를 초과 할 때는 목사, 장로 각 1인씩을 추가 파송한다. 2. 세례교인을 기준 하는 경우 : 세례교인 1,200명당 목사, 장로 각 1인씩 선정하고, 그 끝수가 600명을 초과할 때는 목사, 장로 각 1인씩을 추가 파송한다.

제148조(총회장의 지위와 직무 대리) 1. 총회장은 총회를 대표하고 총회 업무와 산하기관을 총괄한다.

	제5차 개정(1992)
제104조 (총회 개회와 폐회)	"교회가 내게 위탁한 권한으로 지금 총회는 파(罷)함이 가한 줄 알며, 이 총회와 같이 조직한 총회가 다시 아무 날 아무 곳에서 회집함을 요하노라"
제105조 (공동의회)	입교인
헌법적 규칙 제5장 1조 (소속회와 소속기관), 5조(소속기관 및 임의단체의 감독)	그 기관 또는 그 단체의 해산을 명할 수 있다.
제111조 (총회파송 선교사), 헌법적 규칙 제6장 1조 (총회파송 선교사)	1. 총회파송 선교사는 목회 경험이 있는 자 중에서 선발한다. 3. 총회파송 선교사는 총회 선교부의 지도 감독을 받으며, 선교부는 선교비 조달의 책임을 진다.

제113조
(자매교회 관계),
헌법적 규칙
제6장 3조
(자매교회 관계)
	1. 외국에서 본 교단 출신으로 조직된 총회
	  1) 미주 총회
	  2) 일본 총회
	  3) 유럽 총회
	2. 외국교단
	  1) 화란자유개혁교회(The Reformed Churches in Netherlands)
	  2) 호주자유개혁교회(The Free Reformed Churches of Australia)
	  3) 아프리카개혁교회(The Reformed Churches in South Africa)

제6차 개정(2011)
제149조(총회 개회와 폐회)…"교회가 내게 위탁한 권한으로 지금 총회는 파(罷)함이 가한 줄 알며, 이 총회와 같이 조직한 총회가 다시 아무 날 아무 곳에서 회집함을 공포합니다."
제150조(공동의회)…세례교인(입교인)
제157조(소속회와 소속기관)…그 기관 또는 그 단체에 대하여 법적조치와 해산을 명할 수 있다.
제159조(총회파송선교사) 1. 총회 파송 선교사는 목회자 혹은 전문인 중에서 선발한다. 3. 총회 파송 선교사는 총회세계선교위원회의 지도 감독을 받으며, 총회세계선교위원회는 선교비 조달의 책임을 진다.

1. 외국에서 본 교단 출신으로 조직된 총회
  1) 재미 총회
  2) 대양주 총회
  3) 유럽 총회
2. 외국교단
  1) 화란개혁교회(자유파) The Reformed Churches in the Netherlands (Liberated)
  2) 화란기독개혁교회 The Christian Reformed Churches in the Netherlands
  3) 캐나다개혁교회 The Christian & American Reformed Churches
  4) 호주자유개혁교회 The Free Reformed Churches of Australia
  5) 남아개혁교회 The Reformed Churches of South Africa

	제5차 개정(1992)
제118조 (노회의 재산)	2. 개체교회가 신탁한 재산.
제119조 (총회의 재산)	2. 노회나 개체교회가 신탁한 재산.
제120조 (재산의 보존과 관리)	1. 개체교회, 노회 및 총회 기본재산 중 부동산은 대한예수교장로회 총회 유지재단에 편입 보존함을 원칙으로 한다. 2. (3) 개체교회, 노회 및 총회가 총회유지재단에 신탁한 재산은 유지재단 이사회가 선히 관리하여야 하며, 신탁된 재산에 대하여 신탁주의 청원 없이는 어떠한 처분결의도 할 수 없다. (4) 개체교회가 총회유지재단에 신탁한 재산은 그 교회 당회로 관리하게 한다.
신설	
헌법적 규칙 제7장 2조 (미조직교회의 재산 관리)	신탁한 재산과

제6차 개정(2011)
제166조(노회의 재산) 2. 개체 교회가 편입한 재산
제167조(총회의 재산) 2. 노회나 개체 교회가 편입한 재산
제168조(재산의 보존과 관리) 1. 개체 교회, 노회 및 총회 기본재산 중 부동산은 대한예수교장로회 고신총회 유지재단에 편입 보존함을 원칙으로 한다. 단, 유지재단에 편입하지 않은 개체 교회의 부동산은 그 개체 교회 명의로 보존할 수 있으나 총회 유지재단의 지도를 받아야 한다. 2. (3) 개체 교회, 노회 및 총회가 총회유지재단에 편입한 재산은 유지재단 이사회가 선히 관리하여야 하며, 편입된 재산에 대하여 편입주의 청원 없이는 어떠한 처분결의도 할 수 없다. (4) 개체 교회가 총회유지재단에 편입한 재산은 그 교회 당회로 관리하게 한다.
제169조 (재산 권리의 제한) 1. 교인은 교회의 재산에 대하여 지분권을 주장할 수 없다. 2. 노회나 총회의 유지재단이 수탁한 재산에 대하여 편입자가 정당한 절차에 의하지 아니하고 그 소속노회를 이탈할 경우 그 권리를 주장할 수 없다. 3. 본 장로회의 교리나 법규를 준행하지 않는 자의 재산에 관한 모든 권리는 제한할 수 있다.
편입한 재산과

	제5차 개정(1992)
신설(총회 결의 사항)	
제121조 (헌법 개정방법)	본 헌법을 개정하고자 할 때에는 다음과 같이 한다. 1. 관리표준 : 교회정치, 권징조례, 예배지침을 개정하고자 할 때에 총회는 각 노회에 수의(垂議)하여 노회 과반수와 전 노회의 투표수 3분의 2 이상의 가표를 얻은 후에 개정할 것이며, 노회 서기는 투표의 가부수를 총회 서기에게 서면으로 제출하고, 총회는 그 결과를 공포 실시한다. 2. 교리표준 : 신앙고백, 대교리문답, 소교리문답을 개정하고자 할 때에 총회는 그 의견을 제출하고, 각 노회에 수의하여 노회 중 3분의 2와 전 투표수 3분의 2의 가표를 얻고, 그 다음 총회가 채택함으로 개정된다. 각 노회 서기는 투표의 가부수를 총회 서기에게 서면으로 보고한다. 3. 개정위원 : 총회는 교리 표준을 개정하는 의안을 각 노회에 보내기 전에 개정위원 15인 이상(목사와 장로)으로 1년간 그 문제를 연구하여 다음 총회에 보고하도록 할 것이요, 개정위원은 한 노회에서 2인을 초과하지 못한다. 4. 수의 : 소속 노회 3분의 1 이상이 헌법 개정의 청원을 총회에 제출하면 총회는 그 의안을 각 노회에 보내고 그 결정은 위의 1, 2항을 준용(準用)한다.

제6차 개정(2011)

제177조(강도사고시)
강도사 고시 청원자는 총회신학위원회의 시행 세칙에 따라 강도사 고시 청원서를 제출하고 다음과 같이 고시에 응시한다.
1. 제출서류 : 강도사 고시를 지원하는 자는 다음의 서류를 구비하여 총회신학위원회에 제출한다.
강도사고시청원서, 고려신학대학원졸업증명서, 이력서, 당회장추천서 및 고과표
2. 고시 과목
(1) 당일 응시과목 : 성경, 성경신학, 교의학, 교회사
(2) 구두시험 : 필기고사(제출과목 및 당일 응시과목)에 합격한 자에게 성직을 지원하는 이유와 성경과 신학에 대해 구두로 고시하고, 이외에도 총회는 공석에서 간족하다고 인정되기까지 다른 방법으로 고시할 수 있다.
3. 고시는 매년 6월15일 이전에 실시한다.
4. 강도사 인허식은 노회가 시행한다.

제178조(전도사 고시) 전도사 고시 청원자는 소속노회의 규칙에 따라 전도사 고시 청원서를 제출하고 다음과 같이 고시에 응시한다. 1. 제출서류 : 전도사고시 청원서, 이력서, 당회장 추천서 2. 고시과목 : 성경, 소교리문답, 교회정치, 교회사, 면접 등

제181조(헌법개정위원회 설치)
1. 헌법 개정안이 제안되면 총회는 15인 이내의 헌법개정위원으로 구성된 헌법개정위원회를 설치하여 연구 검토한다.
2. 전항의 헌법개정위원은 목사 12인, 장로 3인으로 하고 총회에서 다수결 선출하고, 개정위원은 한 노회에서 2인을 초과하지 못한다.
제182조(헌법 개정의 절차와 수의 방법) 1. 헌법개정위원회는 헌법 개정안이 제안된 날로부터 6개월 이내에 헌법 개정안을 성안(成案)하여야 하고, 바로 그 다음 총회 시까지 적당한 방법으로 홍보하고 설명회를 개최하여야 한다. 2. 총회에서는 재적과반수 출석과 출석 회원 3분의 2이상의 찬성으로 결의하여야 한다. 3. 헌법수의 : 총회는 전항에 의하여 결의된 성안을 각 노회에 보내어 수의하게 한다.
제183조(헌법 개정의 기준)
1. 교리표준 : 신앙고백, 대교리문답, 소교리문답을 개정하고자 할 때에 총회는 그 의견을 제출하고, 각 노회에 수의하여 노회 중 3분의 2와 전 투표수 3분의 2의 가표를 얻고, 그 다음 총회가 채택함으로 개정된다. 각 노회 서기는 투표의 가부수를 총회 서기에게 서면으로 보고한다.(헌법전문과 공교회신경은 총회에서 개정한다.)
2. 관리표준 : 예배지침, 교회정치, 권징조례를 개정하고자 할 때에 총회는 각 노회에 수의(垂議)하여 전(全) 노회 과반수와 전(全) 노회원의 투표수 과반 수 이상의 가표를 얻은 후에 개정할 것이며, 노회 서기는 투표의 가부수를 총회 서기에게 서면으로 보고하고, 총회장은 그 결과를 즉시 공포 실시한다.

	제5차 개정(1992)
제18장2조 (부칙) 신설	
예배지침 조항 수	총10장 40조
헌법적 규칙 (예배지침)	총6조
제1조(교회)	권징이 정당하게 시행됨으로
제2조(예배) 추가	
제5조 (주일준비)	주일성수는 제4계명이 가르치는 대로 거룩히 지키되 사전에 성실하고 경건한 마음으로 충분히 준비하여 공동 예배에 하나님과 교제함이 있도록 해야 한다. 일용할 음식물까지라도 미리 준비하여 공식예배와 주일을 거룩히 지키는 일에 일체의 거리낌이 없도록 해야 한다.
제8조 (주일예배의 순서)	교회의 예배의식은 개체교회의 권위로 작정하는 것이나 그 기본적인 순서는 다음과 같다.

제6차 개정(2011)
제2조(헌법시행) 본 헌법은 공포일로부터 시행한다.
총10장 40조
총8조
권징을 시행함으로
2. 예배의 본질은 언약적이다. 언약의 상방은 하나님과 그의 백성이다. 하나님께서 예배에 기여하시는 부분이 있고, 하나님의 백성들이 예배에 기여하는 부분이 있다. 예배는 하나님으로부터 오는 복, 말씀 등과 같은 요소들이 있고, 하나님의 백성들이 드리는 찬양, 기도, 헌금 등과 같은 요소들이 있다.
주일성수는 거룩히 지키되 사전에 성실하고 경건한 마음으로 충분히 준비하여 공동 예배에 하나님과 교제함이 있도록 해야 한다. 일상생활에 필요한 것들을 미리 준비하여 공식예배와 주일을 거룩히 지키는 일에 일체의 거리낌이 없도록 해야 한다.
주일 공예배의 순서는 당회가 정하되 그 기본적인 요소들은 다음과 같다. 예배의 순서 (1) 개회 (2) 죄의 공적 고백과 사죄 선언 (3) 말씀 선포 (4) 성례식 (5) 중보기도 (6) 나눔의 사역 (7) 폐회 예배의 요소 (1) 예배의 초청(시124:8) (2) 기원(고전1:3, 계1:4, 5) (3) 영광찬송(엡13,6,12,14) (4) 회개기도(시51:1-2) (5) 십계명(출20:1-17, 신5:6-21) (6) 성경교독(딤후3:14-17) (7) 신앙고백(사도신경)(마16:16) (8) 감사찬송(골3:16, 엡5:19) (9) 대표기도(딤전2:1) (10) 성경봉독(계1:3, 골4:16) (11) 찬양대의 찬양(출15:1-18) (12) 설교(딛1:9, 행9:20, 10:42, 눅24:47, 딤후4:2) (13) 성례(마28:19-20) (14) 금식과 감사(마6:16-18, 시118:1-4) (15) 권징(마18:18, 고전5:4-5) (16) 화답찬송(골3:16) (17) 헌금(행11:27-30, 고전16:1) (18) 교제(행4:32) (19) 주기도(마6:9-13) (20) 축도(고후13:13, 민6:24-26)

		제5차 개정(1992)
제11조 (공식 기도)		공식기도는 하나님의 무한하신 권위를 의식하여 죄와 허물을 고백하고 은혜로운 임재와 성령의 도우심과 예수 그리스도의 공로로 일체의 죄를 용서해 주실 것을 구하여야 하며 그 내용은 다음과 같다…1. 하나님의 영광. 하나님이 세상을 창조하시고 권고하시는 중에 나타내신 일과, 성경말씀 가운데 분명하고 완전하게 나타내신 영광, 그의 완전하심을 고할 것.
제12조 (설교 후의 기도)		간략하게 하는 것이 좋다.
제19조(설교) 1항(설교본문의 선택)		…조화가 되도록 배려해야 한다.
제19조(설교) 2항(설교의 방법)		목사는 항상 기도와 명상으로
제20조 (성례의 종류) 추가		
제21조 (세례식) 추가		
제21조 (세례식) 2항 (세례받을 자의 자격)		세례는 예수 그리스도가 자신의 구주인 사실을 시인하고
제22조 (유아세례)		어린이
제23조 (성찬예식) 추가		

제6차 개정(2011)

제11조(대표기도) 하나님께서는 감사와 더불어 종교적 예배의 특별한 순서인 기도를 모든 사람에게 요구하신다. 기도가 받으시려면 성자의 이름으로, 그분의 성령의 도우심으로, 그분의 뜻을 따라, 총명과 공경과 겸손과 열심과 믿음과 사랑과 인내로써 하되, 목소리를 사용한다면 알아들을 수 있는 언어로 드려야 한다…1. 하나님의 영광. 하나님이 세상을 창조하시고 권고하시는 중에 나타내신 일과, 성경말씀 가운데 분명하고 완전하게 나타내신 영광, 그의 완전하심을 고백해야 한다.

간략하게 하는 것이 바람직하다.

조화를 이루도록 배려해야 한다.

목사는 항상 기도와 묵상으로

…성례는 그리스도께서 그분의 교회에 제정하신 거룩한 규례인데, 은혜언약 안에 있는 자들에게 그리스도 중보의 은덕을 표하고 강화하며 증진시키고, 그들로 하여금 순종하게 하며, 그들 상호간의 사랑과 교제를 증거하고 귀히 간직하게 하며, 그들을 은혜언약 밖에 있는 이들과 구별하게 한다.

세례는 물을 가지고 성부와 성자의 성령의 이름으로 씻는 성례인데, 우리가 그리스도에게 접붙여지는 것과 은혜언약의 모든 혜택에 참여함과 우리가 주님의 것이 되기로 약속함을 표시하며 인치는 것이다

세례는 예수 그리스도가 자신의 구주와 주이심을 시인하고

아이

성찬은 새 언약의 성례인데, 예수 그리스도께서 제정하신 대로 떡과 포도주를 먹고 마심으로 영적 양식이 되고, 은혜로 자라게 되며, 주님과의 연합과 교제가 확고하여 지고, 하나님께 대한 감사와 서약과 동일한 신비로운 몸의 지체로서 서로 서로의 사랑과 사귐을 증거하고 새롭게 하는 것이다.

	제5차 개정(1992)
제23조 (성찬예식) 6항(성찬식의 폐회)	축복기도
제24조 (신앙고백의 제도)	공식적인
제25조(학습) 2항(학습의 서약)(1)	…맹세합니까?
제26조(입교) 2항(입교의 고백)	…고백해야 한다.
제28조 (감사일)	교회는 지정된 감사일(맥추,추수)외에도 특별한 사항이 있을 때에 교회의 형편에 따라 감사일을 제정할 수 있다.
제29조 (기도회의 의의)	기도와 찬송, 설교, 헌금으로 진행되는…
제33조 (주일학교 이념) 신설	
제34조 (주일학교 교육목적) 신설	
헌법적 규칙 (예배지침) 제1조 (예배당의 봉헌식)	예배당

제6차 개정(2011)
축도
공적인
서약합니까?
제25조(입교식)2항(입교의 고백) …자기의 신앙고백과 입교식을 통해 세례교인으로 확정된다.
교회는 지정된 절기 성탄절, 부활절, 성령강림절과 감사일(맥추,추수)외에도 특별한 사항이 있을 때에 교회의 형편에 따라 감사일을 제정할 수 있다.
설교와 성례, 기도와 찬송, 헌금으로 진행되는…
개혁주의 정신에 입각하여 웨스트민스터 표준서들(Westminster Standards: 신앙고백서, 대교리문답, 소교리문답, 예배지침, 교회정치 및 권징조례)을 따라 하나님을 사랑하고 이웃을 사랑하는 그리스도인을 양성한다.
성경을 가르쳐 그리스도인을 양성하여 신앙의 정통과 생활을 순결을 겸비하게 한다. 1. 삼위일체 하나님을 바로 알고 사랑하며 섬기게 한다(예배적 인격). 2, 하나님의 형상인 사람을 이해하고 사랑하며 도우고 그리스도를 전파하게 한다(인화적 인격). 3. 자기의 존재 의의와 특별한 사명을 자각하여 자기가 선 자리에서 맡은 일에 충성하게 한다(문화적 인격).
교회당

	제5차 개정(1992)
제4조 (강도사의 인허전달식) 신설	

권징조례 조항 수	총12장 57조
헌법적 규칙 조항 수	10조
제1장(총론)	제1조(권징의 의의) 제2조(권징의 목적) 제3조(권징의 대상) 제4조(권징의 범위) 제5조(교인의 자녀관리)

제6차 개정(2011)
노회는 강도사 인허할 자에게 다음과 같이 서약한다. (1) 구약과 신약성경은 하나님의 말씀이요, 신앙과 행위에 대하여 정확무오한 유일의 법칙으로 믿습니까? (2) 웨스트민스터 신앙고백서 및 대교리 문답과 소교리 문답은 구약과 신약성경의 교훈한 도리를 총괄한 것으로 알고 진솔한 마음으로 믿고 따릅니까? (3) 주님의 몸된 교회의 화평과 연합과 성결함을 위하여 헌신하기로 맹세하십니까? (4) 주안에서 본 총회 산하의 노회와 당회의 치리를 복종하기로 맹세하십니까? 2. 인허공포 인허받을 자가 서약한 후에 회장이 기도하고 인허할 자에게 다음과 같이 선안한다. "교회의 머리되신 주 예수 그리스도의 이름과 노회의 권위로 (000) 씨가 고신총회 강도사로 인허되었음을 선언하며, 하나님의 은총 베푸심과 그리스도의 은혜와 성려잉 충만하기를 기원합니다. 아멘.
총7장 178조
19조
제1조(권징의 의의) 제2조(권징의 목적) 제3조(권징의 성격) 제4조(권징의 대상) 제5조(권징의 범위) 제6조(재판건과 행정건) 제7조(교인의 자녀관리) 제8조(시벌의 원칙) 제9조(본인의 자복) 제10조(이탈한 직원과 교인의 처리) 제11조(시벌의 종류와 내용)

	제5차 개정(1992)
제2장 (소송에 관한 규례)	제6조(재판건과 행정건) 제7조(재판개정을 요하는 소송) 제8조(원고) 제9조(피고) 제10조(치리회의 기소) 제11조(자의 소송) 제12조(삼가야 할 소송) 제13조(고소장) 제14조(죄증설명서) 제15조(진술서) 제16조(서류제출과 접수처리)

제6차 개정(2011)

제3장(소송에 관한 규례)

제30조(재판개정을 요하는 소송) / 제31조(소송 당사자) / 제32조(자의 소송)

제33조(삼가야 할 소송) / 제34조(재판비용의 예납) / 제35조(변론)

제36조(변호인의 선임) / 제37조(당사자 일방의 불출석)

제38조(판결선고기간) / 제39조(재판서의 기재사항)

제40조(판결의 확정) / 제41조(재판의 선고, 고지의 방식)

제42조(재판 송달의 기일) / 제43조(판결의 정정)

제44조(재판서의 등본, 초본의 청구) /제45조(재판조서의 작성)

제46조(재판정에서의 속기, 녹취) / 제47조(송달의 원칙)

제48조(기간의 계산) / 제49조(고소권자) / 제50조(고소 및 고발 기간)

제51조(고소의 취하) / 제52조(고발) / 제53조(고소 및 고발의 방식)

제54조(서류제출과 접수처리 및 피고인의 소환)

제55조(고소 및 고발과 조치) / 제56조(치리회의 기소)

제57조(당회기소위원회의 구성) / 제58조(노회기소위원회의 구성)

제59조(의결방법) / 제60조(피의자 심문) / 제61조(기소의 제기)

제62조(기소제기의 방식과 기소장) / 제63장(기소의 취소)

제64조(고소 및 고발에 의한 사건의 처리)

제65조(고소인 및 고발인에 결정통지)

제66조(고소인 및 고발인에 기소부제기 통지)

제67조(항고 및 재항고) / 제68조(재판국의 결정)

	제5차 개정(1992)
제3장 (재판에 관한 일반 규례)	제17조(재판기관과 그 관할) 제18조(재판의 절차) 제19조(재판연기) 제20조(궐석재판) 제21조(피고의 이의서 제출) 제22조(피고의 이의처리) 제23조(변호인) 제24조(재판과정의 쟁론) 제25조(회원의 결의권) 제26조(피의자) 제27조(비공개회의) 제28조(재판기록 등본청구) 제29조(시벌의 종류)
제4장 (직원에 관한 재판규례)	제30조(목사에 관한 규례) 제31조(기타 직원에 관한 규례)
제5장 (즉결처리의 규례)	제32조(치리회 석상에서의 범죄) 제33조(본인의 자복) 제34조(이탈한 직원과 교인의 처리)
제6장 (증거조사 규례)	제35조(증인의 자격) 제36조(증인의 결격 사유) 제37조(증인의 불응) 제38조(증거제출방법) 제39조(증인심문의 과정) 제40조(증거의 관리) 제41조(증거조사위원) 제42조(재심청구)

제6차 개정(2011)
제3장 소송에 관한 규례 　제69조(기소장 부본의 송달) / 제70조(재판기일의 지정 및 변경) 　제71조(재판연기) / 제72조(불출석 사유자료의 제출) 　제73조(피고인 또는 기소위원의 불출석) 　제74조(당사자의 재판기일전의 증거제출) 　제75조(피고인의 무죄추정) / 제76조(재판의 절차) 　제77조(기소장의 변경) / 제78조(불필요한 변론 등의 제한) 　제79조(시벌의 선고) / 제80조(시벌판결에 명시될 이유) 　제81조(상소에 대한 고지) / 제82조(무죄의 판결) 　제83조(기소기각의 판결) / 제84조(기소기각의 결정) 　제85조(피고인의 이의서 제출) / 제86조(피고인의 이의처리) 　제87조(재판과정의 쟁론) / 제88조(재판국원의 회원 결의권) 　제89조(피의자) / 제90조(비공개의) / 제91조(화해의 종용)
제3장(소송에 관한 규례) 제92조(목사에 관한 규례) 제93조(장로와 집사 및 기타 직원에 관한 규례)
제9조 본인의 자복 제10조 이탈한 직원과 교인의 처리
제94조(증인의 자격) / 제95조(증인의 결격 사유) 제96조(증인의 의무) / 제97조(증거제출방법) 제98조(증인신문의 방식) / 제99조(증거의 관리) 제100조(증거조사위원) / 제101조(증거재판주의) 제102조(자유심증주의) 제103조(증거 능력 있는 서류) 제104조(증거조사의 방식) 제105조(증거조사 후의 기소위원장 및 피고인의 의견진술)

	제5차 개정(1992)
제7장 (하회가 처리한 사건을 상회가 취급하는 규례)	제43조(상소방법) 제44조(교정) 제45조(위탁판결) 제46조(소원) 제47조(소원)

제6차 개정(2011)

제4장(하회가 처리한 사건을 상회가 취급하는 규례)

제1절(통칙)

 제106조(상소) / 제107조(일부상소) / 제108조(상소의 포기, 취하) / 제109조(상소방법)

제2절(교정)

 제110조(교정)

제3절(항소)

 제111조(항소할 수 있는 판결) / 제112조(항소의 방식 및 제기 기간)

 제113조(소송기록과 증거물의 송부) / 제114조(소송기록 접수와 통지)

 제115조(항소이유서와 답변서) / 제116조(항소기각의 결정)

 제117조(항소이유) / 제118조(항소 재판국의 심판)

 제119조(원심 재판국에의 환송)/ 제120조(관할 재판국에의 이송)

 제121조(불이익변경의 금지) / 제122조(판결서의 기재방식)

 제123조(준용규정)

제4절(상고)

 제124조(상고할 수 있는 판결) / 제125조(상고의 일반 규례)

 제126조(상고각하의 판결) / 제127조(심판법)/ 제128조(원심판결의 파괴)

 제129조(기소기각과 환송의 판결) / 제130조(관할인정과 이송의 판결)

 제131조(파기자판)

제5절(종국판결과 집행)

 제132조(정국판결과 집행)

제6절(위탁판결)

 제133조(위탁판결 청원의 처리) / 제134조(준용규정)

제7절(소원)

 제136조(소원) / 제137조(소원의 종류) / 제138조(재판관할) / 제139조(소원자 적격)

 제140조(피소원자 적격 및 경정) / 제141조(제3자의 소송참가 재판국)

 제142조(소원의 제기 및 제기기간) / 제143조(소원 재판 청원의 처리)

 제144조(소원장의 기재사항) / 제145조(청구의 변경) / 제146조(소원의 취하)

 제147조(직권심리) / 제148조(결의 취소 및 무효 확인의 소)

 제149조(동등한 치리회간의 소원 또는 소송) / 제150조(취소판결 등의 기속력)

 제151조(재판국원의 제척, 기피, 회피) / 제152조(준용규정)

	제5차 개정(1992)
제8장 (이의와 항의)	제48조(이의) 제49조(항의) 제50조(이의서 및 항의서의 제출기일과 처리) 제51조(이의 및 항의자의 자격)
제9장 (재판부에 대한 규례)	제52조(노회재판부) 제53조(총회재판부)
제10장 (치리회간의 소원 및 소송하는 규례)	제54조(동등한 치리회간의 소원 또는 소송)
제11장(시벌)	제55조(시벌의 정신) 제56조(시벌의 규례)
제12장(해벌)	제57조(해벌의 규례)

제6차 개정(2011)
제153조(이의) 제154조(이의서의 제출기일과 그 처리) 제155조(이의자의 자격)

제2장(재판국에 관한 규례)
제1절(통칙)
  제12조(재판국의 설치 및 재판관할) / 제13조(재판국원의 제척, 기피, 회피)
  제14조(상급심 재판의 기속력)
제2절(당회재판국)
  제15조(구성) / 제16조(임원의 선임 및 직무)
  제17조(의결방법) / 제18조(재판사항)
제3절(노회재판국)
  제19조(구성) / 제20조(국원의 임기 및 보선)
  제21조(임원의 선임 및 직무) / 제22조(의결방법) / 제23조(재판사항)
제4절(총회재판국)
  제24조(구성) / 제25조(특별 재판국) / 제26조(국원의 임기 및 보선)
  제27조(임원의 선임 및 직무) / 제28조(의결방법) / 제29조(재판사항)

제7절(소원)   제149조(동등한 치리회간의 소원 또는 소송)
제2절(해벌)   제176조(해벌의 규례) / 제177조(해벌 치리회) / 제178조(해벌의 절차)

	제5차 개정(1992)
헌법적 규칙	제9장(권징조례) 제1조(권징의 성격) / 제2조(시벌의 종류와 내용) 제3조(입교인의 시벌) / 제4조(교회직원의 시벌) 제5조(치리회의 시벌) / 제6조(무기책벌의 선고) 제7조(면직선고) / 제8조(출교의 절차와 선고) 제9조(해벌의 절차) 제10조(소원과 상소의 유효기간산정)

제6차 개정(2011)
제4장(권징조례) 제1조(제척, 기피, 회피) / 제2조(제착, 기피, 회피, 국원보선) 제3조(재판국원의 합의방법) / 제4조(재판비용예납) 제5조(증인의 자격제한) / 제6조(증인의 의무제한) 제7조(증인의 소환) / 제8조(증인의 인정심문) 제9조(증인의 재판정 외 심문) / 제10조(증인심문사항의 서면제출 명령) 제11조(증인의 퇴정) / 제12조(노회기소위원의 임기와 보선) 제13조(기소취소와 재기소) / 제14조(불기소처분) 제15조(위탁판결) / 제16조(재심청구) 제17조(재판계류와 교단탈퇴) / 제18조(총회결의의 효력) 제19조(겸임금지)

7. 제6차 헌법 개정(2011년) 이후: 제62회 총회(2012년 9월)

이번 총회는 교단설립 60주년 기념행사 보고를 행사추진위원회(위원장 박정원 목사)에게서 받았다: 2012년 6월 14일(목) 오후 1시-5시에 부산 사직 실내체육관에서 약 13,000명이 참석한 행사는 감사예배, 음악회, 역사의 발자취, 섬김과 봉사(장기기증 협약식, 헌혈증서 전달, 탈북자 교회 지원)로 이어졌으며, 기념사업으로는 교단 내 미조직교회 실태 조사와 탈북청소년 대안학교 드림학교 지원을 하고, 또 기념교회 개척 기금(약 9천만 원)을 마련하였다.[261]

1) 새 교회정치에 대한 수정 청원

지난 제61회 총회(2011년 9월)가 노회 수의를 결정하여 2011년 10월 둘째 주간에 열린 전국 노회에서 통과되고 2011년 12월 1일자로 공포된 교회정치 개정안 중 몇몇 조항에 대해 재개정을 요구하는 청원이 이번 총회에 상정되었다. 남마산노회(노회장 진창설 목사)와 충청노회(노회장 김영택 목사), 부산노회(노회장 곽용동 목사)는 교회정치 제11장 제130조 제5항에서 "노회장은 조직교회 담임목사에 한한다."는 내용을 삭제 또는 폐지할 것을 청원하였다. 또한 부산노회(노회장 곽용동 목사)는 교회정치 제38조(무흠의 규정) 제2항(무흠의 한계)에서 "국법에 의하여 금고 이상의 처벌을 받은 사실이 없는 것을 의미한다."를 삭제할 것을, 서부산노회(노회장 김병수 목사)와 수도남노회(노회장 진민현 목사)는 권징조례 제34조(재판비용예납)의 개정을 청원하였다. 또한 남마산노회(노회장 진창설 목사)는 권징조례 제3장 제2절 제58

---

261. 제62회 총회회록, 37, 565-6.

조 제1항에서 "기소위원 4인(목사 2인 장로 2인)으로 구성한다."를 "기소위원 5인(목사 3인 장로 2인)으로 구성한다."로 개정할 것을, 부산노회(노회장 곽용동 목사)는 교회정치 제14장 제161조(자매교회 관계)에서 일부를 개정하는 청원을 각각 하였다. 그러나 총회는 이 모든 청원을 기각하고 현행 헌법대로 하기로 하였다.[262]

2) 개정헌법 해설집 발간 결정

경남중부노회(노회장 오성주 목사)와 헌법개정위원회(위원장 윤현주 목사)가 청원한 "총회개정헌법해설집(교회정치, 권징조례)과 이와 관련된 문서양식 제정에 대한 위원회 설치" 중에서 "개정헌법해설 및 설명서와 정치문답조례해설집 발간 청원"은 허락하고 위원 선정은 임원회에 맡겨 선정하도록 하였다.[263] 선정된 총회헌법해설집 발간위원회 위원은 다음과 같다: 위원장 윤희구; 서기 성희찬; 위원 정수생, 구자우, 안용운 목사. 이 위원회는 2012년 11월 16일에 첫 모임을 가져 해설의 범위를 예배지침, 교회정치, 권징조례로 정하였다. 그리고 집필 원칙으로는 첫째, 각 장 각 조항 순서대로 해설하기로 하며, 둘째, 질문과 대답 형식을 취하기로 하며, 셋째, 각 장에서 성경적, 신학적, 역사적 배경을 간략하게 서술하기로 하며, 넷째, 가능하면 판례를 많이 삽입하기로 하였다. 그리고 다음과 같이 집필을 분담하였다: 예배지침(장희종, 구자우), 교회정치(성희찬, 정수생), 권징조례(정수생, 안용운). 그리고 동 위원회는 차기 총회인 제63회 총회까지 해설집을 완성하기로 하고 2차례 독회(讀會)를 가지기로 하였다.[264]

---

262. 제62회 총회회록, 59-60.
263. 제62회 총회회록, 59.
264. 제63회 총회보고서, 714.

3) 헌법적 규칙 개정

첫째, 제4장 권징조례 제19조(겸임 금지) 제2항 "각 치리회의 임원은 … 겸임할 수 없다."에서 "단 특별한 경우에는 겸임할 수도 있다."를 추가하기로 하였다.[265] 그러나 표결처리는 차기 총회인 제63회 총회에서 이루어졌다(총 431 중 가 293으로 3분의 2인 288을 가까스로 넘겼다).[266]

둘째, 제2장 제4조의 "강도사의 인허식"을 "강도사 인허증 전달식"으로 수정하고, 제2항(인허 공포)을 삭제하는 개정을 허락하였다(가 350 부 0).[267]

4) 총회규칙 수정

첫째, 개정헌법의 조항 번호 변경에 맞추어 총회규칙에서 인용되는 헌법 조항 번호를 고치는 단순 개정을 하였다. 즉 규칙 내용은 변경되는 것이 없이 개정헌법의 조항만 변경된 경우인데, 총회규칙 제3조(조직)에서 인용하는 "교회정치 제13장 제100조와 헌법적 규칙 제4장 제18조"가 "교회정치 제12장 제142조와 제143조"로 바뀌었고, 제8조(임무)에서 인용되는 "교회정치 제13장 제102조 제2항"은 "교회정치 제12장 제145조 제2항"으로 바뀌었으며, 제11조(부회임무) 제5항에서 인용되는 "권징조례 제53조"는 "권징조례 제2장 제4절"로 바뀌었다.[268]

둘째, 제59회 총회(2009년 9월)에서 신설되어 활동한 총회기구개혁위원회(위원장 박정원 목사)의 청원을 받아 총회 기구 개혁에 따른 규칙을 변경하였다(찬성 420, 반대 0). 무엇보다 제9조(부회)에서 총회재판부가 총회재판

---

265. 제62회 총회회록, 60.
266. 제63회 총회회록, 23.
267. 제62회 총회회록, 56.
268. 제62회 총회회록, 60-61, 483-4.

국으로 총회감사부가 총회감사국으로 명칭이 변경되었다. 제10조(부원)에서는 총회재판국과 총회감사국의 명칭변경으로 "재판부"가 "재판국"으로 "감사부"가 "감사국"으로 "부장"이 "국장"으로 변경되었다. 따라서 제1항은 "…단 재판국, 감사국, 선거관리위원회는 예외로 한다."로, 제3항은 "재판국, 감사국, 선거관리위원회는 중복되지 않도록 1인 1부에 한한다."로 수정되었다.

제11조(부회임무)에서 제5항(선거관리위원회)이 일부 수정되었다: "선거관리위원회는 9인(목사 5인, 장로 4인)으로 조직하며 매년 3분의 1씩 개선하되 공천위원회에서 3년조만 선정한다. 그 외 선거관리위원회 조직은 선거조례에 따른다(위원은 타위원회와 특별부를 겸할 수 없다)." 즉, 선거관리위원회를 3년 조 특별부로 두고 타 위원회와 겸할 수 없도록 하였다.

또 제13조(상임위원회 임무) 제1항(행정법규부)에서 행정위원회와 정보통신위원회를 행정위원회로 통합하였다: "1) 행정위원회는 (1) 총회행정과 하회가 헌의한 행정에 관련된 문제를 처리한다. (2) 정보통신 업무를 다룰 담당자 혹은 전문위원으로 반드시 3인 이하의 소위원회를 두어 정코통신 업무인 사이버 공간과 영상매체를 통한 교육, 선교에 대한 연구 기회, 실행하는 일을 담당한다." 또한 규칙위원회와 헌법위원회, 회의록검사위원회를 통합하여 법제위원회로 명칭을 변경하였다: "4) 법제위원회는 (1) 본회 규칙을 포함한 제 법규의 제정 및 개정안을 준비하거나 심의하여 총회에 보고하며 제 규칙을 해석하는 일을 담당하고 매년 변경된 규칙을 정리하여 차기 총회에 제출한다. (2) 헌법에 관하여 연구하되 개정 또는 수정이 필요할 때나 하회에서 상정된 헌법 개정 또는 수정안을 심의보고하고 총회 개회 혹은 폐회 기간 중에 헌법에 질의가 있을 때 해석하는 일을 담당한다. (3) 각 노회회의록을 총회 2개월 전에 검사하고 총회에 보고하는 일을 담당한다."

그리고 제13조(상임위원회임무) 제2항(신학교육부)에서 신학위원회 안에

(문화유적위원회가 청원한)역사위원회를 두기로 하였다: "1) 신학위원회는 (1) 신학교육의 방침을 연구하며 신학대학원의 교육을 감독하는 일과 신학적 문제점을 바르게 해석하고 강도사고시를 주관하며 목사고시 응시자 교육 및 목회자 연수를 담당한다. (2) 신학위원회 안에 담당자 혹은 전문위원들로 하여금 역사문제를 취급할 수 있는 3인 이하의 역사소위원회를 반드시 둔다." 또한 전국주교연합회지도위원회와 청장년지도위원회를 통합하여 교육지도위원회로 명칭을 변경하였다: "4) 교육지도위원회는 전국주교연합회와 전국청장년연합회를 지도 감독한다."

제3항(전도선교부)에서는 국내전도위원회와 전국남녀전도회지도위원회를 통폐합하였다: "제3항 전도선교부 1) 국내전도위원회는 국내전도사업과 전도정책을 개발하며 전도훈련을 담당하며 전국남여전도회연합회와 여전도회연합회를 지도 감독한다." 또한 산하에 특별위원회인 다문화선교위원회를 상임위원회로 변경하되 업무의 성격상 북한선교위원회와 통합하여 "북한 및 다문화선교위원회"로 개칭하였다: "3) 북한 및 다문화선교위원회는 다문화(외국인 근로자 포함) 및 북한 선교사업에 대한 연구 기획 실행하는 일을 담당한다)." 그리고 전국남여전도위원회는 국내전도위원회와 통합하면서 사라졌다.

제4항(재정복지부)에서는 사회복지위원회와 전도선교부의 특수선교위원회를 업무의 성격상 통폐합하였다: "제4항 2) 사회복지위원회 (1) 국내와 국제사회에서 발생하는 제반 사회복지문제와 구제, 사회봉사 및 기타 사회사업에 관한 일을 담당한다. (2) 특수한 대상(장애인, 교도소, 호스피스, 병원, 기타)을 전도하는 일을 담당한다." 이와 같은 기구개혁과 규칙 변경으로 기존 21개 위원회는 15개로 축소되었다. 그리고 총대는 재판국, 감사국, 선거관리위원회에 이중으로 소속되지 않도록 하였고 총대 1인이 각각 1부에 속하도

록 구성하였다.[269]

셋째, 고려학원 이사와 감사의 선출 방법을 총회에서 직선으로 변경함으로써 이사감사추천위원회를 폐지하는 등 규칙을 변경하였다(찬송 390, 반대 0). 제17조(법인) 제1항 3)이 다음과 같이 변경되었다: "이사 11명(목사 6인, 장로 5인)은 총회 선정 이사 8명(목사 5인, 장로 3인)과 개방이사 3명(목사 1인, 장로 2인)으로 구분한다. 총회 선정 이사는 총회에서 선출하고 선출 방식은 총회선거관리위원회가 주관하는 선거로 한다." 또 개방이사를 다음과 같이 변경하였다: "(5) 개방이사는 고신교단소속 교회의 목사 혹은 장로 중에서 선임하며, 소속 교회의 재단가입 유무는 제한하지 않는다." 이전 조항에서는 개방이사는 고신 교단 소속 교회의 세례교인을 원칙으로 한다고 되어 있었다. 또 개정된 사학법에 맞추어 "7) 개방이사는 개방이사추천위원회에서 배수를 추천하여 학교법인이사회에 의결을 거쳐 선임하고 학교법인이사회는 그 결과를 총회에 보고한다."로 변경하였다. 또 감사도 총회 직선으로 선출하도록 수정하였다: "감사 3인(상임감사포함) 중 2인(목사 1인, 공인회계사 1인)은 총회가 선임하되 이사와 동일하게 총회선거관리위원회가 주관하는 선거로 하며…"[270]

5) 기타 총회산하기관 정관과 규칙 개정

첫째, 고려학원 정관 개정: 고려학원이사회(이사장 신상현 목사)가 청원한 고려학원 정관 개정안을 받았다. 제6장 제1절 교원 제1관 임명 제36조(임면)에서 비정년트랙 전임교원 추가로 인하여 "단, 비정년트랙 전임교원을 둘 수

---

269. 제62회 총회회록, 40-4.
270. 제62회 총회회록, 48-9.

있으며 구체적인 사항은 별도 규정에 의하여 시행할 수 있다."고 변경하였고, 근무기간을 조교수의 경우 기존 "4년"을 "3년"으로 변경하였다: "다. 조교수: 3년의 기간 내에서 계약으로 정하는 기간."[271] 그리고 "라. 전임강사: 2년의 기간 내에서 계약"을 삭제하였다. 그리고 제6장 교직원 제2절 교원 징계위원회 제58조의 2(징계사유의 시효)에서 "금품 및 향응수수, 공금의 횡령, 유용의 경우에는 5년"을 추가하였다.[272]

둘째, 총회교육원 규칙 개정: 제60회 총회(2010년 9월)에서 개정된 총회 규칙 제5장 제22조 "총회의 인준을 받은 각 부 총무(언론사 사장, 선교위 본부장, 교육원장 포함) 임기는 3년으로 하되 1차에 한하여 연임할 수 있고 정년은 65세로 한다."에 따라 해당하는 교육원의 규칙을 개정하였다: "제5조(의결기관) 2. 임원회 5) 교육원장: 교육원의 제반 실무를 총괄하되 … 임기는 3년으로 하고, 1차에 한하여 연임할 수 있다." 또 제6조 전문위원 제도를 삭제하고 다음과 같이 변경하였다: "제6조(위원회심의기관) 이사회에 심의기관으로 임원과 약간 명의 이사로 구성된 인사재정위원회와 교육정책위원회를 두다. 1) 인사재정위원회: 인사와 재정 분야의 정책과 안건을 심의하며, 그 결과를 이사회에 제출한다. 2) 교육정책위원회: 교육과 정책 분야의 정책과 안건을 심의하며 그 결과를 이사회에 제출한다." 그리고 제18조(내규)의 제2항("연구원 임면 및 교육, 연구 활동 지원에 관한 규정")을 삭제하였다.[273]

셋째, 선거조례 개정: 선거관리위원회(위원장 정수생 목사)가 청원한 선거

---

271. 제61회 제1차 임시이사회(2011.10.31.). 개정에서는 "조교수: 6년의 기간 내에서 계약으로 정하는 기간"으로 변경하였으나 제61-3회 제4차 임시이사회(2012.6.22.)에서 "3년"으로 다시 개정하였다.
272. 제62회 총회회록, 38-40.
273. 제62회 총회회록, 60, 481-2.

조례 개정안을 그대로 받았다. 제2장 선거관리위원회 제2조(조직 1)에서 기존에는 선거관리위원회를 공천위원회에서 공천하여 총회의 인준을 받도록 하였으나, 매년 3분의 1씩 개선하되 공천위원회에서 3년조만 선정하도록 개정하였다: "선거관리위원회는 9인(목사 5인, 장로 4인)으로 조직하며 매년 3분의 1씩 개선하되, 공천위원회에서 3년조만 선정한다." 그리고 제2조(조직)의 제2항(선거관리위원회의 임기)은 삭제하였다. 그리고 제5장(선거) 제11조 제4항을 수정하여(제58회 총회 결정) 다음과 같이 변경하였다: "총회 임원과 이사 선거 시 지원하는 후보가 없을 때 총회 기간에 후보를 세우되 해당노회 총대노회를 통하여 추천하고 선거관리위원회의 관리 하에 총회가 선정한다." 또 선거조례시행 세칙 제3장(입후보자의 자격) 제5조(자격) 제3항("총회 임원 후보는 한 노회에서 2명을 초과하지 못한다.")을 다음과 같이 수정하였다: "총회 임원 후보는 한 노회에서 2명을 초과하지 못하며 한 교회에서는 1명을 초과하지 못한다."[274]

6) 교단 산하기관 관련 결정

첫째, 고신대학교총회대책위원회(위원장 정근두 목사)의 보고를 받았으나 학교법인 세 기관(고신대학교, 복음병원, 고려신학대학원) 대책위원회를 구성하자는 동 위원회의 청원은 기각하였다. 고신대학교총회대책위원회는 지난 제61회 총회가 총회 임원회에 위임하여 제61-8차 임원회(2012년 3월)에서 정근두 목사 외 7인으로 구성한 특별위원회이다. 본래 제61회 총회(2011년 9월 19-23일) 직전인 2011년 9월 5일에 총회 산하기관인 고신대학교가 교육과학기술부로부터 재정지원제한대학으로 선정된 것이 그 배경이

---

274. 제62회 총회회록, 45-46.

다. 그동안 3차례 회의를 거치면서 동 위원회는 학교법인 세 기관이 모두 매우 심각한 위기 상황에 처해 있으며 현재의 중대한 이 시기를 대책 없이 놓치면 돌이킬 수 없는 불행한 결과를 초래할 것으로 판단하였다. 그리고 총회 차원의 근본적인 대책을 절실히 요구하며 "학교법인 산하 세 기관에 대한 대책위원회" 구성을 청원하였다. 그러나 총회는 보고만 받고 청원한 대책위원회 구성은 기각하였다.[275]

둘째, 직전 총회인 제61회 총회(2011년 9월)가 학교법인이사회와 전출금추진위원회(위원장 임종수 목사)에 전권을 주어 "김해복음병원 채권자 10명이 요구하는 약 13억 원 상당의 부도 어음 상환 문제"를 해결하라고 하였다. 이에 대해 전출금추진위원회가 그 처리 결과를 보고하였다. 복음병원에서 고려신학대학원으로 10억 원을 지원하기로 하였으나 이 중에서 3억 원을 김해복음병원 채권자 대여금 상환금으로 사용하고, 제1차로 예치된 1억 4천만 원을 10명에게 배분(2012년 8월 31일)하였고, 잔금 1억 6천만 원도 차후 예치되는 대로 상환하여 종결짓겠다는 보고였다.[276]

셋째, 유지재단에 미가입한 교회는 총회 행정서류 발급 청원 시에 모든 서류 발급을 금지하기로 가결한 것을 재확인하고 유지재단에서 서류를 발급하지 않도록 가결하였다. 수도남노회(노회장 진민현 목사)에서 총회유지재단 가입 유무와 상관없이 개체교회가 필요로 하는 요청서류(예. 기부금납입증명서)를 총회가 발급해달라는 청원에 대해 총회는 이같이 결정하였다.[277]

넷째, 고신대학교(총장 김성수)가 고신대학교 비정년트랙 교원 임용 시 교회정치 제46조(기관목사의 겸직금지)를 비정년트랙 교원 목회자에게는 예

---

275. 제62회 총회회록, 38, 585-7.
276. 제62회 총회회록, 37, 564.
277. 제62회 총회회록, 56, 512.

외로 적용해달라는 청원을 하였다. 총회는 이를 전향적으로 검토하도록 학교법인고려학원이사회에 전달하기로 하였다.[278]

다섯째, 총회 사무총장과 고신언론사 사장 정년 연장(70세까지)을 위한 규칙 청원은 제60회 총회가 결의하고 제61회 총회가 확인하였으므로 현행대로 정년을 만 65세로 결정하였다.[279]

7) 고신교회의 정체성에 대한 결정

첫째, 2007년 아프가니스탄에서 선교 활동 중 피살된 배형규 목사와 심성민 형제를 교단 순교자로 지정하였다. 직전 총회에서 상정된 이 안건은 총회 임원회가 고신대학교 교회사 교수인 이상규 교수의 자문을 받아 이번 총회에 청원되었다.[280]

둘째, 고려신학대학원 양낙홍 교수 건이 최종 결정되었다.[281] 직전 총회인 제61회 총회(2011년 9월)가 양낙홍 교수 건을 두고 4가지 사항을 결의하였는데,[282] 부산노회(노회장 곽용동 목사)가 이를 조속히 이행해달라는 청원을 이번 총회에 하였다.[283] 이에 고려학원이사회(이사장 신상현 목사)는 양 교수를 순환보직하라는 결의를 이행하기 위해 노력하였으나 고신대학교 신학과 교수들의 반대, 총학생회의 반대 등 고신대학교 구성원의 심한 반발이 예

---

278. 제62회 총회회록, 60.
279. 제62회 총회회록, 57.
280. 제62회 총회회록, 21.
281. 제62회 총회회록, 38.
282. 결의 사항은 다음과 같다. 1. 이미 출판된 서적(『한국장로교회사』)은 회수하여 폐기처분할 것, 2. 이 책을 고려신학대학원에서 교재로 사용하는 것을 금지할 것, 3. 관계 기관에 순환보직을 지시할 것, 4. 총회(총회운영위원회) 앞에 정중히 사과(서면과 함께) 할 것
283. 제62회 총회회록, 514.

상되어 양 교수의 순환보직을 재고해달라고 보고하였다. 이어서 양낙흥 교수가 총회 앞에 사과문을 제출하고 또 정중히 사과함으로써 양낙흥 교수 건은 마무리가 되었다.[284] 사과문에서 양 교수는 문제가 된 저서 『한국장로교회사』가 원제목은 "한국장로교회 형성과 분열의 역사"인데 출판사에서 본인과 상관없이 임의로 출간하면서 오해를 빚었고, 이 책의 내용이 한국장로교회의 분열에 초점을 맞추다 보니 불가피하게 연루된 지도자들의 어둡고 부정적인 행태들이 부각된 것에 심심한 유감을 표하고 넓은 이해를 구하며 향후 기회가 있으면 교단 역사와 지도자들의 밝고 긍정적인 부분을 조명하는 작업을 할 것을 바라고 있다고 밝혔다.[285]

셋째, 경북노회(노회장 장희종 목사)에서 청원한 "개혁주의 교회건설을 위한 통합적인 청사진 제시" 건을 허락하고 이를 고려신학대학원 교수회에 맡기기로 하였다.[286] 이는 고신교회에 속한 모든 교회가 한국교회에서 개혁주의 신학과 신앙의 원리를 가지고 함께 개혁주의 교회건설을 향해 나아가자는 취지에서 나왔다.

넷째, 고신교회 역사에서 고신교회의 정체성을 항상 시험했던 것은 성도간 세상법정 송사를 둘러싼 총회의 결정이었다. 그런데 제58회 총회(2008년 9월)가 성도간 세상법정 송사에 대해 "고소하지 않는 것이 원칙이나 부득이한 경우에만 할 수 있다."라고 결의했던 것을 철회하자는 청원이 서부산노회(노회장 김병수 목사)로부터 상정되었다. 이에 총회는 "고소하지 않는 것이 원칙이나 교회치리회를 우선으로 하되 부득이한 경우에만 할 수 있다."로 수

---

284. 제62회 총회회록, 50.
285. 제62회 총회회록, 607.
286. 제62회 총회회록, 54.

정하기로 가결하였다.[287] 그러나 이는 제46회 총회(1996년 9월)의 결정("제23회 총회가 성도간의 소송[교회법을 거치지 않고 사회법정에 형사소송을 제기한 것]이 신앙적이 아니므로 하지 않는 것이 총회의 입장이라고 결의한 것을 재확인하다)에 여전히 미치지 못하였다.

다섯째, 전남동부노회(노회장 추광민 목사)가 고려신학대학원 입학시험 과목에서 교리 과목을 강화해달라고 한 청원은 고려신학대학원 입학생을 위한 교리 과목을 계절학기 교과 과정에 넣도록 고려신학대학원 교수회에 건의할 것을 결정하였다.[288]

여섯째, 전국교회가 사용할 주기도문을 <개역개정성경>에 나오는 주기도문으로 사용하도록 결정하였다. 제60회(2010년 9월)가 이미 이러한 결정했었지만 총회 임원회가 새 번역 주기도문을 사용하는 것으로 공포하면서 빚어진 오해를 이번에 바로 잡은 것이다.[289]

일곱째, 제27회 총회(1977년 9월)가 1946년 12월 3일을 고신교단의 창립시일로 결정한 것을 수정하여 고신교회가 독노회로 출범한 1952년을 고신역사 기점으로 공식화해달라는 청원이 서부산노회(노회장 김병수 목사)에서 상정되었다. 1946년 12월 3일이 고신역사의 기점으로 여겨진 이유는 이렇다. 1946년 5월에 신학강좌가 개강하고 동년 9월에 고려신학교가 개교하였다. 그리고 동년 12월 3일에 진주에서 열린 경남노회에서 한상동 목사가 노회의 불법 처사에 항거하다가 여의치 않아 마침내 탈퇴 선언을 하였는데 여러 교회들이 이에 호응을 했다. 제27회 총회는 이러한 사건을 기념하고자 했던 것이다. 그러나 금년(2012년)에 총회 차원에서 교단설립 60주년 기념행사를

---

287. 제62회 총회회록, 54.
288. 제62회 총회회록, 54-5.
289. 제62회 총회회록, 56-7.

주관한 만큼 이미 총회가 묵시적으로 교단 설립을 1952년으로 선언한 것이나 다름없지만, 이는 제27회 총회의 결정과 상치되는 것이기에 이번에 이를 다시 재정립하자는 취지였다. 이에 총회는 연구위원을 세워 1년간 연구하도록 하였다.[290]

여덟째, 남마산노회(노회장 진창설 목사)와 부산노회(노회장 곽용동 목사)는 SFC 강령 중 "우리는 전통적 웨스트민스터 신앙고백서 및 대소교리문답을 우리의 신조로 한다."에서 "전통적"의 의미가 본 교단이 채택한 웨스트민스터 신앙고백서의 34장과 35장을 거부한 것으로 알고 있는데 이에 대한 견해를 밝혀달라고 청원하였다. 총회는 "전통적"의 의미를 고려신학대학원 교수회에 맡겨 1년간 연구하도록 하였다.[291]

8) 고신교회의 성장에 대한 결정

첫째, 동대구노회(노회장 이승영 목사)가 청원한 "교인 감소 원인 분석과 대책 연구" 건을 허락하고 미래정책연구위원회와 국내전도위원회가 1년간 연구하여 보고하도록 하였다.[292]

둘째, 미래정책연구위원회(위원장 윤재근 목사)가 청원한 "고신교단 로고와 심벌 제작"건은 허락하고 실무는 사무총장에게 맡겨 추진하도록 하였다.[293]

---

290. 제62회 총회회록, 57, 478-9.
291. 제62회 총회회록, 55, 499-504.
292. 제62회 총회회록, 59.
293. 제62회 총회회록, 58.

9) 직원과 치리회에 대한 결정

첫째, 신학위원회(위원장 정주채 목사)가 청원한 강도사 자격 심사 시행 세칙을 다음과 같이 허락하였다(총 11조):[294]

제1조(고시자격) 강도사고시에 응하고자 하는 자는 고려신학대학원에서 목사후보생 과정을 이수하고 졸업한 자라야 한다.

제2조(제출서류) 응시자가 제출해야 할 서류는 다음과 같다.
1. 고려신학대학원 졸업증명서
2. 이력서
3. 신학대학원 전 과정 성적증명서
4. 당회장 평가서

제3조(고시시기) 고시 시기는 매년 4월 정기노회 20일 전까지로 한다.

제4조(고시과목) 고시과목은 성경, 성경신학, 교리, 교회사와 면접으로 한다. 단 재시자는 불합격한 과목만 응시한다.

제5조(출제위원) 출제위원은 각 과목 당 고려신학대학원 교수 1명과 신학위원 1명에게 위촉한다.

제6조(예제발표) 출제위원들은 출제예상문제를 고시일로부터 최소 3개월 전까지 발표한다.

제7조(커트라인) 면접 외의 각 과목들의 커트라인은 60점으로 한다. 단 특별한 문제가 있다고 사료될 시에는 위원 2/3 이상의 결의로 조정할 수 있다.

제8조(합격자발표) 고시가 끝나는 당일에 하며, 14일 이내로 교단 신문에 공고한다.

제9조(강도사 인허식) 강도사 인허식은 헌법적 규칙(제4조)을 따라 각 노회에서 행하며, 인허식 이후부터 강도사 자격을 갖는다.

---

294. 제62회 총회회록, 55, 492-3.

> 제10조(강도사 소양교육) 강도사고시에 합격한 목사후보생들에게 소양교육을 실시한다. 교육기간과 내용, 그리고 강사 선정 등은 신 위원회가 정한다. 단 각 노회가 시행하는 목사고시에 응하려면 강도사소양교육수료증을 제시하여야 한다.
> 제11조(부칙) 본 세칙의 개정은 위원 2/3 이상의 찬성으로 할 수 있고, 총회의 승인을 득한 후 시행한다.

둘째, 군경목선교위원회(위원장 윤광중 목사)가 청원한 군목후보생 강도사고시 면제 청원 건은 현행대로 하기로 하였다.[295]

셋째, 다른 교단 목사가 본 교단에 가입하려고 할 때 교회정치 제5장 제57조에 따르면 다음과 같은 과정을 거쳐야 한다. 관할 노회에서 준회원의 자격을 얻고 나서 본 교단의 직영 신학대학원에서 30학점을 취득하는 신학 훈련을 받은 후, 관할 노회에서 시행하는 목사고시에 합격을 하고 노회에서 목사 서약을 함으로 정회원이 된다고 규정하고 있다. 그런데 고려신학대학원에서 내부 규정을 내세워 편목 규정을 제한하는 것이 헌법 정신에 맞는지 서울노회(노회장 구동도 목사)가 청원한 것은 신학위원회와 고려신학대학원 교수회에 맡겨 1년간 연구하여 보고하도록 하였다.[296]

넷째, 타 노회 구역 안에 있는 교회의 소속노회 변경 청원은 2012년 가을 노회 이후 각 교회가 속한 구역의 노회로 소속을 변경하도록 하였다(단 서경노회는 총회가 별도의 결의를 할 때까지 예외).[297]

---

295. 제62회 총회회록, 56.
296. 제62회 총회회록, 56.
297. 제62회 총회회록, 57.

다섯째, 헌법에서 규정되지 않거나 적법하지 않은 직분의 명칭을 사용하는 것을 지도해달라는 청원에 대해 직분명은 헌법이 규정한 대로 사용하고 규정되지 않은 명칭(예를 들면 사역장로, 치리장로, 예우권사)은 사용하지 않도록 하였다.[298] 또 교회에서 명예직은 세우지 못하며 교단 언론지인 기독교보는 명예직 임직에 대한 기사와 광고를 싣지 않도록 하였다. 그런데 여기서 우리가 유의할 것은 교회에서 단순히 적법하지 않은 명칭을 사용하는 것을 규제하고 지도하는 것에만 그쳐서는 안 된다는 점이다. 사역장로, 목양장로, 치리장로의 명칭이 나온 배경을 충분히 이해하면서 장로는 장로의 본래 기능인 목양과 치리의 기능을 회복하고, 모든 교회직원이 직분의 본질인 섬김과 봉사를 회복하는 계기로 삼아야 한다.

여섯째, 교회내규를 통해 항존직원의 정년(만 70세)을 조정하는 것이 헌법 정신에 맞는지를 묻는 질의에 대해 개체교회 당회나 공동의회가 정년을 임의로 정하거나 내규로 정하는 것은 위헌이므로 결의나 내규 제정을 할 수 없도록 하고 은퇴는 개인이 당회의 허락을 얻어 실행하도록 하였다.[299]

일곱째, 행정위원회(위원장 신상현 목사)가 청원한 "총회 결의 3년 내 재론 금지" 건은 총회가 결의한 동일한 사안은 각 노회나 부서들이 3년 내에는 가급적 발의를 삼가도록 권고하기로 하였다.[300]

10) 교단 간 교류와 대 정부 관계 결정

첫째, 한기총 탈퇴 대책연구위원회(위원장 정수생 목사)의 보고가 있었다. 결론은 한기총이 본래 취지와는 달리 창립 정신을 계승하지 못하고 그동

---

298. 제62회 총회회록, 58.
299. 제62회 총회회록, 58.
300. 제62회 총회회록, 59.

안 내분과 부정, 금권 선거, 이단에 대한 호의적 태도, 도덕성 상실 등 수많은 문제를 가지고 있는 것은 사실이지만 여기서 탈퇴하여 제3의 기구를 지향하는 것은 바람직하지 않다는 보고였다. 나아가 겉으로는 한기총의 개혁과 정상화를 바라지만 실제로는 연합 정신을 망각한 일부 교단과 교권주의자들에 의한 내분으로 생긴 한국교회연합(이하 한교연)에 참여하는 것은 상당한 혼란을 가져올 것이라고 보고하였다. 따라서 한기총에 잔류하여 참여 속의 개혁을 추구하는 것을 원칙으로 하되 한 회기 동안 관계를 유보하고 그 이후 대책은 임원회에 맡기기로 하였다.[301] 이런 배경에서 경안노회(노회장 박성웅 목사)는 "총회가 한기총과 한교연 중 어디를 지지하는지 교단의 분명한 견해를 밝혀줄 것"을 청원하였고, 이에 총회는 한기총 문제를 1년간 유보하기로 한 결정을 재확인하였다. 그리고 "총회의 결정이나 허락이 없이 개인으로 한국교회연합기관에 가서 교단의 대표자로 활동할 수 있는지"를 묻는 서울노회(노회장 구동도 목사)의 질의에는 활동할 수 없는 것으로 답변하였다.[302]

둘째, 직전 총회에서 개칭한 합신과의합동추진위원회는 양측의 총회장을 비롯한 지도자들(각 측에서 10명으로 하고 증경총회장 4명, 증경장로부총회장 2명, 현총회장단 3명, 서기 1명, 사무총장(총무)은 간사로, 신학대학원 원장은 전문위원으로 참석)로 위원을 구성하여 지난 회기 동안 4차례의 좌담회를 가지면서 구체적인 논의를 위해 교류분과, 정치헌법연구과, 신학교분과 세 분과로 나누어 교류하기로 하고 목사부부수양회 장로부부수양회와 같은 집회는 양 교단이 연합하여 진행할 수 있도록 했다는 보고를 하였다.[303]

---

301. 제62회 총회회록, 38, 567-84.
302. 제62회 총회회록, 57.
303. 제62회 총회회록, 37-37, 556-60.

셋째, 한국장로교총연합회 100주년 기념대회 준비위원회(위원장 오병욱 목사)의 보고가 있었다. 한국장로교총연합회(대표회장 윤희구 목사)가 주관한 한국장로교의 날(2012년 7월 10일 화요일) 행사에 참여한 것은 물론 2012년 9월 1일(토)에 서울 잠실실내체육관에서 진행된 한국장로교 총회설립 100주년 기념대회에 본 고신교회가 책임을 지고 적극적으로 협조할 뿐 아니라 특히 고신교회가 성찬식 진행을 주관한 것과 찬양대원으로 고신교회 소속 성도들이 2,000여명이 참석하여 이 행사를 빛낸 일을 보고하였다.[304]

넷째, 수도노회(노회장 정진철 목사)가 현 정부의 특정종교 편향정책(예. 자연공원 내에 위치한 전통사찰과 문화재 보유 사찰의 신축과 증, 개, 이축 등이 가능한 공원문화유산지구 신설을 골자로 하는 자연공원법 개정, 전통사찰의 보호 및 지원에 관한 법률 개정, 연등회 중요 무형문화재 지정 예고, 전통 문화 관련 국고보조금 편중-불교와 기독교의 비율: 263:7 등)에 교단차원의 공동대응과 대책마련을 청원하였는데 총회는 이를 임원희에 맡겨 적극 대처하기로 가결하였다.[305]

11) 기타: 정확한 용어 사용

수도남노회(노회장 진민현 목사)가 총회표준문서규정서식에 "사면" 용어를 교회정치 제58조에 나오는 "사임" 용어에 맞추어 변경하여 사용하기로 하였다. 또 "문의"를 "질의"로 변경하자는 청원은 교회정치 제132조 제2항과 제145조 제2항에서 이 두 용어를 동시에 사용할 수 있는 것으로 되어 있기에 병용하여 사용하도록 하였다.[306]

---

304. 제62회 총회회록, 562-3.
305. 제62회 총회회록, 58, 479-80.
306. 제62회 총회회록, 61.

8. 제6차 개정헌법(관리표준) 해설집 발간: 제63회 총회(2013년 9월)

1) 개정헌법(관리표준) 해설집 발간

직전 총회가 개정헌법 해설을 위해 구성한 총회헌법해설집 발간위원회(위원장 윤희구 목사)는 헌법해설(관리표준) 집필을 완료하였다. 그러나 총회는 총회운영위원회의 인준 후에 발간할 것을 허락하였다. 동 위원회는 관리표준(예배지침, 교회정치, 권징조례) 외에 이어서 교리표준 해설과 또 이에 따른 예식서 집필과 출간을 청원하였고 총회는 이를 허락하였다. 또 동 위원회는 개정헌법 특히 관리표준 해설 소개를 위해 2013년 10월 정기노회 이후 각 노회 상설 재판국 국원과 기소위원을 위한 세미나 개최 청원을 하였고 총회는 이 역시 허락하였다.[307] 총회가 공적으로 헌법 해설을 허락하고 이를 출간하여 인준한 것은 교회 헌법이 직분자의 전유물이 아니라 교인들을 위한 신앙생활 지침으로서 교인들에게 더욱 가까이 다가갔다는 점에서 의미가 있으며, 이러한 점에서 헌법해설집 발간은 고신교회의 역사뿐 아니라 한국교회 역사에서도 의미가 있는 것이라고 평가할 수 있다.

2) 헌법적 규칙 수정

직전 총회인 제62회 총회(2012년 9월)에서 결의한 헌법적 규칙 제4장 권징조례 제19조(겸임 금지) 제2항에 나오는 "각 치리회의 임원은 … 겸임할 수 없다."에서 "단 특별한 경우에는 겸임할 수도 있다."를 추가하기로만 결

---

307. 제63회 총회회록, 29.

의하였는데[308] 이번 총회에서 표결처리를 통해 이를 수정하였다. 재적 431명 (의결 정족수는 3분의 2인 288명)이 거수로 투표하여 찬성 293표로 가결하였다.[309]

3) 총회규칙 개정

첫째, 경동노회(노회장 김경걸 목사), 경남중부노회(노회장 김원기 목사), 세계선교위원회(위원장 정수생 목사)가 총회세계선교위원회 조직을 내용으로 하는 총회규칙(제3장 제12조, 제13조) 개정을 청원하였다. 이는 세계선교위원회와 집행위원회라는 이중 구조로 되어 있는 조직을 세계선교운영위원회라는 단일 구조로 통합하여 준법인으로 만들자는 취지였다. 이에 총회는 개정을 하되 보완하여 이후 열리는 총회운영위원회에 보고해서 처리하기로 하였다.[310] 이후 제63-2차 총회운영위원회(2014년 4월 3일)는 원안을 수정(당연직 이사에 훈련원장과 정책위원장을 빼고 선출직 이사어 목사 1인, 장로 1인을 추가)하여 개정하였다(가 67 부 0).[311] 그리고 제63-3차 총회운영위원회(2014년 7월 10일)는 관련 규칙개정안을 가결했고(가 73 부 0)[312] 이로써 고신총회세계선교회는 준법인 체제를 갖추게 되었다. 따라서 총회규칙 제18조는 "준법인: 고신총회세계선교회"를 다루며 8개의 항목을 신설하였다. 이사는 15인으로 하되 총회선출 이사는 목사 7인 장로 4인으로, 당연직 이사는 4인으로 세계선교본부장, 선교후원교회협의회에서 파송하는 2인, 총회 임원

---

308. 제62회 총회회록, 60.
309. 제63회 총회회록, 23.
310. 제63회 총회회록, 31, 229-38.
311. 제64회 총회보고서, 610.
312. 제64회 총회보고서, 611.

회에서 선출한 고신대학교, 고려신학대학원 교수 중에서 선교학 전공교수 1인으로 구성하기로 하였다.

둘째, 제5장(직원) 제22조(직원임명) 제2항을 개정하였다. 즉 총회 인준을 받는 각 부 총무(언론사 사장, 선교위원회 본부장, 교육원장 포함)의 후보자 자격 요건은 각 부서에서 규정하지만 이들 후보자들의 선거 관리는 총회선거관리위원회의 관리 하에 두자는 것이다. 그래서 다음 조항이 첨가되었다: "단, 선거 관리는 총회선거관리위원회의 관리 하에 두되 후보 자격 요건은 선출하는 그 회의 규정에 따른다." 이번 개정은 최근 고신언론사 사장 선거 과정에서 일부 후보자를 중심으로 금품수수가 있었다는 의혹에서 촉발된 것으로 보인다.[313]

셋째, 직전 총회인 제62회 총회(2012년 9월)가 고려학원 이사와 감사 선출 방법을 총회에서 직선으로 변경함으로써 후속 조치로 이사감사추천위원회가 폐지되는 등 규칙을 변경하였다: "이사 11명(목사 6인, 장로 5인)은 총회 선정 이사 8명(목사 5인, 장로 3인)과 개방이사 3명(목사 1인, 장로 2인)으로 구분한다. 총회 선정 이사 8명은 총회에서 선출하고 선출 방식은 총회선거관리위원회가 주관하는 선거로 한다." 그런데 학교법인고려학원이사회(이사장 김종인 장로)는 이 규칙을 재 개정해달라는 청원을 하였다. 즉 목사 이사를 6인으로 할 때 목사 이사 중에서 현행 규칙에 따라 전문인과 교육 경력자(4명)를 충족하기 어렵다는 취지로 고려학원 이사 11명을 목사 3명 장로 8명으로 구성하도록 재 개정해달라는 것이었다. 그러나 총회는 제62회 총회에서 개정한 규칙을 따르기로 하였다.[314]

---

313. 제63회 총회회록, 48-9.
314. 제63회 총회회록, 33.

4) 산하기관 정관 개정

첫째, 고려학원이사회 정관 개정(제20조, 제21조, 제68조).

고려학원이사회의 요청을 받아들여 제20조, 제21조, 제68조를 개정하였다. 제20조의 제2항(개방이사의 자격)에서 "이 법인의 개방이사는 고신교단 소속 목사 장로 중에서 선임한다."로 하였다. 그리고 제21조(임원선임의 제한) 제5항에서는 "감사 중 1인은 추천위원회의 단수추천을 받아 선임한다."로 하였다. 또한 제68조(총장 등) 제5항에서는 "대학운영 상 특임부총장을 둘 수 있다."로 개정하였다.[315]

둘째, 유지재단 정관개정(제3조, 제4조).

제3조(목적)와 제4조(사업) 일부를 개정하였는데 총회세계선교위원회(위원장 정수생 목사)의 요청으로 이루어졌다. 즉 유지재단의 목적과 사업의 범위에서 국외(國外)를 염두에 두고 두 조항 모두에 "국내외에(서)" 문구를 추가하였으며 또 제4조(사업)의 제1항 육영사업에서도 "초중고 대학"을 첨가하였다.[316]

5) 고신교회의 정체성 관련 결정

첫째, 이번 총회에서 가장 많은 노회가 주목한 사안은 2012년 3월에 고신교회 출신이 아닌 타 교단 출신으로서 고신대학교 비정년트랙 교수로 임명되어 1년 동안 강의를 하였으나 신학사상에 이단성이 있다는 이유로 물의를 일으킨 지명수 교수와 관련된 안건이었다. 이에 대해 이의를 제기한 신학과 5명의 교수(이환봉 교수 외 4인)를 상대로 2013년 1월 9일 명예훼손으로 고

---

315. 제63회 총회회록, 34.
316. 제63회 총회회록, 46.

소한 지명수 교수를 두고 김해노회 외 12개 노회가 진상규명과 조사위원회 구성을 청원하였다. 지 교수의 신학 사상에 문제 소지가 있는 것은 그의 강의를 들었던 학생들뿐 아니라 고신대학교 신학교 교수들이 이미 제기하였고 2012년 9월에 학교법인이사회의 지시로 구성한 조사위원회에서도 드러났다. 제기된 문제점들은 이미 알려진 창조론, 원죄와 전적 타락 교리에 그치지 않고 구원론에서 구속의 필요성을 약화시키거나 심지어 이를 부정한다는 점, 재림과 천국과 지옥 등을 부정하는 등 신학 전반에 걸쳐 문제가 드러났다. 그런데 이 사건을 처리하는 학교 당국의 처사가 미온적이어서 결국 총회까지 파급되었다. 더구나 고신교회 입장에서 충격적인 것은 지 교수가 자기 신학에 이의를 제기한 고신대학교 신학과 교수들을 상대로 명예훼손죄로 고소한 일이었다. 나중에 해당 고소가 취하되기는 하였지만, 총회는 이 사안을 신학위원회에서 조사위원회를 구성하여 처리하기로 결정하였다.[317]

둘째, 다음 달에 부산에서 개최되는 세계교회협의회(WCC) 제10차 총회를 앞두고 임원회의 긴급 보고 건으로 반대 성명서를 채택하였다:[318]

> 세계교회협의회(WCC) 제10차 총회가 올해 10월 부산에서 개최될 예정인 바 본 고신 교단은 한국교회를 염려하면서 우리 교단의 성경적 입장을 다음과 같이 밝히며 촉구한다.
>
> 1. WCC 제10차 총회는 한국 기독교회의 일부 교단과 단체가 참여하는 것이다. 대다수 교단과 단체는 WCC 제10차 총회가 부산에서 개최되는 것을 반대하고 있음을 밝힌다.

---

317. 제63회 총회회록, 48, 54, 202-207.
318. 제63회 총회회록, 31-32.

> 2. WCC는 성경과 그리스도와 전도에 관하여 정통교회에서 믿고 가르치는 진리를 부정하고 있음을 밝힌다.
> 3. WCC는 종교다원주의 종교단체이므로 "교회협의회"라고 하기보다 "종교협의회"라는 명칭이 합당하다. "세계교회협의회"라는 이름을 사용하므로 정통교회들에 막심한 손해를 끼치고 있다. 차제에 명칭을 바꾸기를 촉구한다.
> 4. WCC 제10차 총회에 가담하는 교계 지도자들은 이중적 언행으로 교역자와 신자들을 미혹하지 말고 자기 정체를 분명하게 드러내기를 촉구한다.
>
> 2013년 9월 24일
>
> 대한예수교장로회 고신총회 제63회 총대 일동

셋째, 직전 총회에서 개혁주의교회건설을 위한 통합적인 청사진을 제시해 달라는 요청이 고려신학대학원 교수회에 맡겨졌었다. 이에 대해 총회신학위원회와 신학대학원 교수회가 지속적인 관심을 갖고 전문적인 주제들의 연구와 심포지엄과 같은 다양한 방법들을 통해 만들어 가도록 결정하였다.[319]

넷째, 직전 총회에서 고려신학대학원 입학생들의 계절학교 수강 과목으로 교리 과목을 두어 교리를 강화하도록 건의한 건은 현재 그렇게 시행되고 있는 것이 보고되었다.[320]

다섯째, SFC 강령 중 "전통적 웨스트민스터 신앙고백서"에서 "전통적"이라는 말의 의미를 고려신학대학원 교수회에 맡겨 1년간 연구하도록 한 것은

---

319. 제63회 총회회록, 23.
320. 제63회 총회회록, 23.

1년 더 연구하여 보고하도록 하였다.[321]

여섯째, 서울노회(노회장 구동도 목사)와 전라노회(노회장 김영두 목사)가 청원한 편목교육에 관한 질의와 청원은 제59회 총회(2009년 9월)에서 결의한 대로 "부목사의 편목 허입 청원은 허락하지 않는 것이 타당하고 또한 고려신학대학원과의 동등 학력을 가지지 않았다고 판단되는 편목에게는 고려신학대학원 교수회의 재량에 따라 30학점 이상의 추가 학점을 부가하는 것은 타당하다."를 재확인하고 현행대로 진행하기로 하였다.[322] 그리고 신학위원회(위원장 박문철 목사)가 청원한 "타 교단 출신 목사후보생의 강도사 추천" 건은 타 교단 출신의 신학대학원생으로서 졸업 후 본 교단의 강도사고시에 응하고자 할 때는 재학 시에 반드시 노회에서 신학계속허락청원을 2회 받아야 하고 만약 1회를 받았을 경우 고려신학대학원을 졸업한 후에 노회의 지도와 감독을 1년 받은 후에 강도사 응시 자격을 주도록 하였다.[323]

일곱째, 경인노회(노회장 박재우 목사)가 청원한 "제23회 총회의 성도 불신법정소송가능 결정"을 제22회 총회가 결의한 "불가"결정으로 환원하자는 건은 직전 총회인 제62회 총회(2012년 9월)에서 "세상법정에 고소하지 않는 것이 원칙이나 교회치리회를 우선으로 하되 부득이한 경우에 할 수 있다."고 한 결의대로 시행하기로 하였다.[324]

여덟째, 경동노회(노회장 김경걸 목사)가 청원한 "총회가 결의한 대로 축도의 내용을 "있을지어다."로 하는 것을 재확인 하자는 청원" 건은 예배지침 제3장 제15조 "공예배의 모든 순서는 축도로 폐한다(고후 13:13, 히 13:20-21,

---

321. 제63회 총회회록, 23.
322. 제63회 총회회록, 23, 53.
323. 제63회 총회회록, 52-3.
324. 제63회 총회회록, 53.

엡 3:20-21, 살후 2:16-17, 민 6:24-26)"와 제47회 총회(1997년 9월)와 제52회 총회(2002년 9월)의 결의를 따라 현행대로 할 것을 결정하였다.[325]

아홉째, 직전 총회가 구성한 고신 역사 기점에 관한 연구위원회(위원장 이상규 교수)는 고신역사의 기점을 후일 대한예수교장로회 고신총회로 발전해 가는 총노회 조직일인 1952년 9월 11일(당시는 목사 50명, 장로 37명 참석)로 확정하는 것이 타당하며 따라서 제27회(1977년 9월) 총회가 결의한 1946년 12월 3일은 매우 부당하다는 것을 보고하였고 총회는 이를 받았다.[326]

열째, 제61회 총회(2011년 9월)의 결의로 추진 중인 고신총회 설립 60주년 기념 성경주석 간행위원회(위원장 정근두 목사)의 보고가 있었다. 조직은 간행위원회와 편집위원회(위원장 한정건 교수, 변종길 교수), 후원교회협의회(위원장 조영호 목사), 목회자위원회로 구성하고, 이 기념주석의 특징을 개혁주의 신학에 충실하고 믿을 수 있는 주석, 구속사적인 관점에서 성경을 이해하고 해석하기, 본문 강해와 적용을 강화하여 설교 준비를 돕는 실천적인 주석, 신학적인 논쟁과 본문 비평, 지나친 학문적인 접근을 피함. 신학자와 목회자의 긴밀한 대화로 실제적인 도움을 주는 실용적인 주석 등으로 제시하였다.[327]

6) 산하기관 관련 결정

첫째, 수도남노회(노회장 이장우 목사)와 전라노회(노회장 김영두 목사), 총회교육원이사회(이사장 윤현주 목사)가 청원한 "총회교육원의 독립법인화" 청원은 재론 동의를 해서 안건을 처리하기로 투표하였으나 전체 379표

---

325. 제63회 총회회록, 53.
326. 제63회 총회회록, 29, 679-80.
327. 제63회 총회회록, 30, 687-93.

중 가 127 부 252로 부결되었다.[328]

둘째, 학교법인고려학원이사회(이사장 신상현 목사)가 총회 산하 세 기관(복음병원, 고신대학교, 고려신학대학원)을 위해 특별대책위원회를 세우자고 한 청원에 대해서는 이사회가 추후에 총회운영위원회가 열리기 이전에 대책을 세워서 총회운영위원회에 보고하도록 하고 그때까지 대책이 마련되지 않으면 총회운영위원회가 대책위원회를 세울 것을 결정하였다.[329] 사실 이 청원은 직전 총회에서 상정되었으나 당시에 기각된 것이었다.[330] 어쨌든 이러한 총회의 결정에 따라서 제63-3차 총회운영위원회(2014년 7월 10일)는 학교법인이사회가 보내온 총회산하 세 기관을 위한 대책보고를 받았다.[331]

즉 고려신학대학원을 단설 대학원대학교로 설립하는 것은 현재 여건으로는 불가한 것과 2차례 공청회를 통해 법인 세 기관을 어느 쪽이든 한곳으로 모아야 한다는 의견이 지배적임이 확인되었다는 보고였다. 이에 총회운영위원회는 총회특별대책위원회(9인)를 구성하기로 하고 위원 구성은 총회 임원회에 맡겼다.

셋째, 전라노회(노회장 김영두 목사)가 고려신학대학원을 고신대학교에서 독립시켜서 단설 대학원대학교로 만들어 달라는 청원은 총회 임원회에 맡겨 처리하기로 하였다.[332]

---

328. 제63회 총회회록, 30.
329. 제63회 총회회록, 48.
330. 제62회 총회회록, 38, 585-7.
331. 제64회 총회보고서, 611.
332. 제63회 총회회록, 53.

7) 직분자와 치리회에 대한 결정

첫째, 원로장로추대를 둘러싼 총회의 결정을 준수하도록 지도해달라는 부산노회(노회장 김종선 목사)의 청원은 교회정치 제72조에 의해 은퇴할 때 바로 추대하는 것을 재확인하였다.[333]

둘째, 미혼 강도사가 목사 임직을 받을 수 있도록 청원한 건과 미혼자가 집사나 권사가 될 수 있는지를 묻는 질의 건은 고려신학대학원 교수회에 맡겨 연구하도록 하였다.[334]

셋째, 전도총회(소위 다락방 측-류광수 목사)에서 장로직을 받은 사람을 본 교단 교회의 장로로 취임할 수 있는지를 묻는 질의에 이는 할 수 없는 것임을 확인하였다.[335]

넷째, 남부산노회(노회장 김영환 목사)와 서부산노회(노회장 이정철 목사)가 타 노회 구역 내에 있는 교회는 관할 지역 노회로 변경해 달라고 한 청원은 직전 총회인 제62회 총회(2012년 9월)가 결의한 대로 시행할 것을 허락하였다. 그리고 이를 시행하지 않는 노회와 교회는 차기 총회에서 보고하기로 가결하였다.[336]

다섯째, 대전노회(노회장 정영호 목사)와 충청노회(노회장 정경현 목사)가 청원한 양 노회의 합병을 허락하였다.[337]

여섯째, 노회에 출석하지 않는 회원을 총회 총대로 선정하는 위법 사항을 시정하는 촉구 청원에 해당 회원은 선거권과 피선거권이 없음을 확인하

---

333. 제63회 총회회록, 50.
334. 제63회 총회회록, 51.
335. 제63회 총회회록, 54.
336. 제63회 총회회록, 50.
337. 제63회 총회회록, 50.

였다.[338]

일곱째, 남서울노회(노회장 황영익 목사)가 청원한 총회 상임위원회, 협력위원회 제도개선 청원 건은 해 노회가 보다 구체적인 규칙 개정안을 마련하여 차기 총회에 청원하기로 하였다. 그리고 충청노회(노희장 정경현 목사)가 청원한 상임위원회 임원(위원장, 서기, 회계)의 연임금지 건은 권고사항으로 하기로 결정하였다.[339]

여덟째, 수도노회(노회장 김홍석 목사)와 충청노회(노회장 정경현 목사)가 개정헌법 교회정치 제130조 제5항에서 "노회장은 조직교회 담임목사에 한한다."는 조항을 폐지해달라고 한 청원 건은 헌법의 정신을 살려 현행대로 하기로 하였다.[340]

8) 교단교류와 사회적 문제에 대한 결정

첫째, 한국장로교총연합회(대표회장 권태진 목사)가 청원한 연합총회 헌법 채택 건은 본 교단이 "한 교단 다 체제"를 확정하지 않았기에 연합총회 헌법 채택은 불가함을 가결하였다.[341]

둘째, 합신교단과의합동추진위원회(위원장 박정원 목사) 보고 중에서 제1항은 삭제하고 동 위원회 존속에 관한 제2항만 보고받기로 하였다.[342] 삭제하기로 한 건의안은 "합신과 합동하기로 하고 완전 합동할 때까지는 1교단 2대회(고신대회, 합신대회)체제로 하며 총회총대는 두 교단이 같은 숫자로 하며

---

338. 제63회 총회회록, 50.
339. 제63회 총회회록, 51.
340. 제63회 총회회록, 51-2.
341. 제63회 총회회록, 51.
342. 제63회 총회회록, 293.

서로 협의를 잘 해서 5년 후에는 완전 합동하기로 한다."는 것이었다. 그러나 5년 후 완전 합동하기로 한다는 내용은 이미 합신 측 추진위원회가 난색을 표한 것이라 총회가 이를 허락한다고 하더라도 전망이 불투명하다는 이유로 제1항이 삭제되었다.[343] 이로써 이후 합신 측과의 합동 추진은 난항을 겪게 되었다.

셋째, 섭외위원회(위원장 손종기 목사)가 긴급 안건으로 청원한 "대만개혁종장로회와 자매관계 체결 건"건은 임원회에 맡겨 처리하기로 하였고 이를 가결하였다.[344] 대만개혁종장로회는 고신교회가 총회를 조직하자마자 1957년에 파송한 첫 선교사 김영진 선교사가 개척하여 시작한 교회이다. 김영진 선교사는 대만에서 12개 교회를 개척하고 미국정통장로교 선교부와 "개혁종 신학교"를 설립해서 많은 사역자를 배출하였으며 대만개혁종장로회 조직에 기여하였다. 총회의 자매관계 결정 후에 대만개혁종장로교회의 쯔우런위 대표와 황병순 선교사가 답례의 인사를 하였다.

넷째, 총회 임원회가 긴급안건으로 제시한 종교인 과세 반대 입장 건은 받기로 가결하였다.[345] 그런데 총회가 충분한 연구와 토론이 없이 이 안건을 결정한 것은 성급한 결정으로 보인다.

다섯째, 경기노회(노회장 김윤종 목사)와 경인노회(노회장 박재우 목사), 수도노회(노회장 김홍석 목사)가 상정한 자녀와 친인척 담임목사직 승계 반대 즉 담임목사 세습방지법 제정 청원은 고려신학대학원 교수회에 연구를 의뢰하고 그 결과를 살펴서 차기 총회에서 다루기로 하였다.[346]

---

343. 제63회 총회보고서, 720-4.
344. 제63회 총회회록, 27, 48.
345. 제63회 총회회록, 33.
346. 제63회 총회회록, 52.

9) 기타: 교인감소원인 분석과 대책 연구 결과

직전 총회에서 미래정책연구위원회(위원장 신성현 목사)와 국내전도위원회(위원장 정신화 목사)에 1년간 연구를 위임한 "교인감소원인 분석과 대책" 연구 결과가 보고되었다. 저성장 원인과 분석으로는 경제 성장과 주5일근무제, 저 출산과 인구 구조 변화, 기독교인들의 정치 비리와 교회의 사회적 이미지 하락, 이단사이비집단의 영향, 한국교회의 세속화가 지적되었다. 그리고 대책으로는 복음과 교회의 본질을 회복하는 것과 지도자 특히 목회자의 변혁과 신학교육의 재정립, 주5일근무제에 대한 대처, 대사회복음운동으로 실추된 이미지 회복, 물질만능주의의 배격, 나눔 실천, 목회자 최저생계비와 은퇴 후 복지 조정, 출산 장려 등을 제시하였다.[347]

9. 교리표준 해설집 발간: 제64회 총회(2014년 9월)

1) 헌법(교리표준) 해설과 예전예식서 인준과 출간

개정헌법 해설을 목적으로 구성된 헌법해설집발간위원회(위원장 윤희구 목사)는 관리표준(예배지침, 교회정치, 권징조례) 해설집 발간 후, 이어서 교리표준(웨스트민스터 신앙고백서, 대교리문답, 소교리문답) 해설을 공적인 인준과 함께 출간 허락도 받았다.[348] 교리표준 해설은 고려신학대학원 유해무 교수(교의학)가 전문위원과 집필위원으로 위촉을 받아 집필을 맡았다. 이로써 고신교회는 교리표준 전체가 총회에서 공식으로 채택된 지(제19회 총

---

347. 제63회 총회회록, 24, 100-14.
348. 제64회 총회회록, 60.

회, 1969년 9월) 45년 만에 총회가 인준하는 공적인 해설서를 갖게 되었다. 이와 같이 개정헌법(교리표준, 관리표준) 전반에 걸친 해설이 총회가 구성한 위원회를 통해 완료되고 총회에서 공적인 인준을 받고 출간된 것은 고신교회 정체성을 확립하는 데 큰 의미가 있다고 평가할 수 있다.

예전예식서(제3차)[349] 역시 총회의 인준을 받고 출간을 허락 받았다. 헌법해설집발간위원회가 예전예식서 집필과 발간을 함께 맡은 것은 나름대로 의미가 있다. 왜냐하면 예식서는 교리표준과 관리표준에서 나오는 산물로서 이 모두는 동일한 성경의 원리와 신학과 원칙에서 볼 때 하나이기 때문이다. 특히 관리표준에 나오는 예배지침은 교회 헌법에 수록되어 교회법의 권위를 가지면서 교리표준이 규정하는 예배의 신학과 지침을 제공하고 예배 순서에 대한 기준과 원칙을 설명하고 있다면, 예식서는 예배지침에서 제시한 신학과 원칙에 따라 예배의 순서와 예식문을 제시하고 있기 때문이다.

2) 헌법적 규칙 개정(제4장 권징조례 제12조 제3항, 제19조 제4항)[350]

첫째, 제4장(권징조례) 제12조(노회기소위원의 임기와 보선, 자격)의 제3항을 신설하여 "노회기소위원의 자격은 노회재판국원의 자격에 준한다."로 추가하였다.

둘째, 제4장(권징조례) 제19조(겸임금지) 제4항을 신설하여 "특별한 경우란 겸임을 허용하지 않고는 조직이 불가능한 경우이다."를 추가하였다. 이는 직전 총회에서 제2항 "각 치리회의 임원은 … 겸임할 수 없다."를 보완하기 위해 제3항을 신설하여 "단 특별한 경우에는 겸임할 수도 있다."를 추가하였

---

349. 제1차 예식서(위원장: 박정덕 목사)는 1982년에, 제2차 예식서(위원장: 김명관 목사)는 1999년에 각각 발간되었다.
350. 제64회 총회회록, 57, 63.

지만 이번에 다시 보충하기 위해 제4항을 신설하였다.

셋째, 권징조례 제89조(피의자)에서 "치리회는 건덕을 위해 재판이 귀결될 때까지 피의자를 정직 또는 수찬정지시킬 수 있으나 이런 경우에는 그 안건을 속히 판결함이 옳다."고 하였는데 여기서 "정직"은 "시무정지"의 오기이므로 자구를 바로잡기로 하였다.[351] 그러나 사실 오기라기보다는 미처 살피지 못한 불찰로 보인다. 2011년 개정으로 시벌의 종류에서 "시무정지"(권징조례 제11조 제1항 (3))가 신설되면서 "정직" 시벌과 차별을 두었지만 정작 두 시벌의 차별을 후속 조치로 위 헌법적 규칙 조항을 보완하지 못하였다.

3) 총회규칙 개정

첫째, 고려학원이사회(이사장 김종인 장로)의 요청으로 이사의 전문성 제고를 위해 "이사 감사추천위원회"를 구성하여 상당한 전문성을 가진 2배수의 후보를 추천하여 총회에서 선출하도록 하고 위원회 구성은 임원 5명과 학교법인 이사장과 서기, 임원회에서 추천한 3인으로 조직하도록 하였다. 그래서 총회규칙 제17조(법인)에서 "…선출 방식은 이사. 감사추천위원회에서 2배수로 추천한 자를"을 추가하였다.[352]

둘째, 제8조 제9항("총회 임원들은 부회 임원과 상비부의 임원을 맡지 않도록 한다.")을 수정하였다. 위 기존 내용에다 다음을 추가하였다: "단, 총회회계, 부회계의 예결산위원회는 예외로 한다. 총회 임원들은 특별부(재판국, 감사국, 선거관리위원회)의 부원에 속하지 않아야 하며, 총회 임원으로 당선된 이후에는 사퇴하여야 하고 결원된 자리는 총회 임원회에서 보선한다." 그

---

351. 제64회 총회회록, 64.
352. 제64회 총회회록, 49, 153.

리고 회의세칙 제11조는 총회규칙 제8조 제9항의 내용을 중복하기에 이를 삭제하였다.[353]

셋째, 제62회 총회(2012년 9월)에서 수정한 제17조 제1항("각 법인 이사의 임기는 4년이고 감사는 2년으로 하되 각각 단임으로 한다[학교법인 감사는 제외]. 단, 법인 이사와 감사는 총회의 타 법인 이사와 감사를 겸할 수 없다.")을 다시 수정하였다: "각 법인 이사의 임기는 4년이고 감사는 2년으로 하되 각각 단임으로 한다[학교법인 감사는 제외]. 단, 법인 이사와 감사(유지재단, 은급재단, 학교법인, 고신총회세계선교회, 총회교육원)는 겸할 수 없다(단, 총회장은 유지재단 이사장만 겸할 수 있다)."[354]

4) 선거조례 수정: 제6조 제1항 제6호[355]

선거조례 제3장 제6조는 임원과 이사, 감사 등 입후보자의 자격에 관한 것으로서 현행 제6호는 "학교법인 및 유지재단 이사와 감사가 총회 임원에 입후보 하고자 할 때는 등록일까지 사임해야 한다."인데 이를 다음과 같이 수정하였다: "총회 임원, 각 법인 이사, 감사(유지재단, 은급재단, 학교법인, 고신총회세계선교회, 총회교육원)가 입후보 하고자 할 때는 등록일까지 사임해야 한다. 단, 당 해년도 9월 총회에서 임기 만료되어서 겸직이 되지 않는 경우에는 예외로 한다."

5) 산하기관 정관 수정

첫째, 학교법인이사회(이사장 김종인 장로)가 발의한 대도 고려학원이사

---

353. 제64회 총회회록, 50.
354. 제64회 총회회록, 50, 63.
355. 제64회 총회회록, 54.

회 정관 제32조(수입사업의 운영)에서 수익사업으로 제3항에 태양광 발전사업을 추가하는 것을 승인하였다: "3. 태양광 발전사업."[356]

둘째, 직전 총회에서 준법인 고신총회세계선교회로 허락을 받고 제63-3차 운영위원회(2014년 7월 10일)에서 관련 총회규칙을 개정함에 따라 고신총회세계선교회 정관 중에서 제13조(본부장) 제2항(본부장의 임기의 선임절차) 제4번을 "본부장 선임은 분부장의 임기만료 2개월 전에 이사회가 선임하고 총회의 인준을 받아 이사장이 임면한다."를 "…총회장이 임면한다."로 수정하였다.[357]

6) 부결된 교회정치와 권징조례, 총회규칙 개정 청원[358]

첫째, 교회정치 제130조 제5항에서 조직교회의 담임목사만이 노회장이 될 수 있다는 내용을 폐지하자는 청원이 이번 총회에서도 상정되었으나 현행대로 시행하기로 하였다.

둘째, 권징조례와 헌법적 규칙에서 규정하는 "재판비용 예납금"의 삭제는 본래 무분별한 소송의 방지를 위하여 제정된 것이므로 이러한 권징조례의 정신을 따라 현행대로 계속 시행하기로 하였다.

셋째, 총회규칙개정을 청원하였으나 기각된 조항들이 있다. 증경총회장의 역할에 관한 규정을 신설하자는 청원(제16조 제3항 신설), 새 총회조직에 따라 새로이 구성한 북한 및 다문화선교위원회를 다시 분리하자는 청원, 제13조(상임위원회의 임무) 제2항(섭외위원회)에서 섭외위원회의 업무를 "국내에서 총회 임원회 및 총회본부와 긴밀한 관계를 유지하여 사절을 접견하는

---

356. 제64회 총회회록, 49, 52.
357. 제64회 총회회록, 49, 170.
358. 제64회 총회회록, 55-6.

일을 담당"하는 것으로 제한하자는 취지의 개정 청원,[359] 제22조(직원임명) 제2항에서 "총회의 인준을 받은 각 부 총무(언론사 사장, 선교위본부장, 교육원장 포함)의 임기는 3년으로 하되, 1차에 한하여 연임할 수 있고…"에서 "1차에 한하여" 문구를 삭제하자는 청원은 각각 기각되었다.

7) 성도간 세상법정 송사 건

성도간 세상법정 송사 건을 경인노회(노회장 김광주 목사)와 수도남노회(노회장 안병만 목사), 총회 임원회(총회장 주준태 목사)가 각각 청원하였다. 이 청원은 최근 고신대학교 전광식 총장이 금년 5월 27일 일자로 전 총장 김성수 교수와 김동인 교수, 이복수 교수를 횡령과 사기 혐의, 횡령과 사기 방조 혐의로 각각 영도경찰서에 고소함으로써 빚어졌다. 성도간 세상법정 송사 자체를 불가하다고 한 제23회 총회의 결정대로 환원하자고 경기노회가 청원하였으나 제62회 총회의 결정("고소하지 않는 것이 원칙이나 교회치리회를 우선으로 하되 부득이한 경우에만 할 수 있다.")대로 시행하기로 하였다. 총회 임원회가 "부득이한 경우"에 해당 소송을 할 수 있다고 말한 것에 "부득이한 경우"의 구체적인 내용을 보완하자는 청원 건은 늎제위원회에서 이를 처리하기로 하였고, 또 부득이하게 불신 소송을 하고자 할 경우에는 총회 임원회의 허락을 받아야 하며, 만일 허락 없이 불신 소송을 한 때는 소송 당사자를 제명하자는 청원은 기각하였다. 그리고 수도남노회가 제기한 관련 질의는 전광식 총장이 고소를 취하하였으므로 이를 종결하기로 가결하였다.[360]

---

359. 제64회 총회회록, 116.
360. 제64회 총회회록, 60.

8) 총회산하기관에 대한 결정

지난 제63-3차 총회운영위원회(2014년 7월 10일)에서 고려학원이사회(이사장 김종인 장로)의 보고를 듣고 구성한 고신대학교미래를위한특별대책위원회(위원장 주준태 목사)가 총회 앞에 특단의 대책을 실행해줄 것을 보고하였다: "첫째, 대학의 특성화와 구조조정을 전제로 하여 영도와 천안의 캠퍼스를 하나로 통합하기로 한다. 둘째, 통합의 구체적 실행은 고신대학교캠퍼스통합추진위원회를 구성하여 추진하도록 한다. 셋째, 추진위원회의 인원은 11인으로 하되 당연직으로 총회장 부총회장 2인 서기와 이사장과 이사 3인으로 구성하고 나머지 3인은 총회 임원회에서 선정하도록 한다."[361] 총회는 이 보고 가운데 둘째 항목을 삭제하고 특별위원회 명칭을 고신대학교미래대책위원회로 하고 조직을 새로이 하였다(목사 4인, 장로 3인).[362]

9) 직분에 대한 결정

첫째, 목사에 대한 결정이 여럿 있었다. 미혼 강도사 목사 임직 건을 위임하여 1년간 연구한 고려신학대학원 교수회의 보고서 결론인 "미혼자로 개교회의 청빙이 있을 시에는 할 수 있다."를 부결하고(찬성 91명 반대 191명) 현행대로 미혼 강도사는 목사 임직이 불가한 것을 확인하였다.[363] 미자립 교회 목사의 이중직 허락 청원은 기각하되 총회 차원에서 적극적으로 도와줄 수 있는 방안을 연구하기로 하였고,[364] 부목사가 타 노회 전임(위임)목사로 청빙을 받을 시 현 소속 노회에서 임원회의 결의로 청빙을 결정할 수 없고 교

---

361. 제64회 총회회록, 853-71.
362. 제64회 총회회록, 57.
363. 제64회 총회회록, 24.
364. 제64회 총회회록, 54.

회정치 제55조 제56조에 근거하여 노회의 승인을 받도록 하였다.[365] 타 교단 목사와 타 신학교 졸업자가 본 교단에 편입할 시 동등한 자격으로 간주하는 "타 신학교"는 고려신학대학원 교수회에서 인정하는 기준을 따르기로 하였고,[366] 타 교단 출신의 부목사 편입 요청 역시 현행대로(교회정치 제57조 다른 교단 목사의 가입) 시행하기로 하였다. 제59회 총회(2009년 9월)가 이미 "부목사의 편목 허입 청원은 허락하지 않는 것이 타당하고 또한 고려신학대학원과의 동등 학력을 가지지 않았다고 판단되는 편목에게 고려신학대학원 교수회의 재량에 따라 30학점 이상의 추가 학점을 부가하는 것은 타당하다."고 결의하였고, 또 제60회 총회(2010년 9월)가 이를 재확인한 바가 있다.[367] 또 목회자후보생의 고려신학대학원 신학입학과 계속 허락 역시 현행대로(신학입학허락 1회, 재학 중 신학계속허락 2회) 시행하기로 하였다.[368] 담임목사직의 자녀 승계는 고려신학대학원 교수회의 연구를 수정하여 담임목사직 승계 방지 조항을 법으로 규정하는 것보다는 총회 차원에서 개 교회와 당사자들에게 경각심을 고취시키기로 하였다.[369]

둘째, 여성 안수(장로, 권사) 관련 질의 건과 고려신학대학원 출신의 여성 지도자들을 위한 총회 차원의 제도 마련(목사 임직 등)의 건은 신학위원회에 맡겨 1년간 연구하도록 하였다.[370]

---

365. 제64회 총회회록, 54.
366. 제64회 총회회록, 59.
367. 제63회 총회회록, 23, 53.
368. 제64회 총회회록, 59.
369. 제64회 총회회록, 25.
370. 제64회 총회회록, 59.

셋째, 농어촌 미자립 교회의 서리집사 연령(현재 만 70세) 제한에 예외 규정을 청원한 안건은 그럴 때 미칠 영향을 고려하여 현행대로 시행하기로 하였다. 그리고 본 교단 교회로 이명 온 감리교회 출신 권사가 장립집사 혹은 권사로 취임할 자격이 있는지를 묻는 질의는 감리교회의 권사는 고신교회의 장립집사나 권사와 동일한 직분으로 받을 수 없다고 판단하였다.[371]

10) 치리회에 대한 결정

첫째, 행정위원회(위원장 류인석 목사)가 청원한 노회명칭 개정안을 기각하고 각 노회의 명칭을 현행대로 유지하기로 하였다. 개정안의 골자는 노회가 위치한 지역의 광역시나 도를 기준으로 방위 명칭을 사용하여 노회명칭을 정하자는 것이었다. 현재 각 노회의 명칭은 일정한 기준이 없이 노회마다 정하여 명칭만으로 노회를 식별하기 어렵고 혼란스러운 점이 있다는 것이 개정의 이유였지만 총회는 이를 기각하였다.[372]

둘째, 고신교회의 총회 횟수를 기재할 때 한국장로교회의 총회 횟수와 병기하여 사용하는 것을 허락하였다. 그래서 이번 총회를 "대한예수교장로회 고신총회 제64회(대한예수교장로회 제99회)"로 표기하였다.[373]

셋째, 총회의 상임위원회와 협력위원 제도를 개선하자는 청원 건은 총회 임원회와 행정위원회 임원에게 맡겨 1년간 연구하도록 하였다. 현재 협력위원은 소속 위원회에 참여하여 발언은 할 수 있으나 결의권과 피선거권이 없기에 모든 총대를 상임위원으로 하자는 청원이다.[374]

---

371. 제64회 총회회록, 55.
372. 제64회 총회회록, 53, 105-6.
373. 제64회 총회회록, 53.
374. 제64회 총회회록, 53.

넷째, 총회 임원과 각급 법인 이사와 감사는 본인(배우자)과 6촌 이내 사람은 당해 기관에 재임 기간과 퇴임 후 2년 동안 취업을 제한하는 결의를 하였다.[375]

다섯째, 개체교회의 예결산위원회 위원 승인과 선정 권은 교회정치 제121조(당회의 직무) 중 제9항(직원의 임면권이 당회에 있다는 조항)에 근거하여 당회에 있음을 확인하였다.[376] 예결산의 직무가 비록 제직회의 고유 권한이라 할지라도, 예결산위원회의 위원 승인과 선정 권한은 당회에 있다고 해석하였다.

여섯째, 종교개혁 500년을 맞는 2017년을 앞두고 종교개혁500주년기념준비위원회를 신설하였다.[377] 그리고 국내외 재난 발생 시 고신교회 차원에서 구호 활동과 모금, 배부를 목적으로 하는 고신재난긴급구호단 창설과[378] 또 성경원문말씀연구소 설립을 각각 허락하였다.[379]

11) 교단 간 교류와 대 정부 관련 결정

첫째, 마침내 고신교회가 한기총을 탈퇴하기로 결정하였다. 제62회 총회(2012년 9월)는 한기총 탈퇴 대책연구위원회(위원장 정수생 목사)의 보고를 받고 참여 속의 개혁을 추구하는 것을 원칙으로 하면서 한 회기 동안 관계를 유보하기로 하고 그 이후의 대책은 임원회에 맡기기로 하였는데[380] 제63-2

---

375. 제64회 총회회록, 53.
376. 제64회 총회회록, 55.
377. 제64회 총회회록, 47.
378. 제64회 총회회록, 47.
379. 제64회 총회회록, 59.
380. 제62회 총회회록, 38, 567-84.

차 총회운영위원회(2014년 4월 3일)는 총회 임원회가 상정한 한기총 탈퇴 청원을 가결하였다.[381] 총회 임원회는 이에 앞서 제63-6차 임원회(2013년 12월 26일)에서 한기총의 운영이 적법하지 않으며, 또 한기총의 이단과 신학적 대응에 문제가 있으므로(류광수 목사의 다락방과 박윤식 목사의 평강제일교회를 이단에서 해제한 건) 한기총을 탈퇴하기로 하고 이를 총회운영위원회에 상정하기로 가결하였다.[382]

둘째, 합신과의 합동에 난항을 겪으면서 합신과의합동추진위원회는 해산하고 그 대신 합신과의교류추진위원회를 조직하기로 하였다(총회장, 부총회장 2명, 직전 총회장, 서기, 사무총장, 임원회가 선정하는 1인 총 7명). 또한 합신총회와 고신총회의 부교역자들을 상호 청빙하는 것과 합동신학대학원대학교와 고려신학대학원 간에 학점을 교류할 수 있도록 양 학교 간 MOU를 체결하는 것을 허락하고 양 총회의 장로회 수련회와 목사부부 수련회를 함께 개최할 것을 권장하기로 하였다.[383]

셋째, 대한예수교장로회 합신총회와 대신총회가 우리 총회와 하나 되는 것을 위해 교류추진위원회를 구성하자는 총회 임원회(총회장 주준태 목사)의 청원은 보류하고 대신 측과의 교류는 허용하였다.[384]

넷째, 한국장로교총연합회(대표회장 유만석 목사)가 송부한 "종교인 자발적 납세 운동" 결의 요청은 1년간 보류하고 임원회에서 연구하여 보고하도록 하였다.[385]

---

381. 제64회 총회회록, 195.
382. 제64회 총회회록, 229.
383. 제64회 총회회록, 51, 618-9.
384. 제64회 총회회록, 52, 157.
385. 제64회 총회회록, 52.

다섯째, 최근 고려 측의 분열로 고려 측 직원(담임목사, 부목사, 강도사, 목사후보생)들이 본 교단에 가입하고 있고 또 앞으로 더 많이 있을 것으로 예상하고 있는데, 이들의 가입 절차는 서경노회를 받을 때 합의 정신대로 각 노회가 잘 살펴서 받기로 하였다.[386] 즉, 제51회 총회(1991년 9월)에서 당시 고려 측의 분열로 58개 교회, 5개 시찰, 목사 63명, 장로 46명, 세례교인 5867명이 조직한 독노회(서경노회)를 우리 총회가 영입한 전례를 따르자는 것이다.

여섯째, 재미총회와 행정 협정을 허락하되 구체적인 사항은 임원회에 맡기기로 하였다.[387]

10. 제65회 총회(2015년 9월)

1) 고려 측 교회들과의 통합

제65회 총회가 결정한 가장 중요한 결정 중 하나는 고려 측 교회들과의 통합이었다. 고려 측은 제26회 총회(1976년 9월)에서 "신자간의 사회법정 소송"에 관한 이견으로 분열되어 생성한 교단으로 제51회 총회(1991년 9월)에서 당시 고려 측에 속한 58개 교회들(5개 시찰, 목사 63명, 장로 46명, 세례교인 5867명)이 독노회(서경노회)를 조직하고 본 교단과 합동하여 영입한 적이 있었다. 그런데 최근 고려 측의 재분열로 통합이 다시 총회적인 문제로 부상하였다. 직전 제64회 총회(2014년 9월)에서 고려 측 직원(담임목사, 부목사, 강도사, 목사후보생)들이 개별적으로 본 교단으로 가입하게 될 경우 어

---

386. 제64회 총회회록, 54, 60.
387. 제64회 총회회록, 54.

떤 절차를 밟아야 하는지를 묻는 질의가 수도노회를 통해 상정되었고 총회는 서경노회를 영입할 당시 합의 정신대로 각 지역 노회가 잘 살펴서 받기로 가결한 바가 있다. 이에 제64-2차 총회운영위원회(2015년 3월 27일)는 총회장과 사무총장에게서 최근 고려 측 교회들의 상황을 듣고 이미 구성되어 있는 합신과의교류추진위원회가 고려총회와의통합추진위원회(위원장 김철봉 목사)를 동시에 활동하도록 결정하였다.[388]

그래서 고려 측과 고신 측 양 교단은 각각 통합추진위원회를 구성하여 수차례의 회합을 가진 끝에 2015년 7월 21일에 열린 양 교단의 총회운영위원회가 양 교단의 통합을 결정하였고 8월 5일에는 양 통합추진위원들이 합의문을 작성하였으며 이제 총회가 최종적으로 허락하는 결정을 남겨두고 제65회 총회가 열렸다. 개회예배와 각종 선거가 마친 후 총회는 고려총회와의통합추진위원회의 보고를 듣고 총회장 김철봉 목사가 발의한 "대한예수교장로회 고려총회와의 통합 요청의 건"을 다음 합의문대로 받는 것을 박수로 가결하였다:[389]

고신총회와 고려총회 통합 합의문

대한민국 광복 70주년, 선교 130여년의 역사적인 해에 대한예수교장로회 고신총회와 고려총회가 하나님의 뜻을 따라 예수 그리스도 안에서 하나 됨을 이루고자 한다. 고신총회와 고려총회는 성경대로 믿고 고백하며 가르치고 살아가는 개혁주의 신학과 신앙에 따라, 일제의 신사참배 강요와 공산주의자들의 만행에 순교로 대처하였으나 안타깝게도 1976년 제 26회 총회 시에 '신자

---

388. 제65회 총회보고서, 697-98.
389. 제65회 총회회록, 25-27.

간의 사회법정 소송에 대한 이견'으로 분열되었다. 그러나 분열의 원인이 된 사회법정 소송문제는 고린도전서 6장 1-10절의 말씀에 의지하여 '성도간의 사회법정 소송은 원칙적으로 불가하다'라는 원리가 옳은 줄로 믿고, 고신총회와 고려총회는 통합하고자 한다. 양 총회의 통합은 성경적으로나 한국교회사적으로 이 시대 우리를 향한 하나님의 기뻐하시는 뜻임을 인식하고 다음과 같이 합의한다.

① 고신총회와 고려총회는 2015년 9월에 개회되는 제65회 총회 시에 결의하여 통합하기로 한다. 통합 시 양 총회의 모든 역사(총회회기, 교회역사, 신학교 졸업기수 등)는 병합된다.
② 고려총회의 노회는 그대로 유지하고 통합 총회의 행정 개편과 함께 지역 노회로 편성한다.
③ 양 총회 소속의 목사, 선교사, 교역자의 신분은 헌법대로 보장하며, 항존직을 비롯한 교회의 직분은 그대로 유지된다. 교회(당)는 가급적 유지재단 가입을 권장하고, 목회자에게 은급(연금)제도 혜택 및 계속 수학의 기회 등은 양 총회 공히 동등하게 제공한다.
④ 고려신학교 신학원(M. Div 과정)은 고려신학대학원의 역사와 병합하며, 졸업자의 학적은 고려신학대학원에서 관리하고, 재학생은 신입성으로 입학(특례)하게 한다. 고려신학교 여자신학원은 해 노회에서 운영한다.
⑤ 통합에 따른 경과조치와 추후 필요한 사항은 양 총회 통합추진위원회가 합의해서 처리한다.

우리는 하나님의 나라를 소망하고, 한국교회의 하나 됨과 조국 통일의 미래를 준하기 위하여 주 안에서 한마음과 한뜻이 되어 전진할 것을 다짐한다.

주후 2015년 8월 5일

고신총회 통합추진위원회	고려총회 통합추진위원회
위원장 김철봉 목사	위원장 천 환 목사
위 원 주준태 목사	위 원 양문화 목사
신상현 목사	박창환 목사
배굉호 목사	이무영 목사
신수인 목사	이성용 목사
구자우 목사	오성재 목사
최수우 장로	홍종권 장로

이에 따라 첫째, 통합추진위원회가 청원한 대로 고린도전서 6장 1-10절의 말씀의 가르침에 따라 "의료법인, 학교법인, 유지재단, 은급재단, 고신언론사 등 운영상 부득이 한 경우는 예외로 할지라도 총회 산하의 목회자와 교회와 성도는 사회법정 소송은 불가한 것"을 전원 찬성으로 가결하였다.

둘째, 양 총회의 통합에 따른 세부 사항과 후속 조치를 위한 "통합후속추진위원회"를 임원회에 맡겨서 조직하기로 하였다.

셋째, 고려총회와의 통합 일정은 유인물대로 받고 고려총회와 통합총회로 진행하기로 가결하였다.

이번에 통합한 고려 교단 소속 교회의 현황을 보면 총 8개 노회로 국내노회 6개, 해외노회 2개(미주노회, 유럽노회)이며, 전체 교회 수는 271개(국내 171개, 해외 14개, 선교지 86개), 목사 222명, 선교사 16명, 시무장로 120명, 협동장로 30명 규모인 것으로 알려졌다.

2) 권징조례 제11장 제2조 제4항과 예배지침 제5장 제21조 제5항(공포) 자구 수정[390]

첫째, 예배지침 제21조 제5항(유아세례식 공포)에서 "성부와 성자와 성령의 이름으로" 문장을 첨가하였다. 학습식과 세례식, 입교식에는 "성부와 성자와 성령의 이름으로" 공포한다고 되어 있으나 기존 유아세례식 공포에는 위 내용이 빠져 있었다.

둘째, 권징조례 제11장 제2조의 제4항(행정건으로 내리는 시벌)에서 "무흠에 해당하지 않는" 대신에 "무흠에 해당하는"으로 자구를 수정하였다: "무흠에 해당하는 견책, 근신, 시무정지이다."

3) 헌법적 규칙 개정(제4장 권징조례 제14조 제1항 첨가)[391]

헌법적 규칙 제4장 권징조례 제14조에서 제1항을 첨가하여 "근신" 시벌의 내용을 보완하였다. 이는 권징조례 제11장 제2항(시벌 종류)에 나오는 "근신" 시벌을 보충하는 규칙의 성격을 띠고 있다: "근신의 범위: 행정시벌 중 근신이란 결의권이 있는 회의의 참석과 결의권이 없는 모임이라 할지라도 순서를 맡는 경우는 자제한다."

4) 총회규칙 개정

첫째, 제17조(법인) 제3항(각 법인의 임무) 제2호(고려학원이사회)의 (7):[392] 고려학원이사회는 이사 11명 감사 3인으로 이루어지는데 기존 조항은 "감사 2인(목사 1인, 공인회계사)은 총회가 선임하되 이사와 동일하게 총

---

390. 제65회 총회회록, 71.
391. 제65회 총회회록, 71.
392. 제65회 총회회록, 40-1.

선거관리위원회가 주관하는 선거"에서 선출 하도록 되어있었다. 그런데 이를 변경하여 "감사 공인회계사는 그 선임 방식을 예외로 하여 이사·감사 추천위원회의 추천으로 선임한다."를 추가하였다.

둘째, 제17조 제3항 제2호(고려학원이사회)의 (3), (7), (10):[393] 기존 조항은 고려학원이사회의 총회 선정 이사 8명과 감사 2인을 총회에서 선출하고 선출 방식은 총회선거관리위원회가 주관하는 선거로 되어 있었으나, 선출 방식을 변경하여 해당하는 (3), (7)에는 "이사·감사추천위원회의 2배수 추천을 받아"를 추가하여 총회선거관리위원회가 주관하는 선거로 선출하도록 하였고 (10)에서는 "이사·감사추천위원회는 총회 임원 5명, 학교법인 이사장 및 서기, 임원회에서 추천한 3인, 총10명으로 구성한다."를 신설하였다.

셋째, 제17조 제3항 제2호(고려학원이사회)의 (9):[394] 기존은 "본 교단에 소속된 이사는 연 100만 원을 출연금으로 총회회계에게 납부하여야 한다."로 되어 있는 것을 "총회회계" 대신 "법인사무국"으로 수정하였다.

넷째, 제18조(준법인: 고신총회세계선교회) 제3항(총회선출 이사):[395] 기존 조항은 총회선출 이사 11인을 총대 중 공천위원회에서 3배수 공천하도록 하였으나 이를 변경하여 "공천위원회에서 2배수로 공천…"으로 수정하였다.

다섯째, 제6장 제24조(총회) 제1항:[396] 기존 조항은 총회 회의를 "매년 9월 셋째 주일 후 월요일 오후 3시부터 금요일까지로 하되"로 되어 있었는데 "월요일 오후 3시부터"를 "화요일 오후 3시부터"로 수정하였다.

---

393. 제65회 총회회록, 61-2.
394. 제65회 총회회록, 63.
395. 제65회 총회회록, 63.
396. 제65회 총회회록, 63.

여섯째, 제13조(상임위원회 임무) 제2항(신학교육부) 3):[397] 신학교육부에 속한 "유사기독교연구위원회"를 "이단대책위원회"로 명칭을 수정하였다.

5) 선거조례와 시행 세칙 개정

첫째, 제3장(입후보자의 자격) 제6조(자격) 제1항 제4호:[398] "총회 임원, 학교법인 및 유지재단의 이사 및 감사는 본 교회 재산을 총회유지재단에 편입한 자라야 한다."는 규정에서 "단, 학교법인 감사 중 전문인(회계사)의 경우는 이를 예외로 한다."를 추가하였다.

둘째, 제6장(선거운동에 대한 규제) 제15조 제1항:[399] 기존 "입후보자 또는 그 지지자는 총회 입후보 등록일부터 총회선거 완료 시까지 선거와 관련된 다음의 행위는 할 수 없다."에서 "총회 입후보 등록일부터"를 "노회추천일부터"로 수정하였다.

셋째, 시행 세칙 제5장 제8조 제9항 제3호 신설:[400] "부총회장과 사무총장 입후보자는 해당 연도 총회 시까지 그 업무는 유지되나 그 범의는 최소로 하여야 하고 총회 선거조례 시행 세칙 제5장 제8조 제6항이 금지하는 일시 및 장소에는 업무와 관련 경우라도 방문, 회의소집 등을 할 수 없다."를 신설하였다.

넷째, 시행 세칙 제5장 제8조 제6항(각종 방문):[401] 선거와 관련하여 입후보자나 지지자들의 지역방문 등을 금하는 것이 원칙이지만 단 꼭 필요한 경

---

397. 제65회 총회회록, 66.
398. 제65회 총회회록, 41.
399. 제65회 총회회록, 72.
400. 제65회 총회회록, 41.
401. 제65회 총회회록, 41.

우에는 "총회선거관리위원회의 허가를 받아야 한다."로 되어 있는 것을 "…서면으로 선거관리위원장에게 신청한 후 선거관리위원회 고소·고발소위원회의 서면 답변을 얻어야 한다."로 수정하였다.

6) 총회취업규정과 준법인 고신총회세계선교회정관 개정[402]

고신총회세계선교회가 준법인으로 격상되었다. 그리하여 그동안 고신총회세계선교본부 직원은 총회유지재단의 취업규칙을 따랐으나 앞으로 고신총회세계선교회 이사회가 직접 해당 직원의 인사와 재정을 통괄하는 것과 또 고신총회세계선교회의 정관과 총회유지재단 취업규칙이 상충되는 부분을 조정해달라는 요청이 있었다. 이 건은 총회인사위원회와 고신총회세계선교회에 맡겨서 처리하기로 하였다.

7) 불신 법정 송사 건[403]

작년 2014년에 전광식 당시 고신대학교 총장이 김성수 직전 총장과 김동인 교수를 "횡령 및 사기 혐의"로, 이복수 은퇴교수를 "횡령 및 사기 방조 혐의"로 영도경찰서에 고소하면서 직전 총회가 이 문제를 다룬 적이 있었다. 그런데 이번 총회에도 불신 법정 송사 관련 안건이 올라왔다. 올해 2015년 4월 16일에 직전 이사장 김종인 장로가 자신의 이사 임기가 만료되기 전에 신임 이사장을 선출하려고 했고, 이후 고려학원 법인 강영안 이사장이 이것을 막기 위해 당시 이사회 소집 가처분 신청을 부산지방법원에 제소한 것이 배경에 있다. 이와 관련하여 경남노회, 경서노회, 수도남노회가 총회에 안건을

---

402. 제65회 총회회록, 77.
403. 제65회 총회회록, 73, 77-8.

올렸다. 더구나 이 안건들은 이번 총회에서 고려 측 교단과 통합을 하면서 고려 측이 조건으로 제시한 "성도간 세상법정 고소는 원칙적으로 불가하다."는 주장과 맞물려 있어서 어느 때보다도 첨예하고 복잡한 양상을 띠게 되었다. 이에 총회는 우선 경서노회와 수도남노회가 상정한 "부득이한 경우에 과연 세상법정에 고소할 수 있는가"라는 질의에 성경과 신학에 입각한 판단을 내렸다. 즉 경서노회(노회장 심오섭 목사)는 제62회 총회(2012년 9월)의 결정 ("고소하지 않는 것이 원칙이나 교회치리회를 우선으로 하되 부득이한 경우에만 할 수 있다.")에서 "부득이한 경우"가 과연 성경과 신학에 맞는 것인지 제64회 총회(2014년 9월)에 질의를 하였는데 이번 총회는 다음과 같이 결정하였다: "제64회 총회에서 '부득이한 경우'에 대해 성경과 신학에 맞는 것인지 질의의 건은 제62회 총회(2012년 9월)에서 신자간의 분쟁이 있으면 먼저 교회 치리회를 거치라는 결정을 하였고, 교회 치리회가 우선이며 부득이한 경우에만 불신 법정에 갈 수 있다고 결정했다. 이 결정의 의미는 범죄자가 교회 치리회에 복종하지 않을 때 할 수 있다는 뜻으로 인식되었다. 그리고 제63회 총회(2013년 9월)는 제62회 총회 결의를 재확인했으나 작년 제64회 총회는 '부득이한 경우'를 상세하게 규정했는데 곧 부득이한 경우란 '교회법으로 할 수 없는 일, 형사사건, 재정문제이다.'라고 하였으나 이는 하나님의 말씀을 믿는 우리의 신앙과 신학에 정면으로 위배되는 치명적인 결정이다. 형사문제야 어떤 일을 고소하는 사람이 형사문제로 삼으면 형사문제가 되는 것이고, 또 교회 안에서 흔히 일어나는 사건이 재정문제인데 결국 이 결의는 불신법정고소 금지를 해제해 버린 결과가 되고 말았고 지금 한국교회는 교회치리회를 완전히 무시하고 모든 문제를 세상법정으로 가져가서 어려움을 당하고 있는 교회가 얼마나 많음에도 고신교회가 이 문제를 아예 공식적으로 인정해버리는 결과를 가져오게 되었으므로 교회가 성경적 원리에 따라 바르게 치리를 해야 하는 것으로 가결하다."

또 수도남노회(노회장 정재호 목사)가 발의한 "불신법정고소 문제에 대한 질의 및 건의안"은 다음과 같이 결정하였다: "지난 제64회 총회는 불신법정고소문제에 대해 '부득이한 경우에 할 수 있다.'는 제62회 총회 결의를 확인하면서 '부득이한 경우'란 '교회가 처리할 수 없는 일, 형사사건 및 재정문제이다.'로 규정하는 결의를 하였으나 이 결의는 마태복음 18장 15-18절에서 예수님이 말씀하신 치리절차에 대한 지침과 고린도전서 6장 1-8절에 기록된 사도 바울의 교훈에 정면으로 위배되는 결의로 사료되는 바, 이에 대한 총회의 신학적인 견해가 어떠한지를 다시 한 번 살펴 명백하게 밝혀주시기를 건의한 건은 성도간의 사회법정 소송은 불가한 것으로 가결하다."

이같이 이번에 고신총회가 "부득이한 경우"와 상관없이 교회와 성도간 사회법정 소송은 원천적으로 불가하다는 결정을 내린 배경에 고려 측과의 통합이 결정적 계기로 작용하였다는 것을 지적하지 않을 수 없다. 이 결정은 양 교단의 통합원칙에서 이미 표명되었다: "통합추진위원회가 청원한 대로 고린도전서 6장 1-10절의 말씀의 가르침에 따라 '의료법인, 학교법인, 유지재단, 은급재단, 고신언론사 등 운영상 부득이 한 경우는 예외로 할지라도 총회 산하의 목회자와 교회와 성도는 사회법정 소송은 불가한 것'을 전원 찬성으로 가결하다."

8) 산하기관에 대한 결정

첫째, 근간에 총회가 선출한 고려학원 이사를 이사회가 받아들이지 않는 일에 총회장이 엄중히 경고하고 다시는 이런 일이 재발하지 않도록 이사회

에 지시하도록 결정하였다.[404]

둘째, 고려신학대학원 원장 임명에 대해 고려신학대학원이 교단에서 차지하는 비중과 고려신학대학원 교수회의 화합을 격려하는 차원에서 고려신학대학원 교수회의 추천을 존중하는 것과 원장 임명 추천을 위한 5인 특별위원회(총회장, 목사부총회장, 신학위원장, 고려신학대학원 교수 1인, 고신대학교 신학과 교수 1인)를 구성하여 이사장에게 제청하여 이사장이 임명하도록 하였다. 다만 이에 따르는 후속 조치는 임원회가 연구하여 2년 이내에 보고하도록 가결하였다.[405]

셋째, 교회정치 제42, 46, 50조에 근거하여 고려신학대학원 교수와 고신대학교 신학과 교수는 교수 활동과 함께 목회를 겸직하는 것을 금지한 결정을 재확인하였다.[406]

넷째, 고신대학교미래대책위원회(위원장 김철봉 목사)의 보고가 있었다. 동 위원회는 고신대학교 구조개혁분과, 고려신학대학원 운영분과, 대외분과(법률, 정책)를 두고 그동안 활동하였는데 고신대학교 구조개혁분과의 경우는 1단계 평가 보고를 고신교회의 언론사인 기독교보에 특집더담 등을 통해 교회들이 고신대학교의 상황에 바른 이해를 갖도록 결의하였다. 그리고 고려신학대학원 운영분과의 경우는 수도권 이전 방안으로 매물로 나온 용인 소재 웨스트민스터신학대학원을 답사한 결과 합당치 않음을 확인한 것과 단설 신학대학원 설립은 여러 가지 면에서 현재로는 실현하기 어려운 일이며 수도권 이전도 쉽게 결정할 수 없다는 점을 보고하였다. 또한 현 고려신학대학원 건물의 여유 공간을 총회 산하기관이 이전하여 사용할 수 있는지와 고

---

404. 제65회 총회회록, 75.
405. 제65회 총회회록, 75-6.
406. 제65회 총회회록, 66.

신대학교 신학과 상급반 이전 수업이 가능한지 등 의견 등은 중대한 사안들이라 연구하기에 시간이 부족하므로 현 분과위원회를 1년간 더 존속시켜 다음 회기 시에 연구 결과를 보고할 수 있도록 청원한 것을 허락하였다.[407]

9) 직분과 치리회에 대한 결정

첫째, 여성안수(장로, 권사)에 대한 결정을 하였다. 직전 총회에서 부산노회가 질의하여 신학위원회가 여성안수연구위원회(오세우, 곽상봉, 이한의, 김성복, 신민범, 정영호)를 구성하여 고려신학대학원 교수회에 해당 주제의 연구를 의뢰하였는데, 신학위원회는 그 연구보고서를 검토하여 이번에 총회에 다음과 같이 보고하였다. 즉, 구약에서 여성에게 안수한 근거가 없고 신약에서도 여자를 안수하여 직분을 맡긴 적이 없다는 것과 사도시대에 교회직분을 맡길 때 안수로 임직한 것이 있었지만 이는 교회의 항존직원(목사, 장로, 집사)에 국한된 점, 권사는 한국교회의 독특한 제도로 항존직이 아니므로 권사안수 제도는 도입하는 것이 옳지 않다는 것과 "항존직에 준한다."의 뜻은 예우(직분의 선택과, 임기 등)에 한정하는 것으로 해석해야 한다는 등 여성 안수에 부정적인 견해를 공표하였고 총회는 이를 받기로 가결하였다.[408]

둘째, 여성안수연구위원회에 맡겨 1년간 연구하여 보고하도록 한 "여성지도자(고려신학대학원 출신)들을 위한 총회 차원의 제도 마련(안수 등)의 건"을 결정하였다. 즉 현재 고려신학대학원에 재학 중인 11명의 여학생은 입시와 교육에서 남학생과 동일한 자격으로 목회학석사 과정을 공부하고 있어서 이들을 위한 제도 마련이 필요한 만큼 법제위원회와 신학위원회가 1년간

---

407. 제65회 총회회록, 43-4; 제65회 총회보고서, 683-6.
408. 제65회 총회회록, 28.

더 연구하여 보고하도록 가결하고, 선교지에서 여성 선교사에게 세례를 시행할 권한을 부여하는 문제는 제57회 총회(2007년 9월)의 결정대로 헌법 상 불가하다고 결정하였다.[409]

셋째, 직전 총회에서 맡긴 "총회 협력위원 제도 개선"을 위해 총회 임원회와 행정위원회가 제시한 방안, 각 상임위원회 실행위원회를 구성(목사, 장로 각 3명으로 구성하며 각 노회는 1명 이상을 초과할 수 없다)하는 내용의 규칙을 개정하자는 청원은 1년간 보류하고 총회 임원회와 행정위원회가 세부 사항을 마련하여 차기 총회에서 규칙을 개정할 수 있도록 유안하기로 가결하였다.[410]

넷째, 군경목선교위원회(위원장 진창설 목사)가 청원한 군목후보생의 조기안수 청원은 법제위원회와 군경목선교위원회가 1년간 연구하여 보고하기로 가결하였다.[411]

다섯째, 분립하여 개척한 교회에 파송한 장로의 지위를 묻는 질의는 교회정치 제16조에 따라 시무장로로 다시 취임할 필요가 없다는 것과 그러나 타 교회에서 이명 온 장로는 교회정치 제70조 제2항에 따라 반드시 취임해야 한다고 답변하였다.[412]

여섯째, 협동장로의 지위와 권한에 대한 결정을 하였다. 교회정치 제6장 제71조에 명시되어 있는 대로 협동장로는 무임상태이므로 당회에서 결의권은 없으나 발언권은 가지는 것으로 답변하였다.[413] 이 질의는 런 고려학원 법

---

409. 제65회 총회회록, 28.
410. 제65회 총회회록, 73.
411. 제65회 총회회록, 67-8.
412. 제65회 총회회록, 72.
413. 제65회 총회회록, 72.

인 이사장 강영안 장로의 지위가 협동장로인 것을 염두에 두고 협동장로가 어떻게 고신총회 산하기관의 수장이 될 수 있는가라는 의구심에서 비롯되었다.

일곱째, 치리회에서 사용하는 일부 용어를 수정하기로 하였다. 즉 "자벽"을 "지명"으로, "증경"을 "전임"으로, "촬요"를 "요약"으로, "헌의"를 "상정"으로 수정하여 사용하기로 결정하였다.[414]

여덟째, 제63회 총회(2013년 9월)가 고신대학교 선교목회대학원 목회학석사과정(M.Div)에서 유학한 제3세계 외국인 졸업생에게 목사 안수를 가결하였는데, 이번에 고려신학대학원 목회학석사과정(M.Div)을 졸업한 외국인에게도 이를 허락하였다. 그리고 "제3세계"라는 용어가 편협적일 수 있기에 포괄적인 뜻을 담은 "외국인"으로 수정하는 것으로 결정하였다.[415]

아홉째, 직전 총회가 노회가 위치하고 있는 지역의 광역시나 도를 기준으로 방위 명칭을 사용하자 노회명칭개정안을 부결하였는데, 이번에 경북노회(노회장 김종대 목사)가 다시 각 노회명칭을 대한민국 행정 구역에 맞게 조정해주시도록 청원하였다. 현 각 노회명칭이 행정 구역과 맞지 않은 관계로 노회 이름만 듣고는 그 노회의 소속된 교회를 정확히 알 수 없다는 이유를 제시하였다. 이에 총회는 이 사안을 임원회에 맡겨 각 노회 형편에 맞게 연구한 후 총회의 허락을 받아 시행하도록 결정하였다.[416]

열째, 각 개체교회가 정기노회에 파송한 장로총대의 회원권 연한에 관한 결정을 하였다. 경북노회, 마산노회, 부산노회가 제기한 이 질의는 교회정치 제10장 제2조에 따라 조직노회인 가을 정기노회의 총대로 파송을 받은 장로

---

414. 제65회 총회회록, 69.
415. 제65회 총회회록, 69.
416. 제65회 총회회록, 70.

는 세례교인 수 또는 부목사 수의 변동과 관계없이 1년간 회원권을 유지한다고 하였고 또 장로총대의 수와 관련하여 다음 해 봄 정기노회에도 가을노회와 같은 장로 총대수로 조직할 수 있다고 해석하였다.[417] 그러나 각 정기노회는 회수가 다른 별개 노회이고 그래서 매 노회마다 장로는 노회 서기에게 추천서를 접수해야 하며 이를 접수할 때 회원권이 주어지는 것이 원칙이다. 다만 편의를 위해 각 노회가 10월 정기노회에서 예산편성과 함께 상비부 등 부서를 조직하여 1년 동안 활동하기에 특별한 하자가 발생하지 않는 이상은 10월 정기노회에 파송된 장로총대를 익년 4월 노회의 총대로 파송될 시에 배려 차원에서 별도의 추천서를 접수하고 호명하는 것을 하지 않고 있다. 그러나 이는 어디까지나 편의를 배려한 것임을 알아야 한다. 이번 해석과 결정은 1년 단위로 노회 각 부서 조직과 예산 편성을 하는 노회 운영의 현실을 총회가 감안하여 배려한 것이라 할 수 있다.

10) 교단 간 교류와 대정부 관련 결정

첫째, 합신과 교류가 계속되었다.[418] 합신과의 교류추진위원회(위원장 김철봉 목사)는 다음과 같은 내용을 보고하였다. 양 교단이 지금까지 진행해 오던 대로 예배와 신학교의 교류를 계속하기로 한다는 것과 고신의 목회자 수련회(동창회 주관)와 합신의 교역자 수련회, 양 교단의 전국 장로회 수련회에서 양 교단의 사절단이 방문하고 총회장이 설교하도록 한 것, 양 교단의 총회 시에 사절단이 방문하는 것, 신학대학원의 교수와 학생들의 교환을 적극 권장하기로 한 것, 양 교단 교역자들의 목회지 교류를 연구하기로 한 점이다.

---

417. 제65회 총회회록, 72.
418. 제65회 총회회록, 42.

총회는 이 보고를 받고 동 위원회의 존속을 1년 연장하였다.

둘째, 재미(在美)고신총회, 대양주총회와 행정업무협약을 체결했다: 양 총회의 소속 교역자의 청빙을 자유롭게 하고 해당 지역의 유학생은 준회원으로 받을 수 있도록 하는 등 하나님 나라를 위하여 교회성장, 개척, 선교, 신학교육, 목회자 사역과 훈련 등에서 업무협약을 상호 체결하였다.[419]

<재미(在美)고신총회와의 행정업무협약 체결>

하나님의 나라와 주의 영광을 추구하며 참된 교회를 세워가며 확장하기 위하여 다음과 같이 서로 업무 협약을 맺기로 가결하고 협약약정서를 교환하였다:

1. 한국 고신총회(제36, 56, 64, 65회 총회결의)와 재미 고신총회(제2, 21, 30회 총회결의)는 상호 자매결연을 맺고 이에 따른 총회업무협약을 체결하기로 한다.
2. 양국 총회는 교회성장과 교회개혁 세계선교 신학교육 목회자사역과 훈련 목회자 돌봄 통일한국대비 국제긴급재난구호 등을 위하여 협약하기로 한다.
3. 양국 총회는 총회시마다 총회 사절단이 상호 방문하도록 한다(제36회 총회).
4. 양국 노회에 속한 목사 청빙은 노회간의 행정절차대로 자유롭게 청빙할 수 있도록 한다(제56회 총회).
5. 한국 노회에 속한 목사 유학생이나 재미거주 목사는 해당지역 노회의 준회원으로 가입하고 지도받게 한다. 단 양국에 동일한 효력을 가진다.
6. 양국 노회의 교회에서 자매 총회 목사를 협력 목회자로 청빙 할 시에는 소속 노회장의 추천서를 받도록 하고 청빙하는 교회의 노회에서는 준회원으로 가입하게 하여 지도하며 그 외 행정 사항은 양 노회에서 공동으로 처리하기

---

419. 제65회 총회회록, 37-38.

로 한다.
7. 총회 업무협약 시에 미비된 사항은 총회 임원회에서 담당한다.

<대양주한인예수교장로회 총회와 행정업무 협약>

같은 신학과 신앙의 바탕 위에서 함께 하나님 나라의 가치 실현과 그 나라 건설을 위하여 협력하고 동역하기를 원하며 다음과 같이 업무(행정) 협약을 맺도록 가결하고, 협약 약정서를 교환하였다:

1. 대양주한인예수교장로회 총회와 대한예수교장로회 고신총회는 상호 자매결연 관계를 다시 한 번 확인하고 이에 따른 총회 업무(행정) 협약을 체결하기로 한다.
2. 양국 총회는 교회 성장과 교회개혁 세계선교 신학 교육 목회자 사역과 훈련 목회자 돌봄 통일한국 대비 국제긴급재난구호 등 상호 공동 관심 분야에 협력하기로 한다.
3. 양국 총회는 각 총회의 정기총회 시 사절단을 상호방문토록 한다.
4. 양국 총회의 노회에 속한 목사 청빙은 자국 노회 간의 행정절차대로 자유롭게 청빙할 수 있도록 한다.
5. 양국 총회 내 노회 소속 목사의 각 지역 유학의 경우 해당지역 노회의 준회원으로 가입토록 허락하고 지도받게 한다.
6. 양국 총회 내 노회의 교회에서 자매 총회 소속의 목사를 협력 목회자로 청빙할 시에는 소속 노회장의 추천서를 받도록 하고 청빙하는 교회가 속한 노회에서는 준회원으로 가입할 수 있도록 하여 지도하며 그 외 행정사항은 양 노회에서 공동으로 관리하게 한다.
7. 총회 업무(행정) 협약에 미비된 사항은 양국 총회 임원회에서 결의하여 처리한다.

셋째, 확산되는 동성애 문제를 총회적으로 대응하기 위하여 결의문을 작성하여 발표하기로 하고 결의문 작성을 임원회에 맡기기로 하였다.[420]

넷째, 한국장로교총연합회가 주관하는 종교인자발적납세대책위원회 참여하기로 했다.[421] 직전 총회에서 한국장로교총연합회(대표회장 유만석 목사)가 요청한 종교인 자발적 납세운동 건을 1년간 보류하고 임원회에서 연구하여 보고하도록 하였는데 이 사안은 한국교회 전체에 관련된 문제이고 또 타 교단의 동향과 신학적인 문제를 살펴본 후에 결정할 문제이므로 종교인자발적납세대책위원회에 참여하는 것을 허락하였다.

11) 기타

첫째, 공동의회 회원 자격 제한(만 19세 이상) 청원 건:[422] 총회재판국(국장 박성도 목사)이 현 교회정치 제150조 제1항(회원)에서 공동의회 회원은 그 개체교회 무흠세례교인(입교인)으로 한다고 되어 있으나, 공동의회의 회원 자격을 만 19세 이상으로 자격을 제한할 것을 청원하였으나 총회는 현행을 고수하기로 하였다. 현행은 교회정치 제23조(교인의 신급별 문답자격) 제3항에 의해 만 14세 이상이면 세례(입교)문답 대상자가 될 수 있기에 만 14세 세례교인(입교인)도 공동의회의 회원이 될 수 있다.

둘째, 종교개혁500주년준비위원회 명칭 변경과 사업 승인:[423] 직전 총회에서 구성한 "종교개혁500주년준비위원회" 명칭을 "교회개혁500주년준비위원회"로 명칭을 변경하고 부제로서 "고신레포500"(Refo는 '종교개혁'을

---

420. 제65회 총회회록, 77.
421. 제65회 총회회록, 29.
422. 제65회 총회회록, 71.
423. 제65회 총회회록, 43.

뜻하는 영어 'Reformation'의 약자)을 병기하여 사용하도록 하고 2016년과 2017년 10월 마지막 주일을 종교개혁기념주일로 지키기로 하였다. 그리고 동 위원회가 청원한 행사("종교개혁자들과의 대화" 소책자 시리즈 발간, 장년용 교리교육 교재 편찬 등)를 허락하였다.

11. 제66회 총회(2016년 9월)

2016년 9월 20일(화)부터 23일(금)까지 열린 제66회 총회에 유안건 4개를 포함하여 135개의 안건이 상정되었다(미래정책연구위원회가 15건, 경남노회가 11건, 예결산위원회가 8건, 학교법인이사회가 7건, 서부산노회가 7건, 충청노회가 6건). 특히 회기 중에 수요일 저녁은 경남(법통)노회 설립 백주년 기념예배로 드렸다. 경남노회는 고신교회의 태동에 결정적인 역할을 한 노회이다. 경남노회장 이인덕 목사의 인도로 백주년준비위원장 박영호 목사가 기도하고 총회장 배굉호 목사가 요한계시록 2장 12-17절을 본문으로 "진리를 지켜라"는 제목의 설교를 하였으며 경남노회백년사편찬위원장 허창수 목사가 총회장에게 경남노회백년사를 전달하고 전임총회장 윤희구 목사의 축도로 마쳤다.[424]

---

424. 제66회 총회회록, 42.

1) 교회정치 제8장 제95조(교회임시직원의 자격) 제1항, 권징조례 제178조(해벌의 절차) 개정을 위한 노회 수의 결정, 노회상설재판국과 기소위원회 폐지 결정

첫째, 교회정치 제8장 제95조(교회임시직원의 자격) 제1항에서 서리집사의 연령 규정을 수정하였다. 즉 "서리집사는 … 25세 이상 70세 미만자로…"에서 "서리집사는 … 25세 이상 70세까지로…"를 수정하기로 하고 노회 수의를 결정하였다. 그런데 사실 이 규정은 당회가 임명하는 시점을 기준으로 서술된 것이기에 수정할 필요가 없는 것이었다. 즉, 당회가 서리집사를 임명할 시점에서 만 70세 미만자가 되어야 후보자 자격을 갖추기 때문이다.[425] 이 수정안은 2017년 4월 노회에서 수의를 거쳐 2017년 7월 10일에 확정 공포가 되었다.

둘째, 권징조례 제178조(해벌의 절차)를 수정하였다. 기존은 "…치리회 재적 3분의 2이상의 찬성으로 해벌한다."를 "…치리회 재적 3분의 2이상의 출석에 3분의 2이상의 찬성으로 해벌한다."로 수정하였다.[426] 기존의 "…치리회 재적 3분의 2이상의 찬성으로 해벌한다."는 제56회 총회(2006년 9월)에서 수정된 내용이다. 그러나 본래 이 조항은 1992년 헌법 개정 이후 헌법적 규칙 제9장 제9조(해벌의 절차) 제1항에서 "…치리회의 결의(다수결)로 해벌한다."를 수정한 것이다. 직원의 해벌을 치리회의 다수결로 한다는 것을 제54회 총회(2004년 9월), 제55회 총회(2005년 9월)에서 재확인하였으나 제56회 총회(2006년 9월)에서 번복되어 "재적 3분의 2 이상의 찬성"으로 개정하였다.[427] 그리고 이번에 다시 치리회 재적 3분의 2 이상의 출석에 3분의 2 이

---

425. 제66회 총회회록, 63.
426. 제66회 총회회록, 65.
427. 제56회 총회회록, 50.

상의 찬성으로 해벌하는 것으로 수정하였다. 이 수정안 역시 2017년 4월 노회에서 수의를 거쳐 2017년 7월 10일에 확정 공포되었다.

셋째, 2011년 헌법 개정으로 신설된 노회상설재판국과 기소위원회를 5년 만에 폐지하기로 결정하였다. 다만 폐지에 따른 조문화 작업 등의 후속 조치 등은 법제위원회에서 1년 동안 연구하여 차기 총회에 보고한 후 각 노회에 수의하기로 하였다.[428] 노회상설재판국과 기소위원회의 폐지 결정은 2011년 이후 신설된 교회사법제도가 각 노회에서 자리를 잡지 못한 것을 반증한다. 2011년에 대폭 바뀐 권징조례의 조항 수가 이전 것에 비해 3배가 넘고 사법 규정이 복잡할 뿐 아니라 규모가 작은 노회는 상설재판국과 기소위원회 구성이 어렵다는 점에서 이는 충분히 예상할 수 있는 일이었다.

2) 헌법적 규칙 제3장 교회정치 제7조(종군목사 안수) 수정

직전 제65회 총회(2015년 9월)는 군경목선교위원회(위원장 진창설 목사)가 청원한 군목 조기안수 청원은 법제위원회와 군경목선교위원회가 1년간 연구하여 보고하기로 하였다. 이에 총회는 군선교 현장의 필요를 채워주되 조기안수로 인해 발생할 수도 있는 부작용을 최소화하는 데 중점을 두고 헌법적 규칙 제3장 교회정치에 제7조(종군목사 안수)를 전원 찬성으로 다음과 같이 신설하였다:[429] "제3장 교회정치 제7조(종군목사 안수) 1. 국방부에서 실시하는 군종장교 후보생 시험에 합격한 자는 소정의 교육을 필 한 후에 신학대학원에 입학한 해에 총회주관 강도사고시와 노회 주관 목사고시에 응시 자격을 부여하고 합격하면 준군목으로 안수한다. 2. 준군목으로 임직받은 자

---

428. 제66회 총회회록, 65.
429. 제66회 총회중요결정 사항요약, 30. 제66회 총회회록에서는 이 결정이 언급되지 않는다.

가 정회원이 되는 날짜는 임관직전의 소속노회 정기노회를 기준으로 한다. 단 준군목은 정회원이 되기까지 목사 직무를 행할 수 없고 5년 내 임관되지 못하면 면직할 수 있다." 이로써 종군목사후보생의 신학대학원 재학 중 조기 안수는 1992년 헌법 개정으로 사라졌다가 23년 만에 부활하였다.

3) 총회규칙과 총회 선거조례, 시행 세칙 등 수정

첫째, 총회규칙 제17조 제3항 제1호(이사회 인원 변경)를 수정하였다. 즉, 총회유지재단이사회의 이사 수가 본래 15명인데, 경남노회(노회장 이인덕 목사)가 15명에서 9명으로 수정을 청원하였고 총회유지재단이사회(이사장 신상현 목사)는 11명을 청원하였다. 총회는 이를 두고 거수로 표결하여 171표 대 120표로 유지재단이사회의 이사는 총 9명으로 구성하기로 하고 이를 개정하기로 하였다.[430] 현재 학교법인이사회는 11명, 은급재단이사회는 9명으로 각각 구성되어 있다.

둘째, 총회규칙 제12조를 수정하여 각 상임위원회 회계(장로)를 총회운영위원회 위원에 포함하기로 하였다.[431]

셋째, 총회규칙 제22조(직원임명) 제2항 "총회의 인준을 받은 각 부 총무(언론사사장, 고신총회세계선교회본부장, 교육원장 포함)의 임기는 3년으로 하되 1차에 한하여 연임할 수 있다."를 교육원장만 "임기는 3년으로 하되, 연임할 수 있다."로 수정하기로 가결하고 전원 찬성으로 관련 법규를 개정토록 결정하였다. 남부산노회(노회장 임인호 목사) 외 남서울노회, 동부산노회, 마산노회, 미래정책연구위원회(위원장 김창도 목사)가 수정 발의를 하였다.[432]

---

430. 제66회 총회회록, 85, 210-1.
431. 제66회 총회회록, 61.
432. 제66회 총회회록, 86-7.

넷째, 고신총회세계선교회(이사장 김윤하 목사) 정관 제2장 제2절 제13조(본부장 선임절차)에서 자구 수정은 없이 "총회선거관리위원회의 감독 하에" 문구를 문맥에 맞게 이동만 하였다.[433]

다섯째, 총회 선거조례 제3장 제6조를 개정하여 학교법인이사 중에서 장로는 기존에 임직 10년 이상이 된 자로 하였으나 해당자를 찾기 어려운 실제적인 어려움 때문에 "임직 5년 이상"으로 수정하였다.[434]

여섯째, 선거관리위원회(위원장 김만두 목사)가 총회선거운동기간 축소를 위해 청원한 선거조례와 선거시행 세칙을 수정하였다. 해당 조항은 선거조례 제7조(등록서류), 제9조(추천시기), 제5조(등록자료 홍보), 시행 세칙 제2조 제1항, 제5조 제1항, 제9조(공고), 제12조(선거일정), 제11조(경과조치)이다.[435]

일곱째, 서부산노회(노회장 우만복 목사)와 총회유지재단이사회(이사장 신상현 목사)가 청원한 "교회개척 및 교회재산관리에 대한 규정"을 허락하였다. 교회개척 시나 교회재산관리에서 헌금과 차입금이 불분명하게 정리가 되지 않아 차후에 재산권 주장이 빈번하게 발생하는 것을 염두에 둔 제정이다: "모든 교회의 재산형성은 반드시 헌금으로 됨을 원칙으로 하며, 사유재산은 일체 인정 하지 않도록 한다. 단, 차입금에 대한 증빙자료는 당회 또는 노회에서 확인하는 차용증과 함께 교회장부에 차입한 내용의 증빙이 되었을 때는 예외로 한다."[436]

---

433. 제66회 총회회록, 59.
434. 제66회 총회회록, 88-9.
435. 제66회 총회회록, 89-91.
436. 제66회 총회회록, 65, 179.

4) 기각된 헌법과 총회규칙 개정 청원 조항

이번 총회에서 개정이 기각된 헌법 조항은 다음과 같다.

첫째, 교회정치 제37조(교회직원선거와 투표)에서 제3항을 신설하고, 헌법적 규칙 제3장 교회정치 제1조(직분자 투표방법)를 수정하자는 청원이다. 그 내용은 "교회 형편상 여러 번의 주일 낮 예배를 드리는 경우 각 개체교회 당회가 교회정치 제37조의 정신에 위배되지 않는 범위 내에서 공동의회를 열고 투표방법을 정할 수 있다."이다. 즉, 기존 조항에 따르면 교회 직원선출을 위한 공동의회는 1년에 단회로 하게 되어 있어서 1년에 1회만 시행할 뿐 아니라 공동의회를 정회 없이 단회로 해야 하지만 주일 낮 예배를 여러 번 드리는 교회 현실에 맞추어 이를 수정하자는 것이었다.[437]

둘째, 교회정치 제48조(목사임직과 위임)에서 제3항을 신설하자는 청원이다. 부목사는 현재 공동의회의 결의 없이 당회원 3분의 2 찬성, 청빙서에 당회원 과반수 날인, 당회장 의견서 첨부로 목사임직이 가능한데, 목사의 동등성에 입각하여 "3. 목사의 임직은 청빙교회 공동의회의 결의가 있어야 한다."로 신설하자는 것이었다. 그러나 총회는 목사의 신분은 같으나 역할이 다르므로 현행대로 유지하기로 하였다.[438]

셋째, 교회정치 제11장 제130조 제5항의 수정 청원이다. 즉, 현행 조항에 따르면 미조직교회의 담임목사는 노회장이 될 수 없지만 이를 수정하여 미조직교회의 담임목사도 노회장이 될 수 있도록 하자는 청원이다. 총회는 우선 직전 총회(제65회 총회)가 당시 3개 노회(경인노회, 동대구노회, 전라노회)의 발의로 이 조항의 수정을 청원할 때 1년간 연구를 맡은 법제위원회의

---

437. 제66회 총회회록, 65, 173.
438. 제66회 총회회록, 63, 176.

보고("해당 조항이 노회원의 기본권인 피선거권과 선거권을 위협하는 위헌의 요소가 있기에 수정 삭제하는 것이 옳다.")를 들었다. 또 이번 총회에 남마산노회(노회장 박성실 목사)가 상정한 해당 조항의 수정 청원과 경남중부노회(노회장 황건배 목사)가 발의한 "미조직교회 담임목사의 노회장 피선거권 수정 연구 건에 대한 반론"과 병합하여 살핀 후에 결국 현행대로(노회장은 조직교회 담임목사에 한한다)로 시행하기로 결정하였다.[439]

넷째, 교회정치 제130조 제2항(은퇴목사는 노회에서 언권과 투표권을 가진다)을 수정하는 청원이다. 수도노회(노회장 방석진 목사)와 미래정책연구위원회(위원장 김창도 목사)가 은퇴목사의 회원권 중에서 투표권을 삭제하자며 상정한 이 청원은 본회에서 투표를 통해 부결되었다(가 245 부 150 무효 4).[440]

다섯째, 총회규칙 제18조 제3항에서 고신총회세계선교회의 이사 선출 시 후보자를 2배수로 공천하는 규칙을 단수공천으로 수정하자는 청원이 부결되었다. 부결 이유는 단수공천으로 할 때 총대들의 기본권인 선택권이 원천적으로 봉쇄되는 결과를 초래하기 때문이다.[441]

여섯째, 총회규칙 제18조(준법인: 고신총회세계선교회)에 나오는 "준법인" 용어를 삭제하자는 청원 역시 부결되었다.[442]

일곱째, 제64회 총회(2014년 9월)에 상정되어 직전 총회(제65회 총회)가 법제위원회와 신학위원회에 연구를 맡긴 교회 여성 지도자(신학대학원 출신)를 위한 총회 차원의 제도 마련(안수 등) 건은 고려신학대학원을 졸업하

---

439. 제66회 총회회록, 64, 177.
440. 제66회 총회회록, 65.
441. 제66회 총회회록, 65, 179.
442. 제66회 총회회록, 66.

고 고시와 교육을 받은 여성 지도자의 명칭을 "권도사"(觀道師, exhorter)라고 할 것을 신학위원회가 제의하였으나 이는 기각되었다.[443]

5) 헌법해설집수정위원회 구성

제65-13차 총회 임원회(2016년 3월 24일 소집)에서 총회출판위원장이 헌법해설집 수정인쇄를 허락해줄 것을 청원한 것은 오탈자 일부 내용 수정 등의 검토사항이 있어서 총회헌법해설집수정위원회를 구성하였다. 그러나 이후 총회운영위원회가 소집되지 않아서 이번 총회에 정식으로 헌법해설집수정위원회 구성을 요청하였다. 이에 권오헌 목사를 위원장으로, 박영호 장로를 회계로 하고 현 총회 임원으로 위원을 교체하였다.[444] 해 위원회는 제67회 총회(2017년 9월)에서 다시 존속 허락을 받고 새롭게 위원과 전문위원을 선임하여 헌법해설집 수정 작업에 착수하여 2018년 7월 10일에 개정판을 출판하였다(위원장 김홍석 목사; 서기: 정태진, 회계: 김충무; 위원: 오현기 목사, 구자우 사무총장; 전문위원: 성희찬, 안재경 목사).

6) 교회개혁 500주년 준비

첫째, 이미 활동 중인 교회개혁500주년준비위원회(위원장 박영호 목사)의 요청으로 차기 총회인 제67회 총회 기간에 기념대회를 시행하기로 허락하였다.[445]

둘째, 찬송가위원회(위원장 황신기 목사)가 개체교회에서 기존 찬송가 외에 시편찬송을 사용할 수 있도록 청원한 것은 개체교회가 살펴서 사용하는

---

443. 제66회 총회회록, 26.
444. 제66회 총회회록, 89.
445. 제66회 총회회록, 88.

것을 권장하도록 결정하였다.[446] 해 위원회는 교회개혁 500주년을 맞이하여 개혁교회의 소중한 전통인 시편찬송에 대한 관심이 계속 증가하고 있는데, 시편은 하나님께서 자기 백성들이 부르라고 주신 노래이고 성경으로 영감된 오류가 없는 노래요 성경이 명령한(엡 5:19, 골 3:16) 노래이며 우리 신조가 규정한 노래(웨스트민스터 신앙고백서 21장 5절)라는 점을 피력하였다. 그러므로 예배 시간에 시편찬송을 사용하는 것은 개혁교회가 마땅히 해야 할 도리이며 특별히 예배 시간에 교회가 정하지 않은 무분별한 복음송이나 CCM을 검증 없이 사용하는 상황 속에서 시편찬송의 중요성이 더욱 커지고 있다는 것을 지적하였다.

7) 총회산하기관 관련 결정

첫째, 신학위원회(위원장 김성복 목사)가 발의한 "고려신학대학원 원장 임명 추천 5인 특별위원회 구성의 건"과 남서울노회(노회장 강영진 목사)가 발의한 "신학대학원장 임명에 관한 청원의 건"을 임원회가 연구하여 2년 이내에 보고하도록 한 것에 대해 다음과 같이 결정하였다. 총회 회장단 3인과 서기, 총회신학위원장, 고신대학교신학대학장, 신학대학원장 7인으로 신학대학원장 추천위원회를 구성하여 고신대학교 총장에게 3인을 추천하고 총장은 이들 중에서 2인을 이사회에 임명을 제청토록 하였다.[447]

둘째, 총회와 산하기관의 회원 자격을 다음과 같이 확인하였다: 1) 총회 총대는 총회 개회 당일 서기가 출석을 호명 또는 확인한 후부터 회원권을 가지며, 부득이한 경우 총회 개회 당일에 한하여 지각을 인정할 수 있다. 2) 상임

---

446. 제66회 총회회록, 77.
447. 제66회 총회회록, 27.

위원 및 특별국원(감사국, 재판국, 선거관리위원회)은 당해 연도 총대에 한하여 자격이 있다. 3) 등기를 하는 법인(유지재단, 은급재단, 학교법인)의 이사 및 감사는 선출 당시에는 반드시 총대여야 하나 교육 경력이사 및 개방이사는 예외로 한다. 단, 이사장은 총회선출 이사에 한한다. 4) 비등기 이사(총회교육원, 고신총회세계선교회)는 상임위원적인 성격이 있으므로 반드시 당해 연도의 총대여야 하나 당연직 이사 및 추천이사는 예외로 한다. 단, 이사장은 총회선출 이사에 한한다. 5) 한시적으로 조직되는 특별위원회의 위원은 전원 당해 연도 총대여야 하나 필요시 전문위원은 총대가 아니어도 무방하다."[448]

셋째, 총회 직원의 순환보직을 시행하기로 하고 총회 임원회와 총회인사위원회에 맡겨 처리하기로 하였다.[449]

넷째, 총회 산하기관은 주관하는 행사 일정이 서로 겹치지 않도록 조정하여 시행하기로 하였다.[450]

8) 총회 관련 결정

첫째, 직전 총회가 협력위원제도개선 방안으로 각 상임위원회마다 실행위원회를 구성하자는(목사, 장로 각 3명, 각 노회는 1명 이상을 초과할 수 없다) 규칙개정 청원을 1년간 보류하고 총회 임원회와 행정위원회에 맡겨 세부사항을 마련하여 차기 총회에서 규칙을 개정할 수 있도록 유안하기로 하였다. 이번 총회는 총회 임원회와 행정위원회의 보고를 다시 보류하고 행정위원회에 맡겨 1년 더 연구하여 보고하기로 가결하였다.[451]

---

448. 제66회 총회회록, 77.
449. 제66회 총회회록, 61.
450. 제66회 총회회록, 62.
451. 제66회 총회회록, 31.

둘째, 직전 총회가 노회구역조정을 임원회에 맡겨 각 노회 형편에 맞게 연구한 후 총회의 허락을 받아 시행하도록 결정하였는데, 이번 총회는 다시 총회 임원회를 중심으로 노회명칭과 노회구역조정을 계속 추진하는 것을 허락하였다.[452]

셋째, 총회장, 부총회장 선출을 위한 입후보 소견(정견) 발표회를 폐지하기로 하였다.[453]

넷째, 총회 총대 수를 노회 별로 동일한 인원을 선출하고, 목사 장로의 비율 역시 동수로 하자는 청원(노회당 목사 5인, 장로 5인)에 대해 현행대로(교회정치 제143조 제1-2항) 시행하기로 하였다.[454]

다섯째, 총회 행정부서와 사법부서의 독립방안 마련 청원과 법제위원회의 답변과 재판국의 판결 관계 정립 청원 건은 법제위원회에 맡겨 1년간 연구하여 보고하기로 하였다.[455]

여섯째, "교단"이란 용어보다 "고신교회" 혹은 "고신총회" 용어를 사용하도록 하였다. "교단" 용어는 일제 강점기 때 일본이 조선 기독교 말살 정책의 수단으로 사용되었다는 이유에서였다. 다만 대외적인 연합 활동을 위할 목적으로 "교단" 용어를 사용하는 것은 양해하기로 하였다. 그러나 이 결정은 너무 성급한 것으로 보인다. 용어 사용은 아주 중요한 문제이기에 고려신학대학원이나 관련 부서에서 좀 더 연구하여 결정했으면 하는 아쉬움이 남는다.[456]

---

452. 제66회 총회회록, 87.
453. 제66회 총회회록, 59.
454. 제66회 총회회록, 59.
455. 제66회 총회회록, 59.
456. 제66회 총회회록, 60.

일곱째, 총회 상정안건 제출의 공정성을 위해 반드시 노회와 총회가 구성을 결의한 위원회를 통해서 안건을 상정하고 실행토록 하였다.[457]

여덟째, 예산 절감을 위한 결정들이 있었다. 예산 절감을 위해 총회 산하 상임위원회와 기관들의 회의 방법을 개선하는 것을 행정위원회에서 1년간 연구하여 보고하기로 하였고 회의 시 총회의 여비규정을 지키도록 하였으며, 해외총회 참석 시 규정을 만들어 시행하도록 하였고 총회산하 위원회 재정 실무를 총회 재무실이 담당할 수 있도록 하였다. 또 감사 지적 사항을 이행하지 않을 때 총회 배정금을 삭감하기로 하였으며 상임위원회 임원에게 정기적으로 지급하는 활동비는 지급하지 않도록 하고 사업에 필요한 세미나는 필요에 따라 개최하되 위원들의 친목을 위한 수련회나 엠티 등은 하지 않도록 하였다. 그리고 총회 산하 신설 법인과 사업국의 재정은 자체적으로 경비를 해결하도록 하였다.[458]

아홉째, 총회의 효율적 감사를 위한 제도 개선을 1년간 행정위원회에서 연구하여 보고하기로 하였다.[459]

열째, 북한 및 다문화선교위원회에서 다문화선교위원회를 분리하고 북한선교위원회와 통일한국대비위원회를 "통일한국대비위원회"로 통합하기로 하고 관련 규칙을 개정토록 하였으며 가급적이면 특별위원회 신설을 자제하기로 하였다.[460]

---

457. 제66회 총회회록, 60.
458. 제66회 총회회록, 73-4.
459. 제66회 총회회록, 62.
460. 제66회 총회회록, 62.

9) 목사의 칭호, 임직, 직무, 권한에 대한 결정

총 18개 관련 안건이 상정되었는데, 은퇴목사의 권한 변경 건, 군목후보생의 조기안수 건, 미조직교회 담임목사의 노회장 허락 건, 부목사를 포함하는 모든 목사의 임직을 청빙교회 공동의회의 결의로 하는 건은 이미 앞에서 언급되었다. 나머지 관련 결정은 다음과 같다.

첫째, 다른 교단에서 은퇴한 목사가 본 교단에 가입하는 일은 교회정치 제57조에 근거하여 이는 현행법으로는 불가하다고 결정하였다.[461]

둘째, 교회정치 제60조 제1항에 따라 본 교단을 이탈한 목사는 제적하는 것이 가하고 본 교단 신학과 우호적인 관계에 있는 교단에서 사역하는 일은 노회의 지도를 따라 사역을 허락하기로 하였다.[462]

셋째, 기관목사 은퇴 후의 칭호에 대해서 해 기관 은퇴 후에는 무임목사로, 70세 이후에는 은퇴목사로 칭함이 가하지만 단, 70세 이전이라도 본인이 은퇴를 원하는 경우는 은퇴목사로 칭하기로 하였다.[463]

넷째, 미조직교회가 장로를 장립하여 당회를 구성하는 것과 조직교회에서만 할 수 있는 목사 위임식을 동시 시행하는 것은 불가하며 현행대로 장로를 장립하여 당회를 조직한 후에 그 당회가 위임목사를 청빙하여 노회의 허락을 받고 위임식을 시행하도록 하였다.[464]

다섯째, 기관목사의 기준을 묻는 질의는 행정위원회에서 1년간 연구하여 보고하기로 하였다.[465]

---

461. 제66회 총회회록, 63.
462. 제66회 총회회록, 64.
463. 제66회 총회회록, 64.
464. 제66회 총회회록, 61.
465. 제66회 총회회록, 61.

여섯째, 목사의 결혼 주례 대상을 한정하자는 청원을 허락하였다. 즉 학습인 이상, 창조의 원리에 따라 남자와 여자가 만나 가정을 이루고자 하는 자, 담임목사와 당회의 지도에 순응하고자 하는 자, 이단과 사이비 종파에 속하지 않은 자로 한정하기로 하였다.[466]

일곱째, 목사의 설교표절 대책을 마련해달라는 청원은 신학위원회에서 1년간 연구하여 보고하도록 하였다.[467]

여덟째, 고신총회세계선교회(이사장 김윤하 목사)가 발의한 "해임된 선교사의 재허입 불가" 원칙을 결정하였다.[468]

아홉째, 농어촌 및 미자립 교회 목회자의 최저생계비 전담 대책기구 설립 청원과 미자립 교회 목사의 은퇴에 따른 교회의 후속 조치 등 제도적 장치 마련 청원 건은 국내전도위원회에 맡겨 처리하기로 하였다.[469]

10) 교단 간 교류와 대정부 관련 결정

첫째, 합신과의교류추진위원회의 보고를 받고 임원회에 맡겨서 계속 교류하기로 하였다.[470]

둘째, 한국교회연합기관 참여는 임원회 결의로 가능하도록 가결하였다.[471]

셋째, 직전 총회에서 고신교회와 고려총회가 통합한 것을 기념하여 통합기념교회를 설립하기로 하고 추진준비위원회 구성은 총회 임원회에 맡겨 처

---

466. 제66회 총회회록, 77, 186.
467. 제66회 총회회록, 77.
468. 제66회 총회회록, 84.
469. 제66회 총회회록, 79.
470. 제66회 총회회록, 44.
471. 제66회 총회회록, 92.

리하기로 하였다.[472]

넷째, 차별금지법 국회 통과 저지를 위한 총회적 대응은 총회 임원회에 맡기기로 하였다.[473]

다섯째, 직전 총회가 동성애 문제에 총회적으로 대응하기 위해 결의문 작성을 맡긴 것은 고려신학대학원 신원하 교수와 권오헌 목사가 초안을 작성하도록 하였다는 것과, 종교인 납세문제는 종교인자발적납세대책위원회에 사무총장 구자우 목사와 회록서기 김홍석 목사를 파견하기로 하였다는 것을 총회 임원회가 각각 보고하였다(제65-3차 임원회, 2015년 9월 22일).[474]

11) 교회 내 사법제도 개선과 사법적 질의

이번 총회에 교회 내 사법제도 개선 청원과 사법적 질의가 모두 11건이 상정되었다. 그중에서 특히 노회상설 재판국과 기소위원회가 신설되어 시행된 지 불과 5년 만에 폐지된 것은 2011년 개정된 새 권징조례가 우리 몸에 잘 맞지 않은 옷이었다는 점이 드러난 것이다. 교회법 전문인을 세우는 전략 수립을 장기적인 차원에서 깊이 연구할 과제로 삼고 법제위원회에서 이를 1년간 연구하여 보고하기로 한 것도 이런 맥락에서 이해해야 할 것이다.[475] 목사와 장로 중에서 교회법 전문인을 세워야 할 정도로 교회법이 어렵고 난해하다면 법 자체에 문제가 있다고 말할 수 있다. 이 외에도 상고 건은 하회의 절차를 거쳐 권징조례 제113조, 제125조를 따라 총회 재판국에 직접 접수하기로

---

472. 제66회 총회회록, 81.
473. 제66회 총회회록, 87.
474. 제66회 총회회록, 43, 264.
475. 제66회 총회회록, 64.

하였으며[476] 재판의 판결문을 열람하되 창구는 총회 임원회로 하기로 하였다.[477] 총회 산하기관장의 잘못이 있을 때는 권징조례 제24조를 따라 노회 재판국에서 바로 처리할 수 있는 것으로 해석하였고 하회의 재판국장은 권징조례 제31조와 제108조 제1항을 따라 피상소인으로 상소할 수 없는 것으로 답변하였다. 또한 하회의 판결에 불복하여 상회에 상소할 시 권징조례 제140조 제1항에 의해 행정소송은 치리회 회장도 피상소인이 가능한 것으로 해석하였다.[478]

12) SFC(학생신앙운동) 관련 결정

SFC의 정체성과 현실에 대한 우려 섞인 질의가 4개 노회(북부산노회, 서부산노회, 동부산노회, 동대구노회)에서 모두 8건이 상정되었다, 유신 진화론(Theistic Evolution)을 주장한 강사를 수련회에 청한 일과 SFC 출판부에서 본 교단의 정체성과 동떨어진 책을 출판한 일, 독자적으로 선교사를 파송한 일을 두고 진상조사위원회 구성을 요청하였고, 또 이로써 SFC 정체성이 확립되도록 요청하였다. 이에 전국학생신앙운동지도위원회가 총회 임원회와 의논하여 조사위원회를 구성하여 철저히 조사하게 한 후 그 결과를 총회운영위원회에 조속히 보고하기로 하였고, 전국학생신앙운동지도위원회는 강사 선정에 신중하지 못한 것을 확인하고 이에 대한 책임을 물어 해당 간사를 그 보직에서 해임하고 해당 지역 지도위원회협의회에 추후 모든 행사에서 강사를 선정하는 문제는 철저히 지도하도록 하였다. 또한 SFC가 독자적으로 선교사를 파송한 적은 없고 해외학원 SFC를 위해 간사를 파송한 일이

---

476. 제66회 총회회록, 62.
477. 제66회 총회회록, 83.
478. 제66회 총회회록, 88.

있었으며 2015년부터 고신총회세계선교회와 MOU를 체결하여 파송과 지도 관리하도록 일원화하였다는 것을 보고하였다.[479]

13) 교회건설과 미래정책

다음과 같이 교회건설과 미래정책을 위한 의미 있는 안건이 상정되기도 하였다. 다음 세대의 출석 감소 원인 분석과 성장 대안은 총회교육원에 위탁하여 1년간 연구하여 보고하도록 하였고, 부목사대책위원회 구성은 미래정책연구위원회가 1년간 연구하여 보고하도록 하였으며[480] 또 개체교회의 적정 규모와 최대 규모에 대한 연구는 신학위원회에서 1년간 연구하여 보고하도록 하였다.[481] 한편 성도들의 다자녀 갖기를 위한 총회 차원의 대책 마련 청원 건은 담임목사(교역자)의 설교와 목회적 돌봄을 통하여 다자녀 출산의 당위성을 강조하고 매체(기독교보, 포스터 등)를 통하여 다자녀 갖기 운동을 전개하는 것을 시행하도록 하였다.[482]

12. 제67회 총회(2017년 9월)

제67회 총회는 회기 제2일인 9월 20일 저녁에 뜻 깊은 행사를 치렀다. 교회개혁500주년 기념행사이다. 총회장 김상석 목사가 개회사를, 교회개혁500주년준비위원회 서기 안재경 목사가 기도를 하고 기념영상("쏠라 스크

---

479. 제66회 총회회록, 77-8.
480. 제66회 총회회록, 63.
481. 제66회 총회회록, 77.
482. 제66회 총회회록, 75.

립투라")을 시청한 후 고신대학교 이상규 교수가 사사기 2장 6-10절을 본문으로 "종교개혁과 장로교신앙"이라는 주제로 설교하였다. 충청노회 소속 좋은교회 좋은여성중창단의 시편 23편 찬송이 있은 후 교회개혁500주년준비위원회 위원장 박영호 목사의 <선언문>, 세대별 대표자들의 <우리의 다짐>이 각각 낭독되고 전임총회장 권오정 목사의 축도로 행사가 이어졌다.[483] <선언문>과 <우리의 다짐>은 다음과 같다.

<선언문>

유일하시고 참되신 성부, 성자, 성령 삼위 하나님은 500년 전 신실한 말씀의 종들을 일으키셔서 순수한 복음을 선포하게 하심으로 진리에서 떠났던 교회를 개혁시켰다. 이 위대한 종교개혁은 무지와 미신에 갇혀 있던 신자들을 교권의 억압에서 진정한 자유와 해방을 누리게 하였고, 사회 전체를 새롭게 하는 전무후무한 역사를 이루어 내었다. 종교개혁 500주년을 맞이하는 이 뜻깊은 해에 고신총회는 하나님의 역사를 기억하고, 오늘을 성찰하여 다가올 세대를 위한 방향을 제시하고자 한다.

1. 우리에게는 종교개혁가들이 물려준 순수한 복음을 주님 오실 때까지 사수해야 하는 사명이 있다. 신앙의 선배들은 하나님의 말씀을 바르고, 깊고, 풍성하게 해석하였고 그것을 여러 신앙고백서에 체계적으로 담아서 후손들에게 전수해 주었다. 이 신앙고백서는 사도적 복음을 회복시켰고, 개혁교회가 지속적으로 설립될 수 있는 초석이 되었다. 그러나 오늘날 일부에서 "오직 성경"을 내세우지만 실제로는 잘못 해석하고 사용하는 경우가 허다하다. 이런 상황이 지속된다면 다음 세대는 좌표를 잃고 시대 흐름을 따라 표류하게 될 것이다. 그러므로 우리는 종교개혁 500주년을 맞이하여 다시 한번 신앙고백서에

---

483. 제67회 총회회록, 38.

담긴 순수한 복음으로 돌아가야 한다.

2. 우리는 순수한 복음이 올바른 예배의 회복으로 이어지게 해야 한다. 교회의 전통을 성경과 동등하게 여기는 로마교회의 혼합주의는 예배의 타락을 가져왔다. 예배는 형식이 되었고, 기도는 미신이 되었으며, 설교는 인간의 소리로 변질되었다. 이러한 상황에서 종교개혁은 순수한 복음의 선포와 신실한 성례의 집행을 참 교회의 표지로 선언하였고, 이 표지가 예배의 중심에 자리 잡았다. 지속적 예배개혁을 위해 무엇보다 설교가 인간의 귀를 즐겁게 하는 강연이 아니라 삼위 하나님의 거룩한 뜻을 분명히 드러내는 사역이 되어야 한다. 계시역사를 따른 모든 성경을 한 권도 빠짐없이 충분히 설교하고 가르쳐야 한다. 설교의 회복과 동시에 주께서 제정하신 성례(세례와 성찬)가 다시 회복되기를 소망한다. 또한 말씀에 따른 찬송과 시편찬송이 조금씩 자리 잡도록 힘을 써야 할 것이다. 그러므로 개혁교회의 유산으로 물려받은 예배모범을 따라 예배를 회복해야 한다.

3. 우리는 올바른 예배의 회복이 직분자의 봉사로 이어지게 해야 한다. 개혁교회의 직분자는 주님의 종으로서 주께서 맡기신 일을 하면서 성도들을 섬기는 사람들이다. 안타깝게도 오늘날 직분은 하나의 벼슬이 되어버렸다. 목사는 말씀과 기도에 전념해야 한다. 당회는 이사회가 아닌 올바른 치리회가 되어야 한다. 가난한 자를 구제하는 집사의 직무가 회복되어야 한다. 순수한 복음 선포가 참 교회를 거짓 교회로부터 구별해 내듯이 신실하고 유능한 직분자는 튼튼한 교회를 부실한 교회로부터 구별해 낸다. 충성된 직분자를 지속적으로 얼마나 잘 길러내는가에 따라 고신교회의 미래가 결정될 것이다. 총회가 좋은 직분자를 세우기 위한 교재와 과정을 만들어 개체교회가 공적으로 활용하게 해야 한다.

4. 종교개혁은 제도개혁이 아니라 사람개혁이다. 우리는 하나님의 나라 백성으로서 세상에서 구별된 성도임을 나타내야 한다. 복음으로 변화 받은 신자는 그리스도처럼 살아야 한다. 신자의 정체성보다 우리를 더 규정하는 샤머니즘, 불교, 유교의 영향력에서 벗어나야 한다. 민주주의의 핵심가치인 자유, 평

등, 박애를 성경으로 바르게 해석하고 적용해야 할 뿐 아니라 하나님 나라 핵심가치인 구속, 인애, 평강이라는 최고의 가치가 실현되어야 한다. 자본주의 체제 아래서 신자들조차 물질을 섬기고 탐욕에 살아가는 현실을 극복해야 한다. 고신교인들은 종교개혁의 후예들로서 그리스도와 함께 죽고 살아난 사람들로서 새생명 가운데 살아야 한다. 이런 성도의 삶이야말로 우리 시대의 과제인 남북통일, 세계평화, 만물회복에 가장 크게 기여하게 될 것이다.

5. 우리는 교회의 미래가 다음 세대에 달려 있음을 알아야 한다. 미래 세대의 측면에서 볼 때 고신교회와 한국교회 전체가 큰 위기 앞에 놓여 있다. 저출산과 고령화라는 거대한 해일(海溢)은 교회가 한 번도 경험하지 못한 큰 도전이다. 먼저 지금까지 산아제한과 같은 성경에 반하는 정부정책을 올바른 신학의 해석 없이 받아들인 죄에 대해서 우리 교회 전체는 깊이 회개해야 한다. 이처럼 우리가 과거를 철저하게 성찰하면서 앞으로 오게 될 500년을 제대로 전망할 때 500주년 기념이 진정한 의미를 갖게 될 것이다. 지금부터 교회가 다음 세대를 위해 모든 자산을 아낌없이 투자해야 할 것이다. 주님이 오실 때까지 세대에 세대를 이어서 개혁교회의 신앙고백과 찬송이 교회 안에 힘차게 울려 퍼지게 해야 한다.

종교개혁 500주년을 맞이하면서 오직 성경 한권의 가르침이 우리의 모든 삶을 지배하게 해야 한다. 우리 고신 교회가 어두운 이 세상에 착한 행실로 빛과 소금이 되어 희망을 잃어버린 세대에 진정한 소망을 주어야 한다. 이를 위해 먼저 우리 자신이 철저하게 회개하고 종교개혁의 유산을 잘 배워 다음 세대에게 전달해야 할 것이다. 주님 다시 오실 때까지 이 거룩하고 귀한 유산을 이어가기 위해 전심전력하는 고신교회가 되자. 오직 하나님께만 영광이 있으리라! 아멘.

2017년 9월 20일

제67회 고신총회 총회장 김상석 목사
종교개혁500주년 준비위원장 박영호 목사

<우리의 다짐>

어린이(오직 성경): 저는 아직 어리지만 종교개혁자들이 "오직 성경"으로 교회를 개혁했다고 배웠습니다. 저도 하나님의 말씀을 잘 알고 싶습니다. 그래서 키와 지혜가 자랄 뿐만 아니라 하나님과 사람에게 사랑받는 주의 자녀가 되기를 원합니다. 아빠 엄마가 저희에게 말씀을 잘 들려주시기 바랍니다.

중등부(오직 은혜): 저도 마찬가지이지만 제 친구들을 보면 다들 학교 공부와 학원공부에 너무 힘들어합니다. 자신의 성적으로 무언가를 이루려고 하는 이 시대입니다. 은혜가 아닌 업적이 지배하는 사회입니다. "오직 은혜"가 무엇인지를 알고, 거저 받았으니 공부해서 남 주는 삶을 살기를 다짐합니다.

대학부(오직 믿음): 우리 청년들은 미래를 생각하면 너무나 암울합니다. 3포 5포니 하는 말들이 현실입니다. 연애도, 결혼도, 직장도, 집 마련도 포기하며 삽니다. 개혁자들이 "오직 믿음"으로 개혁을 이루었듯이 저희도 오직 믿음으로 현실을 돌파할 수 있도록 힘을 주시기 바랍니다.

장년부(오직 그리스도): 가정을 책임져야 할 우리 장년은 가면 갈수록 어깨가 축쳐지고 있습니다. 우리는 과거에도 그랬고 지금도 우리 경제와 우리 삶을 좀 나아지게 해줄 영웅과 구원자를 찾고 있습니다. "오직 그리스도"만이 우리의 구원자임을 믿고 나갈 수 있도록 도와주시기 바랍니다.

노년부(오직 하나님께 영광): 한평생을 돌아보니 참 후회가 많습니다. 왜 그렇게 고집스러웠는지 말입니다. 주님 부르시는 그날까지 "오직 하나님께 영광"을 돌리기를 원합니다. 제 마지막 걸음을 지켜주시기를 바랍니다. 주님과 영원히 함께 할 날을 기대합니다.

다같이: 주님, 불쌍한 죄인들을 도와주옵소서.

그러나 제67회 고신총회의 가장 중요한 이슈는 노회구역조정안이었다. 현재 행정 구역과 상관없는 교회와 노회가 많다는 이유 외에 무엇보다도 이 조정안은 지난 제51회 총회(1991년 9월)와 제65회 총회(2015년 9월)에서 영입하고 합동한 옛 고려 측 교회들을 염두에 둔 것이었다. 비록 지난 제66회 총회(2016년 9월)가 원칙적으로 결의했지만 이번 총회의 노회명칭과 구역조정안 결정은 고신교회 역사에서 획기적인 일이라 할 수 있다. 무엇보다 이번 노회구역설정은 장로교회의 정치원리에 따라 노회의 지역성과 동등성을 지향하는 것이었다. 조정안이 대체적으로 원만하게 이루어졌으나 마산노회에 속한 함안 지역 교회들의 반대가 심하였다.[484]

1) 노회상설재판국과 기소위원회의 폐지에 따른 해당 권징조례 조항 개정 노회 수의 결정[485]

직전 총회에서 노회상설재판국과 기소위원회를 폐지하기로 하고 이에 따른 해당 권징조례와 헌법적 규칙 개정의 조문화 작업을 법제위원회에 1년 동안 연구하기로 하였는데 아래와 같이 법제위원회의 보고를 받았다. "노회상설재판국"은 "노회재판부"로 "국원"은 "부원"으로 수정되었다:

---

484. 제67회 총회보고서, 180-6.
485. 제67회 총회회록, 33-5. 그런데 여기서 열거된 내용은 2017년 10월 12일자(문서번호 2017-89호)로 총회장 김상석 목사 이름으로 각 노회장에게 발신한 "노회 상설재판국과 기소위원회 폐지에 따른 헌법 개정에 따른 노회 수의 요청" 제목의 문건에 실린 헌법 개정 요청 내용과는 다소 차이가 있다. 이 문건에서 개정을 위해 노회 수의를 요청하는 내용에는 권징조례 제8조, 제12조, 2장 제3절, 제19조, 제20조 제22조, 제23조, 제29조, 제38조, 제67조, 제68조, 제106조, 제124조, 헌법적 규칙 제12조만 들어가 있다.

제8조 4. 재판은 3심제로 하며 1심은 당회인 치리회에서 제2심은 노회재판부에서 제3심은 총회상설재판국에서 관장한다.

제12조

1. 당회 및 노회 재판국은 필요시에 각각 당회 및 노회에 총회재판국은 상설로 총회에 설치한다.

3. 목사에 관한 소송사건 및 장로의 노회원 또는 총회원으로서의 행위와 관련된 소송 사건의 재판관할은 노회재판부에 속하되 총회재판국에 상소할 수 있다.

제3절 노회재판부

제19조

1. 노회재판부는 본 노회에서 선임된 재판부원 7인(목사4인, 장로3인)으로 구성한다. 다만 재판부원은 동일한 교회 파송총대 중 1인에 한하여 선임된다.

2. 재판부원 7인은 총대 중 교회법에 상당한 식견을 가진 자 중에서 목사는 임직 15년 이상 장로는 임직 10년 이상 된 자 중에서 투표로 선임한다.

제20조(임원의 선임 및 직무)

1. 재판부 임원으로 부장과 서기 및 회계를 두며 임원은 부원 중에서 선택한다.

2. 재판부장은 재판을 진행하며 재판부의 재판사무를 지휘감독한다. 서기는 재판의 진행사항을 회의록으로 작성 보관하고 재판부의 재판사무를 관장하며 회계는 재판부의 회계업무를 관장한다.

제21조(의결방법)

　1. 재판부 회의는 재판부 재적 3분의 2이상의 출석으로 하되 목사가 과반수라야 하고 출석인원 과반수의 찬성으로 의결한다.

　2. 재판부 서기는 재판사건의 진행 전말과 판결에 대하여 상세히 기록하고 부장과 서기는 그 기록의 정확을 증명하기 위하여 이를 등본 날인하여 노회서기에게 한 통을 제출하고 판결문을 원고와 피고에게 한 통씩 교부하여야 한다.

　3. 재판부는 그 판결의…

　4. 재판부는 본 노회 회무 중에…

　5. 노회가 재판부의 보고를 채용…

　6. 본 노회가 폐회한 후 재판부에서 재판한 사건은…

제22조(재판사항)

　노회 재판부는 다음의 사건을 재판한다

제28조(재판사항)

　1. 노회 재판부의 판결에…

　3. 기타 총회재판국의 권한에 속한 사항

　4. 총회는 재판사건을…

제37조 판결의 선고는 기소가 제기된 날로부터 당회 재판국은 30일 이내에 노회재판부는 60일 이내에 하여야 한다…

제57조 생략

제65조(항고및 재항고)

　1…노회재판부…
　2…제64조의 규정에
　3…노회재판부를 거쳐 서면으로 총회 재판국에 재항고 할 수 있다. 이 경우는 노회재판부는 재항고가 이유가 있다고 인정하는 때에는 그 결정을 시정하여야 한다. 단, 노회재판부가 거부하면 부전을 붙여 제기할 수 있다.
　4. 노회재판부의 불기소처분 또는…

제66조(재판국의 결정)

　1. 항고서 … 수리한 노회재판부 또는 총회재판국은…

제67조~제203조(재판국장 대신에 재판부장으로)

제104조(상소)

　5. 노회재판부나 총회의 재판국이 판결한 것은…"

제105조~제121조

제122조(상고의 일반규례)

　제2심 재판부 판결에 대하여

123조~176조

헌법적 규칙
　제12조 (노회기소위원회의 임기와 보선, 자격) 삭제

2) 총회규칙 개정

첫째, 제3장 제13조 3. 전도선교부의 4)를 개정하였다. 즉 "군경목선교위원회는 교단 군종목사와 민목을 지도 감독하고, 군인 전도에 관한 일과 경찰 및 교도소 선교를 담당한다."를 "군선교위원회는 총회 군종목사와 군 선교사(민목) 및 군종목사후보생을 지도 감독하며, 군인 전도에 관한 일을 담당한다."로 전원 찬성하여 수정하였다.[486]

둘째, 제15조(특별위원회)의 제2항을 전원 찬성으로 수정하였다. 즉, "2. 특별위원회는 … 특별위원회의 임기는 … 다시 선임한다."에서 다음을 이후에 추가하였다: "이 경우 특별위원회의 존속여부에 대하여는 법제위원회에서 면밀히 검토하여 총회에 보고하여야 한다."[487]

셋째, 제18조(준법인: 고신총회세계선교회) 제2-4항을 일부 개정하였다. 현 제18조 제2항은 고신총회세계선교회의 이사를 15인으로 구성한다고 하였으나 개정안은 총회선출 이사를 12인(목사 8인, 장로 4인)에다 당연직 이사 5인(세계선교본부장, 선교후원교회협의회 1인, 정책위원장, 이사회가 추천한 전문직 2명)을 추가하여 이사를 17인으로 구성하는 것으로 전원 찬성으로 이를 수정하였다.[488]

3) 기타 정관개정

첫째, 총회취업규칙 제4장(인사) 제13조(인사위원회 구성)를 수정하였다: "인사위원회(이하 위원회라 한다.)는 총회장을 위원장으로 목사 부총회장, 장로 부총회장, 총회 서기, 총회 회계, 총회유지재단이 추천한 1인, 총회교육

---

486. 제67회 총회회록, 61.
487. 제67회 총회회록, 61.
488. 제67회 총회회록, 62.

원이 추천한 1인으로 구성하며, 사무총장은 언권회원이 된다." 그리고 인사위원회의 회의 및 회의 내용을 공개할 수 있도록 하고 인사위원회 회의록은 참석자 전원 서명 날인하여 보관하고 감사국의 회의록 제출 요청이 있는 경우에는 회의록 사본을 제출할 수 있도록 하였다.[489]

둘째, 고신총회세계선교회 정관 제3장 제23조(선교사의 정년)를 개정하였다. 현행은 "선교사의 정년은 만 70세로 한다."인데 "단 20년 이상 사역한 60세 이상인 자는 조기 은퇴가 가능하다."를 추가하였다.[490]

셋째, 고려학원의 정관을 일부 개정하였다(제5조 정관의 변경, 제20조 임원의 선임방법). 정관 변경 시 총회뿐 아니라 총회운영위원회에서 인준을 받을 수 있도록 하였으며 사립학교법 변경에 따른 해당 정관을 거정하였다(제22조, 제27조, 제37조, 제38조, 제41조, 제52조, 제58조, 제65조 등).[491]

4) 헌법해설수정위원회

헌법해설수정위원회(위원장 권오헌 목사)의 존속을 허락하고 2018년 3월까지 전국교회의 의견을 수렴하고 전문가의 자문을 구하여 2018년 7월 이전에 수정 내용을 총회운영위원회에 인준하겠다는 일정을 보고하였다.[492]

5) 개혁주의 교회건설과 고신교회 미래정책에 대한 결정

올해 종교개혁500주년을 맞아 개혁주의 정체성을 지켜나가면서 동시에 미래를 향한 정책을 다음과 같이 결정하였다.

---

489. 제67회 총회회록, 57.
490. 제67회 총회회록, 62.
491. 제67회 총회회록, 63, 124-7.
492. 제67회 총회회록, 40-1.

첫째, 신학위원회에서 1년간 연구한 개체교회 적정 규모와 최대 규모 보고를 받았다: "개체교회의 적정규모는 담임목사가 성도들을 세심히 알고 각자에게 필요한 목회적 돌봄이 되어야 하므로 예배 출석 150여명(재적 250여명)이 좋으나 교회의 다양한 사역과 사회적 책임 면에서 볼 때 예배 출석 300여명(재적 500여명)이며 교회의 최대 규모로는 예배 출석 500여명(재적 900여명)이고 부목사에게 담임목사처럼 목회적 돌봄의 사역을 하도록 책임을 부여하는 경우에는 그 이상의 규모도 가능하다고 여겨진다. 교회의 규모가 큰 교회는 적절히 분립하여 적정규모를 이루는 것이 바람직하며 작은 교회를 도울 의무도 있으며, 적정 규모가 되지 못한 교회는 다각적으로 노력하여 적정 규모를 이루어 건강한 교회가 되도록 하는 것이 좋다."[493]

둘째, 총회교육원에 위탁하여 1년간 연구한 "다음 세대의 출석 감소원인 분석과 성장 대안" 보고를 받았다.[494] 이를 위해 총회교육원은 연구위원장으로 조성국 교수를 선임하고 공동연구위원으로 고신대학교의 이현철, 조철현 교수, 총회교육원의 박신웅, 이기룡, SFC의 박용성 박사로 공동연구팀을 구성하여 보고서를 작성하여 이번 총회에 보고를 하였다. 2006년-2015년 고신교회의 주일학교 현황 분석 보고에 따르면 2006년도와 비교하여 2015년 유아유치부 학생인원은 28% 감소하였고, 유초등부 학생인원 수는 44% 감소하였으며, 중고등부 학생 수는 19% 감소하였다. 이러한 쇠퇴를 두고 보고서는 다음과 같이 교회교육이 나아갈 방향을 제시하였다: "담임목사의 의식변화, 교육시스템의 획기적 분석, 삶의 참된 가치에 기초한 신앙교육, 신앙교육 본질에 충실한 교회교육, 교사의 탁월한 역량 강화, 교육사역자들의 전문성

---

493. 제67회 총회회록, 30, 271-7. 이 보고서는 고려신학대학원 명예교수 현유광 교수가 집필하였다.
494. 제67회 총회회록, 36, 288-308.

확보, 신앙 가치에 기초한 부모들의 자녀교육 의식변화 등이다.'

셋째, 직전 총회에서 성도들이 자녀를 많이 출산할 수 있도록 대책을 마련하자는 청원이 있었는데 지난 회기 동안 <기독교보>와 <월간고신>을 통해 기획기사를 내는 등 적극적인 운동을 펼쳤다고 임원회가 보고하였다. 그리고 총회 차원에서 격려를 하기 위해 교회가 청원하면 자녀 셋 이상 출산하는 가정은 총회장 명의로 감사장 혹은 격려장을 수여하기로 하였다.[495]

넷째, 미래정책연구위원회(위원장 김창도 목사)가 청원한 연구를 허락하였다: 개혁교회와 장로교정치회복의 제도 마련을 위한 연구, 총회장 제도에 관한 연구, 고신교회의 개혁교회와 목회자 그리고 직분자 세우기에 대한 청사진 마련을 위한 연구, 장로교 정치원리를 따른 총회 일꾼 선출 과정에 관한 연구, 총회기구 사역에 대한 비전 제시를 위한 연구, 총회 산하 법인과 재단이사회를 총회 차원에서 통제할 수 있는 장치 연구, 총회장 임기 중 직무 수행과 관련한 연구, 사무총장과 총회사무실 직원들의 직무 관련 연구.[496]

다섯째, 개혁주의 장로교회 절기들에 대한 연구를 진행하기로 하고 연구위원 구성은 신학위원회 임원회에 맡기기로 하였다.[497]

여섯째, 교회개혁500주년준비위원회(위원장 박영호 목사)가 종교개혁 정신의 계승을 위해 청원한 개혁교회건설연구소 설립을 허락하였다.[498]

일곱째, 기독교학교(설립추진)위원회를 설립하자는 청원은 미래정책연구위원회에 맡겨 연구하여 보고하도록 하였다.[499]

---

495. 제67회 총회회록, 56.
496. 제67회 총회회록, 57.
497. 제67회 총회회록, 66.
498. 제67회 총회회록, 66.
499. 제67회 총회회록, 68.

여덟째, 교회직원에 대한 재교육 실시 청원은 각 노회가 노회 형편에 맞게 계획을 세워 시행하기로 하였다.[500]

아홉째, 이신칭의 교리에 대한 고신교회의 입장과 고려신학대학원 교수들의 견해를 밝혀 달라는 청원은 고려신학대학원 교수회의 신학적 견해를 확인하기로 하고, 이에 고려신학대학원장 신원하 교수가 본회 앞에 나와 고신신앙의 이신칭의 교리를 잘 지켜나가겠다는 교수회의 입장을 표명하였다.[501]

열째, 직전 총회가 SFC(학생신앙운동)의 정체성과 관련하여 구성한 SFC 조사위원회(위원장 김상석 목사)의 1년 연장을 허락하였다.[502]

6) 목사와 관련한 결정

첫째, 기관목사의 기준과 관련하여 직전 총회에서 위임을 받아 1년간 연구한 행정위원회의 보고를 다음과 같이 받았다: "교회정치 제42조(목사의 칭호) 제5항에서 기관목사를 신학교, 병원, 학교, 기타 기관에서 가르치고 전도하는 목사라고 하였기에 고신교단 소속이 아닌 경우라도 초교파적으로 한국교회에 잘 알려진 공신력이 있는 기관에서 사역하는 목사는 기관목사로 인정하고 그 외의 기관은 교단교회와 복음에 유익이 되는 정도를 각 노회가 살펴서 기관목사로 허락하는 것으로 하며 개인 영리를 목적으로 기관을 운영하는 목사는 기관목사로 인정하지 않는 것으로 한다."[503]

둘째, 직전 총회에서 부목사 대책 건을 연구하도록 위임받은 미래정책연구위원회(위원장 김창도 목사)의 보고를 다음과 같이 받았다: "① 매년 총

---

500. 제67회 총회회록, 68.
501. 제67회 총회회록, 66.
502. 제67회 총회회록, 41.
503. 제67회 총회회록, 28-9.

회 사무실에서 목사들의 임직과 은퇴, 이동에 관한 데이터베이스를 구축하여 은퇴와 담임목사 수급 문제를 자료로 볼 수 있도록 한다. ② 미래정책연구위원회가 다음과 같은 부분에 대한 연구조사를 위탁한다: 일정 규모의 교회들이 분립개척을 하도록 권장하는 건(500명 교회는 5년에 1회, 1000명 이상 교회는 3년에 1회 등 구체적 명시), 고려신학대학원에서 교육, 청소년, 노인복지 등에 전문성을 가진 목사를 양성하는 건, 유학생 선교와 다문화가정 선교에 관한 연구와 지원 건, 다양한 사회복지사 자격증을 취득하여 사회의 다방면으로 진출하는 건, 해외 이민교회의 적극적인 개척과 지원 건."[504]

셋째, 직전 총회가 설교표절 대책 건을 위임하여 1년간 연구한 신학위원회가 다음과 같이 보고하였다: "설교표절이란 설교자가 다른 설교자의 설교를 자기가 작성한 설교인 것처럼 반복적으로 위선적이면서 의도적으로 도용하여 편집 또는 인용하는 행위이다. 그러므로 ① 설교자는 목회대학원 수강 등을 통하여 자기 발전을 위해 노력해야 하며, ② 교회는 설교자의 더 나은 설교준비를 위해 더 많은 부분들을 배려하며, ③ 노회는 설교표절 행위가 일어나지 않도록 설교자를 지도 및 감독하여야 하며 설교표절의 행위자를 1차 견책하고 지속적으로 설교표절하는 자는 엄중 시벌하여야 한다."[505]

넷째, 한 노회가 적법한 절차를 따라 면직한 자를 타 노회에서 노회원으로 받고 목사 시무를 허락하는 것은 부당하며 만일 그 면직한 목사를 노회원으로 가입을 허락한 해 노회는 임시노회를 열어 총회(제63회 총회) 결정 사항대로 이행하기로 하였다.[506]

---

504. 제67회 총회회록, 29.
505. 제67회 총회회록, 29-30.
506. 제67회 총회회록, 59.

다섯째, 원로목사의 추대절차에서 "노회의 허락"은 곧 "노회의 결의"임을 확인하였다.[507]

7) 총회운영에 대한 결정

첫째, 총회의 효율적 감사를 위한 제도개선 건을 직전 총회에서 과제를 맡아 연구한 행정위원회가 다음과 같이 보고하였다: "① 각 위원회 회의록과 회계장부 및 증빙서류를 감사부에 보내어 1차 서류감사를 하고 필요한 사항이 있을 시에 2차 출석감사를 하는 것으로 한다 ② 효율적 감사를 위해 각 위원회 기관의 회의록과 회계장부를 표준화해서 사용하기로 한다."[508]

둘째, 총회 행정부서와 사법부서의 독립방안 마련 건은 현실적으로 인적 교환을 제한하면 총대의 기본권을 제한하는 문제가 생기므로 장기적으로 총회 법제위원회에서 교회법연수과정을 신설하고 시행하여 전문적인 인원을 확보하면서 사법부서의 독립성을 키워가야 한다는 법제위원회의 보고를 받았다.[509]

셋째, 총회운영위원회 위원에 총회 특별국 회계(장로)를 포함하기로 하였다.[510] 이는 직전 총회가 총회 상임위원회 회계를 총회운영위원회 위원으로 포함한 결정에 이은 것이다.

넷째, 각 노회가 총회에 파송하는 총대 수를 최소한 목사 3인, 장로 3인으로 하자는 청원 건은 헌법 개정과 관련이 있으므로 법제위원회로 이관하기

---

507. 제67회 총회회록, 60.
508. 제67회 총회회록, 29.
509. 제67회 총회회록, 32.
510. 제67회 총회회록, 58.

로 하였다.[511]

다섯째, 총회 임원 및 각 법인 이사 중 목사 이사는 고려신학대학원 동기회 내 두 사람(2명)을 초과하지 못하도록 총회규칙을 개정하는 청원 건은 이는 총대 개인의 기본권을 제한하는 일이므로 기각하기로 하였다.[512]

여섯째, 제65회 총회(2015년 9월)에서 고신총회와 고려총회의 통합을 결정하였다. 양측이 온전한 하나가 되도록 하기 위해 3년간(제68회-70회) 총회 총대 수(40명)를 한시적으로 증원할 수 있도록 허락하였다.[513]

일곱째, 노회명칭과 노회구역설정 건이 마침내 오랜 진통 끝에 결정되었다. 제65회 총회(2015년 9월)에서 이루어진 옛 고려 측에 속한 교회들과 합동을 계기로 행정명칭과 상관없는 노회와 교회들을 장로교회의 정치원리를 따라 일목요연하게 정비하였다. 본회에서 토론하던 중 총회장이 토론종결을 선언하고 긴급 임원회에서 결의한 안건을 본회 앞에 제시하여 다음과 같이 전원일치 찬성으로 결정하였다: ① 제67회 회의안 및 보고서 181쪽에 나와 있는 노회명칭 및 구역설정안은 그대로 받기로 하고 ② 제67회 회의안 및 보고서 182~186쪽에 나와 있는 노회명칭-구역설정 및 소속교회명단은 이미 3년 유예하기를 원하는 교회들 외에 유인물에 수록되지 않았지만 부득이하게 유예하기를 원하는 교회는 총회 파회 후 1주일 내로 관련 노회와 협의를 거쳐 총회 임원회에 접수하면 허락할 수 있도록 하고 ③ 3년 유예를 허락받은 교회는 2020년 10월 노회부터는 총회가 설정한 지역 노회에 속하도록 하고 ④ 그 이전이라도 유예를 허락받은 해당 교회의 치리회가 원하면 총회가 설정한 지역노회로 갈 수 있도록 하고 ⑤ 해외 소재 교회는 서울서부노회에 임

---

511. 제67회 총회회록, 59.
512. 제67회 총회회록, 60.
513. 제67회 총회회록, 76-7.

시로 속하도록 하고, ⑥ 구역조정이 된 노회가 이전 노회를 계승하기를 원하면 신설 노회의 결정으로 이전 노회의 역사와 회기를 계승할 수 있도록 하고, ⑦ 노회 규모에 상관없이 최대 총대는 목사, 장로 각 15인으로 하고, 법제위원회로 보내 심의하도록 가결하고, ⑧ 경남중부노회와 남마산노회 및 마산노회의 구역설정은 총회 파회 후 총회 임원회에서 해당 노회를 즉시 방문하여 청원 사항을 심도 있게 청취하여 재조정하기로 하다.[514]

조정안에 따르면 노회 간의 동등성을 위해 각 노회의 소속교회를 60-80개 교회를 기준으로 하되 큰 규모의 교회가 많은 대도시 지역 노회는 교회 수가 다소 적어도, 작은 교회가 많은 농어촌 지역 노회는 80개 이상이라도 허락하였다. 노회명칭은 광역(동부, 서부, 남부, 북부, 중부)을 원칙으로 하되 같은 광역시, 도에 속한 노회 간의 협의에 따르도록 하였다. 그래서 서울 지역은 3개 노회로서 156개 교회가, 인천 지역은 1개 노회로서 53개 교회가, 경기 지역은 4개 노회로서 228개 교회가, 강원 지역과 충청 지역은 각각 1개 노회로서 각각 27개 교회 105개 교회가, 대구 지역은 2개 노회로서 147개 교회가, 경북 지역은 3개 노회로서 199개 교회가, 울산 지역은 2개 노회로서 91개 교회가, 제주 지역은 1개 노회로서 20개 교회가, 전남 지역은 2개 노회와 99개 교회가, 경남 지역은 7개 노회로서 582개 교회가, 부산 지역은 5개 노회로서 322개 교회가 소속되었다. 이로써 총 33개 노회 2070개 교회로 정리되었다.[515]

---

514. 제67회 총회회록, 78-9.
515. 제67회 총회보고서, 180-86.

8) 총회산하기관에 대한 결정

첫째, 총회교육원과 총회출판국의 합병을 추진하기로 하고 합병추진위원회를 조직하되 이를 임원회에 일임하기로 하였다. 경남노회, 남부산노회, 서울노회, 미래정책연구위원회와 예결산위원회에서 관련 안건을 상정하였다.[516]

둘째, 총회장과 유지재단 이사장의 겸직 재고 혹은 분리 청원은 기각되었다.[517]

셋째, 총회산하 각 법인 이사(학교법인고려학원, 유지재단, 은급재단)는 총회의 정신과 결의를 따라 직무를 수행하되 총회의 유익을 끼치지 못하고 적법하지 못한 일을 행할 때는 총회가 해당 이사를 소환할 수 있도록 청원한 건은 법제위원회에 맡겨 1년간 연구하기로 하였다.[518]

9) 교류관계와 대정부 관련 결정

첫째, 순장총회교류위원회를 설치하기로 하였다. 순장총희는 일제 강점기간에 신사참배를 반대한 우리 교단의 정신과 같은 총회로서 임원회에 맡겨 위원회를 구성하기로 하였다.[519] 이번 위원회 설치는 지난 제65회 총회(2015년 9월) 시 고신총회와 고려총회가 통합한 것이 계기가 되어 순장 측에서 요청한 것으로 알려졌다. 순장(총회장 김동민 목사) 측은 1938년 9월 제27회 조선예수교장로회총회에서 신사참배를 가결함에 따라 이를 반대한 이계실 목사의 주도하에 함남노회(1921년 함남 함주군 동천면 풍서리에 덕천

---

516. 제67회 총회회록, 40.
517. 제67회 총회회록, 40.
518. 제67회 총회회록, 58.
519. 제67회 총회회록, 28.

교회 설립)를 탈퇴(1938년 9월 10일)하면서 생겼다. 현재 국내 3개 노회, 해외 2개 노회로 구성되어 있으며 서울성경신학대학원대학교(서울 동작구 신대방동 소재)를 총회 신학교로 운영하고 있다.

둘째, 고신총회(총회장 김상석 목사)와 대양주총회(총회장 박의석 목사)가 MOU 체결하는 것을 허락하였다. 이와 함께 재일한인기독교회(KJPC), 미주한인예수교장로회(KAPC), 일본동맹교단, 중국빌라델비아교회, 북동부인도개혁파교회, 프랑스개혁파교회와 MOU 체결을 맺는 것 역시 허락하였다.[520] 고신총회장 김상석 목사와 대양주총회장 박의석 목사가 체결한 MOU 약정서는 다음과 같다:[521]

> 유럽한인예수교장로회 고신총회와 대한예수교장로회 고신총회는 같은 신학과 신앙의 바탕 위에서 함께 하나님 나라의 가치 실현과 그 나라 건설을 위하여 협력하고 동역하기를 원하며 다음과 같이 업무(행정) 협약을 맺도록 가결하고 협약약정서를 교환한다.
>
> 1. 유럽한인예수교장로회 고신총회에 대한예수교장로회 고신총회는 상호자매결연 관계를 다시 한번 확인하고 이에 따른 총회업무(행정) 협약을 체결하기로 한다.
> 2. 양국 총회는 교회성장과 교회개혁 세계선교 신학교육 목회자 사역과 훈련 목회자 돌봄 통일한국 대비 국제긴급재난구호 등 상호 공동 관심 분야에 협력하기로 한다.
> 3. 양국 총회는 각 총회의 정기총회 시 사절단을 상호방문토록 한다.

---

520. 제67회 총회회록, 57-58.
521. 제67회 총회회록, 63-64.

4. 양국 총회의 노회에 속한 목사 청빙은 자국 노회 간의 행정절차대로 자유롭게 청빙할 수 있도록 한다.

5. 양국 총회 내 노회 소속 목사의 각 지역 유학의 경우 해당 지역 노회의 준회원으로 가입하도록 허락하고 지도받게 한다.

6. 양국 총회 내 노회의 교회에서 자매 총회 소속의 목사를 협력 목회자로 청빙할 시는 소속 노회장의 추천을 받을 수 있도록 하고 청빙하는 교회가 속한 노회에서는 준회원으로 가입할 수 있도록 하여 지도하며 그 외 행정사항은 양 노회에서 공동으로 관리하게 한다.

7. 총회 업무(행정) 협약에 미비된 사항은 양국 총회 임원회에서 결의하여 처리한다.

주후 2017년 9월 20일

또 미주한인예수교장로회총회 총회장 유재일 목사와 체결한 MOU 약정서는 다음과 같다:[522]

미주한인예수교장로회와 대한예수교장로회고신총회는 동일한 신학을 파수하는 개혁주의 장로교회로서 양 교단의 상호발전을 도모하고 복음사역에 총력을 기울이고자 다음과 같이 협력한다.

1. 목회행정교류를 위하여 양 교단에 소속된 목사는 양 교단교회의 담임목사로 청빙받을 수 있다.

---

522. 제67회 총회회록, 69-70.

> 2. 미국 또는 한국에 체류할 수 있는 장기비자를 소지한 경우에는 상대편 교단의 준회원으로서 자격을 함께 가질 수 있다.
> 3. 미국 또는 한국으로 유학하고 있는 경우에는 관련 법령들이 허용하는 범위 안에서 양 교단교회의 교역자로 사역할 수 있도록 사역지 소개 및 체류비자 서류 발급 등에 적극 협조한다.
> 4. 해외선교교류를 위하여 양 교단의 해외 선교사 교육 및 훈련에 있어서 상호협력할 수 있도록 한다.
> 5. 영적 부흥을 위하여 양 교단은 교회성장 및 복음화를 위한 영적 부흥회를 매년 교차 개최할 수 있도록 상호 협의한다.
> 6. 양 교단은 개혁주의 장로교회의 세계적 기구(I.C.R.C., I.C.C.C., N.A.P.A.R.C 등)에서 신학적으로 공동보조를 취할 수 있도록 적극 노력한다.
>
> 주후 2017년 9월 20일

셋째, 차별금지법 국회 통과 저지를 위한 총회적 대응 건을 직전 총회가 임원회에 위임하였는데, 임원회는 이와 관련하여 타 교단과 적극 협력하기로 한 것과 전 총대원이 서명한 성명서를 발표하고 대 사회 활동을 위한 예산편성도 하기로 했다는 보고를 하였다.[523]

넷째, 해외자매교회인 화란개혁교회(해방 측)총회가 최근 2017년 4월에 여성 임직을 결의한 것과 관련하여 우리 총회의 대책을 고려신학대학원 교수회에 맡겨 1년간 연구하여 보고하도록 하였다.[524] 1965년부터 관계를 가져온 화란개혁교회(해방 측)의 여성 임직 허용 결정은 우리 고신교회뿐 아니라

---

523. 제67회 총회회록, 44.
524. 제67회 총회회록, 66.

국제개혁교회협의회(International Conference of Reformed Churches) 회원 교회들에게도 큰 충격을 주는 일이었다. 이에 2017년 7월 17일 ICRC는 화란개혁교회의 회원권을 정지시키기로 결의하였다.

다섯째, 사무총장 구자우 목사에게서 종교인과세 방향과 대안, 동성애 반대 및 입법화 저지 운동에 대한 설명을 들었다.[525] 종교인과세와 관련해서는 시간의 차이는 있으나 조만간 시행될 수밖에 없는 상황임을 감안하여 무조건 반대하거나 무작정 연기를 요구하는 것만이 해결책이 아니라는 것을 인식하고 교회에 피해가 되지 않는 합리적인 방안을 마련 중이라는 것과, 구체적인 가이드라인은 추후에 통보하겠다고 보고하였다. 동성애 반대 및 입법화 저지 운동과 관련해서는 국회가 교계를 향하여 발톱을 감추고 교묘하게 통과시키려는 시도를 계속하고 있다는 것과 고신총회의 입장을 밝힌 성명서를 소개하였다.

여섯째, 대학시험의 주일 시행 반대와 관련하여 총회 차원에서 정부에 대응하는 것을 적극적으로 추진하기로 하였다.[526]

10) 기타

교회정치 제14조(개체교회의 설립)에서 개체교회에 설립에 필요한 교인들의 수가 장년교인 20명 이상이라고 할 때 "장년 교인" 기준은 만 14세 이상(원입, 학습, 세례)의 교인을 의미하는 것으로 해석하였다.[527]

---

525. 제67회 총회회록, 63, 총회보고서, 794-8.
526. 제67회 총회회록, 67.
527. 제67회 총회회록, 61.

13. 제68회 총회(2018년 9월)

1) 노회상설재판국과 상설기소위원회 폐지에 따른 헌법 개정안의 공포

제66회 총회가 노회상설재판국과 상설기소위원회 폐지를 결의하고 제67회 총회가 법제위원회가 연구하여 작성한 조항을 노회에 수의하여 개정을 하기로 결정함에 따라 총회는 2017년 10월 노회에서 노회 수의를 요청하는 공문을 각 노회장에게 발신하였다. 그런데 2017년 10월 12일자(문서번호 2017-89호)로 총회장 김상석 목사 이름으로 각 노회장에게 발신한 "노회 상설재판국과 기소위원회 폐지에 따른 헌법 개정에 따른 노회 수의 요청" 문건에 실린 헌법 개정 요청 내용을 보면 지난 제67회 총회에서 법제위원회의 보고를 받아 노회 수의를 결정한 내용과는 다소 차이가 있다. 이 문건에서 개정을 위해 노회 수의를 요청하는 내용에는 권징조례 제8조, 제12조, 2장 제3절, 제19조, 제20조 제22조, 제23조, 제29조, 제38조, 제67조, 제68조, 제106조, 제124조, 헌법적 규칙 제12조만 들어가 있다.

그리고 마침내 위 개정 내용은 노회 수의를 통해 전 노회의 과반수의 전 노회원의 과반수 이상의 가표로 2017년 11월 21일에 총회장 김상석 목사 이름으로 개정 공포를 한다. 공포 내용에 실린 개정 조항은 다음과 같다: 권징조례 제8조, 제12조, 제3절 노회 재판부, 제19조, 제20조(삭제), 제21조, 제22조, 제23조, 제29조, 제38조, 제67조, 제68조, 제106조, 제124조, 헌법적 규칙 제12조(삭제). 이로써 2011년에 신설된 노회상설재판국과 상설기소위원회는 시행 6년 만에 폐지되고 말았다.

2) 총회규칙, 각종 정관 개정

첫째, 권징조례 제2장 제4절 제29조(재판사항) 제3항(노회 기소위원회의 불기소 결정에 대한 재항고 사건)이 개정판 6쇄에서 인쇄상 오류로 생략된 것을 바로잡았다는 보고를 받았다.[528] 그러나 단순히 인쇄상 오류라기보다는 직전 총회에서 노회 기소위원회가 폐지되면서 발생한 착오로 보인다. 비록 노회 기소위원회의 상설은 폐지될지라도 사안마다 노회가 기소위원회를 세울 수 있고 그래서 노회 기소위원회의 불기소 결정에 대한 재항고는 총회재판국의 중요 재판사항이다.

둘째, 총회규칙 제17조 제4항(이사소환제도) 신설[529]

직전 총회가 법제위원회에 맡겨 연구한 이사 소환 제도 시행을 위해 총회규칙 제17조 제4항을 신설하였다: "1) 각 법인 이사가 고신총회의 정체성과 헌법 및 총회 결정에 반하는 행위를 하였을 시 총회는 해당 이사를 소환할 수 있다(단, 임기 시작 1년 이내에는 소환할 수 없다). 2) 이사의 소환은 총회 총대 1/10 이상 또는 총회 임원회가 발의할 수 있으며, 총회(단, 폐회 기간에는 총회운영위원회)에서 재적 2/3 이상 출석과 출석 과반 찬성으로 결의한다. 3) 총회(단, 폐회 기간에는 총회운영위원회)에서 해당 이사는 소명의 기회를 갖는다."

그리고 총회규칙에서 이사 소환 제도를 신설하므로 이에 따른 관련 각 이사회의 정관변경(안)은 만장일치로 가결하고 자세한 사항은 법제위원회와 각 이사회가 정관과 안을 마련하여 차기 총회에 보고하기로 하였다. 법제위원회가 제시한 각 이사회 정관개정안을 보면, 학교법인고려학원 정관의 경우는 제19조(임원의 임기)에서 제3항을 신설하는 안을 제시하였다: "3. 소환 등 기타 사정으로 보선에 의하여 취임하는 임원의 임기는 전임자의 잔여기

---

528. 제68회 총회회록, 32-3.
529. 제68회 총회회록, 24-6.

간으로 한다." 총회 은급재단 정관의 경우는 제6조(임원의 임기) 제2항을 수정하는 안을 제시하였다: "소환 등 기타 사정으로 보선에 의하여 취임하는 임원의 임기는 전임자의 잔여기간으로 한다." 총회 유지재단 정관의 경우는 제7조(임기)에서 다음을 추가하는 안을 제시하였다: "다만, 소환 등 기타 사정으로 보선된 임원의 임기는 전임자의 잔여기간으로 한다."

셋째, 총회규칙 제22조(직원임명) 제3항 개정(사무총장의 임기변경)[530]

사무총장의 임기를 현재 3년 연임에서 4년 연임으로 연장하기로 하고 기존 "사무총장의 임기는 3년으로 하되 1차에 한하여 연임할 수 있고 정년은 65세로 한다."를 "사무총장의 임기는 4년으로 하되 1차에 한하여 연임할 수 있고 정년은 65세로 한다."로 전원 찬성으로 변경하였다. 5개 노회(남마산, 마산, 부산동부, 부산서부, 부산중부)가 이 안을 발의하였다.

넷째, 총회규칙 제16조(자문위원) 제3항 신설[531]

다음과 같이 만장일치로 총회자문위원의 자격에 대한 조항을 신설하였다: "3. 총회 자문위원 추대 기준은 총회 회장단을 역임한 자로 하되 목사, 장로 정년 기준 은퇴 후 15년 이내와 전국원로장로회에서 추천한 6명을 임원회에서 살펴서 추대한다."

다섯째, 총회규칙 제2장(임원) 제8조(임무) 제9항 4)의 신설[532]

선거관리위원회(위원장 곽창대 목사)의 발의로 다음을 전원 찬성으로 신설하였다: "총회에서 선출된 임원이나 이사가 임기 중에 무흠에 해당되지 않는 시벌(정직 이상)을 받을 경우에는 자격이 상실된다."

---

530. 제68회 총회회록, 64.
531. 제68회 총회회록, 64.
532. 제68회 총회회록, 64.

여섯째, 유지재단 정관 제5조(임원) 변경[533]

유지재단 이사 현 9명을 11명(이사장 포함)으로 변경하기로 하고 정관 제5조 "유지재단 정관 제5조(임원) 본 법인에 다음의 임원을 둔다. 1. 이사장 1명, 2. 이사 14명 이내"를 "1. 이사장 1명, 2. 이사 10명"으로 전원 찬성으로 수정하였다.

일곱째, 학교법인이사회의 정관시행 세칙 제22조(신학대학원장의 임면) 개정[534]

제65회, 제66회 총회 결의를 따라 총회 임원회가 신학대학원장 임기를 조정하도록 학교법인이사회에 요청한 것이 마침내 정관개정으로 실현되었다. 현행 "제22조(신학대학원장의 임면) ① 정관 제36조 ④항에 의하되 재적이사 3분의 2 이상의 찬성으로 이사회의 의결을 거쳐 이사장이 임면한다. ② 신대원장의 임기는 2년으로 하되, 연임할 수 있다."를 "제22조(신학대학원장의 임면) ① 신학대학원장은 총회의 신학대학원장 추천위원회에서 추천한 후보 3인 중 고신대학교 총장이 교원 인사위원회의 심의를 거쳐 2인을 이사회에 추천하며 재적이사 3분의 2 이상의 찬성 의결을 거쳐 이사장이 임면한다. ② 신대원장의 임기는 3년으로 하되 연임할 수 있다."로 수정하였다.

여덟째, 그 외 총회교육원의 일부 규칙개정과 고신총회세계선교회의 일부 정관개정, 학교법인고려학원의 일부 정관개정이 각각 있었고,[535] 선거조례 제3장 제6조(입후보자격) 개정은 법제위원회가 1년간 실태 조사와 연구를 시행하여 다음 회기에 보고하도록 하였다.[536]

---

533. 제68회 총회회록, 64.
534. 제68회 총회회록, 28.
535. 제68회 총회보고서, 82-9.
536. 제68회 총회회록, 44-5.

아홉째, 교회법과 관련하여 교회법 연수과정을 신설하여 시행하기로 하였고[537] 교회재판에서 상소 제기 시 재판결과에 승복하고 사회법정에 소를 제기하지 않겠다는 것을 서약한 후 각서와 녹취록을 제출받은 것만을 재판하기로 하였다.[538] 또한 총회재판국과 법제위원회를 전문인으로 구성하는 연구는 노회별로 최대한 전문성을 가진 분과 법조인을 전문위원으로 하는 것으로 하였다.[539]

3) 고신의 정체성과 교회건설을 위한 결정

첫째, 직전 총회에서 이신칭의 교리에 대한 고신교회의 입장과 고려신학대학원 교수들의 견해를 밝혀달라는 청원에 당시 신원하 원장이 고신교회의 이신칭의 교리를 잘 지켜가겠다는 것을 본회 앞에 확언하였다. 그러나 고려신학대학원 교수회는 금번 총회에 해당 보고서를 제출하여 이신칭의에 대한 신학적 견해를 다시 천명하였다.[540] 보고서에서 교수회는 "칭의론은 개혁교회를 태동시켰을 뿐 아니라 지난 500년 동안 개혁교회를 굳건히 지탱해 온 진리이다. 이 교리가 바르게 전파될 때마다 교회가 생명력으로 왕성해지고 건강하게 성장하였다. 개혁교회에서 칭의 교리는 어제나 오늘이나 영원히 구원 메시지의 심장이며 심오한 영성의 바탕이고 복음의 젖줄이며 고통당하는 양심의 위안이다. 오늘날 진정한 부흥을 고대하는 한국교회에 가장 절실히 필요한 것은 이신칭의의 복음이 바르게 전파되는 것이다."고 밝혔다.

둘째, 개혁주의 장로교회 절기들에 관해 직전 총회가 연구위원회를 구성

---

537. 제68회 총회회록, 25.
538. 제68회 총회회록, 33.
539. 제68회 총회회록, 44.
540. 제68회 총회회록, 26, 205-8.

하여 연구를 위임하고 고려신학대학원 교수회의의 심의를 거쳐 신학위원회가 제출한 보고서를 채택하였다. 보고서는 다음과 같이 결론을 내렸다: "교회역사 속에서 형성된 교회력은 성경에 명시적으로 계시된 신적인 규범은 아니지만 하나님께서 교회에 주신 선물이기 때문에 하나님의 말씀에 위배되지 않도록 잘 관리되어야 한다. 앞에서 살펴보았듯이 구약 성경에서 절기는 하나님의 구원역사를 하나님의 백성들이 기억하기 위해 제정된 반드시 시행해야 할 축제였고 신약 교회의 역사에서도 부활절 성탄절 성령강림절과 같은 절기들은 교회의 소중한 전통으로 간주되어 중단되지 않고 시행되어왔다. 성경적이지 않는 절기를 만들거나 시행해서는 안 되지만 교회는 하나님의 과거의 구원역사를 기념하고 미래의 구원역사를 소망하면서 성도의 유익을 위해서 각 교회의 형편에 따라 절기를 지킬 수 있다. 무엇보다 절기를 통해 교회는 가난한 자들에게 기쁨을 나누어 주고 불신자들을 하나님께 인도하기 위해 노력해야 한다. 앞에서 정리된 원리에 비추어 보았을 때 어린이 주일이나 스승의 주일 같이 하나님의 구원역사와 직접적인 관련이 없는 절기를 전통적인 절기들보다 앞세우는 것은 지양해야 하며 구원역사와 관련이 있다고 하더라도 그것이 과도하게 혹은 형식적으로 지켜지지 않도록 해야 한다. 무엇보다 절기 행사로 인하여 이전에 교회가 타락했을 때와 같이 하나님의 말씀이 방해받지 않도록 주의해야 한다. 이 점에서 오늘날 점차 유행하기 시작한 사순절이나 대강절은 그 자체가 잘못된 것은 아니기에 각 교회 형편에 따라 지킬 수 있지만 성도에게 불필요한 짐이 되거나 하나의 지나가는 행사가 된다면 차라리 시행하지 않는 것이 훨씬 더 바람직하다."[541]

셋째, 개혁교회와 장로교정치회복의 제도 마련을 위한 연구 및 총회장 제

---

541. 제68회 총회회록, 26-7, 209-14.

도에 관한 연구 건은 직전 총회가 행정법규부에 이관하여 연구하도록 하였으나 다음과 같이 세분화하여 해당 부서에 일임하였다: (1) 총회장 제도에 관한 개선을 위한 제안은 법제위원회로 (2) 고신교회의 개혁교회와 목회자, 그리고 직분자 세우기에 대한 청사진 마련 제안은 개혁주의교회건설연구소로 (3) 장로교 정치원리를 따른 총회일꾼 선출과정에 대한 제안은 공천위원회로 (4) 총회의 여러 기구에서 사역하는 비전에 대한 제안은 법제위원회로 (5) 총회장의 임기 중 직무 수행에 대한 제안은 임원회로 (6) 사무총장과 총회사무실 직원들의 직무와 관련한 연구는 인사위원회와 법제위원회로 각각 보내기로 하였다.[542]

넷째, 고신목회연구원 설립을 미래정책연구위원회와 신학위원회에 맡겨 1년간 연구하여 내년 총회에 보고하도록 가결하였다.[543] 고신목회연구원은 본래 제60회 총회(2010년 9월)가 미래정책위원회(위원장 박영호 목사)에서 발의한 "교단의 전문목회연구소 설립"을 허락하고 교단 신학의 정체성과 전문성을 고려하여 고려신학대학원 내 목회연구소를 활용하고 지원하는 방향으로 추진하기로 하였다. 이에 고려신학대학원은 총회의 결정을 따라 고신목회연구소설립 방안을 강구했으나 여러 가지 형편과 사정으로 설립과 시행을 하지 못하고 있는 터에 이번에 미래정책연구위원회(위원장 조승희 목사)가 다시 고신목회연구원 설립을 청원하였다.[544]

다섯째, 직전 총회에 상정된 기독교학교(설립추진)위원회 설치 건은 다시 교육지도위원회에 맡겨 1년간 연구하여 차기 총회에 보고하기로 하였다.[545]

---

542. 제68회 총회회록, 25-6.
543. 제68회 총회회록, 43-4.
544. 제68회 총회회록, 130-6.
545. 제68회 총회회록, 61.

여섯째, 총회와 산하기관에서 시행하는 교육의 표준화 일환으로 개척전도학교의 교육표준화연구는 전도위원회에 맡겨 연구하도록 하였고 선교훈련원의 교육과정 표준화는 고신총회세계선교회에 맡기기로 하였다.[546]

4) 총회산하기관에 대한 결정

첫째, 복음병원 부도 사태에 대한 백서 발간을 총회 임원회에 맡겨 처리하기로 하였다.[547] 복음병원 부도 사태 백서 발간은 지난 제57회 총회(2007년 9월)가 복음병원 부도와 함께 2003년 4월 1일부로 들어선 관선이사 체제 이후 2007년 4월 17일 정상화되기까지 고려학원 부도의 원인, 임시이사 파송 사태 등 모든 것을 문서로 작성하기로 하고 백서발간위원회(권오정, 김철봉, 정주채 목사; 김종익, 김광영 장로)를 구성하여 위임한 과제였다. 그러나 제58회 총회(2008년 9월)가 동 위원회의 존속을 1년 더 유임까지 하였으나 결국 백서는 발간되지 못한 적이 있다. 바로 그 복음병원 백서 발간이 10년 후인 이번 총회에서 갑자기 다루어진 배경을 다음에서 미루어 짐작할 수 있다.

우선 2017년 10월 20일에 열린 제67회-1차 학교법인 임시이사회 회의록을 보면 "총회 공문 처리의 건은 백서 발간은 이사회 소관이 아니므로 총회 공문은 반려하기로 가결하다."고 나오는데[548] 이에 제67-4차 총회 임원회(2017년 11월 15일)는 "학교법인에서 반려한 총회상정안건 처리의 건은 총회가 위임한 유안건에 준함으로 '학교법인 부도 사태 백서 발행 결의 미이행 사유 규명과 재조직 청원의 건'은 학교법인이 총회에 책임 있는 답변을 제출

---

546. 제68회 총회회록, 60.
547. 제68회 총회회록, 63.
548. 제68회 총회회록, 823.

하도록 지도하기로 하다."는 내용이 나온다.[549] 따라서 총회 임원회가 복음병원 부도 사태 백서 발간을 위해 고려학원이사회에 공문을 보내어 협조를 구하고, 이에 고려학원이사회는 이사회가 다룰 사안이 아니라는 견해를 총회 임원회에 전달하고, 총회 임원회는 다시 고려학원이 책임 있는 답변을 하도록 지도한다는 결정을 하면서 이번 총회에서 유안건으로 다루어진 것으로 보인다.

둘째, 고려학원 학교법인 개방이사는 총회 선거관리위원회에 입후보한 것이 아니기에 등록금은 납부 의무가 없으나 이사로 선임된 후에는 이사 출연금은 타 이사와 동일하게 법인사무국에 납부하도록 하였다.[550]

셋째, 고려신학대학원 입학생 정원 현실화와 조정 청원은 해 2020학년도부터 4년에 걸쳐 5명씩 하향 조정해서 100명이 이르도록 하겠다는 학교법인 이사회의 보고를 받았다.[551]

넷째, 세계선교후원교회협의회가 고신총회세계선교회(KPM)에 당연직 이사를 파송하지 않도록 적법하게 조치를 취하자는 청원은 고신총회세계선교회(KPM)에서 1년간 연구해 다음 회기에서 다루는 것으로 하였다.[552]

5) 목사와 선교사에 대한 결정

첫째, 교회정치 제43조(은퇴목사, 원로목사의 예우와 권한) 제1항(은퇴목사의 소속은 은퇴 시의 교회가 소속한 노회에 속하나 이명 절차에 따라 목사의 주거지역 노회에 소속할 수 있다)에 근거해서 은퇴(원로)목사는 노회 소

---

549. 제68회 총회회록, 276.
550. 제68회 총회회록, 42.
551. 제68회 총회회록, 29.
552. 제68회 총회회록, 43.

속이지만 시찰회 소속은 아님을 확인하였다.[553]

둘째, 선교사가 선교지에서 여성을 목사로 임직하는 것과 도 노회나 총회 선교부와 상관없는 독자적인 선교부를 조직하여 신학교를 운영하고 독노회를 운영하는 것과 관련하여 교단헌법을 엄격하게 적용하여 지도 관리하기로 하였다.[554]

셋째, 고신총회세계선교회가 파송한 선교사들의 부동산 보유 현황과 재산의 형성 과정에 관한 내용과 부동산의 관리 방법과 실태를 정확하게 파악하여 차기 총회 시에 보고하도록 하였고,[555] 나아가 노회파송 선교사와 개인 활동 선교사의 관리와 해외 재산 파악 역시 고신총회세계선교(KPM)에 맡겨 전수 조사를 하기로 하였다.[556]

6) 치리회와 교회회의에 대한 결정

첫째, 직전 총회가 법제위원회에 위임한 각 노회가 총회에 파송하는 최소 총대 수 증원(목사 3인, 장로 3인)건은 기각하고 현행대로 유지하기로 하였다.[557]

둘째, 총회에 안건을 상정하는 주체와 과정 건을 결정하였다. 즉, 각 노회는 총회헌의안상정위원회를 경유하여 정기노회와 임시노회에서 상정하는 것을 원칙으로 하고 총회 임원회와 각 법인, 각 위원회의 경우에는 헌의위

---

553. 제68회 총회회록, 43-4.
554. 제68회 총회회록, 42.
555. 제68회 총회회록, 27, 129-33.
556. 제68회 총회회록, 42.
557. 제68회 총회회록, 26.

회를 통해 상정할 수 있도록 하였다.[558]

셋째, "총대노회"라는 용어는 헌법 정신에 맞지 않고 다분히 오해의 소지가 있어서 사용을 금지하기로 하였다.[559]

넷째, 현 교회정치 제170조 제1항(기본재산의 처분)은 당회에서 3분의 2 이상의 결의와 공동의회에서 3분의 2 결의에 의해 가능하도록 하였으나 "단, 긴급할 시 당회에서 3분의 2이상의 결의로 처리하고 사후 공동의회 승인을 받을 수 있다."로 변경하자는 청원을 직전 총회가 1년간 유지재단이사회에 맡겨 연구하여 보고하도록 하였는데 본회는 현행대로 시행하자는 유지재단이사회의 보고를 채택하였다.[560]

7) 교회예식에 대한 결정

주일에 직원 임직식을 하는 것과 결혼식과 관련한 지침, 발달장애인(지적, 자폐성장애인) 세례 지침은 모두 고려신학대학원 교수회에 1년간 연구하여 보고하도록 하였다.[561]

8) 교류관계와 대정부 관련 결정

첫째, 대학시험을 주일에 시행하는 것과 관련하여 총회적인 대책을 직전 총회가 임원회에 위임하였다. 이에 대해 임원회는 (1) 학생들에게 주일에 쉴 수 있는 시간을 보장하도록 (2) 가정에서 부모와 함께 지낼 수 있는 가정 친화적 시간을 보장하도록 (3) 기독교 주일성수에 따른 종교적인 신앙 활동 시

---

558. 제68회 총회회록, 42.
559. 제68회 총회회록, 41-2.
560. 제68회 총회회록, 28.
561. 제68회 총회회록, 59.

간을 보장하도록 (4) 종교의 자유를 보장하고 건전한 사회 분위기 조성에 크게 기여하도록"하는 내용으로 한국교회총연합과 공동 대응하고 있다고 보고하였다.[562]

둘째, 한국교회총연합에서 보내온 국가인권정책기본계획(NAP) 독소조항 반대를 위한 협조 요청은 구자우 전 사무총장이 설명하고 관련 동영상을 시청한 후 허락하였다.[563]

셋째, 긴급사안(동성애, 차별금지법 반대 등)에 대한 서명을 총회적으로 신속하게 반응하여 성도들이 효과적으로 동참할 수 있도록 서명 방법을 개선하는 방안 수립을 임원회에 맡기기로 하였다.[564]

넷째, 직전 총회가 사단법인 한국기독교연합회 가입을 두고 임원회에 맡겨 진행한 것을 총회 임원회는 한국기독교연합회가 한국기독교총연합으로 명칭이 변경되고 이에 가입한 것을 보고하였고 본회는 이를 채택하였다.[565]

다섯째, 1965년부터 고신교회와 공식 관계를 맺어 온 화란개혁교회(해방측) 총회가 2017년 6월 16-17일에 여성 임직을 결의한 것에 대한 우리 총회의 대책을 직전 총회가 고려신학대학원 교수회에 1년간 연구하도록 하였다. 그리고 이번에 고려신학대학원 교수회가 제출한 "화란개혁교회와 고신총회의 관계에 대한 연구보고서"를 채택하였다. 보고서는 다음과 같이 결론을 내렸다: "고신교회는 자매교단인 화란개혁교회가 장로직과 목사직에 여성을 전면 허용하기로 한 2017년 6월의 결정과 관련한 자매관계 문제에 대해 다음과 같은 입장을 취하는 것이 좋다고 생각된다. 첫째, 화란개혁교회에 대해

---

562. 제68회 총회회록, 28.
563. 제68회 총회회록, 33.
564. 제68회 총회회록, 43.
565. 제68회 총회회록, 29.

2017년의 여성 직분 결정을 재고하도록 권면한다. 둘째, 국제개혁교회협의회(ICRC)의 결정에 따라 차기 국제개혁교회협의회 회의(2021년) 때까지 예의주시하면서 기다린다. 셋째, 해외 자매교단들과 이 문제를 긴밀히 협의하고 논의하도록 한다."[566]

여섯째, 직전 총회가 해외 교단과 교류 시 단계를 재설정하자는 청원(헌법적 규칙 개정)을 법제위원회에 배당하였으나 총회회기에 이를 미처 다루지 못하였는데 금번 총회는 이 미진 안건을 다시 총회 임원회에 맡겨 운영위원회에 보고하도록 하였다.[567]

일곱째, 합신과의교류추진위원회를 대외교단과의 교류위원회로 전환하는 것을 허락하고 조직과 인선은 임원회에 일임하였다. 이는 합신총회와 교류를 추진하는 일이 진전이 없는 것 때문에 취한 조치이다. 그러나 직전 총회에서 구성한 순장과의교류추진위원회 존속은 허락하고 조직과 인선은 임원회에 일임하였다.[568]

여덟째, 제65회 총회(2015년 9월)에서 고신 측과 고려 측과의 통합을 기념하여 구성한 교단통합기념교회설립추진위원회(위원장 김성복 목사)의 존속을 허락하고 교단통합기념교회 교회당 건축기금 예산 한 회기 연장 배정을 허락하였다.[569]

---

566. 제68회 총회회록, 29, 237-48.
567. 제68회 총회회록, 30.
568. 제68회 총회회록, 32.
569. 제68회 총회회록, 33.

14. 제6차 개정헌법(2011년) 이후 수정헌법에 대한 의의와 평가

	제6차 개정(2011년)	제6차 개정 이후 현재(2018년)까지
헌법적 규칙(교회정치) 제2장 4조	강도사의 인허식	강도사 인허식 전달식(제62회 총회, 2012년)
제2장 4조(강도사의 인허식) 2항(인허 공포)		삭제(제62회 총회, 2012년)
헌법적 규칙(권징조례) 제19조(겸임금지) 추가	각 치리회의 임원은 해 재판국원 및 기소위원, 특별재판국원, 수습위원 또는 전권위원을 겸할 수 없다.	"단, 특별한 경우에는 겸임할 수 있다" 추가(63회 총회, 2013년)
헌법적 규칙(권징조례) 제12조 3항 신설		노회기소위원의 자격은 노회재판 국원의 자격에 준한다(제64회 총회, 2014년)
권징조례 제89조(피의자) 오기를 바로잡음	치리회는 건덕을 위해 재판이 귀결될 때까지 피의자를 정직 또는 수 찬정지시킬 수 있으나 이런 경우에는 그 안건을 속히 판결함이 옳다.	"정직"은 "시무정지"의 오기이므로 이를 바로잡음(제64회 총회, 2014년)
헌법적 규칙(권징조례) 제19조(겸임금지) 신설		특별한 경우란 겸임을 허용하지 않고는 조직이 불가능한 경우이다(제64회 총회, 2014년)
예배지침 제5장 21조 5항(유아세례식 공포) 추가		성부와 성자와 성령의 이름으로(제65회 총회, 2015년)

권징조례 제11장 2조 4항(행정건으로 내리는 시벌)	무흠에 해당하지 않는	무흠에 해당하는(제65회 총회, 2015년)
헌법적 규칙(권징조례) 제14조 1항 추가		근신의 범위: 행정시벌 중 근신이란 결의권이 있는 회의의 참석과 결의권이 없는 모임이라 할지라도 순서를 맡는 경우는 자제한다(제65회 총회, 2015년)
헌법적 규칙(교회정치) 제7조(종군목사 안수) 신설		1. 국방부에서 실시하는 군종장교 후보생 시험에 합격한 자는 고정의 교육을 필한 후에 신학대학원에 입학한 해에 총회주관 강도사 고시와 노회주관 목사고시에 응시자격을 부여하고 합격하면 준군목으로 안수한다. 2. 준군목으로 임직받은 자가 정회원이 되는 날짜는 임관 직전의 소속노회 정기노회를 기준으로 한다. 단 준군목은 정회원이 되기까지 목사 직무를 행할 수 없고 5년 내 임관되지 못하면 면직할 수 있다(제66회 총회, 2016년)
노회상설재판국과 기소위원회 폐지 관련 권징조례 조항 삭제 및 변경		제8조, 제12조, 제3절(노회 재판부), 제19조, 제20조(삭제), 제21조, 제22조, 제23조, 제29조, 제38조, 제67조, 제68조, 제106조, 제124조, 헌법적 규칙 제12조(삭제) (2017년 11월 21일 개정 공포)

　　2011년 제6차 헌법 개정 이후 제68회 총회(2018년 9월)까지 수정된 헌법 조항은 그렇게 많지 않다. 그럼에도 몇 가지 특징을 꼽을 수 있다.

첫째, 제66회 총회(2016년 9월)에서 신설된 지 5년 만에 새 권징조례의 핵심을 이루는 노회상설재판국과 기소위원회 폐지 결정이 이루어지고, 제67회 총회에서 해당 권징조례 조항들이 수정되었다. 이는 새로운 권징조례가 처음부터 우리 몸에 맞지 않는 옷임이 드러난 것이다. 이와 관련하여 헌법적 규칙 권징조례 제19조(겸임금지)의 "각 치리회의 임원은 해 재판국원 및 기소위원, 특별재판국원, 수습위원 또는 전권위원을 겸할 수 없다."는 우리 노회 실정에는 잘 맞지 않는 것이었다. 규모가 크지 않은 노회에서는 이 조항 때문에 재판국원과 기소위원을 선정하기가 쉽지 않았다. 결국 제63회 총회(2013년 9월)에서 헌법적 규칙 권징조례 제19조가 수정되어 "단, 특별한 경우에는 겸임할 수 있다."가 첨가되었고, 제64회 총회(2014년 9월)에서는 "특별한 경우란 겸임을 허용하지 않고는 조직이 불가능한 경우이다."라는 내용이 헌법적 규칙 권징조례 제19조 제4항으로 신설되기도 하였다.

둘째, 제66회 총회(2016년 9월)에서 헌법적 규칙 제3장 교회정치 제7조(종군목사)가 수정되어 종군목사의 고려신학대학원 재학 중 조기안수가 23년 만에 부활되었다.

셋째, 권징조례 제178조(해벌의 절차)가 수정되었다. 즉 "치리회의 재적 3분의 2 이상의 찬성으로"가 "치리회 재적 3분의 2 이상의 출석과 3분의 2 이상의 찬성으로" 개정되었다.

넷째, 수정 청원이 있었지만 부결된 내용이 몇 개 있다. 그중 하나는 교회정치 제11장 제130조 제5항("노회장은 조직교회 담임목사에 한한다.")이다. 헌법 개정 직후 제62회 총회(2012년 9월)를 시작으로 여러 차례 수정 청원이 있었으나 부결되었다. 부결되는 배경을 보면 이 조항이 미조직교회의 담임목사가 노회장이 되지 못하는 것이 노회원 사이의 동등성을 해치는 요소가 있다는 지적에도 당회라는 치리회가 조직되어 있지 않은 미조직교회의 담임목사가 목사와 장로로 구성되는 노회의 회장이 되는 것이 원리를 떠나서 현실적으로 적합하지 않다는 판단에서 비롯된 것으로 보인다. 이와 함께 권징조례 제34조(재판비용예납)의 수정 청원 역시 여러 차례 있었으나 부결되었다. 노회와 총회에 상소할 때에 재판 비용을 예납하는 제도가 고소와 고발을 남발하지 않게 하는 기능을 한다고 보았기 때문이다. 교회정치 제130조 제2항 "은퇴목사는 노회의 언권과 투표권을 가진다."에서 은퇴목사의 권한 중에서 투표권을 삭제하려는 수정 청원도 있었으나 이 역시 부결되었다.

다섯째, 그 외 권징조례 제11조 제2항 (4)에서 행정건으로 내리는 시벌 중 "무흠에 해당하지 않는 견책, 근신, 시무정지이다."를 "무흠에 해당하는 견책, 근신, 시무정지이다."로 수정하였고, 예배지침 제21조(유아세례식) 제5항(유아세례공포)에서 "성부 성자 성령의 이름으로"를 첨가하였다. 그리고 교회정치 제8장 제95조(교회임시직원의 자격) 제1항에서 서리집사의 자격을 "…70세 미만자…"를 "…70세까지로…"로 수정하였다.

여섯째, 제6차 개정헌법 이후 총회가 개정헌법의 해설, 즉 교리표준, 관리표준 각각 해설집을 인준하고 발간한 것은 의미 있는 일이라 할 수 있다. 관리표준 해설은 2013년에, 교리표준 해설은 2014년에 각각 발간되어 개정헌법을 이해하고 해석하는 데 큰 도움을 주고 있다. 이와 함께 2014년에는 헌법해설을 맡은 위원회가 주관하여 제3차 예전예식서가 발간되므로 교리표준과 관리표준, 예식서가 통일성을 기하는 중요한 계기가 되었다.

맺음말

　지금까지 1부 2부로 나누어 한국장로교회 헌법의 형성과 개정, 변천 역사를 살펴보았다. 제1부는 초기 한국장로교회 역사에서 미국 북장로교회 선교회가 제정한 규범과 세칙(1891년)으로 시작하여 1934년 헌법까지 고찰하였고, 제2부는 고신총회를 중심으로 1952년 독노회 설립 이후 제68회 총회(2018년 9월)까지 총 6차례에 걸쳐 이루어진 헌법 개정과 그 외 헌법의 변천 과정을 개관하였다.

　우리 헌법의 형성, 개정, 변천 역사를 마무리하며 이제 결론적으로 주목할 것 몇 가지를 제시하고자 한다.

1. 헌법 개정 역사는 우리 교회가 걸어온 지난 역사를 이해하고 서술할 때 결코 간과할 수 없는 중요한 자료가 될 수 있다는 점이다.

　개정이 이루어진 시점이나 과정, 상황으로 되돌아가 보면 이는 특정한 사건이나 특정한 인물을 살피는 것 못지않게 더 구체적이고 살아 있고 실제적인 교회 역사의 현장이었다는 점을 깨닫는다. 이 역사 개관을 통해 적어도 다음 질문에 답을 제공할 수 있을 것이라 확신한다: "우리 교회가 시대마다 무엇을 가지고 씨름하였는가?" "우리가 어디에 주목하며 어디에 관심을 두었는가?" "우리가 무엇에 넘어졌는가, 우리가 어디에서 실패했는가?" "그때 우리가 바라는 비전은 어떤 것이며 우리가 꿈꾸는 교회는 어떤 것이었는가?" "우리 교회가 어떤 길을 걸어왔고, 또 지금은 어디에 서 있고, 지금 우리 얼굴은 어떤 모습이며, 지금 우리는 어디로 걸어가고 있는가?"

2. 개정 역사에서 우리 교회가 다른 어떤 것보다도 교회의 정체성에 역점을 두고 이것과 씨름해왔다는 것을 알 수 있다.

첫째, 1952년 독노회 이후 고신교회는 신사참배 반대운동과 회개운동이라는 명분으로 한국장로교회에서 분명한 정체성을 가지고 있었다. 그러나 1960년 승동 측과의 합동과 환원을 거치면서 고신교회는 그 이상의 명분을 가져야만 했다. 이미 1952년 독노회 발회선언문이나 이후 고려신학교 교장 박윤선 교수를 통해 신학교와 교역자를 중심으로 개혁주의 신학과 신앙 노선이 제시되기는 했지만 고신교회 차원으로 정체성 확립이 규모 있게 확대된 것은 제16회 총회(1966년 9월)부터이다. 제16회 총회(1966년 9월)는 3개년 계획으로 교단 표준문서(웨스트민스터 신앙고백서, 대교리문답, 소교리문답, 교회정치, 예배모범, 권징조례) 정비에 대한 연구를 시작하였고, 1969년에는 마침내 웨스트민스터 신앙고백서를 공적으로 채택하였다. 그리고 제26회 총회(1976년 9월)는 교단발전연구위원회가 주도하여 교단의 이념을 확정하였다: "신구약성경과 장로회 표준서들(웨스트민스터 신앙고백, 대교리문답, 소교리문답, 교회정치, 권징조례, 예배모범)에 의한 개혁주의 신학을 따라 믿고 전하고 생활한다."

둘째, 이러한 정체성은 타 교단이나 단체와 맺는 교류 문제에서 여실히 드러났다. 우리가 왜 개혁주의세계대회(RES)를 탈퇴하고, 맥킨타이어 박사가 이끄는 국제교회협의회(ICCC)와 우호 관계를 단절하고, 화란개혁교회(해방측)와 교류하며 개혁주의교회협의회(ICRC)의 회원이 되었는가? 오직 정체성 관점에서만 이것을 이해할 수 있다. 이 연장선에서 제21회 총회(1971년 9월)는 강단교류에 관해서 국내외를 막론하고 칼빈주의 보수교단으로 본 교단의 신앙, 신학, 생활에 맞지 않는 교단은 거부하기로 하였으며 제27회 총회(1977년 9월) 역시 타 교단과의 교류와 강단교류 문제에 관해서 선명하게 입장을 밝혔다. 즉 타 교단과의 연합집회에서는 사도신경을 고백하는 교단과는 가능하지만, 교육 관련 집회에서 강사 선정은 반드시 해 지도기관의 인준을 받기로 하였다. 이러한 견지에서 제35회 총회(1985년 9월)가 강단교류 문제와 관련하여 몇 년간의 연구와 유보와 고심을 거듭한 끝에 종전의 입장에서 후퇴하여 해 교회 당회의 재량에 위임하는 결정을 내렸던 것을 다시금 평가해야 한다. 이후에도 몇 번 강단교류 문제가 총회에서 다루어졌으나 더 이상 진전이 없었다. 이로써 당회만 결정하면 타 교단 출신의 강사를 얼마든지 우리 강단에 세울 수 있는 길을 열어주었다. 사실 이 결정은 개체교회 당회가 바른 신앙과 신학 위에 든든히 서 있고 또 당회가 교인들의 신앙과 생활을 잘 감독하는 것을 전제할 때 의미가 있는 것이었다. 이 결정으로 고신교회에 속한 모든 교인이 같은 신앙, 신학 위에 하나가 되는 것은 사실상 어려워졌다.

셋째, 교회의 정체성과 관련하여 리트머스 시험지처럼 우리 고신교회를 시험한 것은 성도간 사회법정 송사 문제였다. 제23회 총회(1973년 9월)에서 "성도간의 세상법정 제소는 이유 여하를 막론하고 신앙적이 아니며 건덕상 방해됨으로 하지 아니하는 것이 총회의 입장이다."라고 하였으나, 이후 총회는 마치 시소게임을 하는 것처럼 "이유를 막론하고 할 수 없다."는 입장과 "부득이한 경우는 할 수 있다."는 입장이 대립되어 한때는 교단 분열이라는 아픔을 겪기도 하였다. 뿐만 아니라 이 문제는 단순히 이론의 문제를 넘어 교단 인사들이 실제 송사에 휘말리면서 어느 총회에서는 이쪽 입장으로, 다른 총회에서는 저쪽 입장으로 쏠리기도 하였다. 그러다가 고신총회가 "부득이한 경우"와 상관없이 교회와 성도간 사회법정 소송은 원천적으로 불가하다는 결정을 내리게 된 것은 제65회 총회(2015년 9월)에 고려 측과의 통합이 결정적 계기가 되었다. 이 결정은 양 교단의 통합원칙에서 이미 표명되었다: "통합추진위원회가 청원한 대로 고린도전서 6장 1-10절의 말씀의 가르침에 따라 '의료법인, 학교법인, 유지재단, 은급재단, 고신언론사 등 운영상 부득이 한 경우는 예외로 할지라도 총회 산하의 목회자와 교회와 성도는 사회법정 소송은 불가한 것'을 전원 찬성으로 가결하다." 고려 측과의 통합으로 우리 교회가 성도간 사회 법정 송사 문제에 다시 중심을 잡고 복음과 하나님 나라의 원리 위에 서게 된 것은 하나님의 특별한 섭리라 말하지 않을 수 없다.

넷째, 총회는 이러한 교회의 정체성을 무엇보다 목회자를 양성하는 신학교와 신학교의 교수들에게 요구를 하였다. 그래서 성령론 문제로 안영복 교수가 학교를 떠나는 일이 발생하였고 이후 이성구 교수와 양낙흥 교수는 총회에서 신학 사상을 검증받아야 했으며 종교개혁 500년을 맞는 제67회 총회(2017년 9월)와 제68회 총회(2018년 9월)에서는 신학대학원 교수들이 이신칭의 복음에 근거한 신학을 총회 앞에서 천명해야 했다.

다섯째, 타 교단 목사가 본 고신교회에 가입하는 조건을 어느 교단보다도 까다롭게 하는 것도 정체성의 견지에서 이해할 수 있다. 즉, 자격과 절차에서 대학과정과 신학대학원을 졸업한 자로서 본 교단 직영 고려신학대학원에서 30학점을 이수해야 한다는 편목위탁규정(교회정치 제39조, 헌법적 규칙 제3장 제24조) 외에도 어떤 경우에는 신학대학원이 해당 목사가 수료한 신학교육을 심사하여 30학점 이상을 이수하도록 규정하기 때문이다. 교회 기반을 지역에 두는 것과 노회 간의 동등성 원리를 중시하는 장로회의 정체성에서 볼 때 제67회 총회(2017년 9월)에서 대대적으로 이루어진 노회명칭과 노회 구역조정은 큰 의미가 있는 것이었다.

여섯째, 그러나 정체성 확립과 관련하여 어떤 경우에는 총회가 대세를 따를 때도 있었다. 예를 들어 <개역개정성경>을 결정할 때 제49회 총회(1999년 9월)에서 신학대학원 교수회의 보고서를 통해 강단용으로는 적합하지 않다는 지적을 받았음에도 제56회 총회(2006년 9월)는 대한성서공회의 요청과 다수 한국교회가 채택하고 있다는 논리에 의해 이 문제를 개체교회의 당회에 맡기는 무책임한 결정을 내리기도 하였다. 이때 고신교회는 복음병원 부도라는 고신 역사 초유의 사태에 온통 신경을 쓰고 있었기 때문이다.

3. 지나치게 상세하게 규정한 일부 헌법의 개정과 총회의 결정을 주목하자.

첫째, 제5차 개정헌법(1992년) 예배지침 제3장(주일예배)을 보면 이전에 볼 수 없었던 "헌금"에 대한 서술이 대폭 개정되어 헌금의 종류를 열거하고 또 십일조를 교인의 의무로 제시하였다. 즉 제15조 예배와 헌금에서 제1항은 헌금의 의무를, 제2항은 헌금의 의의와 종류를, 제3항은 십일조의 의무가 언급되었다. 이는 예배지침의 역사에서도, 현 개혁주의 장로교회뿐 아니라 대다수 한국 장로교회 예배지침에도 없는 조항이다. 예배에서 헌금의 의의와 정신은 기술하지 않고 또 헌금이 가지고 있는 감사의 측면보다 헌금의 종류와 십일조의 의무를 강조한 것은 자칫 율법주의로 오해의 여지를 줄 수 있는 조항이라 할 수 있다.

둘째, 제6차 개정(2011년)에서 교회정치 제25조는 교인의 의무를 말하면서 "교인은 공예배(주일예배, 오후예배/저녁예배)와 수요기도회 참여, 헌금(의무헌금인 십일조와 주일헌금 및 성의헌금), 전도(영혼구원을 위하여 헌신), 봉사(교회 내외의 활동을 위한 섬김)와 교회치리에 복종할 의무를 가진다."고 하였다. 문제는 교인의 의무를 말하면서 모든 교인(어린이들과 직장인과 노인을 포함하여)이 참여할 수 없는 "수요기도회 참여"까지 언급한다는 것이다. 모든 교인이 참여할 수 없는 모임을 공적 모임으로 제시하는 것은 직장과 필요한 일로 인해 참여하지 못하는 교인의 어깨에 불필요한 멍에를 지우는 것과 다름없다.

셋째, 제6차 개정(2011년)의 특징 중 하나는 헌법적 규칙 조항이 대폭 줄어든 것인데 제5차 개정헌법(1992년)에서 교회정치의 경우 108개 조항이던 헌법적 규칙이 6개 조항으로 줄었다. 사실 1992년 개정헌법이 어떤 헌법보다도 오랫동안(20년) 수명을 다할 수 있었던 이유 중 하나는 헌법과 헌법적 규칙을 구분한 것에 있었다. 그런데 제6차 개정안은 헌법적 규칙에 해당하는 상당수 조항을 다시 원래 헌법 조항으로 복귀시킴으로써 지난 총회 역사에서 소중하게 물려받은 교훈을 간과하는 어리석음을 보였다. 시행 세칙에 해당하는 헌법적 규칙의 성격을 가지고 있는 조항을 거기에 그냥 두지 않고 헌법 조항으로 돌리는 것은 교회법과의 관계에서 신자의 자유를 무시하고 규정을 위한 규정으로 갈 수 있는 여지를 줄 수 있다.

넷째, 제6차 개정헌법에서 가장 큰 변화는 권징조례에 있었다. 제5차와 비교할 때 조항 수가 세 배나 많아졌다. 이는 결국 너무 상세하게 모든 것을 규정하려고 한 것에 그 원인이 있다. 장로교회는 전통적으로 중요한 원리만 법조항에서 제시하고 각 치리회에서 성경과 신조, 그리고 중요 원리를 따라서 처리하도록 하였다. 이 점에서 교회법과 사회법의 차이가 있다고 말할 수 있다. 항상 경계해야 할 것은 "교회정치는 모든 종류의 법전 중에서 가장 작은 규모를 가져야 하며 규정을 위한 규정 계명을 위한 계명이 되어서는 안 된다는 점이다. 신자의 자유가 중요하다."[1] 종교개혁가 칼빈 역시 교회법과 신자의 자유의 관계를 말하였다(『기독교강요』 4권 10장 참조). 경건한 규칙을 많이 만들어 교회에 강제로 임의적인 명에를 부과하여 거짓 종고를 심은 유대교, 중세교회, 천주교의 오류를 반면교사로 삼아야 한다.

다섯째, 그래서 총회에 상정되는 안건을 보면 종종 얼마든지 당회나 노회에서 복음의 원리로 판단할 수 있는 것도 총회를 통해 규정화시키려 하는 자세를 볼 수 있다. 제59회 총회(2009년 9월)에는 "임직식 후에 강대상에서 포크댄스를 하는 것이 가한가?"라는 문의가 있었다. 다행히 총회는 모든 행사들이 하나님의 영광에 저해되지 않도록 당회의 지도아래 진행되도록 원리적인 결정을 하였다.[2]

4. 교권(敎權, 교회권세)의 남용 소지가 있는 법조항에 유의하자.

첫째, 제6차 개정헌법 교회정치 제148조는 이전과 달리 총회장의 지위를 서술하면서 총회장은 총회를 대표하고 총회 업무와 산하기관을 총괄한다고 하였다. 그런데 총회장은 문자 그대로 장로회 최고 치리회인 총회의 의장일 뿐이다.[3] 즉, 총회장은 행정기구의 장(President)이 아니라 회의 기구인 총회의 의장(Moderator)이다. 따라서 총회의 개회 중에는 사회자로서 직무를 수행하고 파회한 후에는 의원내각제의 대통령처럼 교단의 대표자로서 상징적인 지위를 지닌다.[4] 그런데 개정헌법은 총회장이 파회 이후에도 총회 업무와 산하기관을 총괄한다고 규정하므로 총회장 한 사람에게 교권이 집중되는 결

---

1. W. van 't Spijker, "Het juk van Christus" (*De Wekker* 41. p. 641: 22 Aug 2003).
2. 제58회 총회회록, 55.
3. 정주채, "총회장은 없다," http:www.kscoramdeo.com.
4. 이종일, 『헌법으로 보는 교회생활 500문 500답』(서울: 가리온, 2002), 138.

과를 낳게 하였다. 이는 교회 역사에서 그토록 경계하는 교권주의의 한 형태이다. 어떤 점에서 총회장 선거 과열은 여기서부터 비롯한다.

둘째, 제36회 총회(1986년)는 교단의 명칭을 "대한예수교장로회총회"로 확인하고 영어표기를 "General Assembly of Presbyterian Church in Korea"로 확인하였다.[5] 그러나 이 결정은 치리회인 "총회"(General Assembly)와 "교회들"을 가리키는 "교단"을 혼동한 것이다. "모든 회중"을 가리키는 구약성경에 나오는 "총회"(히. *카할*)와 치리회로서 "총회"를 혼동한 것으로 보인다. 제6차 개정헌법 교회정치 제141조(총회의 의의)는 총회를 영어표기로 "The Kosin Presbyterian Church in Korea"(KPCK)라고 하였다. 여기도 교단과 치리회로서 총회를 구분하지 못하는 무지를 보여준다. 영어 표기는 "교단"을 가리키는데 한글로는 "총회"라 부르고 있다. 이 혼동이 왜 심각한가 하면, 치리회인 총회를 교단으로 보면서 그리스도께서 총회에 주신 정당한 교회의 권세는 당회와 노회에 주신 권세보다 훨씬 더 크다는 생각을 은연중에 줄 수 있기 때문이다. 교회 역사는 어떤 형태의 부당한 교권도 우리 안에 스며들지 못하도록 경계해야 함을 교훈하고 있다.

셋째, 이런 맥락에서 제5차 개정헌법(1992년)이 이전 헌법과 달리 "교인의 권리"를 축소한 것은 납득할 수 없다. 이전 헌법은 교인의 권리를 성찬참여권, 공동의회 회원권, 청구권과 영적 보호받을 권리뿐 아니라 "진정, 청원, 소원, 상소할 권리"를 적시하고 있기 때문이다. 이는 교회 "법"이 본래 교인의 "권리"를 위한 것임을 생각한다면 더욱 그러하다.

---

5. 제36회 총회회록, 23.

5. 교회는 공정하지 못한 법과 규정에 항상 이의를 제기한다.

위임목사와 임시목사 제도가 자칫 목사 간의 차별을 가져올 수 있다는 걱정 때문에 위임목사와 임시목사(전임목사) 제도를 폐지하고 담임목사 제도를 신설하자는 청원이 지난 역사에서 끊이지 않았다. 어떤 이들에게는 목사 간의 차별이 이론의 문제가 아니라 일선에서 피부로 느끼는 것이었기 때문이다. 제6차 개정(2011년)에서 조직교회의 담임목사만이 노회장이 될 수 있다는 교회정치 제130조 제5항을 개정하자는 청원이 최근까지 끊이지 않는 것도 이런 맥락에서 이해할 수 있다. 자신이 속한 교회가 총회유지재단에 재산을 가입한 여부로 인하여 총회 임원과 이사 감사 지원 자격이 결정되고 심지어 노회장단과 총회 총대 선정에도 적용하려고 할 때 거센 항의가 이어진 것은 바로 이런 공정성을 해친다는 이유 때문이다.

6. 우리 교회가 목사 양성을 위해 최선을 다하고 있는 것은 고무적이다.

제60회 총회(2010년 9월)가 고려신학대학원에 재학 중인 목사후보생들이 소속한 노회 참관을 의무사항으로 한 것과 목사후보생의 학교생활도 노회에서 적절히 지도하기로 한 것은 목사로 임직되기 이전에 신학교뿐 아니라 각 노회에서 미리 이들의 교리와 생활을 감독하자는 취지였다. 제50회 총회(2000년 9월)는 노회 허락 없이는 신학대학원 입학이 불가능하다고 결정하였다.[6] 이는 노회가 목사후보생의 신학대학원 입학과 관리 등에 모든 책임을 맡는다는 것과, 고려신학대학원은 목사후보생을 양성하는 기관으로서 노회가 추천하는 후보자에 국한하여 위탁교육을 한다는 것을 분명히 밝힌 결정이다. 사실 고신교회 초창기에 개정한 제1차 개정헌법(1957년)은 목사후보생,

---

6. 제50회 총회회록, 43.

강도사의 자격을 이전보다 더욱 엄격한 기준으로 수정하였다. 이전에는 강도사 인허 후 6개월 이상 노회 지도하에서 수양하도록 하였지만 수정안은 2년 이상 노회 지도를 받도록 하였다(교회정치 제14장 제1조). 제27회 총회(1977년 9월)에서 강도사고시가 폐지되지만 30년 후인 제57회 총회(2007년 9월)는 다시 강도사고시를 부활한 것은 이러한 목사 양성을 더욱 강화시키기 위한 조치이다.

7. 우리가 알게 모르게 직분의 지위와 명예, 권한에 상당히 관심을 가지고 있다는 것이 드러났다.

명예권사를 세우는 건은 제32회 총회(1982년 9월), 제33회 총회(1983년 9월), 제34회 총회(1984년 9월)에서, 제56회 총회(2006년 9월)에서 다루어질 만큼 일선 교회들의 요구는 집요하였다. 그러나 직분은 직무에서 나오는 것이기에 명예권사와 같은 직무가 없는 명예직분은 본질적으로 존재할 수 없다. 제5차 개정헌법(1992년)은 교회정치 제6장 제52조 제2항에서 원로장로를 신설하였다. 원로장로 제도는 본래 제38회 총회(1988년 9월)가 노회에 수의하였으나 부결된 적이 있고, 제5차 개정 당시 수의 과정에서 부표가 가장 많이 나온 조항이었다.[7] 노회에서 은퇴목사의 지위와 권한은 지금까지 논란이 되고 있다. 은퇴목사는 은퇴 이전처럼 노회원으로서 상비부서에서 활동하기를 원하였고 노회에서 언권과 선거권만이 주어지는 것에 불만을 가져왔다. 제32회 총회(1982년 9월)는 교회에서 장로명단을 게재하는 서열은 장립과 취임 순으로 하되 동시 임직한 경우는 연령순으로 하도록 결정하였다.[8]

---

7. 제42회 총회회록, 42-7.
8. 제32회 총회회록, 233.

또 제48회 총회(1998년 9월)도 주보나 교회주소록에서 원로(은퇴)목사, 은퇴장로의 서열을 묻는 질의에 시무하는 목사와 장로를 우선적으로 배열하되 그 나머지는 담임목사의 재량에 맡기기로 한 적이 있다. 이는 모두 서열을 중시하는 우리 문화를 대변한 것이다. 이같이 우리 헌법 개정 역사는 우리 교회가 직분이 주는 명예와 권리, 서열 문화를 극복하지 못하였음을 보여주었다.

8. 우리 교회는 지난 역사에서 고려학원의 세 산하기관 때문에 항상 홍역을 치러왔다.

고려학원의 세 산하기관은 고려신학대학원, 고신대학교, 복음병원이다. 고려신학대학원의 경영은 물론 고신대학교와 복음병원이 경영상 위기를 겪을 때마다 전국교회와 총회는 마음을 졸이며 기도하고 토론하고 물질로 후원해야 했고 이로써 총회는 상대적으로 성경과 헌법이 규정하는 본래 직무를 소홀히 한 적이 많았다. 한편 총회조직과 기관의 규모가 점점 확대되면서 변경이 잦아졌고 이에 따라 총회규칙, 각 산하기관의 정관변경은 너무 빈번하게 이루어졌다. 또 총회 때마다 총대들이 총회에 상정한 안건 처리보다는 총회에서 치를 각종 선거에 더 관심을 갖는 모습이 나타나기도 하였다.

이제 우리 교회는 어떤 얼굴을 취하며 어디로 갈 것인가? 어떤 교회를 꿈꾸며 미래로 나아갈 것인가? 이는 우리 교회가 가지고 있는 헌법과 규칙, 우리 교회의 결정에 달려 있다고 해도 과언이 아니다. 이를 위해서는 무엇보다 지나온 우리의 헌법 개정 역사를 통해 공(功)과 과(過)를 분명하게 인식하여 공은 계승하고 과는 철저히 반성해야 한다. 그리하여 앞으로 성경과 장로교회원리에 충실한 헌법 개정을 통해 고신교회를 든든히 세워가야 할 것이다.

한국장로교회 헌법 개정 역사

초판 인쇄 2021년 2월 24일
초판 발행 2021년 3월 2일
발행인 이기룡
지은이 성희찬
발행 생명의양식
출판등록 제22-1471호 1998.12.11
주소 06593 서울특별시 서초구 고무래로 10-5 (반포동)
전화 (02)592-0986~7
팩스 (02)595-7821
홈페이지 www.qtland.com
이메일 kosin0986@hanmail.net
디자인 CROSS-765
가격 30,000원
ISBN 979-11-6166-114-8 (03230)

이 책은 저작권법에 의해 보호를 받는 출판물입니다.
저자의 허락이 없이는 무단 전재와 복제를 금합니다.